实验动物设施建设与发展报告

Report on the Construction and Development of Laboratory Animal Facility

亚太建设科技信息研究院有限公司
中国建筑科学研究院有限公司　组织编写
中国实验动物学会

主　　编　王清勤
执行主编　胡竹萍　赵　力
主　　审　秦　川

中国建筑工业出版社

图书在版编目（CIP）数据

实验动物设施建设与发展报告 ＝ Report on the
Construction and Development of Laboratory Animal
Facility / 亚太建设科技信息研究院有限公司，中国建
筑科学研究院有限公司，中国实验动物学会组织编写；
王清勤主编；胡竹萍，赵力执行主编. -- 北京：中国
建筑工业出版社，2025. 9. -- ISBN 978-7-112-31616-8

Ⅰ. Q95-337

中国国家版本馆 CIP 数据核字第 2025RG8403 号

责任编辑：张文胜
责任校对：党　蕾

实验动物设施建设与发展报告

Report on the Construction and Development of
Laboratory Animal Facility

亚太建设科技信息研究院有限公司
中国建筑科学研究院有限公司　组织编写
中　国　实　验　动　物　学　会

主　　编　王清勤
执行主编　胡竹萍　赵　力
主　　审　秦　川

*

中国建筑工业出版社出版、发行（北京海淀三里河路 9 号）
各地新华书店、建筑书店经销
北京红光制版公司制版
北京圣夫亚美印刷有限公司印刷

*

开本：880 毫米×1230 毫米　1/16　印张：25½　字数：784 千字
2025 年 9 月第一版　　2025 年 9 月第一次印刷
定价：**119.00** 元
ISBN 978-7-112-31616-8
（45501）

审查委员会

主　任：秦　川　中国实验动物学会，理事长
副主任：贺争鸣　中国食品药品检定研究院，研究员
　　　　李根平　北京市实验动物管理办公室，研究员
　　　　孙岩松　军事科学院军事医学研究院，研究员
　　　　沈晋明　同济大学，教授
委　员：常　在　清华大学实验动物中心，常务副主任
　　　　丁力行　仲恺农业工程学院，院长/教授
　　　　王子佳　深圳市建筑工务署设计管理中心，副主任
　　　　王　荣　中国合格评定国家认可中心，研究员
　　　　刘　东　同济大学，研究员
　　　　张　京　中科院建筑设计院，总建筑师

编写委员会

主　　编：王清勤　中国建筑科学研究院有限公司，正高级工程师
执行主编：胡竹萍　亚太建设科技信息研究院有限公司《暖通空调》杂志社，副主编
　　　　　赵　力　中国建筑科学研究院有限公司，专业副总工程师/科技发展院院长
副主编：吴伟伟　中国建筑科学研究院有限公司科技发展院，副院长/高级工程师
　　　　陈洪岩　中国农业科学院哈尔滨兽医研究所　博士生导师/实验动物中心
　　　　　　　　主任
　　　　曹国庆　中国建筑科学研究院有限公司，博士生导师/专业副总工程师
　　　　刘培源　中国电子系统工程第四建设有限公司，副院长/正高级工程师
　　　　杨九祥　中国电子系统工程第二建设有限公司，正高级工程师/副总工程师
　　　　贾冠冠　中国建筑科学研究院有限公司，博士

主 编 单 位

亚太建设科技信息研究院有限公司
中国建筑科学研究院有限公司
中国实验动物学会

参 编 单 位

中国电子系统工程第四建设有限公司
中国电子系统工程第二建设有限公司
Konvekta Energy Saving Technology (Shanghai) Co., Ltd
泰尼百斯·中国
克莱门特捷联制冷设备（上海）有限公司
北京明康净化科技有限公司
北京华创瑞风空调科技有限公司
广州奥斯曼自动化技术有限公司

编写分工：

第1章 发展历程

负责人：贾冠冠 中国建筑科学研究院有限公司，博士

主笔人：贾冠冠（第1.1，1.2，1.5，1.6节）中国建筑科学研究院有限公司，博士
   佟海龙（第1.1，1.6节）中国农业科学院哈尔滨兽医研究所，副主任
   邵奇鸣（第1.6节）江苏鼎泰药物研究（集团）股份有限公司，副总经理/博士
   常 在（第1.1，1.6节）清华大学实验动物中心，常务副主任

参编人：赵 勇（第1.6节）上海实验动物研究中心，伦理委员会主席/高级工程师
   于希洋（第1.3节）清华大学建筑学院/中国建筑科学研究院有限公司，博士
   韩 洋（第1.4节）中国建筑科学研究院有限公司，硕士

第2章 标准规范

负责人：吴伟伟 中国建筑科学研究院有限公司科技发展院，副院长/高级工程师

主笔人：吴伟伟（第2.2.1节）中国建筑科学研究院有限公司科技发展院，副院长/高级
   工程师
   贾冠冠（第2.1节）中国建筑科学研究院有限公司，博士

参编人：王博雅（第2.2.1节）中国建筑科学研究院有限公司，高级工程师
   陆禹名（第2.2.2节）建科环能科技有限公司，博士
   陈洪岩（第2.2.2，2.2.4节）中国农业科学院哈尔滨兽医研究所，研究员
   李学勇（第2.2.4节）中国医学科学院药物研究所，副主任技师
   范东叶（第2.2.3节）中国建筑科学研究院有限公司，高级工程师
   仇丽娉（第2.2.3节）中国建筑科学研究院有限公司，工程师

第3章 建设运维

负责人：曹国庆 中国建筑科学研究院有限公司，博士生导师/专业副总工程师

主笔人：曹国庆（第3.1，3.2，3.4节）中国建筑科学研究院有限公司，博士生导师/专业副总工程师

丁　德（第3.3节）浙江大学建筑设计研究院有限公司，主任/教授级高工

杨九祥（第3.6节）中国电子系统工程第二建设有限公司，副总工程师/正高级工程师

闵凡贵（第3.8节）广东省实验动物监测所，主任/研究员

陆禹名（第3.5，3.7节）建科环能科技有限公司净化空调技术中心，检测主管/工程师

参编人：高克文（第3.1，3.3节）浙江大学建筑设计研究院有限公司，工程师

刘云波（第3.4节）江苏华阜康生物科技有限公司，董事长/研究员

李学勇（第3.4节）中国医学科学院药物研究所，主任

刁瑞国（第3.5、3.8节）北京明康净化科技有限公司，总经理

刘晓菲（第3.6节）中国电子系统工程第二建设有限公司，工程师

李文德（第3.7节）广东省实验动物监测所，研究员

赵　侠（第3.4节）中国中元国际工程有限公司，顾问总工/教授级高工

李　顺（第3.6节）中电系统建设工程有限公司，技术中心副总经理

第4章　关键设备

4.1　饲养设备、4.2　运输设备

负责人：李昌文　中国农业科学院哈尔滨兽医研究所，试验动物基地主任/研究员

主笔人：王　栋（第4.1节）天津昌特净化科技有限公司，总经理

陈洪岩（第4.2节）中国农业科学院哈尔滨兽医研究所，研究员

夏长友（第4.2节）中国农业科学院哈尔滨兽医研究所，实验动物与比较医学创新团队首席专家/研究员

刘怀然（第4.2节）中国农业科学院哈尔滨兽医研究所，动物实验中心主任/研究员

李宝龙（第4.2节）黑龙江中医药大学　教授

曹国庆（第4.1节）中国建筑科学研究院有限公司，博士生导师/专业副总工程师

张铭健（第4.1节）建科环能科技有限公司，工程师

成　玲（第4.1节）中国中医科学院中医药信息研究所，高级工程师

刘　军（第4.1节）军事科学院军事医学研究院军事兽医研究所，研究员

祁建城（第4.1节）军事科学院系统工程研究院国家生物防护装备工程技术研究中心，研究员

魏　然（第4.1节）泰尼百斯·中国，总经理

郭晋丽（第4.1节）泰尼百斯·中国，产品经理

常　在（第4.1节）清华大学实验动物中心，常务副主任

4.3 洗消设备

负责人：杨九祥　中国电子系统工程第二建设有限公司，副总工程师/正高级工程师

主笔人：刘晓菲（第4.3.1～4.3.3节，第4.3.5～4.3.7节）中国电子系统工程第二建设
有限公司，实验室工程主管/高级工程师

参编人：谭海波（第4.3.8节）金宇保灵生物药品有限公司，P3实验室副主任

蒋境邦（第4.3.4节）山东新华医疗器械股份有限公司，高级工程师

魏　然（第4.3.1节、第4.3.6节）泰尼百斯·中国，总经理

第4.4节　建筑设备

负责人：刘培源　中国电子系统工程第四建设有限公司，副院长/正高级工程师

主笔人：高腾飞（第4.4.1节）中国电子系统工程第四建设有限公司，高级建厂专家/
高级工程师

吴梅梁（第4.4.1节）克莱门特捷联制冷设备（上海）有限公司，产品总监/
高级工程师

魏鹏峰（第4.4.2节）妥思空调设备（苏州）有限公司，AHU市场拓展高级
经理

张　婷（第4.4.3）北京华创瑞风空调科技有限公司，总工程师/高级工程师

张振天（第4.4.4节）Konvekta Energy Saving Technology（Shanghai）Co.,
Ltd.中国区首席代表

夏本明（第4.4.5节）上海埃松气流控制技术有限公司，技术总监

陈金进（第4.4.5节）广州奥斯曼自动化技术有限公司，总经理/高级工程师

刁瑞国（第4.4.6节）北京明康净化科技有限公司，总经理/高级工程师

刘　毅（第4.4.6节）华夏富康环境科技有限公司，首席专家/教授

参编人：任彦准（第4.4.1节）中国电子系统工程第四建设有限公司，设计经理

朱启明（第4.4.2节）妥思空调设备（苏州）有限公司，实验室科技事业部负
责人

孙国勋（第4.4.3节）北京华创瑞风空调科技有限公司，副总经理/高级工程师

郝鹏程（第4.4.4节）Konvekta Energy Saving Technology（Shanghai）Co.,
Ltd.资深产品工程师

褚　芳（第4.4.5节）上海埃松气流控制技术有限公司，技术副总监

彭红华（第4.4.5节）广州奥斯曼自动化技术有限公司，技术部经理

唐　瑶（第4.4.6节）中国电子系统工程第四建设有限公司，高级工程师

第5章　工程实践

负责人：胡竹萍　亚太建设科技信息研究院有限公司《暖通空调》杂志社，副主编

张　杰　亚太建设科技信息研究院有限公司《暖通空调》杂志社，社长

5.1 北京大学医药科技园区综合楼一期工程实验动物设施
主笔人：吴伟伟 中国建筑科学研究院有限公司科技发展院，副院长/高级工程师
参编人：赵 力 中国建筑科学研究院有限公司，专业副总工程师/科技发展院院长
　　　　范东叶 中国建筑科学研究院有限公司科技发展院
　　　　韩 洋 中国建筑科学研究院有限公司科技发展院
　　　　韩 丽 北京大学医学部
　　　　柴 婷 北京大学医学部
　　　　王博雅 中国建筑科学研究院有限公司科技发展院

5.2 北京脑科学与类脑研究中心实验动物设施
主笔人：卢 阳 中国电子系统工程第二建设有限公司，工程师/大健康事业部设计分院
　　　　　　　总工程师
参编人：李文龙 北京脑科学与类脑研究所，实验动物中心主任/研究员
　　　　杨九祥 中国电子系统工程第二建设有限公司，副总工程师/正高级工程师

5.3 深圳市药品检验研究院实验动物设施（高层建筑）
主笔人：李文德 广东省科技合作研究促进中心，副主任/研究员
参编人：闵凡贵 广东省生物技术研究院（广东省实验动物监测中心），研究员

5.4 中山大学深圳校区实验动物设施
主笔人：刘培源 中国电子系统工程第四建设有限公司，副院长/正高级工程师
参编人：蔡卫斌 中山大学，实验动物中心主任

5.5 深圳光明脑科学与合成生物学综合科学园区实验动物设施
主笔人：李奋洲 中建三局集团（深圳）有限公司，部门副经理/中级
参编人：尹 奎 中建三局集团（深圳）有限公司，副院长/正高级
　　　　吴善浒 中建三局集团（深圳）有限公司，部门经理/高级
　　　　罗兴猴 中建三局集团（深圳）有限公司，项目经理/中级
　　　　尹恩诺 中建三局集团（深圳）有限公司，部门主办科员/初级

5.6 中国农业科学院哈尔滨兽医研究所SPF猪繁育设施
主笔人：佟海龙 中国农业科学院哈尔滨兽医研究所国家动物疫病防控高级别生物安全
　　　　　　　实验室，副主任

5.7 中国农业科学院哈尔滨兽医研究所实验动物设施
主笔人：刘怀然 中国农业科学院哈尔滨兽医研究所，动物实验中心主任/研究员
参编人：陈洪岩 中国农业科学院哈尔滨兽医研究所，研究员
　　　　刘守琦 中国农业科学院哈尔滨兽医研究所动物实验中心，工程师

李宝龙　黑龙江中医药大学，教授

5.8　中国农业科学院哈尔滨兽医研究所SPF鸡胚生产设施
主笔人：陈洪岩　中国农业科学院哈尔滨兽医研究所，研究员
参编人：于海波　中国农业科学院哈尔滨兽医研究所/国家禽类实验动物资源库，副主任/副研究员
　　　　张　伟　中国农业科学院哈尔滨兽医研究所/国家禽类实验动物资源库，工程师
　　　　李昌文　中国农业科学院哈尔滨兽医研究所，实验动物基地主任/研究员
　　　　夏长友　中国农业科学院哈尔滨兽医研究所，实验动物与比较医学创新团队首席专家/研究员

5.9　海南大学生物与健康研究中心非人灵长类模式实验动物设施
主笔人：代苏义　北京戴纳实验科技股份有限公司，项目事业部总经理
参编人：岳　峰　海南大学生物医学工程学院，教授/博导
　　　　王春鑫　北京戴纳实验科技股份有限公司，项目事业部副总经理

5.10　上海朗效生物科技实验动物设施共享平台
主笔人：周惟欣　上海朗效生物科技有限公司，总经理/博士
参编人：孙仁清　上海朗效生物科技有限公司，实验动物设施负责人/大学
　　　　邵奇鸣　江苏鼎泰药物研究（集团）有限公司，副总经理/博士

5.11　某疾病预防控制中心实验动物设施
主笔人：曹　俊　上海市疾病预防控制中心，副科长
参编人：计豪丰　上海市安装工程集团有限公司医疗事业部，副总经理/高级工程师

5.12　GLP实验动物设施
主笔人：于君成　四川君诚绿建机电安装工程有限公司，总经理
参编人：芮志佩　北京昭衍新药研究中心股份有限公司，动物实验部总监
　　　　孙辉业　北京昭衍新药研究中心股份有限公司，首席兽医官/非人灵长类事业部副总经理

5.13　模式动物表型与遗传研究国家重大科技基础设施——中国科学院昆明动物研究所灵长类实验动物设施
主笔人：肖文娴　中国科学院昆明动物研究所，工程师/硕士
参编人：吕龙宝　中国科学院昆明动物研究所，实验动物中心主任/正高级工程师
　　　　邵奇鸣　江苏鼎泰药物研究（集团）有限公司，副总经理/博士

5.14 南湖实验室实验动物设施
主笔人：施强　上海市安装工程集团有限公司第四工程公司，副总工程师
参编人：汤毅　上海市安装工程集团有限公司工程研究院，所长助理

第6章　未来发展
负责人：王清勤　中国建筑科学研究院有限公司，正高级工程师
主笔人：王清勤　中国建筑科学研究院有限公司，正高级工程师
　　　　赵　力　中国建筑科学研究院有限公司，专业副总工程师/科技发展院院长
　　　　孔　琪　中国医学科学院医学实验动物研究所，信息中心负责人/副研究员
参编人：胡竹萍　亚太建设科技信息研究院有限公司《暖通空调》杂志社，副主编
　　　　赵　侠　中国中元国际工程有限公司建筑三院，顾问总工程师/正高级工程师
　　　　杨九祥　中国电子系统工程第二建设有限公司，副总工程师
　　　　丁　德　浙江大学建筑设计研究院有限公司，主任/正高级工程师
　　　　刘晓菲　中国电子系统工程第二建设有限公司，实验室工程主管/高级工程师
　　　　刘彦丰　中元科建（北京）工程技术有限公司，总工程师

附录1　实验动物设施常见表格示例
负责人：曹国庆　中国建筑科学研究院有限公司，博士生导师/专业副总工程师
主笔人：曹国庆　中国建筑科学研究院有限公司，博士生导师/专业副总工程师
　　　　陆禹明　建科环能科技有限公司，博士

附录2　大事记
负责人/主笔人：胡竹萍　亚太建设科技信息研究院有限公司《暖通空调》杂志社，
　　　　　　　　　　　　副主编
参编人：刘承军　亚太建设科技信息研究院有限公司《暖通空调》杂志社，主编
　　　　杨九祥　中国电子系统工程第二建设有限公司，正高级工程师/副总工程师
　　　　刘　艳　海南大学南繁学院，研究员/主任
　　　　张　静　亚太建设科技信息研究院有限公司《暖通空调》杂志社，副主任
　　　　成　玲　中国中医科学院中医药信息研究所，高级工程师
　　　　郭晋丽　泰尼百斯·中国，产品经理

附录3　实验动物设施科技成果产出分析
负责人/主笔人：贾冠冠　中国建筑科学研究院有限公司，博士

序 一

从条件反射规律的发现到大脑半球分工原理，从遗传物质的发现到基因打靶，从抗原抗体反应发现到疫苗研制，近百年来人类每一次认识生命、战胜顽疾，都离不开实验动物在幕后的默默奉献。实验动物设施作为这一使命的重要依托，深刻影响着动物福利和人员的保障、生物安全的防控以及可持续发展的实现。当前，我国生物医药领域正处于高速发展期，实验动物设施的科学化、规范化与现代化升级，已成为提升国家科研创新能力、保障人民健康福祉的重要需求。

实验动物学科在 100 多年前就已经在西方诞生了，20 世纪 80 年代初才来到中国。面对国内实验动物学科全面落后的现状，我有幸作为中国第一批从事实验动物科学技术研究的工作人员加入了中国医学科学院医学实验动物研究所。国家生物医学快速发展，实验动物设施建设使用标准陆续诞生了。实验动物设施工作从早期的简单管理，逐步发展到建设标准化、管理规范化和现代化，为重大疾病研究、创新药物研发提供了坚实支撑。在面对未来人道和科学需求时，我国实验动物设施仍面临诸多挑战：如何做到设施对人、对动物、对环境友好、安全，建设、维护和使用等环节都可以节能环保，是需要不断研究、总结提升的。

在此背景下，《实验动物设施建设与发展报告》的编撰恰逢其时。作为"实验室建设与发展报告"系列课题的第三项成果（继《生物安全实验室》《化学实验室》之后），本书立足国家科技发展战略，汇聚领域内专家智慧，系统梳理了国内外实验动物设施的技术标准与建设经验，深入剖析了实验动物设施现状与瓶颈，并前瞻性提出解决方案。本书聚焦实验动物设施规划中的空间优化设计、环境精准调控、智慧管理平台构建等关键技术，强调生物安全体系完善与动物福利保障的核心地位，同时结合智能化监控系统等前沿技术，探索实验动物设施未来升级路径。尤为值得一提的是，编写组历时两年余，通过广泛调研、多轮研讨与反复论证，最终形成涵盖选址规划、建筑设计、设备选型、运行管理及质量监控等全链条的实践指南，兼具科学性与实操性。

本书的出版，旨在为实验动物设施的设计、管理、科研及政策制定人员提供参考，助力我国实验动物设施的标准化、智能化与国际化。期待通过本书的传播与应用，能够凝聚行业共识，推动技术创新与管理革新，为生命科学研究的可持续发展注入新动能，实现科研进步与伦理关怀的和谐统一，为人类健康事业贡献中国智慧。

中国医学科学院医学实验动物研究所首席科学家

中国实验动物学会常务副理事长　秦川

2025 年 7 月 10 日

序　二

实验动物设施作为现代生命科学研究的基础设施，承载着推动医学、药学、毒理学等多学科发展的重要使命。随着中国科学技术的不断进步，尤其是生命科学研究的快速发展，实验动物设施的建设和管理水平已取得了长足进步。与此同时，如何提升实验动物设施的运行效率、降低能源消耗，并实现可持续发展，已成为当前亟待解决的重要课题。本人长期从事可再生能源技术、能效技术以及低碳供热制冷领域的研究工作，深知在基础设施建设中，能源使用效率和环境影响对设施运营的长远发展至关重要。随着全球节能减排和低碳经济理念的深入，现代实验动物设施不仅需要满足高标准的科学研究需求，还应在设计和运营中融入绿色发展理念，以实现资源优化和环境保护的双重目标。

实验动物设施对能源的需求较为复杂，尤其是在维持温湿度、空气质量等环境控制方面，传统实验动物设施往往依赖高能耗的空调和通风系统，这不仅带来了较高的运营成本，也加重了环境负担。通过优化设计，采用高效的节能技术，可以有效降低能源消耗。合理规划通风系统、选用高效空气过滤器和热回收系统，不仅能减少设备运行时间，还能提高实验动物设施内空气流通效率，降低能源使用成本。建筑本身的节能设计也至关重要，采用隔热材料、设计合理的窗户和外墙结构、利用自然光和风能等，能够减少对外部能源的依赖，同时降低实验动物设施的整体能耗。

随着低碳经济的推进，低碳供热制冷技术在实验动物设施中的应用越来越广泛。地源热泵和空气源热泵技术，可以在提供供暖和制冷的同时显著降低能源消耗和碳排放。通过这种方式，不仅能满足实验动物设施恒定环境的需求，还能减少对传统能源的依赖。同时，太阳能等可再生能源的应用也在实验动物设施中逐步展开，通过合理规划和利用可再生能源，不仅能减轻实验动物设施对外部电力的依赖，还能提升设施的自给自足能力，实现能源结构的多元化。

智能化管理系统的引入，可以进一步提高实验动物设施的能效水平。通过对设施各类环境参数的实时监测和自动调整，不仅可以确保实验环境的稳定性，还能精确调节能源的使用，实现更高效的资源配置。智能化管理系统能根据实验需求自动调整供能模式，避免不必要的能源浪费，并且在优化资源的同时，可以降低运营成本。未来，实验动物设施的建设将越来越趋向绿色化、智能化与低碳化。设计中不仅要考虑能源效率，还要通过技术创新和可持续发展理念的应用，推动行业向更加环保、节能的方向发展。

《实验动物设施建设与发展报告》一书深刻总结了国内外在实验动物设施建设领域的经验与挑战，为未来发展提供了宝贵的思路和借鉴。随着科技进步与低碳技术的普及，实验动物设施将不仅在科研方面发挥重要作用，也将在绿色发展和可持续发展方面做出更大贡献。希望本书能够为推动中国实验动物设施建设的创新与发展，提供理论支持和实践指导！

英国皇家工程院院士

欧洲科学院院士

国际能源领域终生成就奖得主　赵旭东

2025 年 7 月 18 日

自　序

实验动物科学的发展水平是人类生命科学发展水平的重要标志之一。实验动物设施是实验动物科学发展的重要载体，是开展生物医药科学活动的重要先决条件，是国家科技发展基础设施建设体系的重要组成部分。

1988年，国家科学技术委员会发布了我国首部实验动物法规《实验动物管理条例》。该条例是为了加强实验动物的管理工作，保证实验动物质量，适应科学研究、经济建设和社会发展的需要而制定的，标志着我国实验动物管理工作开始进入法治化轨道。1994年发布的国家标准《实验动物　环境及设施》GB/T 14925—1994，主要规定了实验动物饲育、实验、生产环境设施的技术要求、设施分类等，为我国实验动物环境及设施的建设提供了基本遵循。

2003年SARS之后，国内高校、疾病预防控制机构、农业、医药、教育、医院等单位开始规模化兴建实验动物设施。受限于当时实验动物设施技术和经济的发展水平，实验动物设施建设水平偏低、运行能耗较大、相关设施设备国产化率较低，建成的实验动物设施的运行管理维护水平有待进一步提升。在此期间，我有幸和团队共同开展了实验动物设施、生物安全实验室及相关领域的标准编制、工程设计、技术咨询及工程检测等工作，特别是在标准化工作方面，完成了国家标准《实验动物设施建筑技术规范》GB 50447—2008、《实验动物　环境及设施》GB 14925—2010（副主编）、行业标准《生物安全柜》JG 170—2005等相关标准。其中，《实验动物设施建筑技术规范》GB 50447—2008是我国工程建设领域第一部实验动物国家标准，解决了如何建设实验动物设施以满足《实验动物　环境及设施》GB 14925规定的指标要求，为我国实验动物设施的建设提供了标准依据。

新时期，为贯彻落实2015年国务院印发的《深化标准化工作改革方案》，并与已发布的实验动物领域和工程建设领域强制性工程建设规范相协调，《实验动物　环境及设施》GB 14925—2023发布并升级为全文强制性国家标准。此外，我们积极落实国家节能减排的要求和碳达峰、碳中和的决策部署，陆续编制了《实验动物　热回收净化空调机组》T/CALAS 65—2019、《实验动物　设施运行维护指南》T/CALAS 64—2019、《实验动物　绿色实验动物设施评价》T/CALAS 100—2021等团体标准，旨在助力解决实验动物设施能耗偏高、运行维护标准依据不足等问题，为实验动物设施低碳化发展提供标准支撑。可以说，实验动物设施领域的工程建设标准化工作为实验动物科学健康快速发展提供了标准保障。

我国实验动物设施建设起步较晚，发展水平和国外存在一定差距。经过数十年的发展，在实验动物设施领域同行们的共同努力下，一大批满足新时期使用需求的实验动物设施相继建成或完成改造，包括科研机构、高等院校、医疗机构的实验动物房以及实验动物生产企业的饲养厂房等。实验动物设施建设布局更加合理、标准更加严格、功能更加完善、管理更加规范，并在规模、标准、功能等方面逐步达到了国际水平。

值此契机，我们组织实验动物设施领域的专家学者，系统梳理实验动物设施发展历程、标准规范、建设运维、关键设备、工程实践等，编写了《实验动物设施建设与发展报告》，旨在为广大从事实验动物设施相关工作的科研人员、工程技术人员、运行管理人员提供参考和借鉴，助力实验动物设施建设行业的高质量发展。

在总结成绩的同时，我们也应清醒地看到，实验动物设施建设仍是一项长期而艰巨的任务，面临着新机遇和新挑战。随着建筑绿色化、标准化、智能化的加速推进，实验动物设施在建设水平、使用效率、管理能力等方面还需持续投入和不断创新。路虽远，行则将至；事虽难，做则必成。我相信，在大家的共同努力下，我国实验动物设施建设一定能够再上新台阶，为生命科学研究和生物医药产业发展提供更加坚实的支撑。

中国建筑科学研究院有限公司　王清勤

2025 年 7 月 20 日

前　言

在当今生命科学研究蓬勃发展的时代浪潮中，实验动物作为重要的研究工具和模型，其作用愈发凸显。实验动物设施，作为实验动物生存与开展科研活动的关键场所，其建设和发展水平直接决定了实验动物的质量以及科研成果的可靠性与精准度，承载着推动生命科学领域不断前进的重要使命。

实验动物设施从最初简单的圈养场所，逐渐演变为如今高度专业化、精细化和智能化的复杂系统。早期的实验动物饲养环境较为简陋，对环境因素的控制能力较弱，难以保证实验动物处于稳定且适宜的生存条件下。随着科研需求的日益增长以及对实验动物福利关注度的不断提高，人们开始意识到优化实验动物设施建设的紧迫性和必要性。

如今，实验动物设施建设已迈入一个全新的阶段，融合了多学科的先进技术和理念。在环境控制方面，借助高精度的传感器与自动化控制系统，能够精确调节温度、湿度、光照、空气质量等关键因素，确保实验动物生活在一个稳定、舒适且符合其生理和行为需求的环境中，减少因环境波动对实验动物造成的应激反应，从而提高实验数据的稳定性和可重复性。

及时总结我国实验动物设施建设和管理的发展成就、经验及存在问题，是非常重要且迫切的工作。2018年，亚太建设科技信息研究院有限公司《暖通空调》杂志社等单位发起并立项了"实验室建设与发展报告"系列课题，第一项课题主题为"生物安全实验室"，其课题成果——《生物安全实验室建设与发展报告》于2021年7月出版。第二项课题主题为"化学实验室"，其课题成果——《化学实验室建设与发展报告》，于2023年8月出版。本书为第三项课题"实验动物设施建设与发展报告"的成果，全书分为6个章节，3个附录。

第1章　发展历程。着重介绍国内外在实验动物设施建设与管理方面的经验和成就，探讨实验动物设施的发展历程，分析不同国家的实验动物设施现状，希望对我国实验动物设施的建设与发展提供帮助。

第2章　标准规范。梳理了国内外实验动物设施建设的相关标准规范，从建筑、环境、安全等多个角度进行深入剖析。这些标准规范在保障科学研究的质量和可靠性、维护实验动物福利、保障人员安全、确保合规性和伦理性以及提高科研机构国际竞争力等方面具有重要作用。

第3章　建设运维。详细探讨实验动物设施的建设和运维，包括建设流程、环境指标、工艺布局、建筑设施、废弃物处理、施工要求、检测验收、运行维护八个方面。通过对上述各方面的深入探讨，为读者提供全面的实验动物设施建设运维指南，帮助相关机构打造高标准、高质量的实验环境，促进科学研究的顺利进行和发展。

第4章　关键设备。介绍实验动物设施中有关的实验动物设备在质量要求、技术参数及检测方法等方面的内容，这些设备主要包括饲养设备、运输设备、洗消设备以及实验设备。

第5章　工程实践。介绍典型实验动物设施的项目概况、技术特点、结构及工艺平面、实验动物设施工艺等，包括不同类型、不同等级的实验动物设施，为相关领域的研究人员、工程师和管理者提供有益的参考和借鉴，共同推动实验动物设施建设的不断发展和完善。

第6章　未来发展。分别从实验动物设施的标准化发展、绿色化发展、智慧化发展以及国际化发展四个方面对我国实验动物设施的未来发展趋势进行阐述。

附录1　列出了实验动物设施的常见表格示例。

附录2　记录了国内外实验动物设施发展过程中的重大事件。

附录3　从文献计量学的角度进行分析，系统梳理了2000～2024年关于实验动物设施建设与发展的科技成果情况，主要包括期刊论文、专利与图书。

　　"实验动物设施建设与发展报告"课题于 2023 年 8 月召开正式启动会。在两年的时间里，编制组专家广泛调研，深入总结，多次交流研讨，终成此稿。本书编写过程中，中国医学科学院实验动物研究所秦川教授、中国食品药品检定研究院贺争鸣研究员、北京市实验动物管理办公室李根平研究员、军事科学院军事医学研究院孙岩松研究员、同济大学沈晋明教授和清华大学实验动物中心常在教授等专家对技术内容进行了审阅。中国建筑科学研究院有限公司王清勤、赵力以及《暖通空调》杂志社副主编胡竹萍负责全书的统稿工作，中国建筑科学研究院有限公司贾冠冠、郭诚在统稿过程中也做了大量工作。本书编写过程中，多处引用国家标准规范、文献、著作以及实验动物设施的相关数据，在此一并表示诚挚的谢意！

　　实验动物设施建设涉及内容多，书中疏漏之处在所难免，请广大读者批评指正。

本书编委会

2025 年 7 月 25 日

目　　录

第1章 发 展 历 程

随着生命科学的不断发展，实验动物作为疾病预防、诊断和治疗等方面的重要工具，在生命科学、医学、药物研发、农业等领域的科研工作中扮演着越来越重要的角色，具有广泛的应用。然而，实验动物的使用也带来了一系列伦理和道德问题，例如如何保护实验动物的福利和权益、如何确保实验过程的安全性等。为了解决这些问题，实验动物设施的建设和管理变得非常重要，能为以后实验动物的使用提供保障和便利。

实验动物设施建设是实验动物标准化的必要条件，可以为实验动物的科学发展打下良好的基础。实验动物设施要求合理设计、建设和管理，保障各种环境因素都处于适当的可控范围之内，维持实验动物的健康、福利，以及生物学性状稳定，确保科研、教学、质量检验等过程中实验动物使用的科学性，保护人员职业健康与安全。同时，实验动物设施的发展离不开实验动物科学的发展，也离不开国家有关的法律法规。如何在保障实验动物福利和实验结果稳定的前提下提高实验动物设施的建设和管理水平，在最近几年逐渐成为一个备受关注的话题。

本章着重介绍国际与国内在实验动物设施建设与管理方面的经验和成就，探讨实验动物设施的发展历程，总结不同国家的实验动物设施现状，希望对我国实验动物设施的建设与未来发展提供帮助。

1.1 概　　述

1.1.1　国际发展

实验动物的起源可以追溯到早期科学家对于生物学和医学的研究需要。人们一直在利用动物进行实验，以更好地理解生物学和医学知识，探究疾病原因，以及测试药物的安全性和有效性。从利用动物探索生命现象，到培育出标准化实验动物进行科学研究，人类使用动物开展实验已有2000多年的历史，如图1.1-1所示。

最早有文献记载的动物实验，是从解剖学和胚胎学角度观察各种动物的生理结构差异以及病理的改变。最早的实验动物可能是小鼠、大鼠、兔等，这些动物相对易于捕捉和驯养，并且繁殖速度较快。公元前2~公元4世纪的希腊，亚里士多德和埃拉西斯特拉图斯就曾在活体动物上进行实验。在替代方法尚未成熟的年代，动物实验作为主流的毒理研究方法，为医学的进步做出过许多巨大贡献。随着科学技术的发展，人们渐渐意识到需要专门繁殖、培养和管理实验动物，以确保实验结果的可靠性和有效性。因此，出现了专门的实验动物品种，例如实验大鼠、实验小鼠、实验兔等。

1798年，英国医生琴纳第一次将牛痘接种到人的身体，证明可以使人免除感染天花。19世纪80年代，德国医学家罗伯特·科赫在研究牛炭疽病时，将炭疽杆菌移种到老鼠体内，使老鼠感染炭疽病，最后又从老鼠体内得到炭疽杆菌。这是人类第一次用科学的方法证明某种特定的微生物是某种特定疾病的病原，这一理念对于之后的疾病研究也极为重要。19世纪末，法国化学家巴斯德通过研究感染霍乱的鸡和携带狂犬病病毒的狗，发明了鸡霍乱疫苗、狂犬病疫苗；德国医学家罗伯特·科赫通过在兔和小鼠身上进行炭疽病实验，分离出炭疽杆菌；俄罗斯生理学家巴甫洛夫研究狗的消化特点，进而建立了条件反射学说。科学家卢克·R·宾格尔（Luke Rendell）是第一个使用与鲸鱼认知和社交能力相关的技术来深入了解人类运作方式的人。后续一些研究发现，鲸鱼具有高度复杂的社交结构

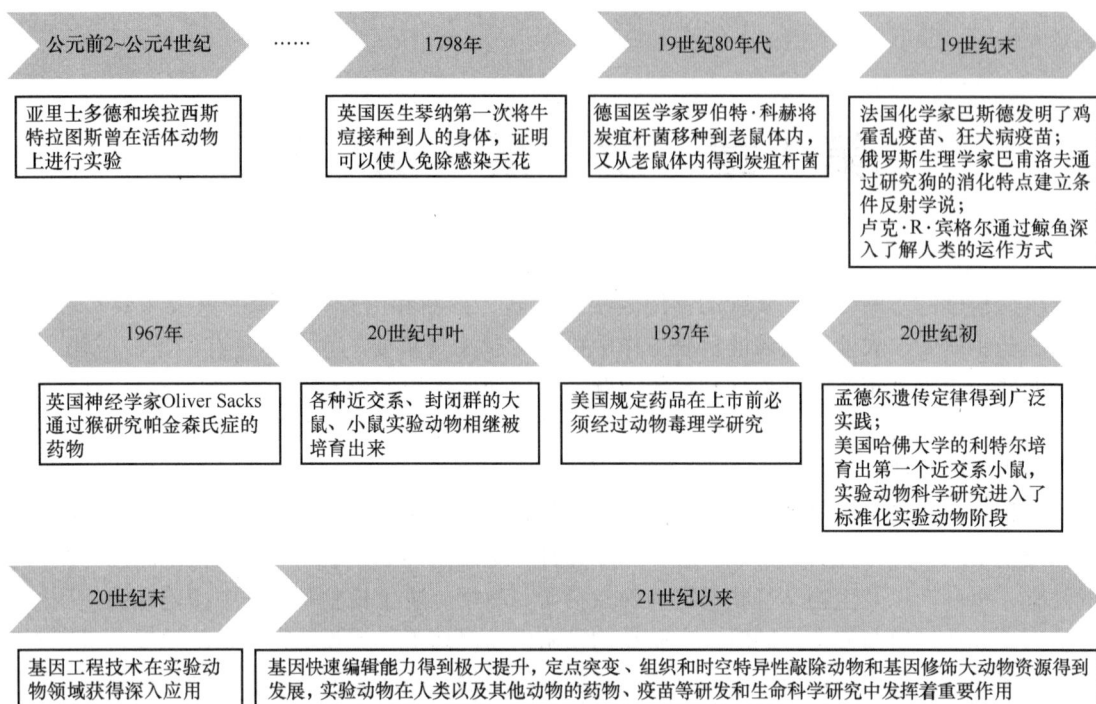

图 1.1-1　动物实验的发展

和沟通能力。到了 20 世纪，以动物实验为代表的毒理学实验变得尤为重要。20 世纪末，孟德尔遗传定律得到广泛实践，美国哈佛大学的利特尔培育出第一个近交系小鼠，标志着实验动物科学研究进入了标准化实验动物阶段。1937 年在美国，一种磺胺药水（Elixir Sulfanilamide）导致 100 多名使用者死亡，这促使政府收紧药品上市要求，罗斯福总统签署《联邦食品、药品和化妆品法案》，要求药品在上市前必须经过动物毒理学研究。20 世纪中叶，以美国 Lobund 实验室育成的无菌大鼠和英国医生格里斯特发现的胸腺缺乏免疫缺陷裸小鼠为代表的各种近交系、封闭群的大鼠、小鼠实验动物相继被培育出来。1967 年，英国神经学家奥利弗·萨克斯（Oliver Sacks）通过在猴类体内进行实验，研究帕金森氏症的药物，以确定其副作用和有效性。20 世纪末，基因工程技术在实验动物领域获得深入应用，科学家利用基因修饰技术创造出数以万计的遗传修饰动物模型，再次促进了实验动物科学的飞速发展。近年来，规律成簇的间隔短回文重复序列（CRISPR）基因编辑技术极大地提升了基因快速编辑的能力，推动了定点突变、组织和时空特异性动物模型的建立，以及基因修饰大动物资源的发展。实验动物在人类以及其他动物的药物、疫苗等研发和生命科学研究中，一直发挥着重要的作用。

实验动物是科学研究过程中必不可少的条件资源和重要手段，在探索生物起源、攻克疑难病症、抵抗衰老、创制新药等科学研究中，以及在保护生态环境、生产农畜产品、检验进出口商品等众多领域，发挥着重要的基础支撑作用，其发展水平已经成为衡量国家、地区或科研单位科研水平的重要标志。然而，在实验动物的使用上，也引起了一些伦理和道德上的争议。因此，在现代的科学实验中，必须遵循伦理规定，确保实验动物的福利。同时，科学家也在不断努力寻找更好的方法和替代品，以减少对实验动物的需求。

在实验动物设施建设上，西方国家的实验动物中心一般采用模块化设计，即将多个实验室模块拼装在一起，形成一个完整的实验动物中心。该设计方案可以根据不同的实验需求，灵活地调整实验室的大小和结构。同时，西方国家对实验动物的使用和管理也制定了严格的法律法规。如美国的《动物福利法案》、欧盟的《保护科研用动物的欧洲议会及欧盟理事会指令》（简称《实验动物指令》）等，要求实验动物的使用必须符合一定条件，并且需要定期检查和评估实验动物的生存状况和使用情况。第二次世界大战期间，动物实验广泛应用于军事领域，相关设施得到加强和扩充。20 世纪 60 年代，动物实验的安全性和实验动物福利引起越来越多的关注。20 世纪 70 年代，第一个法律框架管制动物实验行为的规定出台（美国）。20 世纪 80 年代末期至 90 年代中期，美国环保局、美国食品药品管理局等机构发布了一系列涉及动物实验的指南，内容涵盖动物养护、有效性和可行性等方面。20 世纪初，由于科学技术的快速发展和对实验动物的需求不断增加，促使实验动物设施的发展进入重要时期。在这个时期，国外实验动物设施的建设和管理得到了重视，许多国家开始实施更为严格的法律和规定来保护实验动物的福利。21 世纪，实验动物设施在全球范围内得到更严密的监管和审查，标准得到提高。

随着医学和科学技术的进步，实验动物在医学和科研领域的作用日益凸显，因此需要建立专门的实验动物设施，以提供安全、规范、有序、科学的动物实验环境。国际上实验动物设施的整体发展情况分为以下阶段（图 1.1-2）：

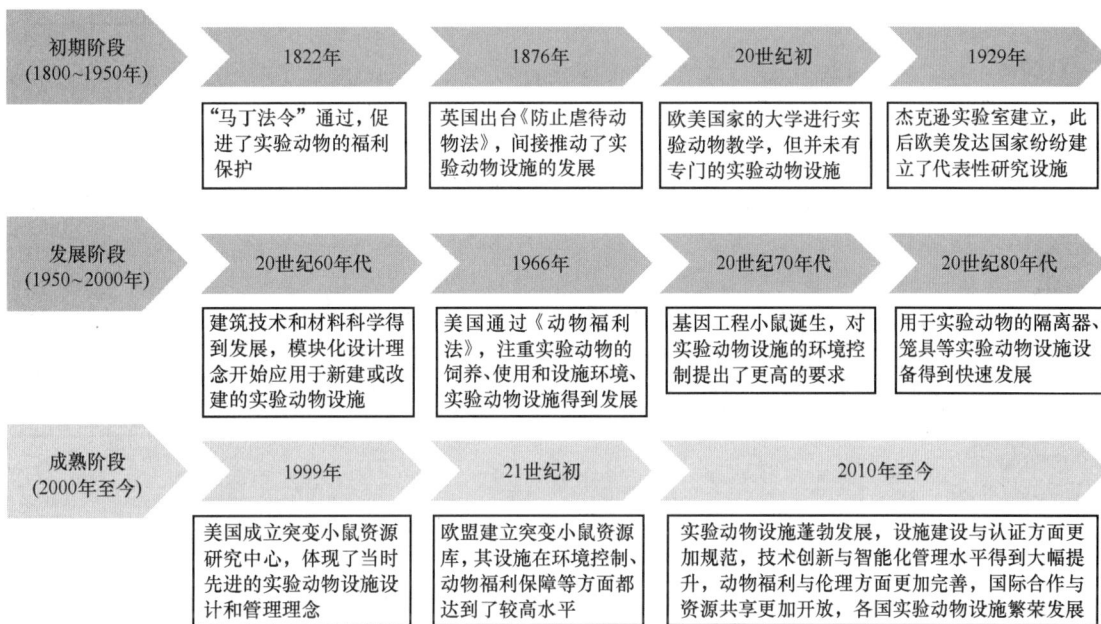

初期阶段 (1800~1950年)	1822年	1876年	20世纪初	1929年
	"马丁法令"通过，促进了实验动物的福利保护	英国出台《防止虐待动物法》，间接推动了实验动物设施的发展	欧美国家的大学进行实验动物教学，但并未有专门的实验动物设施	杰克逊实验室建立，此后欧美发达国家纷纷建立了代表性研究设施
发展阶段 (1950~2000年)	20世纪60年代	1966年	20世纪70年代	20世纪80年代
	建筑技术和材料科学得到发展，模块化设计理念开始应用于新建或改建的实验动物设施	美国通过《动物福利法》，注重实验动物的饲养、使用和设施环境，实验动物设施得到发展	基因工程小鼠诞生，对实验动物设施的环境控制提出了更高的要求	用于实验动物的隔离器、笼具等实验动物设施设备得到快速发展
成熟阶段 (2000年至今)	1999年	21世纪初	2010年至今	
	美国成立突变小鼠资源研究中心，体现了当时先进的实验动物设施设计和管理理念	欧盟建立突变小鼠资源库，其设施在环境控制、动物福利保障等方面都达到了较高水平	实验动物设施蓬勃发展，设施建设与认证方面更加规范，技术创新与智能化管理水平得到大幅提升，动物福利与伦理方面更加完善，国际合作与资源共享更加开放，各国实验动物设施繁荣发展	

图 1.1-2　国际上实验动物设施的发展阶段

1. 初期阶段

该阶段，实验动物设施主要是提供实验动物的基本需要和保护动物的福利，基础设施简陋，管理较为混乱。早期的实验动物设施主要是一些简易的笼子来存放实验动物（如老鼠、兔子、猪等）。这些笼子通常由简单的材料制成，如钢丝网、木板、竹子等。随着实验动物品种和数量的增加，设施的规模和设备的要求也逐渐提高。

2. 发展阶段（规范性管理阶段）

该阶段，针对实验动物的质量管理和运输等环节提出规范性要求，同时增加了设备和技术支持，提高了动物繁殖和饲养的能力。该阶段是实验动物设施发展的规范性管理阶段，旨在保证实验动物的福利和权益。通过采取这些措施，可以提高实验结果的科学性和可重复性，促进实验科学的快速发展。

3. 成熟阶段

该阶段，应用新兴的科技手段（如基因编辑、药物筛选等），提高实验动物的可靠性、精确性和经济性；倡导资源节约和环境保护，加强了环保管理，包括废弃物处理、节能减排，达到可持续发展的目的；应用互联网、大数据等技术实现智能化管理和全过程管控，保证实验动物的健康、安全和福利。

1.1.2　国内发展

相对国际而言，我国实验动物科学起步较晚，随着实验动物科学的发展和国家对科学研究的重视，我国的实验动物科研逐步进入规范化、专业化的发展阶段。我国实验动物设施发展整体经历了以下四个阶段（图 1.1-3）：

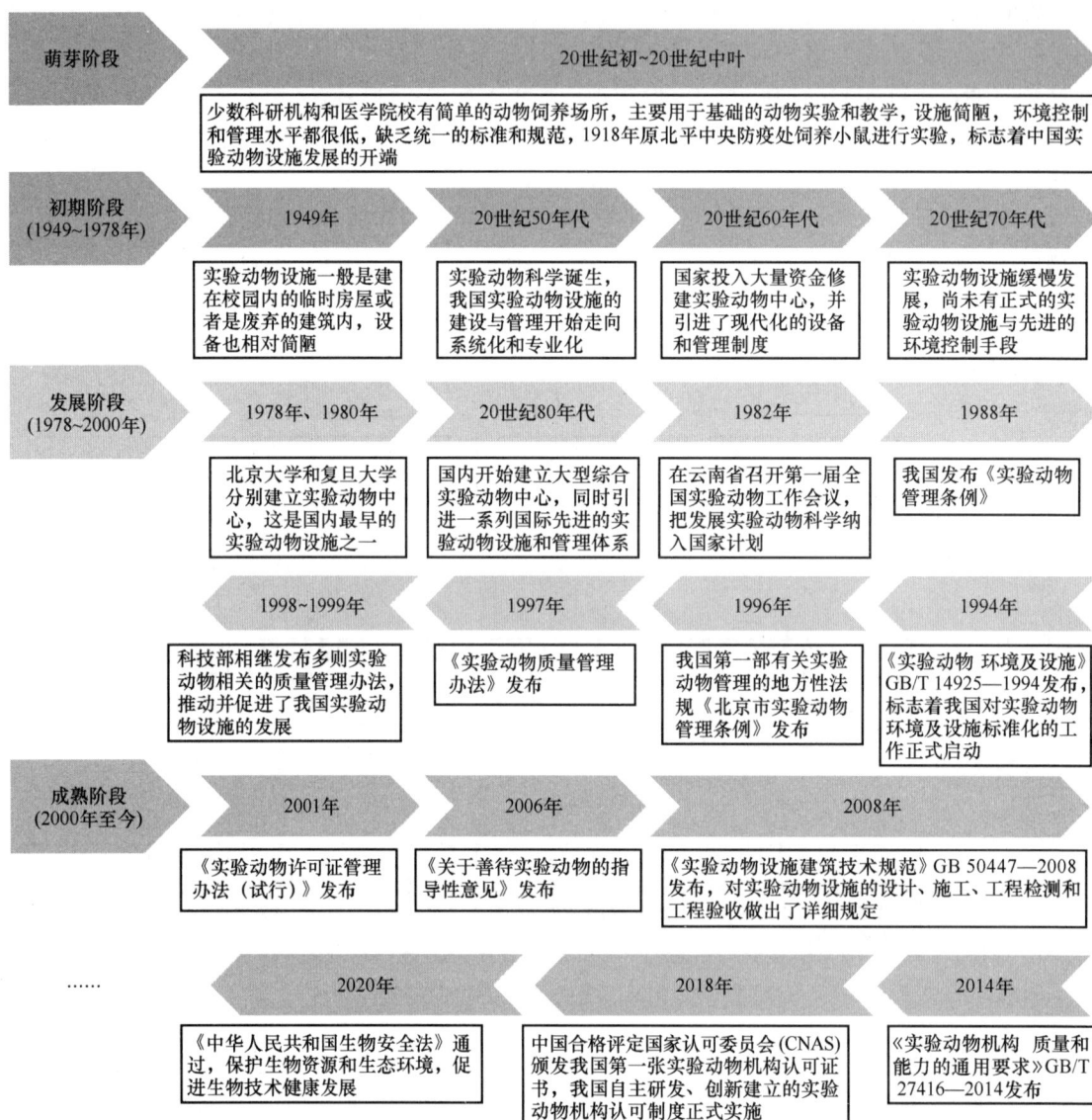

图 1.1-3　我国实验动物设施的发展阶段

1. 萌芽阶段（20 世纪初～20 世纪中叶）

我国于 1918 年就开始饲养繁殖小鼠进行实验研究，这是我国实验动物设施发展的开端。在 20 世纪以前，人们使用实验动物进行科学研究是不系统和不准确的，此阶段缺乏规范的实验动物设施和科学的研究方法。

2. 初期阶段（1949～1978 年）

我国实验动物设施发展的初期阶段可以追溯到 20 世纪 50 年代末期。1949 年以后，我国开始大力发展生物医学，实验动物成为科学研究的必需品之一。然而由于前期病毒研究缺乏标准化，实验动物使用十分简单，没有专门的实验动物设施。为了满足实验动物的需求，国内开始修建实验动物设施。最早的实验动物设施都比较简单，一般是建在校园内的临时房屋或者是废弃的建筑内，设备也相对简陋。这个阶段建设的重点在于提供活体供试材料和培养实验技术人员，建设了一批简单的动物实验室和动物房。

20 世纪 60 年代，随着国家对科学技术研究的投资逐渐增加，实验动物设施的发展开始发生变化。国家投入大量资金修建实验动物中心，并引进了现代化的设备和管理制度。这些设施包括细胞培养室、动物饲养室、感染流行病学实验室、动物手术室等，设备也更加先进。

3. 发展阶段（1978～2000 年）

1978 年以后，通过引进技术和人才、自主研发技术等方式逐渐完善实验动物设施，我国建设了大量现代化的动物实验室和动物房，可以适应一系列实验需要。同时，在高校、科研机构和企业内部也开始建设动物实验室和动物房。其中，北京大学和复旦大学实验动物中心是国内较早的实验动物设施，分别于 1978 年和 1980 年开始建设。20 世纪 80 年代，实验动物设施进一步完善，国内开始建立大型综合实验动物中心，同时引进了一系列国际先进的实验动物设施和管理体系。在这些设施中，涉及的学科和研究方向也更加广泛，覆盖了生命科学、医学研究、环境保护等多个领域，并于 1982 年在云南召开了第一届全国实验动物工作会议，这次会议首次将实验动物管理纳入国家科技管理体系，是我国实验动物科学从起步到规范发展的转折点。1988 年，我国发布《实验动物管理条例》，确立了实验动物管理体系框架和管理模式，对实验动物管理政策法规体系的建立起到了重要的指导作用。1996 年 10 月 17 日，北京市第十届人民代表大会常务委员会第三十一次会议通过了《北京市实验动物管理条例》，这是我国第一部有关实验动物管理的地方性法规，在国内首次规定了实行统一的实验动物许可证制度取代原来实行的多部门分散管理的实验动物合格证制度；1997 年，国家科委（现科技部）、国家技术监督局联合发布了《实验动物质量管理办法》，1998 年至 1999 年，先后发布了《国家实验动物种子中心管理办法》《国家啮齿类实验动物种子中心引种、供种实施细则》《省级实验动物质量检测机构技术审查准则》《省级实验动物质量检测机构技术审查细则》和《关于当前许可证发放过程中有关实验动物种子问题的处理意见》等部门规章。

以下是我国实验动物设施在发展阶段的一些主要情况：

（1）实验动物房

实验动物房主要靠改建既有建筑物而建成，设施条件较差。随着技术的不断进步和投入的加大，逐渐建设出一批现代化实验动物房，配备了温湿度自控、净化、照明等设备，可为实验动物提供更加舒适的环境。

（2）实验动物品种

实验动物品种以大鼠、小鼠、兔等为主，后来逐渐引进了犬、猴、豚鼠等。然而，犬、猴等大型动物的引进和繁育特别困难，需要具备较高的技术和管理水平。

（3）饲养管理

实验动物饲养管理水平较低，饲养条件也比较恶劣。随着专业人才的引进和技术的不断改进，我国实验动物的饲养管理水平逐渐提高，如建立了全国统一的标准化饲养管理制度，规范了饲养操作，减少动物的痛苦和伤害。

（4）生物安全控制

初期我国生物安全设施的建设和管理水平较低，容易出现事故。随着技术的进步和投入的加大，我国逐渐建立了健全的实验动物生物安全管理制度，为实验动物的生物安全以及人员的人身安全提供了有力保障。

4. 成熟（现代化建设与规范化管理）阶段（2000 年至今）

近年来，我国建立了很多现代化、规范化的实验动物设施，例如中国科学院实验动物中心、上海交通大学实验动物中心、浙江大学实验动物中心等。此外，我国还颁发了一系列关于实验动物使用和管理的法律法规和规范性文件，设立了实验动物伦理委员会和实验动物管理机构，对实验动物的使用和管理进行严格监管。实验动物设施的建设，包括标准体系、管理体系、建筑技术体系等，逐渐走向成熟，呈现出资源整合与共享，设施规模化和自动化，法律法规更加完善的态势。

在法律法规方面：2001 年，科技部、卫生部等 7 部门联合发布了《实验动物许可证管理办法

（试行）》；2006年，科技部发布了《关于善待实验动物的指导性意见》。行政法规、地方性法规、部门规章以及管理办法等规范性文件的制定，对加强我国实验动物管理工作法治化、提升实验动物对科技发展的支撑水平发挥了重要作用。

在规范管理方面：2008年，《实验动物设施建筑技术规范》GB 50447—2008 对新建、改建、扩建的实验动物设施的设计、施工、工程检测和工程验收做出了详细规定，旨在确保实验动物设施在设计、施工、检测和验收方面满足环境保护和实验动物饲养环境的要求，做到技术先进、经济合理、使用安全、维护方便。在设施建设和规范制定的基础上，我国建立了一套完整的实验动物设施管理制度和体系，包括实验动物管理档案、实验动物使用审批、实验动物健康监测等方面的制度和流程。随着信息技术的不断发展，各级实验动物管理机构逐步建立了实验动物管理信息化平台，实现了实验动物使用和管理的数字化、信息化。

我国的实验动物设施现代化建设和规范化管理经历了多个阶段的发展，从法律法规的制定到设施的建设管理等方面都得到了极大改善和提升，为保障实验动物的福利和科学研究的顺利开展奠定了坚实基础。目前，我国已经拥有了多个大型国家级实验动物中心，并且在管理和技术方面均有很大进步。未来，随着科学技术的不断发展，我国实验动物设施也将不断更新完善，为科学研究提供更好的实验条件。

1.2 美　　国

1.2.1　起源及发展

美国对实验动物的关注最早可追溯于19世纪60年代，纽约、费城等地曾先后成立了防止虐待动物的组织。1921年，美国芝加哥成立科技协会，其任务之一是讨论有关实验室分配与接受无主动物用于实验的问题。1929年，美国成立了加奇森（Gachson）研究所，专门用于培育纯系动物，并逐渐建立起一些规模较大和设备先进的实验动物设施。到20世纪40年代，美国出现了第一批实验动物设施验证和认证机构，如美国动物保护委员会，这些机构制定了实验动物设施建设和管理的标准和规范，确保了实验动物的福利和实验的科学性。

20世纪50年代，随着基因工程的兴起，美国实验动物设施的建设和管理得到了进一步的加强。1950年，动物饲养管理小组（Animal Care Panel，ACP）在芝加哥成立，并于1967年更名为美国实验动物学学会（American Association for Laboratory Animal Science，AALAS）。1952年，实验动物资源研究所和各级实验动物中心成立，为实验动物设施的发展提供了更多可能。1953年，成立美国动物资源协会，并在1956年更名为实验动物研究学会（Institute for Laboratory Animal Research，ILAR），下设遗传、营养、寄生虫、标准等委员会，定期发布有关信息。

进入20世纪60年代，美国实验动物科学蓬勃发展，通过制定标准、立法等手段走上了法治化管理的轨道。1961年，美国实验动物医学学会（American College of Laboratory Animal Medicine，ACLAM）成立，在当今世界实验动物科技界具有非常高的声望。1963年，动物饲养管理小组出台《实验动物设施和饲养指南》，由于该指南受助于美国国立卫生研究院（National Institutes of Health，NIH），因此也被认为是NIH《实验动物饲养管理与使用指南》的第一版，并于1965年、1971年、1972年、1978年、1985年、1996年分别修订为第二、三、四、五、六、七版，目前已修订至2011年的第八版。同年，动物饲养管理小组成立独立的动物设施认证委员会，于1965年更名为美国实验动物评估与认证协会（American Association for the Accreditation of Laboratory Animal Care，AAALAC），对各被评估单位的动物使用、管理及设施进行检查评估，随后AAALAC迁往毗邻华盛顿特区的NIH总部，与美国实验动物学学会及美国实验动物从业人员协会（American Society for Laboratory Animal Practitioners，ASLAP）共同研究全美生物医学机构实验动物管理政策体系。并且，美国兽医协会（American Veterinary Medical Association，AVMA）的安乐死小组于AVMA杂志上发表了第一份报告。1966年，美国通过了第一部规范动物研究的联邦法律《实验动物福利法》，并在此之后进行了多次修订，该法首次以联邦法律形式禁止偷窃家养或宠物犬猫作为实验用动物。从此，美国逐渐形成全国性的动物管理法规与标准化的实验动物繁殖、饲养、使用和管理体系，主要体现在对实验动物的来源、质量、动物饲养设施环境方面的规范性要求。

1970年，《实验动物福利法》删除"实验"二字，更名为《动物福利法》，表明管辖重点不再是实验动物，而是温血动物，但该法对动物的定义不包括实验室小鼠和大鼠。1973年，美国公共卫生署（Public Health Service，PHS）颁布实验动物法规《人道养护和使用实验动物》，以法规的形式取代了NIH的管理政策，强制要求机构进行动物设施AAALAC认证。1978年，美国食品药品管理局（Food and Drug Administration，FDA）发布《良好实验室操作规范》（Good Laboratory Practice，GLP），即所谓的"GLP规范"或"生物安全性评价工作质量管理原则"，它是美国药品食品安全性评价工作的一个规范，并涉及一部分动物非临床测试标准。1979年，PHS对《人道养护和使用实验动物》进行修订，明确授权NIH的实验室安全与防护办公室（Office for Protection from Research Risks，OPRR）下属的动物福利科（Division of Animal Welfare，DAW）具体负责实验动物管理和使用委员会（Institutional Animal Care And Use Committee，IACUC）事务，此后该科演化为NIH实验动物福利办公室（Office of Laboratory Animal Welfare，OLAW），负责IACUC事务至今。

1984年，美国疾病控制和预防中心（Centers for Disease Control and Prevention，CDC）首次发布《微生物和生物医学实验室的生物安全指南》（BMBL指南），为实验室中生物试剂的安全处理、储存等提供了建议，其中也涉及实验动物设施的相关要求，于2021年发布BMBL指南第六版。1985年，美国颁布《食品安全法案》，其中F分标题《动物福利》，也被称作《实验动物法案 改良标准》，后来这部分内容并入《动物福利法》。同年，《健康研究扩展法案 实验用动物》发布，PHS据此修订《人道养护和使用实验动物》，将联邦法案《美国政府关于脊椎动物实验使用管理准则》作为规范性附录整合进1986年版的PHS法规，覆盖了用于实验研究的所有脊椎类动物。从此，PHS的实验动物法规政策有了质的飞跃。另外，为了响应公众对实验动物护理和使用的兴趣，机构间研究动物委员会还起草了《美国政府关于用于测试、研究和培训的脊椎动物利用和护理的原则》。

1992年，NIH发布第一版《IACUC工作手册》，同时发布IACUC工作101问答，细致描述了IACUC的组成职能、运行工作机制、委员职责及履职、动物使用与管理、人员培训、发生问题的处理建议等。进入21世纪，美国实验动物相关法律法规以及管理制度日趋成熟，实验动物设施认证、实验动物设施运行、人员操作管理等也逐渐规范。

为方便阅读了解，将美国实验动物及设施的发展概况整理于表1.2-1。

美国实验动物及设施的发展概况 表1.2-1

时间	事件	备注
1950年	动物饲养管理小组（ACP）成立	1967年更名为美国实验动物学学会（AALAS）
1952年	实验动物资源研究所和各级实验动物中心成立	提倡对动物进行高质量、人道地对待，合理使用动物及其替代物
1953年	美国动物资源协会成立	1956年更名为实验动物资源学会（ILAR），下设遗传、营养、寄生虫、标准等委员会，定期发布有关信息
1961年	美国实验动物医学学会（ACLAM）成立	ACLAM在当今世界实验动物科技界具有很高的声望
1963年	动物设施认证委员会成立；《实验动物设施和饲养指南》出台 美国兽医协会安乐死小组发表第一份报告	《实验动物设施和饲养指南》被认为是美国国立卫生研究院（NIH）《实验动物饲养管理与使用指南》的第一版
1965年	美国实验动物评估与认证协会（AAALAC）成立	要求对各被评估单位的动物使用、管理及设施进行检查评估

续表

时间	事件	备注
1966 年	美国通过《实验动物福利法》	此为第一个规范动物研究的联邦律法，涵盖了动物的运输、销售和处理，并规定了动物经销商的许可证，以防止偷窃宠物并将其出售给研究设施
1970 年	《实验动物福利法》删除"实验"二字，更名为《动物福利法》	管辖重点不再是实验动物，而是温血动物，但该法对动物的定义不包括实验室小鼠和大鼠
1971 年	NIH 颁布完全由自己制订的"实验动物政策"，同时发布《实验动物使用准则》	该准则被称为 NIH《实验动物饲养管理与使用指南》第四版。1978 年、1985 年、1996 年分别修订为第五、六、七版，目前已修订至 2011 年的第八版
1973 年	美国公共卫生署（PHS）颁布实验动物法规《人道养护和使用实验动物》	以联邦法规形式取代了 NIH 的管理政策
1978 年	美国食品药品管理局（FDA）发布《良好实验室操作规范》	此即所谓的"GLP 规范"或称为"生物安全性评价工作质量管理原则"
1979 年	PHS 修订《人道养护和使用实验动物》	明确授权 NIH 的实验室安全与防护办公室（OPRR）下属的动物福利科（DAW）具体负责实验动物使用和管理委员会（IACUC）事务，此后该科演化为 NIH 实验动物福利办公室（OLAW）负责 IACUC 事务至今
1984 年	美国疾病控制和预防中心（CDC）首次发布《微生物和生物医学实验室的生物安全指南》（BMBL 指南）	BMBL 指南为实验室中生物试剂的安全处理、储存等提供了建议，于 2021 年发布第六版
1985 年	颁布联邦《食品安全法案》； 发布《健康研究扩展法案 实验用动物》； 起草《美国政府关于用于测试、研究和培训的脊椎动物利用和护理的原则》	《食品安全法案》中涉及动物福利方面的内容，后来该部分内容并入《动物福利法》中； PHS 据《健康研究扩展法案 实验用动物》修订《人道养护和使用实验动物》，将联邦法案《美国政府关于脊椎动物实验使用管理准则》作为规范性附录整合进 1986 年版的 PHS 法规，覆盖了用于实验研究的所有脊椎类动物
1988 年	《农业研究和教学中农业动物护理和使用指南》出版	于 1999 年和 2010 年进行修订，通常被称为 FASS 农业指南
1992 年	NIH 发布第一版《IACUC 工作手册》	同时发布 IACUC 工作 101 问答，细致描述了 IACUC 的组成职能、运行工作机制、委员职责及履职、动物使用与管理、人员培训、发生问题的处理建议等
2008 年	NIH 首次发布《设计要求手册》（Design Requirements Manual，DRM）	规定了政策、设计要求、标准和技术标准，用于规划、计划和设计 NIH 拥有、租赁、运营和资助的建筑和设施。DRM 是同类中手册中唯一详细的设计要求和指导手册，其中含有大量详细的实验动物设施的设计要求。2016 年发布了第二版
2021 年	发布《微生物和生物医学实验室的生物安全指南》（BMBL 指南）（第六版）	第六版 BMBL 指南包括修订后的章节、代理摘要声明和附录。加入了以下主题的新附录：灭活和验证、实验室可持续性、大规模生物安全、临床实验室生物安全。第六版 BMBL 指南仍然是一份咨询文件，但仍有人将其视为监管文件

1.2.2　法规及指南

1.《动物福利法》（Animal Welfare Act，AWA）

美国第一个规范动物研究的联邦法律是 1966 年国会通过的《实验动物福利法》。最初该法仅包括狗、猫、非人灵长类动物、豚鼠、仓鼠和兔，涵盖了动物的运输、销售和处理，并规定了动物经销商的许可证，以防止偷窃宠物并将其出售给实验动物研究设施。该法是在克里斯汀·史蒂文斯（Christine Stevens）领导的激进组织动物福利研究所的帮助下通过的，该组织倡导在实验动物设施内进行更加人道的动物实验。

美国农业部（U. S. Department of Agriculture，USDA）的动植物卫生检验署（Animal and Plant Health Inspection Service，APHIS）通过检查实验室和监测遵守该法的情况来执行《动物福利法》。《动物福利法》已经修订了四次，每次都提高了动物护理的标准。1985 年版使用最为广泛，它有两个非常显著的作用：首先，建立了动物福利信息中心，提供与动物福利相关的信息、产品和服务，包括但不限于员工培训、防止无意中的动物实验重复、改进动物实验方法（包括减少或替代动物使用的方法）以及最小化动物疼痛和痛苦的方法（如麻醉和镇痛程序）等。其次，规定每个使用受保护物种的研究机构都必须在 USDA 注册，并建立动物护理和使用委员会（IACUC）来审查所有涉及活体温血动物的实验方案。类似的委员会已经存在，以监督临床试验。

然而，《动物福利法》的一个缺点在于它没有涵盖实验动物中最常见的物种，即大鼠、小鼠和鸟类，主要原因是 USDA 没有精力检查所有的实验动物设施。尽管动物保护界做出了许多努力，试图将大鼠、小鼠和鸟类包括在 AWA 内，但美国通过了一项法案，将用于研究的大鼠、小鼠和鸟类永久排除在《动物福利法》覆盖范围之外。但一些接受联邦资助的实验动物研究设施，在使用这些物种时将受到 PHS 政策的保护。也有一些私营公司和小型教学学院，只使用大鼠、小鼠和鸟类，他们不受 AWA 或 PHS 政策的约束。

2.《人道养护和使用实验动物》（PHS 政策）

另一个指导实验动物护理和使用的联邦标准是美国公共卫生署的《人道养护和使用实验动物》（PHS 政策）。PHS 政策在 1973 年和 1979 年进行了修订，之后受到《健康研究扩展法案》的影响，于 1985 年再次进行了重大修订。PHS 政策适用于接受 PHS 资助的研究机构，其中包括大多数进行动物研究的大学和学院。虽然 PHS 政策只适用于 PHS 资助的研究，但它比《动物福利法》应用更广泛，因为它涵盖了所有脊椎动物（包括鱼类和爬行动物）。1986 年 9 月发布了该政策的补充修订版。2002 年进行了另一次修订，以反映提交 IACUC 批准过程中的变化以及必须包含在动物福利保证中的信息。

根据 PHS 政策，每个在 PHS 资助的项目中使用动物的机构必须提供书面保证，证明其遵守该政策。在动物福利保证中，使用动物的机构必须描述以下内容：动物护理和使用机构计划、机构地位、机构动物护理和使用委员会的组成。

3.《实验动物饲养管理与使用指南》

该指南不仅是 AAALAC 国际认证的基础，也是 PHS 政策中关于人道养护和使用实验动物的核心部分。根据 1985 年美国国会通过的《健康研究扩展法案》，该指南是强制执行的。1996 年版（第七版）强调了性能标准在制定可接受的实验动物护理和使用标准方面的重要性，所述的基于业绩的办法与工程办法形成对照，后者既规定了结果，又规定了实现这些结果的方法。目前为 2011 年版（第八版），扩展了基于绩效的方法，并强调机构官员、IACUC、主治兽医和首席研究员在实施该指南时需要合作。不遵守该指南会导致 AAALAC 国际认证的丧失，并被视为危及 NIH 资助机构的一个严重问题。

4.《农业研究和教学中农业动物护理和使用指南》（FASS 农业指南）

《农业研究和教学中农业动物护理和使用指南》于 1988 年出版，并于 1999 年和 2010 年修订，通常被称为 FASS 农业指南。目前的第 3 版旨在为参与研究和教学的农业动物提供标准，其序言中指出：农场动物有一定的需求和要求，这些需求和要求不一定会因为研究或教学活动的目标而改变。因此，无论教学或研究的目标如何，FASS 农业指南都应作为农业动物需求和要求的主要参考文件。与《实验动物饲养管理与使用指南》类似，FASS 农业指南强调在实施其中描述的机构标准时使用绩效标准和专业判断，以适用于不同的机构及其农业计划。

FASS 农业指南第 3 版的内容包括：制度政策、农业动物保健、畜牧业、住房和生物安全、环境富集、动物处理和运输、肉牛、奶牛、马、家禽、绵羊和山羊、猪。FASS 农业指南和《实验动物饲养管理与使用指南》有许多相似之处，仅个别农场动物物种特有的标准在单独的章节中进行了描述。

5.《美国政府关于用于测试、研究和培训的脊椎动物利用和护理的原则》（美国政府原则）

美国政府原则由机构间研究动物委员会起草，以响应公众对实验动物护理和使用的兴趣。该文件强调遵守联邦法律、政策和准则，并确立了在研究、教学和测试中使用动物或赞助使用动物时的总体原则，并在 PHS 政策、《实验动物饲养管理与使用指南》、FASS 农业指南和其他动物护理和使用指南中具有突出地位，已成为美国实验动物护理和使用的基础。

6.《美国兽医协会安乐死指南》（《AVMA 安乐死指南》）

AVMA 安乐死小组的第一份报告于 1963 年发表在 AVMA 杂志上，并在 1972 年、1978 年、1986 年、1993 年、2000 年和 2013 年进行了多次修订。2007 年，该指南进行了更新并更名为《AVMA 安乐死指南》，适用于执行或监督动物安乐死的兽医，已被美国的研究机构广泛使用。许多 IACUC 已经制定了机构政策，要求安乐死程序符合《AVMA 安乐死指南》。该指南 2013 年版全面讨论了各种物种安乐死的方法、技术、代理人的解释，以帮助兽医应用他们的专业进行判断。

7.《设计要求手册》（Design Requirements Manual，DRM）

美国国立卫生研究院（NIH）的《设计要求手册》（DRM）规定了政策、设计要求、标准和技术，用于规划和设计 NIH 拥有、租赁、运营和资助的建筑和设施，是唯一具有详细设计要求和指导的手册。2016 年 DRM 中汇编的信息是技术研究的成果，这些技术研究成果形成了许多国家和国际标准、经验教训以及用于 NIH 设施设计和施工的建筑和工程技术。为了确保提供最新、最相关、最全面的手册，负责维护和更新 DRM 的技术资源部（DTR）不断研究和测试最先进的创新技术，从这些研究以及多年的专业经验和积累的经验教训中收集数据，形成了以数据为导向的决策和 NIH 设施的设计和建设实践。在修订过程中，DTR 召集了来自工业界、学术界和政府的 200 多名专业人士，包括设计师、建筑师、工程师、研究人员、兽医、维护人员、生物安全专家等，收集了建设 NIH 设施所涉及的复杂设计、施工和功能问题等方面的独特见解，并评估了 3000 多条意见，汇编了 DRM 的许多草案。通过这个严格的过程，DTR 已经涵盖了最先进的设计指南和标准，这将有助于支持 NIH 在未来几年的任务。

8.《微生物和生物医学实验室的生物安全指南》（BMBL 指南）

BMBL 指南自 1984 年由 CDC 首次发布以来，一直是美国生物安全实践的基石，其中提出的生物安全原则一直延续到第六版。第六版 BMBL 指南仍然是一份咨询性文件，从生物安全的角度为生物医学和临床实验室的安全推荐最佳做法，其核心原则是以协议为导向的风险评估。一份文件不可能确定生物医学和临床实验室中所有可能的风险组合和可行的缓解措施，BMBL 指南作为生物医学和临床实验室评估和建议缓解步骤的工具，在美国被广泛采用，已经成为美国生物安全实践的总体指导文件，为美国实验动物设施的建设发展提供了参考。

以上这些法规和指南的重点是将注意力引向美国动物福利标准的核心，这些标准侧重于研究、教学和测试中的动物。除了这些法规和指南，美国还出台了许多准则和法规，这些准则和法规的广度和范围太大，但有助于帮助我们认识美国实验动物设施法律法规及标准指南的整体框架，例如：《人道屠宰方法法》《马保护法》《二十八小时法》《研究动物人道运输指南》《美国哺乳动物学家协会关于在研究中使用野生哺乳动物的指南》《在研究中使用野生鸟类的指南》《非人灵长类动物的心理健康》《癌症研究中动物福利和使用指南》《神经科学和行为研究中哺乳动物护理和使用指南》《在野外和实验室研究中使用活体两栖动物和爬行动物的指南》《非人灵长类动物的环境富集资源指南》等。

1.2.3 管理机构

1. 实验动物管理和使用委员会（IACUC）

每个机构都设立 IACUC，以审查所有拟进行的动物实验。每个动物实验方案必须包括：①使用动物的理由、使用动物的数量和选择的物种；②用于消除或尽量减少疼痛和不适的程序或药物；③用于寻找替代疼痛程序的方法和来源；④确保实验避免不必要的重复研究。

一个 IACUC 通常至少有五名成员，其中一名必须是负责该机构动物护理的兽医博士、一名在动物研究方面经验丰富的科学家、一名社区代表、一名主要关注点不是科学方面的专业人员（例如，伦理学家、神职人员或律师等），以及一名与该机构没有任何关系的成员，旨在代表整个委员会的利益。IACUC 每年还对实验动物设施进行两次检查，以确保被检查设施机构符合联邦监管政策。美国应用研究伦理协会（ARENA）与 NIH 实验动物福利办公室（OLAW）合作，出版了一些指南，以帮助机构组织和支持 IACUC，并帮助 IACUC 对所在机构的动物福利进行有效监督。ARENA 的兄弟组织"医学与研究的公共责任"（Public Responsibility in Medicine and Research，PRIM & R）每年针对 IACUC 成员举办会议，并定期为 IACUC 新成员举办培训。

2. 美国实验动物评估与认证协会（AAALAC）

美国实验动物评估与认证协会是一个非营利性组织，旨在促进美国实验室动物护理的标准统一。AAALAC 对美国境内的动物护理进行监督，并在自愿的基础上对实验动物设施进行认证，每三年对实验动物设施进行一次评估，以确保科学家遵守指南中规定的准则。AAALAC 现在也在对全世界的研究和测试项目进行认证。

3. 州和地方监管

美国各州可以进一步规范实验动物的护理和使用。例如，马萨诸塞州有自己的法律来管理实验动物的护理，该州公共卫生局对饲养狗或猫的实验动物设施进行许可和检查。美国其他城市也有法律和法规，对其管辖范围内发生的实验动物设施进行更多的地方控制。

将美国实验动物主要法规及监管或监督机构总结于表 1.2-2。

美国实验动物主要法规及监管或监督机构总结　　　　　　　　　　表 1.2-2

法规/监管或监督机构	要点
《动物福利法》	保护所有温血动物，但为研究而饲养的大鼠、小鼠和鸟类除外，涉及的机构包括动物园、马戏团、研究实验室、医院、企业、联邦机构、经销商、繁殖者等； 每个使用 AWA 覆盖的物种的研究机构必须由 IACUC 审查所有动物实验方案； 美国农业部为研究机构颁发许可证，并进行年度突击检查； 违反者将被处以罚款、暂停或吊销执照
PHS 政策	保护所有在 PHS 资助的研究中使用的脊椎动物（包括鱼类、爬行动物、大鼠、小鼠和鸟类）； 每个研究机构都须提供符合 PHS 政策和指南的书面计划； 每个获得 PHS 资助的研究机构必须拥有 IACUC 审批的所有动物实验方案，并对实验动物设施进行检查； 没有例行的、不事先通知的检查，但所有滥用的指控都由 NIH 实验动物福利办公室进行调查； 违反或失去 AAALAC 认证会导致 PHS 资助资金损失

续表

法规/监管或监督机构	要点
IACUC	AWA、PHS 政策或 AAALAC 认证的每个研究机构都须组织一个 IACUC，该委员会必须审查并批准或拒绝每个拟议的动物协议； 动物实验方案必须包括： · 使用动物的数量，以及所选择的物种； · 使用的程序或药物，以消除或尽量减少疼痛和不适； · 用于寻找替代痛苦程序的方法和来源； · 确保实验避免不必要的重复研究。 IACUC 成员必须包括：一名兽医博士、一名在动物研究方面经验丰富的科学家、一名不参与研究的专业人员（伦理学家、神职人员或律师等）、一名社区代表（神职人员、教师等），以及一名与机构没有任何关系的成员。 IACUC 成员每年必须对实验动物设施进行两次检查
AAALAC	认可实验动物设施是否符合相关指南的非营利组织； 认证是在自愿的基础上进行的； 每 3 年进行一次评估

以上提及的机构，共同负责美国实验动物设施的管理与监督，并形成了图 1.2-1 所示的管理体制。美国政府不直接设置专门的管理机构，而是通过立法经过美国农业部的动植物健康检查局（APHIS）、美国食品药品管理局（FDA）、美国国立卫生研究院（NIH）、实验动物管理和使用委员会（IACUC）等官方或民间渠道，对实验动物及其设施进行监督与调控。

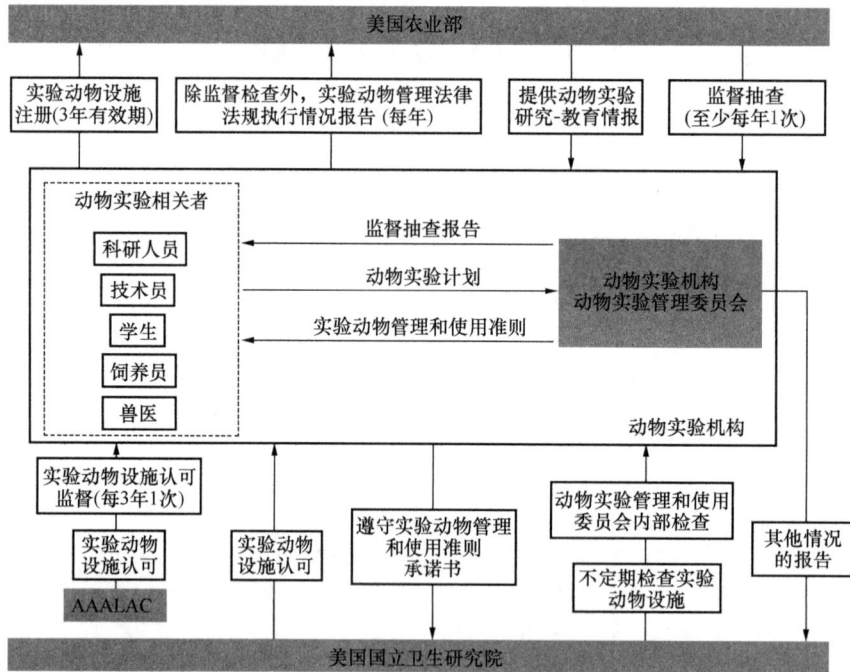

图 1.2-1 美国实验动物设施管理体制

1.3 加 拿 大

1.3.1 法规及指南

加拿大有意避免由国家制定关于实验用动物管理的法规，而主要通过科学界、政府机构和人道主义学会等机构联合组成并全力支持的加拿大动物管理委员会（Canadian Council on Animal Care，CCAC）建立认可评价制度，实现对加拿大实验动物的生产和使用的管理和监督。联邦政府的法规中包含动物管理的内容，但也是通过 CCAC 执行。截至目前，CCAC 指南和政策的核心是基本的道德要求，即以最高的管理标准对待用于研究、教学和测试的动物。下述两类 CCAC 指南应该一起使用：

1. 作为动物管理、程序和项目管理基础的一般指南

CCAC 的一般指南为所有用于科学目的的动物伦理关怀和使用提供了指导原则。这些指南简化了调查人员、动物护理委员会、设施管理人员、兽医、技术人员和动物管理人员的信息，以帮助改善对动物的管理和实验程序的执行方式，这些要求适用于科学研究中的所有动物。

2. 针对特定动物的详尽指南

CCAC 的详尽指南以一般指南为基础，根据科、属等为各种类型的动物管理提供指导，为研究人员、研究主管、动物护理委员会、设施经理、兽医和动物管理人员提供更多详细信息，以帮助改善对特定动物的护理以及进行实验程序。

加拿大实验动物设施相关标准规范如表 1.3-1 所示。

加拿大实验动物设施相关标准规范　　　　　　　　　　　　　表 1.3-1

序号	标准名称	发布年份	发布机构
1	《实验用动物管理指导原则》	1961 年	加拿大生物学会联合会动物管理常务委员会
2	《实验用动物管理与使用指南（第 2 版）》	1993 年	加拿大动物管理委员会
3	《实验动物设施特性、设计与发展指南》	2003 年	加拿大动物管理委员会
4	CALAM《兽医管理标准》	2020 年修订	加拿大实验动物医学协会
5	《加拿大生物安全标准（第 3 版）》	2022 年	—
6	《农场动物护理和操作规范》	系列标准，单册最早发布于 1996 年	国家农场动物管理委员会
7	《水生动物病原体操作设施控制标准》	2013 年	加拿大食品检验局

下面主要介绍适用性广的主要 3 部实验动物设施相关标准规范。

（1）《实验用动物管理指导原则》

《实验用动物管理指导原则》（Guiding principles on the care of experimental animals）于 1961 年由加拿大生物学会联合会动物管理常务委员会发布，该文件的内容仅一页，概述了实验动物管理指导原则（这些原则很快得到大多数国家科学协会的批准），尽管内容很简短，但解决了动物管理的本质问题，作为管理和使用实验动物的基本准则沿用至 1968 年。

（2）《实验用动物管理与使用指南（第 2 版）》

《实验用动物管理与使用指南（第 2 版）》（Guide to the care and use of experimental animals）是 CCAC 发布的有关实验动物的重要指南性文件。该指南分为两部分：第一部分为总论、附录和补遗，简明扼要地介绍了实验动物管理与使用的各项原则、措施、设施、参数、参考值和重要的参考文献等；第二部分为动物各论，包括常用于实验研究的动物和许多有研究价值的野生动物，是同类书中所列动物比较完整的一本。对每种动物都有关于特性、用途、育种、营养、疾病控制、管理、操作、麻醉、安乐死等方面的材料及参考文献。

该指南在实验动物设施方面的规定分为三部分：第一部分对接收区、适应室、饲养室、特殊设施、维持设备（供养设备）及人员设施等主要功能部分提出了一般性规定；第二部分针对建筑自身的性能与功能要求，对地面和排水沟、墙壁和顶棚、门、窗、走廊、服务设施、家畜设施等进行了规定；第三部分主要面向笼养动物设施，对鞋盒式、悬挂式、前开口式笼具分别提出了详细要求。为使实验动物设施的环境满足科研的特殊要求和所饲养动物的特殊需要，该指南对实验动物设施的温度、湿度、通风、光照、噪声、气味、垫料、群体密度和空间限制等提出了一般性要求。除此之外，该指南对于牛、羊、猪、马等家畜及鸡等家禽的设施环境也提出了详细的要求。

该指南的特点在于始终贯彻了人道对待动物的主导思想，指出了优化动物、人道对待动物和有效研究三者之间同等重要的关系。对于动物的使用和管理提出了一系列规范和要求，如要求在使用动物时必须考虑动物的福利，尽可能减少动物的痛苦和对动物的伤害，同时还要保证实验的科学性和有效性。这种人道主义的态度和科学的方法，使得该指南在国际上得到了广泛认可。在加拿大，各级动物管理委员会、各研究机构、政府各有关部门和各高等教育协会都把该指南中的准则作为研究、教学及实验等使用动物时的前提条件。该指南不仅为加拿大的实验动物管理和使用提供了重要指导，也为全球的实验动物管理和使用提供了有益借鉴和参考。

（3）《实验动物设施特性、设计与发展指南》

《实验动物设施特性、设计与发展指南》（Guidelines on：laboratory animal facilities-characteristics，design and development）是 CCAC 发布的面向当前和新发问题的系列指南的第七份文件，由阿尔伯塔大学的大卫·尼尔博士和唐纳德·麦凯博士与 CCAC 设施标准小组委员会合作制定，其聚焦于实验动物设施的特点。该指南适用于在受控环境中饲养的大鼠、小鼠、兔子、狗和猫等动物，但不适用于在野外环境中饲养的动物；可用于新的实验动物设施的设计，也可用于现有实验动物设施的改造。

该指南分为两大部分："实验动物设施的特点"和"实验动物设施的规划、设计和开发过程"。

"实验动物设施的特点"中对实验动物设施的功能、性能提出了具体要求，具体包括整体设施的功能要求、选址、设施的基本组成部分（动物饲养室、程序性空间、手术室、洁污存储空间、动物收留室、饲料和被褥储存室、废物存储与处理室、笼具设备清洗消毒室等）、空间邻近关系、流线、建筑材料与饰面、管道系统、电力系统、环境监测系统、安防系统、消防系统、环境控制系统、冗余系统等。

"实验动物设施的规划、设计和开发过程"中分别从规划、设计、施工调试、运营四个方面概述了如何将"实验动物设施的特点"中的准则有效地纳入实验动物设施的规划、设计和建造中。

2019 年，为确保动物和人员在任何时候都能获得清洁的空气，CCAC 发布了《实验动物设施特性、设计与发展指南附录：供暖、通风和空气调节》（Heating，ventilation，and air conditioning：Addendum to the CCAC guidelines on laboratory animal facilities-characteristics，design and development），其中指出，在大多数情况下，对于均匀分布在房间内 100% 洁净、新鲜的空气，换气次数为 $15\sim20h^{-1}$ 就能满足要求。然而，在某些情况下，换气次数为 $15\sim20h^{-1}$ 可能不够，因此必须增加换气次数、减少房间内饲养的动物数量或改变动物围栏的类型。在其他情况下，例如动物数量较少时，房间换气次数为 $15\sim20h^{-1}$ 可能高于要求。在那些不需要换气次数为 $15\sim20h^{-1}$ 的房间，减少换气次数可能会节省大量的能源和成本。作为指南的补充性文件，该附录针对实验动物设施的特点，面向设施内的空气质量要求，指出了暖通空调系统需要考虑的因素，对室内的氨气、二氧化碳、颗粒物、总挥发性有机物（TVOC）等空气污染物的浓度限值做出了规定，在监测周期、传感器精度、传感器校准等方面提出了空气质量监测要求。

1.3.2 管理机构

20 世纪 50 至 60 年代，加拿大在生物医学科学领域的研究迅猛发展，公众也对以动物为对象的研究工作表示了极大的关注，科学界对此的敏感度大大增加。1961 年，加拿大生物学会联合会（Canadian Federation of Biological Societies，CFBS）设立了动物管理常务委员会，其制定的《实验用动物管理指导原则》一直作为加拿大管理和使用实验动物的基本准则而沿用至 1968 年。

1963 年，医学研究理事会（Medical Research Council，MRC）裁决，上述指导原则保证了研究并在随后一年又要求全国研究委员会（National Research Council，NRC）成立一个委员会，以调查研究加拿大实验用动物的管理和应用状况。1966 年，这个委员会提出的报告建议：由各院校的科学家共同制定一份民办控制计划书，并由可以做出判断和承担履行某个独立顾问团体的指导原则的科学家们执行这项计划。1966~1967 年，H. C. Rowsell 研究了这些建议的可行性。结果，所有大学和政府各部门都赞成这项建议并同意支持成立加拿大动物管理委员会（CCAC）。

1968 年，CCAC 作为加拿大大专院校协会（Association of Universities and Colleges of Canada，AUCC）的一个常务委员会宣告成立，1982 年改组为独立社团组织，是加拿大有关动物使用的主要咨询和评审机构。CCAC 主要由加拿大卫生研究院和加拿大自然科学与工程研究委员会提供资金，并由 CCAC 认证机构支付的年度项目参与费提供额外捐款。目前，CCAC 成员由加拿大农业部、环境部、健康和福利部、国防部、全国研究委员会、医学研究理事会、国立癌症研究所、自然科学和工程研究理事会、药品制造商联合会、加拿大大专院校协会、医学院联合会、农学院联合会、兽医学院联合会、心脏基金会、心理学系主任委员会等机构的代表组成。

自 1968 年以来，CCAC 在科学研究中对动物的伦理管理和使用采取了独特而真正的"加拿大方法"。它通过严格的评估和认证程序以及标准，为加拿大的动物科学活动提供了唯一的国家监督，并确保科学研究中的动物只在必要时使用，并在必要时根据高质量、循证标准为它们提供最佳管理。除了自愿接受 CCAC 评估外，一些基金组织要求基金申请单位必须遵守 CCAC 的规章制度并获得 CCAC 认证。虽然政府没有强制进行 CCAC 评估，但是要求受资助单位遵循 CCAC 的原则。CCAC 的核心任务是通过培训、评估和劝说的方式敦促使用动物单位按照科学方法人道地进行动物实验，提倡更高的科学意识和道德伦理标准，它的两个主要功能是：起草指南和制定政策，对实验动物饲养和使用进行管理；监督相关单位落实政策和指南。CCAC 制定的《实验用动物饲养管理与使用指南》一直作为管理和使用实验动物的基本准则。附加指南包括动物实验方案审批、转基因动物、实验终点的选择以及开发动物使用者的培训课程等。CCAC 也制定了许多相关政策，如"动物研究伦理""实验科学性的审评""实验动物的社会性和行为学要求""认可的免疫程序"和"实验对动物伤害分级"等。

1.3.3　认证要求

加拿大动物管理委员会（CCAC）通过严格的评估和认证程序以及标准，为加拿大的动物科学活动提供了唯一的国家监督。CCAC 对实验动物机构认证的依据主要有：《实验用动物管理与使用指南（第 2 版）》《CCAC 政策关于动物管理委员会标准条例的陈述》《兽医护理的加拿大实验动物医学协会标准》（CALAM 标准）、《家畜动物管理委员会行为准则》《实验室生物安全指南》《用于处理水生动物病原体设备的标准》等。

实验动物机构认证评审的主要内容包括：动物管理与使用计划的结构和资源，动物管理委员会（ACC）的组成、功能和成效，动物管理与使用实践的实用性、程序和设施，对动物使用人员的培训，批准后的监督，职业健康和安全，所有与动物计划相关的风险和风险处理等。对于整个认证流程，CCAC 都制定了较为明确和详细的评审程序，包括申请机构应满足的基本条件、申请、现场评审、审定以及投诉等诸多环节。需要提及的是，现场评审由专门组成的评审小组执行，但是根据实验动物机构的特点，在安排现场评审前，CCAC 可能会安排一次或两次的预先访问，以对被评审机构的计划和有关实验动物管理和使用的优缺点进行初步评估，保证现场评审执行的有效性。评审小组成员通常由一名兽医、至少一名科研人员及一名由加拿大国家人道社团提名的社区代表组成，另有小组组长，每 3 年评审一次。现场评审报告提交给评估委员会，评估委员会是 CCAC 的一个常设委员会，负责审查评审报告和被评审机构对报告的反馈，从而调节评审计划的质量和一致性。

被 CCAC 认证的单位会获得 CCAC 颁发的"良好动物操作证书"（GAP）。如果 CCAC 的评估结论中认为某机构尚需重大整改，但改进后可通过文件材料进行确认而不需要现场验证（如提供 CACC 认为满意的整改报告），可获得或保持认证。如果评估结论中认为有重大问题，则会导致有条件的认证，即整改合格后方可获得认证。不符合规定的单位将被通报给所有相关的基金委和政府部门。持续违反 CCAC 指南和政策的行为将导致该单位的基金资助被取消。

1.4 英 国

1.4.1 法规及指南

1876 年英国政府颁布的《反虐待动物法》(Cruelty to Animal Act) 是欧洲第一部有关动物实验的法规,引发了科学家和动物权益积极分子的长期讨论。1985 年,经过长期的讨论,欧洲 26 国在法国斯特拉斯堡达成了《科学实验和其他科研用脊椎动物保护公约》(Convention for the Protection of Vertebrate Animals Used for Experimental and Other Scientific Purposes),简称为 ETS193。起初这项公约并不是法规性文件,仅用于指导动物实验。1986 年,欧洲共同体发布了《欧洲实验和科研用脊椎动物保护公约》。各个国家签约加入欧盟后,各成员国认可这项公约,并在国际法的框架下遵守这项协议。其目的旨在保证各成员国所从事的动物实验遵守相应的法规和条例,以避免影响欧洲内部市场的正常运行,特别是防止不正当竞争或贸易壁垒。

《欧洲实验和科研用脊椎动物保护公约》原则内容如下:

1. 适用范围

适用于科学研究中可能造成脊椎动物痛苦、疼痛、不安或持续性伤害的行为,某些成员国的适用范围还涉及无脊椎动物的科学实验。该公约还同时涵盖了基因修饰研究中可能引起动物不适或痛苦的行为。无痛法处死动物不属于动物实验范畴。在法国、荷兰和瑞典,处死动物的程序比较宽松,处死动物前无须做太多的前处理。该公约严格限定药物实验和其他产品的动物实验。

1987 年欧洲议会通过并要求所有成员国必须遵从动物实验的相关公约,包括用于基础研究和教学的动物实验。该公约在各个成员国历经多次修改和补充,多数国家通过政府授权的权威部门保证公约的实施。其运行机制取决于权威部门的工作方式,如控制发放许可证、控制研究经费的资助等。

2. 动物饲养设施和条件

该公约要求在实验的前、中、后期,保证实验动物获得人性化的爱护。这些指导性原则适用于常规饲养的实验动物,一旦发现新的方法能改善动物居住环境或改善动物饲养条件,可随时进行修改。

3. 动物实验人员资质

该公约规定兽医或具有相应资格证书的人员必须承担起保护动物和动物福利的责任,参与动物实验的人员必须首先获得相应的教育和培训,掌握如何爱护动物和进行动物实验操作。欧洲实验动物科学联合会提出相关的指导性建议,其他国家基于此建议在各自法律法规框架下,制定严格的资格认证制度,确定如何培训合格的动物实验人员。

4. 其他实验方法

该公约明确提出尽量选择其他方式替代动物实验。如果不需要动物实验就可以推导出或从实践中获得结论,职能机构就有权拒绝任何有关动物实验的行为。若除了动物实验别无选择,研究者必须遵从把动物的痛苦减少到最低限度的原则。除非必须使用,一般实验应禁止使用野生动物。该公约鼓励欧盟国家投入研究经费和人员,开展有效的动物替代方法研究。1991 年,欧盟动物替代研究中心成立,要求每个成员国都要建立相应的研究机构,加强相互合作,推动动物替代方法的发展。

5. 动物的供应

只有经过权威机构认证的单位方可繁殖或供应实验动物,必须保留买卖动物数量、种类、客户名单和地址等详细记录。犬、猫和非人灵长类动物的供应必须保留每个个体的许可记录。

6. 动物设施

动物设施的运行必须获得权威机构的许可或获得注册资格,同时由训练有素的工作人员和相应数量的兽医来完成。只有权威机构认可的动物中心提供的实验动物方可使用,禁止使用来路不明的动物进行实验,所有使用的动物必须保留记录。

7. 监督机制

大多数成员国中由政府监督员负责监督公约的执行。监督员主要由经验丰富并且受过良好训练的兽医或生物学家担任。为了维护公众利益，一些成员国每年向议会汇报生命科学研究中的动物使用状况。

8. 伦理委员会

欧洲科学基金会（ESF）包括 67 个研究成员，要求所有成员必须遵守动物伦理标准。根据欧洲科学基金会的调查，每个研究团体中都成立了伦理评估委员会。由于该公约属于最低标准，每个成员国有权制定更加严格的规章制度，因此各成员国在立法程序上出现了不同。此外，各成员国主管部门也并不相同，如芬兰、德国和葡萄牙由农业部主管实验动物，英国内务部、丹麦司法部、法国科学和教育部、荷兰公共卫生部则分别主管其实验动物事务。

1986 年，英国制定了实验动物立法的核心——《动物（科学方案）法令》。有人把它译为《实验动物法》或《科学实验动物法》，这是英国第一部规范动物实验的法律。该法令的目的在于：通过建立一个控制利用动物进行实验的系统，来规范在实验和科学方案中使用动物的行为，以减轻对实验动物的伤害程度。该法令适用于任何在科学实验中使用的脊椎动物，可以扩展到一些无脊椎动物（目前仅包括章鱼，不适用于章鱼以外的其他无脊椎动物）。该法令只规定了合法的痛苦程度，而不是完全保护动物。根据相关法律规定〔如 1968 年的《农业（多方面条例）法》、1995 年的《动物福利法（屠宰）》和 1954 年、1964 年的《动物保护法（麻醉）》〕，如果违反这些法律条文的例外情况，虽然根据《动物（科学实验）法令》认定的程序进行实验，仍属于犯罪行为，应承担相应的法律责任。

该法令设置了一个三级（实验基地、实验方案和实验人员）控制的执照颁发系统（相当于我国的许可证制度）。首先，实验基地必须申请并取得执照；其次，设计的实验方案应获得批准；最后，进行实验的人员必须拥有执照，且其实验应属于实验方案规定的实验部分。实验基地负责人、实验方案组织实施人以及实验人员在具体运作之前，都必须向相关部门提出颁发执照申请。实验方案执照仅为下列项目颁发：防止疾病、生物科学的进展、教育或训练（小学除外）、满足法律需求、为实验或其他科学使用动物的繁殖、为人类或动物利益而保护自然环境。在颁发执照之前，政府官员必须对动物受到的不良影响与方案可获得的利益加以衡量，而且申请者必须证明除了使用活体动物外别无他法。其中，猫、狗、非人灵长类动物及马的使用，必须是无其他合适动物的情况下才可使用。

该法令明确规定，除经批准而且该动物已被完全麻醉或适合于一系列实验外，禁止对已进行过实验的动物再进一步实验；对已被使用过的动物或正在承受不良影响的动物，应由经过特殊训练的人员在使用标准方法的前提下进行人道处死。该法令还制定了实验动物食宿照料的最低标准，规定了实验动物饲养条件，为实验动物基地制定了控制条件。该法令还规定，实验动物（老鼠、田鼠、仓鼠、兔、狗、猫、欧洲鹌鹑和非人灵长类动物）必须从合法的基地获得，每个基地必须有合法兽医考虑动物福利而做的提议和记录；禁止对动物实验进行现场直播和向公众展示每只动物的情况。

英国实验动物设施相关法规和规范主要有以下两个：《实验动物（科学）法令》（ASPA），该法令是英国对实验动物使用的主要立法文件，其中包含了实验动物保护和管理的基本原则和规定，同时还规定了实验动物使用者和实验设施的许可要求和申请程序。《用于科学目的的动物饲养和照料规范》是英国政府发布的一份指导性文件，旨在为使用实验动物的机构提供详细的实验动物设施指导。该规范详细介绍了对实验动物的生活环境、饲养、健康监测、麻醉和实验操作等方面的要求和建议，同时还介绍了对实验动物进行疾病预防和康复的方法和程序。此外，英国还有其他相关的规定和标准，如《动物（科学）程序伦理审查规定》，以及由动物科学委员会发布的《实验动物使用和安乐死指南》。

1959 年，英国动物学家 William M. S. Russell 和微生物学家 Rex I Burch 在出版的《人道试验技术的原则》（Principles of Human Experimental Technique）中提出了"3R"概念，即 Replacement（替代）、Reduction（减少）、Refinement（优化）。"3R"概念对一些西方发达国家有关动物实验法规的制定与修订，以及生物医学研究中科研计划与实验程序的论证和实施，产生了深刻的影响。科研人员尽管有按照自己独特的方法开展研究的权利，但他们只能在动物权利法规的框架范围内享有学术自由和最优化地使用动物。20 世纪 70 年代初期，由于实验动物使用量增加，动物保护和"3R"概念引起了社会各界的极大关注，不但得到世界范围内科技工作者的认同，而且受到各国政府的重视。各国实验动物福利法规中均将"3R"概念作为法规的重要组成部分，早期制定的法规中没有"3R"概念的，后期修订过程中也都把"3R"概念加了进去。

1.4.2 管理机构

英国实验动物设施的管理机构是动物科学委员会（The Animals in Science Committee，ASC）。该机构是英国政府的下属机构，负责评估和监督所有在英国进行实验动物使用的活动，包括实验动物设施的建设和管理。ASC 的职责还包括制定相关行业标准和指南，以确保对实验动物的使用符合伦理和法律要求，并最大限度地减少对动物的伤害。

同时，英国国防科学和技术实验室（Defence Science and Technology Laboratory，DSTL）是英国参与生物防御的主要机构。DSTL 包括以下几个部门：①环境科学部，负责提供生物、化学和放射性危险物质的评估、管理、监控，包括其运输和储存安全；②监测部，负责研究和发展传感器等装置来探测化学和生物剂，进行危险评估和事件处置，以及进行化学和生物袭击的确认；③生物医学科学部，负责提供针对化学和生物剂有效的医学应对措施，进行重要病原体的基因组学以及疫苗和抗生素的研究。

另外，英国政府还设立了科学动物监管部门（Home Office Animals in Science Regulation Unit，ASRU）来监管和评估实验动物设施的管理和运行情况。ASRU 是英国内政部的一部分，负责英格兰、苏格兰和威尔士 ASPA 的管理和执行。ASRU 的目的是通过遵守 ASPA 来保护科学研究中的动物，并于 1986 年制定了《动物（科学方案）法令》，它是一项允许在科学研究中使用动物的法案，并对哪些动物可以被使用以及用于什么目的进行了限制。该法令的核心要求是：①只有在没有替代品的情况下才使用动物进行研究；②使用最小数量的动物；③只对动物造成最低限度的必要痛苦或持久伤害。

1.4.3 实验动物与设施规模

在英国，每年使用的实验动物数量和规模是有限制的，并且在过去几十年里一直在逐步减少。根据 2019 年英国政府发布的数据，英国在 2018 年用于研究的动物数量有所减少，动物手术数量减少至 352 万台，下降了 7%。其中使用数量最多的几种动物分别是老鼠、鱼、鸟，这些实验动物主要用于基础科学、药物开发、环境和健康方面的研究。

至于实验动物设施的数量和规模，2019 年英国政府统计报告显示，英国正在运营的实验动物设施有 189 个，约 48.8 万 m²。这些设施大多为研究机构所拥有，包括大学、医院和生物技术公司等。

1.4.4 发展趋势

英国的实验动物设施主要用于基础科学研究、药物开发以及环境和健康方面的研究。在基础科学研究方面，实验动物常被用于神经科学、生物学、生物医学等领域的研究。例如，用小鼠模拟人类疾病，探索疾病的发病机制和治疗方法；在药物开发方面，实验动物被广泛应用于药理学研究、安全性评估和临床前试验，在药物开发初期，需要进行药效和毒性测试，以便筛选出有前景的新候选药物；在环境和健康研究方面，实验动物也是重要的实验模型，例如，用实验动物研究环境因素对健康的影响，如污染物对呼吸系统的损伤、辐射对生殖系统的影响等。

目前，随着人们对动物福利意识的提高，许多国家都在积极推进替代实验方法的研究和应用，英国政府也在不断推动实验动物替代技术的研究，旨在减少实验动物的使用数量。此外，越来越多的英国研究机构开始将动物实验和计算模拟相结合，以期能更精确地预测生物学过程和药效反应，进一步减少对实验动物的使用。

Eaton P 等人指出，英国大学中常见的问题为：资本支出和费率、建筑维护等固定成本是中央机构的负担，因此提出动物饲养成本管理制度，即定期向用户收费，可以使他们意识到自己在道德和经济上的责任；鼓励前瞻性预算控制，通过计划要求实现的工作量监管有助于减少动物浪费。Jones M 等人使用两种光度设备从实验室动物设施内的 14 个地点收集了空气中细颗粒物浓度数据，指出低成本的 Dylos DC 1700 可以反馈实验室动物设施空气中的细颗粒物浓度。Dylos 的实时数据特别有助于培训实验室人员遵守安全工作要求，以确保人员在实验室动物设施中工作时空气过敏原暴露量低。Williams A 以动物"护理文化"为出发点，利用在英国动物研究机构工作的研究人员和动物技术人员的焦点小组的数据，研究如何在实验动物设施中塑造护理文化，并揭示支持或限制护理的做法。Anne S 等人通过研究在实验动物设施工作期间个人与小家鼠和褐家鼠的接触暴露（Musml 和 Ratnl 暴露）特征，并调查已确定的暴露增加和减少的预测因素的影响，指出换笼是实验动物设施中暴露量最大的工作，在实验动物设施中，独立通风笼具（IVCs）是 Musml 和 Ratnl 暴露量减少的预测因素；而具有开放式货架和滑动门的笼架系统是 Ratnl 暴露增加的预测因素；具有正气压（IVC＋）的 IVC 型笼具以及开放式货架和滑动门是清空笼具和清洗笼具期间暴露增加的有力预测因素。Hanifin J P 等人通过对哺乳动物的光学系统及器官进行研究，探讨实验动物设施中电灯对动物昼夜节律、内分泌和神经行为调节的相关性研究，并指出应努力改善实验动物设施的照明条件，促进动物的健康和福祉。

总之，英国实验动物设施的科研方向和发展趋势主要集中在基础科学研究、药物开发、环境和健康方面的研究，同时也在积极探索替代实验技术，以减少对实验动物的使用数量。

1.5 日 本

1.5.1 法规及指南

1950 年日本成立了实验动物研究会，即日本实验动物学会的前身。从 20 世纪 60 年代开始，日本的实验动物科学有了较大发展。到 20 世纪 70 年代，日本开始有计划地在研究机构和大学中建立现代化的实验动物设施，其实验动物已实现了商品化、标准化。日本使用实验动物培育了各种病理模型，并且成功培育了一些遗传突变型的免疫缺陷动物，也专门成立了疑难病疾病模型研究机构。在实验动物的生产、培育方面，日本在国际上具有明显优势。

日本的实验动物设施由文部科学省监管。该部门发布了一系列指南，要求实验室动物享有最高水平的福利，并对所有使用实验动物的机构实行许可制度。此外，日本还成立了全国性的实验动物伦理委员会，如日本实验动物科学协会（JALAS）等，来确保实验动物设施的质量和标准化程度，使实验动物的福利得到妥善保护。日本实验动物设施方面的法律、准则和标准如表 1.5-1 所示。

日本实验动物设施方面的法律、准则和标准	表 1.5-1
法律、准则和标准	年份
《关于确保建筑物卫生环境的法律实施规则》	1971 年
《动物保护管理法》	1973 年
《观赏动物饲养和保护基准》	1976 年
《关于防止动物实验人兽共患病的通知》	1979 年
《实验动物饲养及保管准则》	1980 年

法律、准则和标准	年份
《关于大学内实验动物的有关通知》	1987 年
《动物保护管理法》修订并更名为《动物爱护管理法》，在 2005 年、2015 年、2021 年和 2022 年分别进行了 4 次修订	1999 年
《关于实验动物的护理和管理以及减轻疼痛的标准》（由环境省制定）	2006 年
《研究机构开展动物实验的基本准则》（由文部科学省制定）	2006 年
《卫生、劳动和福利部管辖的研究机构进行动物实验的基本准则》（由厚生劳动省制定）	2006 年
《农林水产省管辖的研究机构进行动物实验的基本准则》（由农林水产省制定）	2006 年
《实验动物行为准则》（由日本科学委员会制定）	2006 年
《关于通过限制使用转基因生物等确保生物多样性的法律条款》	2018 年

日本《动物保护管理法》制定于 1973 年，是日本实验动物管理的基本法，它规定了动物实验的自我管理制度，重点是促进符合科学需要的动物福利做法（而不是通过法律来严格规定），以行政指导和自愿准则来鼓励灵活的动物研究。在制定这部法律之前，日本受到了来自其他发达国家的批评，因为没有与动物保护有关的立法或准则，包括在研究、实验和教育中使用动物。1973 年的法律涵盖了哺乳动物、鸟类和爬行动物，但不包括两栖动物和鱼类。1999 年，日本对原法律进行修订并更名为《动物爱护管理法》。在这次修订中，加入了"3R"的相关概念，大大提高了惩罚力度，并在这次修订中增加了刑期。尽管进行了多次修订，但日本法律仍然没有要求对实验动物设施进行登记，对人员进行培训，并进行监管检查。

为了确保对研究、实验和教育中使用的动物进行适当的监管，日本环境省于 2006 年发布了《关于实验动物的护理和管理以及减轻疼痛的标准》。该标准包含 5 个条款，第 1 条指出，动物的使用对于医学和生命科学的发展是不可或缺的；第 2 条将实验动物定义为饲养在设施中用于科学研究的哺乳动物、鸟类和爬行动物。在日本，两栖动物和鱼类不被列为实验动物，在研究、实验和教育中使用两栖动物和鱼类将不受任何法律或准则的约束。尽管该标准的第 3 条和第 4 条说明了照顾和使用实验动物的一些主要措施，但没有提供细节。

在日本环境省发布《关于实验动物的护理和管理以及减轻疼痛的标准》后不到 2 个月，日本文部科学省、厚生劳动省、农林水产省相继发布了一系列指南，涉及大学、政府设施、制药公司和动物生产设施等的动物研究。与环境省发布的标准相比，这些指南描述了更多关于实验动物护理的细节。但是，这些细节并没有为研究人员如何进行动物实验提供足够的指导。同一时期，日本科学委员会发布了《动物实验行为准则》，该准则描述了关于照顾和使用实验动物的非常详细的问题，被称为"统一的详细准则"。该准则近似于美国的 ILAR 指南，尽管 ILAR 指南中描述的大多数问题都被该准则涵盖，但是二者仍然存在差异（表 1.5-2）。

在日本，对实验动物护理和使用的独立评估和认证的重要性已得到越来越多的关注。2005 年，第一家日本实验动物设施获得 AAALAC 认证，截至 2016 年初，日本有超过 20 家获得 AAALAC 认证的实验动物设施。日本健康科学基金会实验动物护理和使用认证中心、日本国立大学法人实验动物设施协会都为日本的动物研究设施制定了认证计划。

美国的 **ILAR** 指南与日本的《动物实验行为准则》之间的主要差异　　　　　表 **1. 5-2**

项目	ILAR 指南	《动物实验行为准则》
IACUC 的组成	兽医博士； 动物研究方面的科学家； 非科学方面的专业人员； 公共成员； 社区代表	使用动物的研究人员； 实验动物的专家； 其他（有经验或学术背景的人）
实验动物的定义	脊椎动物	哺乳动物、鸟类和爬行动物
住所/环境	关于笼子空间、温度、湿度、照明、换气率、噪声等的工程建议； 环境丰富化和社会性的住所	无工程建议； 动物应该被安置在表达物种特定行为的地方； 没有描述环境丰富化和社会性的住所
兽医护理	兽医护理是动物护理和使用计划的一个重要组成部分； 主治兽医负责兽医护理工作	无关于兽医护理的描述； 实验动物的使用不需要兽医

1.5.2　管理体系

1. 实验动物管理

日本实验动物管理工作主要依靠政府主导和行业自律。日本环境省主要负责实验动物保护、饲养和实验动物福利等方面，文部科学省、厚生劳动省和农林水产省等主要负责实验动物相关法律政策的发布，具体进行动物实验的科研机构（如日本实验动物学会）协助政府参与实验动物行业管理（图1.5-1）。日本要求每个研究机构都要成立 IACUC，负责审查由主要研究者提出的动物实验计划，并确定该计划是否符合本单位要求和国家发布的法规要求，经审核后才可以实施。研究机构内部需要制定实验动物饲养和动物实验的管理细则，对实验人员严格要求，负责的研究机构会接受监督和定期检查。

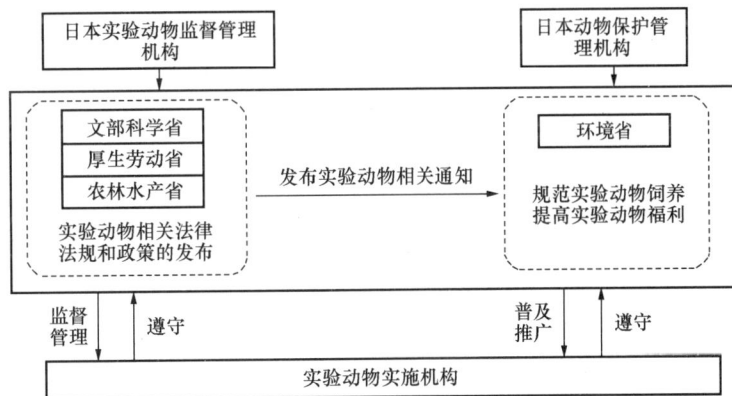

图 1.5-1　日本实验动物管理体系

2. 人才培养管理

为实现以行业自律为主的实验动物管理模式，日本的研究机构对实验动物研究人员的培养要求较高，重视从业人员的职业素养。各实验动物机构或学会制定培训课程，要求对相关人员进行岗前教育和系统培训，培养从业人员的敬业意识和业务素质。同时，定期对技术人员进行考核，开展资格认定。日本实验动物从业人员分为技术人员、研究人员和动物技术专家，其中技术人员又分为初级、中级和高级。日本实验动物的人才培养模式有助于提高从业人员的专业水平和工作效率。

3. 标准与规范管理

在实验动物质量管理和评价方面，日本实验动物中央研究所是日本实验动物质量检测的权威机构，也是国际实验动物科学理事会（International Council for Laboratory Animal Science，ICLAS）指定的实验动物遗传、微生物检测中心和 ICLAS 的参比实验室。日本政府在实验动物管理制度中发挥了主要作用，实验动物的相关学会和团体也发挥了重要的辅助作用。自 1980 年发布《实验动物饲养及保管准则》后，日本要求每个大学和研究机构都需要制定动物实验指南。日本实验动物相关标准规范如表 1.5-3 所示。

日本实验动物相关标准规范 表 1.5-3

年份	指南	发布机构
1980 年	《实验动物的饲养和储存标准》	总理办公室
1982 年	《关于实施医药品安全性试验的标准》	厚生劳动省
1983 年、1996 年	《实验动物设施建筑和设备指南》	日本实验动物科学协会
1987 年	《动物实验指南》	日本实验动物学会
1995 年	《动物处死方法指南》	环境省
2006 年	《在研究机构实施动物实验等的基本指南》	文部科学省
2006 年	《日本药理学会动物实验相关指南》	日本药理学会
2012 年	《ICLAS/CIOMS 国际指南 2012 年修订版》	日本实验动物学会
2013 年	《实验动物的饲养和保存标准以及减轻疼痛的标准》	环境省
2015 年	《生理学领域动物实验相关基本指南》	日本生理学会
2015 年	《神经科学动物实验指南》	日本神经科学学会
2015 年	《日本毒理学会动物实验指南》	日本毒理学会

1.5.3 研究现状

为响应科技基本计划，日本文部科学省实施了国家生物资源项目（National BioResource Project，NBRP）。该项目于 2002 年开始，目的是系统地收集、保存和提供基础的模式生物资源。该项目每 5 年进行一次审查，目前已经是第 5 期。NBRP 包括 4 个方面：①核心基础开发计划：通过建立核心设施对生物资源进行收集、保存和共享。②基因组信息维护计划：通过丰富和扩展品系特征信息、遗传信息（如 cDNA 的基因组序列）和基因组资源（包括收集的生物资源的基因组库）来提高生物资源的质量并增加其价值。③基础技术维护计划：目的是提高生物资源质量控制和保存技术，具体包括生物资源的收集、增殖和质量控制、保存、提供等。该计划中新技术开发主要在动物的冷冻保存技术方面效果显著。④信息中心维护计划：建设和升级包括位置信息、遗传信息和生物特征在内的生物资源数据库。BioResource World（BRW）是针对 NBRP 的集成数据库检索系统，包括 34 个独立的资源数据库，每个数据库各有特点，它提供了包括野生种、近交系、突变体、基因工程系、DNA 克隆等在内的多条生物资源记录。

小鼠资源是 NBRP 的一部分，也是日本物理化学研究所（RIkagaku KENkyusho / Institute of Physical and Chemical Research，RIKEN）的生物资源研究中心（BioResource Research Center，BRC）的主要资源之一。RIKEN BRC 成立于 2001 年 1 月，是一个全球性的非营利性生物资源中心，为世界各地的企业和学术组织提供生物材料、技术服务和教育计划。其中，实验动物部门的总体目标是收集有价值的小鼠品系，将高质量、特征良好的近交、突变和基因工程小鼠共享给研究人员。

NBRP-日本大鼠（NBRP-Rat）资源库的负责机构是日本京都大学，是世界上最大的大鼠资源库之一，目前已有 785 种大鼠品种品系，为生物医学研究的各个领域做出了贡献。

"日本猴"是 NBRP 核心设施升级计划之一。自 2003 年起，为了向日本研究机构和大学的神经科学领域研究人员进行有效饲养日本猴的可持续供应，日本国家生理科学研究所（National Institute of Physiological Sciences，NIPS）与京都大学灵长类动物研究所（Kyoto University Primate Research Institute，KUPRI）合作开展建立了这个有价值的实验动物研究模型。日本实验动物的主要研究机构如表 1.5-4 所示。

日本实验动物的主要研究机构　　　　　　　　　　　　　　　　　　　　　表 1.5-4

实验动物品种	主要研究机构
鸡和鹌鹑等鸟类资源	名古屋大学的鸟类生物科学研究中心（Avian Biological Science Research Center，ABRC）
爪蟾、蝾螈等两栖动物	广岛大学的两栖动物研究中心（Amphibian Research Center，ARC）
斑马鱼等鱼品系	RIKEN 的脑科学中心（Brain Science Center，CBS）、日本国立遗传学研究所（National Institute of Genetics，NIG）、日本国立自然科学研究院
青鳉	日本国立基础生物学研究所、宇都宫大学
海鞘	京都大学、筑波大学下田海洋研究中心
果蝇	果蝇遗传资源联盟（Drosophila Genetic Resources Consortium，DGRC）
蚕	九州大学农业研究生院、高知大学理学院生命科学系、新树大学纺织学院
线虫	东京女子医科大学医学部

日本的实验动物研究机构主要有：①日本实验动物中央研究所，其主要有 4 个研究部门：实验动物基础研究部、实验动物应用研究部、狨猴医学生物学研究部、活体动物影像中心。②熊本大学生命资源发展与分析研究所，该研究所成立于 2003 年 4 月，下属 4 个二级中心，即动物资源和发展中心（Center for Animal Resources and Development，CARD）、基因技术中心（Gene Technology Center，GTC）、放射性同位素中心（Radio Isotope Center，RIC）和仪器分析中心（Instrumental Analysis Center，IAC），含 9 个研究领域（实验动物领域、资源开发领域、疾病模型领域、基因组功能领域、放射性同位素实验领域、分子血管控制领域、疾病表观基因组领域、生殖功能学领域和生殖工程联合研究领域）。③日本国立遗传研究所，该研究所于 1949 年成立，负责遗传学的基础研究、指导和推广，在实验动物方面致力于小鼠研究，并建立了相关实验室和资源库。④东京大学医学科学研究所实验动物中心，该实验动物中心成立于 1965 年，是日本历史最悠久的实验动物设施，它聚焦于基因组医学、再生医学和疾病模型动物的研究。

1.5.4　发展特点

1. 实验动物政策体系较为完备，但第三方评价审查机制较为欠缺

首先，日本在实验动物领域的法律从根本上确立了实验动物学科在其科技发展和进步中的重要地位。其次，在国家发布的实验动物基本法的倡导下，结合实验动物本身的饲养、培育特点以及应用方向，日本实验动物学会和权威科研机构会制定具有针对性的、适应本单位实验动物管理和发展的、与法律紧密衔接的规章制度和标准规范等。最后，日本无论在立法还是规范性文件中都非常重视动物福利和伦理，凸显其对实验动物作为自然生命的尊重。

在科研经费方面，日本建立了科研经费绩效第三方评价机制，但主要以科研经费审查评价为主。在实验动物研究管理项目中，没有独立的针对实验动物的第三方评价政策，实验动物相关的第三方评价机制和法规政策有待重视和完善。

2. 实验动物管理方式灵活，但自主管理约束力较弱

日本实验动物管理方式呈现由政府主导、行业自律进行监督与调控的特点。日本政府颁布国家法律，实验动物实施机构需要建立动物实验管理委员会，制定动物实验指导方针或管理章程。大学或者科研机构的研究人员若要进行动物实验，需要制定实验动物计划书，且具有完善的动物实验设施，并向其上级机构提出申请，在相关管理制度的规范下完成动物实验。除了完备的规章制度，日本在实动物领域的科研项目中投入大量资金，在经费上大力支持实验动物的研究和发展，显示了其对实验动物学科发展的重视。

虽然日本已建立了较为完备的实验动物管理体系，但对实验动物设施和从业人员资格认证的程序还不完善，其行业和民间团体的管理方式自由度较高，尤其是各大学机构在实验动物管理方式中强调和重视的内容各有不同，导致机构的管理约束力较弱。

3. 实验动物资源储备较为丰富，可持续发展能力不断加强

实验动物除了支撑基础医学研究，也是临床医学创新发展的关键纽带。目前基因工程技术的快速发展，人源化实验动物模型作为重要的实验工具能推动医学新疗法、新药研发的发展进程。因此，实验动物资源是国家科技创新的重要资源，例如：人源化小鼠模型价值高，因为它能模拟人体临床试验；斑马鱼基因组与人类基因组同源性达到87%，也成为临床前研究的药物筛选和评价的重要材料。日本十分重视实验动物资源的建设和研究，早在2017年日本已经有100多种实验动物资源，8000多个实验动物品系，包含基因工程动物、遗传多样性动物、突变系等。

日本政府稳定投入科研经费，启动实验动物资源建设项目，与大学和研究机构合作，利用长期积累的实验动物和动物模型的饲养、保存等技术经验，建立了物种丰富、资源量大的数据库，例如NBRP建立了11个独立的实验动物资源库，由十几家大学或机构协同承担，形成"资源创建—利用发展—保存共享—再利用"的全链条发展模式。

4. 实验动物产业发展逐渐规模化，服务范围不断扩大

在实验动物产业发展中，小鼠模型几乎占动物模型市场规模的一半，而基因编辑动物模型又占据多数市场空间。日本在实验动物科学领域发展的几十年中，已经取得了一定的成果，产业发展已经形成规模。日本SLC公司和CLEA公司最具代表性，它们在日本政府的支持下成立，主要生产和供应小鼠和大鼠资源，包括近交系、远交系、杂交系、免疫缺陷、转基因、疾病模型等不同类型的鼠类资源，还提供遗传动物制作、胚胎和精子冷冻保存、受托饲育、SPF化、手术病理模型创建等多项技术服务。日本的实验动物企业通过实验动物养殖、饲育等流程，转基因和基因敲除等实验方法，充分掌握动物实验的操作和质量管理技术，支撑并推动包括实验动物培育、产品研发与生产供应，以及高新技术服务在内的产业发展，已经具有相当规模的发展，且服务范围正不断扩大。

1.6 中 国

1.6.1 法律法规

20世纪20年代，我国开始在科研中使用实验动物，但当时尚未形成系统的管理体系，仅有一些基本的操作规范。20世纪50年代，随着实验动物学科的逐步建立，我国开始探索制定实验动物管理的初步规定和办法，为实验动物的使用与管理提供了基础性的制度支持。20世纪80年代初，我国实验动物管理工作进入制度化阶段。1980年前后，国家科委被确定为实验动物工作的主管部门，1982年召开了全国首次实验动物工作会议，随后制定了《实验动物管理暂行条例（草案）》等初步管理规程，对实验动物的饲养、使用、保护等方面进行了较为系统的规范。1988年11月，发布了《实验动物管理条例》，这是我国第一部专门针对实验动物管理的行政法规，明确了实验动物的分类、使用条件、管理职责、质量标准等内容，对推动我国实验动物管理法制化建设起到了重要作用。

20世纪90年代起，随着科技和经济的快速发展，我国实验动物设施建设逐步走向规范化和专业化。为进一步落实《实验动物管理条例》，1997年国家科委联合相关部门发布了《实验动物质量管理办法》，2001年科技部发布了《实验动物许可证管理办法（试行）》，2006年科技部又发布了《关于善待实验动物的指导性意见》等一系列配套文件，不断完善实验动物的质量管理与伦理制度。此外，我国于20世纪90年代起逐步引入并推广国际通行的"3R原则"（替代Replacement、减少Reduction、优化 Refinement），实验动物伦理观念不断加强，管理水平逐步与国际接轨。

目前，我国尚未出台专门的实验动物法，但在现行法律体系中，已有多部法律与实验动物管理相关，包括《中华人民共和国行政许可法》《中华人民共和国动物防疫法》《中华人民共和国畜牧法》《中华人民共和国野生动物保护法》等，为实验动物的管理和使用提供了基本的法律依据。

2003 年 8 月，国家食品药品监督管理局发布《药物非临床研究质量管理规范》，同年 9 月 1 日施行，其对实验动物设施（如房间面积、通风等）、饲养管理（喂食、清洁及记录等）、饮食与应激管理、医疗护理，以及动物分隔与分组（避免侵扰损伤、按状态分组等）作出具体要求。该规范于 2017 年修订，此次修订在条款数量、章节设置、人员要求、质量保证、资料管理等方面进行了调整，新增了术语和计算机化系统管理等内容，强化了相关责任。2004 年，国家人口和计划生育委员会发布了《实验动物使用与管理规范》，对实验动物的使用、管理和保护进行了更新和完善。2009 年，卫生部发布了《实验动物使用证书》，进一步明确了实验动物使用的管理和审批程序，规范了实验动物的使用，提高了实验动物使用的科学性和规范化程度。2009 年，国务院发布了《新药临床研究质量管理规范》，规定了医药临床试验中实验动物的使用、管理和保护。2010 年，科技部发布了《实验动物饲养管理规定》，明确了实验动物饲养的强制要求，要求实验动物饲养设施必须符合国家标准，严格控制实验动物饲养数量和密度，保证实验动物的生活质量和健康状态。2017 年，国务院发布了修订后的《实验动物管理条例》，进一步完善和规范了实验动物的使用、管理和保护。2020 年，国家卫生健康委员会发布了《实验动物管理办法》，进一步规范了实验动物的管理和保护。同时，《实验动物使用与管理规范》也进行了修订和完善，规定了实验动物使用前的实验设计、实验动物的数量、实验方法、实验结束后实验动物的处理等方面的内容。

除国家的相关法律法规外，各级政府、科研机构和实验室也都加强了对实验动物使用和保护的管理和监督力度，以进一步规范实验动物的使用和保护。

1996 年 10 月 17 日，北京市第十届人民代表大会常务委员会第三十一次会议通过《北京市实验动物管理条例》，是我国第一部实验动物管理方面的地方性法规，于 2004 年进行了修正。该条例主要涉及实验动物课题研究的管理和安全措施，范围包括机构和个人两类，且明确规定实验动物的分类和注销等相关问题，同时还详细阐述了实验项目审批和实验条件管理的规定等。《北京市实验动物管理条例》于 2021 年再次进行修正，此次修订加强了对实验动物进出环境设施的管理，要求实验动物必须饲养于相应等级的环境设施，这是实验动物标准化的重要保障，也是重要的安全管理制度之一。目前，对于携带实验动物进出生产、使用环境设施、防止实验动物从环境设施逃逸，以及逃逸后的处置等问题，相关管理制度尚不健全，存在安全风险。

2018 年，黑龙江省发布《黑龙江省实验动物管理条例》（首版于 2008 年发布，后多次修正），其核心内容包括实验动物质量管理、许可制度、无害化处理等。

《广东省实验动物管理条例》最初于 2010 年 6 月发布，并于 2019 年进行了修正，该条例重点关注实验动物的健康和心理问题，规定了实验动物登记制度、安全措施、实验动物自我保护等问题，并明确提出实验动物的合法权益和人道保护方面的制度要求。同时规定，实验动物的生产环境及设施、笼器具、饲料、饮用水等应符合国家标准和有关规定，申请实验动物使用许可证的单位和个人应有符合国家标准的动物实验环境设施。

四川省科技厅为加强实验动物管理、保障实验动物及实验质量，于 2019 年组织制定了《四川省实验动物管理办法》。该办法参照国家《实验动物管理条例》制定，内容涉及实验动物的筛选标准、使用用途、管理职责划分，要求科研与教育机构在使用实验动物前需进行申报和信息公示，同时建立实验动物护理协同机制与评估制度等。

2024 年 7 月，湖南省人大常委会通过《湖南省实验动物管理条例》，于 2025 年 1 月 1 日施行。该条例将实验动物分为实验类和引进类，将体征、行为及解剖学检查等内容纳入标准化监管体系，同时要求使用单位必须依法进行注册、审批和备案，并接受公众监督，强化了制度透明度和科学性。

安徽省依据《实验动物管理条例》及相关规定，制定了《安徽省实验动物许可证管理办法实施细则》，对实验动物许可证的申请条件、审批程序、监督机制等作出具体规定，旨在强化实验动物使用单位的规范管理。

浙江省的实验动物管理工作相对起步较早，法规建设基础较为完善。《浙江省实验动物管理办法》由浙江省人民政府于 2009 年 8 月 17 日发布，自同年 10 月 1 日起施行，并于 2017 年完成修订。该办法明确规定了实验动物的生产、使用、检疫、运输与监督管理等内容，标志着浙江省实验动物管理工作进入规范化、法制化轨道。

根据《实验动物管理条例》和《实验动物许可证管理办法（试行）》等政策文件，江西省科技厅牵头制定了《江西省实验动物许可证管理实施细则》《江西省实验动物许可证审批程序》等制度性文件，推动江西省实验动物科技活动逐步迈入规范化与制度化管理轨道。

2001 年，我国出台《实验动物许可证管理办法（试行）》，规定实验动物从业单位必须具备《实验动物使用许可证》；2020 年，我国公布《中华人民共和国生物安全法》，并于 2024 年修正，推动实验动物突发安全事件的应急管理工作规范化、标准化、有序化开展。

基于《实验动物管理条例》，甘肃省先后出台《甘肃省实验动物管理办法》《甘肃省科技厅突发实验动物事件应急预案》《甘肃省实验动物许可证管理办法》《关于进一步加强甘肃省实验动物安全管理的意见》，极大地推动了甘肃省实验动物的监管工作。实验动物政策法规方面，除了国家、省级出台的有关实验动物的法律的贯彻落地，实验动物主管部门还积极推动甘肃省实验动物地方标准的制定，并负责监督实施。中国农业科学院兰州兽医研究所、中国农业科学院兰州畜牧与兽药研究所、兰州大学、甘肃中医药大学、甘肃金创绿丰发展有限公司等先锋从业单位先后申请了甘肃省实验动物地方标准，内容涉及生物安全、实验动物突发安全事件应急处置、实验动物尸体处置、实验动物试验后垫料处置、甘肃省地方小型猪培育、实验动物质量检验检测等方面，极大地完善了甘肃省实验动物管理工作的框架和内容，推动了甘肃省实验动物管理工作制度化、法治化、规范化进程。

以上实验动物管理法规保障了实验动物的合法利益和最基本的权利，同时规范了实验动物的使用过程和安全措施，并明确了相关机构和个人的监管职责及实施机制，涉及动物福利、公众意识和科学研究等多个方面。当前，我国正在加强实验动物管理和保护，相关法律法规在过去几十年中逐步标准化和规范化，保障了实验动物的福利和权益，促进了科学研究的发展。

1.6.2　标准规范

实验动物资源发展需要加强法治化和标准化建设，法治化和标准化建设是推动实验动物行业健康发展的基础。我国实验动物标准体系分别是政府主导的国家标准、行业标准、地方标准，以及市场主导的团体标准和企业标准。我国与实验动物设施相关的标准如表 1.6-1 所示。

我国实验动物设施相关的标准　　　　　　　　　　　　　　　　　　　　表 1.6-1

标准等级	标准名称	标准编号
国家标准	《实验动物机构　质量和能力的通用要求》	GB/T 27416
国家标准	《洁净室施工及验收规范》	GB 50591
国家标准	《实验动物设施建筑技术规范》	GB 50447
国家标准	《生物安全实验室建筑技术规范》	GB 50346
国家标准	《实验动物　环境及设施》	GB 14925
行业标准	《Ⅱ级生物安全柜》	YY 0569
行业标准	《实验室设备生物安全性能评价技术规范》	RB/T 199
行业标准	《实验动物设施性能及环境参数验证程序指南》	RB/T 019
行业标准	《传递窗》	JG/T 382

续表

标准等级	标准名称	标准编号
行业标准	《洁净工作台》	JG/T 292
地方标准	四川省《普通级实验用羊　环境及设施》	DB51/T 2854
地方标准	江苏省《实验动物笼器具　独立通气笼盒（IVC）系统》	DB 32/T 972
地方标准	江苏省《实验动物笼器具　饮水瓶》	DB 32/T 971
地方标准	江苏省《实验动物笼器具　笼架》	DB 32/T 969
地方标准	江苏省《实验动物笼器具　金属笼箱》	DB 32/T 968
地方标准	江苏省《实验动物笼器具　塑料笼箱》	DB 32/T 967
地方标准	江苏省《实验用猪　第1部分：环境及设施（普通环境）》	DB 32/T 1650.1
地方标准	江苏省《实验动物机构　实验动物生物安全管理规范》	DB 32/T 3980
地方标准	江苏省《实验动物设施运行管理规范》	DB 32/T 2910
地方标准	江苏省《实验动物笼器具集中排风通气笼盒系统》	DB 32/T 2730
地方标准	四川省《普通级实验用猫　环境及设施》	DB51/T 2851
地方标准	四川省《普通级实验用猫　微生物学监测》	DB51/T 2852

1996年，国家环境保护总局发布了《污水综合排放标准》GB 8978—1996，该标准适用于生产、经营单位排放工业废水、生活污水、农业面源污染、其他污水及污泥，同时规定了不同类型污水的处理要求和指标。屏障环境和隔离环境内饲养的实验动物排放的污水应满足该标准的要求。

2008年，住房城乡建设部发布《实验动物设施建筑技术规范》GB 50447—2008，规定了实验动物设施建筑应符合的基本要求，同时对建筑布局、建筑结构、景观设置、环境控制等方面做了详细的规定。另外，根据实验动物种类和实验需求，规定了实验动物设施建筑的设施数量、规模和容量。在此基础上，还对建筑尺寸、区域布局、间距、通道、通道门等进行了规定。同时，根据实验需求和实验动物种类的不同，对实验动物设施建筑的功能区分做出了规定，包括实验动物饲养区、手术室、检验室、注射室、药房、储藏室等。该规范还规定了实验动物设施建筑所需的各种设备装备，包括饲养、操作、空气净化、消毒、通风等。

2010年，《实验动物　环境及设施》GB 14925—2010针对实验动物设施的设计、建设和使用进行了详细规定和要求。该规范首先对动物实验室建筑的基本要求进行了阐述，包括建筑的选址、布局、结构、给水、排水、通风、照明等。除了基本要求之外，该规范对实验动物设施的细节进行了规定，主要包括设施建筑的安全、防护、舒适性等，同时要求实验动物设施通风系统的设计应该确保实验动物的居住环境符合通风条件，防止空气污染和传染病的传播，以及保持恰当的温湿度等。该标准目前已完成修订，标准编号为GB 14925—2023，详见第2.2.1节。

2011年，卫生部发布的《医学实验动物标准》进行了第8版修订，加强了对动物福利的保障和人道管理方面的要求，强调了减少和替代实验动物使用的原则，提高了动物实验的伦理和科学性。最新的修订版本将实验动物设施明确划分为开放系统（Open System）、亚屏障系统（Semi-Barrier System）、屏障系统（Barrier System）和隔离系统（Isolation System）四个等级。此外，强调了"3R"概念，同时要求动物饲养环境和条件必须充分、稳定和适当，包括光照、温度、湿度、空气流通、饲料、饮水等。明确了实验后对实验动物的人道处置要求，包括安乐死和无害化处理等。倡导和扶持动物福利研究，透过相关研究与训练来提升动物的福利与管理水准。

2018年，《实验动物　福利伦理审查指南》GB/T 35892—2018发布，规定了实验动物福利保障的基本原则，提出实验动物伦理审查的要求和程序，规范了实验动物的饲养管理，包括饲养环境的控制、饮食营养的保证、疾病预防控制等。

2019年，国家认证认可监督管理委员会发布了《实验动物设施性能及环境参数验证程序指南》RB/T 019—2019，该指南详细描述了实验动物设施的性能及环境参数验证的具体步骤和流程，同时强调了实验动物设施管理的重要性，包括设施的规划、建设和维护等。为实验动物设施的性能和环境参数验证提供详细的指导，以确保实验动物的福利、实验结果的准确性和可靠性，并推动实验动物设施管理的规范化。

2022年，《生活饮用水卫生标准》GB 5749—2022发布。普通实验动物饮水应符合人饮用水的国家标准，屏障环境和隔离环境内饲养的实验动物饮用水应经过灭菌处理。

我国实验动物使用和管理的标准不断完善，这对实验动物工作依法实施科学监管、全方位持续提高实验动物质量、实验动物的使用和管理提供了更具有操作性和实用性的指导依据。

1.6.3 规模数量

实验动物资源是实现科技进步，促进经济社会可持续发展，提高我国科技国际地位的基础性支撑条件，涉及医药、化工、农业、轻工、环保、航天、商检、军工等众多领域。在实验动物设施建设方面，国内主要分为大型实验动物中心和小型实验动物房两种类型。大型实验动物中心主要建设在高等学校、科研院所和医院等机构内部，建筑面积较大，设施齐全，可同时容纳成千上万只实验动物；小型实验动物房则主要建设在实验室内部或者医院科研部门中，建筑面积较小，设施简单。为了加强对实验动物的统一管理，我国自2001年开始对实验动物设施许可证管理制度。为了做好实验动物许可证的发放工作，各地分别制定并发布了相应的实验动物许可证管理实施细则，同时依申请按程序发放实验动物许可证。

随着生物医学研究和药物研发的不断深入，我国实验动物需求量不断增加，全国各地相继建设现代化实验动物设施，因此实验动物设施的数量也得到了显著提升。31个省（自治区、直辖市）实验动物许可证查询管理系统的数据统计显示，截至2023年初，全国获得实验动物许可证的单位共2717家，其中获得实验动物生产许可证的单位518家，获得实验动物使用许可证的单位2199家。

截至2023年初，北京市共发放各类实验动物许可证共333张（其中实验动物生产许可证66张，实验动物使用许可证267张）。山东省自2003年5月1日起全省统一实施实验动物许可证制度，到2023年初全省发放各类实验动物许可证共169张（其中实验动物生产许可证32张，实验动物使用许可证137张）。自实施实验动物许可证制度以来，已经逐渐将原来的亚屏障环境实验动物设施改造为屏障环境实验动物设施，用于饲养清洁级实验动物。目前大多数屏障环境实验动物设施为全新风送、排模式，个别单位使用隔离器或定向流技术，以节约能源。新建实验动物设施按照相关要求进行，实验动物设施内环境监测按照《实验动物设施性能及环境参数验证程序指南》RB/T 019—2019进行检测。实验动物设施总面积、普通环境、屏障环境和辅助用房的面积分别达到7.42万 m^2、2.00万 m^2、2.68万 m^2 和2.36万 m^2。总体来看，在实验动物生产单位中，屏障环境实验动物设施在各类环境设施中面积占比最大。截至2023年初，湖南省依申请按程序发放实验动物许可证56张（其中使用许可证41张，生产许可证15张），实验动物设施总面积约3.2万 m^2。广东省现有35个机构通过了实验动物环境设施验收，并获得了实验动物使用许可证，其中4个机构同时获得了实验动物生产许可证。截至2022年6月底，广东省在册的实验动物许可证228张，其中实验动物生产许可证37张，实验动物使用许可证191张。广东省发放的实验动物许可证占31个省（自治区、直辖市）总数的8.67%，位居全国第三，仅次于江苏省、北京市。截至2023年年初，湖北省共有72家实验动物生产及使用许可单位，其中生产许可单位15家，使用许可单位57家。

实验动物生产设施分为3类，分别是普通环境设施、屏障环境设施和隔离环境设施。调查结果显示，2013—2015年，全国实验动物生产设施总面积呈逐年上升趋势，其中普通环境设施、屏障环境设施和隔离环境设施也均呈逐年上升趋势。从2015年的统计数据来看，2015年全国实验动物生产设施总面积为241.85万 m^2，其中普通环境设施86.62万 m^2、屏障环境设施22.65万 m^2、隔离环境设施3.45万 m^2、辅助用房48.89万 m^2，其他设施80.24万 m^2。2015年全国实验动物使用设施总面积146.52万 m^2，其中普通环境设施47.39万 m^2、屏障环境设施29.36万 m^2、隔离环境设施4.48万 m^2、辅助用房62.81万 m^2、其他设施2.48万 m^2。实验动物生产设施和使用设施均具有明显的地域特点，实验动物生产设施总面积排名前 5 名的省份，依次为广西、云南、广东、北京和江苏。其中普通环境设施面积位居前 4 名的省份（主要为非人灵长类动物的生产供应区）分别是云南、广东、广西和海南；屏障环境设施面积排名前 5 名的省份（以 SPF 级实验动物生产与供应为主）分别是北京、山东、四川、浙江和黑龙江。

实验动物使用设施也分为 3 类，分别是普通环境设施、屏障环境设施和隔离环境设施。调查结果显示，2013—2015 年全国实验动物使用设施面积呈上升趋势。至 2015 年，全国实验动物使用设施的普通环境设施增加到 47.39 万 m^2，屏障环境设施增加到 29.36 万 m^2，隔离环境设施增加到 4.48 万 m^2。此外，与实验动物使用设施相关的辅助用房面积也呈逐年上升趋势，2015 年增加至 62.81 万 m^2。生物医药产业发展或生命科学研究比较活跃的省份，其使用设施的面积较大。实验动物使用设施总面积排前 5 名的省份是北京、江苏、海南、上海和四川。其中，普通环境设施面积位居前 5 名的省份分别是海南、北京、江苏、湖北和四川，屏障环境设施面积位居前 6 名的省份分别是北京、上海、江苏、广东、山东和四川。

1.6.4　设施设备

为提高实验动物的生产力和实验成果的质量，我国不断改进实验动物设施，推广先进的、符合国际标准的实验动物设施。目前，我国实验动物设施建设逐渐朝着高端化、数字化、智能化和生态化方向发展，提高设施建设标准和技术水平，推广现代高效设施，并且利用生物技术手段改进实验动物品种，提高其适应性、耐受性和实验性能。

实验动物设施内的设备介绍详见本书第 4 章。

1. 独立通风笼具（IVC）

独立通风笼具（Individually Ventilated Cage，IVC）是用来饲养实验动物的一种设备，它可以提供独立的清洁空气和排放污染气体，可以提高动物的生存率和保持实验结果的稳定性。以前实验动物设施的 IVC 主要具备基本的通风和卫生管理功能，但是性能相对较差，不能满足现代实验研究的需求。现在最新的 IVC 风笼具在过滤、控制、调节、自动化操作和精细化空气处理方面都有较大的提升。

（1）高效过滤技术

采用高效空气过滤器（HEPA）、紫外线（UV）灯等高效的过滤装置，去除空气中的污染物，提高通风效率，并可有效防止病原微生物的传播。

（2）多功能控制系统

采用多功能控制系统，能够实现温度、湿度、CO_2 浓度、灯光等方面的控制，并可实时检测和报警，保证实验动物的安全和稳定性。

（3）可调节的防护罩

采用可调节的防护罩，根据实验动物的种类和实验需求，控制笼具内外的空气流动和温湿度等，保证实验的成功和准确性。

（4）自动化操作和数据管理

采用自动化操作和数据管理系统，可监控实验动物笼具的使用情况，记录各种参数，管理实验数据，并实现数据的共享和多方面的分析。

（5）精细化空气处理

采用精细化的空气处理技术，例如负离子发生器、紫外线消毒技术等，保障动物健康的同时，降低污染物浓度，提高实验的可靠性。

（6）可自动饮水式 IVC

可自动饮水式 IVC 的自主饮水装置由安装架、进水管、出水管、送水管等组成。该装置可以替代原始的饮水瓶使用程序，在给实验动物的供水上更高效便利，可以避免动物在饮水时接触外部环境且饮水瓶、水嘴等长时间存放的问题，从而有效改变实验动物饮水不卫生的状态，提高饮水的卫生程度。

目前实验动物设施的 IVC 功能多样、性能优越，可以有效保证实验动物的健康，提高实验研究的可靠性和精度。

2. 环境控制设备

目前已建成的实验动物设施环境控制设备多采用全新风系统，能耗和运行成本较高。传统环境控制设备由风冷热泵制取冷水提供给组合式空调机组，由组合式空调机组将室外新风处理至适宜的温湿度后送入室内。组合式空调机组包括粗效过滤段、两级表冷段、蒸汽加湿段、电加热段、中效过滤段和风机段。排风经过水喷淋塔除臭后排至高空。但当大鼠、小鼠采用 IVC 饲养时，动物产生的废气直接通过排风管排到室外，对房间空气质量影响较小，房间送风采用部分回风，可达到节能效果。

近几年，较多实验动物设施开始采用集成式溶液空调，能够更加精准地控制湿度和细颗粒物，可以提高产品的质量和稳定性。由于使用的是溶液，而非昂贵的制冷剂或加热材料，因此与传统环境控制系统相比，其运行成本更低，更节能。同时，其检修和维护成本也较低，操作简单，易于维护。但溶液空调需要额外的管道和存储设备，因此在安装和维护上需要更多的空间。另外，其安装成本高。

3. 动物饮水设备

清洁级及以上级别动物的饮用水要求无菌，无菌水的处理工艺有多种，价格差异也很大。最简单的是过滤及 UV 杀菌，另外还有微电解、超滤、高压蒸汽等处理方式。传统给水方式为饮水瓶灌装，优点是价格低廉、操作及维护简便。但一方面因动物舔舐后会有空气进入水瓶，易引起污染，因此需要较为频繁地更换水瓶以控制微生物；另一方面水瓶的老化、变形可能引起漏水导致动物死亡。目前饲养量较大的新建设施，可规划使用自动饮水系统，无菌水通过定制的管道输送到每一个笼盒内，可以大大减少对人力的依赖及动物缺水风险。自动饮水系统可以实现自动供水，无须人工干预，避免了手工喂水的不便。同时可以进行水循环净化，保持水质的良好状态，确保实验动物饮用水的质量。但需要定期清洗和消毒饮水管路，避免造成污染。

4. 废气处理设备

环境影响评价对废气处理的要求亦日趋严格，为避免影响周围环境的空气质量，空调系统排风末端需设置废气处理装置。

目前使用的废气处理工艺主要有：吸附法、吸收法、微生物氧化法、光催化法、低温等离子体技术以及混流喷射技术等。这些处理方法各有优劣，在选择时应根据设施的具体情况而定。详细内容参考本书第 4.4.6 节。

5. 笼具清洗设备

随着我国单体实验动物设施饲养规模的扩大，实验动物饲养用具的清洗问题也越来越突出。发展初期，因实验动物设施单体规模小，饲养笼具通常由工作人员进行人工清洗，但人工清洗工作效率低、存在感染风险、清洗不彻底、清洗用水用热损耗大。随着新建实验动物设施规模日趋增大，洗笼机及自动化清洗流水线更加符合大规模实验动物设施的需求。

目前笼具清洗机有三种形式：柜式清洗机适合规模较小，饲养笼位在 5000 笼左右的实验动物设施；步入式清洗机适合较大型实验动物设施，其主要特点是强大的兼容性和高效性，可以清洗笼盒、笼盖、铁网、水瓶、IVC 笼架、大动物笼架等，普遍设计吞吐量可达每小时 800～1200 个小鼠笼盒；隧道式清洗机适合大型且对自动化清洗有一定需求的实验动物设施，其主要特点是具有高效性和连续性，吞吐量可达每小时 800～1200 个笼盒。

1.6.5 关键技术

目前，我国实验动物的使用主要集中在药物研发、药物评价、医学研究和疫苗生产等领域，在实验动物设施建设的关键技术发展方面已经取得了一定的成绩。

1. 智能监控系统

通过安装现代化监控设备，已实现对实验仪器、环境条件、动物行为等多种因素的监测和记录，既提高了实验数据的准确性，又为动物保护和健康提供了更加有效的手段。

2. 自动化喂养和水管系统

利用计算机或传感器系统，实现对动物饮水、食物供应等生理需求的实时监测和控制，有效地节省人力和物力，减轻了实验人员的工作负担。

3. 环境模拟控制系统

采用先进的环境模拟技术，可模拟动物在不同气候、光照、温度等环境条件下的反应和生理变化，以满足实验的需求，同时也为动物的安全和健康保驾护航。

4. 数据可视化和智能分析

引入信息技术和大数据分析手段，可以将实验数据转化为可视化的图表和报告，帮助实验人员快速分析和理解数据，提高实验效率和成果。

5. 材料研发

对实验动物设施的材料进行了更深入的研究和探索，应用环保、耐用、抗菌等性能出色的材料，为动物的健康和舒适提供更好的保障。

我国实验动物设施的关键技术发展已经初具规模，未来还需要继续加强科研机构之间的合作与交流，优化管理与运营体系，推动实验动物设施的标准化建设，促进我国实验动物设施的发展。

1.6.6 管理体系

我国建立了以《实验动物管理条例》为基础，《实验动物质量管理办法》《实验动物许可证管理办法（试行）》等部门规章、规范性文件和国家标准相配套的实验动物行政管理体系，为实验动物质量、动物实验环境质量和赋予从业人员开展动物实验的权利等提供政策、技术保障。国家对标准实验动物有明确的法律定位，《实验动物管理条例》规定：实验动物是指经人工饲育，对其携带的微生物实行控制，遗传背景明确或者来源清楚的，用于科学研究、教学、生产、检定以及其他科学实验的动物。《实验动物质量管理办法》规定：实验动物生产和使用，实行许可证制度。实验动物生产和使用单位，必须取得许可证。《实验动物许可证管理办法（试行）》对实验动物生产和使用许可证的申请条件、审批程序以及实验动物工作的监督管理进行了明确规定，在中国境内开展实验动物相关活动必须接受行政许可管理，并获得相关许可证后方可开展各类业务。截至2024年5月，根据"中国实验动物信息网"动态数据统计，各省份共发放实验动物生产许可证547张，许可内容涵盖了小鼠、大鼠、地鼠、豚鼠、兔、猪、犬、猴、羊、猫、长爪沙鼠、树鼩、雪貂、鸡、鸭、斑马鱼16个种类的实验动物和实验动物饲料、垫料、笼器具3个类别用品用具；有效的实验动物使用许可证2383张，除生产许可管理范围内的实验动物以外，还包含了马、牛、驴、鹿、羊驼、狐、貉、旱獭、田鼠、高原鼠兔、棉鼠、鹅、鸽、鹌鹑、蟾蜍15个种类的动物。针对非标准实验动物的生产与使用活动，应更加严格地进行管理，做好风险评估，建立完善的饲养和实验管理体系，并确保非标准实验动物与标准实验动物的严格隔离，避免病原体交叉污染，保证实验动物质量。

1. 管理组织机构

我国实验动物的管理组织体系实行政府逐级管理模式。科技部主管全国实验动物工作，各省（自治区、直辖市）科技厅（科委）主管本地区的实验动物工作，如图1.6-1所示。科技部基础研究司负责全国的实验动物资源和研究平台的建设规划，并指导各省份实验动物行政许可制度的实施，推动实验动物领域科技发展。

《实验动物管理条例》施行以来，我国各省份的科技厅（科委）均建立了实验动物管理委员会或办公室（简称动管办）管理其实验动物工作，军队系统也设有专职的实验动物管理办公室负责全军实验动物管理工作。近年来，北京、广东、云南、黑龙江、湖北、吉林等省份依靠地方立法，进一步加

科技部

管理条例 → 质量管理办法 → 许可证管理办法 → 规范性文件

省级科技主管部门 → 地方性法规规章 → 许可证管理质量监督 → 行政管理

国务院有关部门 / 本行业管理工作

国家标准 → 行业标准 → 地方标准

国家种子中心种质资源库

国家检测中心 → 省级检测机构

基层实验动物单位

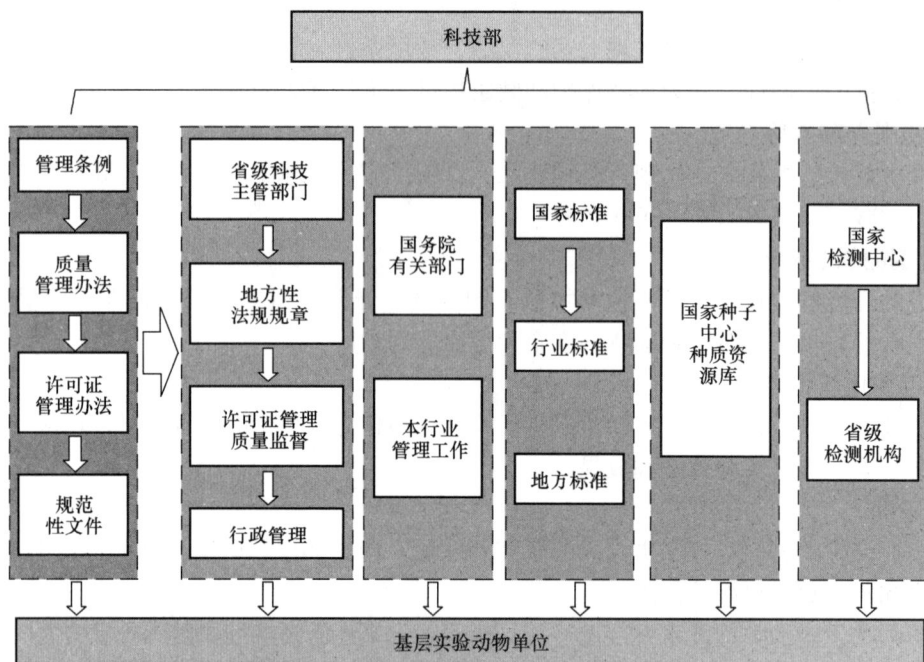

图 1.6-1 我国实验动物管理体系模式图

强了实验动物的地方法治建设。同时，各省份科技主管部门均出台了地方层面的"实验动物许可证管理办法"等行政许可实施细则类规范性文件。动管办为地方主管实验动物工作的主要组织机构，但各省份动管办编制和机构设置的具体形式不统一，管理方式也差异较大。目前动管办设立了独立法人机构的省份只有北京市，其他省份均为非独立法人机构，主要委托科研院所、实验动物检测机构开展工作。

2016 年以来，为规范实验动物科学技术行政执法行为，提高执法人员依法行政的能力和水平，树立执法队伍严格、规范、文明执法的社会形象，根据《中华人民共和国行政处罚法》等相关规定，各省份科技主管部门分别制定了《行政执法行为规范手册》《实验动物管理随机抽查工作细则》等规范性文件，对实验动物工作的行政执法职责予以界定，并根据违法情节出台了相关行政处罚裁量基准，在一定程度上弥补了《实验动物管理条例》修订滞后的窘境。

2. 行政许可审批依据

《中华人民共和国行政许可法》是世界上以单行法形式颁布的第一部行政许可法，实验动物工作纳入行政许可管理完全符合设定行政许可条件第十二条第四款的要求。我国实行的实验动物行政许可制度是专项管理制度的创新，《实验动物许可证管理办法（试行）》以从事实验动物及相关产品活动的组织和个人为管理对象，管理内容的核心为《实验动物管理条例》界定的标准实验动物，这与英国、欧盟、美国、日本等国家和地区的管理模式均不相同。实验动物的行政许可管理同时依托于国家和地方法律法规、实验动物相关指导性规范性文件以及国家、行业、地方和社会团体等制定的实验动物强制性和/或推荐性标准。为了加强实验动物的管理工作，保证实验动物质量，适应科学研究、经济建设和社会发展的需要，1988 年 10 月国务院批准了《实验动物管理条例》，成为我国首部指导实验动物工作的最高行政法规。《中华人民共和国生物安全法》明确将实验动物纳入了国家法律的管理范畴。

为进一步优化营商环境、激发市场主体发展活力，推进"简政放权、放管结合、优化服务"等工作，2016 年 2 月国务院发布《国务院关于第二批取消 152 项中央指定地方实施行政审批事项的决定》中取消了"实验动物出口审批""实验动物工作单位从国外进口实验动物原种登记单位指定""从事实验动物工作人员资格认可"等实验动物相关管理要求。同年 6 月，科技部废止了《省级实验动物质量检测机构技术审查准则》《国家啮齿类实验动物种子中心引种、供种实施细则》《省级实验动物质量检测机构技术审查细则》等管理规定，持续推动实验动物管理工作改革。2017 年 10 月，《质检总局关于推广京津冀沪进境生物材料监管试点经验及开展新一轮试点的公告》中将符合条件的 SPF 级小鼠和大鼠境内隔离检疫期减半，缩短至 14 天，并允许边隔离边实验，大大提高了动物实验效率和科研产出。2019 年 11 月，《国务院关于在自由贸易试验区开展"证照分离"改革全覆盖试点的通知》《自贸区实验动物许可"证照分离"改革工作实施方案》进一步推动了实验动物行政审批改革、"放管服"改革等各项任务的有效落实。

3. 申请条件与审批流程

《实验动物许可证管理办法（试行）》规定了实验动物行政许可管理的基本任务、申请实验动物许可证必须具备的条件、实验动物许可证的审批和发放以及后续管理和监督等内容。实验动物许可证的新办、变更、续办、注销与审批程序全国各省份基本保持一致，但也存在实验动物地方性法规或管理部门的特定要求。目前，各省份均已建成全国一体化在线政务服务平台和线下实验动物行政许可受理服务平台。

下面以上海市"一网通办"平台在线受理实验动物使用许可证（新办）为例，说明实验动物使用许可证的受理条件、审批流程等情况。

（1）申领条件与申请材料

申请实验动物使用许可证的公民、法人或其他组织，必须具备以下条件：

1）遵守国家有关野生动物保护的法律法规，使用的实验动物及相关产品必须来自有实验动物生产许可证的单位或个人，质量符合国家标准；国家尚未制定标准的，应符合行业标准或本市地方标准；

2）实验动物的环境及设施符合国家标准；

3）实验动物的笼器具、饲料、饮用水、垫料均符合国家标准；国家尚未制定标准的，应符合行业标准或本市地方标准；

4）有科学规范的管理制度和操作规程；

5）配备经过专业培训的饲养、实验和设施管理人员，各类人员熟悉、掌握操作规程。

根据实验动物使用许可证（新办）办事指南，申请人应准备如下材料：

1）第三方检测机构出具的环境及设施检测报告；

2）实验动物管理委员会或实验动物伦理、福利委员会的任命书；

3）与有资质的动物无害化处理机构签订的委托处理协议；

4）标出实验动物设施位置的地理位置平面图和标出人流、物流、动物流向的实验动物设施平面布置图；

5）实验动物生产/使用规章制度、操作规程以及突发事件应急预案；

6）根据个案情况需补充说明和法律规定需具备条件的证明材料（包括特殊设施的备案证明材料、环评批复、消防备案等）。

以上材料可登录上海市"一网通办"查询并下载"样张"。

（2）申请与审批流程

1）线上申请，"一网通办"

申请人使用"法人一证通"登陆上海市"一网通办"可搜索"实验动物"点击"立即办理"进入申请页面，完成所有申请信息和附件上传后，提交申请，此时的申请处于"待预审"状态，预审通过且提交"纸质材料"后，完成申请；预审不通过，申请人会收到管理人员的"补正通知"或"不予受理通知"，"补正"完成后提交"纸质材料"，可完成申请。"智能客服——小申"和线下客服可以解答申请实验动物许可证过程中遇到的各类问题。

2）程序化审批，"证照分离"

实验动物许可证（新办）的审批分为五个阶段：网上办事大厅提出申请→形式审查通过准予受理

→接受设施现场核查评审→整改完成主管处室审核→领导审批获得许可证（图 1.6-2）。

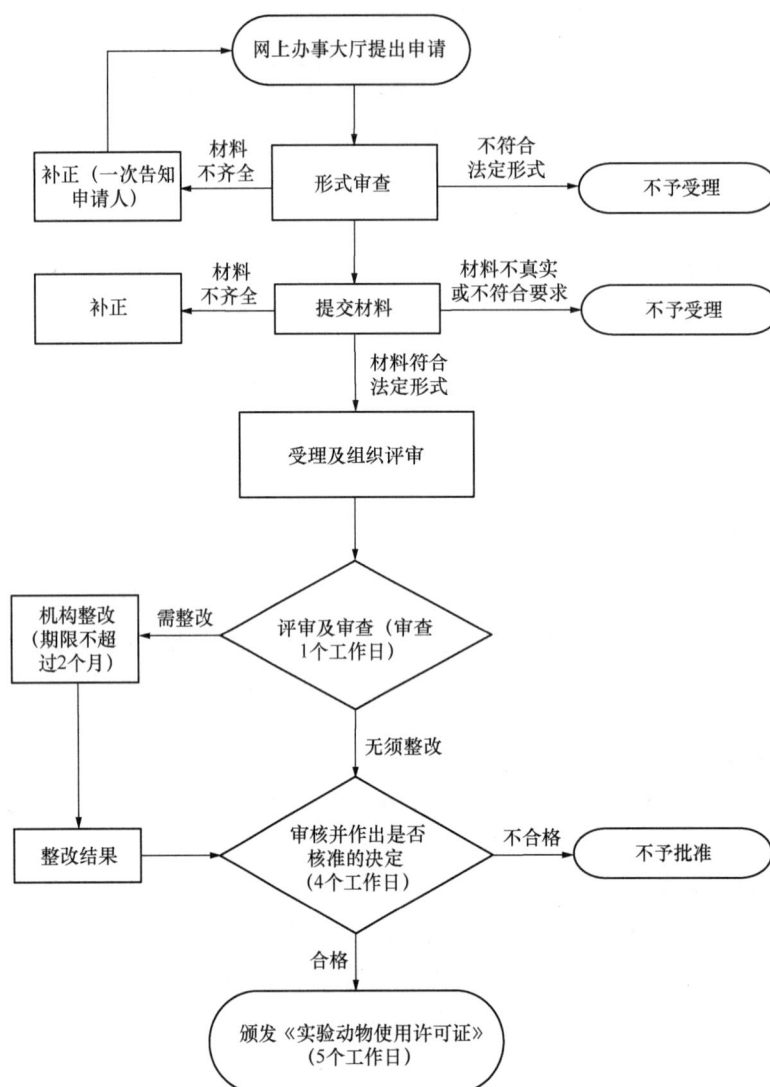

图 1.6-2 实验动物使用许可证（新办）的审批流程

　　为进一步推进政府职能转变，做好科技领域"放管服"改革，2019 年 12 月，各省份科技主管部门围绕实验动物行政管理工作的"减时间、减材料、减环节、减跑动次数"的"四减"目标，及时修订了"实验动物行政许可办事指南"，优化审批监管流程，加强电子政务能力。2021 年 11 月，科技部印发《实验动物许可"证照分离"改革工作实施方案》，进一步加强和创新实验动物行政审批的事中事后监管，切实履行监管职责，按照"没有法律法规依据的证明材料一律不需提交，能够通过数据共享或网络核验的材料一律不需提交，能够通过电子证照库调取的证照一律不需提交"等原则，取消了行政规定中的兜底条款，减少纸质材料数量，并对同类型材料进行了合并。通过提升网上办事深度，向社会公众提供了高效、快捷、标准化的科技政务服务。2021 年以来，各省份行政主管部门对实验动物许可证的单位名称、法人代表等变更事项，实现了便捷申请、快速办结的"好办""快办"服务目标，有效提升了行政管理服务质量。审批办理时限缩短至不超过 14 个工作日，并实现纸质实体证照和电子实验动物许可证证照同时发放。

4. 行政许可的事中事后监管

　　近年来，科技部要求省级科技主管部门大力加强实验动物许可事中事后监管，全面实行实验动物"双随机、一公开"监管，积极推进"互联网＋"监管，发现违法违规行为，依法依规查处并公开查处结果。《实验动物许可证管理办法（试行）》规定：许可证实行年检管理制度。年检不合格的单位，由省（自治区、直辖市）科技厅（科委）吊销其许可证，并报科技部及有关部门备案，予以公告。《实验动物质量管理办法》规定：取得许可证的实验动物生产单位，必须对饲养、繁育的实验动物按有关国家标准进行质量检测。2015 年 8 月，《国务院办公厅关于推广随机抽查规范事中事后监管的通知》要求各级行政机关进一步规范行政审批的监管行为，创新管理方式，规范"双随机、一公开"等监管工作。各省份根据国家和地方有关规定，定期对实验动物机构开展行政许可的事中事后监管工作。"事中事后监管"一般包括实验动物许可证年检、实验动物机构动物质量抽检、"双随机、一公开"监督抽查和"市民热线"投诉举报检查等。

各省份科技主管部门一般按照年度定期统一开展实验动物许可证的年检工作。被许可人根据"年检通知"提交实验动物设施运行报告等申报材料接受核验，核验通过后，以实验动物许可证副本加盖年检章的形式确认。近年，有些省份已将年检简化为网络递交申请的年报形式。各地的实验动物机构动物质量抽检工作在检测对象、检测内容和检测频率上存在较大差异。有些省份实验动物设施环境和实验动物质量均接受年度检查，有些省份只检查生产许可证单位的实验动物微生物质量和遗传质量，检查的频率和抽查比例也存在很大差异。各省份均建立了"事中事后综合监管平台""双公示信息报送管理系统"等，制定了"实验动物管理随机抽查工作细则"，根据"双随机、一公开"要求和年度"抽查计划"规定的抽查内容与抽查比例，随机抽选实验动物许可证单位进行现场检查，抽查结果及时向社会公示。近年来，通过"市民热线"对动物实验室投诉举报的案例有所增加，集中在"无实验动物许可证开展动物实验的行为""动物实验室尾气处理不当"和"实验动物质量不合格"等方面。

5. 行政许可下放与行业综合许可

2014 年，黑龙江、浙江等省份根据情况开展了将实验动物行政审批权下放到地级市的改革探索。根据《国务院办公厅关于支持国家级新区深化改革创新加快推动高质量发展的指导意见》《中共上海市委　上海市人民政府关于支持浦东新区改革开放再出发实现新时代高质量发展的若干意见》等文件精神，2020 年 4 月上海市人民政府发布《上海市人民政府关于下放浦东新区一批行政审批的决定》，将浦东新区的实验动物生产和使用行政许可事权下放给浦东新区科技和经济委员会。自 2020 年 11 月国务院根据《中华人民共和国行政许可法》第二十五条规定，原则同意《上海市浦东新区开展"一业一证"改革试点大幅降低行业准入成本总体方案》在上海市浦东新区开展改革试点以来，建立"一业一证"行业综合许可和行业综合监管制度已拓展到全国。2022 年 4 月，针对"一、二级病原微生物实验室"行业综合许可证相关办件，上海市科委向各区科技部门下放实验动物生产和使用许可事项的受理、发证两个环节的权限。2023 年 8 月，上海市浦东新区科技和经济委员会联合区卫生健康委员会下发了首张包含实验动物许可和 ABSL-2 备案证书的行业综合许可证，为化解各行政部门间实验动物机构的行政审批和全方位联合监管奠定了基础。

6. 实验动物机构行政许可的发展趋势

近十年来，实验动物更加聚焦于临床研究与应用，处于医、教、研结合的关键环节。实验动物机构也出现了"多极化"发展的态势。一方面是以建立公共服务平台为目标，涌现了几千甚至上万平方米的共享实验室、共享仪器设备的大型动物实验机构。另一方面是更加细化科研生产专业，建立了"专精特"小型实验室。未来应在优化创新审批流程的基础上，探索"量身定制"的个性化管理方案。应不断总结科研院所、医疗机构、医药企业、实验动物公共服务平台以及实验动物生产单位的共性需求和个性运行特点，对实验动物机构实行"个性化风险评估"，达到"精准施策"的管理目标。同时，应契合医疗、科研专科特色需求，促进高水平特色动物实验平台建设，集聚高端实验动物设备和人才，高效整合资源，聚焦各类专业性实验室，实现实验动物、实验设备、专业人才的最佳配置组合，推动实验动物平台服务向"专业化""精深化"方向发展。

实验动物科学发展迅猛，不断挑战人类的科技伦理观。实验动物行政许可管理与科技伦理管理协调发展、协同作用是实验动物生命科学研究高质量发展的基石。2023 年 10 月，科技部等 10 部门联合发布的《科技伦理审查办法（试行）》，明确将"涉及实验动物的科技活动"纳入管理范畴，并立足风险防范建立了"需要开展专家复核的科技活动清单"制度，进一步夯实实验动物管理基础，推动实验动物行政管理从审查实验动物设施条件和团队业务能力，向动态运行质量管理、风险控制和科技伦理治理转变，保障实验动物工作健康有序发展。

2018 年 1 月，中国合格评定国家认可委员会（CNAS）开始正式受理实验动物机构的认可现场评审工作。实验动物管理需要依靠国家法律法规和行政许可的"硬手段"，同时也需要从实验动物福利伦理等方面为行政管理提供有力补充。2023 年 4 月，中国实验动物学会实验动物机构认证工作委员会立足我国国情并着眼国际，进一步建立实验动物机构福利伦理评价体系，从社会专业组织开展实验动物机构福利伦理评价工作出发，为提高实验动物机构的管理水平，保证动物实验技术综合能力，降低动物实验的安全风险以及伦理风险，构建国际互认的实验动物机构认证制度，提供了一种优势融合的管理方案。

第2章 标 准 规 范

实验动物设施作为生物医学研究和药物研发的重要基石，其标准化、规范化建设对于保障科研成果的准确性和可靠性至关重要。实验动物设施的建设涉及建筑结构设计、空气净化控制、环境参数调节及生物安全管理等多个维度。合理的建筑布局、高效的空气净化系统、精准的环境控制以及严格的生物安全管理措施，共同构成了实验动物健康成长的基石，也是确保实验结果可靠的关键。在实验动物设施建设过程中，需充分考虑实验动物的生理特性和科研需求，提供适宜的生活环境。同时，与国际接轨，借鉴国际先进经验和技术标准，也是提升我国实验动物设施建设水平的重要途径。随着科技的进步，实验动物设施建设正朝着更加智能化、绿色化的方向发展。数字化管理、智能化环境控制等新兴技术的应用，将为科研工作者提供更加高效、便捷的实验环境。

本章将全面梳理国内外实验动物设施建设的现行相关标准规范，从建筑、环境、安全等多个角度进行深入剖析。这些标准规范在保障科学研究的质量和可靠性、维护实验动物福利、保障人员安全、确保合规性和伦理性以及提高科研机构国际竞争力等方面具有重要作用。

2.1 国外标准、指南、手册

2.1.1 《设计要求手册》

《设计要求手册》（Design Requirements Manual，DRM）由美国国立卫生研究院（NIH）制定，规定了实验室设施方面的政策、设计要求、标准和技术准则，用于规划设计 NIH 所拥有、租赁、运营和资助的实验室设施。DRM 是同类手册中唯一的一份详细给出设计要求和指导的手册。

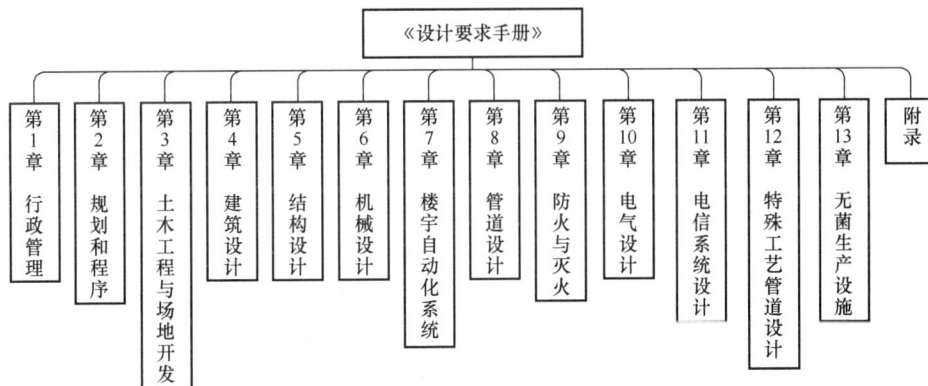

图 2.1-1 《设计要求手册》目录

作为一部实验室设施设计方面的"百科全书"，DRM 不仅仅包含实验动物设施的设计，还包括生物安全实验室、无菌生产设施等。图 2.1-1 为 DRM 目录，分别对实验动物设施等实验室建筑的设计进行说明。

第1章 行政管理：涵盖了实验动物设施设计的许多基本方面。在各类建筑中，科学研究类建筑是独一无二的，使用者和公众的安全至关重要，需要大量的规划和专业知识来建造和运营。因此，设计者和利益相关者必须对许多重要决定进行评估，了解风险以及必要的解决措施，确定最适合研究人员和研究本身的设计。

第 2 章　规划和程序：确定和记录各种因素，以确保设计高效、符合科学目标、适合调查人员。预设计的目的是收集信息并确定项目目标、空间要求和其他关键功能标准。因此，在项目早期阶段制定一份详细、全面的计划文件，为后续决策和发展提供坚实、合理的基础，是非常必要的。

第 3 章　土木工程与场地开发：实验动物设施旨在提供有利于开展科学研究的环境，这种环境的重要方面包括场地设施、场地改善和景观美化。场地设施包括蒸汽、冷水、雨水、排水和其他地下设施。场地改善包括道路和停车场、人行道和其他已建场地元素，对于实验动物设施周围人流和车流的顺畅流动非常重要。景观美化是实验动物设施的另一个重要方面，因为它对设施的视觉吸引力，以及对原生物种和生态系统的支持都有影响。

第 4 章　建筑设计：建筑为实验动物设施的运行提供安全、高效和舒适的必要环境，包括舒适美观的工作空间、灵活高效的实验室以及所有必要的公共空间和辅助空间。本章介绍了包括实验动物设施在内的实验室建筑的要求，包括高性能的外围护结构、合理有效的空间布局、合理的内部装修和家具设备，以及高度复杂的科学项目所需的所有支持服务和基础设施。

第 5 章　结构设计：结构设计对建筑物的性能至关重要，本章对实验动物设施的结构尺寸、振动控制、楼板凹陷等方面提出了相关要求，确保实验动物设施的结构安全。

第 6 章　机械设计：对实验动物设施的暖通空调系统提出了相关要求，如：冷热负荷计算、实验动物种群密度、人员负荷、照明负荷、换气次数、供热系统、排风系统等。同时，也对实验动物设施内的空气处理系统、隔热系统、噪声与振动等进行了详细的规定。

第 7 章　楼宇自动化系统：对控制系统设计规范、控制原理图、拓扑结构和基础设施的设计要素进行了详细规定。其中包括空气处理系统、送风和排风系统等系统级要求以及组件级要求（如转换器、热交换器、排风烟囱等）。提供各种应用的组件质量、精度、公差以及软件及其设置要求。

第 8 章　管道设计：对所有冷热水管道、固定装置、工艺管道系统和特殊工艺管道系统的安全高效设计提出通用要求，并为实验室、实验动物设施和其他项目中使用的特殊系统提供一般指导。

第 9 章　防火与灭火：主要针对消防系统，对耐火等级、实验室火灾危险分类、火灾报警系统等提出要求。此外，也对灭火系统的相关设计要求进行了规定，包括：自动喷水灭火系统的设计，立管系统的安装、选材以及消火栓、消防泵、其他抑制系统的设计等。

第 10 章　电气设计：规定了正常和应急电源、现场配电、电机控制、电能质量和接地、测试和操作、照明和配电系统的设计内容，以及动物研究设施和实验室（包括 BSL-3 和 ABSL-3）的具体电气设计。

第 11 章　电信系统设计：规定了电信系统设计要求，包括电话、局域网、视听、安全、天线、无线网络和其他系统的内部和外部设备设计。

第 12 章　特殊工艺管道设计：为关键工艺生产和管道系统的设计提供指导，包括高纯水（HPW）、动物饮用水（ADW）、压缩气体以及低温、实验室真空和兽医气体系统。输送到使用点的水的质量和纯度会影响研究结果并带来变数。本章对高纯水的生产和分配提出了要求，以确保在研究设施的所有使用点都能保持可靠、一致的水质来源。动物饮用水是对动物和相关研究有直接影响的关键系统。生产、分配和微生物控制是其中影响重大的因素。压缩气体和低温系统的应用和配置多种多样，本章提供了设计要求，包括控制、报警、分配、主要供应和备用供应源。实验室真空系统用于多种实验室，通常在大多数研究设施中提供，其中包括源系统设计（包括净化方法）、分配系统和测试要求。

第 13 章　无菌生产设施：介绍了此类设施从项目启动到项目生命周期结束的各种注意事项。无菌生产设施生产供人类使用的治疗和诊断产品，包括需要遵循现行药品生产质量管理规范（cGMP）规定的产品，以及用于生产第一和第二阶段临床试验产品的无菌加工（针对那些生产生物产品的设施）。

附录：涵盖了广泛的内容，并提供了正文中引用的其他信息、表格和模板。表 2.1-1 为附录的主要内容。

DRM 附录的主要内容

表 2.1-1

附录	主要内容
A	对新建和改造的实验动物设施内生物安全柜（BSC）的放置提出了要求
B	介绍了下拉式工作台颗粒捕集效率的计算方法
C	以 NIH 的贝塞斯达院区和卫星站点的楼宇自动化系统实际应用为例，提供了有关楼宇自动化系统的更多信息以及必要的技术规定
D	暖通空调的相关计算公式研究，扩展了第 6 章的基本计算公式
E	列出了 NIH 审查项目所需的所有预期和必要文件，还规定了文件的预期质量
F	提供了实验室内常用空间的房间数据表样本，这些数据表仅供设计人员参考，应根据每个项目的具体情况定制
G	提供了一个模板，设计人员可使用该模板确定项目中的设备要求，该模板应根据每个项目的需要进行调整
H	提供了许多重要标准、监管或行业组织的超链接
I	DRM 中的常用缩略语和计量单位
J	"租赁设施 DRM 检查表"，概述了 NIH 租赁的设施应适用 DRM 的程度
K	"DRM 变更表"，用于对现有条件，或其他材料、系统或产品通过性能进行变更申请
L	"密封剂表"，提供了各种密封剂类型及其在 NIH 设施内的应用位置
M	"室内标识手册"，为 NIH 设施内的预期标识和路标提供了指导
N	"高纯度和动物饮用水系统消毒、实验室测试和验收"，提供了一个用于确保水质满足 NIH 内部特定需求的大纲
O	"专业实验室"，为昆虫设施和电子显微镜设施等独特的研究空间提供了设计指导

2.1.2　《ASHRAE 实验室设计指南》

《ASHRAE 实验室设计指南》（ASHRAE Laboratory Design Guide）由美国供暖、制冷和空调工程师学会（ASHRAE）编纂，是满足对实验室规划、布局和设计的综合参考手册，涉及的实验室包括：动物实验室、生物安全实验室、放射化学实验室、隔离/洁净室、医院或临床实验室等。该指南分为 16 章，编写方式从一般到特殊，目标受众广泛，包括设计师、建筑师、工程师、业主、操作和维护人员，以及暖通空调（HVAC）行业的人员。业主可以只阅读前两章，而工程师则可以重点阅读设计章节。

第 1 章　引言：介绍了该指南的总体架构，资料来源，以及其他信息。

第 2 章　背景：简要介绍了实验室常见的类型和系统。

第 3 章　实验室规划：提供了实验室建筑项目规划阶段需的关键信息和指导，包括：风险评估、环境要求、设备和人员、压力关系、通风和室内空气质量考虑因素、实验室规范和标准、建筑和工程系统集成、编制规划文件等。

第 4 章　设计过程：在项目规划阶段，要确定建筑物和系统的总体布局、法规和标准所要求的具体排风量，以保持安全健康的环境。本章将规划信息，如通风要求、室内空气质量、环境条件、压力关系、人员和设备负荷，以及实验室功能和类型的特殊条件等从标准转化为系统设计，并给出了具体步骤：确定排气/供气要求→计算负荷→测绘压力图→评估满足负荷的不同系统→布置管道和房间→

确定主通风系统的大小→确定空气处理过程→设计排气筒→选择能量回收系统→制定控制策略→确定TAB❶和认证要求→记录运行和维护要求→调试集成→经济评估。

第5章 通风罩：讨论了不同类型的通风罩，包括：化学通风柜、高氯酸通风柜、生物安全柜、其他通风柜，为该指南后续章节中正确应用排气罩提供了信息，还讨论了这些通风罩的认证、监控和选择。

第6章 主通风系统：在实验室系统的开发过程中，主送风和排风系统的合理布局和设计对于确保实验室环境的性能和安全至关重要。在设计主通风系统时，必须对复杂且经常相互冲突的系统进行评估，其中包括使用的通风罩类型、对排风和送风管道系统的特殊要求等。但在设计这些组件（空气处理机组等）之前，必须先确定区域空气分配。从分区层面开始设计主通风系统的主要原因是：要使主送风系统正常有效地运行，首先必须满足占用空间的条件。因此，在选择和设计主通风系统时，应依次评估以下内容：区域空气分配、区域加热、排风系统、送风系统、管道结构、能源效率。

第7章 工艺冷却：指将水或其他流体供应给各类设备，以达到冷却的目的。本章对水冷负载的类型、水处理和水质要求、温度和压力要求以及系统泵配置进行了介绍。

第8章 空气处理：回顾了标准规范规定的（急性、慢性和致癌）典型气体和微粒的短期暴露浓度限制要求，以及避免长期暴露造成健康问题的可接受浓度和防止产生不良气味的最大浓度。随后讨论了达到可接受水平的可用技术，包括过滤、洗涤、冷凝、氧化和稀释。

第9章 排气筒设计：详细介绍了良好的排气筒设计所需的要素以及可用于验证设计的建模技术。然后讨论了可用于实现这一目标的设计问题。最后，对有助于确定设计效果的模型进行说明，这些模型将记录排气的设计如何执行。

第10章 能量回收：利用排风或其他热源/冷源中的温度/湿度，将原本会浪费掉的能量预处理（加热或冷却）后供给气流，从而节省能源和降低加热、冷却、除湿或加湿设备的功率。由于实验室通常使用100%的室外空气，因此能量回收是设计中的一个重要考虑因素。本章讨论了空气—空气、水—空气和热气—空气能量回收系统，介绍了这些系统的选择参数。

第11章 控制：所有建筑物都需要一个控制系统，以便舒适、安全和高效地运行，在实验室中尤其如此。本章讨论了设备控制，包括恒定容积通风柜、可变容积通风柜和其他排风设备。随后介绍了房间控制，包括房间控制理论、最小换气次数、控制稳定性、变风量和定风量控制策略、关键空间的温度和湿度控制以及建筑物加压。

第12章 气流模式与空气平衡：详细介绍了如何对气流模式进行控制、调试、压力测试等。

第13章 运行和维护：对实验室内的通风罩、通风系统、排气系统，以及暖通空调设备、组件的运行和维护要求进行了规定。

第14章 实验室调试过程：概述了调试过程，并为实验室系统提供了详细指导，详细介绍了典型实验室项目每个阶段的调试任务，以及如何将调试过程应用于现有的实验室设施。

第15章 暖通空调系统经济学：主要围绕初始成本和生命周期成本两类建筑成本进行介绍，并给出了一些成本计算公式。一般来说，由于项目的预算限制，初始价格会受到重视。由于实验室中暖通空调设备较多，设备的初始价格可能占建筑总价的相当大比例（30%～50%）。因此，准确的初始价格估算对于在预算限制范围内完成实验室项目是非常必要的。

第16章 微生物和生物医学实验室：介绍了生物污染物的分类，讨论了实验动物及其要求，为这类实验室的设计提供依据。

2.1.3 美国《实验动物饲养管理与使用指南》（第八版）

该指南分为5个章节和附录。

---

❶ TAB，Testing Adjusting and Balancing（暖通空调测试与调试），即净化空调安装完毕，对其进行平衡测试，使净化空调的负荷及风量都达到设计值。

第 1 章介绍了该指南的编写目的、针对的对象、必要前提、使用的关键概念和术语。结合第七版中的材料，本章着重介绍了对"3R"概念的承诺，提供了一个动物使用伦理及科研人员或研究机构义务的强化讨论。

第 2 章侧重于整个研究机构的动物饲养管理计划（本章中简称"计划"）。它定义了不断演化的计划概念，提供了机构内整合的框架，综合考虑了研究机构的方针、职责、规章、计划和人事管理（包括培训、职业健康和安全）以及整个计划的监管。

第 3 章侧重于动物本身，不同于第七版，第八版分开陈述陆生和水生动物的种类、品种和品系，反映了水生动物在生物医药研究中变得越来越重要。本章提供了对动物饲养和环境的推荐，讨论了群体化饲养的重要性，强化部分包括动物环境、动物福利和科学性。

第 4 章讨论了兽医保健以及主治兽医的职责。本章引进了动物生物安全的概念，确认它是确保实验动物健康的关键要素。本章包括对有关动物的购买、运输、预防医学的推荐，扩展了临床护理和管理、手术（对手术中监督）、疼痛和痛苦、无痛苦处死的部分。

第 5 章讨论了与实验动物设施总体布局相关的议题，包括振动控制及新材料、设施安全与控制、危害物的控制，以及成像技术、全身照射、屏障饲养、行为学研究和水生动物种类、品种和品系饲养的特殊设施。本章对集中与分散动物设施进行了详细讨论，提出了节能高效、可变容积的暖通空调系统这一理念。

附录一是更新的文献；附录二是美国政府关于脊椎动物用于测试、研究和培训中饲养管理和使用的原则；附录三是对修订该指南的申明；附录四提供了修订委员会各成员的简历。

2.1.4　加拿大动物管理委员会指南：《实验动物设施特性、设计与发展指南》

加拿大动物管理委员会指南：《实验动物设施特性、设计与发展指南》，由大卫·尼尔博士和唐纳德·麦凯博士及加拿大动物管理委员会（CCAC）合作编写完成。除了规定动物护理和使用一般原则的《实验用动物管理与使用指南》第 1 卷第 2 版（1993 年）和第 2 卷（1984 年）之外，CCAC 还发布了有关当前与新出现的问题等的一系列指南，其中就包括该指南。

第 1 章为前言，介绍了该指南的创作动机，对该指南的作者进行了感谢，同时对指南中所列出的每条指导准则进行了总结提炼，共 100 条。

第 2 章为引言，对该指南的内容、基本框架、适用性等进行了解释说明。

第 3 章介绍了实验动物设施的特点，并从整个设施的功能要求、选址、基本组成部分、交通流线、电气、环境监测系统、安全设备等角度进行说明，给出了具体的指导准则。

第 4 章为实验动物设施的规划、设计和发展过程。本章指出，为了使动物护理人员和设备维护人员都能发挥最佳作用，使实验动物科研环境得到改善，必须尽一切努力确保规划、设计及运行不会出现缺陷，否则将造成资源成本的浪费。本章从规划、设计、施工调试、运行维护 4 个阶段对实验动物设施的设计进行说明。

2.2　我　国　标　准

2.2.1　国家标准

1.《实验动物　环境及设施》GB 14925

（1）编制背景

1986 年 6 月，北京市医学实验动物管理委员会制定《北京医学实验动物合格证暂行条例》，最早对实验动物设施提出原则性要求。1988 年 11 月，国家科学技术委员会发布《实验动物管理条例》，第七条规定：实验动物遗传学、微生物学、营养学和饲育环境等方面的国家标准由国家技术监督局制定。第八条规定：从事实验动物饲育工作的单位，必须根据遗传学、微生物学、营养学和饲育环境方面的标准，定期对实验动物进行质量监测。各项作业过程和监测数据应有完整、准确的记录，并建立统计报告制度。其中实验动物环境及设施标准是实验动物质量监测的重要组成部分。

自我国开展实验动物的相关标准化工作以来，《实验动物　环境及设施》作为其中的重要组成部分，经过了多轮修订，以适应科技进步和实验动物科学研究的需要。最初的标准化工作可以追溯到1994年，当时的国家标准《实验动物　环境及设施》GB/T 14925—1994的发布，标志着我国对实验动物环境及设施标准化工作的正式启动。《实验动物　环境及设施》GB/T 14925—1994是基于当时我国实验动物科学研究的实际需求，以及对动物福利和实验结果可靠性的初步认识而制定的。该标准对实验动物环境及设施控制提出了更加标准和可操作性的要求。该标准为我国实验动物设施的建设和管理提供了基本遵循，对规范实验动物的饲养、管理以及设施环境的建设起到了基础性作用。经过多年的实施和实践，我国实验动物环境及设施的控制已达到发达国家的水平，为我国生命科学的发展奠定了有力的技术支撑体系。

1997年，国家科学技术委员会发布《实验动物质量管理办法》，第一条规定：为加强全国实验动物质量管理，建立和完善全国实验动物质量监测体系，保证实验动物和动物实验的质量。其中包括六大方面：微生物、遗传、环境、营养、寄生虫和病理，国家科学技术委员会建立了以上六个国家实验动物质量检测中心。第二条规定：全国执行统一的实验动物质量国家标准。实验动物环境及设施需要国家标准，且要强制执行。第十一条规定：从事动物实验和利用实验动物生产药品、生物制品的单位，取得使用许可证必须具备下列基本条件：①使用的实验动物，必须有合格证；②实验动物饲育环境及设施符合国家标准；③实验动物饲料符合国家标准。第十五条规定：取得许可证的实验动物生产单位，必须对饲养、繁育的实验动物按有关国家标准进行质量检测。2010年，科技部发布的《实验动物许可证管理办法（试行）》再次明确了实验动物许可证管理对环境设施的标准化要求。

《实验动物　环境及设施》起初为推荐性国家标准，随后的几次重要修订分别在2001年、2010年、2023年，并自2001年起升级为强制性国家标准。进入21世纪后，随着动物福利、实验安全性以及实验结果可靠性要求的不断提高，原有的标准需要进一步完善和提升。因此，2010年对该标准进行了较大规模的修订，形成了《实验动物　环境及设施》GB 14925—2010。这些修订，反映了我国对实验动物设施环境要求的新理解和新要求，也体现了对动物福利的更高尊重。

《实验动物　环境及设施》GB 14925—2010的修订工作自2020年启动，最终在2023年11月27日正式发布，并于2024年6月1日实施。《实验动物　环境及设施》GB 14925—2023在保留和继承了历次修订内容的基础上，进一步优化了动物福利相关要求，强化了对动物实验结果可靠性的保障，并对实验动物设施环境要求进行了细化和具体化，以适应新的技术标准和监管要求。

（2）主要技术内容

1）体系架构

《实验动物　环境及设施》GB 14925—2023是对我国实验动物饲养环境和设施标准的规范，其目的是确保实验动物生存和动物福利的基本需要，以及保障动物实验结果的可靠性和可重复性。该标准适用于实验动物的饲养、管理以及设施环境设计建设。

《实验动物　环境及设施》GB 14925—2023为实验动物设施的设计、建设、运行和管理提供了全面的技术要求和指导原则，以确保实验动物的质量和实验结果的可靠性，同时也体现了对动物福利的重视。该标准包括11个章和9个附录（图2.2-1），具体包括：范围；规范性引用文件；术语和定义；总体要求；环境分类；环境指标；工艺布局；设施；废弃物处理；运输；检测和运行维护；附录A（规范性）　温湿度检测；附录B（规范性）　气流速度检测；附录C（规范性）　换气次数检测；附录D（规范性）　静压差检测；附录E（规范性）　空气洁净度检测；附录F（规范性）　空气沉降菌检测；附录G（规范性）　噪声检测；附录H（规范性）　照度检测；附录I（规范性）　氨气浓度检测。

《实验动物　环境及设施》GB 14925—2023增加了工艺布局和消防要求，以及实验动物设施建

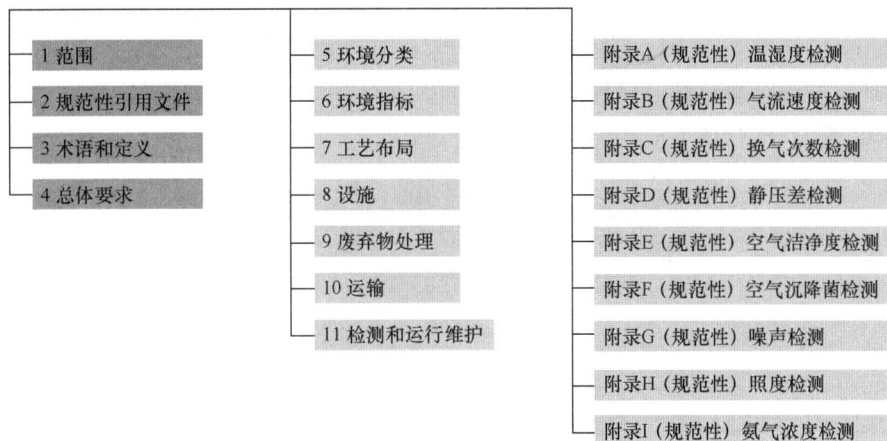

图 2.2-1　国家标准《实验动物　环境及设施》技术体系

筑、空调、饮水给水及排水、电气、自动控制、检测运行维护、动物福利等条文，以适应新的发展需求和挑战，主要内容包括以下几个方面：

① 动物饲养要求：对实验动物饲养用房的布局、结构、面积、通风、照明和卫生要求，以及动物尸体处理等提出了具体规定，同时对饲养设备的技术指标作出规定，以保障实验动物的健康和福利。

② 配套设施要求：明确了对实验动物饮水、饲料、垃圾处理设施等的规定，要求饲养配套设施应方便使用、易于清洁和维护，不应对实验动物健康产生不良影响。

③ 设施环境分类：根据空气净化的控制程度，将实验动物环境分为普通环境、屏障环境和隔离环境三个类别，并对各类别的定义进行了修订，增加了"普通级动物"的适用等级。

④ 设施环境要求：详细规定了实验动物设施的生产区、饲养区、实验区和辅助区的房间技术指标和动物所需的最小空间，并对不同种类的动物提出了不同的环境指标要求，包括换气次数、静压差、温度、湿度、照度、噪声、化学污染物浓度、空气洁净度等。

⑤ 动物运输和福利要求：规定了实验动物运输笼具规格、结构、标志、清洗消毒、所需最小空间等要求，并对运输工具环境，如通风、温湿度、配套饲料和饮水等进行了规定，确保实验动物健康和福利。

⑥ 环境检测要求：附录中详细规定了设施环境指标的检测方法，包括温湿度、气流速度、换气次数、静压差、空气洁净度、空气沉降菌、噪声、照度和氨气浓度等。

2）内容简介

第1章　范围：本章由两个部分组成，规定了《实验动物 环境及设施》的编制内容和适用范围。

该标准规定了实验动物设施及其环境条件的技术要求及检测方法，规定了实验动物饮水、笼具、垫料、福利用品的原则要求，同时规定了实验动物运输、废弃物处理及实验动物设施运行维护等原则要求。

该标准适用于实验动物生产、实验场所的环境条件及设施的设计、施工、检测、验收及经常性监督管理。

第2章　规范性引用文件：本章列出了标准正文中引用的标准规范。

第3章　术语和定义：本章由16个术语和定义组成，规定了实验动物设施、实验动物生产设施、实验动物实验设施、普通环境、屏障环境、隔离环境、普通环境设施、屏障环境设施、隔离设备、独立通风笼具、洁净区、洁净度5级、洁净度7级、洁净度8级、静态、动态术语及其定义，有助于统一术语名称，规范术语定义，准确理解标准条款内容。

第4章　总体要求：本章规定了该标准的总体要求：实验动物环境及设施要满足实验动物的生物

学特性需求，实验动物环境及设施在工艺布局、设施、废弃物处理、运输、检测与运行维护等方面均需满足实验动物健康、福利伦理、质量控制和生物安全等要求。

第5章　环境分类：本章按照空气净化的控制程度，将实验动物环境分为三类，普通环境、屏障环境、隔离环境。实验动物环境应按表 2.2-1 分类。

实验动物环境的分类　　　　　　　　　　　　　　表 2.2-1

环境分类		使用功能	适用动物等级
普通环境	—	实验动物生产、实验、检疫	普通级动物
屏障环境	正压	实验动物生产、实验、检疫	SPF 级动物
	负压	实验动物实验、检疫	普通级动物、SPF 级动物
隔离环境	正压	实验动物生产、实验、检疫	SPF 级动物、悉生级或无菌级动物
	负压	实验动物实验、检疫	普通级动物、SPF 级动物、悉生级或无菌级动物

因为《实验动物　微生物、寄生虫学等级及监测》GB 14922—2022 中删除了清洁动物，所以正压屏障环境的适用动物等级删除了清洁动物，负压屏障环境的适用动物等级用普通级动物替换了清洁动物。考虑到很多非啮齿类屏障设施为负压，负压屏障环境可以饲养普通级和 SPF 级动物。

第6章　环境指标：按照实验动物生产间（普通、屏障、隔离环境）、动物实验间（普通、屏障、隔离环境）以及屏障设施辅助用房进行归类。考虑到实验动物生产和动物实验的环境要求应一致，该标准按环境分类（普通环境、屏障环境、隔离环境）确定环境指标要求，使分类更加合理、清晰。

普通环境指标应符合表 2.2-2 的要求。

普通环境指标　　　　　　　　　　　　　　表 2.2-2

项目		指标		
		豚鼠、地鼠	猫、犬、小型猪、猴	兔
温度（℃）		18～29	16～28	16～26
日温差（℃）		≤4		
相对湿度（%）		30～70		
换气次数（h⁻¹）		≥8		
动物笼具周边处气流速度（m/s）		≤0.2		
氨浓度（mg/m³）		≤14		
噪声 [dB（A）]		≤60		
照度（lx）	工作照度	≥150		
	动物照度	15～20	100～200	
昼夜明暗交替时间（h）		昼（12～14）/夜（12～10）		

注：1. 氨浓度指标为有实验动物时的指标。
　　2. 根据动物生物学特性，建议适当增加室外活动场地。

动物生产或动物实验区屏障环境指标应符合表 2.2-3 的要求。

屏障环境指标　　　　　　　　　　　　　　表 2.2-3

项目	指标			
	小鼠、大鼠、豚鼠、地鼠	猫、犬、小型猪、猴	兔	鸡
温度（℃）	20～26		16～26	16～28
日温差（℃）	≤4			

续表

项目		指标			
		小鼠、大鼠、豚鼠、地鼠	猫、犬、小型猪、猴	兔	鸡
相对湿度（%）		30～70			
换气次数（h⁻¹）		≥15			
动物笼具周边处气流速度（m/s）		≤0.2			
与相通区域的静压差（Pa）		≥10			
空气洁净度（级）		7			
沉降菌平均浓度 (CFU/0.5h·φ90mm 平皿)		≤3			
氨浓度（mg/m³）		≤14			
噪声［dB（A）］		≤60			
照度（lx）	工作照度	≥150			
	动物照度	15～20	100～200		5～10
昼夜明暗交替时间（h）		昼（12～14）/夜（12～10）			

注：1. 氨浓度指标为有实验动物时的指标。

2. 空气洁净度、沉降菌最大平均浓度为静态时的指标。

3. 动物指成年动物，幼年动物和无毛动物建议根据需要提供环境温度。

4. SPF 级猴包括在普通环境中经筛选获得的。

屏障环境设施的洁净辅助区主要环境指标应符合表 2.2-4 的规定。

屏障环境设施的洁净辅助区主要环境指标　　　　　　　　　表 2.2-4

房间名称	洁净度级别①	最小换气次数（h⁻¹）	与室外方向上相通区域的最小压差（Pa）	温度（℃）	相对湿度（%）	噪声［dB（A）］	最低照度（lx）
洁物储存室	7	15	5	18～28	≤70	≤60	150
灭菌后室/区	7	15	5	18～28	≤70	≤60	150
洁净走廊	7	15	5	18～28	≤70	≤60	150
污物走廊	8	10	5	18～28	—	≤60	150
缓冲间	8	10	5	18～28	—	≤60	150
二更	7	15	5	18～28	≤70	≤60	150
清洗消毒室	—	4	—	18～28	—	≤60	150
一更	—	—	—	18～28	—	≤60	100

① 设施处于静态时的检测标准（指无动物时）。

注：1. 正压屏障环境的单走廊设施应保证动物生产区、动物实验区压力最高。正压屏障环境的双走廊或多走廊设施应保证洁净走廊的压力高于动物生产区、动物实验区；动物生产区和动物实验区的压力高于污物走廊。

2. 洁净区与非洁净区之间的最小压差为 10Pa。

3. "—"表示不作要求。

4. 辅助区包括洁净走廊、缓冲间、二更、清洗消毒室等。

隔离环境指标应符合表 2.2-5 的要求。

隔离环境指标 表 2.2-5

项目	指标			
	小鼠、大鼠、豚鼠、地鼠	猫、犬、小型猪、猴	兔	鸡
温度（℃）	20～26		16～26	16～26
日温差（℃）	≤4			
相对湿度（%）	30～70			
换气次数（h⁻¹）	≥20			
动物笼具周边处气流速度（m/s）	≤0.2			
隔离设备内外的静压差（Pa）	≥50			
空气洁净度（级）	5（正压）/7（负压）			
沉降菌平均浓度（CFU/0.5h·φ90mm 平皿）	无检出①			
氨浓度（mg/m³）	≤14			
噪声［dB（A）］	≤60			
照度（lx）　工作照度	≥150			
动物照度	15～20	100～200		5～10
昼夜明暗交替时间（h）	昼（12～14）/夜（12～10）			

① 设施处于静态时的检测标准（指无动物时）。

注：氨浓度指标为有实验动物时的指标。

常用实验动物笼具的空间应满足表 2.2-6 的要求，实验用大型动物的笼具尺寸应满足动物福利的要求和操作的需求。

常用实验动物所需居所最小空间 表 2.2-6

项目	小鼠			大鼠				豚鼠		
	<20g	≥20g	窝养	<200g	200g～400g	>400g	窝养	<350g	≥350g	窝养
底板面积（m²）	0.0067	0.0092	0.042	0.015	0.026	0.04	0.09	0.04	0.065	0.38
笼内高度（m）	0.13			0.18				0.21		

项目	地鼠			猫		猪				鸡		
	<100g	≥100g	窝养	<2kg	≥2kg	<25kg	25kg～50kg	50kg～100kg	≥100kg	<1kg	1kg～2kg	>2kg
底板面积（m²）	0.01	0.012	0.09	0.28	0.37	0.96	1.2	1.5	1.8	0.07	0.12	0.15
笼内高度（m）	0.81			0.76（栖木）		0.8	1.0		1.2	0.4		0.6

项目	兔				犬			猴		
	<2g	2～4kg	>4kg	窝养	<10kg	10～20kg	>20kg	<4kg	4～8kg	>8kg
底板面积（m²）	0.14	0.28	0.37	0.42	0.6	1	1.5	0.5	0.5	0.9
笼内高度（m）	0.35	0.4			0.8	0.9	1.1	0.8	0.85	1.1

注：1. 动物单笼饲养时，每个动物需要的空间应比推荐值高。

　　2. 笼内高度为笼底到笼顶的高度，有栖木的笼具应增加相应高度。

　　3. 窝养是指繁殖动物带仔时。

　　4. 除窝养外，其他为群养时每只动物所需最小空间。

第 7 章　工艺布局：对实验动物设施的平面布局、设备布局等作出规定。

第 8 章　设施：对实验动物设施的建筑、空调、饮水、给水排水、电气、自动控制、消防以及笼具、垫料及福利用品等进行规定。

第 9 章　废弃物处理：主要对污水、动物尸体、其他废弃物作出规定。

第 10 章　运输：从保障动物健康和福利方面提出了对运输环境与运输笼具的要求。

第 11 章　检测和运行维护：提出了实验动物设施检测和运行维护的基本要求。

检测项目应满足表 2.2-7 的要求，检测结果应符合该标准第 6 章的相关规定。当发生工艺平面改变、系统大修、送风机或排风机更换、高效过滤器更换等情况时，应进行全面检测。日常检测的项目和频率应根据实验动物设施的运行情况确定。

检测项目及要求　　　　　　　　　　　　　　表 2.2-7

序号	项目	单位	要求
1	温度	℃	静态
2	相对湿度	%	静态
3	换气次数	h^{-1}	静态
4	气流速度	m/s	静态
5	静压差	Pa	静态
6	空气洁净度	级	静态
7	沉降菌	CFU/（0.5h·ϕ90mm 平皿）	静态
8	氨浓度	mg/m³	动态
9	噪声	dB（A）	静态
10	工作照度和动物照度	lx	静态
11	高效过滤器检漏	—	静态，生物安全三级和四级要求

检测方法见该标准附录 A～Ⅰ，附录中未包括的内容参照现行国家标准《洁净室施工及验收规范》GB 50591。对于实验动物设备除检测设备内部技术指标外，还应检测所处设施环境的温度、相对湿度、噪声指标。

实验动物的环境设施是确保实验动物质量和动物福利的重要组成部分，而对这些环境设施的定期检测是保证其持续符合标准要求的必要措施。环境检测要求包括但不限于以下方面：

① 环境参数的常规检测：

a. 温度和湿度：温湿度直接影响实验动物的舒适度和健康状况。合适的温度和湿度可以防止动物的应激反应，并预防因环境因素造成的健康问题。

b. 空气质量：包括换气次数、风速、氨气浓度、空气洁净度等。这些指标对于评估通风系统的有效性和室内空气质量至关重要。

c. 光照：包括工作照度和动物照度。适当的光照水平对于实验动物的行为和生理节律至关重要。

d. 噪声水平：适当的噪声控制是必要的，以防止对实验动物产生心理压力和干扰。

② 环境的动态检测与静态检测：

a. 动态检测通常包括定期的基本参数检测，如温度、相对湿度和压差等，以及不定期检测，如照度、噪声、气流速度、氨浓度和日温差等；

b. 静态检测主要针对特定的环境参数，如空气洁净度、换气次数、沉降菌最大平均浓度和昼夜交替照明时间，这类检测通常在新设施投入使用前或设施改造后进行。

③ 特别环境要求的检测：对于屏障环境和隔离环境，除了上述常规检测项目外，还需要特别注

意空气净化、换气系统的设计和配置，以及空气过滤系统的正确维护和检测。在进行高风险的生物安全测试时，还必须进行额外的与安全相关的检测，如空气微生物含量的检测。

④ 检测方法和频率：应根据国家标准和相应的最佳实践经验选择合适的检测方法。检测频率应结合实验动物的种类、使用目的和实际环境条件确定，以确保动物的健康和福利。

⑤ 检测记录和报告：所有的检测结果都需要有详细的记录，并且在必要时应该对不合格的检测结果进行跟踪和分析，以确定不合格的原因，并采取相应的改进措施。

⑥ 维护和校准：环境检测的相关设备和仪器需要定期进行校准和维护，以确保检测结果的准确性和可靠性。环境检测要求是实验动物设施管理的重要组成部分，不仅涉及动物的健康和福利，也关系实验数据的可靠性和可重复性。

（3）关键技术及创新

环境及设施控制的依据是实验动物环境及设施标准，主要依靠设施设备建立符合实验动物习性以及保障实验动物质量稳定的人工环境。

1）空气净化工程控制技术：在一定空间范围内，对空气进行净化处理，将空气中的微生物、有害气体、尘埃等污染物排除，并使空间内温度、相对湿度、洁净度、静压差、气流速度与气流分布、噪声振动及照明、静电等控制在特定要求的范围内的工程技术。

2）弱电监控与通信控制技术：对通风空调设备的送排风参数（风量、风速、风压）、冷热水参数（温度、流量）、空气参数（温度、湿度、洁净度）等进行单独测量和控制，并对各种环境参数、设备运行工况、人员出入、生产或实验数据传输等进行综合监控。

3）消毒灭菌技术：包括双扉高压蒸汽灭菌、药物浸泡消毒、紫外线杀菌、化学消毒、干热灭菌、臭氧消毒和电离辐射灭菌等。

4）反渗透净化技术：利用过滤（包括微滤、超滤、纳滤）、反渗透等原理，将自来水中的离子和微生物去除的水净化方法。

5）三废无害化处理技术：对动物生产或动物实验中产生的废气、动物粪尿、废弃垫料、一次性口罩和手套、动物残体等进行无害化处理的技术。

（4）小结

实验动物设施的环境设计和建设是确保实验动物质量和实验结果可靠性的关键环节。《实验动物　环境及设施》GB 14925—2023 为实验动物设施的环境设计和建设提供了全面指导原则，不仅涉及设施的建筑规划、设计和建设，还包括设施运行维护的各个方面。该标准通过详细规定实验动物设施的空间布局、建筑功能、设备设施配置等，确保了实验动物的饲养环境符合特定的安全、卫生和舒适性标准。例如，在设计阶段，必须考虑实验动物的种类、饲养密度以及所需的环境控制要求，如温湿度、照度、噪声水平等。这些参数的控制对于动物的健康和福利至关重要，同时也影响着实验结果的可重复性和可靠性。

《实验动物　环境及设施》GB 14925—2023 对实验动物设施的建筑材料、施工工艺、设备选择等方面都提出了具体的技术要求，以保证设施的安全性和耐用性。例如，对于需要严格控制空气质量的屏障环境和隔离环境，标准中特别规定了相应的建筑结构、净化空调系统以及空气净化设备的配置要求。该标准还强调了设施的能源效率和环保要求，鼓励采用节能环保的设计方案，这不仅有助于降低能源消耗和运营成本，也符合可持续发展的理念。

《实验动物　环境及设施》GB 14925—2023 为实验动物设施的设计和建设提供了明确的技术指导和评价标准，有助于提高设施的功能性、安全性和科学性。设计单位和施工单位在进行实验动物设施的设计和建造时，可以依据该标准进行方案的制定和实施，确保设计的科学性和施工的规范性。该标准对实验动物设施的环境设计和建设具有重要的指导意义，它不仅为设施的设计、施工、建设和验收提供了标准化的依据，而且为设施运行维护的质量控制提供了重要的技术支撑。通过实施该标准，可以有效地保障实验动物的质量安全，推动实验动物设施的科学化、标准化和现代化建设。

随着我国生物医药等产业高速发展，各地实验动物机构、高校园区、产业园和高新区都加大了对实验动物设施的投入。《实验动物　环境及设施》GB 14925 的修订、《中华人民共和国生物安全法》的施行，对实验动物设施的安全运行提出了新要求。实验动物设施运行管理、节能减排和低碳建设已经成为实验动物设施标准化发展的重要议题。实验动物设施标准化有助于解决实验动物设施设计、建造和运营管理等各方面的问题。

2.《实验动物设施建筑技术规范》GB 50447

（1）编制背景

2003 年 SARS 暴发后，利用实验动物开展的相关疾病感染机制、病毒传播和免疫研究对防止疫情大范围传播起到了重要作用。自此，我国的疾病预防控制机构、农业、医药、教育、医院等单位开始兴建、扩建实验动物设施。但许多设施在建成后，有的达不到国家检测标准；有的因为运行费用太高而无法运转；有的运行过程中没有合适的灭菌方法，导致设施不同程度损坏，无法保证原设计的净化标准。由于不具备条件，部分净化设施降级使用，造成了极大的浪费，究其原因主要有以下几点：①缺乏可资借鉴的成功经验；②缺乏科学的论证，未能制定周密且切实可行的实施方案；③未考虑实验动物设施的特殊性，简单地照抄工业净化设施模式，建成的实验动物设施不适合饲养实验动物；④对地域的特殊性考虑不周，设计上没有独特性，造成运行中能源消耗过大，成本过高。

为规范实验动物设施建筑、结构、给水排水、空调净化、消防、电气、自控、施工和检测方法，配合《实验动物　环境及设施》GB 14925 的实施，提升我国实验动物设施的标准化，由中国建筑科学研究院牵头编制了国家标准《实验动物设施建筑技术规范》GB 50447—2008（本节简称《规范》），并于 2008 年 12 月 1 日实施，用于指导实验动物设施的设计、施工和工程验收，使实验动物设施达到技术先进、经济合理、使用安全、维护方便。

（2）主要技术内容

《规范》框架如图 2.2-2 所示，涵盖了实验动物设施建设的全流程（设计、施工、检测和验收）和全专业（建筑、结构、暖通空调、给水排水、防火、电气和自控），是指导实验动物设施建设的综合性技术规范。

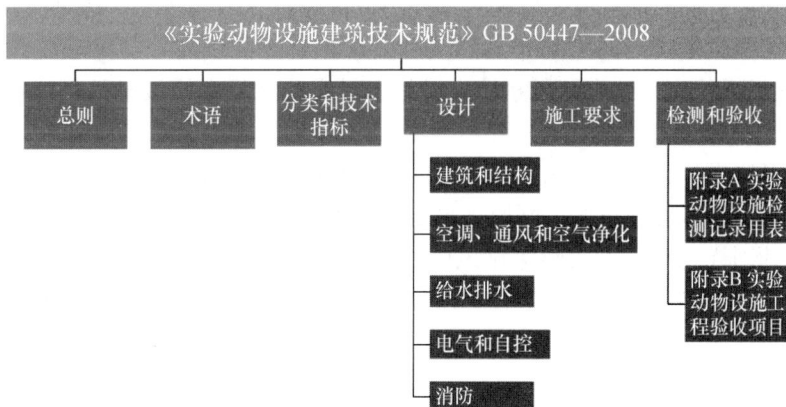

图 2.2-2　《规范》框架

《规范》详细规定了实验动物设施的空间布局、建筑功能、设备设施、安全防控、环境控制以及施工检测验收等方面的要求。这些规定不仅涵盖了从选址到建设的全过程，还包括对设施内部环境各项技术指标的详细规定，包括但不限于空气洁净度、温湿度、通风、噪声、照度等。

1）空间布局要求

《规范》明确规定了实验动物设施的总体布局要求，包括实验区、养殖区、操作区、办公区等各功能区的界定。这部分内容不仅涉及空间的合理分配，还包括各功能区之间的相对位置，以满足安全、使用及管理的需要。

2）建筑功能要求

《规范》对实验动物设施中的建筑功能进行了详细的规定，包括动物饲养、运输、操作等活动所需要的功能房间配置，并对建筑平面和结构要求进行了具体描述。这部分内容直接关系到实验动物的饲养管理和日常操作的便利性。

3）设施设备要求

《规范》详细列出了实验动物设施中所需要的各类设备的选择和配置要求，例如动物笼具、饮水系统、喂食系统、环境监控系统等，确保实验动物的生活环境及实验条件能够满足特定的技术标准。

4）安全防控要求

《规范》规定了实验动物设施在建筑中的安全要求，包括但不限于生物安全、防火安全、电气安全等。这些要求的制定是为了防止意外事故的发生，确保人员和动物的安全。

5）环境控制要求

《规范》规定了不同种类实验动物设施的环境技术指标，如空气洁净度、温湿度、静压差、通风、噪声、照度等。这些环境控制要求是实验动物福利及实验结果的重要保障。

6）施工与检测验收

《规范》对实验动物设施的施工、检测项目和验收标准进行了规定，这部分内容确保了建设过程中的质量控制，以及建设完成后的质量验收，保障了设施的功能性、安全性和符合性。

通过对实验动物设施的空间布局、建筑功能、设备设施、安全防控、环境控制以及施工检测验收等方面的规定，《规范》构建了一个科学、系统的实验动物设施建设标准体系。这不仅对提升我国实验动物设施的标准化建设水平具有重要意义，也为实验动物的饲养管理、设施的使用和维护提供了技术支撑，进而为实验研究的可靠性和重复性提供了坚实的基础。

在实验动物设施的设计中，空调通风和净化系统的设计是确保实验动物安全、健康及实验结果可靠性的关键环节。根据《规范》的规定，设计时应综合考虑实验动物的种类、数量、实验的类型及规模等因素，确保提供一个稳定、清洁、安全、舒适的环境。

送风与排风系统的设计必须确保实验动物设施内部的空气质量。送风系统的设计应根据实验动物的需求提供足够的新风，同时需要有足够的过滤能力以保障空气的洁净度。送风的方式通常有上送下回、上送上回等，需要根据实际的空间布局和实验要求来选择。例如，屏障环境设施的动物生产区（动物实验区）的送风系统宜采用全新风系统，以减少对实验动物直接接触的可能性，同时减少可能的交叉污染。

在送风系统的具体设计上，应考虑采用高效的空气过滤装置，如高效空气过滤器，以确保足够的洁净度。送风管道的设计应合理布置，既要满足送风的需要，又要考虑未来维护和清洁的便利性。

排风系统的设计同样重要，需要确保排风中的污染物被有效地处理，并避免对周围环境造成影响。排风系统的设计应包括高效的过滤装置，以确保排风中的病原体、微生物等污染物被有效移除。排风系统的设计应考虑节能和环保的要求，如采用节能的设计理念，减少能耗，同时减少对环境的影响。

在具体的设计实践中，应注意以下几点：

① 送风与排风系统的设计应与实验动物的种类、数量和实验的类型相匹配，确保提供的环境符合实验要求。

② 送、排风系统的设计应考虑未来的发展需求，便于升级和扩展。

③ 应考虑节能减排的要求，如采用高能效的设备和技术，以降低能耗和运行成本。

④ 应考虑系统的安全性，确保在异常情况下能够及时有效地进行处理，保障实验动物的安全和健康。

⑤ 应考虑系统的可维护性，设计易于清洁和维护的系统，以保证系统长期稳定运行。

实验动物设施的空调、通风和净化系统设计是一个系统工程，需要综合考虑多种因素，确保设计的合理性、科学性和经济性，为实验动物提供一个安全、清洁、舒适的生存环境，同时为科学研究提供可靠的保障。

（3）关键技术及创新

《规范》集中了国内近年来实验动物设施的发展和创新，以及工程实践中积累的丰富经验，并参考了美国、日本、欧洲等国家和地区的实验动物设施标准，吸收并反映了当前国内外先进技术，结合我国实际情况，使《规范》既具有中国特色，又符合国际趋势。具体在以下几个方面进行了创新：

1）提出了实验动物设施总平面布局与环境指标要求，在提升平面布局的合理性、环境协调性的同时降低运行能耗。

《规范》提出了综合考虑人员流线、动物流线及洁污流线的实验动物设施总平面设计要求，规定了场地内出入口的设置原则和数量，提升了平面布局的合理性、环境协调性；基于实验动物设施建设与运维经验，优化了实验动物设施与公共场所与建筑的间距要求，增强了实验动物设施建设的可实施性；创新提出了辅助用房的环境指标要求，有效推进了实验动物设施的标准化建设；首次提出了屏障环境与相通房间静压差 10Pa 的技术要求，比原有标准降低 50％以上，在保证实验动物设施屏障环境的压力梯度要求下，可大幅降低设施运行费用。

2）首次提出了实验动物设施结构安全等级要求及疏散门的开启方向，为实验动物设施结构安全性建设以及与洁净要求的匹配性提供了技术支撑。

《规范》首次提出屏障环境设施的结构安全等级不低于二级、抗震设防等级不低于丙类、结构荷载考虑大型实验动物设备及结构变形缝不穿越屏障环境设施净化区的要求，为实验动物设施结构安全性建设以及与洁净要求的匹配性提供了标准化技术支撑。针对屏障环境设施内按照洁净要求开门方向与疏散要求冲突的问题，创新提出了设施内的疏散通道门开启方向可根据区域功能特点确定的技术要求，该要求已获得消防部门的认可，指导了国内大多数实验动物设施的消防验收工作。

3）提出了基于节能的实验动物设施空气净化与通风要求。

针对实验动物设施全新风运行能耗大、运行费用高的问题，根据不同饲养环境，《规范》创新提出了差异性净化通风方式及采用回风的针对性技术要求，有效降低了净化通风系统的能耗。结合工程实际，提出了采用独立通风笼具的实验动物设施新回风比例可调的技术要求，在新风量满足使用要求的前提下，进一步降低通风能耗。提出了动物笼具处的气流速度不大于 0.2m/s 的技术要求，降低了笼具的送风量，进一步减少了系统总风量，实现系统整体的节能降耗。

4）明确了实验动物设施 11 项必检项目与百项验收指标要求，有效指导了国内实验动物设施的检测和验收工作。

明确了实验动物设施环境指标必须检测的项目，包括非密闭动物笼具周边处气流速度、工作照度和动物照度、噪声、沉降菌、送排风系统联锁可靠性检测等与环境保障、动物福利密切相关的 11 项；首次提出了动物笼具处气流速度的检测方法；基于实验动物设施的全专业现场验收要求，提出了包括技术指标、建筑、空气净化、给水排水、电气设备和自控、消防及检测在内的 100 项实验动物设施工程现场检查项目的评价及适用范围，保证了现场检查目标清晰明确、内容周密完整、检查工作有序高效，提高了现场验收效率及验收资料的完整性，作为实验动物设施现场验收的依据，有效指导了国内实验动物设施的验收工作。

（4）小结

《规范》既强调了实验动物设施的特点，又充分考虑与其他相关标准，尤其是统筹考虑了与国家标准《实验动物　环境及设施》GB 14925 中对实验动物设施提出的总体要求的衔接，使《规范》不仅符合实际，也与其他相关标准相协调。

《规范》发布以来，指导了全国实验动物设施的建设（如中国医学科学院医学实验动物所实验动物设施等），对实验动物设施建设有较大的指导作用，对促进实验动物设施的健康发展，保证实验动物设施的建设起到了积极的作用。

《规范》结束了长期以来我国在实验动物设施建设方面缺乏统一标准的局面。随着我国公共卫生、疾病预防、医药生产等对实验动物设施需求的不断增加，《规范》的重要性将更加突显。希望通过实验动物设施相关的研究和规范的制定，使我国实验动物设施的建设更加科学、合理，更符合中国国情。另外，《规范》还可以积极推进我国的技术和设备在实验动物设施建设中的应用，降低实验动物设施的建造成本和运行费用，贯彻落实节约资源、节能减排的要求，同时提高实验动物设施的建设水平和工程质量。

2.2.2 行业标准

1.《实验动物设施性能及环境参数验证程序指南》RB/T 019—2019

（1）编制背景

实验动物设施是以研究、实验、教学、生物制品、药品及相关产品生产、质控为目的进行实验动物饲育、实验的建筑物、设备的总称。实验动物设施的性能及环境参数对保证动物的福利、质量以及工作人员的职业健康至关重要，我国的相关标准如《实验动物　环境及设施》GB 14925、《实验动物设施建筑技术规范》GB 50447、《实验动物机构　质量和能力的通用要求》GB/T 27416 和《实验室生物安全通用要求》GB 19489 等都对实验动物设施的性能及环境参数提出了明确的要求。2019 年中国国家认证认可监督管理委员会发布了《实验动物设施性能及环境参数验证程序指南》RB/T 019—2019，为相关机构提供实验动物设施的性能及环境参数验证程序指南，以指导和规范实验动物设施性能及环境参数的验证活动。

（2）主要技术内容

《实验动物设施性能及环境参数验证程序指南》RB/T 019—2019 共分 7 章，主要技术内容包括：范围、规范性引用文件、术语和定义、验证程序、验证项目、样品采集、记录。同时，该标准还以附录的形式，给出了验证项目常用检测标准（附录 A）、实验动物设施性能和环境参数验证项目与要求（附录 B）。

第 1~2 章　范围、规范性引用文件：

该指南适用于对实验动物设施的性能和环境参数进行验证。

该指南列举了引用的文件，包括：《实验动物　环境及设施》GB 14925、《检测和校准实验室能力的通用要求》GB/T 27025、《实验动物机构　质量和能力的通用要求》GB/T 27416。

第 3 章　术语和定义：列举了 4 个术语，即普通环境、屏障环境、隔离环境以及独立通风笼具。

普通环境（conventional environment）：采用物理控制措施和通风技术形成的适用于饲养基础级实验动物的环境状态。

屏障环境（barrier environment）：采用物理屏障和空气过滤技术形成的适用于饲养清洁实验动物及无特定病原体（specific pathogen free，SPF）实验动物、感染动物的环境状态（正压或负压）。

隔离环境（isolation environment）：采用物理隔离和传递、空气过滤和除菌技术形成的适用于饲养无特定病原体实验动物、悉生实验动物、无菌实验动物、感染动物的环境状态（正压或负压）。

独立通风笼具（individually ventilated cage，IVC）：可形成屏障环境的具备独立通风的饲养盒组。

第 4 章　验证程序：规定了验证准备、验证时机、验证方法等内容。

验证准备：应包括调查背景信息、制定验证方案和现场检测方案、保证参与人员了解可能面临的风险和防护措施、保证实施验证的人员经过培训且胜任、在规定时间内配置和使用试剂、保证现场检测仪器及配件满足验证方法的要求。

验证时机：包括正式运行前验证（应进行系统的验证工作）、运行期间验证（需要根据设备性能、环境条件、运行经验、工作需要等因素，定期进行验证）、维修和移动后验证（设施大修、维护、更换关键部件后、移动后，需进行验证），以及机构或厂商确定的其他验证时机。

验证方法：包括人工查验和仪器检测两种验证方式。当没有标准方法时，应按制造商、权威文献、公认的方法等进行验证。机构自己研发的方法应经过方法确认后使用。基于人员专业判断的验证项目，应保证实施验证人员的能力。实验室内监测环境参数的传感器、温度计、湿度计、照度计等均应校准。

第 5 章 验证项目：列出了应进行验证的项目，包括：平面工艺和围护结构，通风空调系统，给水排水及送风系统，电力供应系统和照明，自控、监视、通信与报警系统，安防、消防系统，洗刷和消毒设备，饲养笼具与隔离器，环境参数。

第 6 章 样品采集：规定了采样点的数量及布置原则等内容。采样点的位置及数量与房间大小、形状、室内物品、检测项目等有关，应按照检测方法规定的要求以及现场情况合理设置采样点，以保证样品具有代表性。采样量应满足测量的需求，并正确包装、标识和运送样品，防止其被污染或变质。在进行气体消毒效果验证时，应考虑气流不均匀、物体遮挡等因素对结果的影响，可利用风扇等设备增加气体的扩散范围和均匀度。应根据室内气流均匀性的影响因素，有针对性地设置采样点或选择有效的采样方式。

第 7 章 记录：应记录验证活动和获得的数据，并在适宜的期限内保存。给出了通用的环境参数验证记录表，如表 2.2-8 所示。

环境参数检测记录表 表 2.2-8

序号	房间名称	房间大小 (m×m)	参数 1（单位）			参数 2（单位）		
			设定值	实测值	结论	设定值	实测值	结论
1								
2								
……								

备注：

检测设备及编号：

测试日期：

测试人：

（3）关键技术及创新

1）从验证准备、验证时机、验证方法等方面，明确了实验动物设施性能及环境参数的验证程序。

2）规定了实验动物设施性能及环境参数所需的验证项目。

3）给出了验证项目常用的检测标准，以及验证项目所需满足的性能/指标要求。

（4）小结

现代实验动物设施的技术含量、稳定性、智能化程度越来越高，对设施运行规律的了解是合理安排验证的基础，应设置好检测接口、监视器、传感器、在线检测装置等。

新建、改建的实验动物设施应特别关注智能化建设的需求，在设计阶段就要考虑智能化功能需求，这是实验动物设施可持续发展的必由之路。

2. 猪、鸡饲养及手术隔离器系列标准

（1）编制背景

SPF 猪、鸡和无菌猪、鸡是我国广泛应用的实验动物，SPF 猪、鸡被广泛用于畜禽传染病的研究，以及疫苗生产和药物研究等领域；无菌猪、鸡则被用于研究某些特殊疾病或病理过程，以及生产某些特殊的生物制品。在我国，SPF 猪、鸡和无菌猪、鸡的使用量日益增多，科研和生产对相关动物的质量也提到了一个新高度。目前，实验动物隔离器在动物生产及实验领域已得到广泛应用。但由于实验动物隔离器的质量参差不齐，以及在运输、安装调试和运行中的稳定性和易行性等问题，存在感染性气溶胶或有毒有害物质外泄的风险。此外，由于实验动物体型迥异、习性不同，很难有一个标准来设计符合所有实验动物的隔离器。因此，亟须基于我国国情以及 SPF 猪、鸡和无菌猪、鸡的使用现状，针对性地编制猪、鸡的手术、饲养隔离器标准。这对于推动 SPF 猪、鸡和无菌猪、鸡的生产、应用和高质量发展具有重要意义。

饲养和手术隔离器作为一种基础性设备，相应标准和技术规范的设立也急需提上日程。我国关于猪、鸡用饲养隔离器和猪手术隔离器的标准规范主要由农业农村部和国家标准化管理委员会负责发布。2004 年，农业部畜牧兽医器械质检中心、中国农业大学、北京市 SPF 猪育种中心、天津津航净化空调工程公司、北京实验动物中心等单位共同完成了行业标准《猪用手术隔离器》NY 817—2004、《猪用饲养隔离器》NY 818—2004 和《鸡用饲养隔离器》NY 819—2004 的编制工作。

（2）主要技术内容

上述三个标准均分为 10 章，主要内容包括：范围、规范性引用文件、术语和定义、构造、类型、材料要求、技术要求、试验方法、型式检验、标志、包装、存放及规范性附录。

1）范围、规范性引用文件以及术语和定义

范围：《猪用手术隔离器》NY 817—2004 和《猪用饲养隔离器》NY 818—2004 规定了隔离器的结构、形式和尺寸、技术要求、试验方法、检验规则、标志、包装、贮存，适用于制备无菌猪、SPF 猪进行剖腹产手术用的手术隔离器和适用于饲养无菌猪、SPF 猪仔猪的隔离器。

《鸡用饲养隔离器》NY 819—2004 规定了鸡用饲养隔离器结构、形式和尺寸、技术要求、试验方法、检验规则、标志、包装、贮存，适用于饲养无菌鸡、SPF 鸡的隔离器

规范性引用文件：三个标准共同的规范性文件为《包装储运图示》GB 191❶、《电气装置安装工程电气照明装置施工及验收规范》GB 50259❷。《鸡用饲养隔离器》NY 819—2004 的规范性文件还有《SPF 鸡　微生物学监测总则》GB/T 17998❸；《猪用饲养隔离器》NY 818—2004 的规范性文件还有《实验动物　环境及设施》GB 14925。

术语和定义：列举了与标准密切相关的 5 个术语，即 SPF 猪、无菌猪、SPF 鸡、无菌鸡和隔离器。

2）构造、类型和材料要求

构造：三个标准都规定了隔离器的构造应包括主体、传递系统、操作系统、风机、过滤系统、通风系统、支撑结构。猪手术隔离器构造还应包括灭菌渡槽。

类型：手术隔离器分为分体型和连体型；猪用饲养隔离器分为软质隔离器和硬软质复合型隔离器；鸡用饲养隔离器分为软质隔离器和硬质隔离器。

材料要求：规定了制作隔离器的软塑料、硬质材料、手套、过滤材料及其他相关材料的要求，所选用的材料均应无毒、耐酸碱、耐消毒药、易清洗，不得对动物形成危害。风机应能保证连续运转 3000h，换气次数达到 20h⁻¹ 以上。配套隔离器能维持隔离器内外压差不小于 100Pa，隔离器主体空气洁净度等级均应达到百级。多台饲养隔离器共用统一供风系统，应满足相关技术要求。

3）技术要求

空间大小：手术隔离器主体总面积不小于 0.6m²，高度不小于 40cm。如为连体型手术隔离器，主体供剖腹取胎手术用部分的底面积不小于 0.3m²，高度不小于 40cm；猪饲养隔离器动物生存活动空间：仔猪体重小于 2kg，按 0.07m²/头计；仔猪体重不大于 6kg，按 0.1m²/头计，高度不小于 50cm，总面积不小于 0.36m²。鸡饲养隔离器动物生产活动空间：鸡体重小于 0.5kg，按 0.02m²/只

---

❶ 目前该标准被《包装储运图示标志》GB/T 191—2008 替代。

❷ 目前该标准被《建筑电气工程施工质量验收规范》GB 50303—2015 替代。

❸ 目前该标准被《SPF 鸡　微生物学监测　第 1 部分：SPF 鸡　微生物学监测总则》GB/T 17999.1—2008 替代。

计，高度不小于 40cm，总面积不小于 0.2m²；鸡体重大于 0.5kg，按 0.05m²/只计，高度不小于 50cm，总面积不小于 0.5m²。

内环境指标：应符合无菌环境的要求，同时根据不同类型的隔离器规定了相应的温湿度要求。隔离器主体内温度，手术隔离器应控制在 32～35℃，猪饲养隔离器应控制在 16～33℃，鸡饲养隔离器应控制在 16～32℃；相对湿度均为 40%～70%。

传递系统通道最小口径应不小于 29cm；操作中应断绝隔离器主体内外气体的直接交流；并对手套的技术要求进行了规定。

4）试验方法、型式检验和标志、包装和存放

试验方法：外观质量采用目测法；空间大小和手套等有长度测量要求的用计量尺测量；技术要求中的相关内环境指标根据规范性附录中的方法进行测定。

型式检验：包括出厂检验和型式检验。每台隔离器均应按技术要求进行出厂检验，并附合格证。规定了型式检验的项目、型式检验的适用情况、抽样方法和判定规则。

标志、包装、存放：规定了产品的标志内容、合格证标志内容、包装储运图示和贮存的条件。

5）规范性附录

规定了隔离器气密性、隔离器内风速、主风道风速、换气次数、内外压差、噪声、空气洁净度、落下菌的测定方法。

（3）关键技术及创新

三个标准的关键技术和创新如下：

1）首次在国内建立了猪手术隔离器、饲养隔离器和鸡饲养隔离器相关标准。

2）从材料要求、技术要求，试验方法等方面，明确了猪手术隔离器、猪饲养隔离器、鸡饲养隔离器的生产及检测要求，并建立了规范性目录，用于隔离器的检测。

（4）小结

隔离器具有安全性高、投入运行成本低等优势，随着国家对实验动物使用、药品生产的要求日益严格，隔离器已在我国制药行业得以普及。随着现代生物科学的发展，隔离器技术与自动化技术相结合是当前实验动物研究尤其是无菌动物研究手段的一个重要发展方向，通过无菌隔离以及限制操作者进出，从而降低无菌动物受到外界环境的污染。另外，在进行感染性实验时，可以有效保证操作人员的安全。同时，应加强相关配套隔离器标准的编制，开展标准宣贯和隔离器操作规程的培训，规范行为，保证产品质量。

2.2.3 团体标准

1.《实验动物　绿色实验动物设施评价标准》T/CALAS 100—2021

（1）编制背景

实验动物设施与普通建筑相比有诸多不同，如选址布局、建筑构造、装饰装修、结构要求、空调系统划分、空调通风方式选择、室内压力控制、排风对环境的污染控制、排水和废弃物处理、室内空气流向、动物房密封等，须有专项设计、施工、检测和验收。与之相应的还具有资金投入大、精度和稳定性控制要求高、能耗大、运行成本高、管理要求严等特点。

近年来，国家高度重视绿色发展，确定了创新、协调、绿色、开放、共享的新发展理念，确立了"适用、经济、绿色、美观"的建筑方针，并形成了绿色建筑评价标准体系。但国家标准《绿色建筑评价标准》GB/T 50378 对实验动物设施的绿色评价适用性存在不足，对全生命期内实验动物设施的实际性能和运行效果没有涉及，实验动物设施在绿色评价方面暂无适用标准可依。因此，制定并实施符合我国国情、统一规范的绿色实验动物设施评价标准，对于推动实验动物设施的绿色低碳发展具有十分重要的意义。

（2）主要技术内容

《实验动物　绿色实验动物设施评价标准》T/CALAS 100—2021（本节简称《标准》）主要内容包括：范围、规范性引用文件、术语和定义、基本规定、安全耐久、健康舒适、使用便利、资源节约、环境保护、提高与创新。

第 1 章　范围：《标准》适用于评价实验动物设施的安全耐久、健康舒适、使用便利、资源节约、环境保护等性能。

第 2 章　规范性引用文件：列举了《标准》引用的文件，包括：《声环境质量标准》GB 3096、《生活饮用水卫生标准》GB 5749、《污水综合排放标准》GB 8978、《实验动物　环境及设施》GB 14925、《大气污染物综合排放标准》GB 16297、《电离辐射防护与辐射源安全基本标准》GB 18871、《智能建筑设计标准》GB 50314、《建筑节能与可再生能源利用通用规范》GB 55015。

第 3 章　术语和定义：列举了与《标准》密切相关的 2 个术语，即绿色实验动物设施、建成评价。

绿色实验动物设施（green laboratory animal facility）是指在全生命期内，保证实验动物质量控制，满足实验动物福利，节约资源、保护环境、减少污染，为人员提供健康、舒适、高效的工作空间的实验动物设施。

建成评价（post-completion evaluation）是指实验动物设施建成竣工后进行的绿色实验动物设施评价。

第 4 章　基本规定：共分三部分，包括基本要求、评价内容与等级划分、条文适用的评价阶段与评价方法。

1）评价范围。绿色实验动物设施的评价范围为：涉及实验动物生产、实验等用途的建筑物及设备。绿色实验动物设施评价分为设计评价和建成评价。施工图设计完成之后可申请绿色实验动物设施的设计评价；实验动物设施完成竣工验收、正常投入运行并取得实验动物生产许可证、实验动物使用许可证后，可进行绿色实验动物设施的建成评价。

2）评分方法。绿色实验动物设施评价指标体系由安全耐久、健康舒适、使用便利、资源节约、环境保护 5 类指标组成。每类指标均包括控制项和评分项，另设置加分项。控制项的评价结果为满足或不满足，全部满足得 400 分。评分项和加分项的评价结果为分值。控制项、评分项和加分项的满分值按表 2.2-9 确定。

绿色实验动物设施评价分值　　　　表 2.2-9

	控制项基础分值 Q_0	评分项满分值					提高与创新加分项满分值 Q_A
		安全耐久 Q_1	健康舒适 Q_2	使用便利 Q_3	资源节约 Q_4	环境保护 Q_5	
设计评价	400	100	100	70	200	100	100
建成评价	400	100	100	100	200	100	100

绿色实验动物设施评价总得分按照下式计算：

$$Q=(Q_0+Q_1+Q_2+Q_3+Q_4+Q_5+Q_A)/10$$

式中　Q——总得分；

　　Q_0——控制项基础分值，当满足所有控制项的要求时得 400 分；

　　$Q_1 \sim Q_5$——分别为评价指标体系 5 类指标评分项得分；

　　Q_A——提高与创新加分项得分。

3）等级划分。绿色实验动物设施划分为基本级、一星级、二星级、三星级 4 个等级。当满足全部控制项要求时，绿色实验动物设施等级为基本级。在此基础上，当每类指标的评分项得分不小于其评分项满分值的 30%，且评价总得分分别达到 60 分、70 分、85 分时，绿色实验动物设施等级分别为一星级、二星级、三星级。

4）评价文件。绿色实验动物设施的设计评价文件包括设计计算书、施工图、产品样本、检测报告、专项分析报告等。绿色实验动物设施的建成评价文件包括设计计算书、竣工图、产品样本、检测报告、专项分析报告、现场照片、视频资料等，必要时现场检查。

对于"设施管理"的相关条文，可查阅相关管理制度、工作或运行记录、绿色设施使用手册等。

第 5～10 章　评价技术：

《标准》在广泛调查研究、参考与协调国内外相关标准、充分考虑我国实际情况的基础上编制完成，规定了绿色实验动物设施的评价指标，充分考虑了与实验动物设施相关的安全耐久、健康舒适、使用便利、资源节约、环境保护 5 方面技术内容要求，对较为重要的工艺布局、空气质量指标、水质指标、声光热环境指标、三废处理及排放指标、智慧运行、设施管理等均进行了要求或引导。

《标准》遵循多学科融合性的原则，建立了多级评价指标。这些指标分别为《标准》的第 5～9 章，每一级指标下又细分多项二级指标，如图 2.2-3 所示。为鼓励实验动物设施的性能提高和技术创新，另设置第 10 章"提高与创新"。

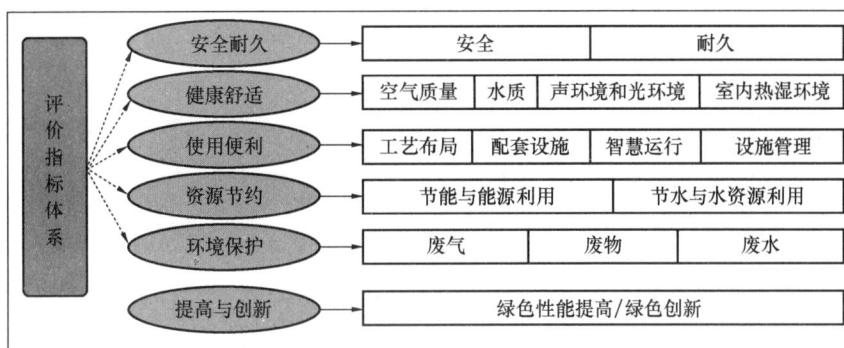

图 2.2-3　《标准》指标体系

（3）关键技术及创新

1）首次建立了绿色实验动物设施评价技术体系

《标准》基于实验动物设施的特殊要求，首次建立了以安全耐久、健康舒适、使用便利、资源节约、环境保护为核心要素的评价技术体系。在实验动物设施全生命期内，可保证实验动物质量控制、满足实验动物福利、节约资源、保护环境、减少污染，为人员提供健康、舒适、高效的工作空间。同时，为实验动物设施全过程管理提供技术保障和标准支撑，填补了我国绿色实验动物设施评价领域无适用标准的空白。

2）首次建立了绿色实验动物设施评价方法和等级划分

结合实验动物设施设计、运行评价要点的差异性，以合理兼容但适度差异化的评价分类为准则，提出"设计评价""建成评价"，将绿色实验动物设施划分为 4 个星级，并逐步引导实验动物设施绿色化起步发展，开启实验动物设施绿色评价进程。

每类要素以"控制项＋评分项＋创新项"进行组合，按评分结果进行等级划分，可规范不同水平实验动物设施绿色级别。同时，重视定量评价，设置了每类指标得分的最低比例（如不小于其评分项满分值的 30%），进而避免技术出现不平衡发展的状况；注重技术方法创新，设置"创新加分项"，鼓励采用装配式技术、节能低碳技术、建筑信息模型（BIM）技术、绿色施工技术等，为实验动物设施绿色性能提供重要保障。

3）进一步完善实验动物设施标准体系，助力实验动物设施绿色低碳发展

实验动物设施相关标准主要有《实验动物设施建筑技术规范》GB 50447 及《实验动物　环境及

设施》GB 14925，前者主要侧重于实验动物设施的设计、施工、检测和验收的技术要求，后者主要侧重于实验动物设施的环境与设施基本要求。《标准》与现行相关标准配套支撑，规范了实验动物设施全生命期内的绿色性能评价，进一步完善实验动物设施的标准体系。

绿色实验动物设施的环境级别越高，所需换气次数、洁净度等级越高，在动物饲养、实验过程中常采用全新风系统以及压力蒸汽灭菌器、清洗机等设备，能耗巨大。《标准》在满足实验动物生产、实验的基础上，鼓励采用高能效设备、废水余热回收技术、独立通风笼具、节水器具等，助力实验动物设施绿色低碳发展。

（4）小结

《标准》由中国实验动物学会归口管理，由全国实验动物标准化技术委员会技术审查，现已发布实施。《标准》贯彻落实中国实验动物学会的编制要求，以完善绿色建筑评价体系，促进实验动物设施绿色化发展、节约资源、保护环境为目标，对实验动物设施全生命期内 5 大性能的综合评价进行约束和引导。

对实验动物设施绿色性能进行评价，是鼓励建造绿色实验动物设施、促进实验动物设施产业发展的有效途径。《标准》的编制对于助力实现"双碳"目标及促进实验动物设施行业发展具有重要意义。由于《标准》实施时间较短，绿色实验动物设施刚刚起步，以《标准》带动绿色实验动物设施产业发展之路，仍需要多领域共同努力推动。

另外，结合《标准》条文及工程实践，梳理不同星级绿色实验动物设施选用的绿色措施情况、分析条文在实践中的操作难度等，预测不同星级、不同绿色措施下实验动物设施节能、降碳效果，研究全生命期内实验动物设施增量成本与回收效益，也是未来重点开展的工作方向。

2.《实验动物　设施运行维护指南》T/CALAS 64—2019

（1）编制背景

我国实验动物设施领域的基本标准以《实验动物　环境及设施》GB 14925、《实验动物设施建筑技术规范》GB 50447 为主。《实验动物　环境及设施》GB 14925 侧重于制定实验动物环境及设施的指标要求，《实验动物设施建筑技术规范》GB 50447 侧重于指导实验动物设施的设计、施工和工程验收，而专门针对实验动物设施运行管理的标准规范缺失。我国实验动物设施投入使用后，普遍存在缺乏维护管理依据，造成实验设施和生产设施运行中出现设施环境指标失控、能源消耗大、维护不便等一系列问题。因此，为了使实验动物设施在运行中满足环境保护和实验动物饲养环境的要求，做到运行正常、使用安全、维护方便、经济合理，最大限度地约束和指导实验动物设施的运行管理行为，引导运行管理中行为的规范化和合理化，提供一个稳定、安全的实验环境，保证实验研究目的的顺利达成，亟须编制指导实验动物设施运行管理的相关标准规范。

2019 年，中国建筑科学研究院有限公司牵头制定了《实验动物　设施运行与维护指南》T/CALAS 64—2019（本节简称《指南》），归口于中国实验动物学会，参与编制单位包括中国医学科学院实验动物研究所、中国合格评定国家认可委员会、清华大学、中国科学院动物研究所实验动物中心等。《指南》规定了实验动物设施运行维护中对建筑、暖通空调、给水排水、电气与自控、气体系统、专用设备等方面的基本要求，适用于实验动物实验设施、生产设施的运行及维护。

（2）编制原则

1）科学性原则。在尊重科学、实践调研、总结归纳的基础上，制定《指南》。

2）实用性及可操作性原则。《指南》从实验动物设施建筑、暖通空调、给水排水、电气与自控、气体系统及设施内专用设备等方面对其运行维护进行了规定，具有较好的可操作性。

3）经济性原则。在保证满足科学研究需要的前提下，《指南》提出运行应尽量经济、节能，提高利用率，避免浪费的要求。

4）协调性原则。以规范我国实验动物设施运行及维护操作，进而提高我国实验动物质量和动物实验水平为核心，结合我国现行法律法规和相关标准，制定《指南》。

（3）主要技术内容

《指南》主要技术内容包括：范围、规范性引用文件、术语和定义、建筑、暖通空调、给水排水、电气与自控、气体系统、专用设备及其他需要考虑的因素。

第 1 章　范围：规定了实验动物设施运行维护中对建筑、暖通空调、给水排水、电气与自控、气体系统、专用设备等方面的基本要求，即《指南》适用于实验动物实验设施、生产设施的运行维护。

第 2 章　规范性引用文件：列举了《指南》引用的文件，包括：《生活饮用水卫生标准》GB 5749、《设备及管道绝热效果的测试与评价》GB/T 8174、《实验动物　环境及设施》GB 14925、《实验室　生物安全通用要求》GB 19489、《生物安全实验室建筑技术规范》GB 50346、《实验动物设施建筑技术规范》GB 50447。

第 3 章　术语和定义：列举了与《指南》密切相关的 3 个术语，即实验动物、实验动物实验设施、实验动物生产设施。

实验动物（laboratory animal）：指经人工培育，对其携带微生物和寄生虫实行控制，遗传背景明确或者来源清楚，用于科学研究、教学、生产、检定以及其他科学实验的动物。

实验动物实验设施（experiment facility for laboratory animal）：以研究、实验、教学、生物制品、药品及相关产品生产、检定等为目的而进行实验动物实验的建筑物和设备的总称，包括动物实验区、辅助实验区和辅助区，动物实验区、辅助实验区合称为实验室区。

实验动物生产设施（breeding facility for laboratory animal）：指用于实验动物生产的建筑物和设备的总称，包括动物生产区、辅助生产区和辅助区。动物生产区、辅助生产区合称为生产区。

第 4 章　建筑：本章共 8 条，包括：应避免实验动物设施消毒时对设施的损害，定期对围护结构密封性能检查，定期对遮光调光设施检查，应保证饲料垫料存储用房及避免楼面堆载荷载超限，规范垃圾管理制度，定期对有压差要求的房间进行气密性检查，定期检查维护对昆虫、野鼠进入及动物逃逸的措施，定期校准屏障环境设施房间之间的压差控制装置。

第 5 章　暖通空调：本章重点对暖通空调系统定期检查及日常运行中需要注意的问题作出了规定。暖通空调系统需要定期检查的项目及其他注意事项如表 2.2-10 所示。

暖通空调系统需要定期检查的项目及其他注意事项　　　　　　　　　表 2.2-10

暖通空调系统需要定期检查项目	应定期检查制冷机组、组合式净化空调机组、风机、水泵和冷却塔、管道、阀门、仪表等
	应定期检查温度、压力、流量、热量等参数是否满足要求
	应定期检查、及时维护新风口、排风口处及其保护网
	应定期检查、维护热回收装置密封状况和热回收效果
	应定期检查空调冷、热水的水质
	应定期检查空调通风系统冷凝水管道的水封
	应定期检查空调通风系统的防火阀及其感温、感烟控制元件
	应定期检查设备及管道的保温情况
	应定期检查、维护空气处理设备的加湿器
其他注意事项	空调房间内的送、回、排风口应保持清洁
	暖通空调系统的粗效空气过滤器、中效空气过滤器、亚高效空气过滤器、高效空气过滤器、活性炭空气过滤器等处宜设置阻力监测、报警装置。过滤器的常规检查及清洗也应按规范相关要求执行
	日常运行中，应保持设备、阀门和管道的表面清洁。设备、阀门和管道不应有明显锈蚀，不应有跑、冒、满、漏、堵现象
	空调通风系统的维修、保养、清洗、改造等工程项目，应明确约定实施内容和验收标准

第 6 章　给水排水：本章重点对给水排水管道的保障性、动物饮水、应急装备以及排水设施在不使用状态下避免反流的措施做出了要求（表 2.2-11）。

给水排水系统需要定期检查的项目及其他注意事项 表 2.2-11

给水排水系统需要定期检查的项目	应定期检查给水排水管道及阀门，保证管道牢固、不渗漏、不结露及不腐蚀
	应定期对动物饮水系统进行冲洗，定期检测动物饮用水水质，确保普通动物饮水符合现行国家标准《生活饮用水卫生标准》GB 5749 的要求，屏障环境设施的净化区和隔离环境设施的用水应达到无菌要求
	应定期检查排水装置，确保排水系统通畅，同时避免昆虫出入和微生物的滋生
	应定期检查热水、蒸汽等管道隔热系统的完好性，确保标识清晰完整
	应定期检查紧急喷淋和洗眼装置等应急装备的运行状态，确保其正常使用
其他注意事项	排水设施长期不用时，应密封牢固，以防排水口中气体或其他污染物的反流

第7章 电气与自控：重点对供电的可靠性、开关及灯具的密封措施、照度及调光措施、空调自控、监控等作出了具体规定（表 2.2-12）。

电气与自控系统需要定期检查的项目及其他注意事项 表 2.2-12

电气与自控系统需要定期检查的项目	应定期巡检电气设备及线路，保障供电可靠性
	应定期检查、维护由非洁净区进入洁净区及洁净区内的开关、灯具等设备的密封措施
	对照度有特殊要求的房间，应定期检查、维护遮光窗帘、调光装置等设施
	采用紫外线灭菌灯具灭菌时，应定期检查、维护紫外线灭菌灯具
	设有电加热的空调系统，应定期检查、维护空调风管接地系统、电加热器与风机连锁、断电保护等
	应定期检查、维护防静电接地、室内等电位接地
	应定期检查、维护空调自控系统，应根据不同季节条件，满足空调系统的节能运行
	应对视频监控系统、信息系统进行日常检查、维护；监控数据应按规定的时间进行保存
	应定期检查、维护应急、疏散指示照明灯具等设备。带有应急蓄电池的应急、疏散照明指示灯具，应满足所需应急照明时间的要求
其他注意事项	门禁系统应保证安全可靠，紧急情况下（及停电状况下）门均应能安全打开

第8章 气体系统：气体系统需要定期检查的项目及其他注意事项如表 2.2-13 所示。

气体系统需要定期检查的项目及其他注意事项 表 2.2-13

气体系统需要定期检查的项目	应定期对气体系统进行泄漏试验
	气体更换、管路维修后应对系统进行交叉错接检验
	应定期检查气体系统的终端洁净度
	应定期对气体设备及备用系统、警报系统进行功能测试
	应定期对维修和测试仪器进行校准并记录结果
	应定期对气体设备进行安全检查
其他注意事项	气体设备的标识和标牌应准确清晰

第9章 专用设备：实验动物设施内专用设备类型多样，需要定期检查的项目如表 2.2-14 所示。

专用设备需要定期检查的项目 表 2.2-14

专用设备需要定期检查的项目	应定期对实验动物笼具进行清洗，需要时应采取消毒灭菌措施
	应定期检查动物隔离设备内独立环境的温湿度、换气次数、洁净度、风速等参数是否符合要求
	应定期检查传递窗的密封、双门互锁及消毒功能
	应定期维护和检测生物安全柜、动物隔离器、压力蒸气灭菌器等设备
	应定期清理或更换实验动物专用设备内的过滤器
	使用大型清洗设备和消毒设备时，应保证工作人员安全
	应定期检查实验台的光滑性、防水性、耐腐蚀性等性能

第 10 章　其他需要考虑的因素：重点对突发事件的风险分析与安全评价，应急预案和防范措施的制定，标准操作规程的制定，废气及污水的达标排放，设备的维护、保养、记录及运维人员的培训与资格证书等方面作出了相关要求。

（4）小结

《实验动物　设施运行维护指南》T/CALAS 64—2019 填补了我国实验动物设施投入使用后普遍缺乏维护管理标准依据的空白，规定了实验室动物设施后期运行、维护的基本要求，包括建筑、暖通空调、给水排水、电气与自控、气体系统、专用设备等方面，为延长实验动物设施使用寿命，保证实验动物质量与动物实验的可靠性，预防和减少安全事故的发生，进一步提高我国生物实验室的运维水平提供了标准支撑。

2.2.4　地方标准：以北京市地方标准《实验动物　环境条件》DB11/T 1807—2020 为例

1. 编制背景

（1）任务来源

实验动物是生命科学研究和生物医药产业发展不可或缺的重要支撑条件。自《实验动物管理条例》施行以来，我国实验动物管理实行统一的法治化、标准化管理，对实验动物的生产和使用形成较为完善的组织管理和保障体系，有效促进了我国实验动物生产质量的不断提升和实验动物使用管理工作的日渐规范化，进而有力推动了生命科学研究的原始创新和生物医药产业的健康发展。

（2）编制的必要性和意义

实验动物环境条件的标准化是与实验动物质量和动物实验结果密切相关的重要保障，没有实验动物环境条件的标准化，不可能生产出品质均一的高质量实验动物，也不可能获得高度可靠、精确、可重复的科学实验结果。目前在实验动物环境条件方面，制定了相应的国家标准《实验动物　环境及设施》GB 14925、《生物安全实验室建筑技术规范》GB 50346 等，但其主要对象为啮齿类动物、兔、犬、非人灵长类动物等。随着生命科学研究方式方法的不断扩展，实验用猪、牛、羊、猕猴、长爪沙鼠、雪貂、猫、鱼、禽类等都有必要列入实验动物的应用范围。对这些动物的环境条件进行控制，自然就需要对环境的各项参数进行研究并制定相应标准。基于国家标准的非针对性和行业标准的空缺现状，针对新型实验动物制定相关标准十分必要。

作为国际科技创新中心的首都北京，在全国范围内率先制定地方标准《实验动物　环境条件》，不仅能够使新型实验动物生存环境标准化，也能引领全国的实验动物产业发展，进而促进我国生命科学研究和生物医药产业的高质量发展。

2. 主要技术内容

该标准共分 10 章，主要内容包括：范围，规范性引用文件，术语和定义，建筑，工艺布局，环境，笼具围栏、料盘、垫料和饮水，废物处理，运输，检测。

第 1 章　范围：该标准适用于实验小型猪、实验猪、实验牛、实验羊、实验猕猴、实验长爪沙鼠、实验雪貂、实验猫、实验鸡、实验鸭、实验鹅、实验鸽、实验鱼（斑马鱼和剑尾鱼）的设施与环境条件控制。

第 2 章　规范性引用文件：列举了该标准中引用的标准文件，包括《生活饮用水卫生标准》GB 5749、《实验动物　环境及设施》GB 14925、《实验室　生物安全通用要求》GB 19489、《供配电系统设计规范》GB 50052、《实验动物设施建筑技术规范》GB 50447、《医用放射性废物的卫生防护管理》GBZ 133❶、《水污染物综合排放标准》DB11/307、《实验动物　笼器具》DB11/T 1125❷、《实验动

---

❶　目前该标准被《核医学放射防护要求》GBZ 120—2020 替代。

❷　目前该标准已废止。

物 垫料》DB11/T 1126❶、《实验动物运输规范》DB11/T 1457。

第3章 术语和定义：列举了与该标准密切相关的6个术语，即实验动物、普通环境、屏障环境、隔离环境、水环境、水族箱。

实验动物（laboratory animal）：经人工培育，对其携带微生物和寄生虫实行控制，遗传背景明确或者来源清楚，用于科学研究、教学、生产、检定及其他科学实验的动物。

普通环境（conventional environment）：符合实验动物居住的基本要求，不能完全控制传染因子，但能控制野生动物的进入，适用于饲育普通级动物的场所。

屏障环境（barrier environment）：符合动物居住的要求，严格控制人员、物品和空气的进出，适用于饲育无特定病原体（specific pathogen free，SPF）级实验动物的场所。

隔离环境（isolation environment）：采用隔离装置以保持装置内无菌状态或无外源污染物，适用于饲育无特定病原体级、无菌（germ free）级实验动物的场所。

水环境（water environment）：实验鱼赖以生活的水质条件，包括物理、化学和生物指标的总和。

水族箱（aquarium）：维持实验鱼水环境指标稳定的独立的设备单元。

第4章 建筑：分为选址和设施要求两部分。

（1）选址。动物生物安全实验室选址应符合现行国家标准《实验室 生物安全通用要求》GB 19489的规定。宜选在环境空气质量及自然环境较好的区域，远离有严重空气污染、振动或有噪声干扰的铁路、码头、飞机场、交通要道、工厂、贮仓、堆场等区域，应有可靠的避免交叉感染的隔离措施。

（2）设施要求。该标准的设施要求与国家标准《实验动物 环境及设施》GB 14925相比，主要强调了以下内容：宜设人、动物、物品、车辆专用出入口；屏障环境设施应根据需要保持正确的压力方向，其密闭门宜朝空气压力较高的方向开启并能自动关闭；走廊净宽宜不小于1.5m（实验牛不小于2.0m），门宽满足设备进出和日常工作需要，承担主要工作的饲养及实验的房间与走廊之间至少有一扇门净宽应不小于1.0m（实验牛不小于1.2m），其他门净宽应不小于0.8m；排水沟、槽、管坡度应保证排水通畅、无污物积存，排水管道管径不宜小于DN150；屏障环境设施应设环境监控系统，其他级别设施根据需要设置环境监控系统。

第5章 工艺布局：对不同用途、不同动物类别、不同洁净等级的实验动物设施，从总体布局到区域设置要求，都进行了基本的规定。

对于总体布局，主要强调了应根据实验动物的生理需要和行为特征，设计建造适合它们居住的设施，并能控制人员和动物进出；普通级动物的隔离检疫间应与动物生产/实验区分开设置；设施机构或部门合并或增设功能空间或区域时，应在确保满足功能要求的情况下，根据自身规模和工作特点，按照现行国家标准《实验动物设施建筑技术规范》GB 50447的规定执行。

对于区域设置要求，主要强调了饲养间的排水口应有防止害虫进入措施，宜设动物活动空间，配备的饲养设备和捕捉工具应确保牢固和不伤害动物；可根据需要设置隔离室、手术室、术后观察室等其他功能间，宜设置综合或功能明确的实验室，或者在饲养间与走廊之间设置操作前室，用于需要回避其他同群个体的操作及防止动物逃逸；对饲料和垫料储藏室应实行必要的温湿度控制，并防止寄生虫污染和野生动物进入，废物存放处理间（设备）应满足动物尸体等废物的处理、存放需要。

第6章 环境：包括分类和技术指标两部分。

该标准的实验动物设施环境分类与《实验动物 环境及设施》GB 14925—2010相同。

该标准的实验动物设施环境技术指标按照实验动物种类和普通环境、屏障环境、隔离环境的洁净程度不同，对温度、日温差、相对湿度、相通区域压强梯度、笼具处气流速度、换气次数、空气洁净度、沉降菌平均浓度、氨浓度、噪声、照度等技术指标进行了明确规定。

---

❶ 目前该标准已废止。

该标准还规定，正压屏障环境的单走廊设施应保证动物饲养区压力最高，正压屏障环境的双走廊或多走廊设施应保证洁净走廊的压力高于动物饲养区，动物饲养区的压力高于污物走廊，所有正压洁净房间对相邻房间的静压差均应大于10Pa；离乳前动物、育雏期雏鸡、鸭、鹅、鸽饲养间或饲养区域，手术及术后设施、隔离设施等温度可根据需要高于相应表中规定的上限。

第7章：笼具围栏、料盘、垫料和饮水，其基本要求包括：

按照实验动物种类不同，该标准明确规定了笼具围栏的面积、长度、宽度、高度、饲养密度等技术指标。

该标准还强调，笼具围栏的材质应符合动物的健康和福利要求，无毒、无害、无放射性、耐腐蚀、耐高温、耐高压、耐冲击、易清洗、易消毒灭菌；笼具围栏大小应满足实验动物各种生活习性，或者使用适当的分隔建立不同功能的区域，分隔围栏应坚固；笼具围栏的内外边角均应圆滑、无锐口；笼具的门或盖有防备装置，能防止动物自己打开笼具围栏或打开时发生意外伤害或逃逸；笼具围栏应限制动物身体伸出而受到伤害，伤害人类或邻近的动物。

该标准对料盘的基本要求是：应选用无毒、耐冲洗、耐高温、易消毒灭菌的材料制作料盘；料盘的大小应满足同栏所有动物同时进食；自动落料盘应保证实验动物能自主无障碍采食到饲料。

该标准对垫料和饮水的要求与《实验动物　环境及设施》GB 14925—2010基本相同。

第8章　废物处理：规定了对污水，感染性、放射性废物，动物性废物，其他废物的处理要求。

针对污水处理，应有相对独立的污水初级处理设备或化粪池。来自动物的粪尿、笼器具洗刷用水、废弃的消毒液、实验中废弃的试液等污水，应经处理并达到《水污染物综合排放标准》DB11/307的要求后排放；感染动物实验室所产生的废水，应先经彻底病原灭活后方可排出。

感染动物实验所产生的废物应先行病原灭活后再作处理；放射性动物实验所产生放射性沾染废物应按《核医学放射防护要求》GBZ 120的规定处理。

动物尸体及组织应装入专用储存袋中存放于动物尸体冷藏柜或冷藏存放间，集中作无害化处理。其中，感染动物实验的动物尸体及组织应经病原灭活处理后传出实验室，再作相应处理。

一次性工作服、口罩、帽子、手套及实验废物等其他废物，都应进行无害化处理，其中注射针头、刀片等锐利物品应收集到利器盒中统一处理。

第9章　运输：该标准对运输笼具和运输工具提出的要求与《实验动物运输规范》DB11/T 1457基本相同。

第10章　检测：该标准明确，实验动物设施设备环境条件的检测指标执行《实验动物　环境及设施》GB 14925的规定，IVC的检测方法执行《实验动物笼器具》DB11/T 1125❶的规定。

3. 关键技术及创新

随着生命科学研究方式方法的不断扩展，不包含在《实验动物 环境及设施》GB 14925、《生物安全实验室建筑技术规范》GB 50346等国家标准规定范围内的实验用猪、牛、羊、狨猴、长爪沙鼠、雪貂、猫、鱼、禽类等动物，在生命科学研究中的应用日趋频繁，迫切需要对这些新型实验动物生存环境条件的各项参数进行研究并制定相应的环境标准。

由于这些动物的种类多、生物学特性和生活习性差异较大，对它们生存环境条件的标准化研究涉及的内容多、问题复杂、信息量大，需要参考国内外相关行业的标准规范和数据信息，借助现代认知理念和技术手段，多措并举、深入扎实地开展各项工作。

---

❶ 目前该标准已废止。

4. 小结

该标准按照《标准化工作导则　第1部分：标准化文件的结构和起草规则》GB/T 1.1—2020 的规定起草，由北京市科学技术委员会提出并归口管理，由北京市市场监督管理局技术审查，现已发布实施。该标准的实施，将促进北京市新型实验动物生存环境条件的不断标准化，最终推动生命科学研究的原始创新和生物医药产业的高质量发展。

第3章 建 设 运 维

实验动物设施不同于普通建筑，它的核心目标是服务于实验动物，其建设与运维是一个高度专业化和系统化的工程，不仅要满足实验动物的基本生存需求，还要确保科研活动的顺利进行和科研数据的准确性。

在实验动物设施的建设过程中，要综合考虑选址、平面设计、建筑设计、结构、暖通空调、给水排水、自控、环保等基础设施和基本条件。选址需要综合考虑地理位置、周边环境、交通便利性以及是否远离可能的污染源，同时还应考虑未来可能的扩展需求，确保有足够的空间进行设施升级或扩建。平面设计需要考虑动物的种类、数量以及实验的具体需求，包括动物笼具的布局、饲料和水的供应、废物处理以及人员流动路径的设计，以减少交叉污染的风险。建筑和结构设计则要确保设施的耐用性、灵活性和安全性，既要满足抗震、防火、防水等要求，又要考虑动物福利，如避免过度的噪声和振动。暖通空调系统是控制实验动物生存环境的关键，需要精确控制温度、湿度、洁净度和压力，常涉及与生物安全柜和隔离器联动。给水排水系统需要确保动物的饮水供应和废物的及时处理，包括水质的控制、废水的处理和碳排放，以及防回流和防污染的措施。自控系统用于监控和调节实验动物设施内的环境参数，如温度、湿度、照度等，涉及传感器、控制器和执行器的集成，以实现自动化和远程监控。环保是实验动物设施设计和运维中的重要考虑因素，包括废物的处理和回收、化学品的安全存储和使用，以及减少能源消耗和排放。运维管理是实验动物设施安全高效运行的关键，包括日常的清洁和消毒、设备的维护和校准、环境参数的监控和调整，以及动物健康和福利的监测。

总的来说，实验动物设施的建设与运维是一个涉及多学科、多领域的综合性工作，它要求不仅要有专业的技术知识，还要有对动物福利的深刻理解和对环境保护的责任感。通过精心的设计和严格的管理，为实验动物创造一个更加健康、舒适的生活环境，为科学研究提供更加准确、可靠的数据支持。

本章将详细探讨实验动物设施的建设和运维，包括其建设流程、环境指标、工艺布局、建筑设施、废弃物处理、施工要求、检测验收、运行维护八个方面。通过对上述各方面的深入探讨，为读者提供一个全面的实验动物设施建设运维指南，帮助相关机构打造高标准、高质量的实验环境，促进科学研究的顺利进行和发展。

3.1 建 设 流 程

实验动物设施工程设计与建设的一般流程包括项目前期、设计阶段、施工阶段、竣工验收，如图3.1-1所示。但是，实验动物设施的建设涉及微生物学、流行病学、实验动物学、空气动力学、气溶胶学、消毒和灭菌、建筑和装饰工程学以及管理学等多学科和领域，要多层次、多部门、多学科有机配合才能完成。因此，实验动物设施的设计与建设在项目前期、设计阶段、施工阶段、竣工验收的各阶段中需要结合工艺及预期运维，体现其特殊性。

3.1.1 项目前期

这一阶段的核心工作聚焦于三方面：首先，与科研团队深度沟通，详细了解所需实验动物的种类、数量、饲养密度及实验类型，如药物研发、疾病模型构建等，为设施规模与布局规划提供依据。其次，全面研究国家和地方有关实验动物设施的法律法规和标准规范，确保建设合法合规。最后，进

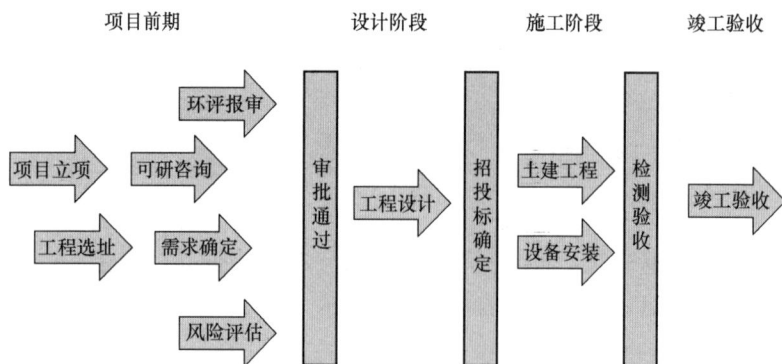

图 3.1-1　实验动物设施工程设计与建设基本流程

行规划与选址，要远离工厂、交通要道等污染源，选择地势高、干燥、通风好且周边电力、给水排水等配套设施便捷的地块，为项目的顺利推进夯实基础。项目前期基本程序包括：成立组织机构、调研与考察、微生物危害评估、设计定位及规划、撰写工艺技术方案、组建设计团队。

项目前期具体流程和内容如下：

（1）成立组织机构。组织机构可由工程建设领导小组、专家组、工程办公室/工程部共同构成。工程建设领导小组负责工程规划、立项报告、工程设计和建设方案的审批以及工程重大事项的决策；专家组（也可外聘）负责工程设计方案的审查、讨论，为工程设计和建设提供决策咨询意见；工程办公室/工程部为工程日常办事部门，负责工程规划、立项申报，以及土建工程、暖通空调、电气和给水排水工程施工的技术管理，关键工艺设施设备的选型、购置及工程各专业施工的组织协调和监督管理等。

（2）调研与考察。对将要进行建设的实验动物设施的规模、设施的类型、工艺流程和条件、实验性质以及国家相关法律法规要求等进行充分的前期调研。组织机构要了解、熟悉实验动物的饲养实验及生物安全等有关规范。有目的、有重点地考察国内外同类相关设施，采纳经验、取长补短。

（3）微生物危害评估。对于涉及病原微生物的操作，应对目标微生物的致病方式、致病程度、致病途径、稳定性、致病剂量、操作时浓度等进行危害评估，确保所建实验动物设施的工艺平面布局、仪器设备功能布局以及安全设备、个人防护装备的选型满足生物安全实验室的要求。

对于涉及放射性物质的实验动物设施，需要按照相关规定执行。

（4）设计定位及规划。在立项规划和设计前要明确所建实验动物设施的用途、基本性能指标、建设规模以及安全设备的标准，应充分结合实验动物的用途，不能盲目追求高等级、高标准，应选择合理、经济的设计方案，兼顾投资和运行费用。

（5）撰写工艺技术方案。实验动物设施的工艺技术方案是工程设计的依据。从实验动物设施建设的目标、需求、实验的性质，到整体方案设计，应在充分调研和查阅资料的基础上提供具体工艺技术方案，包括确定外形、位置、基本类型和规模、工艺平面布局、建筑结构、装饰、通风空调净化、给水排水、气体供应、电气与自控等工艺技术要求。组织有关专家进行充分论证，可以边设计边完善，尽可能达到完美。

（6）组建设计团队。实验动物设施的设计是多学科和领域、系统复杂的工程。因此，必须组建一个强有力的设计团队或委托专业的第三方设计团队，包括建筑设计师（建筑、结构、暖通空调、给水排水、电气、自控和气体等专业）、实验动物设施建设方、使用者、实验动物专家、管理者等，要集思广益，严格审查，避免设计上的缺陷。

3.1.2　设计阶段

实验动物设施的设计阶段是一个精密且多步骤的过程，每一步都关系到设施日后的使用效果以及动物福利的保障。设计阶段主要包括以下步骤：

1. 需求分析与目标设定

设计团队需要深入了解实验的具体需求,包括所需饲养的动物种类、数量、实验类型以及预期的设施使用频率等。同时,设定明确的设计目标,比如确保动物福利、提高实验效率、保障生物安全等。针对实验环境的相关需求,设计团队可以提交需求表单交由使用方填写,需求表单示例如表3.1-1~表3.1-4所示。

实验室环境需求表（暖通空调）　　表3.1-1

楼层	房间编号	房间名称	房间面积(m²)	房间设备	暖通空调				
					室内温度(℃)	相对湿度(%)	邻室压差(Pa)	排风量(m³/h)	气流组织
	A-01(示意)	小鼠饲养室	35	IVC单面笼架2个,双面笼架4个,换笼台1个	22±2	50%±10%	10	1000	上送+两侧下排+顶排
	...	......	......	......	......	......	......	......	......

实验室环境需求表（电气）　　表3.1-2

楼层	房间编号	房间名称	电气					
			用电负荷等级	动物照明要求	工作照明照度	紫外线杀菌需求	插座布置要求	其他(计量要求等)
	A-01(示意)	小鼠饲养室	不低于2级	红色光源,照度15~20lx可调,昼夜交替12/12	300lx	不需要	插座规格250V/10A,备用2个	无要求
	......	......	......	......	......	......	......	......

实验室环境需求表（智能化）　　表3.1-3

楼层	房间编号	房间名称	智能化					
			门禁需求	互锁需求	网络需求	电话需求	监控参数	其他(背景广播、多媒体会议系统等要求)
	A-01(示意)	小鼠饲养室	需要	无要求	需要,设置内网	需要1处	温度、压力、相对湿度、氨浓度(超限报警)	设置摄像监控(云台变焦式)
	......	......	......	......	......	......	......	......

实验室环境需求表（给水排水及气路）　　表3.1-4

楼层	房间编号	房间名称	给水排水及气路					
			热水需求	软水需求	纯水需求	排水需求	压缩空气	其他气路要求(N₂/CO₂等)
	A-02(示意)	清洗区	需要(浸泡池)	需要(洗笼机)	不需要	需要(洗笼机高温排水)	需要(洗笼机)	不需要
	......	......	......	......	......	......	......	......

2. 空间规划与布局设计

根据需求分析的结果,设计团队开始规划设施的整体布局,包括饲养区、实验操作区、清洁消毒区、储存区以及员工办公区等功能区的划分。同时考虑动物的活动空间、通风和采光需求，以及人员的工作流程和操作便利性。

3. 建筑结构与设备选型

设计团队需要根据空间规划的结果，确定设施的建筑结构，包括墙体、地面、顶棚等材料的选择，以及门窗、通风口等位置的安排。同时，选择适合动物饲养和满足实验需求的设备，如饲养笼具、饲料器、饮水器、通风设备等。

4. 机电系统设计

选择先进的设备，这一步主要关注设施内的温度、湿度、空气质量等环境因素的调控。设计团队需要选择合适的温控、湿控设备及空气净化系统，确保设施内的环境稳定且适宜动物的生长和实验的进行。

5. 生物安全设计

考虑到实验动物可能携带的病原体，设计团队需要设置必要的生物安全措施，如设置防护屏障、安装消毒设施、制定清洁消毒制度等，以防止病原体的传播和感染。生物安全实验室需要按照生物安全的要求进行单独设计。

6. 动物福利与人性化设计

设计团队需要关注动物的生活质量和心理健康，通过合理的空间布局、建筑材料及设备选择，为动物提供舒适的饲养环境。同时需考虑工作人员的舒适性和操作便利性，提高设施的使用效率。

完成以上步骤后，设计团队还需要进行方案的评审和优化，确保设计的合理性和可行性。通过这一系列的步骤，实验动物设施的设计阶段得以顺利完成，为后续的建设和使用奠定坚实基础。

3.1.3 施工阶段

实验动物设施的施工是一个实践性强、注重细节的过程，它要求施工团队严格遵循设计方案、优化设计方案、确保施工质量和进度。以下是施工阶段的主要环节：

1. 施工准备与方案审查

施工团队需要仔细研究设计方案，了解施工的具体要求和注意事项。同时，进行施工前的现场勘查，确保施工环境的安全性和可行性。此外，还要对施工材料、设备进行准备和检查，确保质量和数量满足施工需求。

2. 工程施工

施工团队按照设计方案（可优化）的要求，进行地基处理、基础浇筑等工作。随后，搭建实验动物设施的主体结构，如墙体、屋顶等，注意施工质量和材料的选择，确保结构牢固、耐用。并对设施内部进行装修，包括地面铺设、墙面处理、门窗安装等。

3. 机电安装与调试

施工团队根据设计方案，对暖通空调、给水排水、气体动力、电气、自控工程等进行安装与调试，确保它们的位置准确、功能正常，并能达到预定的控制效果。

4. 工艺设备安装与验证

施工团队对饲养、实验和消毒等设备进行安装与验证。

5. 自查与整改

施工完成后，施工团队进行自查与整改，确保施工质量符合设计要求。

在施工阶段，施工团队还需要注意施工安全和环境保护，遵守相关法律法规，确保施工过程的安全并注重环保。同时，加强与设计团队、监理团队及使用方等的沟通协作，确保施工过程的顺利进行。

3.1.4 竣工验收

实验动物设施的竣工验收是一个至关重要的环节，它确保设施在投入使用前符合设计要求、满足实验动物的生活需求，并且达到相关的安全、环保标准。以下是该阶段的主要流程和内容。

1. 验收准备

由使用方组建验收团队，包括来自设施管理部门、实验动物管理部门、安全环保部门。准备验收资料，收集包括设计文档、施工图纸、设备清单、安装调试记录、第三方检测报告等在内的所有相关资料，供验收团队参考。必要时可请外部专家指导验收。

2. 设施检查

设施检查的内容包括施工质量、设施环境、设备与运行等，确保其符合相关标准和要求。

3. 生物安全设施设备验收

对设施的生物安全设施建设、工艺、建设质量、气流方向、设备布局、消毒设备、标识等进行检查，确保有效防止病原体的传播。

4. 环保与排污检查

检查排水和通风系统是否正常运行、有无漏水或渗漏现象。评估设施的废物处理流程，包括实验材料、试剂和动物排泄物的分类、储存和处理方式，确保符合相关规范。

5. 记录与报告

详细记录每个检查点的结果，包括合格项与不合格项。根据检查结果，编制详细的验收报告，提出整改建议或确认设施合格。

6. 整改与复查

对于验收中发现的问题，要求施工单位进行必要的整改。整改完成后进行复查，确保所有问题都得到解决、设施符合使用要求。

通过以上流程和内容的严格执行，实验动物设施的竣工验收阶段能够确保设施的质量、安全性和环保性，为实验动物的饲养和实验提供有力保障。

3.2 环 境 指 标

实验动物环境及设施应符合实验动物生物学特性并满足实验动物健康、福利、质量控制和生物安全等要求，设计参数需满足现行国家标准《实验动物设施建筑技术规范》GB 50447 和《实验动物 环境及设施》GB 14925 的要求。按照空气净化的控制程度，实验动物环境应分为普通环境、屏障环境和隔离环境，相关环境指标详见本书第 2 章。

3.3 工 艺 布 局

3.3.1 选址

实验动物设施的选址是其内部功能设计的重要前提。在选址阶段主要把握两方面的设计原则：一方面，实验动物设施需要相对安静、无污染的环境，要尽量减小环境中的粉尘、噪声、电磁等其他有害因素对设施的影响；另一方面，实验动物设施会产生一定的污水、污物和废气，因此在选址中还要考虑实验动物设施对环境造成污染和影响。根据《实验动物设施建筑技术规范》GB 50447—2008 第 4.1.1 条、《实验动物 环境及设施》GB 14925—2023 第 8.1.1 条对实验动物设施选址的有关规定，为防止周围环境影响实验动物设施运行，设施的选址需要做到表 3.3-1 中的要求。

实验动物设施的选址要求

表 3. 3-1

序号	选址要求
1	避开自然疫源地、极端气候区、自然灾害频发地区
2	选取环境空气质量较好、自然环境条件较好的区域，减轻洁净环境的营建负担，远离严重空气污染区域，如易燃易爆品的生产及储存区，以及散发大量粉尘和有害气体的工厂、贮仓、堆场等
3	远离振动或噪声干扰的环境，如铁路、码头、飞机场、交通要道等
4	远离电磁干扰的环境，如高压线路及其设施等

实验动物设施会产生废气、废液、污物等有毒有害物质，为防止设施对环境敏感区可能造成的污染，选址首先须满足环境影响评价技术报告的相关要求，一般不宜设置于人员活动区、生活区的上风侧。

绝大多数实验动物设施位于供水、供电、供气、通信、道路交通和排水排污等基本市政设施相对完善的基地，当选址在较为偏远的地区时，要充分考虑相关配套设施的建设成本，还应设置自备电源、自备蓄水等备用配套设施。

根据工艺需求，实验动物设施可附建于建筑内或设置独立建筑。小型的普通生产设施和非特殊性实验设施一般可附建于其他建筑内部，如综合医院内部的实验动物设施、科研建筑内部的实验动物设施等，特殊性实验设施或有独立运行要求的大型动物设施则一般设置于独立建筑。

实验动物设施选址于地上建筑物时，单层平面面积较大的多层建筑更利于设施内部的功能布局，屋顶平面也利于设施配套机电设备的设置。对于高层建筑来说，受结构形式影响，核心筒外的使用面积利用率并不高，相同的建筑面积指标下的动物饲养密度相对较低。当实验动物设施选址位于地下室等有洪涝危险的场地时，应采取可靠的防洪、防内涝措施，防止客水进入场地，合理设置雨水外排设施等。

3.3.2 总体工艺布局

根据使用目的，实验动物设施一般可分为实验动物生产设施和实验动物实验设施。实验动物生产设施可再细分为野生型实验动物和模式动物的生产繁殖设施，野生型实验动物一般通过生物净化后再进行后续的生产繁殖，模式动物则一般通过基因编辑后进行后续的生产繁殖。实验动物实验设施根据对研究对象的实验操作方式可再细分为动物体内实验设施和动物体外实验设施，动物体内实验通常通过对实验动物进行给药再提取相应组织、体液等进行相关指标检测，动物体外实验则主要在生物活体外对动物细胞、微粒体进行检测分析等操作。实验动物实验设施根据实验目的也可分为临床前实验、研究实验（如行为学实验）以及其他特殊性实验（感染性实验、放射性实验）。

实验动物设施的工艺布局服务于实验工艺流程，应在充分了解实验动物用房的科研能力、实验需求、规模等级、设备要求的基础上进行。设计人员在进行实验动物设施设计前应从以下四个方面考虑：

（1）动物生产区和实验区之间的连贯性；
（2）洁净区和污染区之间的连贯性；
（3）物流、动物流、人流及污物流，可预留参观走廊，避免多人进入动物设施内，减少污染；
（4）未来使用区域的预留问题。

设计时应遵循以下四点基本要求：

（1）实验动物的生产设施和实验设施分开设置；
（2）不同级别、不同种类的实验动物分开饲养，避免互相干扰；
（3）工艺布局应尽量满足人员、物品和动物的单向移动，避免交叉感染；
（4）工艺布局应依据动物数量及特点确定各区域的规模，保证日常工作及实验操作。

不同规模、不同功能的实验动物设施，需求并不一致，在实际设计过程中，应由设计人员、使用方管理人员、使用人员协商确定，平衡各方需求，整合不同角度的意见，考虑当前需求与未来变化的关系，这是设计合理功能布局及工艺流线的必经步骤。

按照现行国家标准《实验动物　环境及设施》GB 14925 的要求，实验动物设施根据其使用功能，一般可分为以下几个区域：

（1）前区：包括办公室、维修室、库房、饲料室、一般走廊等；

（2）辅助区：包括仓库、洗刷消毒室、废弃物品存放处理间（设备）、解剖室、密闭式实验动物尸体冷藏存放间（设备）、机械设备室、淋浴室、工作人员休息室、更衣室等；

（3）生产区：包括隔离检疫室、缓冲间、风淋室、育种室、扩大群饲育室、生产群饲育室、待发室、清洁物品储藏室、消毒后室、走廊等；

（4）实验区：包括缓冲间、风淋室、检疫间、隔离室、操作室、手术室、饲育间、清洁物品储藏室、消毒后室、走廊等；

合理科学的工艺布局设计要充分考虑辅助区的配套设计，洗刷消毒室、机械设备室，以及洁、污物储藏室、处理室等需要与动物生产及实验区面积相适应，不能过小。根据美国、日本等国家的经验，以及国内许多实验动物设施的实例，主要功能区的面积占比可参考表 3.3-2。

实验动物设施功能区面积占比　　　　　　　　　　　　　　　表 3.3-2

功能区名称	面积占比（%）			
	饲养设施	实验设施	混合设施	大动物设施
动物饲育（实验）区	≥40	<40	<40	40~50
管理区	8~18	18	23	10~15
动物接收区	≤10	10	8	10
洗消净化区	>10	10	11	10
动物处理区	10~15	10~12	10	10
机械动力区	>10	>10	10	5~10

常见实验动物的饲养空间可参考《实验动物饲养管理和使用指南》（上海科学技术出版社），具体如表 3.3-3~表 3.3-6 所示。

常用实验啮齿类动物的推荐空间要求条件　　　　　　　　　　表 3.3-3

动物名称	体重（g）	地面面积 (m^2)[①]	笼底到笼顶高度 (cm)	备注
小鼠[②]	<10	38.7	12.7	[③]
	到 15	51.6	12.7	
	到 25	77.4	12.7	
	≥25	≥96.7	12.7	
雌小鼠+新生仔		330	12.7	[④]
大鼠[③]	<100	109.67		[③]
	到 200	148.37	17.78	
	到 300	187.08	17.78	
	到 400	258.04	17.78	
	到 500	387.06	17.78	
	≥500	≥451.57	17.78	
雄大鼠+新生仔		800	17.78	[④]

续表

动物名称	体重（g）	地面面积 （m²）①	笼底到笼顶高度 （cm）	备注
仓鼠②	≤60	64.51	15.24	③
	到80	83.86	15.24	
	到100	103.22	15.24	
	≥100	≥122.5	15.24	
豚鼠②	≤350	387.06	17.78	④
	350	≥651.55	17.78	

① 如需单独关养或小群体饲养的动物，每个动物所需的平均空间需要适当增加。

② 需要考虑各品种或品系动物的生长特征和性别。应该考虑未来动物体重的增加可能非常快，所以需要为动物提供更大的空间。此外，青年啮齿类动物会非常活跃，展示出较高的游戏行为。

③ 个体大的动物可能需要更多的空间以满足标准要求。

④ 其他繁殖群结构可能需要更多的空间，也需要考虑成年动物的数量、产仔数和幼仔的年龄。需要考虑剔除弱仔、及时分笼等更积极的空间管理方式，以确保繁殖群的安全和动物福利。需要为繁殖群中母鼠和幼仔提供更大的空间直至断奶，以避免对母鼠和幼仔产生不利的影响。

兔、猫和犬的推荐空间　　　　　　　　　　　　　　　　　　表3.3-4

动物名称	体重① （kg）	地面面积② （m²）	高度③ （cm）	备注
兔	<2	0.14（1.5）	40.6（16）	大兔子可能需要更高的空间，以满足其站立需要
	到4	0.28（3.0）	40.6（16）	
	到5.4	0.37（4.0）	40.6（16）	
	≥5.4③	≥0.46（5.0）	40.6（16）	
猫	≤4	0.28（3.0）	60.8（24）	猫类更喜欢关养区中有栖木结构，需要更大的空间
	>4④	≥0.37（4.0）—	60.8（24）	
犬⑤	<15	0.74（8.0）	⑥	笼具高度应满足犬类舒适站立的需要
	到30	1.2（12.0）	⑥	
	>30④	2.4（24.0）	⑥	

① 若需将千克换算成磅，可将数值乘以2.2。

② 若动物单独饲养，每个动物需要的空间值比推荐值要大。括号内为以平方英寸为单位的数值。

③ 笼底到笼顶的高度。括号内为以英寸为单位的数值。

④ 大一些的动物可能需要更多的空间来满足标准要求。

⑤ 这些建议可根据不同犬类品种的体型作修改。

⑥ 良好的饲养场没有高度的限制，且需提供动物更多的活动自由度（如栅栏、围场或狗舍）。

禽类的推荐空间要求　　　　　　　　　　　　　　　　　　表3.3-5

动物名称	体重①（kg）	地面面积②（m²）	高度（cm）
鸽子	—	0.07	
鹌鹑	—	0.023	
鸡	<0.25	0.023	笼具必须有足够的高度，以使动物舒适地站立
	到0.5	0.046	
	到1.5	0.093	
	到3.0	0.186	
	>3.0③	≥0.279	

① 若需将千克换算成磅，可将数值乘以2.2。

② 若动物单独饲养，每只动物需要的空间值比推荐值要高。

③ 大一些的动物可能需要更多的空间来满足标准要求。

非人灵长类的推荐空间要求条件　　　　　　　　　　表 3.3-6

动物名称	体重① （kg）	地面面积② （m²）	高度③ （cm）	备注
猴④（包括狒狒）				笼具必须有足够的高度以使动物舒适地站立。狒狒、赤猴、长尾猴、卷尾猴和其他长臂猿要求的高度可能高于其他猴类。对于许多热带的猴类来说，应考虑到整体笼具空间和栖木空间。 对于其他猿类和大型长臂猿类的长臂猿来说，笼子高度应满足当动物悬于笼顶完全仰展摆荡时，其足部不至于碰到笼底的要求。笼的设计应能增加悬体摆荡运动
组 1	到 1.5	0.20	76.2	
组 2	到 3.0	0.28	76.2	
组 3	到 10	0.4	76.2	
组 4	到 15	0.56	81.3	
组 5	到 20	0.74	91.4	
组 6	到 25	0.93	116.8	
组 7	到 30	1.40	116.8	
组 8	>30⑤	≥2.32	152.4	
黑猩猩				
青年	<10	1.4	152.4	
成年⑥	>10	≥2.32	213.4	

① 若需将千克换算成磅，可将数值乘以 2.2。
② 若动物单独饲养，每只动物需要的空间值比推荐值要大。
③ 笼底到笼顶的高度。
④ 包括绒猴、悬猴、猕猴和狒狒。
⑤ 较大的动物可能需要更多的空间来满足实施标准。
⑥ 类人猿体重超过 50kg 时，饲养在永久性的砖石、水泥和金属网隔板结构中，比常规笼更有效。

3.3.3　工艺流线

　　实验动物设施的工艺流线主要包括物品流线、人员流线、动物流线。工艺流线设计应符合实验工艺流程的要求，各流线间互不交叉。

　　实验动物设施整体工艺流线示意如图 3.3-1 所示。

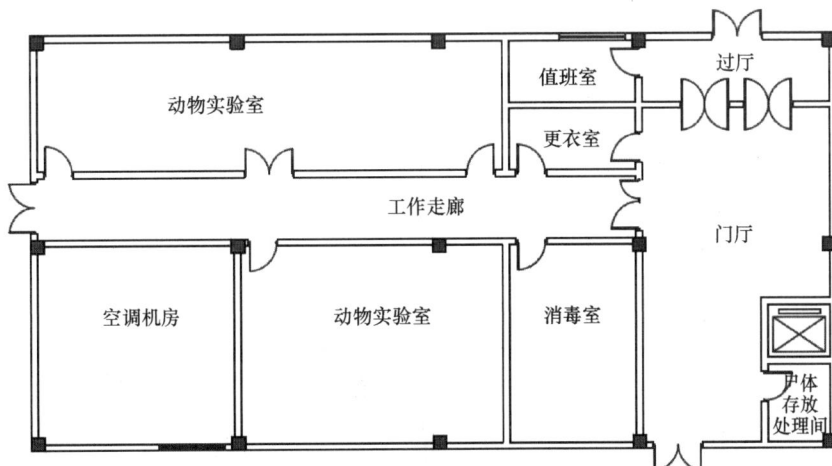

图 3.3-1　实验动物设施整体工艺流线示意图

1. 物品流线

　　实验物品包括实验前的清洁物品及实验后的污染物品，如笼具、饲料、垫料、被服、动物尸体等。进入实验动物设施的物品应经过严格的消毒灭菌，一般通过双扉真空压力蒸汽灭菌器；不能耐受高温高压的物料，如实验动物、实验用试剂等可通过渡槽或者传递窗进入屏障区，渡槽是盛有消毒液体药剂的水槽。在普通区与洁净区各开一门，器械物料从普通区放入，浸泡消毒后从洁净区取用，对于不耐高温高压也不能水浸的物料则从传递窗递入，所有物品经消毒灭菌后进入消毒后室，消毒后室也称作洁存间或内准备间，在此做短暂停留后通过走廊运送至不同功能用房（饲养室或实验室）。实验后的笼具及器械通过走廊送至清洗消毒间消毒灭菌后送入存放间待用，其他污染物品送入污物存放处理间，然后离开实验设施具体流线如下：

外部区域→清洗消毒间→消毒后室→洁净走廊→饲养室或实验室→污物走廊→污物存放处理间→外部区域。

2. 人员流线

实验动物设施的人员流线主要包括饲养人员流线及实验人员流线。人员卫生通过早期多为"一更→淋浴→二更"的形式，现在的实验室则多为"一更→二更→风淋"的形式。人员流线整体上为：外部区域→一更→二更→风淋→清洁走廊→饲养室或实验室→污物走廊→清洗消毒→更衣→外部区域。

3. 动物流线

外来动物签收登记后首先在接收间进行外表面消毒处理，然后经传递窗送至检疫室，经初步检查后把没有异常的动物送入观察室观察，必要时采样检验，确认合格后通过清洁走廊送至不同功能房间（饲养室或实验室）。实验完毕后，动物尸体经污物走廊、缓冲间离开屏障环境进入动物尸体存放处理间；实验后需观察的动物送入观察室，不明死因的动物送入解剖室。

饲养的动物育成达标以后，可转入待发室，发放动物装入窗口带有滤材的特殊运输箱经传递窗送出。

3.3.4 生产及实验区工艺布局

生产及实验区的工艺布局通常以走廊形式进行划分，可分为单走廊型、双走廊型及多走廊型。

单走廊型工艺布局如图 3.3-1 所示，其优势在于可以有效利用空间，布局和流线相对简洁，然而单走廊型工艺布局由于走廊中洁污不分，所以存在发生交叉污染的可能。因此，单走廊型工艺布局要求有严格的管理，从时间上划分洁污流线。在实际应用中，单走廊型工艺布局适用于改建工程或中小型实验动物设施。

如图 3.3-2 所示，双走廊型工艺布局也是一种常见的实验动物设施工艺布局类型，与单走廊型工艺布局相比，其洁污流线分明，降低了交叉污染的可能，污染控制更为有效。但是双走廊型工艺布局有占地面积较大、造价较高的缺点。双走廊型工艺布局一般包括单侧双走廊、双侧双走廊以及单双侧混合式双走廊几种类型。

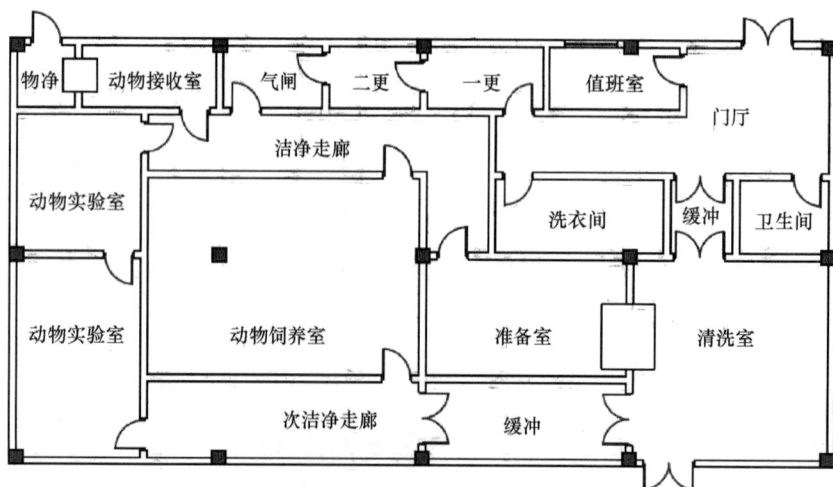

图 3.3-2 双走廊型工艺布局

如图 3.3-3 所示，三走廊型工艺布局是在双走廊型工艺布局的基础上再设置一条普通走廊，普通走廊可便于工作人员的日常维护以及笼具搬运，同时也可结合办公或辅助用房的设置区分各个流线。不过这种布局的空间利用率比双走廊型更低，因此大部分实验动物设施已经较少使用。

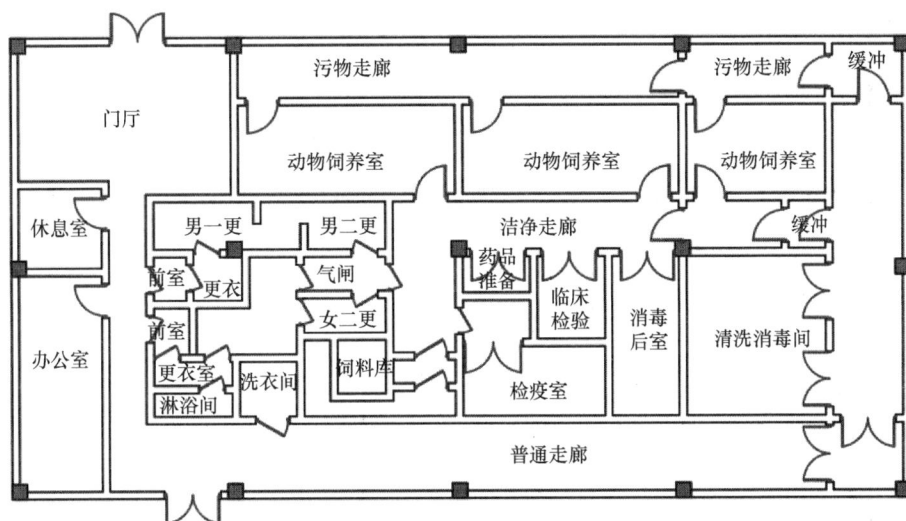

图 3.3-3　三走廊型工艺布局

3.3.5　专用区工艺平面布局

除生产、实验等核心功能区外，实验动物设施内还有几类专用区，如清洗消毒区、手术室及成像设备区、GLP 实验区、动物生物安全实验室等，其工艺平面布局具有相对专业的要求。

1. 清洗消毒区

在实验动物设施中，需要定期处理大量物品，如笼具、饮水瓶、笼架、垫料、饲料、工作服等。因此，可建立集中的清洗消毒区来整合各个清洁或处理过程，使其能够高效、安全、有序地运转，清洁处理流程一般包括运输与储存、倾倒、清洗、漂洗、烘干、填充、消毒灭菌等，其工艺布局示意图如图 3.3-4 所示。清洗消毒区应当便于与动物生产及实验区联系，宜靠近输送通道；因其噪声大，不宜靠近饲养区。值得注意的是，清洗消毒区的布局主要受清洗消毒设备的选型影响，在进行工艺布局设计前需先行确认清洗设备的安装、运输要求等。

2. 手术室及成像设备区

手术室的设计需根据拟进行手术的动物种类和操作过程来确定。外科手术设施自身可分为手术支持区、动物术前准备区、手术区以及术后康复区等。手术支持区主要用于手术器械的清洗、灭菌、储存和供应；动物术前准备区一般安装有大型水槽，用来清洗动物等；术后恢复区主要用于支持动物的麻醉复苏和手术康复，为了充分观察动物，一般设有监测设备。外科手术设施应当与其他区域充分隔离，减少不必要的人流、物流，降低可能的污染。

动物活体成像技术提供了一种非侵害性的研究方法，在生命科学和医药研究中发挥着越来越重要的作用，特别是小动物成像技术，已经成为目前发展较快、市场前景较好的新兴领域。动物活体成像室在工艺布局中要注意影像设备的设置地点，要远离可能产生电离或电磁辐射的地点，远离水泵房、制冷机房、空调机房等。另外，若设置在动物设施外的独立场所内，要具备合适的动物运输路线，避免动物在运输中暴露在办公、餐厅等公共区域，同时应注意设备在使用时可能造成的不同种类动物和人类的交叉感染。

3. GLP 实验区

非临床安全性评价内容十分丰富，其中最重要的是观察药物对动物各个器官系统的功能和结构的

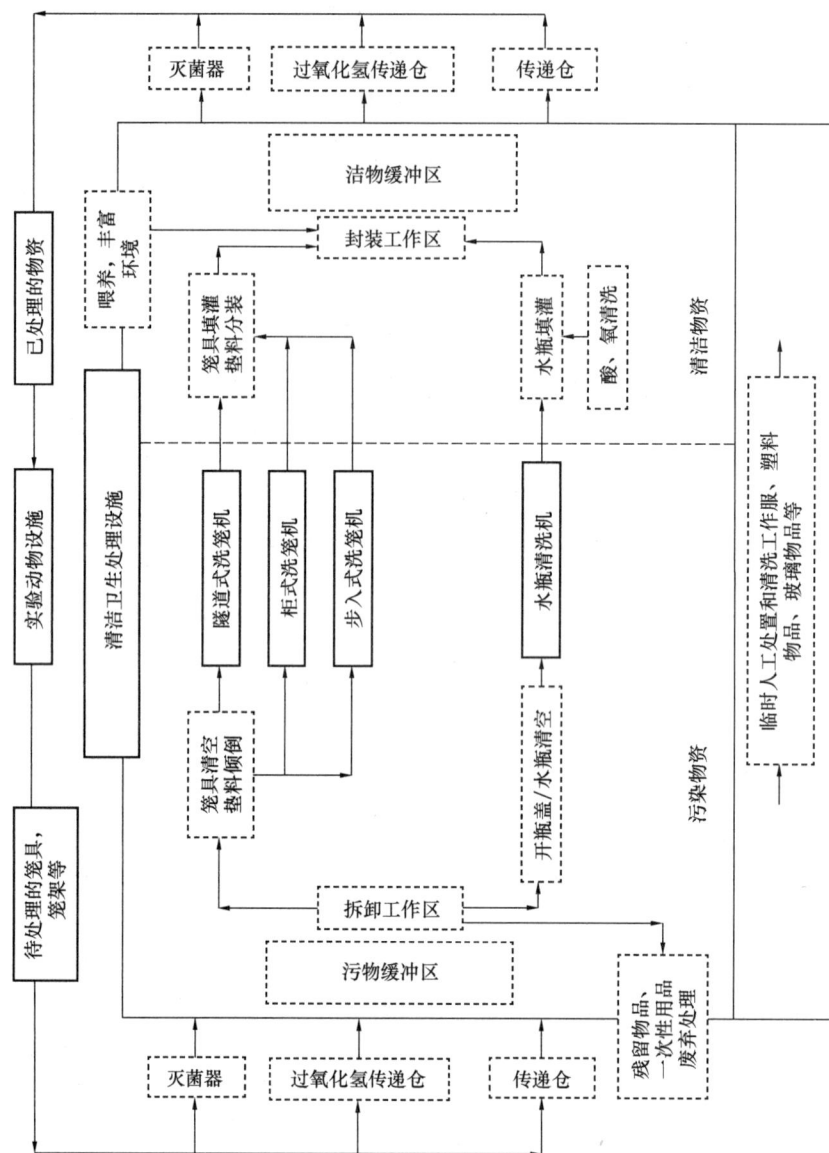

图 3.3-4 清洗消毒区工艺布局示意图

损害程度，GLP 规范中对动物实验的各个环节均有相对详尽的规定，本书仅摘录新版 GLP 规范中对"动物设施"基本布局的要求，具体如下：

动物设施的条件应当与所使用的实验动物级别相符，其布局应当合理，避免实验系统、受试物、废弃物等之间发生相互污染。

动物设施应当符合以下要求：

（1）不同种属实验动物能够得到有效隔离；

（2）同一种属不同研究的实验动物应能够得到有效隔离，防止不同的受试物、对照品之间可能产生的交叉干扰；

（3）具备实验动物的检疫和患病实验动物的隔离、治疗设施；

（4）当受试物或者对照品含有挥发性、放射性或者生物危害性等物质时，应当提供单独的、有效隔离的动物设施，以避免对其他研究造成不利的影响；

（5）具备清洗消毒设施；

（6）具备饲料、垫料、笼具及其他实验用品的存放设施，易腐败变质的用品应当有适当的保管措施。

GLP 实验设施内一般设有供试品区、标本前处理区、毒理实验区、解剖区、办公区等。

4. 动物生物安全实验室

图 3.3-5 是动物生物安全二级（ABSL-2）实验室典型平面布局。实验人员通过一更、二更（风淋）进入内部走廊，再通过缓冲间进入核心实验区；物品通过外准备间的压力蒸汽灭菌器或低温灭菌器等消毒灭菌装置进入内准备间，再经走廊、缓冲室传递至核心实验区。

核心实验区内一般设有生物安全柜、负压型 IVC 笼具、离心机、超低温冰箱等实验设备；实验污物经污物前室的压力蒸汽灭菌器等消毒装置传递至污物后室，最终按要求进行污物处理，洁物和污物出入口的压力蒸汽灭菌器是否分开设置由实验管理和经济条件共同决定。该工艺布局是典型的单走廊型，针对一些携带特殊病毒的实验动物，ABSL-2 实验室也有双走廊型布局，这取决于生物安全委员会等机构的风险评估，一般为提高面积的有效利用率，采用单走廊型布局居多。另外，根据需要还可能设置动物接收与隔离检疫室，对进入核心实验室的动物进行检疫隔离。

图 3.3-5　ABSL-2 实验室典型平面布局示意图

动物生物安全三级（ABSL-3）实验室大致可分为"三区二通道""三区一通道"等形式，本书以"三区一通道"为例介绍 ABSL-3 实验室的平面布局，如图 3.3-6 所示。所谓的"三区"指的是清洁区、半污染区、防护区，各区之间设置缓冲间予以隔离，确保各区安全可靠。这种分区方式在传染病医院等医疗设施中也比较常见，其中防护区主要包括主实验室、解剖室等，防护区内的实验设备与 ABSL-2 实验室大同小异，一般设置有生物安全柜、负压型 IVC 笼具、换笼台、解剖台等，防护区一般还设置有安全通道和紧急出口，空调机房等设备机房也建议邻近防护区设置，主要是为了缩短送、排风管，降低污染风险，同时降低项目初投资。清洁区则主要包括清洁衣物更换间、洗消间、监控室、饲料垫料间等辅助功能房间。

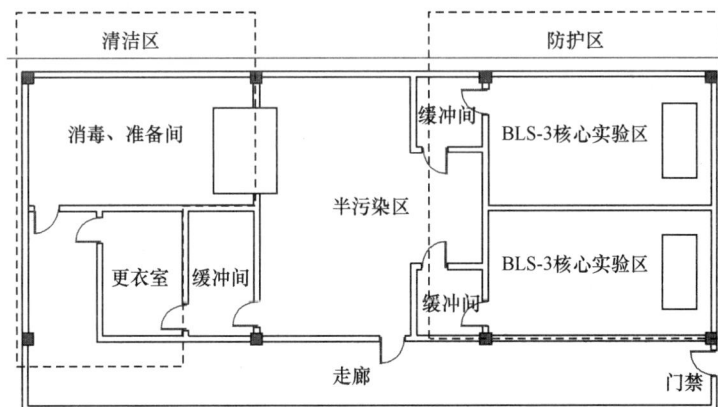

图 3.3-6　ABSL-3 实验室"三区一通道"布局示意图

ABSL-3 实验室流向如下：

人流进：通道→更衣室（含淋浴）→缓冲间（一缓）→内准备间（半污染）→缓冲间→核心实验区。

人流出：核心实验区→缓冲间→内准备间（半污染）→缓冲间（一更）→更衣室（含淋浴）→通道。

物流：消毒准备→灭菌间→内准备间（半污染）→主实验室（污染）。

污染物品、实验后器械应置于耐用、防漏密闭的容器中，经高压灭菌后才可废弃。实验人员淋浴后，一次性衣物应装入密闭胶袋，经传递窗到灭菌器中处理后废弃。

除常规的人流和物流外，ABSL-3 实验室还要考虑动物、饲料垫料等物品的进出。

3.4 建 筑 设 施

3.4.1 建筑与结构

1. 结构

实验动物设施的结构设计是一个综合性工程，它要求设计师在设计初期进行细致的需求分析，与用户深入沟通，了解动物的种类、数量和实验类型。在结构安全方面，充分计算笼器具、压力蒸汽灭菌器、空调设备等大型设备的荷载并进行安全分析，新建实验动物设施时，应预留足够空间，以便于这些设备的安装和维护。在材料选择上，要使用耐腐蚀、易清洁、无毒的建材，并满足建筑规范与环保要求。

根据现行国家标准《实验动物　环境及设施》GB 14925 和《实验动物设施建筑技术规范》GB 50447 等，实验动物设施的建筑结构必须满足以下要求：

（1）屏障环境设施的结构安全等级不宜低于二级。

（2）屏障环境设施不宜低于丙类建筑抗震设防。

（3）屏障环境设施应能承载吊顶内设备管线的荷载，以及实验动物笼具、压力蒸汽灭菌器、空调设备、清洗池和生物安全柜等设备的荷载，满足现行国家标准《建筑与市政工程抗震通用规范》GB 55002 的规定。

（4）变形缝不宜穿越屏障环境设施的净化区，如穿越应采取措施，以满足净化要求。

2. 装饰

实验动物设施的建筑装饰材料主要包括墙体、地板、顶棚、门窗等围护结构。目前国内建筑材料的种类繁多，应根据动物实验设施的种类及级别，并结合客户的使用需求选择合适的装饰材料。

（1）墙体

实验动物设施墙面应满足光滑、不易开裂的要求。饲养中大型动物的区域要结合动物的饲养设施，墙面采用耐水、耐磨、耐冲击的材料。屏障级实验动物设施墙面应密封性好、无死角、防止微生物滋生。对于易受冲击或车辆经过的区域，还应考虑防撞栏杆等设施，以保护墙体免受损害。

1）实体砌筑墙体：使用砌块墙体的区域需要对墙体表面进行特殊的装饰处理，普通环境开放饲养的中大型动物饲养室区域，需要频繁地对饲养室进行冲洗，因此该区域墙面材料的选择对耐冲洗、抗湿等性能提出了很高的要求，墙体饰面材料通常选用瓷砖、环氧涂料等。在普通环境的中大型动物饲养室中，瓷砖被广泛应用。瓷砖勾缝料和施工方法要符合相关产品标准、工程技术标准和环保法规，保证施工质量。瓷砖不适用于有洁净度要求的动物实验室。当有洁净度要求的动物实验室采用混凝土砌块墙体时，饰面应采用高档墙体涂料，如环氧涂料。此类墙面涂料需材料优良，施工技术专业，成品墙面应外观光滑、无刺激气味、表面强度高、不易开裂、防水、耐熏蒸腐蚀等。

2）彩钢板墙体：彩钢板由彩色涂层钢板和夹芯材料构成，是常用于洁净车间的建筑材料，有助于加强建筑结构的承载能力，如图 3.4-1 所示。一般中小型动物饲养室、有洁净度要求的动物饲养室墙体采用彩钢板。但在一些区域，如大型动物实验设施、洗涤室等，不适宜采用该墙体。使用彩钢板作为实验动物设施围护结构，应注意以下两方面：一方面，动物饲养室采用彩钢板作为围护结构时，一般采用厚度为 50mm 的彩钢板，必要时厚度为 100mm；另一方面需要严格控制彩钢板饰面钢板厚度，增加墙板的强度，以防止彩钢板墙体变形影响房间的压力控制和气密性，钢板厚度不得低于 0.5 mm。此外，夹芯材料主要用于保温隔热、隔声，可选用硅板岩棉、玻镁岩棉、铝蜂窝等。

对于采用彩钢板作为隔墙的房间，为保证房间整体密封性和统一性，通常顶棚也用彩钢板制作。

在要求压力控制的房间中，应对所有彩钢板外壳进行严格密封，彩钢板接缝处应进行充分打胶密封，阴角和阳角接缝处饰面采用铝合金材质圆弧角过渡。当动物饲养室房间消毒需要采用过氧化氢时，饰面应增加 PVDF 涂层，避免房间消毒时消毒剂腐蚀彩钢板饰面。

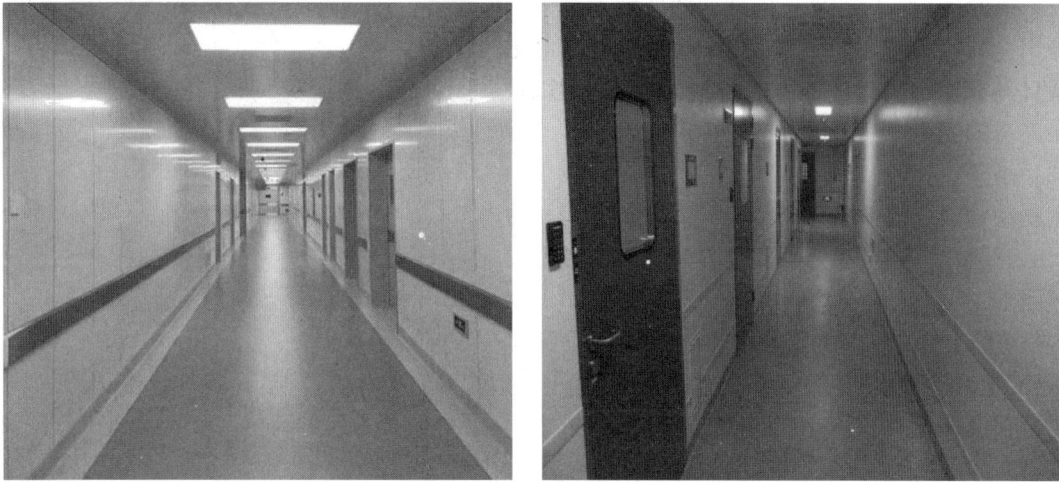

图 3.4-1　采用彩钢板的洁净车间

（2）地面

1）特殊需求：动物饲养室的地面建筑材料须具备防潮、耐压、平整光滑等基本功能。家禽区或常需清洗的开放饲养中大型动物区，地面还需具有防水及防滑特性。针对这种情况，应选择不会因动物进出或其他操作而产生污染的建筑材料，并能耐受消毒剂和热水。对于配备排水明沟或地漏的房间，排水坡度应不低于 1.5 %。

排水明沟的设置有助于动物饲养室排水，已在国外动物设施中得到广泛应用。但需注意，排水明沟会增加地面垫层的厚度，因此在结构设计时需综合考虑。排水明沟的设置与其他需要清洗的地面，以及与其他公共工程站房的位置关系，应予以充分考虑。在动物设施的规划和设计中，应遵循相关规定，例如不得将变配电所设置在经常积水场所下方；若布局受限，应在设计中采取防水措施，甚至在建筑结构中考虑风险避免措施。

2）地面材料：地面材料一般分为成品材料和涂料。在选择实验动物饲养室地面材料时，要结合实验动物饲养室的类型、工艺要求，选择合适的一体成型建筑材料，并采用高质量的施工方法。成品材料中，一般采用聚氯乙烯（PVC）卷材和橡胶卷材，如图 3.4-2 所示；易磨损的区域可采用环氧彩砂，如图 3.4-3 所示。涂料材料中，一般采用环氧树脂，如图 3.4-4 所示。

图 3.4-2　聚氯乙烯（PVC）卷材地面

图 3.4-3　环氧彩砂地面

实验动物设施中，尤其是有洁净度要求的区域，地面与墙板连接处应采用圆弧过渡，无死角且易清洁。地板高度应与墙体无缝衔接，且方便操作。对于有排水系统的区域，应特别考虑地面的坡度。对于一些特殊用途的实验室（如手术室），地面材料应耐化学药品且易清洁。同时，地面的防滑性能也需考虑，以确保人员的安全。

（3）吊顶

实验动物设施的顶棚材料是确保环境洁净度和功能需求的重要方面，在选择顶棚材料时，需要考虑如下关键因素：

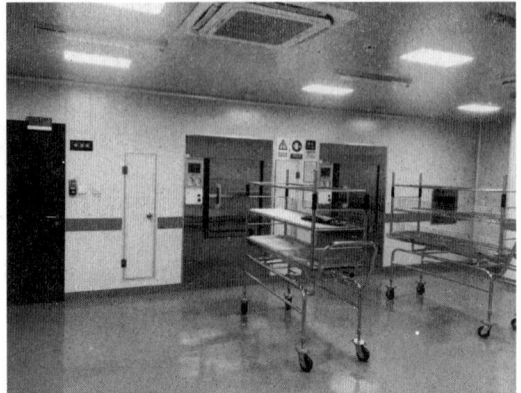

图 3.4-4　环氧树脂地面

1）高度要求：根据国家标准《实验动物设施建筑技术规范》GB 50447—2008，洁净环境的生产、实验区室内净高不应小于 2.4m，从节能角度考虑，保持顶棚高度在 2.4m 以上是适宜的。同时，还需要保留技术层的高度，以满足通风管道及设备的安装。

2）密封性：在选择顶棚时，必须考虑其表面的密封性，以防止一般环境中的污物进入。特别是在洁净环境中，顶棚的密封措施至关重要，以确保室内环境的洁净度。

3）洁净度：对于实验动物设施，特别是要求较高洁净度的区域，顶棚应具备易于清洁的特性，避免积尘。

4）技术层高度：鉴于需要满足较高的换气需求，确保技术层的高度是至关重要的。技术层需容纳通风设备和管线，因此需保留足够的高度。

5）材料选择：顶棚的材料选择需考虑其洁净度、防火性能等因素。可以考虑使用耐化学药品且易清洁的材料，以满足特定实验要求。国内实验动物设施顶棚一般采用彩钢板材料。

3. 装修

（1）地面装修工艺

实验动物设施的地面装修工艺需要考虑多种因素，包括耐化学品腐蚀、易清洁、防滑、抗菌、环保等，目前常用的地面装修工艺包括环氧地坪和 PVC 地板。

环氧地坪是由环氧树脂和固化剂组成的高强度、耐磨损的地面材料，包括环氧树脂平涂型地坪和环氧树脂自流平地坪等，它可以形成无缝、平滑且具有一定光泽的表面，色彩多样，易于清洁和维护，适用于多种实验环境。但在高温、高湿的环境下，环氧地坪易发生起泡、脱落，并且抗划伤性能较差。

PVC 地板是以聚氯乙烯为主要原料的弹性地板，通过压延、挤出或挤压工艺生产，具有以下优点：环保无甲醛，对环境和健康友好，易于清洁；高弹性和抗冲击，可减少行走时的噪声和冲击；防滑、防水，可用于潮湿环境；颜色和图案丰富，可根据要求快速定制；施工快捷、维护简单。但 PVC 地板的应用也有一些局限性：易被尖锐物体划伤，需要细心养护；对地面平整度要求较高，安装前需要对地面进行处理；耐热性较差，高温环境下性能可能下降。

环氧地坪和 PVC 地板各有优势，选择时需根据实验动物设施的具体需求和环境条件综合考虑。

（2）墙面装修工艺

实验动物设施的墙面装修工艺是确保实验室环境控制、动物福利和科学研究准确性的关键因素之一。墙面装修不仅需要满足严格的卫生、安全和功能要求，还要考虑美观、耐用和维护的便利性。以下是几种常见的墙面装修工艺，它们各自具有独特的优点和局限性，适用于不同类型的实验动物设施。

彩钢板隔断是一种轻质、高强度的建筑材料，广泛应用于实验动物设施的墙面装修。根据填充材料的不同，彩钢板隔断可以分为 EPS 泡沫彩钢板、岩棉彩钢板和玻镁彩钢板等。这些材料具有轻便、安装方便的特点，能够快速搭建实验室环境。彩钢板隔断的隔热和隔声性能良好，尤其是岩棉和玻镁彩钢板，其耐火性能较强，能够满足实验室的防火要求。此外，彩钢板表面平滑，易于清洁和消毒，有助于维持实验室的卫生。然而，泡沫彩钢板的防火性能较差，不适合用于防火要求高的区域。岩棉和玻镁彩钢板虽然防火性能好，但一旦损坏不易修复。此外，彩钢板隔断对地面平整度要求较高，安装前需要进行地面处理。

不锈钢满焊墙面装修工艺，以不锈钢材料为基础，通过特殊的焊接技术实现墙面的无缝、平滑和美观。这种工艺在实验动物设施、医疗环境以及其他需要高洁净度和耐久性的环境中得到了广泛应用，具有优异的耐腐蚀、耐高温、强度高、易加工和环保等特点，但不锈钢满焊墙面的施工工艺相对复杂、成本较高、施工难度大。图 3.4-5 所示为机械臂焊接整体金属壁板（吊顶、墙面及地面均为不锈钢），图 3.4-6 所示为其焊缝细节。

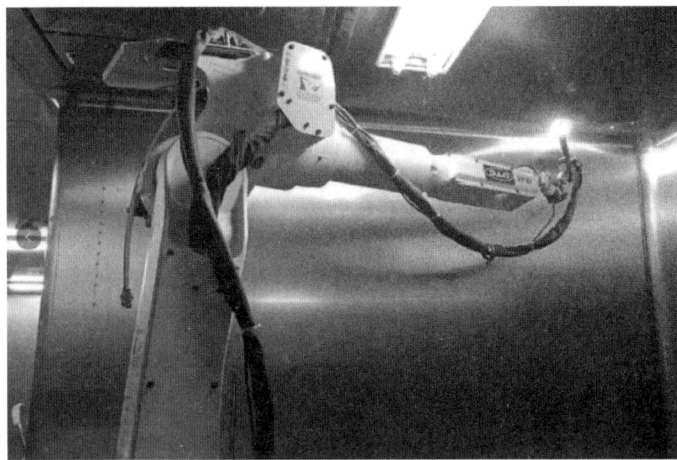

图 3.4-5　机械臂焊接整体金属壁板　　　　　图 3.4-6　机械臂焊接焊缝

轻钢龙骨石膏板隔墙也是一种常用的墙面装修工艺。这种材料由轻钢龙骨和石膏板组成，具有坚固耐用、抗腐蚀性强的特点。轻钢龙骨石膏板隔墙的防火、隔热性能良好，价格相对便宜，适合预算有限的项目。然而，这种材料防水防潮性能不高，不适合潮湿环境。此外，石膏板一旦损坏，修复困难，不适合需要频繁改建的项目。轻钢龙骨石膏板隔墙的安装需要专业的施工队伍，施工周期相对较长，对于需要快速改建或扩建的实验室不太适用。

实心砖墙是一种传统的墙面装修材料，它以良好的保温、隔热及隔声效果而受到青睐。实心砖墙具有一定的承载力，施工操作相对简单。然而，施工时间长，成本较高，对于需要快速改建的实验动物设施不太适用。此外，实心砖墙的美观性相对较低，可能需要额外的装饰处理，以满足美观要求。

玻璃隔断墙面是一种现代、时尚的墙面装修材料，适用于对美观和装修要求较高的区域。玻璃隔断墙面能提供较好的视觉效果，同时具有隔声、防火性能。这种墙面易安装，可重复利用，有助于节约资源。然而，玻璃隔断墙面怕尖锐物体碰撞，安全性相对较低。此外，玻璃隔断墙面不能承重，使用范围受限，成本相对较高。

复合墙板是一种新型墙面装修材料，适用于有隔声、防火、减轻墙体荷载要求的项目。复合墙板由多种材料复合而成，具有轻质、高强度的特点。这种材料施工限制少，适合多种环境，能够满足不同实验室的装修需求。然而，复合墙板可能不如传统材料坚固，对于特殊实验室环境，可能需要额外的表面处理，以满足清洁和消毒要求。

（3）吊顶装修工艺

实验动物设施的吊顶装修工艺需满足严格的卫生、安全和功能要求，常用的吊顶材料包括 PVC 板、石膏板、矿棉吸声板、铝扣板、硅酸钙板、金属铝单板和玻镁板等，其各有特点和适用场景。

PVC 板吊顶轻便、防水防潮、防虫蛀，且具有隔声隔热性能，价格相对低廉，但表面花型和颜色较单一；石膏板吊顶质量轻、强度高，具有良好的隔声绝热和防火性能，可做各种造型，但高湿环境下容易发霉；矿棉吸声板吊顶具有良好的吸声隔热和防火性能，但表面易沾灰，不耐污染；铝扣板吊顶防潮防污，美观大方，环保无毒，使用寿命长，但价格较高；硅酸钙板吊顶防火防水，隔热保温，但造型效果不佳；金属铝单板吊顶板型多，外观效果好，但维修不便，造价略高；玻镁板吊顶吸声防震，防水防潮，防火性能佳，但一般只作为洁净室吊顶使用。

选择吊顶材料时，需综合考虑实验动物设施的具体需求，如防火、防水、隔声、隔热、清洁消毒便利性，以及材料耐用性和成本效益。应选择合适的吊顶材料，以确保实验动物设施的功能性、安全性和美观性。

（4）墙角装修工艺

实验动物设施的墙角装修工艺关键在于确保清洁、无死角，以及耐用性，以适应高频率的清洁和消毒工作，同时保护墙体免受动物笼具和设备的碰撞。以下是一些常见的墙角装修工艺及其特点：

1）圆弧过渡：在墙角处采用圆弧设计，以减少清洁时的死角，并减少细菌和灰尘的积聚。这种设计也有助于防止动物逃逸和捕获时的意外伤害。图 3.4-7 和图 3.4-8 分别为圆弧做法示意图。

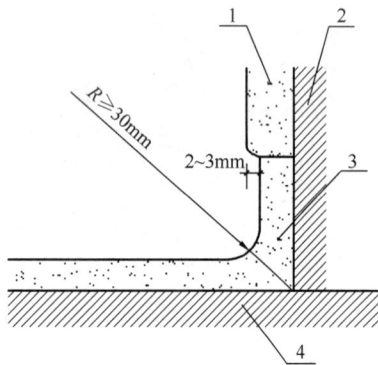

图 3.4-7　整体墙角的圆弧做法
1—墙体；2—墙体基层；3—整体墙角；4—地面

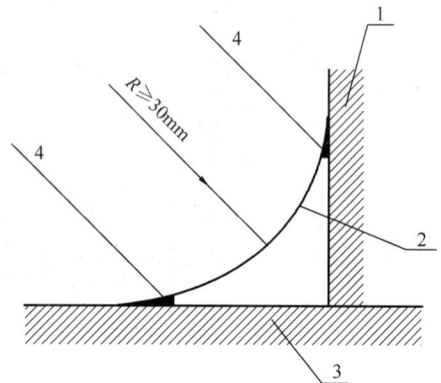

图 3.4-8　型材过渡墙角的圆弧做法
1—墙体；2—型材墙角；3—地面；4—密封嵌固材料

2）不锈钢包角：使用不锈钢材料对墙角进行包裹，这种工艺不仅美观，而且耐腐蚀、易清洁，适用于需要频繁消毒的环境。

3）防撞护角：在墙角安装防撞护角，可以保护墙面免受动物笼具和设备的碰撞，同时也便于清洁。

4）抗菌涂层：在墙角涂覆抗菌涂层，可以减少细菌的滋生，涂层材料需要耐化学品腐蚀，适用于高湿度和频繁消毒的环境。

5）无缝处理：墙角装修时采用无缝处理技术，确保墙角与墙面和地面之间没有缝隙，避免灰尘和细菌的积累。

6）防水防潮处理：对于潮湿环境，墙角装修需要进行防水防潮处理，以防止水分渗透和霉菌生长。

（5）门窗装修工艺

实验动物设施的门窗装修工艺对于确保设施内洁净度、压力控制和动物福利至关重要。实验动物设施的门窗需要具备良好的密封性能，以防止污染物进出，同时维持设施内部的洁净度。门窗应易于清洁和消毒，常用的材料包括不锈钢、铝合金等，这些材料不仅耐用，而且能够适应频繁的清洁和消毒。在需要观察的门窗上，应采用不易破碎的安全玻璃，以防止玻璃意外破碎造成的安全事故。

对于有压力要求的实验动物设施，气密门的使用是必要的，以保持设施内的正压或负压状态。气密门通常配备密封条和自动关闭机制，确保门在任何时候都能正确关闭，防止泄漏。门上通常设有观察窗，以便在不进入房间的情况下观察设施内情况。观察窗应使用安全材料制作，并且有足够的透明度，以便工作人员进行监控。

在设计实验动物设施的门时，钢质门是一个常见的选择，其具有良好的耐腐蚀性和强度，适用于需要频繁消毒的环境。门的开启方向应考虑室内外压差，确保门能够正确关闭。为了控制室内环境和防止交叉污染，许多实验动物设施的饲养室不设外窗。如果需要自然光照，可考虑使用人工光源模拟。门窗还应设计有防止节肢动物和啮齿动物进入和外逃的措施，如窗户应设置纱窗，新风口、排风口处应设置保护网。在某些需要严格控制人员出入的区域，还需要电子门禁系统或互锁装置，以确保只有授权人员才能进入。

3.4.2 暖通空调系统

实验动物设施的暖通空调系统是维持实验室环境稳定和保障动物福利的核心。通过调节空调机组、加湿器和除湿器，系统能够维持适宜的温湿度，满足不同动物的需求。利用高效空气过滤装置，通常采用高效空气过滤器（HEPA），以去除空气中的颗粒物和微生物，保证空气质量。为防止交叉污染，暖通空调系统还需控制实验室不同区域的压差，实现正压或负压控制。送风和排风系统的设计要确保空气分布均匀，并有效排除污染空气，通常采用上送下排的模式。此外，节能是系统设计的重要方面，常采用热回收技术和变频控制来降低能耗。同时，系统配备自动控制和监测装置，实时调节环境参数，确保实验室环境的稳定性。

1. 空调系统

（1）空调系统的划分与选择

1）基本原则

实验动物设施空调系统的划分应遵循经济合理的原则，需要综合考虑设施的规模、功能布局、实验动物种类与数量，以及运营成本等多方面因素。同时，所选择的空调方式应有利于实验动物设施的消毒工作。因为实验动物设施需要定期进行严格的消毒处理以防止病原体的传播，空调系统的设计若不利于消毒，将增加实验动物设施的维护难度与感染风险。此外，空调系统应具备良好的自动控制性能，能够根据预设的环境参数自动调节运行状态，实现精准的环境调控，并具备节能运行的特点，以降低运营成本并减少能源消耗。尤为重要的一点是，空调系统的设计应避免交叉污染，不同等级的实验动物区域、不同研究项目的实验区域之间必须通过合理的空调系统布局与气流组织，确保空气流动不会造成污染物在不同区域的传播。

2）具体设计策略

在实际设计中，可根据实验动物设施的具体情况，将空调系统划分为不同的区域或子系统。例如，对于大型实验动物设施，可按照动物饲养区、实验操作区、辅助功能区等进行分区设置空调系统，每个区域根据其功能特点与环境要求独立运行与控制。在空调方式的选择上，对于生物安全等级高的实验动物设施，如屏障环境设施和隔离环境设施，宜采用独立的空调机组或变风量空调系统，以实现对空气流量、温度、湿度等参数的精确控制，并可通过设置独立的送风、回风与排风系统，有效防止交叉污染。而对于普通级实验动物设施或一些小型实验动物场所，在满足环境要求的前提下，也可选用简单的集中式空调系统，以降低建设成本与简化运行管理。

（2）空调系统设计的负荷要求

1）污染负荷与热湿负荷考量

实验动物设施空调系统的设计必须充分考虑人员、动物、动物饲养设备、生物安全柜、压力蒸汽灭菌器等各类污染源所产生的污染负荷和热湿负荷。实验动物在代谢过程中会产生热量、水分、氨气等污染物，其排放量与动物的种类、数量、日龄等因素密切相关。人员在实验动物设施内的活动也会产生热量、二氧化碳以及携带的尘埃粒子等污染物。动物饲养设备如笼具、垫料等在使用过程中会释放热量与水分，同时还可能产生粉尘、微生物等污染物。生物安全柜主要用于处理具有感染性或毒性的生物样本，其在操作过程中会产生含有有害微生物的气溶胶，对空气环境造成污染。压力蒸汽灭菌器在运行时会散发大量的热量与蒸汽，增加室内的热湿负荷。因此，空调系统的设计必须通过详细的负荷计算，确定合适的送风量、排风量以及冷热负荷，以确保室内环境能够满足实验动物的生存与实验操作的要求。

2) 设备负荷

对于动物饲养设备、生物安全柜等，其送、排风量应根据设备的使用说明书或相关标准规范进行设计，以保证设备的正常运行与使用安全。例如，生物安全柜的排风系统应能有效地捕捉并排出其内部产生的有害气溶胶，确保操作人员与周围环境不受污染。隔离器、动物解剖台、独立通气笼具等由于其特殊的使用功能，不应向室内排风，以免造成污染物的扩散，其排风应直接连接至专门的排风管道并进行相应的处理，如过滤、消毒等。当实验动物设施的房间或区域需要单独消毒时，为了防止消毒过程中产生的气体或液体对空调系统造成损害或污染，其送、回（排）风支管应安装气密阀门，通过关闭阀门实现房间或区域的密闭消毒。

（3）风机选择与备用设备配置

1) 风机特性要求

空调净化系统中风机的选择至关重要，宜选用性能曲线比较陡峭的风机。这种风机在运行过程中具有相对稳定的风量与风压特性，能够在较大的阻力变化范围内保持较为稳定的送风量或排风量，这对于维持实验动物设施内各区域的气流组织与压力梯度具有重要意义。例如，在屏障环境设施中，为了保证室内正压的稳定，送风机需要能够克服过滤器、风管、阀门等部件的阻力，并在不同的运行工况下保持送风量的恒定，性能曲线陡峭的风机能够更好地满足这一要求。

2) 备用设备配置原则

对于屏障环境设施和隔离环境设施的动物生产区（动物实验区），考虑到这些区域对环境条件的严格要求以及实验动物生产与实验活动的连续性，应设置备用送风机和排风机。当运行中的风机发生故障时，备用风机能够自动或手动投入运行，确保系统能够继续维持实验动物设施所需的最小换气次数及温湿度。备用风机的型号应与工作风机相匹配，并应定期进行检查、维护与测试，以保证其随时处于良好的备用状态。此外，备用设备的配置还应考虑电源的可靠性，宜设置独立的备用电源系统，如柴油发电机、不间断电源（UPS）等，以防止因停电导致风机无法运行而造成环境失控。

（4）节能措施与过渡季节运行策略

1) 节能措施

实验动物设施空调系统的能耗相对较高，因此应采取一系列节能措施，以降低运行成本并提高能源利用效率。首先，在空调系统的运行控制方面，可采用变风量控制系统，根据室内实际负荷的变化自动调节送风量与排风量，避免过度通风造成的能源浪费。例如，当实验动物的数量减少或实验操作暂停时，通过减少送风量与排风量来降低空调系统的运行负荷。其次，在空调设备的选型与配置方面，应优先选用高效节能的空调机组、风机、水泵等设备，并合理设计设备的运行台数与组合方式。例如，采用多台小容量的空调机组代替单台大容量空调机组，根据负荷变化灵活启停空调机组，提高设备的运行效率。此外，还可通过优化空调系统的运行时间表，合理安排不同区域的空调运行时段，避免不必要的能源消耗。

2) 过渡季节运行策略

过渡季节是指春、秋两季，在此期间，室外空气温度与湿度相对较为适宜，通过合理利用室外新风，可在一定程度上减少空调系统的制冷或加热负荷，满足实验动物设施的温湿度要求。在设计空调系统时，应设置新风调节装置，如新风阀、空气处理机组等，能够根据室外天气条件与室内环境要求自动调节新风量与回风量。当室外空气温度与湿度满足要求时，可增大新风量，甚至全部采用新风运行，减少空调机组的运行时间，降低能源消耗。同时，还应根据实验动物设施的具体情况，制定相应的过渡季节运行管理策略，如定期对空调系统进行巡检与维护，及时调整运行参数，确保系统能够在过渡季节高效、稳定地运行。

2. 通风系统

（1）送风系统设计

1）新风与回风选择

在实验动物设施中，送风系统的设计需根据不同的饲养设备和环境要求进行合理选择。对于使用开放式笼架具的屏障环境设施动物生产区（动物实验区），宜采用全新风系统。这是因为开放式笼架具的空气交换主要依赖于外界新风的不断补充，全新风系统能够有效避免不同区域空气的交叉污染，确保实验动物呼吸到新鲜、无污染的空气，从而降低疾病传播的风险，保障实验动物的健康和实验结果的可靠性。

然而，在某些情况下，出于节能考虑也可采用回风系统。但必须严格遵循设计原则，即对可能产生交叉污染的不同区域，回风经处理后仅可在本区域内自循环，绝不能与其他实验动物区域的回风混合。这是为了防止不同实验动物区域之间的病原体或有害物质通过回风系统相互传播，确保各区域的空气质量独立可控。

对于使用独立通风笼具的实验动物设施，由于独立通风笼具本身具备一定的空气过滤和通风控制功能，室内可以采用回风。但在设计空调系统时，仍需精确计算新风量，以满足以下要求：一是补充室内排风与保持室内压力梯度，确保室内空气流动方向合理，维持各区域之间的压力差，防止污染物从压力较高区域向压力较低区域扩散；二是满足实验动物和工作人员所需新风量，保障人员和动物对新鲜空气的基本需求，维持良好的室内空气质量。

2）空气过滤器配置

屏障环境设施动物生产区（动物实验区）的送风系统应设置粗效、中效、高效三级空气过滤器，这是确保送入实验动物设施的空气达到高标准洁净度的关键措施。中效空气过滤器宜设在空调机组的正压段，这样可以有效去除空气中较大粒径的尘埃粒子、微生物等污染物，降低高效空气过滤器的负担，延长高效空气过滤器的使用寿命，同时保证送风系统的整体过滤效率和稳定性。

对于全新风系统，可在表面冷却器前设置一道保护用中效空气过滤器。这一设计的主要目的是减少表冷器表面积尘，避免灰尘等污染物在表冷器表面堆积，影响其换热效率，从而确保空调系统的制冷或加热效果不受影响，维持送风温度的精准控制。

空调机组的安装位置应充分考虑日常检查、维修及空气过滤器更换等操作的便利性。这是因为空气过滤器在使用过程中会逐渐积尘，导致过滤效率下降，需要定期进行检查、更换或清洗。合理的安装位置可以大大提高维护工作的效率，降低维护成本，确保通风系统的正常运行。

对于寒冷地区，空气处理设备应采取冬季防冻措施。在低温环境下，空气处理设备中的水盘管等部件容易因低温而冻结，影响设备的正常运行，甚至造成设备损坏。因此，需要采取诸如设置防冻保温层、安装电伴热装置等防冻措施，保证空气处理设备在寒冷的冬季能够稳定运行，持续为实验动物设施提供合格的送风。

3）新风口设置

送风系统新风口的设置应符合一系列严格要求。

首先，新风口应采取有效的防雨措施，防止雨水进入新风系统，造成空气污染和设备损坏。常见的防雨措施包括设置防雨百叶、防雨罩等装置，通过合理的结构设计，使雨水能够顺利排出，而不进入新风管道。

其次，新风口处应安装防鼠、防虫、阻挡绒毛等的保护网，且易于拆装和清洗。这是为了防止外界的动物、昆虫等异物进入通风系统，避免对实验动物的健康和实验环境造成不良影响。保护网的设计应兼顾防护效果和维护便利性，保持其防护功能的有效性。

此外，新风口应高于室外地面 2.5m 以上，并远离排风口和其他污染源。这一要求的目的是确保进入通风系统的新风不受地面灰尘、污水、废气等污染物的影响，同时避免新风与排风短路，保证送入实验动物设施的新风质量符合标准。

（2）排风系统设计

1）风机联锁控制

有正压要求的实验动物设施，排风系统的风机宜与送风联锁，且送风机应先于排风机开启，后于排风机关闭。这样的设计是为了在实验动物设施启动和停止过程中，始终维持室内正压状态，防止外界污染空气通过排风口倒灌进入设施内，影响实验动物的健康和实验环境的洁净度。

而对于有负压要求的实验动物设施，其排风机应与送风机联锁，排风机先于送风机开启，后于送风机关闭。这是为了确保在实验动物设施运行过程中，设施内始终保持负压状态，防止有害气体、病原体等污染物从设施内部泄漏到外界环境，保障人员和周围环境的安全。

2）回（排）风道设计与局部排风措施

有洁净度要求的相邻实验动物房间不应使用同一回风夹墙作为回（排）风道，以避免交叉污染。这是因为不同实验动物房间可能进行不同类型的实验或饲养不同种类的动物，其空气中的污染物成分和浓度各异，共用回风夹墙可能导致污染物在房间之间传播，影响实验结果的准确性和可靠性。

屏障环境设施净化区的回（排）风口应有过滤功能且应有调节风量的措施。这是为了在排风过程中进一步去除空气中的污染物，同时根据室内实际的空气质量和压力要求，灵活调节排风量，维持室内环境参数的稳定。

清洗消毒间、淋浴室和卫生间的排风应单独设置，这是因为这些房间的空气污染物成分较为特殊，若与其他房间共用排风系统，可能导致污染物扩散到其他区域。压力蒸汽灭菌器宜采用局部排风措施，以有效捕捉和排除其在运行过程中产生的高温、高湿蒸汽和可能携带的污染物，避免对室内环境和人员造成不良影响。

3）排风无害化处理

实验动物设施的排风不应影响周围环境的空气质量。当排风无法满足直接排放标准时，必须进行无害化处理。这是确保环境安全和公共卫生的重要环节，也是实验动物设施必须遵守的环保要求。

首先，排风处理必须符合大气污染物排放标准，特别是针对氨气和硫化氢气体等恶臭污染物的排放标准。这是因为这些气体不仅会对周围环境造成污染，影响居民的生活质量，还可能对生态系统造成不良影响。

在处理方法上，应遵循快排除原则，即迅速排除污染、减少滞留时间。这是因为污染物在通风系统内滞留的时间越长，其扩散和反应的可能性就越大，增加了处理难度和风险。

屏障环境设施的污染臭气应采用局部一级处理后再由总排风管进行二级处理。常用的无害化处理方法包括：

局部化学法：可使用化学过滤器来中和气体，通过化学反应将有害气体转化为无害物质。例如，利用酸碱洗涤塔中和碱性或酸性气体等。

吸收法：通过喷淋塔等装置吸收污染物，利用吸收液与污染物之间的物理或化学作用，将污染物从气相转移到液相，从而实现污染物的去除。例如，用水喷淋吸收空气中的一些水溶性污染物。

光解法：利用紫外线破坏污染物分子结构，使有害气体分子在紫外线的照射下发生化学反应，分解为无害的物质。例如，光催化氧化技术在紫外线和催化剂的作用下，将挥发性有机物（VOCs）等污染物氧化为二氧化碳和水（该方法不予推荐）。

射流排气法：通过高空排放减少对周围环境的影响，将处理后的废气通过高烟囱或排气筒排放到大气中，利用大气的稀释和扩散作用，降低废气对地面环境的影响。

高效空气过滤器过滤：将设施内的微生物气溶胶过滤拦截，避免外溢，采用高效空气过滤器（HEPA）对排风进行过滤，可有效去除空气中的细菌、病毒、真菌等微生物粒子，防止其扩散到外界环境。

这些方法可以单独使用，也可以组合使用，以确保排出的气体达到环保标准，保护周围环境和公共健康。

（3）风量控制

1）风量控制的重要性与基本要求

在实验动物设施的通风系统中，风量控制是确保环境参数稳定的关键环节。通风系统的运行需要根据室内外环境变化和动物设施的具体需求，动态调整送风量和排风量。这通常涉及变风量（VAV）系统的应用，通过传感器和控制系统实时监测和调节风量，以响应不同的热湿负荷和压力变化。

风量控制的首要目标是维持适宜的温度、湿度和空气质量。实验动物对环境的要求非常严格，适宜的温度和湿度对其生长、繁殖和健康至关重要。通过精确的风量控制，可以确保空调系统能够根据室内外温度、湿度的变化，及时调整送风量和排风量，维持室内环境参数的稳定。

同时，风量控制还需要考虑室内压力的控制，防止交叉污染。在实验动物设施中，不同区域之间需要维持一定的压力梯度，以确保气流由低风险区域流向高风险区域。例如，在屏障环境设施中，清洁走廊应保持正压，以防止外界污染空气侵入；而污染走廊则应保持负压，以防止污染物扩散到其他区域。

2）风量控制的节能措施与技术发展

风量控制还需考虑节能措施，如通过变频技术调整风机转速，以适应空气过滤器阻力的变化，减少能耗。随着空气过滤器的使用时间增加，其阻力会逐渐增大，导致风机的能耗增加。通过变频技术，可以根据实际阻力情况，自动调整风机的转速，使风机在满足送风量要求的前提下，运行在最节能的状态。

同时，能量回收装置（如换热器）的应用，可以回收排风中的热量或冷量，用于预处理新风，降低冷热负荷。例如，在冬季，排风中的热量可以通过换热器传递给新风，提高新风的温度，减少加热新风所需的能量；在夏季，排风中的冷量可以用于冷却新风，降低制冷负荷。

对于风量控制，应进一步提高系统的自动化和智能化水平，通过更先进的传感器和控制算法，实现更精确的环境控制。例如，采用高精度的温湿度传感器、压力传感器和空气质量传感器，实时监测室内环境参数，并通过智能控制系统对通风系统进行自动调节。此外，还可以结合大数据分析和机器学习技术，对通风系统的运行数据进行分析和预测，优化系统的运行策略，提高系统的节能效果和运行稳定性。

总之，通过不断地技术创新和优化设计，风量控制正朝着更加精细化、自动化和节能化的方向发展。这不仅能够为实验动物提供更稳定、舒适和安全的环境，提高实验动物的健康水平和实验数据的可靠性，还能降低实验动物设施的运行成本，实现可持续发展。

3. 气流组织

（1）气流组织的基本原则

1）上送下回（排）方式

实验动物设施中的气流组织宜采用上送下回（排）方式，这是基于空气动力学原理和污染物扩散规律得出的优化方案。在这种方式中，送风口通常设置在房间上部，如顶棚或上墙壁，而回（排）风口则设置在房间的下部，靠近地面。回（排）风口下边沿离地面不宜低于 0.1m，其风速不宜大于 2m/s，这样的设计有利于污染物的快速排出，减少在室内的滞留时间。

当污染物在室内散发时，由于热浮力和空气流动的作用，会随着气流上升并被送风口捕捉，然后通过回（排）风系统排出室外。上送下回（排）方式能够有效避免污染物在室内积聚，降低实验动物和人员接触污染物的风险。同时，上送下回（排）方式还能够保证室内空气的均匀分布，提高空调系统的制冷或制热效率，增强人员和动物的舒适度。

2）适应不同布局的要求

实验动物设施的布局形式多样，常见的有单走廊型、双走廊型或三走廊型等，不同的布局对气流组织有着不同的要求。例如，双走廊型实验动物设施能有效分隔清洁区和污物区，减少交叉污染的风险。在这种布局中，清洁走廊和污物走廊的气流组织应分别进行设计，确保清洁走廊的空气流向污物走廊，而不是相反。这可以通过在清洁走廊设置较高的送风量和较低的回（排）风量，在污物走廊设置较低的送风量和较高的回（排）风量来实现，从而在走廊之间形成一定的压力梯度，阻止污染物从污物走廊向清洁走廊扩散。

然而，双走廊型实验动物设施也意味着更高的能耗，因为需要维持两个走廊不同的气流状态和环境条件。因此，在设计气流组织时，需要综合考虑实验动物设施的功能需求、生物安全等级、运营成本等多方面因素，选择最适合的布局形式和气流组织方案。

3）节能要求

节能是实验动物设施气流组织设计中不可忽视的重要因素。通过合理设置换气次数和气流流速，可以在保证环境质量的前提下，降低系统能耗。换气次数直接影响室内的空气质量、污染物浓度和空调系统的负荷。在设计换气次数时，需要根据实验动物的种类、数量、饲养密度、实验操作的类型以及实验动物设施的生物安全等级等因素进行综合计算和确定。

（2）气流组织的技术实现

实验动物设施的气流组织通常采用压力无关型的文丘里阀结合差值风量重置控制方法，以实现精确的风量控制。文丘里阀是一种特殊的风量控制阀，其工作原理基于文丘里管的流体力学特性，能够实现风量的精确调节且不受系统压力变化的影响。分段风量重置控制方法则是通过实时监测室内的压力差和风量变化，自动调整送风量和排风量，以维持设定的压力和风量平衡。这种控制方法具有以下优势：首先，即使在系统阻力变化的情况下，也能维持稳定的风量和压力。例如，当空气过滤器积尘导致阻力增加时，文丘里阀能够自动调节开度，保持送风量的恒定；同时，差值风量重置控制系统会根据室内压力的变化，及时调整排风量，以维持室内压力梯度的稳定。另外，该方法能够实现快速响应和精确控制，通过高灵敏度的压力传感器和风量传感器，以及先进的控制算法，能够在短时间内对室内外环境变化做出反应，及时调整通风系统的运行状态，保证室内环境的稳定性和可靠性。

（3）气流组织的模拟与优化

1）模拟仿真的重要性

为了得到最佳的换气次数和气流组织方案，实现节能与保证环境质量的双重目标，模拟仿真实验动物设施内污染物的浓度和分布具有重要意义。通过建立数学模型，可以对不同换气次数、气流速度、送风口和回（排）风口位置等参数下的室内空气质量和污染物扩散情况进行预测和分析。这不仅能够为设计阶段提供科学依据，还能够对现有设施的改造和优化提供指导。

模拟仿真通常采用计算流体动力学（CFD）软件，能够模拟空气流动、热量传递和污染物扩散等复杂的物理过程。在模拟过程中，需要考虑实验动物设施的实际几何形状、内部设备布局、人员活动情况以及通风空调系统的运行参数等多种因素，建立准确的物理模型和边界条件。通过设置不同的模拟场景，进行模拟计算，得到室内污染物浓度分布、温度分布、气流速度分布等数据，然后对这些数据进行分析和评估，确定不同参数组合下的环境质量和节能效果。

2）优化措施

根据模拟仿真的结果，可以采取一系列优化措施来改进实验动物设施的气流组织。此外，还能够发现气流组织的不合理之处，如送风口和回（排）风口的位置导致的气流短路或死角现象。通过调整送风口和回（排）风口的位置和角度，优化气流的分布和流向，能够有效消除气流短路和死角，提高室内空气分布的均匀性和污染物的排除效率。

（4）节能措施与环境监测

1）节能措施

除了合理设置换气次数和气流速度外，实验动物设施还可以通过以下节能措施进一步降低通风空调系统的能耗：

采用变风量（VAV）系统：VAV 系统能够根据室内外环境变化和实际负荷需求，自动调节送风量和排风量。在夜间或非工作时段，当实验动物的活动减少、实验操作暂停时，VAV 系统可以自动降低送风量和排风量，减少空调系统的运行负荷，实现节能运行。同时，VAV 系统还能够提高室内的舒适度和空气质量控制精度，是一种应用广泛的节能技术。

安装能量回收装置：能量回收装置（如换热器、热回收转轮等）能够回收排风中的热量或冷量，用于预处理新风。能量回收装置的回收效率一般可达 60%～80%，能够显著降低通风系统的能耗。

优化通风空调设备的运行时间：通过制定合理的设备运行时间表，避免设备的长时间连续运行。例如，在实验动物活动较少的时间段（如深夜和清晨），可以适当减少通风空调设备的运行时间，但要确保室内环境能够满足实验动物的基本需求。同时，利用智能控制系统对设备进行实时监控和管理，及时发现设备的故障和异常运行状态，避免设备的无效运行和能源浪费。

2）环境监测

为了确保实验动物设施的气流组织能够持续有效地发挥作用，需要建立完善的环境监测系统。环境监测系统主要对室内温度、湿度、空气质量、压力差、风量等参数进行实时监测。通过在各个区域安装高精度的传感器，将监测数据传输至中央控制系统，实现对实验动物设施内环境状况的全面掌握。

当监测数据超出设定的阈值范围时，中央控制系统能够及时发出警报，并自动调整通风系统的运行参数，以恢复正常环境条件。例如，当室内污染物浓度升高时，系统会自动增加送风量和排风量，加强室内的通风换气；当室内压力差出现波动时，系统会及时调整送、排风量的比例，维持压力梯度的稳定。此外，环境监测数据还可以用于对通风空调系统的运行效果进行评估和优化，为后续的改造和升级提供依据。

3.4.3 饮水、给水及排水系统

由于涉及动物的饲养，实验动物设施内需要特别考虑给水排水系统，这是因为：动物生存需要饮用水，不同级别的实验动物对水质的要求也不同；另外，动物会产生粪尿；笼舍清洗会产生含有洗涤剂或消毒剂的污水；还有少量工作人员的生活废水。

1. 给水系统

实验动物设施内的用水包括动物饮用水、洗刷用水、实验动物和工作人员的淋浴等生活用水。

（1）动物饮用水

国家标准规定，实验动物的饮用水定额应满足实验动物的饮用水要求。普通级动物饮水应符合现行国家标准《生活饮用水卫生标准》GB 5749 的要求，屏障环境设施的净化区和隔离环境设施的用水达到无菌要求，同时，用于清洁消毒的水也应达到无菌要求。屏障环境设施动物生产区（动物实验区）的给水干管宜设在技术夹层内。管道穿越净化区的壁面处应采取可靠的密封措施。管道外表面可能结露时，应采取有效的防结露措施。屏障环境设施净化区内的给水管道和管件，应选用不生锈、耐腐蚀和连接方便、可靠的管材。

洁净区动物饮用水处理设备一般安装在洁净区外，便于检修维护；接水口除接入自动饮水装置外，应设置在人员走动较少的区域，接水口与墙面夹角应小于或等于 90°（预防宿水滞留滋生细菌）。

（2）洗刷用水

清洁级、SPF 级小动物房一般为干养，如需冲洗则需要确保一定水质，至少为灭菌水。大、中型动物房多设冲洗设施，每间动物房设一个冲洗龙头，冲洗龙头旁配冲洗卷盘和冲洗水枪。有的动物笼架（如兔笼），在其上方有一个水箱，水箱提供笼架内动物的饮水和笼架的冲洗用水，这些多数为城市生活用水。

（3）实验动物和工作人员的淋浴等生活用水

大动物进入实验室，设计时根据实验工艺的要求确定是否需要淋浴，淋浴用水为普通自来水，动物淋浴后用吹风机烘干毛发。生产或实验区的工作人员进 SPF 实验室之前，根据实验工艺的要求确定是否需要淋浴，进 SPF 饲养室的实验人员通常应淋浴，淋浴用水为普通自来水。

2. 排水系统

实验动物设施的废水主要为动物设施清洗消毒水，包括动物的粪尿以及洗涤、消毒剂，需要集中收集处理后排放。少量压力蒸汽灭菌器冷凝水需要降温处理后才能排放。

大型实验动物设施的动物生产区（动物实验区）的粪便量较大，同时粪便中含有的病原微生物较多，单独设置化粪池有利于集中处理。同时，排水中有动物皮毛、粪便等杂物，为防止堵塞排水管道，实验动物设施的排水管径比一般民用建筑的管径大，如兔、羊等实验动物设施的排水管道管径不宜小于 DN150。应根据不同区域排水的特点分别进行处理。同时，防止排水管道泄漏污染屏障环境，屏障环境设施的净化区内不宜穿越排水立管，若排水立管穿越屏障环境设施的净化区，则其排水立管应暗装，并且屏障环境设施所在的楼层不应设置检修口。排水管道应采用不易生锈、耐腐蚀的管材，如采用建筑排水塑料管、柔性接口机制排水铸铁管等。屏障环境设施净化区一般不设地漏，若设置地漏应采用密闭型。

压力蒸汽灭菌器冷凝水排水管道应采用金属排水管，为防止灭菌物品气味外溢，冷凝水管口应与竖管接口密接。

3.4.4 电气系统

实验动物设施的电气系统主要包括建筑内的供电和自动化控制。供电区分强电系统和弱电系统，做到实验动物核心区全天候不间断供风和供电，使用独立稳定的供电系统，并配备有应急电源。

1. 供配电

确定供电系统的一般原则是：供电可靠、操作方便、运行安全灵活、经济合理、具有发展的可能性。

对于实验动物数量较多的屏障环境设施的动物生产区（动物实验区），出现故障时造成的损失较大，其用电负荷等级一般不应低于 2 级。设置专用配电柜主要考虑方便检修与电源切换，宜设置在辅助区。

2. 照明

实验动物设施照明系统主要包括三大功能：①满足实验动物的光环境需求；②满足基于动物的科学研究工作的视觉环境要求；③满足相关保障用房和场所必要的视觉条件。

基于以上功能需求，实验动物设施照明系统可分为工作照明、动物照明和局部照明。动物照明用于满足动物日常生活的照明需求，需根据动物种类设置合适的照度，并根据需要设计照度调节功能；工作照明则是为了满足实验人员进行饲养、实验等任务时的照明要求；动物实验室、动物手术室等实验场所，根据工作需要设置独立的局部照明加强光源（如无影灯、观察灯等）。

光照对多种动物的生理、形态和行为均有较大的影响，若光照周期、强度或者光谱品质选择不适，有可能会成为应激因子，影响动物的状态，导致实验结果不准确。

在全面分析不同实验动物光环境需求的基础上，利用物联网技术、有线/无线通信技术、电力载波通信技术、嵌入式计算机智能化信息处理技术、节能控制技术等组成分布式智能照明控制系统，对照明设备智能化控制，满足实验动物设施照明的三大功能需求，实现降低运行成本、提升管理效率、提升能效监管能力和提升用户体验的功能。

实验动物设施照明标准应符合现行国家标准《实验动物　环境及设施》GB 14925、《实验动物设施建筑技术规范》GB 50447 等的要求，如表 3.4-1 所示。

实验动物设施照明要求　　　　　　　　　　　　　　　　　表 3.4-1

项目		规范值	推荐值	备注
鸡	动物照度（lx）	5～10	5～10	采用可调节动物照明灯具，受控房间照度可调
大鼠、小鼠、豚鼠、地鼠	动物照度（lx）	15～20	15～20	采用可调节动物照明灯具，受控房间照度可调
	工作照度（lx）	≥200	300	常规设计照度为 300lx，业主有特殊要求者除外
犬、猴、猫、兔、小型猪	动物照度（lx）	100～200	100～200	动物照明与工作照明采用同样灯具，分组控制，动物照明昼夜交替
	工作照度（lx）	≥200	300	动物照明与工作照明分组控制
动物照明昼夜交替时间（h）		12/12 或 10/14	12/12	常规设计 12/12 交替，部分业主要求特殊情况除外

注：实验室、动物房照明宜采用智能控制，照度均匀度大于或等于 0.7。

3.4.5　自动控制系统

实验动物设施内外应配备通信设备，以帮助工作人员及时观察和监控实验动物的状态。例如，工作人员通过视频监控系统可以远程观察到动物的行为、饮食、活动等，从而及时发现异常并采取相应的措施。这对于预防疾病、保障动物健康至关重要。另外，从实验安全和效率的角度来看，通信设备也是不可或缺的。在紧急情况下，如火灾、泄漏等，通信设备可以确保工作人员及时报警、组织疏散，并与其他部门协调合作，以最大限度减少损失和伤害。此外，通信设备还可以帮助工作人员及时传递实验数据，提高实验效率。具体来说，实验动物设施可以配备以下几种通信设备：①视频监控系统：用于远程观察动物的行为和状态；②内部通信系统：如电话、对讲机等，方便工作人员之间的沟通和协调；③紧急报警系统：在发生紧急情况时，可以迅速启动报警程序，并通知相关人员；④外部通信设备：如手机、计算机等，可以方便工作人员与外界联系，传递实验数据和实验结果。

送、排风机启停联锁控制。对于正压实验动物设施，排风机应与送风机联锁，确保二者的协调运行。在启动通风系统时，送风机应首先开启，确保实验动物设施内部的压力高于外部环境，以防止外部污染物的进入；送风机后于排风机关闭；在关闭通风系统时，送风机应在排风机之后关闭，以保持设施内部的持续正压状态，直至排风机完全停止。对于负压实验动物设施，排风机也应与送风机联锁，以确保二者同步工作。在启动通风系统时，排风机应首先开启，以迅速降低设施内部的压力，形成负压环境，从而防止内部污染物外泄；在关闭通风系统时，排风机应在送风机之后关闭，以确保设施内部持续处于负压状态。

屏障环境设施自控系统应满足控制区域的温度、湿度和压差等环境技术指标要求。风冷热泵机组自带控制系统，具有功能保护、记忆、状态显示和密码保护等多种功能。饲养间温湿度由传感器自动设定，温控器改变冷水的流量，自动控制温度。在组合式空调器内，安装有电极式加湿器，该加湿器带有控制器，可以实现湿度控制自动化。变频器自动调节通风空调系统，使送风量恒定；压差传感器自动调整排风量，以达到各房间的压力要求。

屏障环境设施应有对重要故障和异常情况进行自动远程报警的功能。这一功能的重要性在于能够确保在无人值守或工作人员无法及时发现问题的情况下，系统能够自主发出警报，以便相关人员迅速采取应对措施，从而保障实验动物的安全和实验结果的准确性。具体来说，自动远程报警功能应满足以下要求：①实时监测：能够实时监测屏障环境设施内的各项技术指标，如温度、湿度、压差等，并具备数据采集和记录功能；②阈值设定：用户可以根据实验需求和动物福利要求，设定各项指标的阈值范围，一旦监测到的数据超出或低于设定的阈值范围，系统应能够自动触发报警机制；③报警方式：系统应支持多种报警方式，如短信、电子邮件、App 消息、电话语音等，以确保管理员能够在第一时间接收到报警信息。这些报警方式应具有实时性和准确性，以便管理员能够迅速了解故障或异常的具体情况；④报警内容：报警信息应包含故障或异常的具体描述、发生时间、地点以及可能的解决方案等详细信息，以便管理员能够快速定位和解决问题。

为确保实验动物的舒适性和实验结果的准确性，屏障环境设施必须能够对温度、湿度和压差等环境技术指标数据进行自动采集并记录。屏障环境设施应配备先进的传感器和控制系统，能够实时、自动地采集温度、湿度和压差等环境数据。这些数据应被系统精确记录，包括数据的数值、采集时间和频率等，以确保数据的完整性和准确性。系统应具备强大的数据存储能力，能够长期保存采集到的环境技术指标数据，并防止数据丢失或损坏。系统应提供用户友好的界面，方便用户随时查看历史数据和实时数据。用户可以通过数据分析工具对采集到的数据进行处理和分析，以评估环境条件的稳定性和对动物福利的影响。

3.4.6 消防系统

消防系统主要包括喷淋、消火栓、防火排烟三大系统，涉及水管、风管、设备和自动化控制。实验动物设施属于科研实验建筑，即属于民用建筑。

在设计时首先必须满足民用建筑设计防火规范。屏障环境设施应设置消防应急照明，疏散走道和疏散门均应设置灯光疏散指示标志。当消防应急照明和疏散指示标志采用备用电源时，其连续供电时间不应少于 0.5h。

《实验动物设施建筑技术规范》GB 50447—2008 明确指出：屏障环境设施净化区内不应设置自动喷水灭火系统，应根据需要采取其他灭火措施。因为一旦发生误喷会导致设施出现污染，但此规范也等于限制了建筑内防火分区的面积。在没有自动灭火系统的情况下，建筑耐火等级为一、二级且高度低于 24m 的公共建筑，其地下室防火分区最大允许建筑面积为 500m²，地上未设喷淋的楼层防火分区面积可达 2500m²。对于高度超过 24m 的公共建筑，最大允许建筑面积为 1500m²。此外，所有防火分区之间必须采用防火墙进行分隔，并设置甲级防火门作为连通口。

《建筑设计防火规范》GB 50016—2014（2018 年版）规定：对于建筑面积小于等于 50m²，且经常停留人数不超过 15 人时，可设置 1 个疏散门。此规定可解释为：如果动物饲养间或者配套的实验室面积超过 50m² 就需要设 2 个疏散门，这 2 个疏散门最近边缘之间的水平距离不应小于 5m，而且如果位于走道尽端，疏散门的净宽不能小于 1.4m。每个防火分区的安全出口数量不应少于 2 个，2 个或多个防火分区相邻分区防火门可作为第二个安全出口，但必须有 1 个直通室外的安全出口。在进行实验动物设施平面布局时，除根据使用功能进行人、洁物、动物、污物进行走廊、房间、出入口等的安排以外，还需要增加直通室外的楼梯间及通向此楼梯间的疏散走廊。屏障环境设施的空调形式均为全空气系统，这导致屏障环境设施的吊顶内会有大量的风管穿过。《建筑设计防火规范》GB 50016—2014（2018 年版）中规定：风管横向布置宜按防火分区设置，如果风管穿过防火分区则必须设置防火阀。

基于以上建筑防火规范的规定，平面布局要迁就于消防规范的相关要求，而且设计单位和使用者，以及设计单位建筑专业和机电专业之间需要进行反复沟通，才能达到或者接近最合理的功能布局。

3.5 废弃物处理

实验动物设施中的废弃物处理是确保设施内部环境安全和防止疾病传播的重要环节。这些废弃物包括废气、废水、危险废物及医疗废物等。处理这些废弃物的方法多样，每种方法都有其特点和要求。本节围绕污水、动物尸体以及垫料的无害化处理技术进行介绍，废气的处理参见 3.4.2 节。

3.5.1 污水

实验动物生产设施应配备相对独立的污水初级处理设备或化粪池，其主要作用是对动物的粪尿、笼器具洗刷用水等污水进行初步处理。根据污水的不同性质，其处理方法有多种。物理方法，如过滤、沉淀、气浮等重力或者机械力作用可将污水中的悬浮物与漂浮物去除，可应用于格栅、沉淀池、气浮池、隔油池、旋流分离器等；化学方法，如电解、中和、离子交换、氧化还原、絮凝混凝、吸附等，可将污水中的氨、氮等无机物以及一些重金属离子去除。

病原微生物感染动物实验所产生的污水，应彻底灭菌后排出；而实验动物设施配套实验室产生的废水，如分析、病理、临检实验室产生的废水，基本上不进污水站。本节将从实验动物设施污水处理工艺的选择原则、工艺流程以及实际工程案例方面进行说明，对实验动物设施污水处理工艺进行介绍。

1. 工艺选择原则

污水处理工程的建设和运行耗资较大，并且受到多种因素的制约和影响。其中，污水处理工艺方案的优化选择对污水处理的投资及运行管理的影响尤为关键。因此，必须从整体优化的观点出发，综合考虑污水的性质及处理出水要求，提出最佳的污水处理工艺方案。

污水处理工艺选择原则：

（1）工艺技术先进成熟，安全性高，充氧能力强，溶解氧浓度高，氧化能力强，氧利用率高，运行可靠，满足处理出水要求。

（2）运行管理方便，运转灵活，对进水水量、水质的变化有相应的抗冲击能力及应变能力。

（3）经济合理，在满足处理要求的前提下，节约基建投资和运行管理费用。

（4）工艺配套设备技术先进，质量可靠，占地面积小，投资省，处理效果好。

（5）工艺过程自动化控制合理可靠，降低劳动强度。

（6）污泥处理设备的选择考虑运行灵活性，提高污泥处理工艺的可操作性。

2. 工艺流程

实验动物设施污水处理工艺流程图如图 3.5-1 所示。污水首先流经人工格栅去除掉较大杂质后进入调节池，经过沉淀、匀质均量、酸化后，由泵提升进入生物膜法组合一体化处理系统，该系统由一级水解酸化＋二级接触氧化组成。水解酸化的目的是将污水中可生化性很差的某些高分子物质和难溶性物质降解为小分子物质和可溶性物质，为后续好氧氧化处理创造条件。好氧氧化工艺采用接触氧化法，由罗茨风机提供足够的氧气，创造良好的好氧环境，好氧微生物能够迅速生长繁殖，污水中的有机物被微生物进一步吸收、降解。大量好氧微生物可迅速吸附在填料表面，很快形成生物膜。该生物

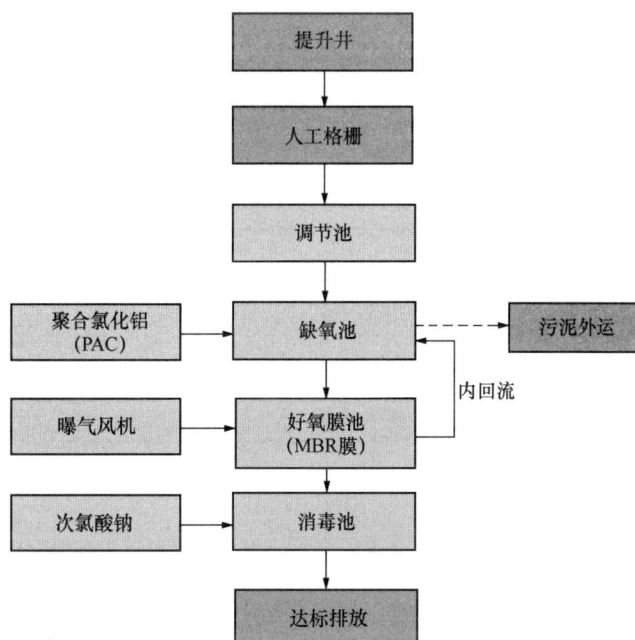

图 3.5-1　实验动物设施污水处理工艺流程图

膜具有很强的生物化学活性。当污水流过时，生物膜就吸附降解污水中的有机物，使污水得以净化。经过好氧生物膜的降解，污水中的污染物进一步降低，尤其是污水中的悬浮物经填料及生物膜的过滤，浓度变得更低，可提高生物脱氮除磷效率。该工艺具有易于管理，产泥量少，污泥不易发生膨胀现象及运行成本低等特点。

在常规二级生物处理系统中，磷作为活性污泥微生物正常生长所需的元素也成为生物污泥的组分，从而需去除磷，活性污泥含磷量一般为干重的1.5%左右，通过剩余污泥的排放仅能获得10%～30%的除磷效果。

在污水生物除磷工艺中，通过厌氧段和好氧段的交替操作，利用活性污泥的超量磷吸收现象，使细胞含磷量相当高的细菌群体能在处理系统的基质竞争中取得优势，剩余污泥的含磷量可达到3%～7%，进入剩余污泥的总磷量增大，出水的磷浓度明显降低。最后经过消毒池投加二氧化氯消毒后达标排放。

一体化生化污水处理设备如图3.5-2所示，其壳体采用碳钢防腐，内部采用鼓风曝气，使污水与活性污泥、溶解氧充分混合，可大幅度提高氧的传质效率和污泥的生化活性。反应室内设有回流系统，可根据水质变化情况自主调节回流量，以保证达到好的出水水质。回流系统可将处理过程中产生的少量污泥回流至沉淀调节池，通过反硝化作用而脱氮。污泥在沉淀调节池内积累达到一定数量后可用环卫化粪池清理车抽走处理，节省干化池建设投资、节省污泥处理设备投资和处理费用。

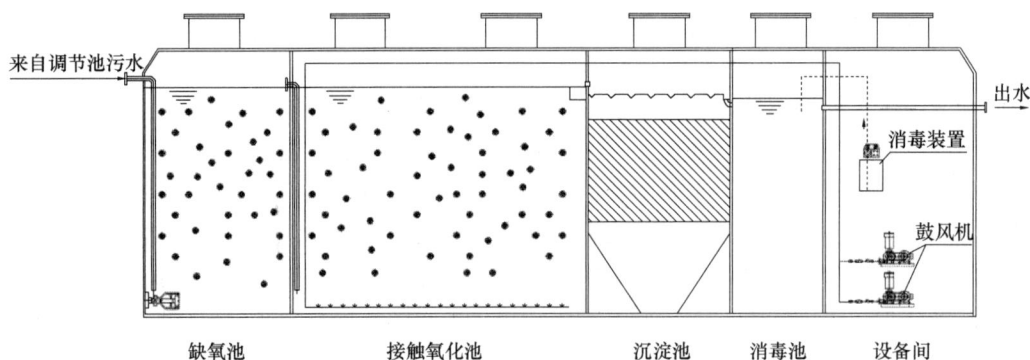

图 3.5-2 一体化生化污水处理设备

3. 主要工艺设备

实验动物设施污水处理工艺中用到的主要设备可参考表3.5-1。

实验动物设施污水处理工艺的主要设备　　　　　　　　表 3.5-1

设备名称	外形尺寸（mm）	材质
格栅井	6000×600×3000	钢混
预处理水池	5500×6000×4800	—
集水调节池	5500×6000×4800	钢混
事故池	11000×6000×48000	钢混
地埋式一体化设备	8000×3000×2800	碳钢防腐

污水处理设备主体分区及功能如下：

（1）水解酸化池区：该区域投加厌氧填料，增加系统的生物种类和数量，高效降解污水中的有机物、反硝化和污泥减量化，停留时间3.5h。

（2）接触氧化区：投加好氧多孔凝胶（APG）填料，进一步降解污水中有机物，并发生好氧硝化反应，停留时间 8h。

（3）一沉区：实现固液分离和出水澄清，进入后续除磷加药，停留时间 0.75h。

（4）混凝反应区：加絮凝药剂，降磷处理。

（5）二沉区：实现固液分离和出水澄清，保证出水水质。

（6）消毒区：采用次氯酸钠消毒剂去除水中的有害菌群，消毒时间 20min。

4. 主要优点

根据污水中可生化性较好的特点，对污水主要采用生化处理工艺，具有技术上可行、经济上合理的优势，可有效节约工程投资、降低污水处理费用，减少工程占地，确保污水处理达到预定的效果。

由于污水水质、水量波动幅度大，在调节池潜水搅拌对污水进行搅拌、均质预处理，使预处理后的污水水质均匀稳定，再进行生化处理，这样对污水生化处理的冲击负荷较小，可以取得较佳的处理效果。

污水生物处理采用水解酸化与好氧生物处理相结合的生化处理工艺，该工艺技术成熟，应用广泛，具有占地少、处理效果好、运行费用低、二次污染少、无污泥膨胀问题、可操作性好、运行稳定、操作管理方便等优点。

3.5.2　动物残体

实验动物设施中动物残体的处理是确保生物安全和环境保护的重要环节，实验完成后的动物残体必须交实验动物中心集中处理，所有动物残体及废弃物的处理都应详细记录，包括处理时间、处理方式、处理人员等信息，以便追溯和监管。

对于非病原微生物感染的实验动物残体，应冷冻存放，确保残体在存放过程中不会腐烂或产生异味，集中作无害化处理。对于病原微生物感染及生物安全实验室中的实验动物残体，应在灭活后传出实验室，以确保残体在传出实验室时不会造成病原体的扩散。集中作无害化处理时，处理方式与非病原微生物感染实验的动物尸体及组织相同。

随着技术的发展和环保要求的提高，动物残体处理技术也在不断进步。目前，常见的动物残体处理方法包括焚化法、碱水解法、逆聚合法及炼制法等。

1. 焚化法

焚化法是一种将动物残体在富氧或无氧条件下进行氧化反应或热解反应的方法，适用于国家规定的染疫动物及其产品、病死或死因不明的动物残体等。直接焚烧法要求燃烧室温度达到 850℃ 以上，确保完全燃烧，而炭化焚烧法则在无氧情况下进行，热解温度应大于或等于 600℃，燃烧室温度大于或等于 1100℃。这种方法适用于处理大量动物残体，且效果彻底，但缺点是可能产生有害气体和灰烬，需要配备高效的烟气处理系统。

焚化法的原理是通过高温将动物残体中的有机物质转化为无害的气体和灰烬。在焚化过程中，动物残体被放置在高温炉中，通过燃烧或热解作用，使实验动物残体中的蛋白质、脂肪等有机物质分解，最终形成二氧化碳、水蒸气和灰烬。灰烬主要由动物残体中的矿物质组成，如钙、磷等。

焚化法的操作流程：①残体预处理：将动物残体进行预处理，如去除毛发、内脏等，以减少焚烧过程中的烟雾和有害气体产生；②残体投放：将预处理后的动物残体投放到焚化炉中；③燃烧或热解：根据焚化炉的类型，选择燃烧或热解方式。燃烧法在富氧条件下进行，而热解法在无氧或缺氧条件下进行；④烟气处理：焚化过程中产生的烟气需要通过高效的烟气处理系统进行处理，以去除有害气体和颗粒物；⑤灰烬处理：焚化后的灰烬可以进行进一步处理，如填埋或回收利用。

焚化法的优点：①处理彻底：焚化法能够彻底灭活病原微生物，确保动物残体不会对环境和人类健康造成威胁；②处理量大：适于处理大量动物残体，尤其是在紧急情况下，如疫情暴发时，能够快速处理大量病死动物；③处理时间短：相比其他方法，焚化法的处理时间较短，能够快速完成动物残体的处理。

焚化法的缺点：①环境污染：焚化过程中可能产生有害气体和颗粒物，如二噁英、二氧化硫等，需要配备高效的烟气处理系统；②能源消耗高：焚化法需要高温处理，能源消耗量较大，运行成本较高；③设备复杂：焚化设备复杂，需要专业的操作和维护人员。

2. 碱水解法

碱水解法是一种用于处理实验动物残体的无害化处理方法，在高温和高压条件下，利用碱性溶液（如氢氧化钠或氢氧化钾）对动物残体进行化学处理，实现有机物的水解和消毒。具体来说，动物残体被放置于一个耐高压、耐强碱的容器中，然后加入一定比例的碱性溶液，加热至 $100 \sim 150℃$，并保持一定的压力，动物残体中的蛋白质、脂肪等有机物会被分解成氨基酸、肽类、甘油和糖类等小分子物质，同时病原微生物也会被有效灭活。碱水解法的显著优势在于其环保性和生物安全性，具有处理效率高、无害化程度好的优点，但处理设备成本较高，且处理后的液体需要特殊处理，限制了其应用范围。

碱水解法的原理是利用强碱、高温、高压环境催化组织水解，灭活病原微生物。在碱水解过程中，动物残体中的蛋白质、脂肪等有机物质在碱性条件下发生水解反应，生成小分子物质，如氨基酸、肽类、甘油和糖类等。这些小分子物质易于处理和排放，不会对环境造成污染。

碱水解法的操作流程：①残体预处理：将动物残体进行预处理，如切割成小块，以提高处理效率；②投料：将预处理后的动物残体投放到碱水解设备中；③加入碱性溶液：根据设备要求，加入一定比例的碱性溶液，如氢氧化钠或氢氧化钾；④加热和加压：将设备加热至 $100 \sim 150℃$，并保持一定的压力，通常为高压；⑤水解反应：在高温高压下，动物残体中的有机物质发生水解反应，生成小分子物质；⑥废液处理：水解反应后的废液需要进行进一步处理，如冷却、稀释、中和等，以确保排放符合环保标准。

碱水解法的优点：①环保：碱水解法产生的废液经过处理后不会对环境造成污染，符合环保要求；②生物安全性高：能够有效灭活病原微生物，确保动物残体不会对人类健康和环境造成威胁；③处理效率高：相比其他方法，碱水解法的处理时间较短，处理效率高；④无害化程度高：动物残体中的有机物质被彻底分解，不会产生有害物质。

碱水解法的缺点：①碱水解设备需要耐高温、耐高压、耐强碱，设备成本较高；②碱水解法需要消耗大量的能源和化学试剂，运行成本较高；③水解反应后的废液需要进行进一步处理，处理过程复杂，需要专业的设备和技术人员。

3. 逆聚合法

逆聚合法的原理是利用高能量微波在富氮缺氧的密闭舱中，将动物残体中的有机物分解成无毒无菌的碳化残渣。在逆聚合过程中，动物残体中的蛋白质、脂肪等有机物在高能量微波的作用下发生化学反应，生成碳化小球状颗粒。这些颗粒不会对环境造成污染，且不会产生有害气体。

逆聚合法的操作流程：①残体预处理：将动物残体进行预处理，如切割成小块，以提高处理效率；②投料：将预处理后的动物残体投放到逆聚合设备中；③微波处理：启动高能量微波，将设备内的温度升至 $150 \sim 250℃$，并保持一定时间；④碳化残渣处理：处理后的碳化残渣可以进行进一步处理，如填埋或回收利用。

逆聚合法的优点：①处理速度快：逆聚合法能够在短时间内完成动物残体的处理，处理效率高；②处理彻底：能够有效灭活病原微生物，确保动物残体不会对环境和人类健康造成威胁；③无害化程度高：动物残体中的有机物被彻底分解，不会产生有害物质。

逆聚合法的缺点：①逆聚合法的处理量较小，不适于大规模集中处理；②逆聚合设备需要高能量微波和密闭舱，设备成本较高；③逆聚合法需要消耗大量的能源，运行成本较高；④逆聚合设备需要专业的维护人员，维护成本高。

4. 炼制法

炼制法是一种通过加热使油脂从动物的脂肪中熔炼、分离出来，将动物残体转化为肉粉、油脂等可二次利用的产物的方法。炼制法是一种历史悠久的动物残体处理方法，早在 19 世纪，随着压力蒸汽容器的发明，采用湿化法的炼制处理设备便出现并用于肉类食品行业。20 世纪 20 年代，干化炼制工艺出现，该方法相比于湿化法具有处理周期短、蛋白质回收率高、排放气味少等优点。随后，炼制处理工艺及设备不断发展，逐步具备了连续处理能力、搅拌功能等，处理效率、回收产物品质也随之提高，但其应用领域还主要集中于农业和食品行业。近年来，国外将传统炼制处理工艺改进，研发了适用于实验动物残体无害化处理的设备。炼制法在处理难以杀灭的病原微生物方面存在风险，美国和欧盟禁止将其应用于感染疯牛病的动物残体的处理。

炼制法的操作流程：①残体预处理：将动物残体进行预处理，如切割成小块，以提高处理效率；②投料：将预处理后的动物残体投放到炼制设备中；③加热和搅拌：启动设备，将温度升至 110～150 ℃，并进行搅拌，使油脂和蛋白质等物质分离；④油脂和肉粉分离：通过离心或过滤等方法，将油脂和肉粉分离；⑤产物处理：分离出的油脂和肉粉可以进行进一步处理，如精炼、包装等，以供再次利用。

炼制法的优点：①炼制法能够将动物残体转化为肉粉、油脂等可二次利用的产物，实现资源的回收和再利用；②炼制法的处理时间较短，处理效率高；③炼制过程中产生的热量可以被回收利用，能源利用效率高。

炼制法的缺点：①炼制法在难以杀灭的病原微生物处理方面存在风险，可能无法完全灭活病原微生物；②炼制设备需要耐高温、耐高压，设备复杂，需要专业的操作和维护人员；③炼制法需要消耗大量的能源，运行成本较高。

随着技术的不断进步和环保要求的提高，动物残体处理技术也在不断发展。未来，动物残体处理将更加注重环保性、安全性和资源回收利用。智能化、自动化的处理设备将得到更广泛的应用，以提高处理效率和安全性。同时，新型处理技术如低温等离子体处理、超临界水氧化处理等也在研究和开发中，有望在未来得到应用。

3.5.3　其他废弃物

实验动物设施在日常运行中会产生大量的废垫料，其吸收混杂了实验动物的尿液、粪便、毛发、皮屑、微生物、寄生虫等，是实验动物设施的主要污染源。

采用人工收集转运废垫料的过程会耗费较多的人力资源，而且转运过程中容易污染运输通道或者电梯间，造成污染区域扩大，影响整个楼宇和周边环境。为解决此问题而开发的废垫料自动收集系统在实验动物设施中被广泛应用，其具有废垫料倾倒、输送、暂存、打包等功能，可实现废垫料收集的自动化和封闭化。

1. 废垫料收集系统技术原理

废垫料收集系统可以将颗粒状和片状物料通过输送管道从实验动物饲养区输送到废垫料集中暂存区，其工作流程如图 3.5-3。

负压倾倒	管道输送	气料分离	废料压缩打包
负压屏障 排风过滤	垫料悬浮 气力输送	旋风式分离器 气料分离	螺旋输送 压缩打包

图 3.5-3　废垫料收集系统工作流程图

倾倒过程将废垫料从笼盒内倒出，为了避免倾倒过程中废气逸散至房间内，需保证倾倒口周边为局部负压。

废垫料在管道内的输送过程采用气力输送的方式，气力输送包括吸送式和压送式，目前应用较多的为吸送式气力输送，将空气与物料一起吸入管道内，利用高速气流使废垫料在管道内处于悬浮状态而进行输送。气力输送装置的结构简单，操作方便，可作水平、垂直或倾斜方向的输送，其主要特点是输送量大、输送距离长、输送速度高。

气料分离采用重力沉降形式，其分离原理为：含有废垫料的高速气流进入分离器后，由于流道截面积扩大，气流速度迅速下降，在层流或接近层流的状态下运动，其中的废垫料在重力作用下缓慢向集尘斗沉降汇集。

2. 废垫料收集系统构成

废垫料收集系统主要由真空气源（负压抽吸风机）、负压倾倒装置、气力输送管道、气料分离器、压缩打包装置构成，如图 3.5-4 所示。

图 3.5-4　废垫料收集系统构成图

（1）真空气源（负压抽吸风机）

负压抽吸风机主要提供废垫料在管道内输送的动力源及空气源，保证气力输送管道的高负压状态。负压抽吸风机需具有低风量、高压头的特点，可采用的风机形式有径向式叶轮的高压离心风机及罗茨风机。

径向式叶轮的高压离心风机叶片强度高、结构简单，粉尘不易粘附在叶片上，叶片的更换及维修较为方便，常用于输送含尘气体，如图 3.5-5 所示。

罗茨风机属于容积式风机（图 3.5-6），它依靠转子（叶片）之间的旋转将电动机的机械能转化为气体的压力和动能，其风量小、风压高、风量稳定，缺点是噪声较大。

负压抽吸风机的风量需根据废垫料输送量及输送系统允许的物料比确定，物料比的取值须以实际使用时管道不发生堵塞为原则，压头需结合气力输送系统的管路及设备压损确定。

（2）负压倾倒装置

负压倾倒装置为废垫料的倾倒口（图 3.5-7），其与废垫料直接接触，为了防止倾倒时工作人员吸入粉尘和污染废气，并防止废气逸散至室内，负压倾倒装置须具备如下特点：

1）操作区域为负压，有效吸附粉尘和异味，保护操作人员安全；

2）装置上方一般设粗效、高效过滤装置，污染气体排出前经过高效空气过滤器；

3）台面采用 SUS304 不锈钢材质，易于清洁；

4）倾倒口呈喇叭状大角度倾斜，便于废垫料的收集。

图 3.5-5 径向式叶轮及高压
离心风机示意图

图 3.5-6 罗茨风机示意图

图 3.5-7 负压倾倒装置

（3）气力输送管道

气力输送管道采用不锈钢材质，管道连接方式为卡箍连接，方便拆卸、安装。管道转弯时弯曲半径不宜小于管径的 4 倍，管路上弯管的两端和直管段上每隔 10～20m 须设置一个清扫口，清扫口应开关灵活，关闭时密封严密不漏气（涉及病毒类实验动物的废垫料输送管道是否可设置清扫口应经风险评估确定）。气力输送管道的管径需根据管段风量及气流速度确定，刨花、木屑类垫料的气流速度不宜低于 15m/s。图 3.5-8 为一种气力输送管道及附件。

（4）气料分离器

气料分离器主要采用重力沉降结构（图 3.5-9），其箱体一般采用不锈钢材质，箱体下部集料斗设置料位检测装置，检测到料位到达一定高度后通过卸料阀将汇集的废垫料排出。为了提升分离效率，气料分离器箱体内可附加气流挡板。气料分离器的清洁出气口处设置过滤网，为了防止过滤网被堵塞，气流出口侧可设置反吹装置进行定期反吹。

图 3.5-8 气力输送管道及附件
注：从左往右分别为不锈钢管道、清扫口连接件、弯头。

图 3.5-9 气料分离器

（5）压缩打包装置

压缩打包装置由垫料提升机构、机械压缩打包装置、驱动电机等组成（图 3.5-10）。从气料分离器分离出来的废垫料通过提升机构提升至压缩打包装置进料口，压缩打包装置采用机械压紧原理将废垫料压缩成块状后进行封装。压缩打包装置各部件采用不锈钢封闭件，易于清理。

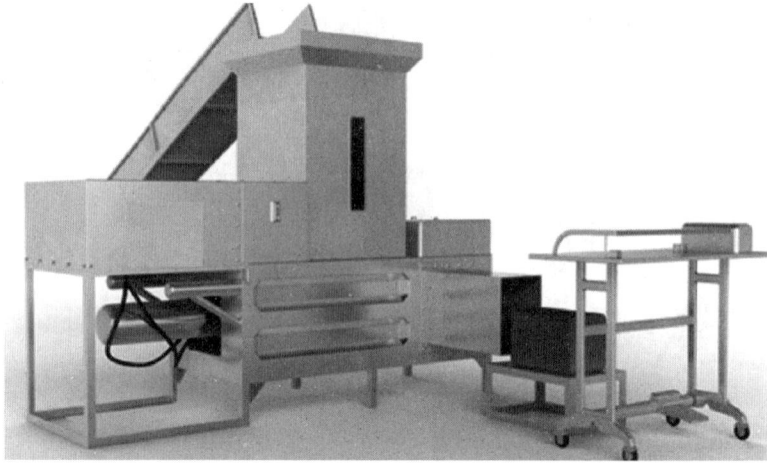

图 3.5-10　压缩打包装置

3.6　施　工　要　求

3.6.1　通风系统

风管制作与安装所用板材、型材以及其他主要成品材料应符合设计要求，并应有出厂检验合格证明。材料进场时应按国家现行有关标准验收。

镀锌钢板风管的镀锌层应在 100 号以上（双面三点试验平均值不应小于 $100g/m^2$），其表面不得有裂纹、结疤、划伤，不得有明显氧化层、针孔、麻点、起皮和镀层脱落等缺陷。不锈钢板应为奥氏体不锈钢材料，其表面不得有明显划痕、斑痕和凹穴等缺陷。

风管板材存放处应清洁、干燥。不锈钢板应竖靠在木支架上。不锈钢板材、管材与镀锌钢板、管材不应与碳素钢材料接触，应分开放置。

风管制作应有专用场地，制作房间应清洁，宜封闭。工作人员应穿干净工作服和软性工作鞋。

卷筒板材或平板材在制作时应使用无毒性的中性清洗液并用清水将表面清洗干净，应无镀层粉化现象。不覆油板材可用约 $40℃$ 的温水清洗，晾干后应用不掉纤维的长丝白色纺织材料擦拭干净。不锈钢板焊接时，焊缝处应用低浓度的清洁剂擦净。

风管不得有横向拼接缝，矩形风管底边宽度小于或等于 900mm 时，其底边不得有纵向拼接缝；底边宽度大于 900mm 且小于或等于 1800mm 时，不得多于 1 条纵向接缝；底边宽度大于 1800mm 且小于或等于 2600mm 时，不得多于 2 条纵向接缝。

风管加工和安装严密性的试验压力及泄漏量应满足相应的规范要求，如现行国家标准《通风与空调工程施工质量验收规范》GB 50243，试验装置原理图见图 3.6-1。

风管内表面应平整光滑，不得在风管内设加固框及加固筋。

不应从总管上开口接支管，总管上的支管应通过放样制作成三通或四通整体结构，转接处应为圆弧或斜角过渡。

加工镀锌钢板风管不应损坏镀锌层，若有损坏，

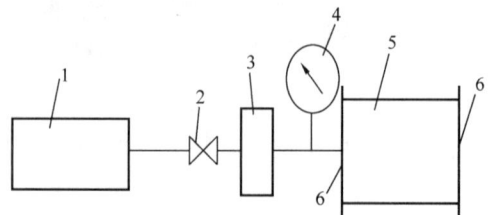

图 3.6-1　风管加工和安装严密性试验装置原理图
1—气源（或现成的检测装置）；2—调节阀；
3—流量计；4—压力表；5—风管；6—全封闭闸板

损坏处（如咬口、折边、焊接处等）应刷涂优质防锈涂料两遍。

法兰和管道配件螺栓孔不得用电焊或气焊冲孔，孔洞处应涂刷防腐漆两遍。

风管和部件制作完毕应擦拭干净，并应将所有开口用塑料膜包门密封。

风管安装应在土建作业完成后进行。安装人员应穿戴清洁工作服、手套和工作鞋。

法兰密封垫应选用弹性好、不透气、不产尘、多孔且闭孔的材料制作。不得采用乳胶海绵、泡沫塑料、厚纸板等含开孔孔隙和易产尘、易老化的材料制作。密封垫厚度宜为 5～8mm，同一个系统法兰的密封垫的性能和尺寸应相同。不得在密封垫表面刷涂料。

法兰上各螺栓的拧紧力矩应大小一致，并应对称逐渐拧紧，安装后不应有拧紧不匀的现象。

风管和部件应在安装时拆卸封口，并应立即连接。当施工停止或完毕时，应将端口封好，若安装时封膜有破损，安装前应将风管内壁再擦拭干净。

风管在穿过防火、防爆墙或楼板等分隔物时，应设预埋管或防护套管。预埋管或防护套管钢板壁厚不应小于 1.6mm，风管与套管之间空隙处应用对人无害的不燃柔性材料封堵，然后用密封胶封死，最后应进行表面装饰处理。

风管系统不得作为其他负荷的吊挂架，支风管的重量不得由干管承受，送风末端应独立设置可调节支吊架。

风管绝热材料不应采用易破碎、掉渣和对人体有刺激作用的材质。

风管内安装的定、变风量阀，阀的两端工作压力差应大于阀的启动压力。入口前后直管长度不应小于该定风量阀产品要求的安装长度，安装方向应与指示方向相同。

防火阀的阀门调节装置应设置在便于操作及检修的部位，并应单独设支、吊架。安装后必须检查易熔件固定状况，必要时易熔件也可在各项安装工作完毕后再安装。阀门在吊顶内安装时，应在方便检查阀门开闭状态和进行手动复位的位置开检查口。

消声器、消声弯头在安装时应单独设支、吊架。

消声器内充填的消声材料应不产尘、不掉渣（纤维）、不吸潮、无污染，不得用松散材料。消声材料为纤维材料时，纤维材料应为毡式材料并应外覆可以防止纤维穿透的包材。不应采用泡沫塑料和离心玻璃棉。

回风口上的百叶叶片应竖向安装。

送风末端空气过滤器或送风末端装置应在系统新风过滤器与系统中作为末端空气过滤器的预过滤器安装完毕并可运行、对洁净室空调设备安装空间和风管进行全面彻底清洁、对风管空吹 12h 之后安装。

系统空吹时，宜关闭新风口，采用循环风，并在回风口设置相当于中效的预滤装置（如挂无纺布或设空气过滤器），全风量空吹完毕后撤走。

空吹完毕后应再次清扫、擦净洁净室，然后立即安装高效空气过滤器或带高效空气过滤器的送风末端装置。

安装前的高效空气过滤器或其送风末端装置应存放在干净的室内，并应按生产厂的标志方向搁置，叠放不应多于三层。

高效空气过滤器或其送风末端装置不得在安装前拆下包装。拆下包装后，应检查产品合格证、出厂检验报告，其中应有效率、阻力和扫描检漏的实测数据，不得以空气过滤器所属类别定义数据代替；应进行外观检查，检查内容应包括：有无损坏；各种尺寸是否符合设计要求；框架有无毛刺和锈斑（金属框）；若带风机，风机安装是否可靠，转动是否正常；若带装饰网，装饰网是否完好、绷紧。

高效空气过滤器或其送风末端装置安装前，应再次检查承载高效空气过滤器或其送风末端装置的框架开口尺寸，开口尺寸不得大于高效空气过滤器或其送风末端的边框内净尺寸。空气过滤器安装示意图如图 3.6-2 所示。

安装高效空气过滤器时，外框上的箭头和气流方向必须一致，当其垂直安装（包括码放）时，滤纸折痕缝应垂直于地面。

高效和亚高效空气过滤器安装过程中,室内不得进行带尘、产尘作业,安装完后应用塑料薄膜将出风面封住,暂时不安装扩散板等装饰件。

3.6.2 电气系统

应在对各种材料、管线、盘柜、开关、灯具等检验合格后开始配电系统施工作业。

穿过围护结构的电线管应加设套管,并应用不收缩、不燃烧材料将套管密封。进入洁净室的穿线管口应采用无腐蚀、不起尘和不燃材料封闭。有易燃易爆气体的环境,应使用矿物绝缘电缆,并应独立敷设。

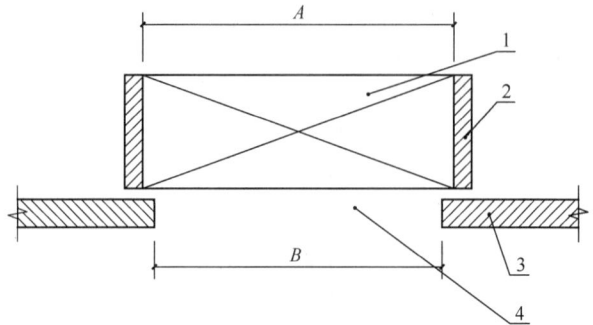

图 3.6-2　空气过滤器安装示意图
1—空气过滤器;2—空气过滤器边框;
3—空气过滤器框架;4—框架开口
A—空气过滤器边框内净尺寸;B—空气框架开口尺寸,$B<A$

不应在建筑钢结构构件上焊接固定配电线路、设备的支架螺栓。

施工配电线路的接地(PE)或接零(PEN)支线必须单独与相应的干线连接,不得串联连接。

接地线穿越围护结构和地坪处应加钢套管,套管应接地。接地线跨越建筑物变形缝时,应有补偿措施。

变压器、箱式变电所安装前,室内顶棚、墙体的装饰面应完成施工,无渗漏水,地面的找平层应完成施工,基础应验收合格,埋入基础的导管和变压器进线、出线预留孔及相关预埋件等应经检查合格;变压器、箱式变电所通电前,变压器及系统接地的交接试验应合格。

成套配电柜(台)、控制柜安装前,室内顶棚、墙体的装饰工程应完成施工,无渗漏水,室内地面的找平层应完成施工,基础型钢和柜、台、箱下的电缆沟等应经检查合格,落地式柜、台、箱的基础及埋入基础的导管应验收合格。

墙上明装的配电箱(盘)安装前,室内顶棚、墙体、装饰面应完成施工,暗装的控制(配电)箱的预留孔和动力、照明配线的线盒及导管等应经检查合格。

UPS 或 EPS 接至馈电线路前,应按产品技术要求进行试验调整,并应经检查确认。

电气动力设备试验前,其外露可导电部分应与保护导体完成连接,并应经检查合格;通电前,动力成套配电(控制)柜、台、箱的交流工频耐压试验和保护装置的动作试验应合格;空载试运行前,控制回路模拟动作试验应合格,盘车或手动操作电气部分与机械部分的转动或动作应协调一致。

变压器和高低压成套配电柜上的母线槽安装前,变压器、高低压成套配电柜、穿墙套管等应安装就位,并应经检查合格;母线槽支架的设置应在结构封顶、室内底层地面完成施工或确定地面标高、清理场地、复核层间距离后进行;母线槽安装前,与母线槽安装位置有关的管道、空调及建筑装修工程应完成施工;母线槽组对前,每段母线的绝缘电阻应经测试合格,且绝缘电阻值不应小于 20MΩ;通电前,母线槽的金属外壳应与外部保护导体完成连接,且母线绝缘电阻测试和交流工频耐压试验应合格。

梯架、托盘和槽盒安装前,应完成支架安装,且顶棚和墙面的喷浆、油漆或壁纸等应基本完成,支架安装前,应先测量定位。

导管敷设配管前,除埋入混凝土中的非镀锌钢导管的外壁外,还应确认其他场所的非镀锌钢导管内、外壁均已做防腐处理;现浇混凝土板内的配管,应在底层钢筋绑扎完成后、上层钢筋未绑扎前进行,且配管完成后应经检查确认后,再绑扎上层钢筋和浇捣混凝土;现浇混凝土板内的配管,应在底层钢筋绑扎完成后、上层钢筋未绑扎前进行,且配管完成后应经检查确认后,再绑扎上层钢筋和浇捣混凝土;穿梁、板、柱等部位的明配导管敷设前,其套管、埋件、支架等设置应经检查符合要求。

导管或槽盒与柜、台、箱应完成连接，导管内积水及杂物应清理干净；通电前，绝缘导线、电缆交接试验应合格，接线去向和相位等应符合设计要求。

塑料护套线直敷布线前，应确认穿梁、墙、楼板等建筑结构上的套管已安装到位，且塑料护套线经绝缘电阻测试合格。

钢索配线的钢索吊装及线路敷设前，除地面外的装修工程应已结束，钢索配线所需的预埋件及预留孔应已预埋、预留完成。

电缆头制作前，电缆绝缘电阻测试应合格，电缆头的连接位置、连接长度应满足要求；控制电缆接线前，应确认绝缘电阻测试合格，校线正确；电力电缆或绝缘导线接线前，电缆交接试验或绝缘电阻测试应合格，相位核对应正确。

对于利用建筑物基础接地的接地体，应先完成底板钢筋敷设，然后按设计要求进行接地装置施工，经检查确认后，再支模或浇捣混凝土；对于人工接地的接地体，应按设计要求利用基础沟槽或开挖沟槽，然后经检查确认，再埋入或打入接地极和敷设地下接地干线。

采用接地模块降低接地电阻的施工，应先按设计位置开挖模块坑，并将地下接地干线引到模块上，经检查确认，再相互焊接；采用添加降阻剂降低接地电阻的施工，应先按设计要求开挖沟槽或钻孔垂直埋管，再将沟槽清理干净，检查接地体埋入位置后，再灌注降阻剂；采用换土降低接地电阻的施工，应先按设计要求开挖沟槽，并将沟槽清理干净，再在沟槽底部铺设经确认合格的低电阻率土壤，经检查铺设厚度达到设计要求后，再安装接地装置；接地装置连接完好，并完成防腐处理后，再覆盖上一层低电阻率土壤。

当利用建筑物柱内主筋作防雷引下线时，应在柱内主筋绑扎或连接后，按设计要求进行施工，经检查确认后再支模；对于直接从基础接地体或人工接地体暗敷埋入粉刷层内的防雷引下线，应先检查确认不外露后，再贴面砖或刷涂料等；对于直接从基础接地体或人工接地体引出明敷的防雷引下线，应先埋设或安装支架，并经检查确认后，再敷设引下线。

防雷接闪器安装前，应先完成接地装置和引下线的施工，防雷接闪器安装后应及时与引下线连接。

防雷接地系统测试前，接地装置应完成施工且测试合格，防雷接闪器应完成安装，整个防雷接地系统应连成回路。

对于总等电位联结，应先检查确认总等电位联结端子的接地导体位置，再安装总等电位联结端子板，然后按设计要求作总等电位联结；对于局部等电位联结，应先检查确认连接端子位置及连接端子板的截面积，再安装局部等电位联结端子板，然后按设计要求作局部等电位联结；对特殊要求的建筑金属屏蔽网箱，应先完成网箱施工，经检查确认后，再与 PE 连接。

3.6.3 给水排水系统

施工方需结合施工现场，熟悉施工图纸，在楼层结构施工过程中，配合土建专业作穿墙壁和楼板的预留孔、槽，留孔或开槽尺寸宜符合下列规定：预留孔洞的尺寸宜比管外径大 50～100mm，暗埋管道的墙槽深度为管外径加 20mm，宽度为管外径加 40～50mm，架空管道管顶上部净空不宜小于 100mm。

实验动物区内各类给水排水的干管，应敷设在技术夹层和管道井中。干管不应设置清扫口、放空口和取样口。需要消毒的管道以及易燃、易爆和有毒物料的管道宜明设。

所有水管在安装前，需要将管内外污垢、铁锈、杂物清除干净，安装中的敞口应临时封堵。管道安装完毕，应对系统反复冲洗，直至排出水中不带泥沙、铁屑等杂质，水色与入口无差别为合格，且需继续循环 2h（必要时需装设临时旁通管等），才能与设备接通。

实验动物区各类管道上的阀门、管件材料应与管道材料相适应。所用的阀门、管件除满足工艺要求外，还应便于拆洗、检修。

实验动物区的管道保温层表面必须整齐、光洁，不得有颗粒性物质脱落。

排水管道的安装按照先干管后支管、先立管后水平管，由低到高、由里到外的原则进行。

致病微生物严重污染的排水管道如设有自动阀，应在其前后再设手动阀，阀门安装位置和方式应有采用蒸汽和其他气体灭菌的条件。

致病微生物严重污染的排水管道上的通气管应伸出屋顶，距站人地面应在 2m 以上，不要接到清洁区；周边应通风良好，并远离一切进气口。处理排气的高效空气过滤器的安装位置与方式应方便维修和拆换。不同用途房间的排水通气管应各自独立。

地漏的安装应平整、牢固、无渗漏。地漏顶标高应低于附近地面 5～10mm。地漏安装后必须先封闭。

地面整体面层或光滑的块材面层坡度，光滑面层为 0.5%～1.5%，粗糙面层为 1%～2%。

污水处理装置宜设在最低处，便于污水收集和检修。

大动物实验区的排水中含有动物粪便、尿液、血液、水、毛发和骨渣等，在选择管材时，必须按照下列要求进行评估：耐热、耐化学物质、耐压、耐火、对排水管道穿越区域的人员没有危害、方便操作、管道连接安全可靠等。

大动物实验区排水管道应明敷，最好采用加厚 316L 不锈钢等耐腐蚀材料，焊口处进行探伤检测。

大动物实验区每个排水系统均应设置通气管，以使管内压力平衡。通气管口必须加装可靠的消毒装置。选用的高效空气过滤器应能耐水、耐高温，并且能进行现场消毒和检测。高效空气过滤器的安装位置应便于维护人员操作，管道与高效空气过滤器应该垂直对齐，如果管道中有冷凝水，应保证冷凝水能顺管道流至处理设备。

3.6.4 消防系统

排烟管道的隔热层应采用厚度不小于 40mm 的不燃绝热材料。

砖、混凝土风道的制作应保证管道的气密性，灰缝应饱满，内表面水泥砂浆面层应平整。

送风口、排烟口的固定应可靠，表面应平整、无变形、调节灵活。排烟口距可燃物或可燃构件的距离不应小于 1.5m。排烟口安装时不应影响防倒灌设施正常发挥作用。排烟口应选用板式排烟口，且不应漏风。

当独立排烟风机设在混凝土或钢架基础上时可不设减振装置；若需设置减振装置，不能使用橡胶减振装置。

排烟风机宜安装在该系统最高排烟口之上，并宜安装在机房内，机房与相邻部位隔墙应符合防火要求。

在安装带有疏散方向指示箭头的消防应急疏散指示标志灯时，应保证箭头指向与疏散方向相同。

消防应急疏散指示标志灯安装在疏散走道出口、楼梯出门、安全出门处时，应安装在出口里侧的顶部，不得安装在可移动的门上。顶棚高度低于 2.2m 时，宜安装在门的两侧，但不应被门遮挡。

消防应急疏散指示标志灯安装在疏散走道及其转角处时，应安装在距地面（楼面）1m 以下的墙上；直疏散走道内安装消防应急疏散指示标志灯时，两个标志灯间距离不应大于 10m。

消防应急照明灯不得安装在地面上或 1.0～2.2m 的侧面墙上。照明灯宜采用嵌入式安装并与安装面平齐，四周应密封。

当消防应急照明灯安装在墙上时，照明灯光线不应正面迎向人员疏散方向。

3.7 检 测 验 收

实验动物设施独特的功能性、较强的专业性（特别是实验动物生物安全实验室），要求设计、施工、建设相关的专业人员必须充分了解实验动物设施建设的目的，认识到实验动物设施工程检测和综合验收的重要性，才能建造安全、可靠、科学、合理的实验动物设施。

同时，对于实验动物生物安全实验室，《病原微生物实验室生物安全管理条例》规定：新建、改建、扩建三级、四级生物安全实验室或者生产、进口移动式三级、四级生物安全实验室应符合国家生物安全实验室建筑技术规范，三级、四级生物安全实验室应当通过实验室国家认可。三级、四级生物安全实验室从事高致病性病原微生物实验活动，工程质量经建筑主管部门依法检测验收合格。

为此，本节首先对实验动物设施工程验收和综合性能全面检测评定的关系进行说明，进而对综合性能工程检测涉及的检测项目、检测技术等的要求和发展历程进行介绍，有助于读者更好地理解实验动物设施检测和综合验收的重点。

3.7.1 工程检测要求

1. 检测时机

《实验动物设施建筑技术规范》GB 50447—2008 第 10.2.1 条规定：在工程验收前，应委托有资质的工程质检部门进行环境指标的检测。《实验动物　环境及设施》GB 14925—2023（以下简称"GB 14925—2023"）第 11.1.1 条和第 11.1.3 条规定：设施竣工后应进行全面检测，并出具检测报告，不应以工程调试结果代替检测报告。检测项目应满足 GB 14925—2023 表 7 的要求，检测结果应符合 GB 14925—2023 第 6 章的相关规定。当发生工艺平面改变、系统大修、送风机或排风机更换、高效空气过滤器更换等情况时，也应进行全面检测。

《洁净室施工及验收规范》GB 50591—2010（以下简称"GB 50591—2010"）第 16.3.1 条对相关检测项目的检验时间最长间隔进行了规定，如表 3.7-1 所示。GB 50591—2010 第 16.3.3 条规定，有下列情况之一者，应重新进行静态性能验收检验：

（1）对系统采取措施进行改动的；

（2）严重背离现行性能条件的；

（3）风系统重大故障，影响运行的；

（4）严重影响设施运行的特殊维修之后。

实验动物设施检测项目的检验时间最长间隔　　　　　　　表 3.7-1

序号	项目	适用级别	检验时间最长间隔
1	送风量（换气次数）	6～9 级	12 个月
2	静压差	所有级别	12 个月
3	空气洁净度	1～5 级	6 个月
		6～9 级	12 个月
4	温度	所有级别	12 个月
5	相对湿度	所有级别	12 个月
6	沉降菌浓度	所有级别	6 个月
7	噪声	所有级别	12 个月
8	照度	所有级别	12 个月
9	氨浓度	所有级别	24 个月

对于实验动物生物安全实验室，《生物安全实验室建筑技术规范》GB 50346—2011 第 10.1.2 条规定，有下列情况之一时，应对生物安全实验室进行综合性能全面检测：

（1）竣工后，投入使用前；

（2）停止使用半年以上重新投入使用；

（3）进行大修或更换高效空气过滤器后；

（4）一年一度的常规检测。

《洁净室及相关受控环境　第1部分：颗粒浓度对空气洁净度的分类》ISO 14644-1规定，对于7级、8级洁净室，洁净度、风量、压差的最长检测时间间隔为12个月；对于生物安全实验室，每年至少进行一次各项综合性能的全面检测是有必要的。另外，更换送风、排风高效空气过滤器后，由于系统阻力的变化，会对房间风量、压差产生影响，必须重新进行调整，经检测确认符合要求后，方可使用。加拿大的《加拿大生物安全标准》（Canadian biosafety standard）（第二版）（以下简称"加拿大标准 CBS-2"）第5章对生物安全实验室的性能验证测试专门提出了要求，与《生物安全实验室建筑技术规范》GB 50346—2011相似，同样提出了一年一度的常规检测要求，CL3、CL3-Ag和CL4区的复审每年进行一次，朊病毒处理区每两年进行一次。美国的《微生物和生物医学实验室生物安全》（Biosafety in microbiological and biomedical laboratories）（第五版）（以下简称"美国手册 BM-BL-5"）要求实验室在运行前必须对设计、运行参数进行检测认证，实验室设施应每年进行认证。澳大利亚/新西兰标准《生物安全　第3部分：微生物安全标准》（Safety in laboratories-Part 3：Microbiological safety and containment）（以下简称"澳/新标准 AS/NZS 2243.3"）也对各级实验室要求的检测项目提出了每年检测的要求。WHO《实验室生物安全手册》（第三版）（以下简称"WHO手册"）在第8章明确给出了实验室的认证要求：实验室认证是对实验室内部的所有安全特征和过程（工程控制、个体防护装备以及管理控制）进行系统性检查；对生物安全操作和规程也要进行检查；实验室认证应定期进行，是一种不断进行的保证质量和安全的活动。

2. 检测条件

《实验动物设施建筑技术规范》GB 50447—2008第10.1.4条规定：工程环境指标检测应在工艺设备已安装就绪，设施内无动物及工作人员，净化空调系统已连续运行24h以上的静态下进行。

作为隔离环境的动物隔离设备、独立通风笼具（IVC）等，既能保证与环境的绝对隔离，又能满足运转动物时保持与内环境一致，其安全保障作用高于实验动物设施中的屏障环境和普通环境。实验动物设施中的设备运行状态也会影响设施通风系统，因此应首先确认设备的运行状态符合要求后，再进行设施的检测。

对于实验动物生物安全实验室，《生物安全实验室建筑技术规范》GB 50346—2011第10.1.4条对生物安全实验室的检测条件提出了明确要求：检测前应对全部送、排风管道的严密性进行确认。对于b2类的三级生物安全实验室和四级生物安全实验室的通风空调系统，应根据对不同管段和设备的要求，按现行国家标准《洁净室施工及验收规范》GB 50591的方法和规定进行严密性试验。加拿大标准 CBS-2第20.1节中明确指出了实验室检测、认证前的调试要求：防护区的调试包括两个典型阶段，即建设期间的调试和认证期间的调试。建设期间的调试是为了确保防护区的系统在设计、安装、功能测试和操作时符合设计要求，并规定防护屏障完整性检测、HEPA过滤单元完整性检测、送排风系统检测等检测项目应在电气和机械设备使用之前进行。认证期间的调试包括对建筑系统的性能和验证测试，应符合验证要求。WHO手册第7章给出了实验室工程检测验收的试运行要求，并列出了试运行的主要检测验收项目。

3. 检测内容

（1）工程环境参数检测

《实验动物设施建筑技术规范》GB 50447—2008给出的实验动物设施工程静态检测涉及的工程环境参数检测项目如表3.7-2所示。氨浓度检测为动态检测指标。

实验动物设施工程静态检测涉及的工程环境参数检测项目　　　　表 3.7-2

序号	检测项目	单位
1	换气次数	h^{-1}
2	静压差	Pa
3	空气洁净度等级	级
4	温度	℃
5	相对湿度	%
6	沉降菌浓度	个/（ϕ90 培养皿，30min）
7	噪声	dB（A）
8	工作照度和动物照度	lx
9	动物笼具周边气流速度	m/s
10	送、排风系统联锁可靠性验证	—
11	备用送、排风机自动切换可靠性验证	—

1）换气次数

为实验动物设施提供足够的送风量可使普通环境和屏障环境达到一定的换气次数，足够的换气次数有利于降低对环境的污染程度，也是保障其他室内环境参数达标的重要前提。普通环境的换气次数指标为参考值，可根据实际需要确定。

换气次数检测前必须检查风机运行是否正常，系统中各部件安装是否正确，有无障碍，所有阀门应固定在一定的开启位置上。选用带流量计的风量罩法时，可直接得出风量，风量罩面积应接近风口面积，测定时应将风量罩口完全罩住空气过滤器或出风口，风量罩面积应与风口面积对中，风量罩边与接触面应严密无泄漏。

2）静压差

实验动物设施设置静压差主要基于两点考虑：一是对正压或负压环境建立有序的压力梯度；二是确保实验动物和操作人员的舒适性。隔离环境与所在房间的最小静压差应满足设备的要求。

静压差的检测应在所有房间的门关闭时进行，有排风时，应在最大排风量下进行，并宜从平面上最里面的房间依次向外测定相邻相通房间的压差，直至测出洁净区与非洁净区、室外环境（或向室外开门的房间）之间的压差。

3）空气洁净度

空气洁净度检测主要是为了保证实验动物设施内达到一定的洁净度级别，为实验动物生产和实验提供洁净的环境。隔离环境的空气洁净度等级根据设备的要求确定。

洁净度检测时，室内检测人员应控制在最低数量，不宜超过 2 人，面积超过 100m² 又需快速完成测定任务时，可适当增加人数。人员必须穿洁净服，应位于测定下风侧并远离测点，动作要轻，尽量保持静止。洁净度检测使用粒子计数器进行，粒子计数器粒径分辨率应小于或等于 10%，粒径设定值的浓度允许误差应为 ±20%，并应按所测粒径进行标定。

洁净度测点数可按房间面积求出，也可按表 3.7-3 选用。

每一受控环境的采样点不宜少于 3 点。对于洁净度等级为 5 级及 5 级以上的洁净室，应适当增加采样点，并得到用户（建设方）同意并记录在案。采样点应均匀分布于洁净室或洁净区的整个面积内，并位于工作区高度（距地 0.8m，或根据工艺协商确定），当工作区分布于不同高度时，可以有 1 个以上测定面。乱流洁净室（区）内采样点不得在送风口正下方。如果建设方要求增加采样点，应协商确定采样点数量和位置。每一个采样点每次的采样必须满足最小采样量：5 级区域为 8.60L，其余各级区域为 2.83L。每个采样点应连续记录 3 次稳定的相近数值，3 次平均值代表该点数值。测单向流时，采样头应对准气流；测非单向流时，采样头一律向上。

洁净度测点数选用表   表 3.7-3

面积（m²）	洁净度			
	5 级及高于 5 级	6 级	7 级	8～9 级
<10	2～3	2	2	2
10	4	3	2	2
20	8	6	2	2
40	16	13	4	2
100	40	32	10	3
200	80	63	20	6
400	160	126	40	13
1000	400	316	100	32
2000	800	623	200	63

4）沉降菌浓度

沉降菌浓度检测主要是为了降低实验动物设施内的菌落污染程度，为实验动物生产和实验提供洁净的环境。

沉降菌浓度检测使用直径 90mm 的培养皿采样，当采用其他直径的培养皿时，应使其总面积与 90mm 的培养皿面积相当。培养皿中灌注胰蛋白酶大豆琼脂培养基，必须留样作阴性对照。培养皿表面应经适当消毒清洁处理后，布置在有代表性的地方和气流扰动极小的地方。在乱流洁净室内，培养皿不应布置在送风口正下方。当用户没有特定要求时，培养皿应布置在地面及其以上 0.8m 之内的任意高度。每一个控制区应设 1 个阴性对照皿。培养皿数应不少于洁净度的测点数，如工艺无特殊要求，应大于等于表 3.7-4 中的最少培养皿数，另外各加 1 个对照皿。

最少培养皿数   表 3.7-4

洁净度级别	所需 90mm 培养皿数（以沉降 30min 计）
高于 5 级	44
5 级	13
6 级	4
7 级	3
8 级	2
9 级	2

培养皿应从内向外布置，从外向内收皿。每布置完 1 个皿，皿盖只允许斜放在皿边上，对照皿盖挪开即盖上。布皿前和收皿后，均应用双层包装保护培养皿，以防污染。布皿和收皿的检测人员必须穿无菌服，但不得穿大褂，头、手均不得裸露，裤管应塞在袜套内，并不得穿拖鞋。

5）温度、相对湿度、噪声及照度

温度、相对湿度、噪声及照度检测的目的是为实验动物设施内的实验动物生产和操作，以及为操作人员提供合适的环境。普通环境的温度、相对湿度指标为参考值，可根据实际需要确定。

检测温度、相对湿度之前，空调系统应至少连续运行 8h。室内温湿度测定点为距地面 0.8m 高的中心点，检测仪器为可显示小数点后一位的数字式温湿度测量仪。测量值应通过调试尽量达到测定时气象条件下静态能力的极值，如有疑问或建设方有要求，可在动态下或最不利季节复核。测出室内的温湿度之后，应同时测出当天室外温湿度。对于有恒温恒湿要求的实验动物设施，还应符合《洁净室施工及验收规范》GB 50591—2010 附录 E.5 的要求。

噪声检测时测点距地面高 1.1m，面积在 15m² 以下的洁净室，可只测室中心 1 点；15m² 以上的洁净室，除中心 1 点外，应再测对角 4 点，距侧墙各 1m，测点朝向各角。当为混合流洁净室时，应分别测定单向流区域、非单向流区域的噪声。

照度检测时必须在室温趋于稳定之后进行，并且荧光灯已有 100h 以上的使用期，检测前点燃 15min 以上；白炽灯已有 10h 以上的使用期，检测前已点燃 5min 以上。测点距地面高 0.8m，按 1～2m 间距布点，30m² 以内的房间测点距墙 0.5m，超过 30m² 的房间，测点距墙 1m。

6）动物笼具周边气流速度

室内气流速度会对具有与环境相通的孔、洞、格栅等的笼具内的动物产生影响，如果是密闭的笼具，这一指标就没有必要检测。

检测气流速度时，测量面为迎风面，距动物笼具 0.1m，均匀布置测点，测点间距不大于 0.2m，周边测点距动物笼具侧壁不大于 0.1m，每行至少测量 3 点，每列至少测量 2 点，测点布置示意图如图 3.7-1 所示。

7）送、排风系统联锁可靠性验证

屏障环境设施的送风机和排风机必须可靠联锁，送风机和排风机的启停顺序是为了保证室内所需要的压力梯度。有正压要求的实验动物设施，排风机应与送风机联锁，送风机应先于排风机开启，后于排风机关闭。有负压要求的实验动物设施，排风机应与送风机联锁，排风机先于送风机开启，后于送风机关闭。

8）备用送、排风机自动切换可靠性验证

屏障环境设施和隔离环境设施应设置备用的送风机和排风机。当风机发生故障时，系统应能保证实验动物设施所需最小换气次数及温湿度要求。屏障环境设施动物生产区（动物实验区）的空调净化系统出现故障时，经济损失比较严重，所以送、排风机应考虑备用并满足

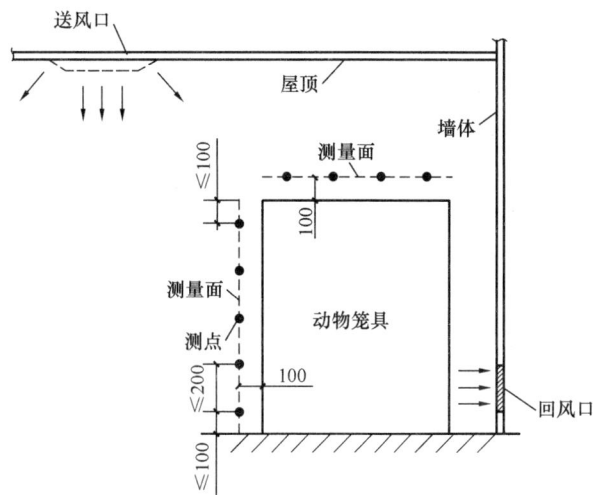

图 3.7-1　动物笼具周边气流速度测点布置示意图

温湿度要求。风机的备用方式一般为在空调机组中设置双风机，当运行风机出现故障时，备用风机立刻运行。若运行管理到位，当风机出现故障时能及时修复，并且在修复期内，实验动物生产或动物实验基本不受影响的情况下，可不在空调系统中设置备用风机，而在机房备用同型号的风机或风机电机。如果建设方根据自己的实际情况，可以承受风机出现故障情况下的损失，可不备用。

对于实验动物生物安全实验室，还应符合现行国家标准《生物安全实验室建筑技术规范》GB 50346 的相关要求，其中有关实验动物生物安全实验室工程静态检测涉及的工况可靠性验证项目的规定如表 3.7-5 所示。

实验动物生物安全实验室工程静态检测涉及的工况可靠性验证项目　　表 3.7-5

序号	可靠性验证项目	序号	可靠性验证项目
1	工况转换	4	备用送风机切换
2	系统启停联锁	5	备用电源切换
3	备用排风机切换	6	自控报警系统的可靠性

（2）动物隔离设备参数检测

对于实验动物生物安全实验室，作为隔离环境的动物隔离设备、独立通风笼具（IVC）等除应符合现行国家标准《实验动物设施建筑技术规范》GB 50447 的要求外，还应符合现行标准《生物安全

实验室建筑技术规范》GB 50346 和《实验室设备生物安全性能评价技术规范》RB/T 199 的相关要求。

《实验室设备生物安全性能评价技术规范》RB/T 199—2015 中对动物隔离设备、独立通风笼具（IVC）的主要检测参数进行了规定，如表 3.7-6 所示。

动物隔离设备、独立通风笼具（IVC）的主要检测参数　　　　　　　　表 3.7-6

序号	设备名称	子项序号	主要检测参数	适用的实验室类型		
				二级	三级	四级
1	非气密式动物隔离设备	1	排风高效空气过滤器检漏		✓	✓
		2	送风高效空气过滤器检漏		✓	✓
		3	箱体内外压差		✓	✓
		4	工作窗口气流流向		✓	✓
2	气密式动物隔离设备	1	排风高效空气过滤器检漏		✓	✓
		2	送风高效空气过滤器检漏		✓	✓
		3	工作区气密性		✓	✓
		4	设备内外压差		✓	✓
		5	手套连接口气流流向		✓	✓
3	独立通风笼具（IVC）	1	排风高效空气过滤器检漏	✓	✓	✓
		2	送风高效空气过滤器检漏	✓	✓	✓
		3	笼盒气密性	✓	✓	✓
		4	笼盒内外压差	✓	✓	✓
		5	笼盒内气流速度	✓	✓	✓
		6	笼盒换气次数		✓	✓

3.7.2　工程验收要求

实验动物设施的工程验收是实验动物设施启用验收的基础，根据国家相关规定，实验动物设施应由建筑主管部门进行工程验收，合格后再进行实验室认可验收，工程验收应按《实验动物设施建筑技术规范》GB 50447—2008 附录 B 规定的验收项目逐项验收。对于实验动物生物安全实验室，工程验收应同时按《生物安全实验室建筑技术规范》GB 50346—2011 附录 C 规定的验收项目逐项验收。工程验收应出具工程验收报告，结论应由验收小组得出，验收小组应包括涉及实验动物设施建设的各个技术专业。

工程验收涉及的内容应包括各个专业，综合性能的检测只是其中的一个环节，还包括工程前期、施工过程中的相关文件和过程的审核验收。在工程验收前，应首先委托有资质的工程质检部门进行工程检测，无资质的部门出具的报告不具备任何效力。

《实验动物设施建筑技术规范》GB 50447—2008 第 10.1.2 条规定：工程检测应由有资质的工程质量检测部门进行。《生物安全实验室建筑技术规范》GB 50346—2011 第 10.1.1 条规定：三级和四级生物安全实验室应进行工程综合性能全面检测和评定，并应在施工单位对整个工程进行调整和测试后进行。对于压差、洁净度等环境参数有严格要求的二级生物安全实验室也应进行综合性能全面检测和评定。WHO 手册第 7 章给出了实验室试运行要求：对已经完成安装、检查、功能测试的指定实验室的结构、系统及系统组成部分进行系统性检查，然后形成文件，证明其符合国家或国际标准；同时也列出了实验室试运行测试时应该包括的主要检测项目。

3.8 运 行 维 护

3.8.1 建筑设施环境管理与维护

1. 普通环境设施内环境管理与维护

（1）各种物品的卫生保洁措施

1）笼架具、台架等固定物品平时应整齐地摆放于适宜位置，并按照相关要求进行日常管理。

2）饮食器具、作业工具、生产或实验器材等频繁出入实验动物设施的物品在每次消毒后应用适当容器盛装，标明类别和消毒日期，整齐地码放于相应储存间内，不得就地码放；使用时，应先用陈料，用多少取多少；使用后，应将储存间打扫干净、未用物品放置有序，将使用工具打扫干净并放回原处，将更换下来的物品和其他废物随时传出实验动物设施并及时实施分类洗消处理。

（2）内环境的卫生消毒措施

1）卫生保洁

在日常工作中，每班的动物饲养管理工作完毕后，应先将实验动物设施内所有更换下来的笼架具、用具等污物按照物品退出设施的路线传至洗消间；再将设施内所有笼架具、台架、门、窗、地面等部位打扫干净，打扫时要尽量避免扬尘。若为水冲洗设施，则应将可冲洗之处用水冲洗干净，并将积水清扫彻底，避免高湿环境对动物的影响。

2）环境消毒

① 每天 1 次的消毒：每天作业完毕，将所有无动物区域的紫外线灯打开 30～60min，对这些区域的空气进行消毒。

② 每周 1～2 次的消毒：对于各种笼架具、管理用具和整个实验动物设施的地面进行相应的擦抹和拖地消毒，或对所有空间环境进行喷雾（气溶胶）消毒，不留死角。

③ 终末消毒：对于实验设施，每批实验结束后要进行 1 次彻底的清洗消毒。方法是：能够传出的部件，应传至洗消间进行彻底洗消处理；不能传出的部件和腾空的区域，现场清洗后，用过氧乙酸等高效消毒剂进行 1 次彻底的消毒处理，不留死角。

2. 屏障环境设施内环境管理与维护

（1）屏障环境设施启用前的准备工作

在启用之前，所有屏障环境设施都必须经过卫生消毒、环境检测、主管部门验收等一系列准备。

1）卫生消毒。屏障环境设施建成后，首先要通过除垢、清扫、擦抹等方式，将设施内吊顶、墙面、地面、设备表面等所有区域的污垢、粉尘清除干净。然后，用福尔马林、过氧乙酸、戊二醛等常用消毒剂对整个设施内环境进行熏蒸消毒。由于熏蒸消毒时，被加热挥发的消毒药蒸气可以四处弥散而有效杀灭被消毒空间中的各种微生物，消毒效果较好，故常用于各种空间环境的消毒。在此，将经典的福尔马林熏蒸消毒方法介绍如下：

① 购买消毒剂：以每立方米空间用高锰酸钾（用于氧化福尔马林而使其迅速产热、沸腾，从而挥发出甲醛蒸气）30g、福尔马林（含 37%～40% 的甲醛）40mL 的剂量（由于氧化反应时要消耗约 30% 的福尔马林，且容器中的福尔马林并不能全部挥发，故应采用此有效剂量），计算并购买消毒剂。

② 准备消毒容器：根据消毒剂的总量和区域布局，计算消毒容器的用量，每个消毒容器的容积应不小于应装消毒剂容量的 10 倍，且为广口、耐热容器。

③ 准备消毒现场：在停止送、排风的状况下，将要放置消毒容器的地方铺垫废报纸，其铺垫面积应不小于消毒容器底面积的 5 倍。将消过毒的环境检测相关用品和无菌防护服放至二更间，将被消毒区内的所有物品展开，以保证彻底消毒。

④ 准备高锰酸钾：根据每个消毒容器应盛装的数量称取高锰酸钾。将每份高锰酸钾分别倒入对

应的消毒容器中，加入等量的水后搅匀，再将每个消毒容器放入准备好的废报纸中央。

⑤ 准备福尔马林：根据每个消毒容器应盛装的数量，用广口容器称取福尔马林（因福尔马林刺激性较强，为保护操作人员，应在通风橱内或室外称取，且称取前先将福尔马林搅匀），将每份福尔马林分别放至对应的高锰酸钾溶液一旁。

⑥ 密封被消毒空间：预留消毒人员的出口和密封此出口所用的胶带后，将设施内的其余门窗用胶带密封。

⑦ 确定操作人员：以每人操作消毒容器的数量不超过 10 份为宜，确定消毒人员的数量和消毒操作时每人由里向外的便捷退行路线。

⑧ 消毒操作：所有消毒人员同时进行，由里向外依次将自己所分担的所有福尔马林全部倒入对应的消毒容器中，并迅速退出被消毒区。

⑨ 善后工作：待所有人员退出后，及时切断被消毒区内的所有电源，并将出口密封。

2）环境检测与验收。熏蒸消毒 48~72h 后，启动送、排风机。通风 24~48h 后，按照相关标准操作规程（Standard Operating Procedure，SOP）的要求，进入内环境清理消毒物品，并将其全部带出，进行相应处理。再通风 12~24h 后，便可请具有实验动物环境检测资质的环境检测机构，按照现行国家标准《实验动物 环境及设施》GB 14925，对设施的各项内环境指标进行检测。检测合格后，方可向当地实验动物管理部门提出验收申请。设施验收合格后，方可投入使用。值得注意的是，环境检测后应保持内环境的持续洁净，否则即使环境检测合格，在启用前也应重新进行消毒处理。

（2）屏障环境设施运行中的维持

屏障环境设施启用后，通常应保持连续运行的状态，要使各种环境因素保持稳定、合格，不仅需要对整个设施进行不断地维护和保洁，还需要对内环境指标进行经常性检测。

1）设施维护。在日常工作中，不仅应按照各种通风空调设备的操作和维护要求，进行规范操作，避免环境指标出现异常，还应根据内环境指标检测的异常结果查找原因，并及时解决问题。在保证通风空调设备运转正常和梯度压差合格的情况下，气流速度和换气量通常是有保证的。如果温度、湿度、压差梯度不合格，应考虑通风空调设备运转有无异常或参数设置是否合适。如果空气洁净度、菌落数、氨浓度、噪声等指标有异常，除了考虑通风空调设备运转有无异常外，还应考虑动物饲养管理工作有无问题，压力蒸汽灭菌器、净水设备、传递窗/间、渡槽等净化系统的消毒效果如何，人员、物品和动物的净化操作是否规范等。

2）设施内环境的保洁。要保持设施内环境的洁净，应注重日常的卫生消毒工作。首先，在每周 2 次的整批更换物料过程中，每次都要用适当浓度的消毒液对存放鼠盒的笼架具和作业台进行同步擦拭消毒；每个房间的动物饲养管理工作完成后，及时将各房间更换下来的笼具、用具等污物传至污物走廊，打扫房间地面卫生（尽量避免扬尘）；然后，再用消毒液对房间内易积尘、易污染的物体（如存放物、墙体、作业工具、门把手等）表面进行擦拭消毒；待各房间的饲养管理工作全部完毕后，再用浸有消毒液的墩布，按照"清洁库房→清洁走廊→动物饲养间→其他房间"的顺序对地面进行彻底的墩地消毒；最后，退至污物走廊，将此前放置的所有污物传至出口缓冲间（由洗消人员将其传至洗消间进行洗消处理），再对污物走廊进行墩地消毒。每天晚上，值班人员先用同样方法将人员、物品和动物的出、入通道（二更、出口缓冲间、传递间及其以外区域）打扫并消毒一遍，再打开屏障区内所有无动物区域的紫外线灯，照射消毒 30~60min。另外，根据房间的使用情况和房间内动物的饲养密度，室内排风口滤材每月应清洗 1~2 次。

3）设施内环境指标的动态检测。对于温度、相对湿度、压差等日常性监督指标，应实时动态检测并记录；对于菌落数、氨浓度、噪声、照度等监督性检测指标，应由专业的检测人员进行每年不少于 1 次的动态检测并记录；而空气洁净度、换气次数、气流速度等指标，应在必要时进行检测（用以评价设施的换气性能是否达标、是否需要更新高效空气过滤器、更新高效空气过滤器后的调试等）。设施内环境指标的动态检测是一项容易被忽视的工作，应引起足够的重视。

（3）饲育设备的运行管理与维护

除大型屏障环境设施外，许多单位利用符合屏障环境标准的层流柜、IVC、洁净工作台等饲育设备进行清洁级以上啮齿类动物的生产或实验。在日常管理过程中，要注意保证这些设备通风净化和报警装置的性能完好，保障电力供应的连续性和实际操作（包括动物传递）的洁净化。

1）层流柜。新购置的层流柜应按照屏障环境标准进行粒子数及菌落数检查。检验合格后，再用消毒剂彻底消毒，然后方可放入动物进行饲养。平时应注意观察通风系统的运行状况，发现异常及时处理。在管理动物或进行实验操作时，重点应防止转运和操作时的污染。因此，操作的各个环节应有相应的消毒措施。

①取出鼠盒前：应对双手进行消毒处理，然后依次取出鼠盒（开展动物管理或实验操作应在超净台内实施）。

②鼠盒放回时：应先将层流柜内部擦抹消毒，再将每个鼠盒的外表面进行擦抹消毒，将鼠盒放回层流柜，随手关闭层流柜的柜门。

③维护频率：每 3～6 个月应进行 1 次内环境洁净度和动物质量检测，发现问题应及时处理；其送、排风机应每半年保养 1 次，粗效滤材应每月检查清洗 1 次、高效滤材应每年更换 1～2 次（视其前端保护情况而定）或终阻力达到初阻力的 2 倍时更新 1 次。

2）IVC。IVC 的基本要求与层流柜相同。但由于 IVC 为独立通风笼具，不仅要保持鼠盒自身的各部件连接完好，还应使每个鼠盒与通风管道的连接可靠、换气量均匀、避免排气孔堵塞。

3）洁净工作台。洁净工作台既是管理动物或进行实验的操作场所，又是层流柜、IVC 等其他相关饲育设备的配套设备，保持其洁净度十分重要。平时应注意观察各部件的运行状况，发现异常及时处理。由于它是间断性使用的设备，其洁净度要靠规范操作来保证。具体操作要点如下：

① 操作前：应先适当打开前门，将其四壁和作业台面用消毒剂擦抹消毒一遍，然后打开送风机和紫外线灯，通风消毒 10～15min 后，关闭紫外线灯，方可开展作业。

② 操作时：应戴好消毒手套，将鼠盒和已消毒的操作工具、有关物料放在作业台面上，打开鼠盒和物料的包装，用消毒镊子（末端带橡胶套，以防滑和防止夹伤动物）轻轻夹取动物的尾根部和其他物料，以进行动物饲养管理或实验操作。作业过程中，手套和镊子不可接触污染物，并在每盒动物操作完毕后浸泡消毒 1 次。

③ 作业完毕：将鼠盒盖好并放入饲养设备，将作业工具和有关物料清理干净后，再关闭前门和送风机。

④ 维护频率：由于它是间断使用的设备，其风机和滤材的维护频率较低，1～2 年维护 1 次即可，但每年应至少进行 1 次洁净度检测。

3. 隔离环境设施内环境管理与维护

（1）隔离器的安装

隔离器安装过程中的每一步操作都应十分精心，以免对薄膜室、手套等"软件"造成损伤。以软包隔离器为例，其安装步骤如下：

1）组装支架。支架通常为 2～3 层，由不锈钢材料制成。安装前，应根据固定传递仓支架、滤器支架所用螺丝的位置和数量，将台面打孔。安装时，将紧固螺丝拧紧。

2）准备薄膜室。调整好薄膜室方位后，在适当位置剪出直径不同的圆洞，以便安装传递仓、手套圈。

3）安装传递仓。将传递仓的 1/2 套进薄膜内并使薄膜的茬边向外，用丝带压住薄膜缠绕 3 圈，以薄膜边缘为中线用胶带前圈压住后圈半边紧绕 6～7 圈。

4）安装手套。确定薄膜室和手套的方向后，用手套圈和薄膜室的开孔把手套挤住，茬边向外对齐，先缠 3 圈丝带，再缠 2～3 圈胶带。

5）固定传递仓。如果传递仓带支架，则将支架连同传递仓一起固定在台面上；如果传递仓不带支架，则把传递仓直接固定在台面上。安装时，注意将紧固螺丝拧紧。

6）检测薄膜室的密闭性。通常采用肥皂水法和目测法。

① 肥皂水法：用内外套帽密封传递仓，只捅开一个滤器接口的内封膜，向薄膜室内充气至手套挺起。将肥皂水涂抹在各接缝处，无气泡即为密闭良好。

② 目测法：向薄膜室充气使手套挺起，4～6h 后无明显变化者，视为合格。如果隔离器自带压力表，可充气至 50mm 水柱，48h 后仍保持 37mm 水柱者，可视为合格。

7）安装滤器。应选择过滤效率 $\eta \geqslant 99.99\%$ 的高效滤材。一般地，进气滤器加高效滤材 3～4 层（总进风口处安装粗效滤材），排气滤器加高效滤材 2 层，组装滤器时要用明显的标记区分两种不同用途的滤器。高压灭菌后的滤器用卡箍紧扣在薄膜室上，并用支架固定。分别把进气滤器和排气滤器与送、排风套管相连接。

8）安装送风机。选用风量匹配的送风机，将其安装在支架底层的预留位置，并将其与进气滤器的套管相连接。然后，连接适当长度的电源线。当同时使用多台隔离器时，可用一台送风机（备用一台），在室内架设统一的进气管和排气管，统一送风并将排气统一通向室外，既可降低室内噪声，又能保持室内空气清新。

9）安装笼架。为了合理利用空间，饲养隔离器一般设有由不锈钢件组成的笼架。把组件通过传递仓放入薄膜室，戴上隔离器的手套组装。

10）安装报警装置。为保证饲养设备内动物的安全，应为其安装报警装置，使值班员能够及时发现并排除各种故障。

（2）隔离器的灭菌净化

隔离器使用前必须进行灭菌净化，其操作程序是：

1）准备。将 500mL 的装有 2％过氧乙酸并充气的小型喷雾器放入隔离器，传递仓用外帽封住，隔离器充气 60％时用橡胶塞封住进、排气套管。

2）灭菌。对隔离器内壁及所有物品的表面逐一喷酸灭菌。通过翻动手套和物品，使隔离器内壁、手套内壁和所有物品都能够与酸液充分接触。

3）取出喷雾器。喷酸完毕，把喷雾器放进传递仓，套紧内帽，打开外帽，取出喷雾器并套紧外帽，再次对传递仓进行消毒，塞紧喷酸孔。

4）通风和检测。灭菌 24h 后，通风换气。内环境干燥后，进行无菌检测，合格后方可投入使用。

（3）隔离器的使用管理

隔离器使用管理的主要要求在于保持隔离器的完好、通风设备的连续运转、空气过滤器材的可靠、动物和各种物品的无菌化传递（负压隔离器内的物品传出前，必须进行严密的包装，传出时必须进行彻底的包装表面消毒，传出后必须进行高压灭菌，最后实施无害化处理）。传递物品和动物的操作程序是：

1）把高压灭菌后的灭菌桶放在托架上，高度与传递仓一致。

2）取掉传递仓外帽，用连接袖连接灭菌桶与传递仓，并用胶带密封。

3）通过连接袖的消毒孔喷入 2％的过氧乙酸，边喷边转动喷嘴的方向，使过氧乙酸与传递仓的内壁充分接触。

4）10～30min（传递动物时，应事先将动物运输罐密封好，传递消毒的时间不宜过长，以尽量减轻消毒药剂对动物的伤害）后，戴上隔离器手套，取掉传递仓内帽，捅破灭菌桶的封口膜，取出桶内物品，开展动物饲养管理或实验操作。

5）动物饲养或实验操作完毕，将传出物品放进灭菌桶内，套好传递窗内帽，取下灭菌桶和连接袖，向传递仓内喷酸消毒并随即套好传递仓外帽，从而完成一次物品传递过程。

（4）隔离器的日常维护

1）日常维护：每天应注意观察手套、传递仓帽及隔离器软包是否膨隆，发现问题应及时处理。

清洁时不要使用粗糙抹布和利器，以防隔离器的透明度降低甚至被划伤。每次操作完毕都要把手套指部拉出或变动折叠部位，以防材料老化折断。

2）维护频率：根据使用情况，送、排风机应每半年保养 1 次，粗效滤材应每月检查清洗 1 次、高效滤材应每年更换 1～2 次（视其前端保护情况而定）或终阻力达到初阻力的 2 倍时更新 1 次，塑料包（硬包者除外）每 2～3 年更换 1 次（视其老化程度而定）。

3）内环境检测：每 3 个月应进行 1 次内环境和粪便样本检测，每年应进行 1 次动物质量检测。

3.8.2　关键设备的运行管理与维护

1. 通风空调系统

通风空调系统是维持实验动物设施运行的核心设备，它直接关系到整个设施能否安全、正常运行，因此必须引起足够的重视。不同设施所装配的通风空调系统各异，既有集中空调系统、独立空调系统，又有介于二者之间的区域空调系统。各系统的具体组合形式更是千变万化，表现在通风净化的方式和程度不同、冷热源的供应形式不同、加湿/除湿的方式方法不同等，但其功能都应包括通风净化（空气净化、换气及压差维持）、空气调节（温、湿度调节）两大方面。

（1）通风净化设备的运行管理及维护

1）普通环境设施的通风设备。普通环境设施多为开放环境，对进入的空气不要求净化。在温度适宜的季节，打开门窗便可实现自然通风。在低温和高温季节则需要人工辅助通风，此时要使通风量满足设施内换气次数的需求。尤其是实施间断性通风的设施，必须设置合理的通风频率，既要满足设施内换气量的需求，保持设施内空气新鲜，又要注意温、湿度的变化，避免因温、湿度的大幅度波动而影响动物生产或实验。日常管理中，应注意检查门、窗是否完好，送、排风机及控制装置的性能是否安全可靠，发现问题要及时解决。其中，换季检查和保养是必不可少的环节，应予以重视。

2）屏障环境设施的通风净化设备。在日常管理中，重点要处理好风量、风速和洁净度这三个相互关联的指标。设施启用时一般都能够将这三个指标调试到最合理的状态，但经过长时间的运行后，各种滤材尤其是各风管末端高效滤材的阻力会发生不同程度的增加，风量和风速也会发生相应的改变，导致各区域间的梯度压差不合理、空气交换量不足或不均衡。为保持合理的通风和净化，必须及时清洗或更换各种滤材。滤材的更新或清洗频率如下：高效滤材每 1～2 年（视其前端保护情况而定）或终阻力达到初阻力的 2 倍时更新 1 次，更新时应有可靠的防污染措施，同时要进行气流速度、换气次数、压差的调平和洁净度的检测工作；中效滤材每 3 个月清洗 1 次、每年更新 1 次；粗效滤材每周清洗 1 次。遇有风沙天气时，为有效保护高效滤材，即便风量和压差指标尚且合理，也应适时清洗粗、中效滤材。日常管理中，应每月检查 1 次送、排风机及控制装置的性能是否安全可靠，配电线路接点是否安全可靠，风量调节阀的开启大小或风机变频器的频率设置是否合适等。发现问题要及时解决，以保障设备的安全运行，确保设施的通风净化效果符合要求。

3）隔离环境设施的通风净化设备。由于送入隔离器的空气源自洁净环境，日常管理工作中，在确保洁净环境空气温、湿度合格的前提下，应参照屏障环境设施的做法，重点注意保持隔离器的通风净化设备、报警装置及备用电源的性能完好，以确保隔离器通风和净化的连续性。

（2）空气调节设备的运行管理及维护

由于实验动物，尤其是啮齿类动物对所处环境的温、湿度非常敏感，在做好通风净化工作的同时，必须保证内环境的温、湿度符合所饲养动物的需要。

1）加温、加湿季节温、湿度的保持。以北京地区为例（下同），每年 10 月至次年 4 月是需要加温、加湿的季节。此间，要保持设施内温度不低于 20 ℃、相对湿度不低于 40 %，就必须保障供暖和加湿设备的正常运行。

① 温度保障：

（a）换季检修：对于全程使用电热供暖（如电加热器、热泵机组等）的设施，每年 9 月底就要对电热设备的供电线路及其控制装置进行检修或维护。对于散热器供暖的设施，尽管每年11月至次年3月可利用散热器供暖，但每年10月份供暖之前和次年3月停暖之后至4月份，要启用辅助加热设备（如电加热器、热泵机组等）。在启用供暖系统之前，要将供暖系统检查一遍，如检查供暖管道保温如何、是否漏水、有无积气；阀门是否开启；辅助加热设备的供电线路及其控制装置是否完好等，发现问题应及时解决。停止供暖后，要对整个供暖系统进行全面检查，并做好诸如切断电源、加油保养等维护工作。

（b）日常管理：日常管理工作中，尤其在春秋过渡季节，必须根据设施内的温度变化，适时调整供暖及其控制装置的运行参数，保持设施内的温度和日温差符合要求。

② 湿度保障：

（a）换季检修：每年10月初，空气湿度开始明显降低。低温低湿的空气，经过加热后相对湿度常在20%以下。为此，每年9月份就应做好加湿的准备工作，如检查加湿（干蒸汽、电极式、湿膜或高压雾化式加湿）设备及蒸汽源（或水源）有无保障、供电线路及其控制装置是否完好等，发现问题要及时解决。停止加湿后，要对整个加湿系统进行全面检查，并做好诸如切断电源、蒸汽源（或水源）、清理水碱等维护工作。

（b）日常管理：日常管理工作中，应根据设施内的湿度变化，适时启/停加湿器，并调整其控制装置的运行参数，保持设施内的湿度达标。日常维护中，除应注意检查蒸汽源（或水源）、供电线路及其控制装置是否完好外，还应注意加湿器有无水碱，发现问题要及时解决。对于等焓加湿（湿膜或高压雾化式加湿）的空调机组，为了避免加湿时可能产生的微生物（如嗜肺军团菌、β-溶血性链球菌、真菌等）对整个通风系统的污染，应定期对加湿段进行消毒处理。

2）降温、除湿季节温、湿度的保持。每年5月至9月是需要降温、除湿的季节，其间要保持设施内温度不高于25℃、相对湿度不高于70%，就必须保证降温和除湿设备正常运行。

① 温度保障：

（a）换季检修：每年4月底就应按照设备的使用与维护说明（各设施所使用的制冷设备不同，此处不作枚举），将冷水机组、表冷器盘管等制冷设备检修或维护一遍。重点要注意制冷剂（如氟利昂）和冷却介质（如冷媒水）是否需要补充，各管路、供电线路及制冷控制装置是否完好，发现问题要及时解决。停止制冷后，要对整个制冷系统进行全面检查，并做好诸如切断电源、放掉冷媒水和冷却水、加油保养设备等维护工作。

（b）日常管理：日常管理工作中，应按照所用设备的使用说明进行规范操作。同时，由于外环境的温度变化无常，尤其在春秋过渡季节，必须根据设施内的温度变化适时调整制冷及其控制装置的运行参数，保持设施内的温度和日温差符合要求。

②湿度保障（以冷凝除湿为例）：

（a）换季检修：每年6月初空气温、湿度开始升高，高温且潮湿的空气经过表冷器降温处理后的相对湿度更是明显升高，导致设施内相对湿度常在80%以上。每年的5月份就应做好除湿的准备工作，如检查除湿设备（表冷器、热补偿设备）、供电线路及其控制装置等是否完好，发现问题要及时解决。停止除湿后，要对整个除湿系统进行全面检查，并做好诸如清洁表冷器、切断再加热设备的电源等维护工作。

（b）日常管理：日常管理工作中，应随时注意设施内相对湿度的变化，当相对湿度超过70%时，应启动除湿系统，即将冷媒水的温度设定在5~7℃，将制冷后的新风温度设定到低于室内需要的标准（如低于20℃），同时启动其后方的热补偿设备（使新风温度恢复到室内需要的标准）。日常维护中，除应注意检查除湿系统、供电线路及其控制装置是否完好外，还应注意冷凝水排水管道是否通畅，以避免冷凝水积聚于空调箱内而再次加湿而影响空调设备的正常运行。

2. 物料洗消传递系统

（1）预真空压力蒸汽灭菌器的运行管理及维护

预真空压力蒸汽灭菌器的灭菌效果取决于被消毒物料的属性、进入内室的蒸汽饱和度和压力，而内室蒸汽的饱和度取决于内室的预真空程度。当然，考虑到被消毒物料的属性（如笼具的使用寿命、饲料营养成分的破坏程度等），进入内室的蒸汽压力和灭菌时间必须适宜。表 3.8-1 列出了预真空压力蒸汽灭菌器灭菌所需汽压、温度与时间的几组对应关系。

预真空高压蒸汽灭菌器灭菌与所需汽压、温度和时间的对应关系　　　　　　表 3.8-1

数据组别	内室压力（MPa/cm²）	固形物（预真空 3 次）		液体（无预真空和干燥、容器留进汽口）	
		温度（℃）	时间（min）	温度（℃）	时间（min）
1	0.105	121	20	121	30（500mL）/20（250mL）
2	0.141	126	10	一般不用	—
3	0.180	131	6		—
4	0.210	134	4		—

1）操作要领。无统一蒸汽来源而自备蒸汽发生器者，操作预真空压力蒸汽灭菌器之前，应先按照相应设备的使用说明书，操作蒸汽发生器。有统一蒸汽来源者，可直接按照以下程序进行操作：打开预真空压力蒸汽灭菌器的外门，放入待消毒物品（装填待消毒物品时，待消毒物品的有效占用空间应不超过内室空间的 80%，且各物件之间应留有 10mm 以上的间隙，以利于蒸汽的顺畅流通；另外，消毒垫料时应使用外包装袋，以免垫料进入排气管道）→关闭外门→打开自来水阀门、预真空压力蒸汽灭菌器的电源开关和压缩气泵（对于自动门设备而言）→将蒸汽管道中的冷凝水排放→打开通向预真空压力蒸汽灭菌器的蒸汽阀门→设定汽压（或温度）、时间等灭菌参数→启动操作程序（液体的消毒应选择无预真空和干燥的"液体"程序，容器应留进汽口），预真空压力蒸汽灭菌器将自动完成灭菌过程。然后，清洁区操作员打开内门，取出消毒好的物品（避免烫伤），关闭内门。作业完毕，两侧操作员将物品码放整齐，清理相关环境卫生。非清洁区操作员微开外门（避免硅胶密封条长期受压而失去弹性），关闭水、电、汽源，完成一个灭菌程序。

2）维护要领。每班作业前，应检查仪表、内外门和水、电、汽等管线是否正常。使用时，应注意观察设备运转是否正常，发现问题应及时解决。日常使用中，每月应检查 1 次灭菌效果（可用灭菌参数检查法、灭菌指示卡法或微生物培养法）、真空泵及其动力传送系统是否有异常、硅胶密封条是否有破损等。日常维护时，应由专业人员严格按照设备维护说明进行规范作业；定期向主管部门报验，以保障使用的安全性。

（2）渡槽的运行管理及维护

渡槽是用于药物浸泡消毒的设备，因此使用时必须确保消毒效果。

1）操作要领。加注消毒液时，外侧操作人员应先打开外盖，向渡槽内加入适量消毒剂后，加注自来水。待液面距中隔板 2～3cm 时，通知内侧操作人员从远端缓慢打开渡槽内盖，利用清洁区的正压挤出槽内存留的污染空气。待液面超过中隔板 5cm 时，停止注水。将密封沟内加注消毒液后，盖上两侧盖板。传递物品时，外侧操作人员将被传递物品由外侧浸入渡槽并推入内侧，盖上外盖板。浸泡 30min 后，打开内盖板，将物品由内侧捞出，盖上内盖板。用净水将物品表面的消毒液冲掉，然后晾干使用。

2）维护要领。平时应随时注意观察液面，确保液面以上内外不能相通。根据所用消毒药剂（应选用广谱、高效、腐蚀性小、稳定性好的消毒药剂，如季铵盐类）稀释后的有效期限和使用情况，适时补充或更换消毒药剂。

（3）传递窗/间的运行管理及维护

在日常使用时，应根据被传递物品的大小选择使用传递窗或传递间。笼架、大型仪器等大件物品和动物应从传递间传入洁净区；维修工具、记录纸笔、试剂等小件物品应从传递窗传入洁净区。

1）操作要领。为有效减少洁净区内的污染机会，无须进入传递窗/间的各种箱、袋、盒等外包装不应进入传递窗/间，确需进入者应保证物品外部干净、整洁、利索，不藏污纳垢；用容器盛装物品者，容器内的物料应洁净、无污染，容器外部干净、整洁、利索，不藏污纳垢。传递时，外侧操作人员打开外门，先将物品去除外包装，使物品尽可能单体化，然后用消毒剂对物品表面进行全方位的擦抹或喷雾消毒（单靠紫外线的照射消毒是远远不够的），最后放至传递窗/间内的货架上，保证各表面都能够受到紫外线的照射，关闭外门；打开紫外线灯定时器，使紫外线灯的照射时间达到15min（传递窗）/30min（传递间）以上；紫外线灯熄灭后，清洁区工作人员打开内门，取出物品，关闭内门。

2）维护要领。平时应保持传递窗/间内外和紫外线灯管的表面干净、整洁。每次使用前，要检查互锁、定时器和紫外线灯是否正常，发现异常应及时维修或更新。

3. 电气设备

（1）照明电气设备的运行管理与维护

1）照明灯具及插座。照明灯具是保障人员工作和动物采光需要的设备，插座是保障各种电动仪器设备电力需要的设备。日常工作中，应定期擦拭灯管或灯罩，以保证光照的亮度符合人员工作和动物采光的需要；定期检查插座的安全性，以保证各种电动仪器设备用电的需要；随时检修或更换发生故障或老化的照明灯具及其零部件、插座，以保障电力安全，满足工作需要。

2）紫外线灯。在对紫外线灯的维护中，除按照一般照明灯进行维护外，特别要注意保障其消毒效果和作业人员的安全。

① 保障紫外线的消毒效果：波长253.7nm的紫外线消毒作用最强，紫外线灯发射的紫外线中有95%的波长为253.7nm。紫外线的穿透能力很弱，只能对空气和直接照射到的物体表面进行消毒，且其消毒效果与照射强度、时间、距离等因素有关。因此，在日常使用中，为保证其消毒效果，被消毒物品的表面应保持干净整洁；消毒时，必须将被消毒物品定时翻动或将消毒空间（如传递窗/间）的六面都安装紫外线灯，并保证足够的照射时间。平时维护时，一般每2周应用酒精棉球轻轻擦拭紫外线灯管的表面1次，以除去表面污垢。此外，紫外线灯管的寿命有限，超过寿命时尽管仍能发出蓝光，但紫外线的输出强度降低，起不到消毒作用。因此，有检测条件者，应用紫外线强度测定仪或指示卡对其输出强度进行定期检测，当输出强度小于$70\mu W/cm^2$时要更新紫外线灯管；无检测条件者，每个灯管的使用期限应不超过1000h，否则要强制更新紫外线灯管。

② 保障作业人员的安全：由于紫外线的穿透能力很弱，不能穿透纸张和布料，因此只要不暴露皮肤，眼睛不直视紫外线光源，都能够有效避免紫外线的伤害。为安全起见，即使在有防护的情况下，人员和动物在紫外线灯下的停留时间每次不宜超过2h。

（2）其他电气设备的运行管理与维护

1）电梯。电梯是用于2层以上设施内人员、物品、动物垂直运输的设备。日常使用中，应做到洁、污分流和人、物分流，无法分流时，应对物品和动物施以包装处理。日常维护时，应经常对电梯的轿厢、门等部位进行清扫和消毒，保持整洁和卫生；由专业人员严格按照设备维护说明对电梯的牵引和控制系统进行规范化检验；定期向主管部门报检，以保障使用的安全性。

2）弱电系统。弱电系统具有控制精度高、专业性强、技术含量高、组成复杂的特点。因此，在日常使用中，一定要按照相应的使用说明书进行操作；在日常维护时，遇到无法自行解决的技术问题，必须由相应的专业技术人员进行处理。

4. 给水系统

（1）净水设备的运行管理与维护

由于不同设施所采取的净水设备不同，操作和维护要领不一，此处不作枚举。但是，在日常操作与维护中，以下两个方面的问题需引起注意：①动物饮用水的净化程度应以无微生物和化学污染为基准，不能盲目追求水的纯度而造成净化水中矿物质元素过度缺乏；②由于设备的工作环节比较多，必须严格按照各环节的操作说明规范化操作，并对水的净化效果进行定期检测，以保证生产出的水真正合格。

（2）给水管道的运行管理与维护

采用管道供水时，应对管道系统进行定期检查，及时更换老旧管件，保持管系统密封，以避免供水的二次污染。

5. "三废"处理

（1）常规"三废"的处理

1）废垫料和垃圾。由于实验动物设施产生的废垫料、垃圾中含有实验动物的粪、尿等排泄物，存在气味等污染环境的因素，因此对其进行处理时不应等同于一般的生活垃圾，而应进行分类包装、密封和储存，最后自行或交由环卫公司按照相关要求，实施无害化处理。

2）动物残体和锐器。动物残体或组织器官易腐烂变质而污染环境。此类垃圾一旦产生，必须使用相应垃圾袋密封包装并随时放入冰柜中暂存；废弃的注射器、器皿、刀片等锐器可能沾染动物组织碎屑、血液、粪便、尿液、药物、化学试剂等物质，会对人员产生物理性、生物性、化学性伤害或污染环境。此类垃圾一旦产生，必须使用相应容器密封包装并随时放入相应存放处暂存。最后，自行或交由环卫公司按照《医疗废物管理条例》的相关要求，实施无害化处理。

3）废水。有污水净化设备的设施，对废水的处理显然不存在问题。不具备此条件的设施，应定期请环卫公司清掏化粪池中的沉淀物并实施无害化处理，必要时应将分离后的污水进行中和处理，达到现行国家标准《污水综合排放标准》GB 8978 的要求后再排入市政污水管道。

4）废气。实验动物设施的废气产生量大并具有连续性，因而平时应保障活性炭或液体吸附除臭装置的性能，除臭性能丧失时尤其是夏季的闷热天气时，必须及时进行检修或维护，以避免气味对周围环境的污染。

（2）特殊"三废"的处理

对感染性、放射性等特殊动物实验过程中所产生的具有生物性、放射性、化学性污染或潜在污染的所有废物（包括各种固态废物、废水、废气），必须严格按照《医疗废物管理条例》《实验室　生物安全通用要求》GB 19489、《核医学放射防护要求》GBZ 120 等法规、标准的有关规定，进行无害化处理。

6. 应急保障体系

（1）应急保障体系的建立

为保障实验动物设施的正常运行，从而确保从业人员安全、实验动物生产或动物实验工作的顺利进行，每个设施都应建立具有可实施的应急保障体系。该体系应包括 24h 值班、电源的备用、资源条件的保障、消防设施设备的使用、灾害性和疾病性突发事件的应急处置预案。

（2）应急保障体系的实施

1）24h 值班。所有实验动物设施都应严格执行 24h 值班制度，其中非工作时间的值班工作尤为重要。值班人员应具有高度的责任感；熟悉实验动物设施环境条件标准和净化控制方法；了解通风空调设备的工作原理、技术性能、使用与维护操作；能够时刻留心观察设施内环境和大气环境的变化，按照通风空调设备的使用说明或本单位的 SOP 要求及时调整其运行参数，确保实验动物设施内环境条件稳定、合格；随时检查设施周围有无不安全因素，以确保整个设施的安全和正常运行。

2）电源的备用。日常工作中，设备保障人员应对备用电路、发电机、蓄电池等备用电源的线路和设备进行定期检修和维护，必要时可进行切换测试，以保障应急切换的需要。

3）资源条件的保障。实验动物设施的资源条件包括：动物直接消耗的饲料、饮水、垫料；饲养管理动物所需的笼架具、卫生消毒用品、各种作业工具和器材；维持设施运行所需的水、电、汽、暖和各种耗材等。其中，笼架具、各种作业工具和器材通常在设施启用之前就已配备，一般很少因此而影响设施的正常运行；饲料、饮水、垫料、卫生消毒用品和各种耗材属于连续消耗性物品，应根据所饲养动物的品种、数量、微生物控制等级、营养要求等诸多因素而适时补充，既要避免因供应不足而影响动物生产或实验的正常进行，又要避免大量储存而降低其质量和洁净度；水、电、汽、暖则是保持实验动物设施正常运行的最基础的支撑条件，必须实现连续而充分地供应，非工作时间更为重要。为此，除了做好日常性的管理和维护之外，值班室必须登记水、电、汽、暖供应及维修部门的联系电话，必要时可与这些部门签订保障协议。

4）消防设施设备的使用。火灾报警及消防设备承担着火灾的险情警报和施救功能，对封闭式实验动物设施尤为重要。因此，平时一定要对火灾报警器、传感器、灭火器、消火栓进行定期维护和校验，确保火灾报警器、传感器处于正常运行状态，确保灭火器、消火栓处于随时可用状态。紧急疏散系统承担着紧急状态下人员的逃生功能，对封闭式实验动物设施同样尤为重要。因此，平时不得占用和封堵设施周边的消防车道和紧急疏散出口，保持其畅通无阻；定期检修和维护紧急疏散标识和应急照明灯。

5）灾害性突发事件的应急处置预案。火灾、地震等灾害性事件往往具有发生突然、损失惨重的特点。为减少灾害性突发事件所造成的损失，平时应提高防灾和减灾意识，通过宣传教育和演练，让从业人员熟悉人员逃生、消防设备使用等应急方案。一旦发生灾害性突发事件，从业人员要能够及时实施应急方案，从而有效避免灾害性突发事件所引发的人员、动物伤亡和设施、财产损失。

6）疾病性突发事件的应急处置预案。动物发生传染性疾病可导致动物质量下降、影响实验结果，甚至引起人畜共患病。在常规实验动物设施中，防止传染病感染动物群的有效措施就在于坚持做好动物的质量控制、人员和物品的消毒控制、空气和内环境的净化控制等日常性工作。而设施内一旦发生疑似传染性疾病，首先应将患病动物所在的区域隔离，并进行及时的诊断工作。

① 确诊动物发生烈性传染病或人畜共患病时，必须按照《国家突发重大动物疫情应急预案》和当地关于实验动物发生烈性传染病或人畜共患病时的有关要求，及时上报当地实验动物突发重大事件应急指挥部办公室和其他有关部门，并按照有关要求及时做好捕杀全群动物、对整个设施进行彻底消毒处理、对有关人员进行健康监护并实施必要的预防或治疗措施，尽快扑灭疫病，严防其扩散、流行或威胁有关人员的健康。

② 确诊动物发生非烈性传染病时，必须及时上报当地实验动物管理部门。在捕杀发病动物的同时，对整个设施进行带动物消毒处理，对有关人员进行健康监护并实施必要的预防或治疗措施。对于必须保留的稀有动物或犬、猴等有治疗价值的大动物，要先请示当地实验动物管理部门，再采取净化或治疗措施。对无临床症状的动物进行实验室检测，经确认未感染者方可继续开展生产或实验工作。

3.8.3 常规实验动物设施内人员、物品、动物进出设施的控制

1. 人员进入设施的控制

与实验动物生产、实验、设施运行管理无关的人员，均不应进入实验动物设施。出入实验动物设施的所有人员，应经过专业知识和业务技能培训（持证上岗），身体健康（无过敏体质，不携带传染病），具有良好的无菌卫生观念，熟悉实验动物法规和标准，执行本单位的各种规章制度和 SOP。

（1）人员出入普通环境设施的管理要求

普通环境设施虽为开放或半开放环境，但由于其内饲养的是活的实验动物，在为动物提供基本居住条件的同时，对进出设施的人员还要进行基本的控制，避免所饲养的动物发生疾病。首先，无关人员不得入内。其次，出入设施的所有人员不得携带与环境管理、动物饲养、动物实验等活动无关的物品，并应严格执行卫生消毒和防疫制度。常规要求是：欲进入者应先进行洗手消毒、更换消毒（或一次性无菌）工作服、鞋（或鞋套）、帽、手套和口罩，然后经过带有消毒池的人员通道进入设施开展有关工作。工作完毕，按照相反顺序离开设施并将脱下的工作服、鞋（或鞋套）、帽、手套和口罩放入指定位置，以便集中管理和消毒。尤其是当人员出入生产区、实验区、隔离检疫区时，更应严格执行上述要求。

（2）人员出入屏障环境设施的管理要求

屏障环境设施为净化环境，无关人员不得进入设施内环境。有关工作人员进出设施内环境时，必

须严格执行进出程序。进入屏障环境设施的办公休息、洗刷消毒等外环境时，应换着已消毒的外区拖鞋；进入一更间后，将随身携带的所有物品放入储柜内（需传入屏障环境设施内的物品应经传递窗/间传递），并脱去全部衣物（对无淋浴装置的设施，只脱去外衣），然后进入淋浴间（无淋浴装置时，应有消毒间）进行淋浴（或手消毒并脱去外区拖鞋）。赤脚进入二更间后，按照"穿上衣→戴口罩→穿裤子（上衣下摆要掖于裤子之内）→穿拖鞋→戴手套"的顺序，穿着已消毒的工作服装。经过风淋或缓冲，进入屏障环境设施后要按照第 3.2 节所述流向进行活动。

（3）人员出入隔离环境设施的管理要求

由于人员不能进入隔离环境设施内部，只能在隔离环境设施之外的洁净环境，借助隔离器的手套间接接触隔离器内的动物和物料。因此，人员出入隔离环境设施之外的洁净环境时，应参照执行屏障环境设施的相关要求。

2. 物品进入设施的控制

（1）物品进出设施的控制原则

与实验动物生产、实验或设施运行管理无关的一切物品，均不应传入设施。必须传入设施的有关物品，在进入设施之前必须根据设施环境标准，接受相应的消毒处理。对于进入普通环境设施的物品，凡可能携带动物病原者，必须经过有效消毒处理后再传入普通环境设施。对于进入屏障环境设施的物品，由于压力蒸汽灭菌器、渡槽、传递窗/间等设备的消毒可靠性依次降低，所以在使用中，凡能耐高温高压灭菌的物品，如垫料、防护服、笼具、饮水瓶、某些工具和未经 Co 照射灭菌的饲料等，均应先经过包装处理，再经过高压蒸汽灭菌后传入屏障环境设施；不宜用高压蒸汽灭菌但能用药物浸泡消毒的物品，如拖鞋、塑料容器、某些工具和经 Co 照射灭菌的饲料包等，均应经过药物浸泡，由渡槽传入屏障环境设施；不宜用高压蒸汽灭菌也不能用药物浸泡消毒的物品，如记录用纸、笔、某些工具和实验材料等，需经传递窗/间消毒处理后传入屏障环境设施。对于进入隔离环境设施的一切物品，均应先经高压蒸汽灭菌处理，再传入隔离器。

（2）饲料进入设施的管理要求

1）饲料的采购和运送。饲料是实验动物唯一的食物来源，为满足实验动物对饲料营养和卫生的要求，饲料的品种、质量和卫生标准必须与所饲养的实验动物和有关饲料标准相符。因此，实验动物饲料必须来自具有实验动物饲料生产许可证的单位，且每批饲料都应附有质量合格证明。在饲料的运输过程中，装卸时应轻拿轻放，运输车辆清洁、干燥，包装无破损，避免一切生物和化学污染。

2）饲料的消毒。普通级动物的饲料无须消毒净化，但果蔬类食品在饲喂之前要洗净。清洁级以上动物所食用的饲料应经过 Co 照射（应首选此方法）或高压蒸汽灭菌处理。Co 照射灭菌时，其照射剂量为：清洁级和 SPF 级饲料 2.5～3.0Mrad，无菌饲料 5.0Mrad。高压蒸汽灭菌时，应按照表 3.8-1 中对固形物灭菌的第 2 或第 3 组数据设定灭菌参数。

3）饲料的储存。一方面，应将饲料存放在固定的专用储存间并离地而放，保持储存环境低温、干燥和卫生，避免野鼠、虫媒的生物污染及其他化学性污染（蔬菜、水果和肉类等易腐败的饲料应放入冰箱储存）；另一方面，为防止因长期放置而变质或被污染，饲料的存放期一般不应超过 1 个月，尤其是易腐败的饲料，其保质期往往只有几天，更应引起注意。常规的做法是：在购进或消毒后，标注其使用许可期限；日常使用时，应根据库存情况优先选用陈料，过期、变质和受污染者均不得饲喂动物。

（3）饮水进入设施的管理要求

普通级实验动物饮水应符合现行国家标准《生活饮用水卫生标准》GB 5749 的要求，清洁级以上动物的用水（包括动物饮用和其他用水）应为灭菌水。动物的饮水器包括自动饮水器、饮水瓶/盆等。在使用自动饮水器时，应经常检查饮水器及其管路是否完好、有无堵塞和污染等问题，并对饮水器及其管路进行定期消毒，从而确保水源的充足和洁净。在使用饮水瓶/盆饲养动物时，为保持饮水的充足和洁净，要求每天下午下班前，瓶/盆中的剩水不少于一半，而每瓶/盆水的最长饮用时间应不超过

3天。具体要求是：在饲养普通级和清洁级动物时，其饮水瓶/盆可以遵循多次灌水（每次灌水前，应将剩水全部倒掉并用净水将瓶/盆内外冲洗干净，将饮水嘴和瓶塞用药物浸泡消毒）、定期消毒（每两周至少应彻底洗刷消毒1遍）的原则；饲养SPF级和无菌动物时，其饮水瓶必须遵循每次更新消毒的原则。

（4）垫料进入设施的管理要求

1）垫料的采购与储运。除笼具外，垫料也是动物直接长期接触的物品，其功能在于吸湿、保温和改善动物居住条件。它既关系到实验动物的健康，又能够影响动物实验结果的准确性。在任何管理和实验条件下，都没有对某种动物最理想的垫料，更没有对各种动物都理想的垫料。目前，广泛使用的垫料仍为杨、柳木刨花和玉米芯。在垫料的储存方面，应设置固定的专用储存间，并保持储存间内通风、干燥和卫生，避免野鼠、虫媒的生物污染及其他化学污染。此外，为防止因长期放置而霉变或被污染，垫料的存放期不应过长。

2）垫料的装填与消毒。装填垫料前，应检查有无尘土、大木块等妨碍动物居住和活动的杂物（必要时，可过筛处理）；装填垫料时，应将垫料均匀地铺垫在笼具的底面。垫料的装填量应根据笼具内饲养动物的数量、规格和更换周期而定，一般应达到3～5cm厚。装填过少，起不到应有的作用；装填过多，动物藏匿于垫料下面不利于管理和实验观察，也造成浪费。为避免垫料传播疾病，对装填垫料后的笼具必须进行高压蒸汽灭菌处理。兼顾笼具尤其是塑料笼具的耐高温强度和灭菌的双重要求，应按照表3.8-1中对固形物灭菌的第1或第2组数据设定灭菌参数。对于已灭菌的垫料，可在动物饲养区将已灭菌的垫料直接装入笼具中使用，但要保证垫料灭菌和传递时外包装的消毒效果。

（5）工作服装的管理要求

1）进入普通环境设施的工作服装。工作服可以是白大衣、帽子、工作鞋、口罩和手套等简单防护服装。穿着的白大衣和帽子每周至少应清洗消毒1次，个别过脏者应随时清洗消毒；穿着的工作鞋应通过踩踏消毒池内的消毒液来实现每次消毒，但每半月应进行1次彻底清洗和药物浸泡消毒；使用的口罩和手套，常采用一次性卫生用品，若需反复使用，则应做到定期洗消处理。

2）进入屏障环境设施的工作服装。工作衣应由能够防护全身的防护服（带帽子和袜子）、拖鞋、口罩和手套等组成。防护服每周至少应清洗1次（个别过脏者，应随时清洗），每次传入二更间之前，必须经过高压蒸汽灭菌；拖鞋应在每次穿着后及时清洗，并经过渡槽浸泡消毒后传入二更；口罩和手套，常采用一次性卫生用品，应经过有效消毒（如Co60照射、环氧乙烷灭菌等）后，由传递窗/间传入二更。

3）进入隔离环境设施的工作服装。由于这些物品只在隔离器之外的洁净环境中使用，其组成和洗消要求与进入屏障环境设施的要求相同。

3. 动物进入生产设施的控制

在实验动物生产过程中，进入生产设施的动物应与生产设施的净化等级相适应，即：隔离环境生产设施可以饲养无菌动物、悉生动物和SPF动物，屏障环境生产设施可以饲养SPF动物和清洁动物，普通环境生产设施可以饲养普通级动物。进入生产设施的动物应该先在隔离检疫间进行隔离检疫。检疫合格后，方可进入设施内开展生产繁育；若检疫不合格，则应进行相应的净化处理。

（1）普通级动物的净化措施

普通级动物的微生物和寄生虫质量控制标准为：不携带人兽共患病原和动物烈性传染病。目前，国家标准允许生产供应普通级的犬、猴、豚鼠、地鼠和兔。普通级动物的净化比较简单，可通过从国家指定的国内外种子中心引种、改善饲养环境条件、加强饲养管理和疾病控制、定期进行微生物和寄生虫检测并淘汰不合格的动物群等措施来实现。其中，供种单位必须提供完整的含品系名称、遗传背景、微生物控制情况等相关资料。长途运输时，应尽量采取有效方法保温并缩短运输时间。

（2）清洁级动物的净化措施

清洁级动物的微生物和寄生虫质量控制标准为：排除普通级动物应排除的病原，也不携带对动物危害大和对科学研究干扰大的病原。国家标准允许生产供应清洁级以上动物的品种为大鼠、小鼠，并提倡生产供应清洁级以上的豚鼠、地鼠和兔。清洁级动物的净化，可通过从国家指定的国内外种子中心引种（要用运输桶、带过滤帽鼠盒或专用运输箱装运）或将普通级动物剖腹产净化，并将引进的清洁级动物种群或剖腹产净化后的动物保持在屏障环境中进行扩群生产。此外，胚胎移植技术也将成为动物净化的一种有效手段。在日常生产管理工作中，应注意保持屏障环境设施内环境条件的标准化和饲养管理的规范化，定期进行微生物和寄生虫检测并淘汰不合格的动物群。一旦发现污染，且通过加强管理无法达到清洁级动物质量标准时，应重新净化。此外，对转基因、基因敲除等基因修饰动物进行净化后，必须对动物进行表型分析或对目的基因进行监测，以确定目的基因的遗传情况。

（3）SPF 动物的净化措施

SPF 动物的微生物和寄生虫质量控制标准为：排除清洁级动物应排除的病原，也不携带主要潜在感染或条件致病和对科学实验干扰大的病原。国家提倡生产供应 SPF 级以上的大鼠、小鼠，并鼓励生产供应 SPF 级以上的犬、猴、豚鼠、地鼠和兔。对于体型较小、繁殖周期较短的大鼠、小鼠、豚鼠、地鼠和兔，其 SPF 级的净化方法与清洁级相似，只是应将引进的 SPF 动物种群或剖腹产净化后的动物保持在隔离环境而非屏障环境进行基础群保种，然后进行扩大群生产。在日常生产管理工作中，应注意保持隔离器内环境条件的合格化和饲养管理的标准化，定期进行微生物和寄生虫检测并淘汰不合格的动物群。一旦发现污染，且通过加强管理无法达到 SPF 动物质量标准时，应重新净化。而对于体型较大、繁殖周期较长的犬和猴，剖腹产净化比较困难，除通过从国家指定的国内外种子中心引种之外，还可以通过改善饲养环境条件、加强饲养管理和疾病控制、定期进行微生物和寄生虫检测并淘汰不合格的动物群等措施，来建立 SPF 动物群。

（4）无菌及悉生动物的净化措施

无菌动物的微生物和寄生虫质量控制标准为：无可检出的一切生命体。无菌动物的净化方法与清洁级动物相似，只是应将引进的无菌动物种群或剖腹产净化后的动物保持在隔离环境而进行无菌化生产管理。虽然用无菌动物进行实验的可信度最高，但由于其饲养管理困难、生活能力较差，实施的可行性却较差。科研人员常把对机体无致病性而有益的数种已知微生物如大肠埃希氏杆球菌、表皮葡萄球菌、白色葡萄球菌、粪链球菌、乳杆菌等喂给无菌动物，使之在肠道内定居，从而形成悉生动物（Gnotobiotic animals，GN）。这种动物在多种研究实验中，可以代替无菌动物。

在日常生产管理工作中，除应注意保持整个饲养条件的无菌化和饲养管理的标准化之外，还应定期对动物呼吸道、粪便、饲料、饮水和铺垫物进行微生物和寄生虫检测，以检查是否被污染（一旦发现污染，则应重新净化）和接种的微生物是否定居，对未能定居的菌株还应补充接种。

4. 动物进入实验设施的控制

与生产设施类似，动物进入实验设施时，动物的等级也应与相应的设施相适应。对拟进动物的控制包括采购、运输、传递、检疫等微生物学控制过程。

（1）动物的采购与运输

实验动物必须来自具有实验动物生产许可证的单位，且每批动物都应附有质量合格证明。此外，购买犬、猴等动物时，应向售出单位索要该批动物的免疫和/或检疫证明；购买非人灵长类动物时，还应办理相应的使用许可手续（事先由售出单位持本单位的有关资料和购买单位开展非人灵长类动物实验的相关材料，向当地有关主管部门提出申请）。普通级动物可以用开放式容器盛装，而清洁级以上的动物必须使用专用的无菌运输容器盛装。运输动物的容器和车辆，在符合微生物控制等级要求的同时，还应满足安全、通风、温度等动物基本生存条件的要求（长途运输时，还应考虑动物的饮水和饲料，必要时可加入消毒好的黄瓜或含 20％琼脂的盐水）。此外，不同性别、品种、品系和等级的实验动物不得混合装运。

（2）动物的传递与检疫

实验动物由外环境进入实验设施时，除要核对实验动物的来源、数量、规格、性别、包装、质量合格证明和/或检验检疫报告等基本情况外，还要根据动物的微生物控制等级分别实施相应的传递与检疫程序。

1）普通级动物的传递与检疫程序。从运输容器中取出后，先对动物质量状况进行大体观察。肉眼评判动物质量优良的标准是：精神状态良好，活泼；肢体匀称，四肢无残缺、畸形和外伤；被毛光亮、色正，紧贴身体；皮肤弹性良好，无创伤和异常物；发育良好，肥瘦适中，体质健壮；天然孔无异常分泌物。发现动物不健康时，应拒收整批动物；未见异常时，将动物转入检疫间进行检疫（有条件者，应为犬、猴等动物洗浴消毒）。检疫周期：本地购进的兔、豚鼠为3～7天，犬、猴为7～14天；国内异地购进动物的检疫期应延长7～14天；国外引进动物的检疫期应不少于30天。检疫期间，饲养人员每天应参照上述标准，密切注意观察并记录动物的精神、运动、皮肤、被毛、饮食、粪尿等临床基本情况，发现异常应随时报告兽医或有关人员。兽医应通过镜检、血清学检查等方法，参照相关国家标准对被检疫动物群的体内外寄生虫、微生物进行必要的实验室抽检。对检疫期间死亡的动物，应进行解剖和/或实验室检验。根据检验结果，由兽医判定被检疫动物群的质量是否合格。检疫合格者，方可转入饲养间进行饲养和实验。

2）清洁级动物和SPF动物的传递与检疫程序。应将运输容器通过屏障环境设施的传递窗/间传入。然后，清洁区的饲养人员打开运输容器，按照上述标准对动物进行检查。经检查未见异常时，将动物转入检疫间进行2～3天的临床观察（对于异地购进和从国外引进的动物的观察期应参照第1条要求）。观察期间，对饲养人员和兽医的要求同前一条。观察结束，未见异常情况方可将动物转入饲养间进行饲养和实验。

3）无菌及悉生动物（包括转入隔离环境设施的SPF动物）的传递与检疫程序。应将动物传入隔离器进行2～3天的临床观察（对于异地购进和从国外引进的动物的观察期应参照第1条要求）。观察期间，对饲养人员和兽医的要求同第1）条。观察结束，未见异常情况者方可进行饲养和实验。

3.8.4 消毒

1. 常用消毒技术

对实验动物设施进行消毒处理时，利用化学消毒剂作用于微生物和病原体的化学消毒最为普遍。根据对微生物的杀灭种类和效果，化学消毒剂可分为高效消毒剂、中效消毒剂和低效消毒剂。高效消毒剂可杀灭亲脂病毒（有脂质胞膜病毒）、细菌繁殖体、真菌孢子、亲水病毒、分枝杆菌和细菌芽孢，常用的有戊二醛、过氧化氢、过氧乙酸、二氧化氯、环氧乙烷、含氯类（如次氯酸钠、次氯酸钙、二氯异氰尿酸钠、三氯异氰尿酸等）和含溴类（如二溴海因）消毒剂等。中效消毒剂可杀灭除细菌芽孢以外的上述微生物，常用的有醇类（如乙醇、异丙醇）、含碘类（如碘伏、碘酒）和酚类（如来苏儿）消毒剂。低效消毒剂只能杀灭亲脂病毒、细菌繁殖体和部分真菌，常用的有新洁尔灭、洗必泰等。此外，根据成分和性质，化学消毒剂也可分为醛类、卤素类、过氧化物类、醇类、酚类、双胍类、季铵盐、杂环类和其他类消毒剂。下文为一些较为常见的化学消毒剂的介绍。

（1）过氧化氢

过氧化氢是一种强氧化剂，纯品稳定性好，稀释液不稳定。过氧化氢属高效消毒剂，具有广谱、高效、速效、无毒的特点，对金属及织物有腐蚀性。杀菌作用受有机物影响很大。过氧化氢容易被热、过氧化氢酶等破坏，最终产物是氧和水。适用于不耐热的塑料制品、饮水和空气等消毒。首先根据过氧化氢原料的有效含量，按照稀释定律所需浓度对应配比，使用去离子水进行稀释配制；然后根据被消毒对象的特性，选择喷雾、浸泡或擦拭等适宜的消毒方法进行作业。

过氧化氢应储存于通风阴凉处，用前应测定有效含量。临用前配制溶液时，忌与还原剂、碱、碘化物、高锰酸钾等强氧化剂混合。

（2）臭氧

臭氧也是一种强氧化剂，在常温下为爆炸性气体，在水中的溶解度较低，约为3%。臭氧具有杀菌迅速（可杀灭细菌繁殖体、病毒、真菌等，并可破坏肉毒杆菌毒素）、消毒后无残留等优点。臭氧的稳定性极差，在常温下可自行分解为氧。所以，臭氧不能瓶装储备，只能现场生产，立即使用。适用于饮用水等的消毒，也可用于各种物品表面消毒和空气消毒。空气消毒时一般可采用 $30mg/m^3$ 的臭氧，作用 15～30min。

臭氧为强氧化剂，对多种物品有损坏，浓度越高对物品损坏越严重，如可使铜片出现绿色锈斑；使橡胶老化、变色、弹性降低，以致变脆、断裂；使织物漂白褪色等。

（3）二氧化氯

二氧化氯常温下为黄绿色气体，溶于水后可制成无色、无味、透明的液体。对金属有腐蚀性，对织物有漂白作用，消毒效果受有机物影响很大，二氧化氯活化液和稀释液不稳定，适用于医疗卫生、饮水及环境表面等消毒。常用消毒方法有浸泡、擦拭、喷洒等。二氧化氯溶液不稳定，应现配现用。配制溶液时，忌与碱或有机物混合。

（4）乙醇

乙醇为无色透明液体，属中效消毒剂，可杀灭除细菌芽孢以外的细菌、分枝杆菌、病毒，但所有浓度的乙醇对细菌芽孢均无效。适用于皮肤、环境表面及医疗器械的消毒等，具有速效、无毒、易挥发、不稳定、对皮肤黏膜有刺激性、对金属无腐蚀性、受有机物影响大等特点。乙醇常作为其他消毒剂的助溶剂和增效剂使用，如乙醇与氯己定、碘、苯扎溴铵等复配，其效果更佳。

（5）环氧乙烷

环氧乙烷在常温、常压下为无色气体。当温度低于 10.8℃时，液化成无色透明的液体，主要适用于忌湿、忌热物品的灭菌，如一次性诊疗用品和内镜、病历、纸张、信件等的灭菌。

除了上述化学消毒之外，以紫外线灯照射为代表的物理消毒技术也能够高效灭菌，破坏微生物的DNA 或 RNA 结构，阻止其复制和生存，达到消毒效果。紫外线灯可用于室内空气、物体表面、水及其他液体的消毒，UVC 波段的紫外线在杀菌方面尤为高效，被广泛应用于医院、食品加工、水处理等领域。紫外线灯消毒操作简便、无化学残留，但其穿透能力较差，辐射强度与距离平方式反比，只有在照射到表面时，才能起到杀菌的作用。因此，在消毒过程中需要考虑紫外线灯的照射范围。暴露在紫外线下，特别是 UVC，会对人体皮肤和眼睛造成伤害，引起灼伤、红斑，甚至增加皮肤癌风险。因此，在使用紫外线灯消毒时，必须注意采取安全措施，避免对人体造成伤害。

2. 消毒效果评价

（1）压力蒸汽灭菌器消毒与灭菌效果评价

1）技术指标

压力蒸汽灭菌器消毒与灭菌效果评价的技术指标如表 3.8-2 所示。

压力蒸汽灭菌器消毒与灭菌效果评价的技术指标 表 3.8-2

高压锅类型	压力（MPa/cm²）	温度（℃）	灭菌时间（min）
下排气式	0.070	115	40
	0.105	121	30
预真空式	0.210	134	4～6

2）评价方法

① 生物学指标（用作压力蒸汽灭菌器灭菌效果的依据）：将两个嗜热脂肪杆菌芽孢菌片分别放入灭菌小纸袋内，置于标准试验包中心部位。经一个灭菌周期后，在无菌条件下，取出标准试验包或通气储物盒中的指示菌片，投入溴甲酚紫葡萄糖蛋白胨水培养基中，56℃培养 48h，72h，观察培养基颜色变化。每个指示菌片接种的溴甲酚紫蛋白胨水培养基全部不变色，判定为灭菌合格；指示菌片之一接种的溴甲酚紫蛋白胨水培养基由紫色变为黄色时，判定为灭菌不合格。

② 化学指标：在物品包外用化学指示胶带，可作为物品是否经过灭菌的处理标志。在物品包内

中心部位用化学指示剂，可作为物品是否灭菌的参考标志。灭菌结束后化学指示剂的颜色变为与灭菌合格标准色相同时，或熔化时作为灭菌合格的参考标准。

3）监测频率：化学法，每次进行检测；生物法，每月进行检测。

（2）紫外线表面消毒效果评价

1）技术指标

① 照射强度：在电压为 220V 时，普通 30W 直管型紫外线灯，在室温为 20~25℃ 的使用情况下，253.7nm 紫外线辐射强度（垂直 1m 处）应大于或等于 $70\mu W/cm^2$；在电压为 220V 时，高强度紫外线灯，在室温为 20~25℃ 的使用情况下，253.7nm 紫外线辐射强度（垂直 1m 处）应大于或等于 $200\mu W/cm^2$。

② 照射剂量：照射剂量 $(\mu W \cdot s/cm^2)$ ＝强度$(\mu W/cm^2)$×时间(s)。对大肠杆菌，照射剂量应达到 $20000\mu W \cdot s/cm^2$；对枯草杆菌黑色变种芽孢，达到 $100000\mu W \cdot s/cm^2$。

2）评价方法

① 物理学检测方法：紫外线灯管的紫外线强度$(\mu W/cm^2)$用中心波长为 253.7nm 的紫外线强度测定仪（标定有效期内），在紫外线灯管垂直位置下方 1m 处测定。

② 化学检测方法：将化学指示卡置于紫外线灯管垂直位置下方 1m 处，把卡片上的图案一面朝向紫外线灯管，开灯 2min 后照射 1min（照射时间应准确），照射后图案正中涂层内白色变为紫红色，与周围相应色块相比，即可得知该灯的照射强度。

3）监测频率：物理学检测方法，每 3 个月；化学检测方法，每 1 个月。

（3）干热灭菌消毒效果评价

1）技术指标：160~180℃，2h。

2）评价方法（生物学指标）：将两个嗜热脂肪杆菌芽孢菌片分别放入灭菌小纸袋内，置于标准试验包中心部位。经一个灭菌周期后，在无菌条件下，取出标准试验包，投入溴甲酚紫葡萄糖蛋白胨水培养基中，56℃培养 48h，观察培养基颜色变化。每个指示菌片接种的溴甲酚紫蛋白胨水培养基全部不变色，判定为灭菌合格；指示菌片之一接种的溴甲酚紫蛋白胨水培养基由紫色变为黄色时，判定为灭菌不合格。

3）监测频率：每月 1 次，如出现工作异常，可增加至 1 周 1 次。

（4）消毒剂有效浓度测定

含氯类和过氧化物类消毒剂均不稳定，其有效成分随储存时间的增加而不断减少，因而必须经常测定其有效浓度。根据有效浓度调整工作浓度。

1）测定方法（浓度试纸测定法）：剪取 1/2~1/3 条试纸于混匀的消毒剂溶液中浸一下后取出，30~60s 判读结果，与标准色块比较，得出该溶液的浓度值。浓度较高的消毒液应稀释一定倍数后再测定；固体消毒剂须配成溶液后测定。

2）监测频率：每批都进行监测，使用中每配制一次监测一次。

3.8.5 文件资料的管理

1. 文件资料的管理范围

实验动物设施的文件资料管理涵盖与运行管理工作有关且具有保存价值的各种文字、图表、数据库等不同形式文件资料的记录和管理。它包括：实验动物许可证及其申办、年检材料，各相关管理部门下发的法规、规章、标准、要求、指示、通知，各种监督、检查、检测材料，实验动物及其相关物品的合格证或质检报告，各种规章制度和 SOP 的管理资料，人员体检、培训和考评资料，人员、物品和动物进出实验动物设施的动态记录，实验动物伦理审查记录，动物的净化、检疫、健康状况检测、繁殖管理、饲养管理和疾病防控记录，设施内环境指标的动态变化及管理维护记录，各种设备的基本资料和使用维护记录，各种废弃物处理记录等。

2. 文件资料的记录与档案管理

（1）记录的基本要求

为保障记录的规范化，各种记录应力求及时、原始、准确、完整、客观、真实。应尽量采用图、表、照片等形式进行表示，语言描述应言简意赅，采用规范的专业术语、计量单位及外文符号，英文缩写第一次出现时须注明全称及中文译名。按照载体的不同，记录分为电子化记录和纸质载体记录两种形式。

1）电子化记录：能够利用计算机等自动记录仪器设备进行电子化记录者，应力求实现电子化记录。实行电子化记录时，应对自动记录仪器设备进行定期校核，以确保记录数据的准确性。记录后的底片、磁盘、影像资料等载体应标明记录人、时间和编号，装在统一的资料袋内妥善保存，避免水浸、消磁、损毁或丢失。磁盘记录的资料，应定期进行异地备份保存或与其打印出的纸质材料一并保存；用热敏纸打印的记录，应与其复印件一并保存。遇有程序修改等异常情况时，必须随时将修改后的程序和历史数据进行异地备份保存。

2）纸质载体记录：不能或不便于进行电子化记录者，应实行纸质载体记录。实行纸质载体记录时，应使用蓝色或黑色字迹的钢笔或签字笔书写。不得使用铅笔或其他易褪色的笔（如油笔等）书写。书写字迹工整，用字规范，写明记录人和记录时间。需要涂改者，应采取划杠式涂改法，保证修改前的记录能够被辨认，并应由修改人签字，注明修改时间及原因。记录资料应妥善保存，避免水浸、墨污、卷边，保持整洁、完好、无破损、不丢失。

（2）文件资料的档案管理

根据"谁工作谁记录、有作业就有记录"的原则，实验动物设施内的所有从业人员都应按照各自的分工，将与本职工作有关的数据、报告等各种记录性资料实时记入相应的记录载体中，并负责记录载体的阶段性（如每月、每季）保管工作。阶段末，由资料管理人员，按照类别、时间顺序等要素，对各种记录性资料和文件，以及标准等非记录性资料，进行收集、汇总、整理和归档。归档后的文件摆放在专用文件柜中长久保存，供查阅和参考。

此外，还有实验动物设施各种表格，详见本书附录 1。

第4章 关键设备

实验动物设备是指在实验动物生产、使用、运输、检验、研究等过程中长期使用，并在反复使用中基本保持原有实物形态和功能的成套仪器设备的总称，是用先进科技推进和发展实验动物产业、科技的重要纽带、载体和基础。实验动物设备是实现实验动物生产、使用、运输、检验、研究等的基本条件，根据功能可分为饲养设备、运输设备、洗消设备、实验设备和建筑设备等。

实验动物饲养设备是保证实验动物生产质量和动物实验质量的重要物质基础，对实验动物的微环境有重要影响，在科学管理实验动物、提高实验动物的质量与繁育率、保证实验动物正常生活、确保实验动物健康与福利、减轻饲育工作者的劳动强度等方面均起着重要作用。实验动物运输设备包括设施内移动、设施间转移和国内、国际长途运输设备，是衔接实验动物生产和使用的必要环节。洗消设备是指对实验动物饲养设备、物品及动物、包装等进行清洗、消毒、传递的设备及配套装置，如独立通风笼具（IVC）笼盒自动清洗机、饮水洗瓶处理设备、压力蒸汽灭菌器、干热灭菌器、紫外线传递窗、过氧化氢消毒机、化学渡槽、自动垫料处理设备、污水处理设备、动物残体处理设备、废气处理设备、动物传递设备等；实验设备指用于动物实验设施内开展与动物实验相关的实验活动的设备及配套装置，如CT机、冷冻电镜、生物安全柜、离心机、CO_2培养箱等，实验设备种类非常多，本书不作专门介绍；建筑设备是实验动物设施的重要组成部分，包括给水排水、暖通空调、电气及智能化设备等。

实验动物设备也经常使用装备一词，是为了完成某种复杂任务而有效组成的，用于长期使用并在反复使用中基本保持原有实物形态和功能的成套仪器设备、工具、装置等物品系统的总称。设备是用于特定的生产或生活需求的，单独的机械或装置；装备包含设备，设备是装备中的一种。

《实验室生物安全认可准则对关键防护设备评价的应用说明》CNAS-CL05-A002：2018（等同采用 RB/T 199—2015，代替 CNAS-CL53：2016）中列出的关键防护设备包括生物安全柜、动物隔离设备、独立通风笼具（IVC）、压力蒸汽灭菌器、气（汽）体消毒设备、气密门、排风高效空气过滤装置、正压防护服、生命支持系统、化学淋浴消毒装置、污水消毒设备、动物残体处理系统（包括碱水解处理和炼制处理），多为实验动物设备。

实验动物设备管理主要涵盖三个方面的内容：一是制定设备技术规范，包括设备的一般要求和具体要求；二是制定设备安装、调试和启用流程；三是制定设备管理制度，包括档案管理、计量/校准、备品备件管理与使用、监测/自检、检定/校准/验证等管理制度。

美国、日本、欧洲等国家和地区实验动物设备目前商业化、社会化、规模化程度非常高，在保持核心竞争力的同时，通过外包降低成本，以并购、合作或合资方式，业务呈现全球化和多样化。我国实验动物设备经过近年的不断发展，取得了长足的进步，实验动物的笼具和相应的设备，如IVC、隔离器、洗笼机和动物电子标签等产品形成了一定的产业规模。但是与快速发展的实验动物相关技术相比，我国实验动物设备的研发和生产水平总体上亟待提高。鼓励产学研结合，提升新型实验动物设备和相关产品的创新研发水平，加强节能新技术、实验动物设施智能化技术研究与示范，推出具有自主知识产权的新产品，改变以往以简单模仿国外产品为主的生产经营模式，实现专利产品突破，是我国实验动物设备需要重点解决的问题。

4.1　饲　养　设　备

19 世纪末，无菌动物是否能够生存的理论之争促进了实验动物专用饲养设备的研制，经过半个世纪的不断发展，至 20 世纪中期，研制成功了可用过氧乙酸消毒的软包隔离器，现代实验动物饲养设备应运而生。

我国老一辈实验动物学家为之做出了诸多努力和贡献。1982 年苏州塑料一厂承担了原国家科委下达的"实验动物笼器具"研制项目，研制成功 SS 和 CP 系列实验动物笼盒。同年，陈天培教授团队自行设计开发了塑料隔离器的模具，掌握了高频输出功率、热压时间和溢料程度等关键技术，与相关单位一起成功研制了以国产原材料生产的隔离器，其物理性能和密封性能等技术指标达到国外同类产品水平。1985 年，徐振国教授团队的"YDG 型隔离器的研制"通过成果鉴定，获得中国医学科学院的科技成果证书。2001 年召开了"国际实验动物设施替代性设备学术研讨演示会"，引进了 IVC，同时我国也开展了相关研究。目前，IVC 已在我国广泛应用，显著提升了我国实验动物生产和使用水平。

实验动物的饲养经历了从模拟自然环境使用简单容器，到开放式笼具置于简单人工控制环境，再到开放式笼具置于完全人工控制环境（屏障环境、隔离环境），直至 IVC、手套箱式隔离器置于完全人工控制环境（屏障环境、隔离环境）的发展历程。实验动物培育、生产和使用进程与实验动物饲养设备的不断提升进程是相伴而生的。实验动物笼具也经历了从简单木质容器、铁质容器，到陶罐容器、无毒塑料笼盒，再到 IVC、隔离器、不锈钢笼具等。

实验动物饲养设备应满足以下基本要求：

（1）材质应安全无毒，不能对动物产生任何危害；

（2）应能有效防止动物逃逸和啃咬；

（3）耐用，经常性更换、清洗、消毒、灭菌而不易损坏；

（4）结构上符合动物习性的要求。

实验动物饲养设备主要包括：饲育设备、辅助设备、检验设备等。

常用的饲养设备包括普通饲养笼、饲养床、饲养围栏、层流柜隔离器、IVC 等。

辅助设备是指辅助实验动物生产繁育、动物实验的设备。包括：换笼台、动物保定器、动物麻醉仪、动物手术台系统、动物术后恢复系统、动物安乐死器、动物解剖台、操作机器人等。

检验设备是指利用物理、化学方法或使用检定及校准的专用仪器设备对实验动物质量检测、在线监测、监护的设备。不同的检测设备具有不同的检测参数、性能指标和检测方法。例如，温度测定仪、相对湿度测定仪、尘埃粒子计、风速仪、压差计、照度计、噪声计、各种气体测定仪、体重计、体温测定仪、氨基酸分析仪、全自动血液分析仪、全自动免疫分析仪、心电测定仪、精子质量检测平台、精子/胚胎程序冷冻设备、基础代谢测量系统、体况及妊娠测定仪、动物体躯骨骼发育测定系统、实验动物性能测定、可称重式定量饲喂消化代谢笼、小动物 PET/CT 影像系统、X 光成像设备、多维彩超系统、断层扫描系统等。

4.1.1　普通笼具

普通笼具是指为方便实验动物饲养或动物实验操作，将实验动物的活动限定在一定空间内进行最基本的生产生活，有利于集中、大量饲养和收容实验动物，不配备通风系统，不能控制动物的生活环境，一般放置在普通环境或屏障环境内使用，多为不锈钢、塑料材质的设备，主要包括：笼具、笼架、给料器、给水器等。

笼具在构造上可分为：箱型、金属网型、格子型等。常用的有：定型式，笼底为板式，顶部加带网孔的盖子，可给料、给水，适用于小型啮齿类动物；带接粪盘的笼子，笼底为金属网或格子型底板，门开于前面，笼内或侧壁放置加料器及饮水器，排泄物落在下面的接粪盘上，可用于饲养豚鼠、兔、狗、猫、猴等（图 4.1-1）；栅栏型或围网型笼，用金属网围起来的笼子，底部可直接落于地面或使用漏缝地板，用于中、大动物饲养（图 4.1-2）。

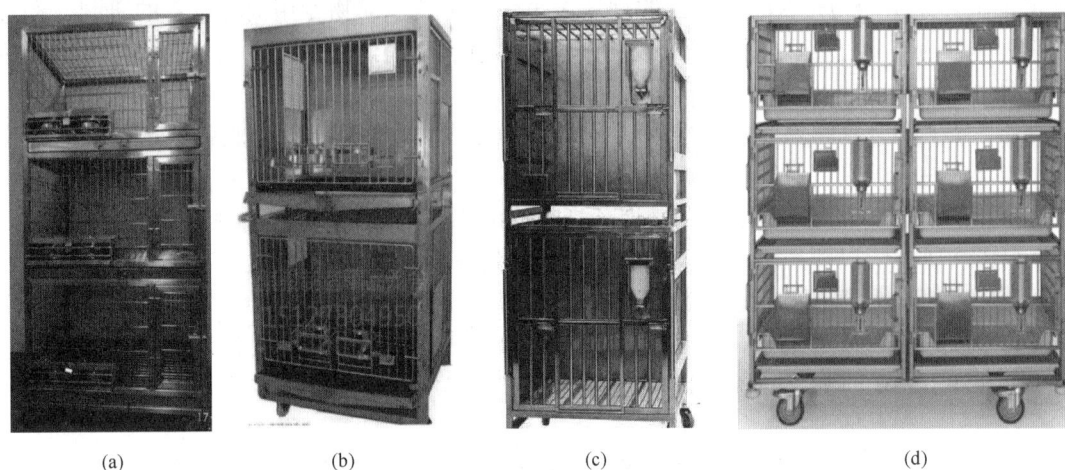

(a)　　　　　(b)　　　　　(c)　　　　　(d)

图 4.1-1　实验动物普通笼具

(a) 猫饲养笼；(b) 犬饲养笼；(c) 猴饲养笼；(d) 兔饲养笼

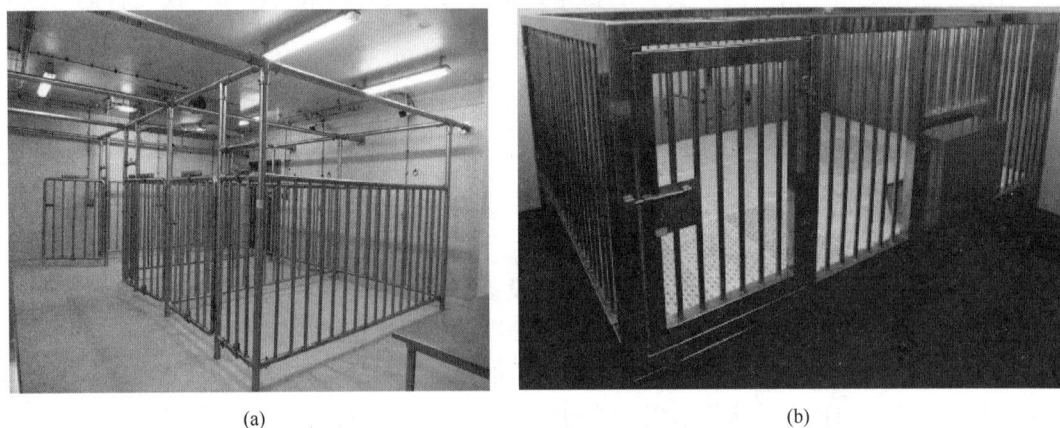

(a)　　　　　(b)

图 4.1-2　实验动物围栏、圈床

(a) 马实验围栏；(b) 猪实验圈床

1. 笼具

笼具的基本要求：材质应无毒、无害、无放射性，耐腐蚀、耐高温、耐高压、耐冲击，易清洗消毒；内外边角应圆滑，没有不易清理的死角，无毛刺、无锐口、无尖锐突起，保证不损伤动物（尤其是足跖部）；利于通风、散热，为动物营造舒适的生活环境；应能够防止其逃逸、限制动物肢体伸出，以免伤害到工作人员或者邻近动物；笼具大小应满足相关规定和要求，大型动物的笼具尺寸应满足有关标准、动物福利和操作要求；根据动物的习性，在笼具内配置相应的玩具；要便于搬运、清理、储存，易于观察动物活动，在日常饲养和实验过程中，便于加料、喂水、更换垫料和抓取动物；造价低，工艺简单，开启自如，防护可靠，不易损坏变形。

除了饲养用的笼具，还有很多具有其他功能（如运输、保定、微生物控制功能）的笼具。

运输笼：专门用于动物的运输，特点是保证动物在运输途中的安全，大动物多采用金属护栏结构；挤压笼：进行动物实验取样或正常健康检查常需保定，挤压笼带有一个可移动固定的特殊围护结构，可将动物挤至笼的一侧使其不能转身和伤害工作人员；代谢笼：有些研究需了解动物的代谢变化，代谢笼是一种在笼底设置可将粪尿分隔并分别收集的笼子。

笼具种类多样，有用于室内饲养的，有室外大型的笼具，还有室内外联通的笼具。室内常见的是组合笼具，其左右和上下都可以通过移除挡板打通，既可以给动物提供更大的活动空间，也可以单笼放置某只动物。笼内都设有栖杆，攀爬构造和环境丰富，以鼓励动物休息、玩耍和觅食。有些笼具设计有挤压网，即笼后壁可以向前滑动，这样可以把动物推到笼前保定，这种保定方式比较安全和人道。

2. 笼架

笼架是放置笼具的用具，应牢靠，便于移动，大小与笼具相适合，便于清洗，耐热、耐腐蚀。常见笼架是饲养架，可将笼箱直接放于笼架的各层上。悬挂式笼架：将笼具悬吊在架子上，使粪尿落于托盘里；冲水式笼架：笼架上装有水箱，笼下设有水槽，水槽呈 S 形，层层相连，利用人工或定时器使水箱里的水定时排放，利用水的落差将槽内的粪便冲入下水道；传送带式和刮板式笼架：用传送带或刮粪板清理粪便，笼下装有传送带或刮板的传动机械。

3. 给料器、给水器

根据动物种类和笼箱、笼架不同，给料器有多种类型：小鼠、大鼠用固体饲料给料器，一般使用挂篮式或在笼盖上设凹形槽；豚鼠、兔、猴的给料器为箱形，悬挂于笼壁上；狗、猫的给料器是盘型或碗钵形；粉末饲料用料槽或料斗。给料器的放置应适合动物采食，防止饲料散落，保证食物清洁。目前也有自动给料装置在使用。

给水器包括饮水杯、饮水瓶和自动饮水装置。饮水瓶一般为玻璃、塑料或金属制品，前端的管子有玻璃和金属两种，饮水瓶需清洗灭菌，定期更换；自动饮水装置由储水桶、饮水嘴和配管三部分组成，饮水嘴安装在笼箱或围栏内供动物自由摄取；饮水杯可用于猫、狗、鸡等，应有防护措施，安装牢靠，防止污染。

4. 围栏、圈床

围栏（也称栏舍）、圈床属于大型笼具，通常用来饲养犬、猪、羊、牛、马等大型动物。围栏、圈床的制作材料一般为不锈钢，其坚固、耐用、耐腐蚀、易洗刷和消毒。围栏一般直接安置在房间的地面上，可以是移动式的，也可以是固定在地面上的。笼内可加入垫料、垫草等吸附尿液，确保环境的舒适。

圈床一般直接安装在地面上，床面离地面一定高度，有的在床面下方安装不锈钢底盘，用于承接动物排泄物。圈床上用不同孔径的硬塑料垫板铺装，动物排泄物可经垫板漏在地面上或床下方的托盘中。圈床围栏可根据动物种类和体系，用低或高围栏。圈床适用于中型动物饲养和实验，方便清扫动物排泄物，应保持圈床干燥、舒适。

4.1.2　屏障装置

屏障装置是无气密性要求，用于与外环境形成屏障环境（内环境），正压或负压，符合屏障环境要求，能够控制微生物侵入或外泄，并能有效防止动物逃逸的实验动物饲养或使用装置的统称。通常由箱体，通风过滤系统，物品、动物、污物传递系统，人员出入系统及辅助装置等组成，其内环境受控。

1. 分类

按照压差形式，屏障装置可分为正压屏障装置和负压屏障装置。

（1）正压屏障装置：相对于外环境，其内部为正压，适用于饲养 SPF 动物。

（2）负压屏障装置：相对于外环境，其内部为负压，适用于饲养进行特殊性动物实验（病原感染、化学染毒、辐射性等）的动物。

图 4.1-3　柔性膜结构屏障环境实验装置

比较常见的屏障装置有柔性膜结构屏障环境饲养或实验装置，其具有性能达标、造价低廉、组装速度快、对场地环境要求不高等优点（图 4.1-3）。

2. 要求

屏障装置的要求：安装应符合制造商或相关标准的现场安装要求；电气安全应符合现行国家标准《测量、控制和实验室用电气设备的安全要求　第 1 部分：通用要求》GB 4793.1 的相关要求；内部有效空间和安排应符合实验动物福利的基本要求；温度、相对湿度、气流速度、换气次数、洁净度、沉降菌、静压差、照度、噪声、氨浓度、送（排）风高效空气过滤器检漏等应符合现行国家标准《实验动物　环境及设施》GB 14925、《实验动物设施建筑技术规范》GB 50447、《实验室　生物安全通用要求》GB 19489、《生物安全实验室建筑技术规范》GB 50346 等的要求；关键参数实时显示，关键性能失效或关键技术指标偏离控制区间时有报警；排出气体宜排到室外并符合环境安全要求；具备观察和操作屏障装置内实验动物的条件；制造材料耐消毒剂等的腐蚀，有足够的强度，无毒无害，易清洁，不易残留气味和物质，满足实验动物饲育、使用和动物福利要求；清洁物料、动物、废弃物等进出屏障装置的传递系统应符合控制交叉污染的要求；负压屏障装置应具备对其高效空气过滤器进行原位消毒灭菌和检漏的条件，若使用免检漏型产品，应可原位消毒灭菌或经过可靠包装后更换和处置高效空气过滤器。

（1）现场检测：在下列情况之一时，一般应进行检测：在现场安装完成、投入使用前；在关键部件维修后或其他活动可能影响性能指标时；应根据产品的特点和相关要求，按期检测。

（2）检测项目：正压屏障设施检测参数包括工作窗口气流流向、换气次数、气流流速、空气洁净度、沉降菌最大平均浓度、噪声、动物照度和工作照度、送风高效空气过滤器检漏、装置内外压差；负压屏障设施检测除包括正压屏障设施检测参数外，还要进行排风高效空气过滤器检漏，必要时还应动态检测氨浓度。

4.1.3　隔离器

实验动物隔离装置即隔离器，用于与外环境或内环境形成隔离的微环境，正压或负压、单向气流，符合隔离环境要求，能够防止微生物侵入或外泄，并能有效防止动物逃逸的实验动物饲养或使用装置的统称。通常由箱体、通风过滤系统、传递系统、隔离操作系统、辅助系统等组成，其内部微环境受控。

为保证与外环境保持绝对的隔离，使动物饲养空间完全处于无菌状态，人不能与动物直接接触，工作人员通过安装于隔离器上的橡胶手套进行操作。隔离器内外保持一定静压差，空气必须经过外围设备的温湿度调节，再经过自身高效空气过滤器过滤（对 $0.5\mu m$ 微粒滤除率达 99.97%）后进入和排出，空气洁净度要达到 5 级；饲料、饮水、垫料和用具都要进行灭菌处理后，再经过特殊的传递系统（灭菌渡舱）传递，进出隔离器的动物也需要对动物的包装消毒。

隔离器环境控制主要通过对其所处外环境的调节而获取，隔离器本身一般仅有通风、辅助加热等功能。隔离器空间小，满负荷使用时间多，环境指标变化非常明显，须进行高水平、严格的管理，包括内、外微环境监测、无菌操作程序等，才能维持隔离器良好的工作状态，保证其稳定运行。

1. 分类

（1）根据压差形式，可分为正压和负压隔离器。正压隔离器：相对于外部环境，其内部为正压，适用于饲育或操作 SPF、无菌、悉生动物；负压隔离器：相对于外部环境，其内部为负压，适用于饲养动物或进行特殊动物实验。

（2）根据是否具有气密性，可分为非气密式和气密式隔离器。非气密式隔离器如层流柜；气密式隔离器如手套箱式动物隔离器等。正压手套箱式动物隔离器通常没有气密性要求，负压手套箱式动物隔离器有气密性要求；正压 IVC 归类为非气密式隔离器，负压 IVC 归类为气密式隔离器。

（3）根据制作材质不同，可分为软质隔离器和硬质隔离器。

（4）根据功能不同，可分为饲养隔离器、动物实验隔离器、手术隔离器、运输隔离器、解剖隔离器等。

（5）根据应用动物种类不同，可分为啮齿类动物、兔、鸡、仔猪、猴等隔离器（图 4.1-4、图 4.1-5）。

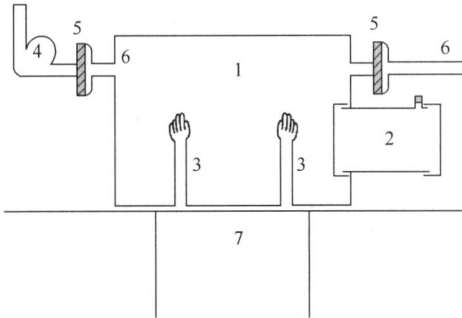

图 4.1-4　实验隔离器结构模式图
1—隔离器箱体；2—传递窗；3—操作袖管手套；
4—送风机；5—送、排风高效空气过滤器；
6—送、排风风管；7—隔离器支架

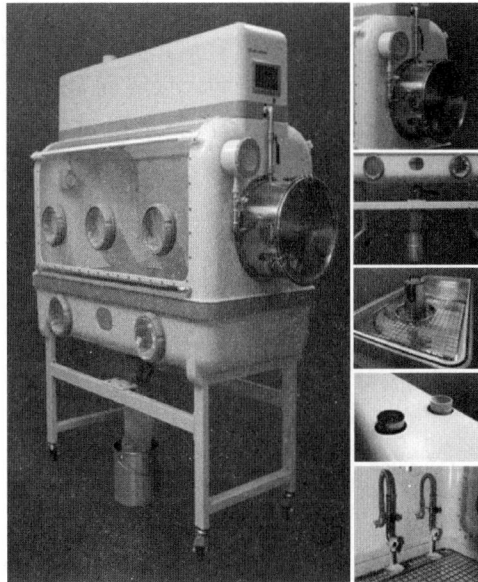

图 4.1-5　实验隔离器实物图

2. 要求

隔离器的要求：安装应符合制造商或相关标准的现场安装要求；电气安全应符合现行国家标准《测量、控制和实验室用电气设备的安全要求　第 1 部分：通用要求》GB 4793.1 的相关要求；内部有效空间和安排应符合实验动物福利的基本要求；温度、相对湿度、气流速度、工作窗口气流流向、换气次数、洁净度、沉降菌、静压差、工作区气密性、氨浓度、照度、噪声、振动、送（排）风高效过滤器检漏等应符合现行国家标准《实验动物　环境及设施》GB 14925、《实验动物设施建筑技术规范》GB 50447、《实验室　生物安全通用要求》GB 19489、《生物安全实验室建筑技术规范》GB 50346 等的要求；关键参数应实时显示，关键性能失效或关键技术指标偏离控制区间时应有报警；排出的气体宜排到室外并符合环境安全的要求；具备观察和操作隔离装置内实验动物的条件；制造材料耐消毒剂等的腐蚀，有足够的强度，无毒无害，易清洁，不易残留气味和物质，满足实验动物饲育、使用和动物福利要求；具备气密性检测条件，宜具备气密性自检功能；清洁物料、动物、废物等进出隔离器的传递系统应符合控制交叉污染的要求；负压隔离器应具备对其高效空气过滤器进行原位消毒灭菌和检漏的条件，若使用免检漏型产品，应可原位消毒灭菌或经过可靠包装后更换和处置高效空气过滤器。

4.1.4　独立通风笼具

独立通风笼具（IVC）指在密闭独立单元（笼盒）内，洁净气流高换气率、独立通气、废气集中外排，并可在换笼台内操作和实验的微型实验动物饲育与动物实验设备。IVC 既能保证动物与外界隔离，有效防止外部的病原微生物进入 IVC 内部，也可有效防止内部病原微生物向 IVC 外部扩散，并能为 IVC 内的动物提供有效保护，满足动物所需要的特定环境。IVC 维护要求简单，空间利用率高，能耗低，是生产繁殖、保种及进行各种动物实验好用、安全、经济的隔离设备，应用比较广泛。

1. 工作原理

采用先进的微隔离技术，向每个动物饲养笼盒内部输送经粗、中、高效空气过滤器过滤的空气，以获得保持一定压力和洁净度为 7 级（或 5 级）的屏障（或隔离）环境。同时，每个笼盒为独立单元，笼盒之间的空气完全隔离，最大限度地避免了饲养过程中笼盒之间的交叉污染。饲料、饮水、垫料和用具都要进行灭菌处理后，在超净工作台或生物安全柜内更换，进入 IVC 笼盒的动物也需要在超净工作台或生物安全柜内开包，以实现无菌操作。

在实验动物设施内，清洁的空气通过暖通空调（HVAC）系统送入各个独立的动物饲养间，然后将房间内经高效空气过滤器（HEPA）过滤后的洁净气流以高频率替换独立密闭的笼盒空间内的空气，并集中处理废气，从而形成密闭环境内的空气循环，以此来实现独立环境中的实验动物饲养。

图 4.1-6　IVC 及其通风

IVC 主要适用于 SPF 级别的大鼠、小鼠和豚鼠等实验动物的饲养与繁殖，它可以提供标准的笼内微环境，避免实验动物与操作人员和环境接触，能够保障实验结果的有效性，保护操作人员、实验动物及环境安全。其运行过程：在屏障环境设施内，经过过滤处理的空气在风机的作用下经管道从架体的笼盒进气口进入盒内，由笼盒的排气口排出，以此排出实验动物排放在笼盒内部的废气（图 4.1-6）。废气经笼架回风管道进入主机后经粗、高效空气过滤器过滤，再由排风机排放于室外，从而形成一个负压或正压的通气循环，保证笼盒内的空气无病原体，并提供实验动物所需的生存环境。主机配备的温度和湿度传感器实时检测供气的温度和湿度，并可报警提示工作人员保护室内饲养环境。

2. 组成

IVC 由笼盒、笼架（支架、密封式风道）、控制主机（送/排风机、高效空气过滤器、静压箱组成的通风净化系统和各种控制电器）组成。笼盒由耐高温（150～160℃以上）的透明材料制成，由面罩、底盒、中间的水料槽、周围的进出风口、锁扣、硅橡胶密封垫圈等组成，具有一定的密闭性，能有效防止盒外空气进入，以减少可能的外部感染侵入。笼盒有进气孔和排气孔，能让洁净空气流畅地进入，并在盒内形成良好的空气流动或扩散，与盒内气体混合并将笼盒内的废气排出，进气、排气孔可以自动封闭，保证笼盒在脱离风道时的密封。有的笼盒上盖设有一个由空气过滤网组成的生命窗，保证断电时笼盒内动物能够短暂呼吸。笼架一般为落地式，密封式进、排风管道竖直排列，由若干进、排气口与笼盒连接，为笼盒做位置固定及提供进气、排气。控制主机一般为落地式，由低噪声风机、洁净空气过滤装置、电子控制显示等部分组成，通过软质风管与笼架连接，为笼盒提供洁净新风，过滤、排出污浊气体。一般 1 台控制主机可带 2 架笼架，每架笼架可插接几十甚至上百个笼盒。

3. 主要参数及性能

笼盒内部环境参数达到隔离环境要求：气流速度 0.1～0.2m/s；笼盒间供气最大误差小于 20%；压差大于或等于 20Pa；换气次数大于或等于 20h^{-1}；洁净度 5 级；风机噪声小于或等于 55dB。气密性：正压 IVC 规定肥皂泡法检查无气泡，负压 IVC 笼盒内压力由 −100Pa 升至 0Pa 的时间不多于 5min。

在送风（正压 IVC）或排风（负压 IVC）端一般设置风机及粗、高效空气过滤器，主机监控报警，压力报警，高效空气过滤器报警，实时调整风速。数字显示屏显示换气率、风速、风机转速、温度、湿度、压力、滤器状态、风机故障及电源状态。UPS 电源保证至少半小时自行供电。

IVC 的气密性、耐灭菌、抗老化、一体坚固性、笼盒内环境适宜、自控及整机长期稳定运行是其技术关键。IVC 通常配置在屏障环境设施内，不宜配置在普通环境设施内。环境控制主要通过对其所处小环境的调节而获取，IVC 本身一般仅有通风、净化、密封等功能，温湿度、气体成分等由设备外空气状态决定。笼盒空间小，满负荷使用时间多，环境指标变化非常明显，须进行高水平、严格的管理，包括内、外微环境监测、无菌操作程序等，才能维持 IVC 良好的工作状态。IVC 在一定程度上实现了工作人员不与实验动物直接接触，有效保证实验动物免受外来因素的影响，以及操作者的健康。但仍未能做到完全避免工作人员与实验动物直接接触，这是其不足之处。

4. 种类

根据动物品种不同，IVC 可分为小鼠 IVC（图 4.1-7）、大鼠 IVC（图 4.1-8）、豚鼠 IVC、兔 IVC、仔猪 IVC 等。啮齿类 IVC、兔 IVC 主要在笼盒体积上有所不同，一般为聚砜树脂（PSU）或聚醚酰亚胺（PEI）材质，耐高温、耐腐蚀、抗变形、使用寿命长。仔猪 IVC 的笼盒一般为不锈钢材质。

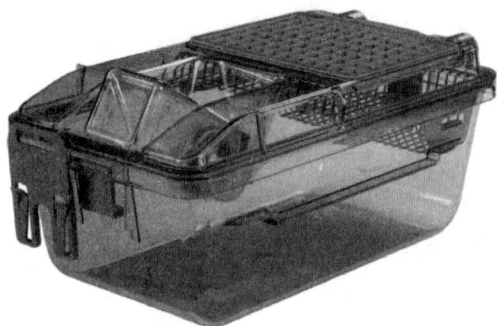

图 4.1-7　小鼠 IVC 的笼盒　　　　　　　　　图 4.1-8　大鼠 IVC 的笼盒

根据采气方式不同，IVC 一般可分为主机型（图 4.1-9）与集中供气型（图 4.1-10）。

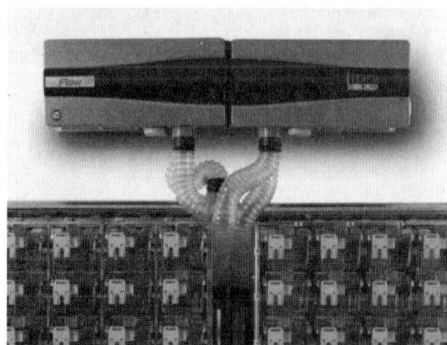

图 4.1-9　主机型 IVC

主机型 IVC 主要由笼具、笼架和空气处理机组三部分构成。

（1）笼具一般由笼底、硅胶密封圈、食槽、笼盖、微生物滤膜、生命窗、气嘴组件、水瓶、水瓶嘴、标签夹组成；还可额外选配提高实验动物生活质量的各类福利玩具与功能配件（图 4.1-11）。

（2）笼架一般是直接与空气处理主机连接的不锈钢框体式结构（图 4.1-12）。笼架的主进气管和主排气管一般采用横向设计，均可拆卸，便于清洁消毒；分进气管和分排气管一般采用竖直设计，管路上带有气嘴，可对每个笼位进行供、排气，实现笼内气体交换，且可以有效防止垫料堆积堵塞，同时方便清理。可根据不同的笼位数有效配置单面或双面笼架。

图 4.1-10　集中供气型 IVC

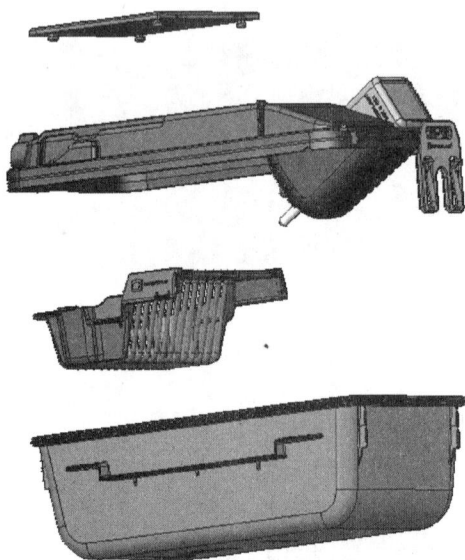

图 4.1-11　主机型 IVC 构件

图 4.1-12　主机型 IVC 笼架

笼盒放置在带有定位标识的笼位导轨上，以确保笼盒正确入位并有效连接送排气嘴（图 4.1-13）。

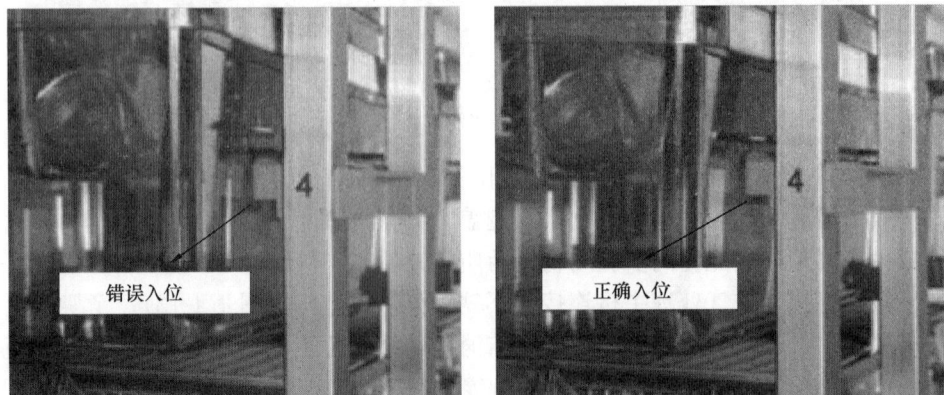

错误入位

正确入位

图 4.1-13　笼盒与笼位导轨安装示意图

（3）空气处理机组是为 IVC 主动供、排气的核心单元（图 4.1-14）。主机与 IVC 笼架连接，通过粗效（G4 级）和高效（H14）空气过滤器对空气进行过滤并输送至每一个笼盒，笼盒内气体经笼盖、

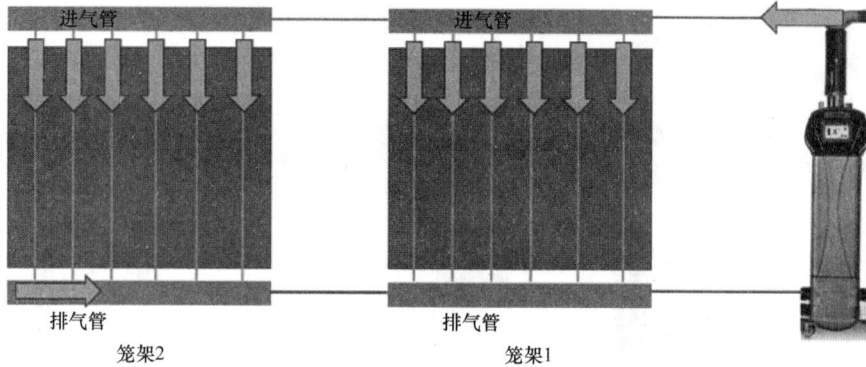

图 4.1-14　主机型 IVC 空气处理机组工作示意图

笼壁、笼底内循环后，再经空气处理机组的高效空气过滤器排放到大气中，其间确保笼间供气的均匀性，保证每个笼盒换气次数一致。正压 IVC 的空气处理机组位于送风端，用于维持笼内正压、保护笼盒中动物免受来自外界空气传播的病原体的影响；负压 IVC 的空气处理机组位于排风端，用于控制笼内有害物质散出，也适用于生物抑制实验。空气处理机组的运行噪声必须小于 55dB，确保动物生活环境不受干扰。

集中供气型 IVC 由笼具、笼架、空气处理机组和连接到每个笼位的空气调节单元共同构成。

（1）笼具同主机型 IVC；

（2）笼架在主机型 IVC 的基础上，在排气主管道末端增设了多重排气预过滤系统（图 4.1-15），用于对预排放的气体进行有效过滤，以阻止垫料粉尘、动物毛发、过敏原、微生物等的逃逸。

（3）空气处理系统：集中供气型 IVC 的空气处理机组由实验动物设施专供笼位的 HVAC 系统和连接到每个笼位的空气调节单元共同构成（图 4.1-16）。

图 4.1-15　笼架排气主管道末端的多重排气预过滤系统

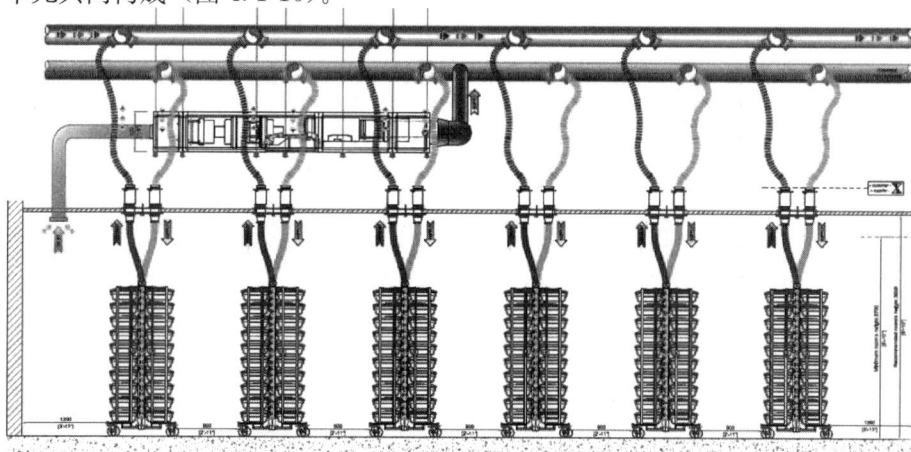

图 4.1-16　集中供气型 IVC 空气处理系统工作示意图

空气处理机组负责对进、排气的洁净度进行定量控制，空气调节单元对进入笼位的气体流速、换气次数、正负压进行定量调节（图 4.1-17）。

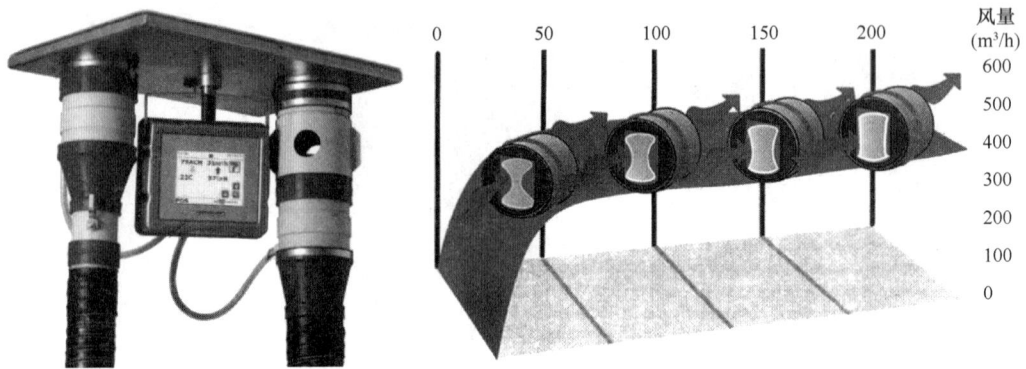

图 4.1-17 空气洁净度、温湿度、气体流速、换气次数、正负压的定量调节

根据笼盒内压差，IVC 可分为正压 IVC 和负压 IVC。正压 IVC 主要考虑减少笼盒内动物受到笼盒外微生物侵入的威胁；负压 IVC 即生物安全型 IVC，主要考虑减少笼盒内动物携带的微生物溢出笼盒的威胁。负压 IVC 与正压 IVC 的许多技术、工艺是相通的，但其设计理念不同，对压差、通风、密封的要求差别很大，还有笼架、笼盒、锁扣、水瓶口等的材料和工艺也有不同。因此，采用"正改负"的方式实现整体笼架的负压要求是不可取的。

负压 IVC 的特点：一台主机可配置一至二个笼架，笼架可以左右分列，但通常背靠背焊接成一体，以增加稳定性；笼盒盒盖上排风孔前端有排风粗效、高效空气过滤器，送、排风孔与笼架送、排风嘴密封连接，与笼架脱离后能自动封闭；盒体、盒盖间的锁扣用于锁紧并密封盒体和盒盖，能有效防止笼盒被意外打开，或失手坠地后盒体与盒盖分离；饮水瓶内置于盒盖与盒体之间的隔栏网上；笼架的送、排风嘴连接笼盒和送、排风支管并镶嵌在送、排风支管上，配有笼盒安装到位或取下自动关闭装置；送、排风嘴有避免交叉污染的非侵入式设计和自动开合装置，以使笼盒上架密接后，送、排风阀自动打开，笼盒取下时风阀自动关闭，使送风管中气压保持基本恒定，排风管中废气不易泄漏，防止交叉污染；系统气流分布均匀，笼架各笼盒间的送、排风量及压差均匀、一致，笼盒间送、排风量及压差的最大误差控制在 10% 以内；设置自动的高强度且明显的笼盒就位指示装置，并可将笼盒牢固地限定在笼架上；设有安全锁定装置的检修口及清洗消毒口，用于检修及风管的清洗、消毒；设有安全锁定装置，用于笼架与主机相连接并锁定，防止倾倒；安置超压保护装置或超压自动调节装置，以避免当笼盒取下较多、气阀关闭太多而造成的笼盒内超压；主机通过软质风管与笼架连接，防止主机的振动传导至笼架；低噪声风机用于笼盒通风，主动排风、被动送风，即只设置排风机，不设置送风机，以保证笼盒内负压；采用动态补偿技术，根据反馈数据实时调整系统运行状态，保证笼盒内持续负压；设置 2 台排风机，互为备用；正负可调式 IVC，或者正压改负压 IVC 是不允许的，因为正压 IVC 与负压 IVC 在送风原理及生物安全保障方面是完全不同的；空气过滤系统设置消毒及检测口；高效空气过滤器箱设置检测口，可进行高效空气过滤器原位检漏；笼盒、饮水瓶能在压力蒸汽灭菌器内 125℃、30min 或 134℃、3min 下灭菌 300 次以上；设置哨兵动物，用于对笼盒内的实验动物进行微生物、寄生虫等指标的监测及评估；在每次使用前进行清洗和灭菌。

主要环境指标：气流速度不大于 0.2m/s；换气次数不小于 $50h^{-1}$（设备验收时不小于 $80h^{-1}$）；静压差不大于 -20Pa（设备验收时高于 -100Pa）；静态时洁净度应达到 7 级或 5 级；笼盒内压力由 -100Pa 升至 0Pa 的时间不少于 5min。

使用环境：温度 18～27℃；相对湿度 40%～70%；噪声不大于 60dB；工作照度不小于 200lx，动物照度 15～20lx，昼夜明暗交替时间为 12h/12h 或 10h/14h；静压差不超过 -10Pa；换气次数不小于 $12h^{-1}$；静态时洁净度应达到 8 级或 7 级。

近年来又发展出了排气通风笼具（EVC），多用于小鼠繁育生产（图4.1-18）。与开放式笼盒相比，EVC 继承了 IVC 的优点，EVC 的主体结构与 IVC 相同，差别在于排风系统，没有排风机或将排风机置于顶端，与屏障环境设施内的排气系统连接，笼盒形成微负压，能够很好地排放产生的废气，降低交叉感染，避免实验动物产生的过敏物质及臭气对实验人员的危害。与 IVC 相比，EVC 采用塔式结构，节省空间和能耗，使饲养密度大幅度提高。但是 EVC 由于缺少独立的送风或排风系统，在通风效果的保证、气流流场优化设置上增加了难度。另外，在安全性上也不能与生物安全型 IVC 相比。因此，EVC 使用前应先进行验证。

图 4.1-18　小鼠繁育生产 EVC

5. 检测

在下列情况之一时一般应对 IVC 进行检测：安装后、投入使用前（包括负压动物笼具被移动位置后，实验开始前、结束后）；更换高效空气过滤器或内部部件维修后；年度维护检测。现场检测的项目至少应包括气流速度、压差、换气次数、洁净度、气密性、送风高效空气过滤器检漏、排风高效空气过滤器检漏等。一般通过设置监测笼进行 IVC 环境指标的在线监测。在对 IVC 笼盒中饲养的实验动物进行质量综合评价方面，也经常使用哨兵动物进行间接测试。

4.1.5　层流柜

层流柜也称层流架，是一种用于饲养动物的架式多层设备，洁净空气以定向流的方式使饲养微环境保持一定的压力和洁净度，避免环境与动物的交叉污染，为非密闭式隔离饲养设备。

层流柜由粗效、中效、高效空气过滤器，以及风机、静压箱、饲育柜、密封式风道和各种控制电器组成。柜架采用铝合金、不锈钢或其他适宜材料制作，柜体稳固平整，拆装方便，表面光洁，耐腐蚀。风机是层流架的核心，须长期连续运转，要求噪声小于 60dB，经中效空气过滤器去除空气中部分颗粒及微生物，然后通过密闭式风道进入静压箱。静压箱是密闭的长方形金属箱体，经中效空气过滤器的气流从一侧进入箱内，平衡后的空气从另一侧经高效空气过滤器呈水平状态进入饲育柜。饲育柜由耐腐蚀的金属制成，通常分成 4~6 层，后壁与高效空气过滤器相连，前面分层装有玻璃拉门，工作区内维持正压或负压。层流柜内的温度和湿度需要实验动物设施内配套的设备提供保障，空气经粗效、中效、高效三级过滤，柜内保持高于室内气压的正压，压差一般保持在 8Pa，风速为 0.20~0.30m/s，层流柜在静态时的洁净度可达到 7 级（或 5 级），内环境指标符合现行国家标准《实验动物　环境及设施》GB 14925 中屏障（或隔离）环境的要求。

根据层流的方式可分为水平层流柜和垂直层流柜；根据送风方式（即送风系统或吸入系统）可分为正压层流柜和负压层流柜。

层流柜笼盒不密封，人与动物不完全隔离，常用于在普通环境下短期小规模饲养 SPF 级小型啮齿动物。层流柜是一种小型的隔离饲养设备，由于其独立成体系，价格相对较低，在我国实验动物科技事业发展早期使用较多。但是其在设计、工艺和使用上存在诸多不足，加之新型饲养设备不断出现，其市场占比逐年下降。

4.1.6　代谢笼

代谢笼是指一种为分开采集实验动物排泄物而设计的密封式饲养笼（图 4.1-19）。实验动物的尿液和粪便经锥形分离器和收集漏斗后，尿液流经尿环被自动收集到尿液收集管中，粪便从收集漏斗落到粪便收集管内，从而实现尿液与粪便的完全分离，无交叉污染。

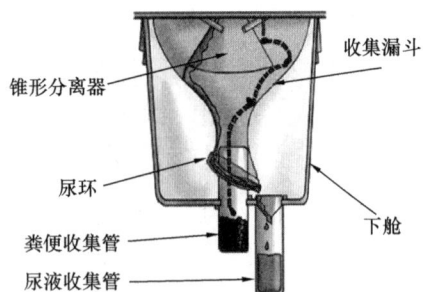

图 4.1-19　代谢笼

1. 大、小鼠代谢笼

大、小鼠代谢笼用于以大、小鼠等实验动物为对象的各种营养素、毒物、药物的体内代谢实验（图 4.1-20）。

封闭型代谢笼能分别测量动物在实验期间的摄食量和饮水量，同时，分别全量收集动物排泄的粪和尿。笼具配有食盒、水瓶、洒水接收瓶、粪尿分离漏斗、集粪瓶、集尿瓶等附属配件，能使食物、饮水、粪、尿之间不相混。笼具的主体部分及其附属配件可拆装，以便于代谢实验有关操作和不同配件的清洗和消毒。笼具的主体部分和附属配件以透明的PC 材料为原料，便于观察动物的状态及食物、饮水、粪、尿的状态和量，并可耐受此类物质腐蚀。笼架采用不锈钢原料，坚固、耐腐蚀且便于清洗。

开放型代谢笼采用不锈钢外框支架，架体稳固、安装拆移动方便；配万向脚轮；单笼材质为不锈钢钢丝。能分别测量动物在实验期间的摄食量和饮水量，分别全量收集动物排泄的粪和尿。配有食盒、饮水瓶（带细刻度）、洒水接收瓶、粪尿分离漏斗集粪瓶、集尿瓶等附属配件，笼具的主体部分及配件可拆装。

(a)　　　　　　　　　　　　　　　　(b)

图 4.1-20　大、小鼠代谢笼
（a）封闭型代谢笼；（b）开放型代谢笼

小鼠代谢笼（单小鼠和多小鼠）以及大鼠代谢笼均为上下舱体式设计（图 4.1-21）。

（1）上舱体：为动物活动层面，包括外置式饮水和喂食单元，主要部件为饮水瓶、食槽、上舱、盖子。

（2）下舱体：为代谢物分离和搜集功能区，主要部件为锥形分离器，收集漏斗、尿环、尿液收集

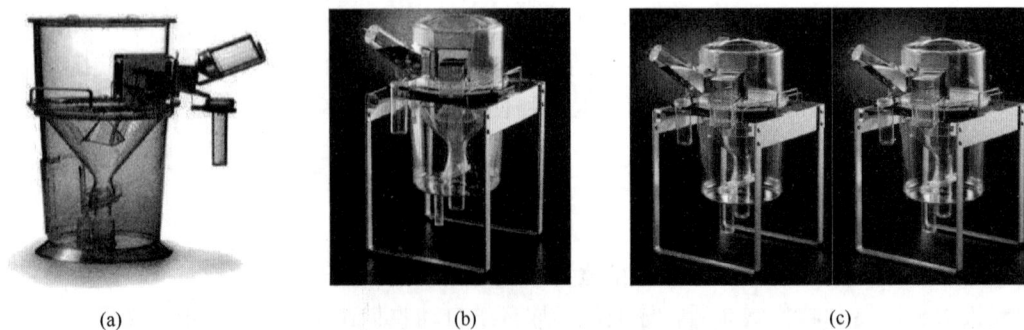

(a)　　　　　　　　　(b)　　　　　　　　　(c)

图 4.1-21　小鼠、大鼠代谢笼
（a）单小鼠代谢笼；（b）多小鼠代谢笼；（c）大鼠代谢笼

器、粪便收集管、下舱。

主要零部件：上部笼盒舱（上舱体）、下部笼盒舱（下舱体）、上下舱锥形分隔器、收集漏斗、代谢物（尿液与粪便）收集管、尿液导流环（尿环）、食槽、水瓶、盖子、代谢笼支撑架（单小鼠代谢笼时不适用）、物理冷却槽/电子冷却器/自带冷藏装置收集架（选配）。

（1）材质：代谢笼组成部件的主要材质均为耐高温、高压灭菌和耐腐蚀的 PC（聚碳酸酯）和 PMP（聚甲基戊烯）。

（2）尺寸：根据实验鼠数量、体型，代谢笼可分为小鼠代谢笼（单小鼠和多小鼠）、大鼠代谢笼（图 4.1-21）。

单小鼠代谢笼尺寸：底部可用面积为 $200cm^2$，笼盒尺寸为 130mm，舱体体积为 $2600cm^3$，共有 10 个组成部件。

多小鼠代谢笼尺寸：底部可用面积为 $330cm^2$，笼盒尺寸为 140mm，舱体体积为 $4600cm^3$，共有 14 个组成部件。

大鼠代谢笼尺寸：根据大鼠质量，分为 ≤150g、150～300g 和 >300g 三种。前两种底部可用面积为 $330cm^2$，笼盒的尺寸为 140mm，舱体体积为 $4600cm^3$，共有 14 个组成部件（两者仅在食槽上存在区别）；第三种底部可用面积为 $330cm^2$，笼盒的尺寸为 190mm，舱体体积为 $8600cm^3$，共有 14 个组成部件。

（3）锥形分离器：采用独特的新型无接缝生产注塑工艺，使得尿液和粪便实现完全分离，配合疏水性 PMP 材质保证无挂壁现象。

（4）收集漏斗：尿液和粪便经锥形分离器分离后落于收集漏斗，尿液沿内壁流下，粪便经内壁滚落。

（5）尿液导流环（尿环）：尿液沿收集漏斗流入尿环，自动流进尿液收集管。

（6）食槽和收集管：两者均易于装卸，添加食料和收集样品时可最大限度减少对动物的干扰。

（7）水瓶：瓶盖与瓶身贴合紧密无漏水现象，瓶盖材质为 316 不锈钢，且耐腐蚀。

（8）相关配套设备（单小鼠代谢笼时不适用）：代谢笼盒可放置在笼架上，装配电子冷却器或物理冷却槽。

（9）冷却装置（选配）：可选物理冷却槽、电子冷却器、自带冷藏装置收集架，用于维持尿液恒定低温，减缓生化反应。电子冷却器可设定温度范围为 4～20℃，采用电子控温，最大限度避免了实验期间温度变化，确保实验结果可靠。

2. 家禽代谢笼

（1）笼体结构：家禽代谢笼笼体主要分为可拆卸和不可拆卸两种。可拆卸笼体制造成本低，当笼体一部分损坏时可更换相关部件，但存在稳定性差的弊端；不可拆卸笼体结构稳定，局部损坏需整体更换，成本较高。除此以外，鸡、鸭、鹅的体型差异较大，需要研发适用于不同物种、日龄的家禽代谢笼。

（2）饮水装置：目前基本以水槽式饮水为主，有少量是类似于乳头式饮水器的装置。通过储水箱、乳头式饮水装置等避免传统水槽因家禽戏水对实验造成的误差，其优点是节水、省人工，缺点是可能有的家禽不习惯这种饮水方式，会产生一些应激。

（3）饲喂装置：目前的饲喂装置主要是在代谢笼的一端放置料槽，外部悬挂使用。

（4）粪尿收集装置：粪尿收集装置目前有许多创新点，如在现有装置基础上增加鼓风装置，减少掉落的羽毛、碎屑、饲料等对实验造成的影响；设置电磁仓壁振动器，利用振动最大限度收集全部粪便；设置滤网与抽气装置，将家禽脱落的羽毛吹走。有些创新点还考虑了温度、动物福利等因素，增加了其他功能装置，如增加了自动称重装置，可以实时监控实验动物体重；设置加热装置，在低温环境中也可开展代谢试验；设置洒水头，减少鸭、鹅焦躁不安的情绪，减少应激反应；设置能固定家禽头部的装置，减少其应激；在强饲代谢实验中增加强饲器和保定器。

4.1.7 实验动物术后监护笼具

实验动物经过麻醉、外科手术、注射药物、移植肿瘤、感染微生物（寄生虫）以及接种疫苗等实验后，其机体受到较大的创伤、损害和毒理侵害，成为一种有异常生理、病理反应的动物，对外界环境的变化，特别是温度变化极为敏感，为了能够使实验后的动物处于最佳状态，有必要对其进行特殊护理。通常将实验后的动物放置在一个条件更特殊的环境，同时也便于实验人员监护其恢复情况，如有危情，可随时采取抢救措施，它类似于人类临床重症监护室（ICU）。实验动物监护笼具可调节特殊的环境温度，为实验后的动物提供特殊术后保温，如有需要也可单独输氧，提高环境内氧分压，使实验动物早日恢复健康。

4.1.8 动物手术台

1. 小动物手术台

小动物手术台的材质为全不锈钢，台面为模块化可卸式台面，便于清洗消毒，台面下方设负压进风口，将手术过程中所产生的异味通过负压风机排到室外。手术台中间设有清洗水池，分别装有自来水感应龙头、纯水实验水嘴和花洒。手术台两侧设有不锈钢挂钩，用于手术时固定大动物之用（图 4.1-22）。

2. 大动物手术台

大动物手术台的材质为全不锈钢，台面为模块化可卸式台面，台面下方特设负压进风口。手术台一侧设有清洗水池，分别装有自来水感应龙头、纯水实验水嘴和花洒，水池排水口装有残渣粉碎机，可将手术中动物的骨头等弃物充分粉碎后排出，使下水管道不会被堵塞。手术台两侧设有不锈钢挂钩，用于手术时固定大动物之用。手术台底部装有带刹车的活动脚轮，方便移动和固定（图 4.1-23）。

图 4.1-22 小动物手术台

图 4.1-23 大动物手术台

3. 小动物气体麻醉恒温手术台

小动物气体麻醉恒温手术台由控制面板、麻醉呼吸面罩、外罩、手术台和负压装置组成，麻醉呼吸面罩固定在手术面板上，由构成负压外腔的外壳和构成内腔的内壳组成，外壳与负压吸引管道连通，并设有进气孔，内壳与麻醉气体送入管连通，并设有气体溢出口，在内壳的前部设有供动物头部伸入的弹性孔。通过采用特殊的麻醉呼吸面罩，一人可独立完成实验动物的快速麻醉诱导、麻醉持续和手术过程，从而可提高麻醉及实验的效率和稳定性，节约麻醉药品使用量，有效避免空气污染对实验人员的损伤。

4.1.9 动物安乐死器

动物安乐死器是用于动物安乐死的装置，包含控制箱和至少一个与笼箱中所设气泵相连且密闭的实验动物笼箱，该笼箱中设有控制电路板，且气泵的开关阀体与控制电路板的输出端相连。该实验动物笼箱设有带进气阀的自密封窗口，实验动物笼箱与控制箱接合后，气泵的喷嘴插接于自密封窗口之中并密封实验动物笼箱。动物安乐死器基于窒息死亡的方式，通过气泵向实验动物笼箱灌气，可实现废弃实验动物处理在时间上的可控性，且窒息后的实验动物尸体可方便取出，避免了实验动物斩杀处理后的清理工作（图 4.1-24）。

4.1.10 动物解剖台

动物解剖台的台面头部高于尾部，在尾部设有污物收集槽，台面中部两侧均为内凹结构，在台面的两侧边沿上设有挡污立沿，两挡污立沿的尾部收拢于污物收集槽，这样能使手术过程中的血、液体、尿、粪等污物自然地流入在台面尾部设置的凹槽内，防止动物解剖实验过程中的污物到处流放，避免对手术器械、设备等实验物品的污染。台面中部两侧设置的内凹结构，使恒温浴槽很容易靠近动物腹部一侧，便于显微镜观察肠系膜微循环，有效保证了休克动物实验的顺利进行，提高实验的成功率。动物解剖台的中部还装配有加热装置，以在低温条件下保持适当的温度。

图 4.1-24　动物安乐死器

4.1.11 操作机器人

实验动物生产繁育和动物实验的自动化和智能化已经成为今后重要的发展方向之一。在实验动物生产和动物实验操作的很多方面，例如 IVC 笼盒的更换、垫料的添加等工序，使用专门设计的机器人来代替人工操作，已经在很多实验动物设施应用，这在很大程度上减少了人工操作和人员移动所带来的对清洁环境的污染，减轻了人员的劳动强度，提升了工作效率，方便清洗、消毒灭菌管理，使实验动物区域内的交叉污染降低到很低的程度。例如，啮齿类实验动物笼盒智能仓储转运系统，末端执行器采用轻量化技术，并通过专业力学仿真软件，在确保机器人整体系统综合性能指标的前提下，达到减重、降耗、环保、安全的目的（图 4.1-25）。

图 4.1-25　笼盒智能仓储转运系统

4.1.12 饮水设备

《实验动物　环境及设施》GB 14925—2023 规定，实验动物饮用水应符合现行国家标准《生活饮用水卫生标准》GB 5749 的要求，SPF 动物饮用水在此基础上应为无菌。

实验动物的饮水设备经历了从简单的器皿到自动饮水装置的发展过程。器皿饮水设备因成本低，易于清洗消毒，适合于小量的动物饲养使用。随着实验动物饲养规模的不断扩大，实验动物设施自动化程度的不断提高，自动化饮水装置因为其节省劳动力、自动化的管理等优点被广泛应用。

实验动物饮水应从新鲜水源直接提供。实验动物饮水量受到生理阶段、饲料性质、环境及实验处理的影响。给水设备必须按照各级别动物的管理要求定期清洗消毒，每天更换饮水。

实验动物饮水设备应符合无毒无味、流水通畅、不漏水、便于动物吸取、保证饮水不被污染、便于清洗、耐化学或高温消毒等要求。饮水设备分为自动饮水装置和器皿饮水设备两大类。器皿饮水设备包括饮水瓶（玻璃瓶或无毒塑料瓶）、饮水盒、盆、罐等，它具有结构简单、价格低廉、不易交叉感染、便于清洗消毒等优点。饮水瓶在 SPF 动物中广泛使用，其瓶盖及由不锈钢材料制作的吸水管可高温高压消毒，对于饲养 SPF 动物是非常适用的。其缺点是在含钙离子高的区域，经常因结垢堵塞饮水口。自动饮水装置的优点在于大量饲养动物时节省劳动力，缺点是前期投入多，动物舐吮饮水时会有少量唾液及食物碎屑进入水管，易引起疾病的交叉感染。自动饮水装置一般包括水处理系统、自动循环系统和除菌杀菌系统。水处理系统能够清除溶解于水中的无机物、有机物、细菌及其他颗粒等；自动循环系统承担处理后的水进入饲养间和剩水回流的功能；除菌杀菌系统保障动物终端饮水的无菌化状态，常采用紫外线照射灭菌、计量泵加药使水酸化、在线灭菌等方式来获得无菌的饮用水（图 4.1-26）。

图 4.1-26　实验动物制水设备

4.1.13　检验设备

检验设备是指用于实验动物质量检验相关的仪器设备，例如，温度测定仪、相对湿度测定仪、尘埃粒子计、风速仪、压差计、各种气体测定仪、体重计、全自动血液分析仪、心电测定仪、精子质量检测设备、体况及妊娠测定仪、动物体躯骨骼发育测定系统、可称重式定量饲喂消化代谢笼、小动物 PET/CT 影像系统、X 光成像设备、多维彩超系统、断层扫描系统等。

对检验设备的要求：

（1）检验设备为专业厂家生产，生产厂家具备相应的资质，并且检验合格；

（2）检验设备经过检定或校验，并且在有效期内，检验参数符合要求；

（3）检验人员符合相关要求；

（4）检验条件符合相关规定。

1. 温度和相对湿度检测

（1）测定条件：实验动物设施环境温度测定应在设施竣工后空调系统运转 48h 后或设施正常运行之中进行。测定时，应根据设计要求的洁净度等级确定动物饲育区及实验工作区，并在区内布置测点。

（2）测量仪器：测量仪器精度为 0.1℃以上的标准水银干湿温度计及热敏电阻式数字型温湿度测定仪。

（3）测点布置：一般饲育室应选择动物笼具放置区域范围。恒温恒湿房间，离围护结构 0.5m、离地高 0.1～2.0m 处为宜。

（4）测定方法：当实验动物设施环境温度波动范围超过 20℃±2℃，室内相对湿度波动范围超过 ±10% 时，温湿度测定宜连续进行 8h，每次测定间隔为 15～30min。

2. 气流速度检测

（1）测定条件：在实验动物设施运转接近设计负荷，连续运行 48h 以上进行测定。

（2）测量仪器：测量仪器为精度 0.01m/s 以上的热球式电风速计，或智能化数字显示式风速计，校准仪器后进行检测。

（3）测定方法：实验动物饲养设施和动物实验设施，应根据设计要求和使用目的确定动物饲育区和实验工作区，要在区内布置测点。一般空调房间应选择放置实验动物用具的具有代表性的位置及室内中心位置布点；恒温恒湿房间应选择在离围护结构0.5m、离地高1.0m及室内中心位置布点；检测在洁净试验区或动物饲育区内进行，当无特殊要求时，在离地面高1.0m处进行测定，乱流洁净室，洁净面积≤50m² 至少布置测定5个测点，每增加20~50m² 增加3~5个测点。

（4）数据整理：应在测试仪器稳定运行的条件下测定，数据于运行稳定10s后读取。乱流洁净室取各测点平均值，并根据各测点各次测定值判定室内气流速度变动范围及稳定状态。

3. 静压差检测

（1）测定条件：静态测试在实验动物设施空调送风系统连续运行48h以上、设施已处于正常运行状态、工艺设备已安装、设施内无工作人员的情况下进行。动态测试在实验动物设施已处于正常使用的状态下进行。

（2）测量仪器：测量仪器为精度可达1.0 Pa的微压计，应在有效检定期内。

（3）测定方法：测试在实验动物设施内进行，根据设施设计与布局，按人流、物流、气流走向依次布点。每个测点的数据应在设施与仪器稳定运行的条件下读取。

4. 空气洁净度检测

（1）测定条件：静态测试在实验动物设施空调送风系统连续运行48h以上、设施已处于正常运行状态、工艺设备已安装、设施内无工作人员的情况下进行。动态测试在实验动物设施处于正常生产或实验工作状态下进行。

（2）测量仪器：尘埃粒子计数器，应在有效检定期内。

（3）测定方法：

静态测试应对洁净区及其净化空调系统进行彻底清洁。测量仪器充分预热，采样管必须干净，连接处严禁渗漏。采样管长度应为仪器的允许长度，当无规定时，不宜大于1.5m。采样管口的流速宜与洁净室断面平均风速相接近。测试人员应在采样口的下风侧。

动态测试应在实验工作区或动物饲育区内选择有代表性测点的气流上风向进行，操作细则与静态测试相同。

（4）测点布置：检测洁净实验工作区时，如无特殊实验要求，在距地面1m高的工作平面取样。检测洁净实验动物房时，在笼架的中央水平高度（0.9~1.0m）的平面取样。测点间距为0.5~2.0m，层流洁净室测点总数不少于20点；乱流洁净室，面积不大于50m²的布置5个测点，每增加20~50m²应增加3~5个测点。每个测点连续测定3次。

（5）采样流量及采样量：实验动物设施洁净度为5级，采样流量为1.0L/min，采样量不小于1.0L；洁净度为6级以上，采样流量不大于0.5L/min，采样量不少于1.0L。

（6）结果计算：每个测点应在测试仪器稳定运行的条件下连续测定3次，计算平均值，为该点的实测结果。对于大于或等于0.5μm的尘埃粒子数：层流洁净室取各测点的最大值；乱流洁净室取各测点的平均值。

4.2 运 输 设 备

实验动物运输包括设施内移动、设施间转移和国内、国际长途运输，是衔接实验动物生产和使用的必要环节。实验动物运输已经成为实验动物日常管理中的常态化工作，实验动物运输环节的质量控制是实验动物质量控制体系的重要组成部分。运输对实验动物造成的最重要影响是应激。运输应激的临床表现为反应激烈、恐惧或抑郁、异常发声、攻击性加强、心跳和呼吸频率加快、体温变化等；运输后动物饮食饮水减少、疲乏衰弱、腹泻或排便减少、脱水，甚至导致疾病无法恢复、死亡。运输应激造成的体内变化表现为各种酶和激素的异常，如皮质醇、皮质酮、加压素、甲状腺激素、若干转氨酶、脱氢酶、肌酸磷酸激酶等浓度变化。此外，运输饥饿造成游离脂肪酸、beta-羟基丁酸酯、血糖、尿素以及血液生化参数的变化。以上运输应激不仅妨碍实验动物身心健康，降低其福利水平，且可导致对实验研究的背景性干扰。不同的实验动物具有不同的生物学特性，从而对运输环节具有不同的需求。常用的实验动物运输设备包括运输普通实验动物的普通运输箱和车辆（有控温、通风措施，符合普通环境要求），运输 SPF、无菌（含悉生）实验动物的无菌运输箱（密封箱覆以高效过滤膜，置于有控温、控湿、通风、降噪措施的专用车辆中，整体符合隔离环境要求），以及运输隔离器（可移动隔离器，置于有控温、控湿、通风、降噪措施的专用车辆中）。

4.2.1 实验动物专用运输笼具

实验动物专用运输笼具是运输过程中存放和搬运实验动物的笼具，通常与运输设备（车、船、航空器）一起应用（图 4.2-1～图 4.2-3）。

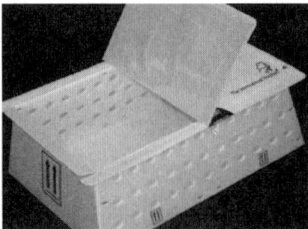

图 4.2-1　SPF 兔运输盒　　　　图 4.2-2　实验犬和猫运输笼　　　　图 4.2-3　两栖类实验动物运输盒

根据运输实验动物体型，专用运输笼具通常分为小型实验动物运输笼具、中型实验动物运输笼具和大型实验动物运输笼具；根据制作材质，通常分为纸制运输笼具、木制运输笼具、塑料运输笼具和金属运输笼具；根据运输实验动物的净化级别，通常分为普通级实验动物运输笼具、SPF 级实验动物运输笼具和无菌级实验动物运输笼具；从获得渠道上，分为商业化运输笼具和定制式运输笼具。

运输笼具的结构要具有一定的样式，一般由笼架、箱体和配套附属设备组成。材质应抗酸碱、抗腐蚀、抗冲击，同时符合对动物的健康和福利无害以及运输规范的要求。运输笼具必须足够坚固，能防止动物破坏、逃逸或与外界接触。运输笼具的空间和通风条件应当适合于所运送的动物品种，动物的装载不影响其通风。运输笼具内部和边缘没有可伤害到动物的锐角或突起；笼具的外面应具有适合搬动的把手或能够握住的把柄，搬运者与笼具内的动物不能有身体接触。在紧急情况下，运输笼具要容易打开，便于将动物移出。运输笼具应符合实验动物等级要求，并且在每次使用前必须进行清洗和消毒。应在笼具顶部或侧面设立标识，并用箭头或其他标志标明动物笼具正确放置的位置。笼具上应标明运输该动物的注意事项。

运输笼具能够为实验动物运输环节提供小环境，其质量和性能直接影响运输过程中实验动物质量和动物福利。在构建运输笼具时，除了考虑笼具本身的一般要求外，还要综合考量动物状态、特殊的生物学特性、运输的时间和距离、运输管制和应急处置等因素。

4.2.2 运输隔离器

运输隔离器在结构、材质、技术、环境指标，以及使用方面，与动物饲养隔离器、实验隔离器的要求基本相同。

运输隔离器应方便搬运、推动、车载，外部体积考虑是否适宜进出实验动物设施，以及运输动物的种类。运输隔离器内部动物活动空间按照现行标准《实验动物　环境及设施》GB 14925、《活体动物航空运输包装通用要求》GB/T 26543、《猪用饲养隔离器》NY818 和《鸡用饲养隔离器》NY 819执行，根据动物的种类和生活习性设计，并符合动物的健康和福利要求，保证动物能以自然状态站立、转身或趴卧（表 4.2-1）。马、牛、猪和羊的装载密度参照现行标准《活体动物航空运输载运》GB/T 27882、《动物及动物产品运输兽医卫生规范》NY/T 2843。

运输隔离器空间大小 表 4.2-1

动物种类	猪			鸡、鸭		猫	兔	犬		猴	
体重(kg)	6~24	25~100	>100	<2	>2	不限	不限	<20	>20	<8	>8
笼内最小高度(m)	0.5	0.8		0.4	0.6	0.4	0.4	0.9	1.1	0.85	1.1
底板面积(m²/只)	0.1	0.15	0.51	0.02~0.12	0.15	0.28~0.37	0.28~0.37	1	1.5	0.5~0.6	0.9

动物种类	马				牛			羊	
体重(kg)	0~200	201~400	401~600	601~800	<90	300~500	600~700	25	70
底板面积(m²/只)	0.42~0.66	0.87~1.04	1.19~1.34	1.51~1.73	0.23~0.32	0.84~1.27	1.45~1.63	0.17	0.36

装载运输隔离器的车辆应配备空调等设备，使实验动物周围环境的温度符合相应等级要求，保证有足够的新鲜空气，以维持动物的健康、安全和舒适，避免运输时车辆的废气进入运输隔离器。

电源及电气安装应符合现行国家标准《建筑电气工程施工质量验收规范》GB 50303 的规定，其验收应符合现行国家标准《电气装置安装工程　低压电器施工及验收规范》GB 50254 的规定。配置不间断电源，用于在断电情况下持续供电，确保环境、操作者和动物的安全；不间断电源充满电时，可保证其在无外接供电情况下正常工作不低于 8h；不间断电源的负载、体积、功率应与所配设备相匹配。车载运输时，配置电源线用以与运输车辆及环境设施电源连接、充电。

在使用隔离器时，应在每次使用前进行清洗和灭菌，可采用化学气体熏蒸、消毒液浸泡、擦拭等方式灭菌，灭菌效果评价按照现行标准《消毒器械灭菌效果评价方法》GB/T 15981、《医院消毒卫生标准》GB 15982 和《实验室设备生物安全性能评价技术规范》RB/T 199 的规定执行。运输时长超过 6h 时，宜配备符合要求的饲料和饮水。

需进行检测的情况：运输隔离器消毒后，投入使用前；更换高效空气过滤器或内部部件维修后；年度的维护检测。除检测运输隔离器内部技术指标外，还应检测设备所处环境的温度、湿度、噪声等指标。

检测项目：压差、噪声、气流速度、换气次数、空气洁净度为监督性检测项目，沉降菌、气密性、送风高效空气过滤器检漏、排风高效空气过滤器检漏为必要时检测项目。

4.2.3 实验动物专用运输车

实验动物专用运输车是指用于同一实验动物设施内动物转运及不同实验动物设施之间动物运输而专门研制或改装的车辆，在此特指专门用于实验动物短途或长途运输的车辆（图 4.2-4）。实验动物专用运输车是保证实验动物在运输环节的质量和福利的基本条件。为了获取路权，通常由实验动物生产机构、使用机构或运输机构提出改装和设计方案，由具备资质的车辆改装厂进行改装。实验动物专用运输车通常由驾驶舱、装载舱和控制舱三个部分组成。运输车主体为密闭性结构，进行隔热和保温处理，并装有可控的加热、冷却和通风系统，使实验动物周围环境指标符合相应等级要求，以保证动物的质量，运输空间满足动物福利要求。通风系统电机能够独立于车辆的发动机工作，有备用电机。当装载舱环境参数超出预先设定的指标时，通过报警装置通知驾驶员；装载舱必须进行彻底清洁和消毒；装载舱应安装照明设备，以便进行动物装卸和中间检查；装载舱采用全新风方式，送、排风口的设置应该满足空气均匀分布的需求；装载舱地板应防滑，在地板或墙壁上应该有捆绑点，以确保运输箱在运输过程中的安全，并防止其倾倒；或者装载舱内安装固定的专用运输笼具；有防止动物逃逸的安全措施，有投料和给水装置。驾驶舱内有环境实时监控系统和环境记录系统；有可视系统，能够在驾驶舱内观察动物在运输中的状态；有应急指示和处置装置；有车载电话和备用手机。实验动物专用运输车的尾端应有便于动物装卸的升降装置。

图 4.2-4　SPF 猪运输车

4.3 洗消设备

　　清洗、消毒和灭菌已经成为实验动物设施管理和运行中的常态化工作，同时也是非常重要的一个环节，事关实验动物质量、动物福利、生物安全、从业人员职业健康和环境友好。近年来，随着我国实验动物设备研制水平的快速提高，实验动物设施洗消设备整体水平正在迎头赶上国外先进的同类设备。

4.3.1　笼具清洗设备

　　笼具清洗设备是指对实验动物笼具进行清洁、消毒和干燥的设备。为了避免排泄物对实验动物产生影响，实验动物饲养过程中需要对笼具进行定期清洗，过去因实验动物设施单体规模小，笼具主要依靠人工清洗，但人工清洗的方式存在效率低、耗水量大、清洗质量难以保证等问题。随着实验动物设施饲养规模的日益扩大及科技的进步，专业的笼具清洗设备应运而生，目前实际应用的笼具清洗设备主要分三类：柜式清洗机、隧道式清洗机、大型多功能清洗机（步入式清洗机）。

1. 柜式清洗机/快速笼盒清洗机

（1）概述

图 4.3-1　快速笼盒清洗机外观

　　快速笼盒清洗机属于小型自动化动物笼盒清洗设备，采用热水、高压、大流量的喷淋方式，实现笼盒、盒盖、食槽、金属网架的全自动喷淋清洗。使用时，需要操作人员手动打开笼盒，将脏垫料倾倒之后，再将需要清洗的部件放在清洗架上进行自动清洗，其外观如图 4.3-1 所示。

　　快速笼盒清洗机体积小、能耗小、安装简单，可以在现有设施的基础上适当改造水、电就能满足使用要求，适用于清洗量较小或空间有限或改造升级的实验动物设施。

（2）技术原理

　　快速笼盒清洗机内有多层清洗架，清洗舱内顶部、中部及底部均设有旋转式或摆动式清洗手臂。工作时以软化水为工作介质，通过大流量的循环泵使清洗舱内的水在清洗管路中循环，并通过喷射臂将水均匀地喷射到被清洗物品上，对物品进行强有力的清洗，同时可自动加入清洗液，使清洗更加有效、彻底。物品的漂洗则通过水箱内的干净流水直接喷射到被清洗的物品上，达到最佳的漂洗效果。漂洗水回收作为下一程序的清洗水，节约资源。

（3）结构组成

快速笼盒清洗机主要由清洗机舱体、笼盒支架、管路系统、密闭门、喷淋装置及控制系统组成。喷淋装置包括喷淋臂、喷淋臂驱动装置、喷淋管以及冲洗管，舱体内设置 3 层喷淋臂，分别位于顶层、中层、底层，喷淋臂结构如图 4.3-2 所示。管路系统包括喷淋泵以及冲洗泵，均设置在舱体底部。在舱体的底部还安装有辅助水箱，其设有蒸汽盘管或电加热管，可对喷淋水进行加热。

图 4.3-2　快速笼盒清洗机喷淋臂

（4）典型产品

意大利某公司及加拿大某公司均研制有柜式清洗机，以意大利某公司柜式清洗机为例（图 4.3-3），其产品可以实现大鼠、小鼠、豚鼠和兔子等实验动物的饲养笼具、饮水瓶、食槽和托盘等的自动化清洗，该公司的柜式清洗机技术特点如下：

1）整块钢化玻璃门设计，方便观察清洗情况；

2）双层多功能清洗架，摆放角度可灵活调节，适用于小鼠笼盒、水瓶、饲料架、兔笼及托盘等的清洗；

3）双侧装载空间，使清洗装载量最大化，清洗量可达每循环 32 个小鼠笼盒；

4）技术维护区前置，可靠墙安装，维护更便捷；

5）振荡摇摆式清洗手臂，三维立体清洗，保证清洗无死角；

6）标准循环 55℃清洗水温、82℃漂洗水温，达到巴氏灭菌效果；

7）USB 数据传输接口，实现清洗数据的便捷下载；

8）安全性能化设计，门被打开时设备无法启动，确保设备运行安全。

国内有多家公司已研发并生产出快速笼盒清洗设备。以国内某公司的 BWS-L-S 系列快速笼盒清洗机为例（图 4.3-4），该系列产品采用柜式结构，舱体容积较小，方便部署，适用于中小型实验动物设施，采用喷淋清洗技术，能够对 IVC 笼盒、普通笼盒、小型兔笼、猴笼等物品进行清洗。该系列产品具有如下技术特点：

1）单循环冲洗需 4～6min；

2）可同时清洗两层装载架，每次程序可清洗 40 个小鼠 IVC 笼盒；

3）大流量、高压力循环泵，提供强大的清洗能力；

4）热水喷淋清洗与漂洗，保证清洗的效果；

5）配备预热水箱，减少清洗水的加热时间；

图 4.3-3　意大利某公司的柜式清洗机

6）具有急停功能，设有急停开关，可紧急停止设备运转。

7）具有自锁功能，密封门未关闭，程序无法启动，程序运行结束后才能开启密封门。

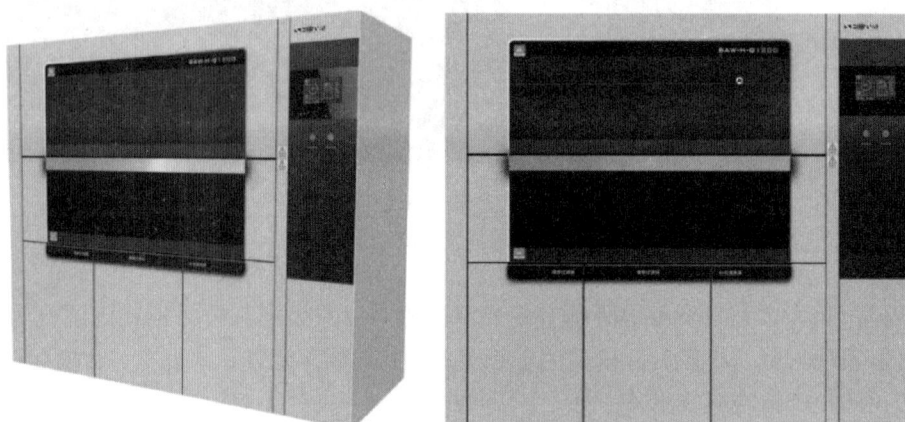

图 4.3-4　国内某公司的 BWS-L-S 系列快速笼盒清洗机

（5）应用现状

对国内有实验动物设施的 66 家单位配置的 131 台笼盒清洗机进行调研，不同类型笼盒清洗机所占的比例如图 4.3-5 所示，快速笼盒清洗机占比 42%。另外，对配置不同类型笼盒清洗机的单位进行统计，如图 4.3-6 所示，约有 41% 的单位只配置了快速笼盒清洗机，占比最多。调研结果表明，从设备安装维护的难易程度及成本投入等角度考虑，事业单位、医院、研究所、普通高校等较小规模的实验动物设施较适宜选择快速笼盒清洗机。

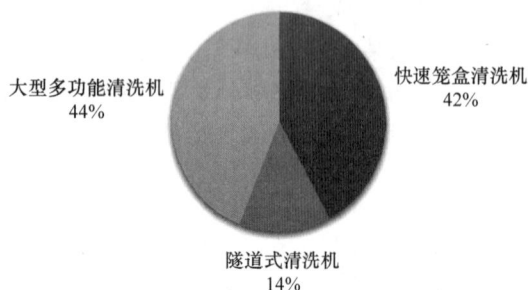

图 4.3-5　不同类型笼盒清洗机占比

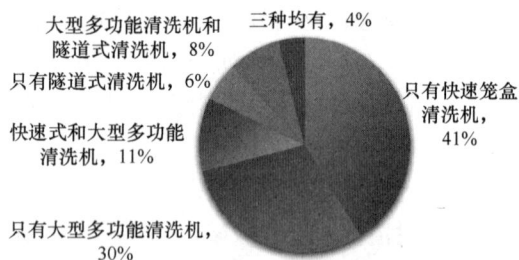

图 4.3-6　不同类型笼盒清洗机配置情况占比

2. 隧道式清洗机

（1）概述

隧道式清洗机可以实现连续不间断地对动物笼盒、盒盖、金属网等进行清洗和处理，具备大批量对动物笼具进行自动化、连续式清洗及干燥处理能力。隧道式清洗机因其高效性和连续性适合大型且对自动化清洗有一定需求的实验动物设施，清洗量每小时最多可达 1500 个小鼠笼盒，且具备节能、节水、节省人力等优点，其外观如图 4.3-7 所示。

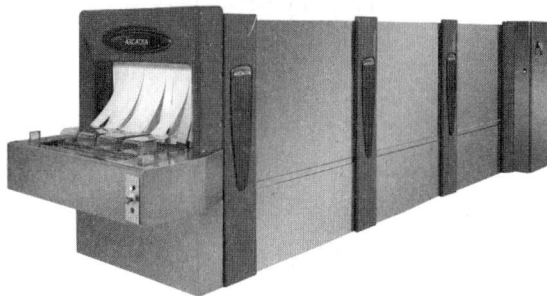

图 4.3-7　隧道式清洗机

（2）技术原理

隧道式清洗机使用喷淋清洗技术，它针对动物笼盒，以确定的清洗流程（清洗、漂洗、冲洗、吹干、干燥等）对物品进行在线连续处理。

隧道式清洗机将物品清洗流程在空间上展开，清洗、漂洗、冲洗、吹干、干燥等步骤都具有独立的处理模块，并使用传送链条将各模块串联在一起。清洗、漂洗步骤采用循环水，清洗步骤可以根据需要添加洗涤剂；冲洗步骤采用流水喷淋后补充到漂洗循环水中；吹干步骤采用高速喷射气流，将笼盒表面的水滴吹掉、打散；干燥步骤使用循环热风，对残留水滴进行高温烘干。

（3）结构组成

隧道式清洗机通常由清洗舱、漂洗舱、吹干舱和干燥舱等构成，清洗舱前端设置装载平台，干燥舱末端设置卸载平台。某公司隧道式清洗机结构示意图如图 4.3-8 所示。

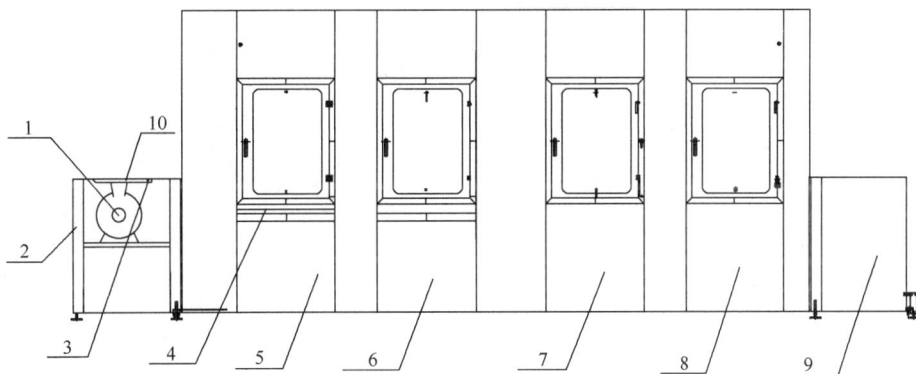

图 4.3-8　某公司隧道式清洗机结构示意图

1—传动电机；2—装载平台；3—对射检测开关；4—过滤网；5—清洗舱；
6—漂洗舱；7—吹干舱；8—干燥舱；9—卸载平台；10—传送带

隧道式清洗机的具体组件及其作用如下：

1）外壳、舱门、内舱：为保证隧道式清洗机能满足使用场景需求，经受高温高压和酸碱清洗，其外壳与内舱及内部管路通常由 AISI 304 或更好的不锈钢制成，且在焊接时使用不产生焊缝或其他清洗死角的焊接方法。

2）洗涤剂储存模块：将含有洗涤剂的储存罐放入该模块后，洗涤剂泵可根据清洗需求自动使用洗涤剂。

3）水泵与洗涤剂泵：洗涤剂泵将洗涤剂从洗涤剂模块泵入清洗水箱，水泵将清洗水箱和漂洗水箱中的液体泵入管路，最终进入清洗手臂和漂洗手臂。

4）清洗手臂、漂洗手臂：清洗手臂和漂洗手臂上分别有清洗水嘴和漂洗水嘴。

5）电柜箱和控制单元：控制单元具有设定清洗模式、监测运行状况和各部件状态、导出运行数据等功能，且部分产品可远程连接或接入实验动物设施的中央控制系统。控制面板通常分为触摸屏式和按钮式。

（4）典型产品

意大利某公司及加拿大某公司均研发生产隧道式清洗机。以意大利某公司产品为例，该公司ARCADIA 隧道式清洗机是适用于实验动物设施的大型隧道式清洗及消毒设备（图 4.3-9），可以实现大批量大鼠和小鼠笼具、食槽、物流车等物品的连续不间断处理。该产品的技术特点如下：

1）该产品为可连续处理笼盒的模块化隧道式清洗机，每小时笼盒清洗量高达 1500 个；

2）高效节能的绿色设计，仅需冷水即可实现专业清洗，阶梯水循环模式实现较低的耗水量，每小时清洗耗水 420～600L；

3）具有自清洁过滤系统，实现自动废物清理；

4）极高的清洗和漂洗水压，保证高效清理黏性物质；

5）可靠墙安装，单侧过道即可满足安装要求；

6）可与智能机械臂和垫料处理系统配合使用，实现笼盒的自动化处理；

7）设备装载和卸载端均设有紧急制动按钮和安全传感器，充分保障操作人员安全；安全门或过滤器被打开的情况下，设备无法启用，确保设备运行安全。

国内有多家公司已研发并生产隧道式清洗机，以国内某公司的 BWS-T 系列隧道式清洗机为例（图 4.3-10），该系列产品每小时可实现 1200 个小鼠笼盒的自动化连续清洗和干燥处理。该产品的技术特点如下：

图 4.3-9　意大利某公司 ARCADIA 隧道式清洗机　　图 4.3-10　国内某公司的 BWS-T 系列隧道式清洗机

1）快速清洗技术。连续工作模式，处理量大，大流量、高压力、全方位强力清洗，保证清洗效果；内置多种清洗程序，可针对不同的物品灵活选择，在保证清洗效果的同时，节省时间。

2）快速干燥技术。独特的干燥系统，多级加热，可调式双风刀，保证干燥效果，处理完毕后可直接添加垫料。

3）智能化节水技术。可根据笼盒的受污染程度选用不同工艺，在保证清洗效果的前提下，节约用水；先进的管路工艺设计，在保证清洗效果的前提下，能够回收利用冲洗用水，减少设备的耗水量，节约成本；循环泵变频控制，可以满足不同物品的清洗需求，降低能耗。

4）全方位操作安全性能。设备前后均具备急停按钮、报警指示灯；专利设计的机械式传动链保护结构，全方位保护操作者和设备安全。

5）独特的清洗过滤网设计。具有方便、快捷的污染物收集及处理结构，适应动物笼具处理量大、残留污染物多的特点。

6）无死角的舱体设计。舱体采用无死角设计，减少污染物的残留，保证清洗物品的洁净；独特的传送带设计，笼盖清洗时可立起并固定，防止积水的同时大大增加清洗量。

（5）应用现状

在调研的 66 家单位配置的 131 台清洗机中，约有 12 家单位配置了 18 台隧道式清洗机，设备配置率约为 14%。隧道式清洗机质量及空间尺寸相对较大，对建筑结构要求高，且由于自动化水平高，使得后期维护成本高，上述因素限制了隧道式清洗机在实验动物设施中的大规模应用。

隧道式清洗机在应用过程中需注意如下问题：①设备处理量大，前平台及清洗舱过滤网可能会积累脏垫料等污染物，需及时清理；②物品摆放应按照产品使用要求，放置在传送带合适位置，避免清洗不彻底；③设备程序启动后连续运转，需保证供水充足、连续，避免供水不足引起设备停机；④设备使用的水源至少为软水或者纯水，硬度较高的水容易导致换热器表面或舱体表面结垢，影响设备运行。

（6）发展趋势

在提高生产力和能源利用效率的背景下，随着自动化技术的成熟和设备间系统化集成趋势的发展，隧道式清洗机在中大型实验动物设施中的应用会持续增长，后续的技术发展趋势为：

1）持续加强与物流机器人及智能机械臂的协作技术研发，进一步提升清洗系统的自动化及智能化水平；

2）滤网可配备机械式自动清扫机构，保证脏垫料被及时清理；

3）优化笼盒传送机构，避免笼盖倾覆或积水，保证清洗效果；

4）实时监测清洗泵、传送链条、水嘴及管路等关键部件的状态参数，发生故障及时报警。

3. 大型多功能清洗机

（1）概述

大型多功能清洗机采用喷淋清洗技术，是针对动物笼具、笼架及笼盒等较大的物品专门设计的一款大容量清洗机，能够对 IVC 笼盒、普通笼盒、IVC 笼架、兔笼、狗笼、豚鼠笼、猴笼等物品进行清洗、消毒和干燥，具有容量大、清洗效率高、清洗效果彻底等特点，产品外观如图 4.3-11 所示。

大型多功能清洗机因其强大的兼容性和高效性，适用于较大型实验动物设施，每小时可清洗 800~1200 个小鼠笼盒，但因其体积大、能耗高，而且对安装区域的净高和结构承重有一定要求，因此在基础设施建设过程中需预留相关安装条件。

（2）技术原理

大型多功能清洗机能够实现物品的全自动清洗、消毒和干燥，其工作原理如下：

清洗：以软化水或纯水为工作介质，通过大流量循环泵，使清洗舱内的水在清洗管路中循环，并通过两侧清洗喷头，将水均匀、快速地喷射到被清洗物品上，对物品进行强有力地冲洗，同时可自动加入清洗剂，使清洗更加有效、彻底。

消毒：将清洗用水自动加热到 80~90℃，依靠水的温度对物品进行湿热消毒。

干燥：通过节能高效的干燥系统将被加热的空气吹入清洗舱内，对清洗后的物品进行有效的干燥。

（3）结构组成

大型多功能清洗机主要由清洗舱和检修舱组成。

清洗舱为笼具和笼架的清洗空间，清洗舱内设有喷淋机构、喷淋驱动单元、底盘及底盘提升机构。喷淋机构包括喷淋器及喷淋臂，多条喷淋臂依次设置在清洗舱的两侧，在喷淋臂上均匀设置多个喷淋头；喷淋驱动单元用于驱动喷淋臂摆动，包括固定在机体表面的转动驱动气缸，转动驱动气缸的活塞杆在清洗舱内与竖向设置的传动杆相连，在每一条喷淋臂的表面分别固定有与传动杆连接的机构，实现动力传递。

大型多功能清洗机清洗舱的内部结构如图 4.3-12 所示。

检修舱为大型多功能清洗机各功能的技术支撑模块，内设冲洗水箱、清洗水箱、冲洗泵、循环泵等。冲洗水箱和清洗水箱分别通过冲洗泵和循环泵与清洗舱中的喷淋器相连。检修舱内还设有热风箱，热风箱分别通过进气管及出风管与清洗舱连接，用于对笼架进行烘干。

图 4.3-11 大型多功能清洗机外观

图 4.3-12 大型多功能清洗机
清洗舱的内部机构

（4）典型产品

1）国外代表产品

意大利某公司及加拿大某公司均研发生产大型多功能清洗机。以意大利某公司产品为例，该公司自 1991 年开发了第一款步入式清洗设备，至今已形成了较为完备的系列化实验动物清洗设备，目前其多功能步入式清洗机主要有两款，特点分别如下：

① 多功能步入式洗笼消毒机：主要用于大鼠和小鼠笼具、笼架、饮水瓶、运输车和托盘的清洗，如图 4.3-13 所示。该款产品的技术特点为：

（a）振荡摇摆式手臂，采用套管设计，清洗水路与漂洗水路分开，将高压清洗、漂洗水喷射到物体表面，保证清洗效果；

（b）标准循环采用 55℃清洗水温、82℃漂洗水温，达到巴氏灭菌效果，可针对不同需求选择不同清洗程序；

（c）清洗量可达每个循环 130 个小鼠 IVC 笼盒，每小时可清洗小鼠 IVC 笼盒数量不少于 1000 个；

（d）蒸汽加热设计，仅需提供冷水即可运行，提高清洗效率；

（e）节水设计，清洗水循环利用，每个循环耗水量 50L，耗洗涤剂 0.1L，平均每个笼盒清洗耗水量不超过 400mL；

（f）舱内设紧急制动杆，舱外设紧急制动按钮，及时停止不当操作，保障人员安全；

（g）采用自动膨胀型密封圈，保证屏障密封效果。

② 多功能步入式洗笼消毒机—非人灵长类洗消方案：主要用于猴笼的清洗，同时可满足鼠笼、兔笼、雪貂笼、狗笼的清洗要求，如图 4.3-14 所示。该款产品的技术特点为：

图 4.3-13 意大利某多功能
步入式洗笼消毒机

图 4.3-14 意大利某多功能步入式洗笼
消毒机——非人灵长类洗消方案

（a）每个循环 25min，可清洗 2 组猴笼；

（b）清洗效果符合 GLP 认证要求；

（c）节水设计，清洗猴笼时每个循环耗水 210L；

（d）能满足鼠笼、兔笼、雪貂笼、狗笼、猴笼等不同清洗需求；

（e）模块化设计，操作简便，可满足不同动物实验设施的清洗要求。

2）国内代表产品

国内某公司研发的 BWS-C 系列大型多功能清洗机适用于实验动物行业和制药领域，是针对动物笼具、车架类、容器类及动物笼盒等较大物品设计的一款大容量清洗机，能够实现对物品的全自动清洗、消毒和干燥，如图 4.3-15 所示。该款产品的技术特点为：

① 配置自清洁式过滤器，防止废垫料堵塞管路；

② 清洗、干燥工作周期约 8min；

③ 清洗、漂洗双路独立式设计，0.2MPa 高压水流冲洗；

④ 清洗舱两侧及顶部多达 184 个高压旋转扇形喷嘴，360°无死角清洗；

⑤ 90℃以上高温热力消毒，可杀灭大部分细菌、微生物及芽孢，另可增加过氧化氢气体消毒功能；

图 4.3-15 国内某公司的 BWS-C 系列大型多功能清洗机

⑥ 智能节水设计，可根据物品的污染程度，选择不同的工作模式，可回收漂洗用水，用于下一次物品清洗；

⑦ 具有水位、温度异常等多重报警功能，风机、循环泵、加热管过载等多重安全保护，保障设备和物品安全；

⑧ 清洗舱内外均设急停开关，可随时切断电源，保障人员安全。

目前国内外主流厂家的多功能步入式清洗机均可配置双门，通过双门互锁功能可以实现分区清洗，从脏区推入清洗架及清洗物件，清洗完成后直接推入洁净区。

（5）安装要求

大型多功能清洗机对安装区域的场地尺寸、结构承重及管线连接均有一定要求，因此在土建建设过程中需预留相关条件。

1）建筑结构

① 大型多功能清洗机外形尺寸较大，除考虑充足的平面空间外，安装区域的净高一般要求不低于 3.0m（部分产品要求不低于 3.2m）；

② 安装区域需设置地槽，地槽深度一般要求 130~230mm（具体结合厂家要求确定），若无法设置地槽，需外配斜坡；

③ 安装区域地坪需做防水处理；

④ 安装及检修区域楼板承重需大于 1900kg/m²，其他区域楼板承重需大于 1000kg/m²，设计时可根据设备支脚图纸进行结构核算。

2）动力及管道

安装前需根据厂家技术参数复核动力及管道预留条件，通用技术要求如下：

① 电源：三相五线制（3P＋N＋PE），根据设备功率进行配电，需设置专用断路器；

② 给水：软水，硬度不大于 0.03mmol/L，供水压力为 0.2~0.3MPa（不得超过 0.8MPa），软水进口前需配备手动阀及压力表；

③ 排水：高温排水，最高排水温度 96℃，排水管道需耐高温、耐腐蚀，排水管需与有压排水管

路分开，设备前后开门区域需设置排水地漏或纵向排水槽；

④ 压缩空气：无水、无油、洁净的压缩空气，供气压力为 0.6~0.8MPa，主要为气动开关与门密封用气；

⑤ 蒸汽：纯蒸汽，蒸汽压力为 0.3~0.8MPa，蒸汽进口前配备手动球阀及压力表，供给管路端加疏水装置；

⑥ 排风：含大量水蒸气的湿热空气，最高排气温度为 130℃，设备自带排风机，排风机富余压力可与厂家确认，余压不足时需外配辅助风机，设备带汽化过氧化氢（VHP）消毒功能时排风管路需耐腐蚀；

⑦ 散热：设备散热量较大，须在上方设置散热排风口，排风量根据设备散热量计算；

⑧ 消防：设备装卸载侧的吊顶上方若设置消防喷淋装置，则应注意设备散热的影响，以免引起误喷。

（6）发展趋势

1）由于清洗温度较高，可在清洗的最后环节增加冷却降温模块，进一步提升设备的安全性能；

2）笼具冲洗主要依靠高速喷淋冲洗方式，对于干结污物或结构复杂的笼具可能存在冲洗不彻底的隐患，可通过优化清洗机构提升笼具清洗效果；

3）笼盒或笼架的装载和卸载主要依靠人工方式，通过智能机械臂与智能物流小车的协调开发可实现自动化装卸载，并通过数据联动可实现设备自动冲洗，进一步提升设备自动化程度。

4.3.2　水瓶清洗设备

1. 快速式小型水瓶清洗机

（1）概述

快速式小型水瓶清洗机是专门用于实验动物行业饮水瓶清洗的小型自动化清洗设备，它采用热水、高压、大流量的喷淋方式，实现对饮水瓶、瓶塞的全自动喷淋清洗。

（2）技术原理

该设备以软化水为工作介质，通过大流量的循环泵，使清洗舱内的水在清洗管路中循环，并通过旋转喷射臂，将水均匀地喷射到被清洗的饮水瓶上，进行强有力的冲洗，同时可自动加入清洗液，使清洗更加有效、彻底。设备的漂洗通过水箱内的干净流水直接喷射到被清洗的饮水瓶上，达到最佳的漂洗效果。

（3）结构组成

快速式小型水瓶清洗机主要由清洗舱、集水室、供水装置、循环泵、清洗液输送装置等组成。清洗舱有一层或两层，每层清洗舱内设有清洗篮筐，清洗舱顶部和底部分别设有可水平旋转的喷射臂。集水室位于清洗舱的下部，内设加热盘管，用于加热清洗水，集水室通过循环泵连接上、下喷射臂。供水装置为固定在清洗舱上方的水箱，集水室通过输水管路与供水装置底部连接，供水装置入口与外部进水管路连接。循环泵主要将集水室内添加有清洗液的清洗水输送至上喷射臂及下喷射臂，循环泵出口通过管路与喷射臂连接。清洗液输送装置包括加液泵及管路，加液泵通过软管将清洗液输送至集水室。

（4）典型产品

意大利某公司的 EASY200 系列水瓶清洗机是适用于实验动物设施饮水瓶清洗的专用设备（图 4.3-16），可以实现大鼠、小鼠、豚鼠和兔子等实验动物饮水瓶的快速清洗。该系列产品具备以下技术特点：

1）采用电加热方式，尺寸紧凑，既可单独使用又可在线使用；

2）具有独立的清洗、漂洗水路和专用的不锈钢水嘴，确保清洗效果；

3）可处理水瓶量达 36 个/循环，操作灵活、方便；

4）整块钢化玻璃窗设计，便于观察和监测清洗过程；

5）节能环保设计：清洗水循环再利用、热回收系统和排水控制系统（温度和 pH）等。

国内某公司的 BWS-M-Q 系列快速式全自动水瓶清洗机（图 4.3-17），是该公司根据我国动物饮水瓶清洗现状而开发的专用于实验动物饮水瓶自动清洗的设备，可自动实现饮水瓶的全自动清洗、漂洗等功能。该系列产品的特点如下：

图 4.3-16　意大利某公司的　　　　　图 4.3-17　国内某公司的 BWS-M-Q
EASY200 系列水瓶清洗机　　　　　系列快速式全自动水瓶清洗机

1）清洗时间可调：3～5min 的清洗程序，每次可处理 72 个饮水瓶；

2）节能：每次程序的终末漂洗水用于下一步的清洗，节约用水；

3）360°无死角清洗：3 层可自旋转喷射臂设计，清洗水流与饮水瓶内部表面充分接触；

4）可视窗口设计：3 层钢化玻璃结构，安全、隔热、降噪，可方便观察设备内部饮水瓶的清洗状态；

5）自锁功能：密封门未关闭，程序无法启动；程序运行结束，密封门才能开启；

6）自动加清洗液：根据工艺要求，设备可定时、定量添加清洗剂，以适应不同污染程度饮水瓶的清洗要求；

7）无死角舱体设计：舱体采用优质不锈钢板加工而成，内室圆角设计，保证内室无残留死角；

8）适用范围广：适用装量不超过 500mL 的动物饮水瓶（可根据不同饮水瓶选择装载篮筐）；

9）有蒸汽加热和电加热两款设备，可根据项目动力介质情况选择。

（5）存在的问题及发展趋势

1）清洗耗水量可进行再优化，通过对旋臂清洗机构及清洗流程优化可进一步降低清洗用水量；

2）清洗耗热量可进行再优化，通过对换热器及舱体隔热保温结构进行优化，提升加热效率，可降低清洗水加热能耗。

2. 自动化卧式水瓶处理设备

（1）概述

自动化卧式水瓶处理设备是应用于中大型实验动物设施的动物饮水瓶清洗设备，根据自动化程度不同，该套设备既可完成单一的水瓶清洗操作，又可配合 AGV 小车完成全自动水瓶运输、开盖、倾倒、清洗、罐装等完整操作。使用自动化卧式水瓶处理设备时，操作人员只需要把装有水瓶的水瓶筐放入系统和从系统中取出清洗完成且装好水的水瓶筐，其余清洗操作全部由设备自动完成，设备外观如图 4.3-18 所示。

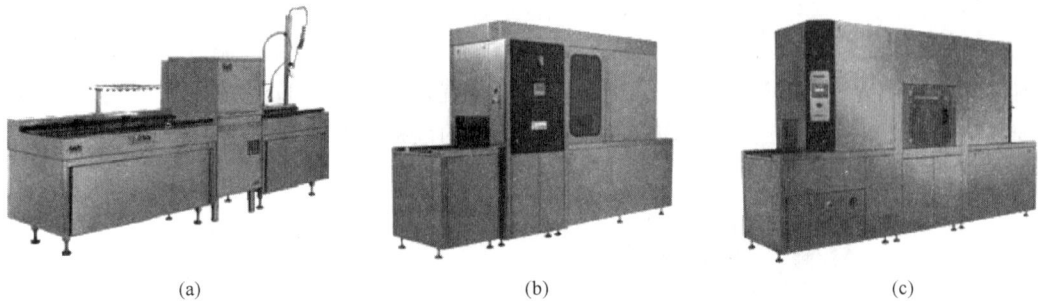

图 4.3-18　不同型号的自动化卧式水瓶处理设备
(a) 在线水瓶倾倒清洗罐装机；(b) 机械化水瓶倾倒清洗综合站；
(c) 半自动综合水瓶处理装置

（2）技术原理

自动化卧式水瓶处理设备由多个模块组成，通过不同模块实现不同功能，完成开盖、倾倒、清洗和灌装的步骤。在水瓶倾倒台面，用压缩空气将水瓶和瓶盖分离，做水瓶倾倒处理，同时水瓶和瓶盖分开收集。清洗前将水加热至 55℃，加入清洗剂，通过高压喷嘴喷射到被清洗物品表面，再利用 82℃ 的热水进行喷射漂洗至所设定的时间，达到巴氏消毒的目的。水瓶灌装机带有多个喷水嘴，将清洗后的水瓶放置于水瓶装载篮，喷嘴对准水瓶口，从而完成饮水的自动灌注。

（3）结构组成

一套完整的自动化卧式水瓶处理设备主要由以下部分组成：

1）装载模块：由操作人员将装有待处理水瓶的水瓶筐放置在自动传输滑轨上，由传输滑轨将水瓶框送入清洗舱内，如图 4.3-19 所示。

2）拔盖模块：由多功能取盖器和压缩空气传输管路组成，取盖器数量与水瓶数量相同，一一对应进行夹取，再喷出压缩空气，完成瓶盖和瓶身的分离，等待清洗，如图 4.3-20 所示。

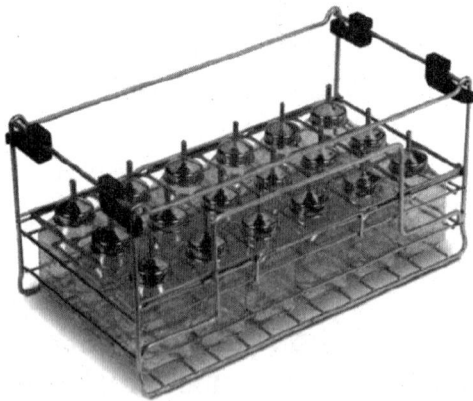

图 4.3-19　装载模块

图 4.3-20　拔盖模块

3）倾倒模块：将装有无瓶盖水瓶的水瓶筐进行 180° 翻转，倒掉瓶内的水并保持开口向下，等待清洗，如图 4.3-21 所示。

4）清洗模块：完成取盖和倾倒后，由与水瓶数量对应的清洗水嘴对水瓶进行清洗。

5）漂洗模块：旋转式漂洗手臂利用漂洗水嘴喷出漂洗水，同时进行旋转，保障漂洗范围且能高效完成漂洗，如图 4.3-22 所示。

6）注水模块：完成清洁的水瓶被再次 180° 翻转回来，由注水模块注入符合要求的水，并等待上盖。

7）上盖模块：将装满水的瓶身和清洗后的瓶盖组合，准备送入卸载模块，如图 4.3-23 所示。

图 4.3-21　倾倒模块

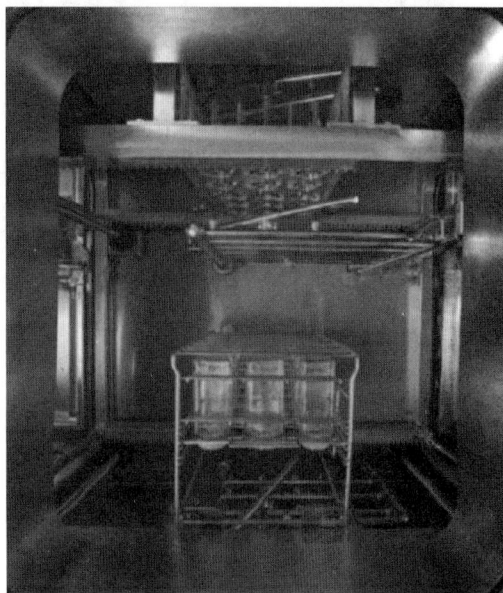

图 4.3-22　漂洗模块

8）卸载模块：处理完的水瓶和水瓶筐被送入卸载模块，由自动传输滑轨运送至卸载区，操作人员将处理完成的水瓶和水瓶筐取走，如图 4.3-24 所示。

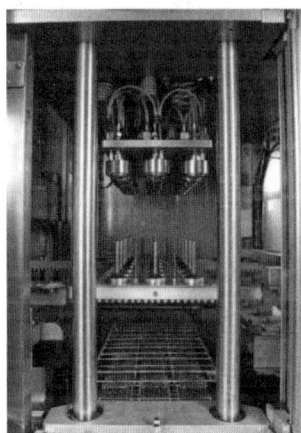

图 4.3-23　上盖模块

图 4.3-24　卸载模块

装载模块和卸载模块也可以按照需求加装自动化升级模块，无须工作人员逐个放入水瓶筐，直接将水瓶筐一次性放入数个多层转运小车，推入指定的工作区域，即可一次性完成对大量水瓶的处理，如图 4.3-25 所示。

（4）典型产品

意大利某公司的水瓶清洗灌装机（含 E-line、P-line 和 S-line 三个系列，适配不同场景）是适用于实验动物设施动物笼盒内饮水瓶及瓶盖等的处理设备，可以实现水瓶的自动化倾倒、清洗及灌装等功能。该公司系列产品的技术特点如下：

1）优异的清洗效果：不锈钢喷射水嘴一对一设计，对每只水瓶进行精准清洗；可选择超高温清洗程序，减免使用清洗剂；

2）模块化设计：可根据实际需求选择不同型号产品，支持加装不同模块；

图 4.3-25 自动化升级模块

3）全自动化设计：通过装载、开盖、倾倒、清洗、漂洗、注水、上盖、卸载等步骤实现水瓶清洗的全过程自动化，提高水瓶清洗效率；

4）材质与工艺：通体采用 AISI304 不锈钢，水泵以及加酸等关键单元使用 AISI 316 不锈钢；在线自清洁金属滤网，低耗材，低维护。

（5）应用现状

自动化卧式水瓶处理设备组件多，需专业人员维护，初投资和后期维护成本相对较高，且对建筑结构及空间有一定要求，因此主要用于中大型实验动物设施。通过此类设备的应用可极大减少人工成本、提高水瓶处理工作效率。

（6）发展趋势

1）可通过与智能机械臂、智能机器人的协同，提高装载端、卸载端自动化水平，即无须人力即可完成大量水瓶的装载、卸载。

2）通过优化相关结构，提高设备对不同尺寸水瓶和瓶盖的适配率。

3）进一步提升设备自身的智能化程度，如参数监测、自我巡检及故障提示等，提升运维效率。

4.3.3 消毒传递装置

1. 概述

实验动物设施在运行过程中不可避免地需要进行各种物品的传入或传出，对于屏障环境设施，为了避免进入的物品对设施内环境产生污染，或设施内的物品对外部环境产生影响（如负压屏障环境设施），进出屏障环境设施的物品需经过灭菌处理。《实验动物设施建筑技术规范》GB 50447—2008 4.3.4 条条文说明中明确：屏障环境设施净化区内的所有物品必须经过压力蒸汽灭菌器、传递窗、渡槽等设备消毒后才能进入。

大多数进入屏障环境设施的物品常采用高温灭菌处理，然而对于部分不耐高温高压的物品（如活体动物、科研仪器设备、特殊实验工具等），需采用其他消毒灭菌方式。消毒传递类设备采用紫外线、干雾、汽化过氧化氢等消毒方式，对上述物品进行安全消毒。根据应用场景不同，消毒传递装置可分为消毒传递窗、消毒传递柜、大型消毒传递舱，如图 4.3-26 所示。

（1）消毒传递窗

消毒传递窗适用于少量物品的传递消毒。行业标准《传递窗》JG/T 382—2012 根据传递窗使用功能将其分为基本型、净化型、消毒型、负压型和气密型。其中，消毒型根据消毒方式的不同分为 C1 型和 C2 型，C1 型在箱体内设置紫外线灯采用紫外线消毒方式，C2 型依靠外接消毒装置通过箱体预留进出口向箱体内输送消毒气（汽）体进行消毒。

C1 型消毒传递窗内紫外线灯的安装方式一般为四面安装，传递窗中间放置置物架，确保全方位消毒，根据内腔大小设置不同数量的紫外线灯。紫外线灯的安装方式有外装和内置两种，外装的照射

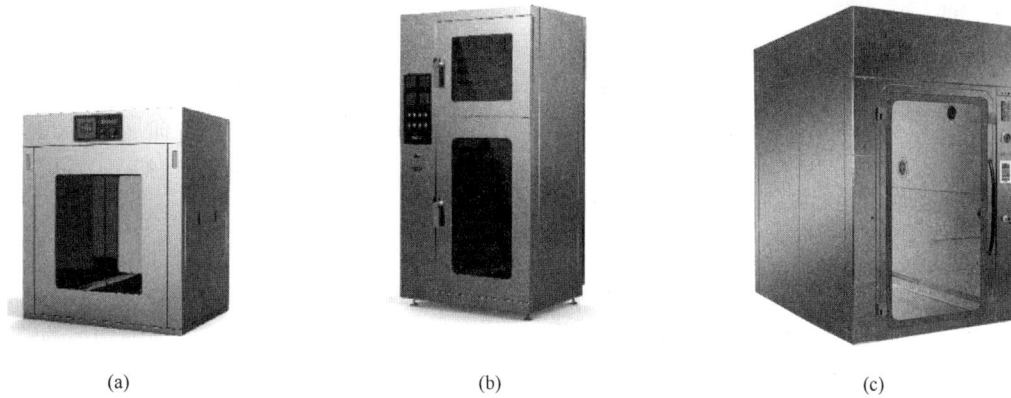

图 4.3-26 消毒传递装置
(a) 消毒传递窗; (b) 消毒传递柜; (c) 大型消毒传递舱

面更广,但存在待消毒物品与灯管碰撞的风险;内置式可以防止物品碰到灯管,但照射面会受限制。

C2 型消毒传递窗应留有消毒气 (汽) 体注入孔道,孔道口的密封须满足实验动物设施的密封性要求。

近年来,国内相关公司开展了氙光消毒的应用研究和技术开发,并研发出利用高能脉冲氙光技术进行消毒灭菌的传递窗,其结构形式与 C1 型消毒传递窗类似。

（2）消毒传递柜

消毒传递柜是适用于活体动物及实验仪器传递的消毒传递设备,它适用于中等数量物品的传递消毒,当用于活体动物传递时,应具备通风功能。

消毒传递柜常采用紫外线消毒、脉冲氙光消毒、消毒剂雾化消毒等方式,使用时可使用一种消毒方式,也可以两种消毒方式组合使用。

（3）大型消毒传递舱

大型消毒传递舱适用于向屏障环境或清洁区大批量传递物品及实验动物,可对传递物品表面进行彻底地消毒/灭菌。

大型消毒传递舱有紫外线消毒、脉冲氙光消毒、消毒剂雾化消毒及汽化过氧化氢消毒四种方式,可用一种消毒方式也可两种消毒方式混合使用。它具有广谱消毒和灭菌作用,可杀灭密闭空间空气中和物体表面的各种细菌、病毒和芽孢等微生物。

采用汽化过氧化氢消毒方式时,设备可内置过氧化氢发生器,也可连接外部过氧化氢发生器。

2. 消毒灭菌技术原理

（1）紫外线消毒技术

紫外线消毒技术是一种传统的物理消毒方式,具有广谱、高效、无二次污染等优点。紫外线 (UV) 根据其波长分为 UVA (315～400nm)、UVB (280～315nm)、UVC (200～280nm),在 UVC 的照射下,微生物中脱氧核糖核酸 (DNA) 和核糖核酸 (RNA) 中的胞嘧啶和胸腺嘧啶容易被诱导形成嘧啶二聚体,使微生物的遗传物质结构遭到破坏,无法进行正常的生长和繁殖,最终走向死亡。常用的紫外线光源主要是 254nm 的低压汞灯,具有价格低廉、工艺成熟、消毒效果好等优点,但对皮肤和眼睛有伤害。

（2）汽化过氧化氢消毒技术

汽化过氧化氢消毒利用闪蒸技术将 30%～35% 的过氧化氢溶液迅速变成过氧化氢蒸汽,通过风机的动力使过氧化氢蒸汽通过管道扩散到灭菌舱内,过氧化氢蒸汽迅速弥散到整个密封的待消毒空间,实现空间及其中物品的消毒或灭菌。过氧化氢蒸汽通过复杂的化学反应解离具有高活性的羟基,用于攻击细胞的成分,包括破坏细胞膜、脂类、蛋白质和 DNA,从而达到灭活细菌的作用。

（3）脉冲氙光消毒技术

脉冲氙光消毒技术将储能元件内的电能瞬间释放，通过高压电离灯管内的高纯氙气，在 $10 \sim 100ms$ 的时间内产生能量高达 $2 J/cm^2$ 的脉冲氙光，在高能脉冲氙光的光化作用和光热作用下破坏各种病原体结构，从而快速消毒灭菌。脉冲氙光消毒技术的优点是消毒时间短，寿命期内氙光光谱能量几乎不变，工作状态受外界条件变化影响较小，从而减少对传递物品表面的消毒时间，适用于对洁净度有较高要求的场所快速大量传递物品的表面消毒。

（4）消毒剂雾化消毒技术

消毒剂雾化消毒技术利用高压泵将消毒液加压，通过喷雾管路将消毒液输送至雾化喷嘴，生成细微的雾化液滴（气溶胶状态）或通过射流雾化技术生成气溶胶微粒，实现对空间及其内的物品的消毒。

3. 产品技术发展分析

近年来，随着我国实验动物设施的快速发展，各类消毒传递装置在我国实验动物设施中的应用均取得明显进展，相关公司的产品研发也取得较大进步。通过检索发现，2004 年至今，我国相关企业及科研院所共申请消毒传递窗类专利 218 件，其中实用新型专利 180 件，发明专利 38 件；消毒传递柜类专利 63 件，其中实用新型专利 58 件，发明专利 5 件；大型消毒传递舱类专利 20 件，其中实用新型专利 19 件，发明专利 1 件，如图 4.3-27 所示。

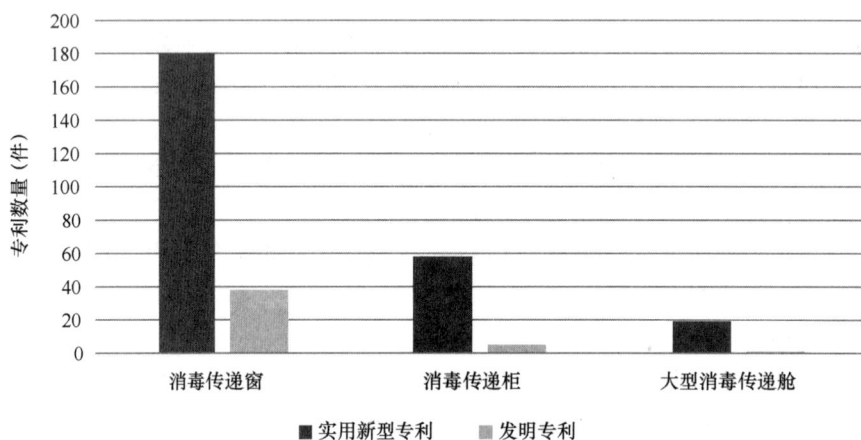

图 4.3-27 我国消毒传递装置专利申请情况

以国内 A 公司研发生产的消毒传递设备为例，该公司研发生产用于实验动物设施的消毒传递类设备共 3 类，分别为不锈钢消毒传递窗、实验动物消毒传递柜、大型消毒传递舱。其中 BDS-R 系列实验动物消毒传递柜采用紫外线/脉冲氙光消毒与集成喷雾消毒相组合的消毒方式，可用于传递活体动物或实验仪器，产品外观如图 4.3-28 所示。

图 4.3-28 BDS-R 系列
实验动物消毒传递柜外观

该设备的特点如下：

（1）自带通风功能，保证动物福利；

（2）分层式可拆卸搁架结构，充分利用舱内空间，尤其适合大批量物品的传递；

（3）紫外线灯/氙光灯对称分布于两侧（两侧各 4 支，顶部 1 支），对传递物品近距离照射，内部使用 316L 镜面抛光板，可充分反射光线，有利于对传递物品的全方位消毒。同时，采用射流雾化技术，将消毒液雾化为 $10 \mu m$ 左右的颗粒，使消毒液均匀地弥散到所有角落，保证消毒效果；

（4）前、后密封门使用电磁锁，实现双门互锁、前后隔离，并有机械门把手辅助关门；传递柜前后门带有玻璃视窗，方便观察；

（5）内室采用 316L 镜面板，耐腐蚀、光泽度好、美观、便于清洁；

（6）具有紫外线消毒程序、喷雾消毒程序，一键启动程序，并设有门未关、消毒液不足等程序启动限制，可有效防止任何原因造成的消毒失败。

该公司 BDS-R 系列大型消毒传递舱具有紫外线/脉冲氙光照射消毒、消毒剂雾化消毒及汽化过氧化氢消毒三种消毒方式，适用于向屏障环境或清洁区大批量传递物品及实验动物，可对传递物品表面进行彻底消毒/灭菌，产品外观如图 4.3-29 所示。

图 4.3-29　BDS-R 系列大型消毒
传递舱外观

该设备的特点如下：

（1）常规容积为 2000～7000L，并可根据用户需求定制；

（2）具有紫外线/脉冲氙光照射消毒、消毒剂雾化消毒及汽化过氧化氢消毒三种消毒方式，可用一种方式消毒也可两种消毒方式混合使用；具有广谱消毒和灭菌作用，可杀灭密闭空间空气中和物体表面的各种细菌、病毒和芽孢等微生物；

（3）采用触摸屏操作，可灵活设置消毒/灭菌工艺参数，根据预先设定，可全自动运行消毒或灭菌循环，整个过程无须人工干预；

（4）采用防水紫外线灯/脉冲氙光灯，能在消毒剂雾化状态下工作，精心设计灯管布局，使得紫外线分布均匀，无消毒死角；

（5）自带净化通风功能，进、排气口均装有密封蝶阀；高效空气过滤器带有聚 α 烯烃人工气溶胶（PAO）检漏放烟口、压差监控及检测口，舱内可达到 A 级净化水平；

（6）自有专利设计的主动膨胀门密封结构，可实现严格的密封。

国内 B 公司主要从事脉冲氙光消毒类传递装置的研发，该公司自 2015 年开始进行氙光消毒技术的应用研究及产品开发，主要有高通量氙光传递窗、氙光传递柜及装配式多效氙光传递舱 3 类产品。装配式多效氙光传递舱外观如图 4.3-30 所示。

图 4.3-30　装配式多效氙光传递舱外观

该设备的特点如下：

（1）采用脉冲氙光＋汽化过氧化氢联合消毒技术，两种消毒因子自由组合；

（2）适用于 IVC 笼架、大量转运笼具（可带动物）、推车、病床等较大物品表面及间隙的快速消毒或灭菌；

（3）整机由 5 个标准化箱体、2 樘气密互锁门、不锈钢底板构成，现场组装，无须吊装，可实现快速化安装；

（4）整机无须外接任何管道，消毒因子发生和消除、舱内洁净度保持全部采用闭环工艺；

（5）自带通风系统，用于活体动物保护，洁净侧取风，舱内换气次数大于20h⁻¹；

（6）智能控制系统可根据需求自定义消毒程序，实时监控舱内温湿度、过氧化氢浓度、空气过滤器压差等参数，具有危险警示、紧急停止、舱内逃生等多项安全保障措施。

4.3.4 压力蒸汽灭菌器

1. 发展历程

微生物学的进步促进了消毒与灭菌科学的发展，尤其是近代流行病学的研究和消除传染病原及排除交叉感染的实践所需，消毒与灭菌科学已成为生物医学工程学中的重要组成部分。

从17世纪人类第一次发现微生物开始，便伴随着消毒和灭菌科学的发展，尤其是在人类发现细菌会导致感染性疾病后，就更加重视对人和医疗器械及环境的消毒灭菌与生物安全防护。

1718年，Joblot用煮沸15min的方法对一种试剂灭菌，然后封入容器内，这是高温灭菌的雏形，1810年，Appertt通过加热对食物进行灭菌并储存在密闭容器内，类似于罐头食品。1832年，人们发现加热时温度越高，杀菌力越大。1862年，法国科学家Pasteur通过实验证明了是细菌引起的感染，并发明了巴氏消毒法，即低温消毒法，利用较低的温度既可以杀死病菌又能保持物品中营养物质不变。

1880年，Chamberland发明了压力蒸汽灭菌法，并研制出世界上第一台压力蒸汽灭菌器。1881年，Koch进行了117℃湿热和干热灭菌的比较，指出细菌的耐热性在无水汽存在的条件下差别很大，开始了在蒸汽饱和与不饱和情况下灭菌效果的研究，湿热灭菌法开始成为消毒灭菌领域最有效的消毒灭菌手段。

1888年，Kinyoun发现在用压力蒸汽灭菌器灭菌时，若能在通蒸汽前设法排出灭菌器内的空气，使其接近于真空，则灭菌易于成功，此称为预真空。根据这个理论，20世纪50年代末，英国研究出了预真空压力蒸汽灭菌器，并开始在欧美地区推广应用。

（1）压力蒸汽灭菌器的发展阶段

经过了几个世纪的探索，确认了压力蒸汽的湿热灭菌是目前应用最为广泛、最有效的灭菌方法。

压力蒸汽灭菌器的发展经历以下几个阶段：

自1680年至1880年：煮沸器时代；

自1880年至1933年：原始压力蒸汽消毒器时代；

自1933年至1958年：重力置换下排气消毒器时代；

自1958年至1980年：预真空压力蒸汽灭菌器时代；

自1980年至今：现代脉动真空压力蒸汽灭菌器时代。

压力蒸汽灭菌温度高，灭菌效果可靠，易于掌握和控制，因此在灭菌技术高速发展的今天，这一经典的灭菌方法仍广泛应用于医疗卫生和工农业等领域。

（2）国内压力蒸汽灭菌器的发展历程

20世纪50年代，国内生产厂家开始大规模生产铝制手提式普通蒸汽压力消毒锅。

至20世纪80年代初期，我国各类医院所采用的消毒设备均为手工操作的下排汽式的普通压力蒸汽消毒器。

20世纪80年代，国内厂家开始研制并推广预真空压力蒸汽灭菌器。

20世纪90年代，脉动真空压力蒸汽灭菌器开始在国内大量使用。

20世纪末至今，压力蒸汽灭菌器逐渐实现了从手动操作到自动化、智能化的转变，提高了工作效率和灭菌效果。

2. 工作原理

压力蒸汽灭菌器的工作原理是：当被灭菌物品置入高温高压的蒸汽介质中时，蒸汽遇到冷物品即放出潜热，将被灭菌物品加热，当温度上升到某一温度时，就有某些沾染在被灭菌物品上的一部分菌体蛋白质和核酸等由氢键连接而成的结构受到破坏，尤其是细菌新陈代谢所必需的蛋白质结构——酶，在高温和湿热的环境下失去活性，最终导致微生物死亡。同时，高温湿热的环境也迫使所有微生物的蛋白质发生凝固和变性。

屏障环境设施通常选择双扉脉动真空压力蒸汽灭菌器，其安装在屏障环境和外环境之间物流交通的关键位置，其功能主要是对进入屏障环境的饲料、垫料以及笼盒等进行灭菌处理。

3. 结构组成

压力蒸汽灭菌器通常由主体、密封门、管路系统、物品装载架、装饰外罩、保温罩、控制系统和其他附件组成。

4. 典型产品

以色列某公司实验室系列压力蒸汽灭菌器可根据用户的不同需求定制，灭菌容积从 250L 到 17000L 不等，采用饱和蒸汽，在 105～137℃的温度下对物体灭菌。工作压力符合美国机械工程师学会（ASME）标准、欧盟压力设备指令 PED 和我国标准《压力容器》GB/T 150。

国内亦有多家公司研发生产压力蒸汽灭菌器，其中武汉某公司、连云港某公司具有手动门、机动门、平移门等系列脉动真空压力蒸汽灭菌器产品，蒸汽供应方式主要为自带电热式或外接蒸汽式；山东某公司拥有生物安全型灭菌器及实验动物设施专用型灭菌器两大类型高压蒸汽灭菌产品，其中实验动物专用型灭菌器包含机动门及平移门两种系列（图 4.3-31）。以山东某公司实验动物专用型机动门脉动真空压力蒸汽灭菌器（以下简称实验动物设施专用型灭菌器）为例，其产品技术特点如下：

图 4.3-31　实验动物专用型灭菌器

（1）材料选择

在实验动物行业的灭菌物品中有大量动物饲料，这些物品本身含有盐分，盐分中的氯离子对灭菌器的不锈钢内室会造成严重腐蚀，导致灭菌设备使用寿命大大缩短，因此主体内室需要高性能的材料及工艺才能阻止这一现象的发生，316L 是奥氏体低碳含 Mo 不锈钢，在许多介质条件下有良好的抗腐蚀能力，更能适合实验动物行业灭菌物品的特殊要求。

（2）工艺流程

动物饲料灭菌时对温度要求比较严格，超温灭菌可能会导致饲料味道及营养物质发生变化，影响动物进食；低温灭菌会可能会导致寄生虫卵不能被杀死，影响动物身体健康。动物笼盒在灭菌时对温度及压力的同步控制比较严格，控制不好会导致笼盒变形，降低笼盒的使用寿命。

实验动物专用型灭菌器中设有针对不同灭菌物品的专用程序，根据不同物品的特点设置灭菌工艺参数，在保证灭菌效果的同时，更好地保护灭菌物品。同时，对于操作人员来说，操作更直观、简单方便。

（3）容积设计

目前使用的动物笼盒规格多种多样，普通的灭菌器很难兼顾各种笼盒的装载要求，实验动物专用型灭菌器截面按照笼盒特点设计，对笼盒尺寸和种类的敏感性降低，容积利用率更高，处理量更大，间接降低了设备的使用能耗。

（4）装载方式

平板式装载台用于物品清洗后的存放、从清洗区域到灭菌区域的转运、进出灭菌设备、无菌区域笼盒的存放、在无菌区域与使用区域间的转运，这样在各个环节，笼盒的装载均采用同一平台，杜绝了笼盒在不同装载方式间的转换，减少无效劳动，大大提高工作效率。

（5）隔离密封

设备自带隔离墙结构。灭菌器主体有一个集成的生物密封装置——不锈钢隔离墙，与墙体密封连接，可实现实验室内、外区域的严格密封，防止出现微孔泄漏导致实验室内、外区域压力差无法保持的现象。

5. 安装要求

（1）环境条件：安装位置应避免阳光直射和极端温度环境，理想的环境温度范围通常为 5～40℃。相对湿度应控制在 80% 以下，以防止电气部件受潮；应有稳定的气压环境，通常要求大气压力为 70～106kPa。

（2）空间与布局：应预留足够的空间，以便于设备的日常清洁和维护。

（3）荷载及设备固定：安装及检修区域楼板承重须满足设备要求，以确保稳定性和安全性。

（4）电源要求：电源线路应有良好的接地保护，确保电气安全；宜配备独立配电箱，以避免与照明等其他设备共用电路，减少安全隐患。

（5）水源与排水：应有固定的水源供应，用于产生蒸汽，蒸汽发生器供水宜为纯水，冷却水供水宜为洁净水或软化水；应设计合适的排水系统，至少设置两条独立的排污管道，便于冷凝水及清洗废水的排放。

（6）蒸汽供应：使用外部蒸汽源，蒸汽管道应采用不锈钢无缝管道，确保蒸汽品质和管道寿命；蒸汽末端压力应满足设备要求。

（7）通风要求：需配备良好的通风系统，以维持室内环境和设备运行温度。

（8）警示标志与操作指南：安装区域应有明显的警示标志，非授权人员不得靠近；应放置清晰的操作指南和紧急停机说明，确保操作人员了解正确使用和紧急应对程序。

6. 使用现状

（1）常规灭菌：实验动物设施中，压力蒸汽灭菌器广泛用于动物笼具、饲养设备、实验器材、手术器械等的灭菌，以消除潜在的微生物污染。

（2）废弃物处理：实验中产生的感染性废弃物，如一次性用品、动物尸体或组织样本等，必须通过压力蒸汽灭菌器进行灭活处理，以确保其被安全无害地处置，避免环境污染。

7. 发展趋势

国内压力蒸汽灭菌器的技术研发重心及发展目标应该是产品的稳定性和可靠性，以及产品功能原理的优化完善，确保压力蒸汽灭菌器的操作安全、维护安全和排放废弃物的安全。随着科技水平的日益发展，无论国外厂商还是国内厂商，其压力蒸汽灭菌器产品最终的发展目标必将是节约型、自动化、智能化，并且始终围绕"安全"这个要求而发展和革新。

4.3.5 汽化过氧化氢消毒设备

1. 概述

实验动物设施通常采用人工喷雾、擦拭或利用气（汽）体消毒设备自动消毒等方法实施消毒。人工擦拭、喷雾等方法不仅费力，而且存在表面遗漏、不能穿透高效空气过滤器（HEPA）等问题。相比于传统的喷雾、擦拭等消毒方法，气（汽）体消毒剂具有良好的扩散性，可以实现无死角消毒，近年来被广泛应用。

2. 常用气（汽）体消毒技术

用于气（汽）体消毒技术的消毒剂主要有甲醛、气体二氧化氯、过氧乙酸、汽化过氧化氢等，不同消毒剂的技术原理存在一定差异。

（1）甲醛

甲醛消毒的原理是阻止细菌核蛋白的合成,影响微生物细胞质基本代谢。一些研究指出,甲醛为强烷化剂,其杀菌原理是一种非特殊性的烷基化作用,甲醛分子直接作用于细菌的菌体蛋白质、酶以及核酸的活性基团,使蛋白质链上的氨基、亚氨基、巯基、羟基、羧基等烷基化,从而破坏细菌的蛋白质,导致微生物的死亡。

甲醛消毒机一般有两个容器,其中一个容器盛放甲醛液体,另一个容器盛放氨水。工作时,先使甲醛蒸发,甲醛气体充满被消毒空间,经过一定时间后,释放另一个容器的氨气与甲醛气体中和而去除甲醛残留。

甲醛具有优良的穿透性能、材料兼容性和消毒效果,曾经是生物科技领域普遍采用的气体消毒剂。但其在应用过程中存在诸多问题,一是氨气中和后产物在物体表面结晶,需要人工擦拭,耗时费力;二是甲醛已被认定为致癌物且在物体表面残留不易去除。上述问题导致使用甲醛消毒时实验室需要停用数天。基于上述原因,当气体二氧化氯和汽化过氧化氢消毒技术得到认可后,甲醛消毒技术在我国及多数欧美国家逐渐停用。

(2)气体二氧化氯

二氧化氯是一种广谱、高效的强氧化性消毒剂,其杀菌机制包括使菌体内的氨基酸、酶等生物分子失活;破坏细菌细胞壁及细胞膜,改变细胞通透性;抑制细菌蛋白质的合成;破坏菌体内的蛋白酶系统;直接作用于细菌 DNA,使 DNA 结构形态改变,破坏细菌基因组的正常转录、翻译及表达,最终使细菌死亡。二氧化氯对病毒的灭活机制包括破坏病毒蛋白衣壳、降解 RNA 片段及抑制 RNA分子合成。

二氧化氯应用于空气消毒的形式主要包括气体法和雾化法。气体法主要通过二氧化氯气体发生器生成气态二氧化氯,扩散至空气中进行杀菌消毒。雾化法则通过雾化装置将二氧化氯消毒液雾化,喷洒至空气中进行杀菌消毒。

由于气体二氧化氯性质不稳定,高浓度时易爆炸,因此不易存储和运输,只能在现场就近生产制备,尽快使用。目前实验室消毒所用的气体二氧化氯制备方法为氯气和亚氧酸钠反应法,这种方法由于有氯气的参与,往往受到危险化学品管制与约束,给使用者的安全管理带来一定风险,消毒成本也较高,这也是目前气体二氧化氯消毒技术推广应用的主要制约因素。

国内外相关机构开发了一种"二元法"溶液反应现场制备气体二氧化氯的方法,即采用有机酸和亚氯酸钠两种溶液反应获得气体二氧化氯。由于无氯气的参与,安全性得到提高,成本也显著下降。其缺点是反应后的溶液需要进行中和处理,消毒大空间时对消毒设备的设计和研发要求较高。

(3)过氧乙酸

过氧乙酸是一种酸性强氧化性消毒剂,因其消毒效率高,在医疗机构中应用较多。过氧乙酸的杀菌消毒机制包括利用其强氧化性破坏菌体细胞的细胞壁及细胞膜,使细胞通透性发生改变,进而影响内外物质交换平衡,消灭病原体;过氧乙酸分子进入菌体内与酶系统直接作用,破坏细菌代谢及生长繁殖过程;过氧乙酸的强酸性使菌体细胞内 pH 发生变化,破坏细菌正常代谢或直接损伤细菌。过氧乙酸可在数秒内杀灭一般的细菌繁殖体及病毒,在数分钟内杀灭细菌芽孢,使用方便且环保。

对于空间环境的消毒,通常将浓度约 15% 的过氧乙酸溶液利用曝气或加热促进其蒸发形成过氧乙酸气体,熏蒸消毒约 2h,然后通风排除。由于过氧乙酸容易在物体表面沉积具有腐蚀性的白色颗粒,因此消毒完成后需要人工擦拭。过氧乙酸消毒技术适用于较小空间的消毒,但鉴于其消毒过程中具有较强的腐蚀性,国内较少使用。

(4)汽化过氧化氢

在各种消毒技术中,液态过氧化氢的杀菌性能早在 100 多年前就得到了认可,但是液态过氧化氢要求有很高的浓度和很长的接触时间才具有杀孢子能力,后来经研究发现,气态过氧化氢在低浓度的状态下比液态状态下具有更强的杀孢子能力。其主要灭菌原理是通过生成游离的氢氧基,破坏微生物的蛋白质、氨基酸、酶和 DNA,破坏微生物的通透性屏障,最终导致微生物死亡(图 4.3-32),具有快速高效、毒性弱的优点，且杀灭病原体后的分解产物为无毒无害、无刺激的水和氧气，因此不会形成二次污染。

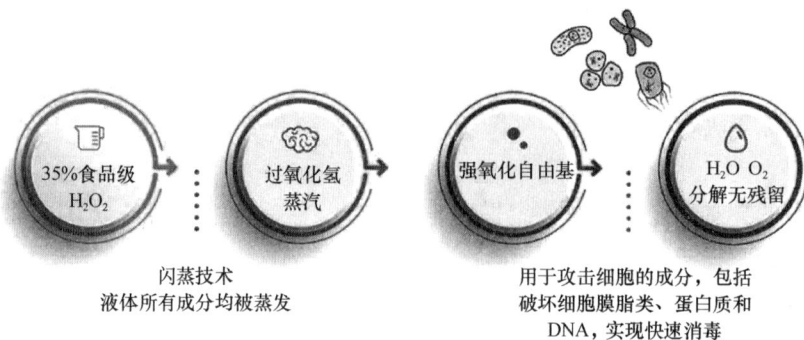

图 4.3-32　汽化过氧化氢消毒原理

汽化过氧化氢消毒主要是利用闪蒸技术（图 4.3-33）或高温加热技术将一定浓度的过氧化氢溶液（30%~35%）转换为过氧化氢蒸汽，再喷射到环境中进行消毒灭菌。

以上四种主要气（汽）体消毒技术的优缺点对比如表 4.3-1 所示。

主要气（汽）体消毒技术优缺点对比　　　　　　　　　　　　　　　表 4.3-1

消毒技术	灭菌机制	优点	缺点
甲醛	烷基化作用	分布好、穿透力强、适用空间范围广	中和后产物在物体表面结晶，需要人工擦拭，耗时费力；甲醛易残留且有致癌性
气体二氧化氯	氧化作用	广谱、高效、安全、环保	制备难度高，消毒大空间时对消毒设备的设计和研发要求较高
过氧乙酸	氧化作用	消毒效率高、使用方便	适用于较小空间的消毒，消毒过程中具有较强的腐蚀性
汽化过氧化氢	氧化作用	强氧化剂，效果好；残留少，分解为水和氧；无致癌作用	穿透性弱，有一定腐蚀性

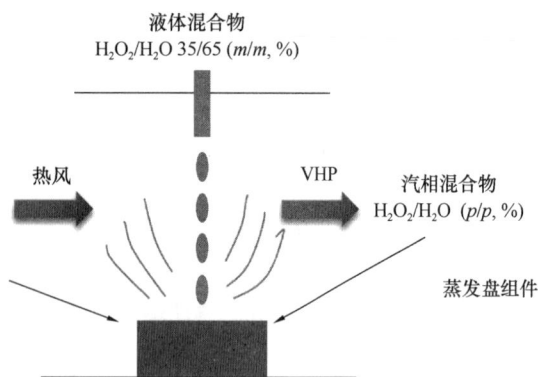

图 4.3-33　闪蒸技术

基于上述分析，汽化过氧化氢消毒技术因为其具有优异的杀菌效果及分解产物无毒性等优点，近年来被广泛应用于实验动物设施消毒。下文以汽化过氧化氢消毒技术为例进一步介绍其工作原理、设备结构组成、代表产品及发展趋势。

3. 工作原理

根据对消毒环境的湿度要求不同，可以将汽化过氧化氢消毒机分为"干式"和"湿式"两种类型。"干式"汽化过氧化氢消毒机以美国某公司为代表，"湿式"汽化过氧化氢消毒机则以英国某公司为代表。

美国某公司"干式"汽化过氧化氢消毒机一般经过以下过程：

（1）除湿处理：使腔体内相对湿度为 10%~30%，向腔体内注入已加热的低露点压缩空气，以进一步降低相对湿度。

（2）进汽稳定阶段：干燥空气携带汽化过氧化氢以一定的速率通过高效空气过滤器注入腔体内，汽化过氧化氢经过一定时间的扩散，浓度逐渐稳定在预期值时进入消毒阶段。

（3）消毒阶段：以某一恒定的进汽速率维持室内过氧化氢浓度，达到规定消毒时间后停止注入汽化过氧化氢。

（4）汽化过氧化氢的清除阶段：消毒结束后，经高效空气过滤器向腔体内充入无菌干燥空气，当腔体内压力和大气压一致时，停止进气，真空泵将腔体内混合空气抽出，新风与排风均经高效空气过滤器过滤，防止任何再污染（包括停电期间），残留的过氧化氢气体在催化剂作用下被转化成对环境无害的氧气和水，只有当腔体内过氧化氢浓度低于百万分之一时，才能打开无菌端的门，一个消毒过程结束。

如图 4.3-34 所示，干式冷凝的要点是将过氧化氢浓度控制在实际环境温度和压力条件所对应的过氧化氢冷凝点（露点）以内，此时过氧化氢维持在较高浓度的气体状态，在此条件下，生物净化过程得以展开和维持。

英国某公司"湿式"汽化过氧化氢消毒机一般经过以下过程：

（1）实现环境条件：取得 40％左右的相对湿度；

（2）进汽：不断提升过氧化氢浓度；

（3）进汽维持：保持浓度，维持一定时间用以消毒；

（4）通风：从腔体内移除过氧化氢。

由图 4.3-35 可见，腔体内过氧化氢浓度需达到环境温度和压力下的冷凝点（露点），此时产生微冷凝，在此条件下，生物净化过程得以展开和维持。

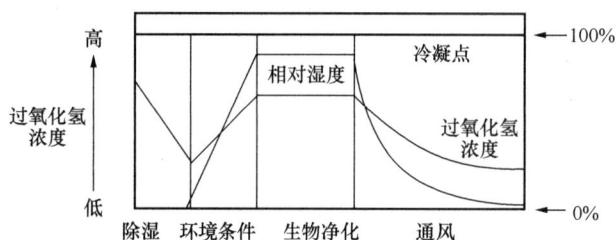

图 4.3-34　美国某公司"干式"汽化过氧化氢
消毒机净化周期示意图

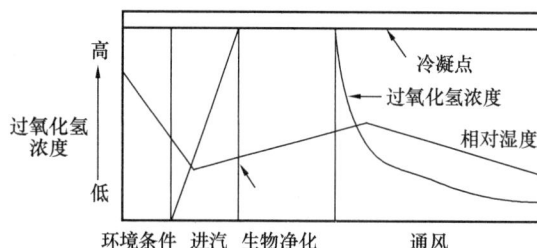

图 4.3-35　英国某公司"湿式"汽化过氧化氢
消毒机净化周期示意图

4. 设备结构组成

汽化过氧化氢消毒机主要由过氧化氢汽化器、加药装置、分散器、风机、储液器、移动装置等组成。加药装置设有加药电磁计量泵，便于准确控制加药。风机的进风管处设有进气过滤器，风机风道上设有加热芯、切换阀、过滤分解器。储液器底部设有称重传感器，用于确定储液器的实时储液量。图 4.3-36 为一种汽化过氧化氢消毒机结构示意图。

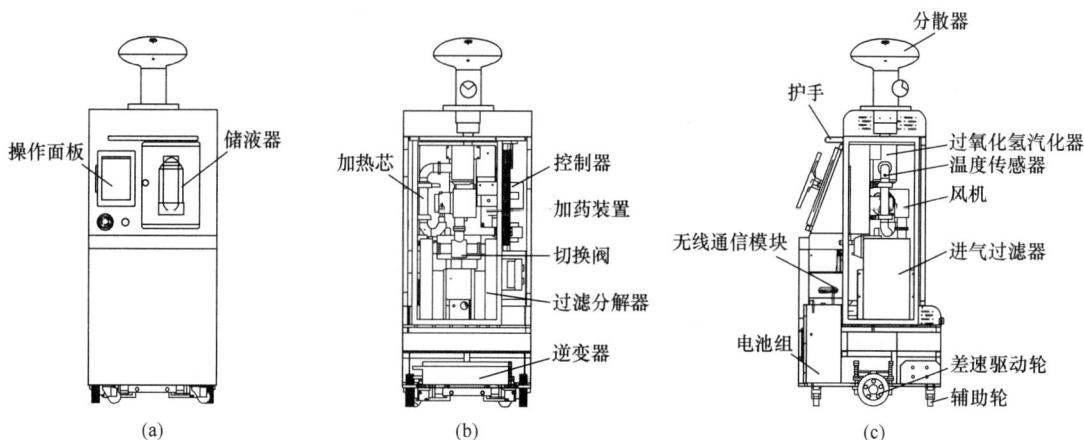

图 4.3-36　一种汽化过氧化氢消毒机结构示意图
（a）主视图；（b）后视图；（c）右视图

该款汽化过氧化氢消毒机的具体组件及其作用如下：

分散器：设置多个出气口，保证汽化过氧化氢消毒剂向多个方向喷洒。

过氧化氢汽化器：用于将过氧化氢消毒液汽化。

加药装置：配有可变流量的蠕动泵，通过调节电机转速，实现流量实时调整。

温度传感器：可安装于加热器和过氧化氢汽化器之间，用于检测经加热芯加热后的空气是否达到设定的温度，确保过氧化氢汽化器内的温度稳定。

风机：为引进空气提供动力。

过滤分解器：主要用于消毒完成后，对空间内的过氧化氢气体进行分解。利用机器内风机的同一套通风系统，通过切换阀进行切换，在风机的作用下，取空间的风进行循环降解，将残留的过氧化氢气体分解成水和氧气。

无线通信模块：可用于远程通信和操作，实现远程终端无线操作。

加热芯：用于加热进入过氧化氢汽化器的空气。

储液器：用于储存过氧化氢消毒液，底部设有称重传感器，用于确定实时储液量。

逆变器：将电池组电压由 48V 逆变到 220V 后，为风机、加热芯和控制器供电。

5. 产品分析

（1）国外代表产品

美国某公司与英国某公司的产品分别代表国外"干式"和"湿式"汽化过氧化氢消毒机的两个发展方向。

美国某公司"干式"汽化过氧化氢消毒机如图 4.3-37 所示，该产品的技术特点如下：

1）单台设备最大可对 570m³ 的整体空间进行灭菌处理；

2）液体注射率达 5～40g/min；

3）杀毒剂高输出、循环时间短且操作方便；

4）消毒机出厂自带 4 个程序循环：免干燥周期（菌落杀灭对数值＝12）、免干燥周期（菌落杀灭对数值＝6）、浓度控制（400mL/m³）、浓度控制（250mL/m³）；

5）残留物少，过氧化氢最终分解产物为水蒸气与氧气，没有毒副产品；

6）对塑料、橡胶、电子产品有很好的兼容性；

7）汽化过氧化氢消毒剂具有良好的扩散性和分布均匀性。

英国某公司 ProteQ 型汽化过氧化氢消毒机如图 4.3-38 所示，该产品的技术特点如下：

图 4.3-37　美国某公司　　　　　　图 4.3-38　英国某公司
"干式"汽化过氧化氢消毒机　　　ProteQ 型汽化过氧化氢消毒机

1）灭菌/通风双循环技术：灭菌过程中汽化过氧化氢不会通过催化剂及干燥器而产生损耗，过氧化氢消耗量低、分解需时短；

2）循环过程封闭：无外排气体，节省试剂；

3）最大可灭菌容量：参数模式≥250m³，定时模式为 400m³；

4）气体流量：液体注射率最大为 12～16g/min（230V），蒸汽流量为 71m³/h；

5）蒸汽辅助扩散：辅助空气流量为 524m³/h，使蒸汽快速均匀地扩散至消毒空间；

6）灭菌空间温度：15～30℃；

7）灭菌空间相对湿度：相对湿度≤80％，设施无须除湿预处理；

8）控制系统：操作台采用微处理器控制系统，与过氧化氢汽化器可以无线连接并分离使用，远程操控过氧化氢汽化器工作状态；

9）配置过氧化氢高浓度传感器：可以在消毒过程实时监测环境中的过氧化氢浓度及温湿度变化，自动控制消毒及保持时间、喷射率、通风状态等关键参数，自动完成消毒循环。

（2）国内代表产品

浙江某公司与上海某公司的产品分别代表国内"干式"和"湿式"汽化过氧化氢消毒机的两个方向，他们研制了可用于实验动物设施的汽化过氧化氢消毒机，产品性能达到进口同类产品的技术水平。

浙江某公司的 HTY-SUPER SD2 汽化过氧化氢消毒机如图 4.3-39 所示，该产品的技术特点如下：

1）全封闭管路连接式消毒，减少设备对消毒空间的干涉；

2）多重应用功能（既可用于空间消毒，亦可用于生物安全柜、排风高效过滤器、EVC、IVC 等设备的在线消毒）；

3）支持除湿功能，灭菌空间内可以控制湿度，对消毒空间的环境要求较低；

4）有自动操作及手动操作两种方式可供选择；

5）在室温下也可进行消毒；

6）残留物少，过氧化氢最终分解产物为水蒸气与氧气，没有毒副产品；

7）高水平消毒时间短，运行成本低；

8）对塑料、橡胶、电子产品有很好的兼容性。

上海某公司的 HPVS R200 汽化过氧化氢消毒机如图 4.3-40 所示，该产品的技术特点如下：

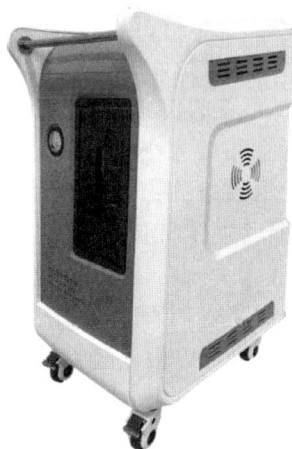

图 4.3-39　浙江某公司的 HTY-SUPER SD2　　　图 4.3-40　上海某公司的 HPVS R200
　　　　　汽化过氧化氢消毒机　　　　　　　　　　　　　汽化过氧化氢消毒机

1）多角度喷射汽化过氧化氢，灭菌无死角；

2）内置称重传感器，灭菌用量精准控制；

3）储液量：2000mL；

4）灭菌空间大小：200～300m³；

5）灭菌水平：杀灭对数值为 4～6；

6）工作温度：20～30℃；

7）工作湿度：≤60%；

8）控制模式：无线远程控制。

6. 存在的问题及发展趋势

（1）存在的问题

汽化过氧化氢消毒机在应用时，针对不同大小的房间，过氧化氢的浓度不易控制，而且过氧化氢的输送管道从发生器的出口开始一直到末端，整个管路必须要保持一定的温度，否则汽化过氧化氢会冷凝，达不到预期的消毒效果。因此，汽化过氧化氢传输过程中不发生冷凝是保证消毒效果的重要因素。

在消毒过程中，整个空间中过氧化氢的浓度常以消耗的过氧化氢溶液量进行初步判断，消毒后能否达到效果完全以芽孢的消毒效果来评判，整个过程耗时且繁琐。

（2）发展趋势

汽化过氧化氢消毒是一种可靠的消毒方法，具有广阔的发展前景。今后应重点攻克过氧化氢浓度实时在线监测的关键技术，并明确过氧化氢浓度与消毒效果之间的关系。一方面可以了解消毒过程中过氧化氢浓度的实时变化，另一方面可以通过过氧化氢的浓度预判消毒效果。

7. 消毒效果检测验证

采用气（汽）体消毒设备对实验动物设施进行熏蒸消毒时，需要对熏蒸的有效性进行检测和验证。这包括：气（汽）体发生器、消毒剂、生物指示剂和化学指示剂的适用性，消毒场所环境条件，消毒过程检测仪器和消毒人员的资格。在完成这些要素确认后，需要进行现场消毒效果的验证。

（1）消毒效果检测

首先需要对气（汽）体发生器、辅助装置、测量仪表进行核查，并确认设备操作功能是否正常，核查及确认结果须记录留档。然后对所用的消毒剂来源进行确认，如过氧化氢溶液的来源，对标签含量、失效日期信息进行核对，对有效消毒成分含量进行测定。应选用与消毒剂相适应的生物指示剂，并保证消毒场所的温度及相对湿度等环境条件满足消毒的要求。根据房间的结构布局确定是否需要设置均流设备，对于可能无法充分暴露于足量过氧化氢浓度的位置，需要操作者考虑增加均流装置，并通过消毒循环过程来进行确认。

进行消毒效果检测时，需要布置多个点的化学和生物指示剂进行监测。化学和生物指示剂通常按几何分布，但也应该考虑消毒气（汽）体最难到达的位置。布置的位置和布置理由应该通过文件记录。验证时使用的化学和生物指示剂数量，取决于所需消毒空间的大小和布局复杂性。对实验室/饲养间空间整体消毒时，建议的化学和生物指示剂的最小使用数量为：布置点数量＝消毒空间内每 $10m^2$ 地板放置 3 个点生物指示剂，可采用上、中、下各 1 个点立体布置方式，以悬挂粘贴等方式固定于墙壁、顶棚、地板和设备表面。

气（汽）体消毒设备熏蒸过程中，不同阶段的温度、相对湿度和消毒剂浓度都应被记录，这些参数并不能代替生物指示剂的使用，用以直接证明消毒效果，但是可以根据经验数据来进行判断。在操作人员重新进入房间之前，采用通风、催化、吸收等方式快速降低消毒气（汽）体浓度，直到一个可接受的水平。

（2）检测/验证周期

气（汽）体消毒设备投入使用后，实验室消毒人员应定期对设备性能进行检测和验证，间隔周期以不超过一年为宜。基于电化学测量原理的浓度传感器，应遵循制造厂商的建议，每隔 6 个月进行一次校准，并按使用寿命规定更换检测模块，以获得准确的检测结果。

除上述周期性检验之外，下述情况发生时，应进行消毒设备的检验：

1）消毒剂、消毒设备首次使用时；

2）实验室内设备设施发生较大改变时；

3）实验室较长时间未进行消毒灭菌时；

4）更换新的批次的消毒剂时；

5）消毒设备维护维修后。

（3）消毒效果验证

进行消毒效果验证时，一般采用代表性生物指示剂。由于附着在不同材质上的微生物对消毒剂的抗性不同，进行消毒效果验证时，需要同时验证附着在实验室内代表性材质上的生物指示剂杀菌效率。生物指示剂放置位置由消毒剂特性和实验室结构决定，一般原则是将生物指示剂放置在消毒剂不易达到的区域，如实验室死角等。

4.3.6 垫料处理设备

动物垫料是与实验动物紧密接触的材料，其质量好坏会直接影响实验动物的生理生化指标，甚至会影响动物实验结果。为了避免吸收了动物排泄物的脏垫料对实验动物产生影响，需要定期更换垫料。人工更换垫料的方式存在工作效率低、污染环境、脏垫料易对人员健康产生不良影响等问题。为解决上述问题，垫料处理设备在实验动物设施中逐渐被广泛应用。垫料处理设备主要用于实验动物设施脏垫料的倾倒、运输、收集以及干净垫料的分配、添加等。

垫料处理设备包括垫料分装设备及垫料处理设备。垫料分装设备可以实现自动储存、传输以及准确分装干净垫料，以减少工作人员工作量以及粉尘对环境和人员的危害，进行在线式垫料处理。垫料分装设备由自动垫料添加台、传输管路、吸尘系统、新垫料储存、新垫料分装、过滤系统、真空动力系统、中央控制系统等组成。垫料处理设备能够对多种类型的脏垫料进行倾倒、运输及集中处理，以提高饲养工作效率并避免工作人员接触到各种污染源，从而保证设施环境与人员的生物安全防护和福利。垫料处理设备由废料倾倒台、真空动力系统、垫料回收系统、传输管路、吸尘系统、中央控制系统等组成。

垫料处理方式可分为集成式处理和独立式处理两种。独立式垫料处理是指垫料倾倒台或自动垫料添加台分别独立设置，其优势是占地面积小、操作方便、布局灵活，适用于小型实验动物设施或既有实验动物设施的改造升级。集成式垫料处理是指上述所有设备通过传输管路连通成套，这种方式适用于中型和大型实验动物设施，可以最大化降低劳动强度，提高工作效率。集成式垫料处理还可以与机械手臂组合使用，最大限度提升实验动物设施的自动化水平。

1. 自动垫料添加台

（1）概述

近年来，自动垫料添加台因其在垫料添加环节的潜在优势，逐渐在实验动物设施中得到广泛应用。该设备能够以机器作业的方式自动完成动物垫料向笼具或者其他器皿中添加的过程，具有作业效率高、垫料量添加准确等特点，可有效避免传统人工加料的弊端和不利影响。设备外观如图 4.3-41 所示。

（2）工作原理

自动垫料添加台利用定量分装控制技术将垫料按照需求定量分装并添加到笼盒内。在其工作过程中，首先将垫料倒入设备下部的下储料箱内，下储料箱的下方安装物料检测开关以提示垫料的使用情况。然后利用真空提升系统把垫料提升到上料箱内，上料箱内安装有上、下两个物料检测开关，用以控制真空提升系统的启停。垫料在机械转动的作用下添加到笼盒内，由步进电机计量添加量。在整个工作过程中除尘系统开机，以保证工作面无尘。上料、落料、除尘等过程由程序控制。

（3）结构组成

典型的自动垫料添加台通常由以下部件组成：机架、上储料箱、下

图 4.3-41 自动垫料添加台

储料箱、出料斗、出料阀、传感装置、垫料提升机、排风机、中效空气过滤器、高效空气过滤器等。当前主流产品均是在此基础上优化、增减部件的，如增加传送轴、升降机组等，以增强设备的自动化程度和适用性。

（4）代表产品

1）国外代表产品

意大利某公司的 BDS＋干净垫料分装机用于垫料的连续处理、运输和分配，可提高垫料分装添加的安全性和效率（图 4.3-42）。该产品采用模块化设计，高效紧凑，包括真空泵、过滤单元和控制箱。

该产品技术特点如下：

① 省时：加注垫料包裹到加料斗后，可以同时操作笼盒垫料加注，节约工作时间；

② 省力：底部直接加垫料包裹，机器自带真空泵和搅拌转移系统，自动去除粉尘，混合均匀的垫料加到顶部的垫料存放仓，自动感应并连续加注；

③ 均一性强：质量和混合比例均匀，通过计算机设置参数，针对不同大小的笼盒、不同的动物可以设定不同的加料量，避免垫料浪费；

④ 除尘系统采用新型高效进气增压设计和层流技术，有效抑制粉尘，保护操作员健康；进、排风双层过滤，排气环路装置自清洁过滤器，经过 TUV 烟雾测试无泄漏，保护环境；

⑤ 智能处理系统：气流速度控制系统实时监测气流速度，提供稳定气流；通过超声波传感器自动感应加料口的笼盒情况，按设置放出混合均匀垫料；

⑥ 主体材料使用 304 不锈钢，抗压、抗腐蚀，可高温高压灭菌，表面光滑无毛刺，工作台拆卸方便；

⑦ 锁止刹车，方便固定，灵活安排空间，可以实现就近加注。

通过对垫料提升形式的创新，该公司还开发了另一款干净垫料分装设备——UP&DOWN 垫料分装机，该款设备自带电动升降系统，无须真空系统或垂直螺旋杆等机械传输系统，轻巧灵活，可适配多型号、多类型垫料的定量分装。

2）国内代表产品

国内某公司的 BSE-CB 系列自动垫料添加机专用于动物笼盒垫料的自动添加，集垫料储存、自动上料、定量添加、自动除尘于一体，可解决目前人工添加垫料劳动强度大、粉尘污染重、加料不均匀等问题（图 4.3-43）。

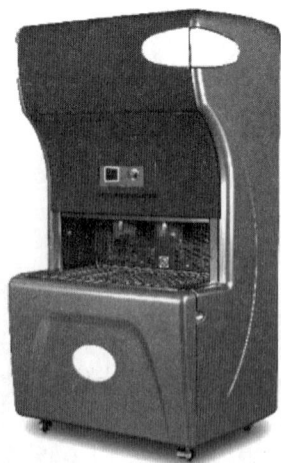

图 4.3-42　意大利某公司的
BDS＋干净垫料分装机

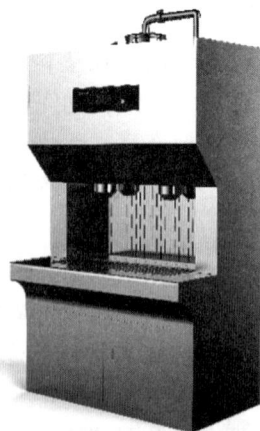

图 4.3-43　国内某公司的 BSE-CB
系列自动垫料添加机

该型产品技术特点如下：

① 自动化程度高：设备自动上料、自动检测笼盒、自动定量添加、自动除尘，无须人工干预；

② 适用范围广：设备内设多个垫料添加程序，可适应不同规格笼盒的垫料添加；

③ 保障人员安全：操作区域为负压环境，运行时可自动吸附垫料粉尘，保护人员安全；

④ 添加效率高：15～20 个/min 小鼠笼盒的添加速度，满足实验动物设施高效运转需求；

⑤ 设备操作简单：触摸式显示屏，内设多种笼盒加料程序，一键式操作，使用方便；

⑥ 自动感应式落料：自动检测有无笼盒，自动启动加料程序，自动停止。

2. 干净垫料分装系统

（1）概述

干净垫料分装系统是自动储存、传输以及准确分装新的实验动物垫料的系统，其传输系统利用真空输送技术，通过管路将干净垫料从垫料库房输送到添加设备，具有处理量大，处理速度快、自动化程度高等优点（图 4.3-44）。

图 4.3-44　干净垫料分装系统

（2）工作原理

干净垫料分装系统可以将不同类型的垫料通过输送管道从垫料库房输送到垫料分装区，其工作流程包括：将干净垫料倾倒入暂存罐、垫料输送、垫料分装等。

为了避免倾倒过程中垫料碎屑逸散至周围环境，须保证倾倒口周边为局部负压。

垫料传输一般采用气力输送技术，以真空泵或风机为动力源，使物料在悬浮状态下在管道中移动，通过分离器使工作气体与垫料分开。与其他物料输送方式相比，其优点在于设备简单，占地面积少，吸料输送可靠，操作简单，既可以由几处向一处集中输送，也可以由一处向几处分散输送，可以连续卸料和间断卸料；整个系统在工作时处于负压状态，不扬尘，不影响周围环境。

垫料分装则主要通过垫料分装台完成。该设备通过传感装置、分料斗、出料阀、风机、空气过滤器等部件控制垫料的自动化定量分装。

（3）系统构成

干净垫料分装系统一般由垫料储存模块、垫料输送模块、垫料分装模块和配套技术模块等组成，各组成部分承担的功能和特点如下：

1）垫料储存模块：包括垫料集中装载和垫料缓存两个模块。垫料集中装载模块设置大型加料斗，便于操作人员快速向系统中添加大量垫料，且可以让操作人员在不同规格的垫料包装袋之间快速切换。垫料缓存模块：由于中、大型实验动物设施需要使用的垫料数量庞大，为了降低操作人员添加垫料的频率和工作量，集成式干净垫料分装系统通常会配备大型垫料缓存罐，操作人员一次性大量加料即可保证接下来一段时间的使用，且其中有料位传感器，当舱内垫料不足时可通过声/光/中控系统提示管理人员。垫料缓存模块可以避免垫料装载模块长时间空转，保证系统运行效率，起到节能环保的作用。

2）垫料输送模块：干净垫料分装系统通常体积较大，分支较多，遍布于数个房间甚至多个楼层，所以需要通过负压风机及管道进行长距离传输。输送管道采用304不锈钢。

3）垫料分装模块：传感器感应到笼盒入位后激活下料口，下料口打开，垫料落入笼盒。下料口采用步进电机驱动转轮的方式，进行垫料的精准添加。

4）配套技术模块：包括动力装置、负压保护装置等部分。动力装置由负压抽吸风机构成（部分厂家为真空泵，图4.3-45），其主要作用是提供物料在管道内输送的动力源及空气源，保证输送管道的高负压状态。负压抽吸风机的风量根据垫料输送量及输送系统允许的物料比确定，其压头结合气力输送系统的管路及设备压损确定。部分厂家使用的真空泵配备有可视压力计，方便设备的维护，还配有安全阀，防止真空泵出现过载或故障，有效延长泵体寿命。在需要人工操作的环节以及垫料会接触外界的环节设置负压保护装置，有利于维持环境的洁净和最大限度地保护操作人员，如在垫料分装模块的加料斗处及垫料下料口均设置负压吸尘设施，被抽走的含粉尘空气经过空气过滤塔过滤后排出，空气过滤塔内设置过滤部件，可有效过滤粉尘（图4.3-46）。

干净垫料分装系统构成较为复杂，通过合理的设计，可以将整个系统的控制单元整合在一起，并根据需求接入建筑中央控制系统，并可监测整个干净垫料处理过程，在有需要时通过声/光/中控系统提示管理人员。

图4.3-45　真空泵　　　　　　　图4.3-46　配套技术模块

（4）发展方向

1）提升系统的自我监测、自我疏通能力，提高设备运行稳定性，减少垫料运输、分装等环节的故障率。

2）减少系统在抽取、输送、加料过程中产生的噪声，保障实验动物福利，提升实验人员工作环境质量。

3）优化管路连接方式，降低传输管路阻力，进而降低动力系统能耗。

3. 垫料倾倒台

（1）概述

垫料倾倒台又名垫料收集台，其作用是脏垫料的倾倒和收集使用。该设备可提供负压区域，保证脏垫料在倾倒过程中粉尘和异味不外泄，防止工作人员在倾倒垫料时吸入粉尘和污染废气。

垫料倾倒台可以在台柜下部设置移动式大容量污物桶，也可以在台柜下部设置收集管道接口并通过传输管道构建集中式脏垫料处理系统。

（2）技术原理

　　动物笼盒内的垫料需要更换时，工作人员将其转运至垫料倾倒台，脏垫料通过喇叭状大角度收集口进入设备下方的收集区。为保证人员和环境安全，垫料倾倒台内部的风机持续排风，保证倾倒区域处于负压环境或层流保护状态。垫料倾倒台内部的排风通道设置粗效及高效两重过滤，确保粉尘及病菌不泄漏至外部环境。

　　（3）结构组成

　　垫料倾倒台主要由收集台体、操作台面、抽风装置、过滤箱体组成，操作台面位于收集台体中部，抽风装置和过滤箱体位于操作台面上方，收集台体下部设置收集橱柜，收集橱柜与操作台面通过管道连接。

　　操作台面一般为中间低四周高的大角度倾斜台面，中间最低处为废垫料出口。操作台面通常采用不锈钢板制作，易于清洁和消毒。操作台面设有工作照明装置，中间部位设有撞杆，左右侧设置扶手。

　　过滤装置通常包括粗效和高效空气过滤器。

　　当垫料倾倒台通过传输管道与集中处理装置成套设置时，垫料倾倒台下部可增设垫料粉碎模块，可有效防止大颗粒碎屑堵塞输送管路。

　　（4）代表产品

　　1）国外代表产品

　　意大利某公司及加拿大某公司研制有垫料倾倒台相关产品，以意大利某公司为例，其产品（图4.3-47）技术特点如下：

　　① 外壳主体采用 AISI 304 不锈钢，侧边为 8mm 厚透明有机玻璃面板。

　　② 工作区域压力为负压，负压环境空气被吸入设备前入口，经空气过滤器过滤后排出，可保护操作人员免受倾倒过程中粉尘的伤害。

　　③ 支脚带有电动升降系统，整机高度可在 1880mm 至 2204mm 之间自由调节。

　　④ 采用防滑漏斗设计，在垃圾袋移除时仍能持续保护操作人员。

　　⑤ 设备下部配置带滚轮的废料收集袋及平滑漏斗状通道，使操作人员在持续的保护下移除废料袋。同时废料收集斗材质采用 AISI 304 不锈钢，结实耐用。

　　⑥ 工作区有 G4 预过滤器，排气口有 H14 过滤器。

　　⑦ 由风机产生气流屏障，隔绝内、外部环境，保护操作人员。

　　⑧ 控制单元对整个垫料倾倒台进行控制。

　　2）国内代表产品

　　国内有多家公司研发并生产垫料倾倒台，某公司的 BSE-CA 系列垫料倾倒台是依据国内实验动物设施倾倒垫料现状而开发的一款设备（图4.3-48），其技术特点如下：

　　① 操作区域为负压，有效吸附粉尘和异味，保护操作人员安全；

　　② 有粗效、高效两重过滤，污染气体通过高效空气过滤器（99.995%）过滤，可直接排放到室内或外接管道排出室外；

　　③ 采用 SUS 304 不锈钢倾倒台面，易于清洁；

　　④ 倾倒口呈喇叭状大角度倾斜，便于垫料收集；

　　⑤ 倾倒口处带有撞杆，便于去除淤积垫料；

　　⑥ 设备两侧带有大玻璃视窗，顶部带有照明灯，增加透光性；

　　⑦ 两侧安装扶手，底部带有脚轮，便于设备移动。

　　此外，国内另一公司拓展研发了具有真空包装功能的负压垫料处置柜，其在柜体下方设计了自动真空包装室，将装有脏垫料的垃圾袋放入真空室内，关闭真空室门即可自动抽真空、自动封口等，可有效缩小脏垫料包装的体积。

图 4.3-47　意大利某公司的
垫料倾倒台

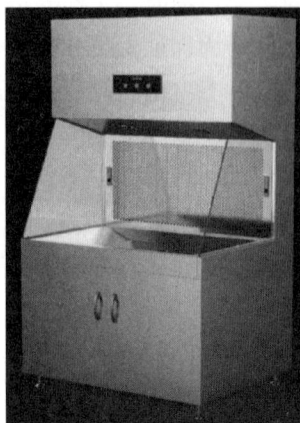

图 4.3-48　国内某公司的 BSE-CA
系列垫料倾倒台

4. 脏垫料处理系统

（1）概述

脏垫料处理系统适用于中大型实验动物设施，可以最大化降低劳动强度，提高工作效率（图 4.3-49）。

图 4.3-49　脏垫料处理系统

（2）工作流程

脏垫料处理系统可以实现将颗粒状和片状垫料通过输送管道从实验动物饲养区输送到废垫料集中暂存区，其工作过程包括负压倾倒、管道输送、气料分离、废料压缩打包等环节。

（3）系统构成

脏垫料处理系统由废料倾倒台（负压倾倒台）、气力输送管道、真空动力系统、气料分离器、压缩打包装置、中央控制系统等组成，如图 4.3-50 所示。

1）真空动力系统

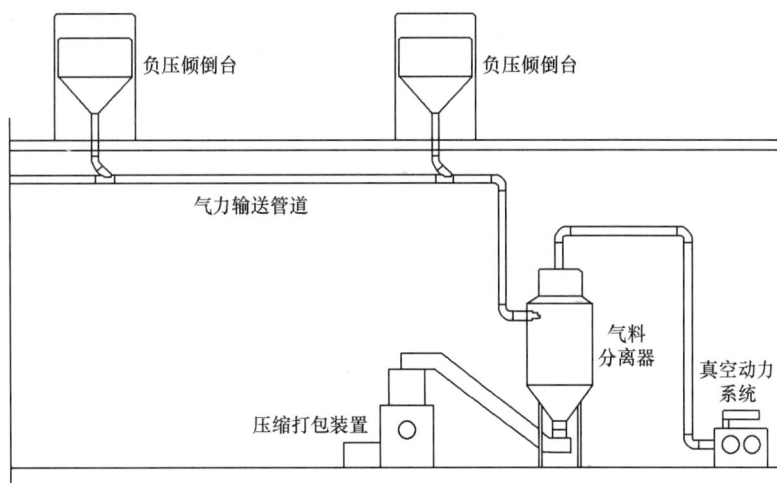

图 4.3-50　脏垫料处理系统构成示意图

真空动力系统由负压抽吸风机构成（部分厂家为真空泵），其主要作用是提供物料在管道内输送的动力源及空气源，保证气力输送管道的高负压状态。负压抽吸风机需具有低风量、高压头的特点，风机形式有采用径向式叶轮的高压离心风机及罗茨风机。

负压抽吸风机的风量须根据脏垫料输送量及输送系统允许的物料比确定，物料比的取值须遵循实际使用时管道不发生堵塞的原则；负压抽吸风机的压头须结合气力输送管道及设备压损确定。

2）负压倾倒台

负压倾倒台为脏垫料的倾倒口，其与脏垫料直接接触，为了防止倾倒垫料时工作人员吸入粉尘和污染废气并防止废气逸散至室内，负压倾倒台须具备如下特点：

① 操作区域为负压，有效吸附粉尘和异味，保护操作人员安全；

② 装置上方一般设粗效、高效过滤，污染气体排出前经过高效空气过滤器过滤处理；

③ 台面采用 SUS 304 不锈钢材质，易于清洁；

④ 倾倒口呈喇叭状大角度倾斜，便于垫料收集。

另外，负压倾倒台可配置多刀机械粉碎机。脏垫料经粉碎机粉碎后，再进入气力输送管道，能够有效防止大块碎料在输送过程中堵塞不锈钢管道。

3）气力输送管道

气力输送管道一般采用不锈钢材质，管道采用专用管接头连接，方便拆卸、安装。管道转弯时弯曲半径不宜小于管径的 3 倍。气力输送管道的管径须根据管段风量及气流速度确定，刨花、木屑类垫料的气流速度不宜低于 15m/s。

4）气料分离器

气料分离器主要采用重力沉降或旋风分离式结构，分离器箱体一般采用不锈钢材质，箱体下部集料斗设置料位传感器，检测到料位到达一定高度后通过卸料阀将汇集的脏垫料排出。

（4）发展方向

脏垫料处理系统的技术发展方向主要体现在以下几方面。

1）脏垫料输送前的预处理

为了控制脏垫料在输送过程产生的潜在污染风险，可考虑在负压倾倒口处设置紫外线消毒装置，对脏垫料进行预消毒处理。同时，紫外线消毒装置可以对直接接触垫料的台面进行消毒，提升系统的安全性。

2）输送管路形式

前述的脏垫料输送形式为采用流体力的气力输送，另外一种可用的脏垫料输送形式为采用机械力的链板输送方式，在输送管道内设置送料链板，链板之间的空隙作为存料区，采用机械力驱动链板在管道内进行水平或垂直运动，从而带动脏垫料在管道内输送。这种方式无须负压抽吸风机，在一定程度上可降低输送能耗，但是输送距离及多管路连接处的输送流畅性尚待工程实际检验。

3）负压抽吸尾气的处理

负压抽吸风机提供的空气与脏垫料直接接触，其中会含有少量氨、硫化氢、粪臭素等成分，为了降低对周围环境的影响，负压抽吸风机排出的废气可考虑接入实验动物设施集中排风系统或者单独处理后排放。若单独处理，可参照动物饲养间的废气处理方式。

4.3.7 自动化机械臂系统

1. 概述

为了保证实验动物的质量及动物福利，需要定期更换垫料并清洗笼具，此项工作较为繁琐且重复率较高，如果全部采用人工来操作的话，将耗费大量时间和人力，而且垫料中所含的过敏原会给操作人员带来危害。针对上述问题，可采用自动化机械臂系统与笼具清洗设备和脏垫料处理系统等配合使用，构建脏垫料处理及笼具清洗的自动化工作线，从而实现脏垫料的自动化倾倒、笼具自动化清洗和干净垫料的自动分装等工作，这对实验动物设施的高质量发展具有积极作用。

自动化机械臂系统是一种工业机器人，是机器人技术领域中应用较广的自动化机械装置。早在20 世纪 40 年代后期，美国橡树岭国家实验室（Oak Ridge National Laboratory）和美国阿贡国家实验室（Argonne National Laboratory）开始研制遥控式机械手，用于搬运放射性材料。当前，随着 5G、大数据、人工智能等技术的蓬勃发展，机器人产业正处于产业升级和智慧化阶段。自动化机械臂可以模拟人的手、臂的部分动作，按照预定的程序、轨迹及其他要求，实现抓取、搬运工件或加工制造的任务。随着科技的发展和劳动成本的上升，自动化机械臂依据其自身的控制系统，能够进行示教编程，协助或代替人类完成那些重复、频繁、单调、长时间的工作以及进行危险、恶劣环境下的作业，实现自动生产。

图 4.3-51　关节型、6 自由度、电驱动机械臂实物图

机械臂按结构坐标系特点可分为直角坐标式机械臂、柱面坐标式机械臂、极坐标式机械臂和多关节坐标式机械臂；按驱动方式可分为液压式机械臂、气动式机械臂、电气式机械臂；按适用范围可分为专用机械臂和通用机械臂；按运动轨迹控制方式可分为点位控制机械臂和连续轨迹控制机械臂；按自由度可分为欠驱动机械臂（自由度<6）、冗余机械臂（自由度>6）、6 自由度机械臂。目前应用的最多是关节型、6 自由度、电驱动机械臂（图 4.3-51）。

2. 技术原理

机械臂是由一个或多个关节连在一起的机械连杆的集合体，其工作原理主要基于关节运动和链节伸缩的组合，通过控制关节的角度和链节的长度，实现机械臂在空间的灵活运动。机械臂的控制方式主要分为位置控制和力控制两种。位置控制通过精确控制关节的角度和链节的长度，准确控制机械臂的运动轨迹；力控制则让机械臂能够根据外部力的变化做出相应的调整，以便更灵活地工作。

机械臂的运动原理还涉及运动学原理和动力学原理。运动学原理包括正运动学和逆运动学的计算，以确定机械臂各关节的运动量，从而实现末端执行器的位置和姿态控制；动力学原理考虑机械臂的受力情况和动态响应，包括牛顿—欧拉方程和拉格朗日方程等，用于描述机械臂的运动状态和受力关系。

此外，机械臂还配备了各种传感器，如视觉传感器、位置传感器、触觉传感器等，用于感知周围环境和物体的位置、形状、质量等信息。根据传感器的反馈信息，机械臂控制系统进行运动规划，确定需要执行的动作和路径，这涉及机器学习算法和运动学模型等。驱动装置通过传动机构将转动力矩传导给机械臂关节，关节在规定的范围内运动，从而实现抓取物体和执行其他精密操作。机械臂工作流程如图 4.3-52 所示。

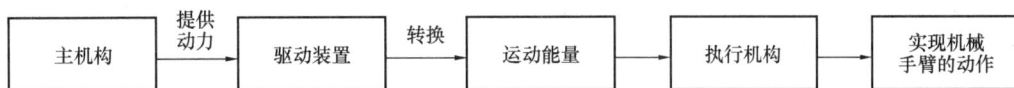

图 4.3-52 机械臂工作流程

3. 结构组成

自动化机械臂系统一般由 3 大部分和 6 个子系统构成。3 大部分为机械部分、传感部分、控制部分，6 个子系统分别为机械结构系统、驱动系统、感知系统、机器人—环境交互系统、人机交互系统和控制系统，如图 4.3-53 所示。最核心的 3 大部件是减速器、伺服驱动器、控制系统。

机械结构系统及驱动系统构成的机械部分即为机械臂的本体，或称操作机；传感部分主要由内部和外部传感器模块组成，集成在机械臂本体内；控制系统一般集成于单独的控制柜内，人机交互系统则通过示教器实现。所以自动化机械臂系统也可看作是由机械臂本体＋控制柜＋示教器＋线缆组成，如图 4.3-54 所示。

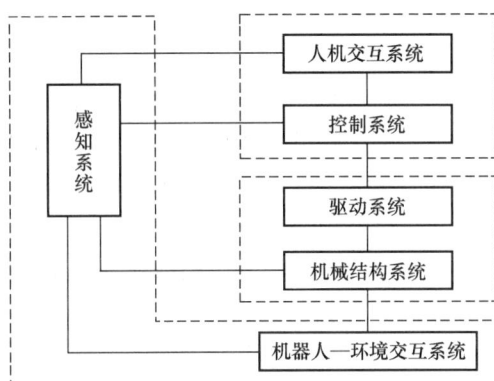

图 4.3-53 自动化机械臂系统子系统结构框图

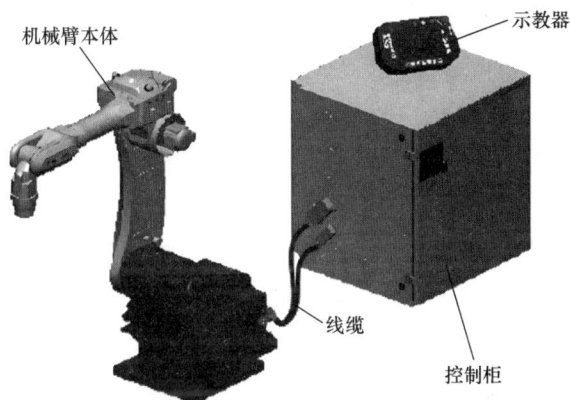

图 4.3-54 自动化机械臂系统结构组成

机械臂本体是完成各种作业的执行机构，其结构主要由固定或移动的基座、各部位关节、机械连杆、驱动装置、传动单元及传感器组成，如图 4.3-55 所示。

4. 代表产品

瑞士、日本、德国及我国均有技术较为成熟的自动化机械臂系统研发制造公司。

以瑞士某公司为例，该公司的自动化机械臂系统是 6 轴关节型机器人系列，可用于实验动物设施的饲养笼具、饮水瓶、食槽和托盘等物品的搬运、码放、倾倒工作。该系列产品技术特点如下：

（1）机身紧凑，可选型号丰富。

（2）系列产品型号覆盖负载范围广，最小型号负载为 1.5kg，最大型号负载为 800kg。

（3）系列产品的工作范围：最小型号为 0.47m，最大型号为 4.2m。

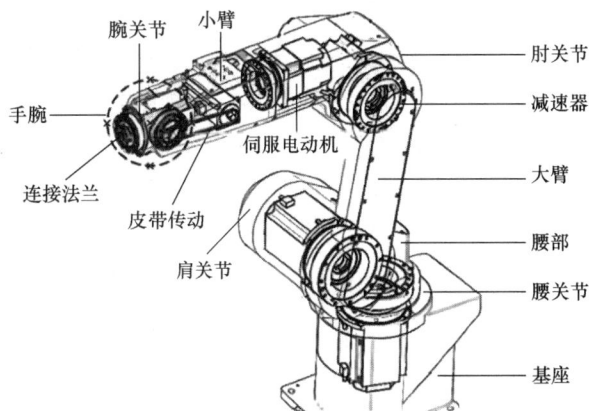

图 4.3-55 机械臂本体结构示意图

（4）重复定位精度最高的为 0.01mm，最低的为 0.27mm。

（5）功能多样，部分产品配备 MultiMove 功能，最多可达 36 轴。

（6）全系配备自研的 IRC5 或 OmniCore 控制器。

（7）1000 多项可扩展功能，如 RobotWare、SafeMove、TrueMove、QuickMove、停驻位置模拟、外部引导运动控制、Wizard 简易编程、Robot Control Mate、物联网网关及视觉感应等。

（8）通过 QuickMove 和 TrueMove 软件实现领先的运动控制性能，让机器人速度更快、精度更高。

我国较早开始研发自动化机械臂系统的厂家在沈阳，其产品可用于笼具、饮水瓶、食槽和托盘等物品的搬运、码放、倾倒工作。其系列产品技术特点如下：

（1）产品覆盖负载范围：4～500kg，多种机器人型号。

（2）以 6 自由度和 4 自由度为主。

（3）可以根据专业领域需求定制开发机器人产品。

（4）新产品配备多种传感器，更加智能。

（5）最小型号工作半径 596mm，最大型号工作半径 3053mm。

（6）内循环隔离式散热，可有效防尘。

（7）控制系统拥有丰富的外部接口，支持应用的扩展与定制。

（8）示教器配套多功能软件包。

5. 应用现状

在实验动物设施领域，自动化机械臂系统与步入式笼盒笼架清洗机、隧道式清洗机、脏垫料处理系统和干净垫料处理系统等设备配套使用。根据垫料处理和笼盒笼架清洗的工艺流程，自动化机械臂系统厂家可配合清洗消毒设备厂家为用户量身定制适合的机械臂及其自动控制系统，集成设计一条笼具清洗与垫料处理的自动化流水线，提高工作效率，减少人工及降低感染风险。

意大利某公司、加拿大某公司及国内某公司等均已开发出完整的笼具清洗及垫料处理自动化解决方案。

意大利某公司的笼具清洗及垫料处理自动化集成系统布局示意图如图 4.3-56 所示。

图 4.3-56　意大利某公司的笼具清洗及垫料处理自动化集成系统布局示意图

该系统流程及结构如下：

首先，在脏区由机械臂主导的自动翻转卸载系统负责对接隧道式清洗机及脏垫料处理系统。该系统能够自动夹取堆叠好的脏实验动物笼底，翻转、倾倒脏垫料，刮除残余垫料，并将处理后的笼底排列到隧道式清洗机的传送带上，整个过程无须人员操作。

然后，在清洗完成后再由机械手臂主导的自动翻转卸载系统（洁净区）对接隧道式清洗机及干净垫料处理系统，清洗好的干净实验动物笼底自动翻转、装填干净垫料、堆叠，中间无须人员操作。

自动翻转卸载系统包含的主要设备有：机械手臂、定位器、夹具、刮板、转运车、转运车轨道、电子安全门、显示器及电脑、供电和控制柜。整套笼具清洗及垫料处理系统有如下特点：

（1）一套机械手臂系统能够处理不少于 2 种不同型号的笼底；能处理金属饲料槽和运输车。

（2）整套系统有 2 个机械手臂，分别位于洁净区和脏区，能够自主识别笼盒型号，每次可同时夹取一排 4 个小鼠笼底，操作人员能够在不同处理批次随意混放不同型号的笼盒。

（3）整套系统带有推车传输功能，能够自动将入口处带有脏笼盒的推车移动到隧道式清洗机处，避免人员接触。

（4）隧道式清洗机装载和卸载模块有重置系统，确保装载过程顺利。

（5）不同的推车能够放置多种笼盒，自动化机械臂系统能够自动识别该推车所装载的笼盒型号，进行倾倒、清洗等一系列操作。

（6）推车带有防感染保护罩，确保从动物房到清洗区的运输过程中不会对操作人员造成污染。倾倒、清洗过程全由系统自动完成，避免操作人员暴露在污染环境中。

（7）在机械舱、传送带以及隧道式清洗机上有紧急停止按钮，可以紧急终止操作过程。

（8）在整个自动化机械臂系统周围（脏区和洁净区）带有屏障墙，防止伤害到操作人员。

（9）通过机械手臂、隧道式清洗机及垫料分装机，实现对脏笼盒倾倒并进行自动化清洗、漂洗、干燥、干净垫料分装等一系列操作，避免操作人员的感染风险，用于自动化处理大、小鼠笼具等物品。

自动翻转卸载系统（脏区）设备外观如图 4.3-57 所示，自动翻转装载系统（洁净区）设备外观如图 4.3-58 所示。

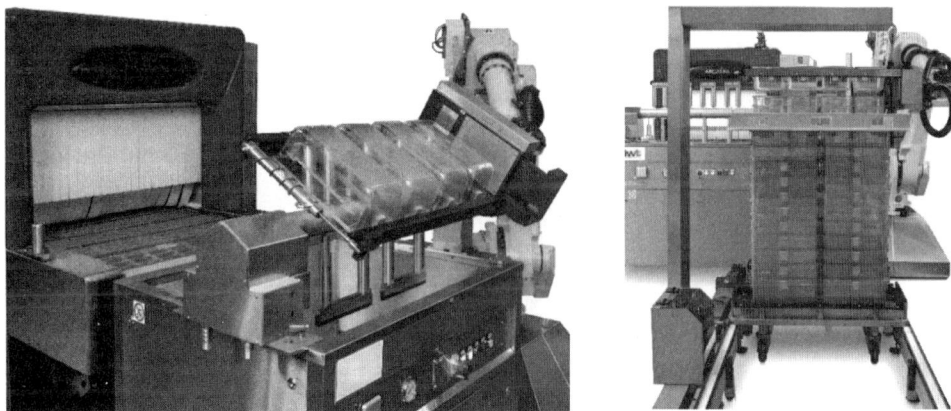

图 4.3-57　自动翻转卸载系统（脏区）设备外观

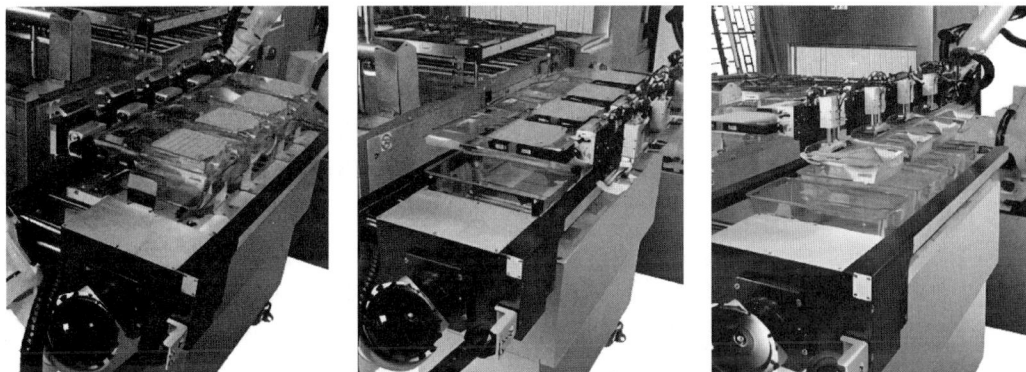

图 4.3-58　自动翻转装载系统（洁净区）设备外观

国内某公司的笼具清洗及垫料处理自动化集成系统设备布局及系统流程如图 4.3-59 及图 4.3-60 所示，其技术特点为：

图 4.3-59　国内某公司的笼具清洗及垫料处理自动化集成系统设备布局示意图

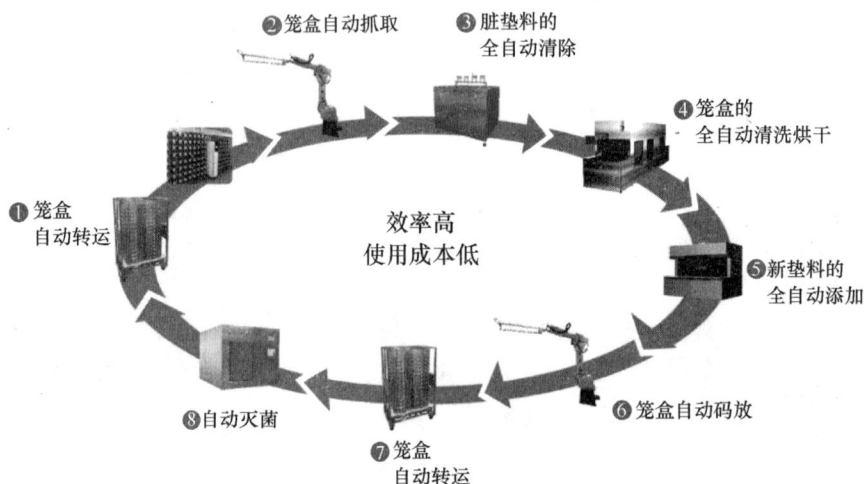

图 4.3-60　国内某公司的笼具清洗及垫料处理自动化集成系统流程图

（1）所有设备按照预设程序全自动运行，便于打造智慧实验动物设施。

（2）操作人员不再直接参与物料处理、运输等具体环节。

（3）可根据不同用户需求灵活定制、组合各功能模块，实现最佳匹配。

（4）无须耗材，维护方便。

6. 存在的问题及发展趋势

在实验动物设施的实际应用中，自动机械臂配合笼盒清洗机、脏垫料自动处理系统等一起使用，应用过程中存在的主要问题为：机械臂本体质量较大，对建筑结构荷载要求高；机械臂周围需要设置安全屏障，空间要求相对较大；机械臂成本较高，会增加实验动物设施建设初投资。上述问题在一定程度上制约了自动化机械臂系统在动物实验设施中的大规模应用。

随着实验动物设施对工作效率、动物饲养质量及人员职业卫生等方面要求的提升，以及机器人技术的发展和成本的降低，自动化机械臂系统必将会得到大力推广应用。此外，该系统还可配合自动导向搬运车 AGV、人型机器人、智能化软件系统等，使得整个清洗消毒工作流程全部实现无人化，大大提高实验动物设施的自动化、智能化水平。

4.3.8 动物残体处理系统

1. 概述

动物实验过程中不可避免地会产生诸如解剖后的脏器、病理切片后废弃的组织等动物残体，动物残体必须经过无害化处理，以避免其传播疾病或危害环境安全。在 20 世纪初期，尽管实验动物的使用已相对普遍，但对实验动物残体处理的规定并不严格。然而，随着对实验动物福利及生物安全认识的提高，全球范围内开始逐步建立和完善相关法律法规。

我国 2017 年修订的《实验动物管理条例》进一步明确了实验动物的饲育、检疫、传染病控制、应用以及人员管理等方面的规定，2020 年公布的《中华人民共和国生物安全法》规定，对涉及病原微生物的实验动物，实验后应进行无害化处理。在处理技术标准方面，《病死及病害动物无害化处理技术规范》规范了病死及病害动物和相关动物产品无害化处理操作技术；《实验室 生物安全通用要求》GB 19489、《生物安全实验室建筑技术规范》GB 50346、《实验室设备生物安全性能评价技术规范》RB/T 199 等标准规范对涉及病原微生物实验的实验动物无害化处理设备提出了技术要求。上述法律法规及标准规范使得我国实验动物残体的处理流程进一步规范化，利于减少环境污染风险，保障公共安全。

非感染性实验动物残体应集中作无害化处理，感染性实验动物的动物残体须经压力蒸汽灭菌器灭菌后，再作相应处理。动物残体无害化处理的方法一般有掩埋法、焚化法、炼制法、碱水解法及逆聚合法等，动物残体处理技术的发展历程可以分为三个阶段。

第一阶段是简单的物理隔离，典型方法是掩埋法。掩埋法是在指定地点挖掘深坑，动物残体移出实验室前通常先进行高温高压处理，然后掩埋。动物残体在微生物作用下自然降解或采用化学处理方法，如投放生石灰，其遇水产生高温，从而杀灭微生物。该方法操作简单，成本低，曾被广泛采用。但高温高压并不能完全保证动物残体内病原微生物被彻底灭活，对地下水、土壤均存在较大的污染风险，因此该方法被逐渐弃用。

第二阶段是高温处理，典型方法是焚烧法。焚烧法虽然能彻底灭活病原微生物，但设备复杂，环保要求高，通常建设成集中处理中心，也有直接在实验室内进行焚烧处理，不用运输，如澳大利亚动物健康实验室（AAHL）。当运输至集中处理中心处理时，染疫动物残体需经高压灭菌后运送，否则二次处理和运输途中风险高。动物残体高温焚烧极易产生二噁英等有害物质，环境污染严重。

第三阶段是一体化处理方法，将动物残体灭活与降解结合起来处理，典型方法是炼制法和碱水解法。进入 21 世纪，采用碱水解法、炼制法的动物残体处理系统逐渐在美国、欧洲等发达国家和地区应用，它将动物残体的灭菌和分解结合在一个处理过程中，能够在实验室现场完成动物残体的无害化处理。

2. 技术原理

（1）炼制法

炼制法分为干化法和湿化法两种，其基本原理都是通过高温高压使病原微生物灭活油脂从脂肪中分离，水分从动物组织中分离。湿化法采用直接接触法，即使动物残体和热载体（蒸汽或水）进行直接接触；干化法则是通过热导法，即使动物残体的表面与热源接触。目前，应用于实验动物设施的动物残体处理系统大多采用湿化法。

在高温高压蒸汽环境下，破碎舱内置破碎机将动物残体切割成小块，破碎完成后保持 $133\sim135℃$、$0.3\sim0.38MPa$ 的环境，让饱和蒸汽不断渗透破碎物，保压 10min、15min、20min、60min 或 120min，达到所需灭菌效果后开启泄压阀进行干燥处理并排出灭菌后的污蒸汽；污蒸汽经冷凝、除臭后排放，最后经卸料阀，排出干燥后的物料。炼制法处理工艺流程如图 4.3-61 所示。

（2）碱水解法

碱化水解本是一种动物组织消化技术，主要利用强碱、高温、高压环境催化动物组织水解，灭活

进料

动物残体吊装进预破碎仓，吊装完毕后关闭阀门，锁闭仓门，进入破碎流程

破碎

破碎完成后，全部固液体排至灭菌罐，喷入蒸汽；罐内升温升压；0.3MPa保压至所需时间，罐内连续搅拌

灭菌干燥

罐内泄压，干燥，排出污蒸汽；污蒸汽经冷凝器，排出污水、废气

出料

关闭进料阀、冷空气阀、泄压阀，经卸料阀排出干燥后的物料

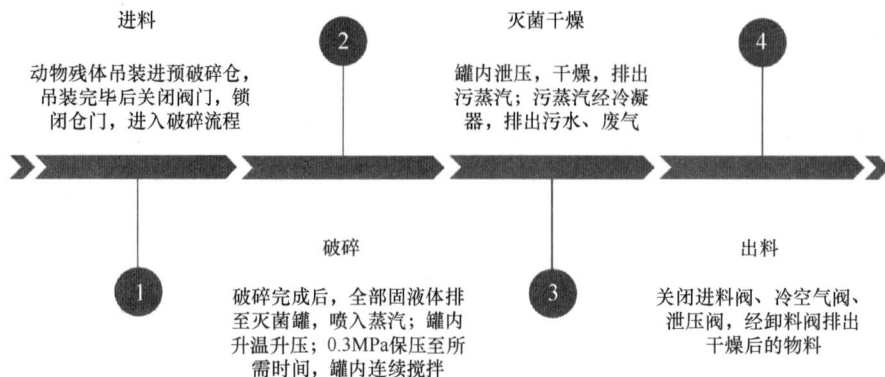

图 4.3-61　炼制法处理工艺流程

病原微生物，从而达到无害化处理的方法。1993 年，美国奥尔巴尼大学兽医系首先将碱水解用于处理染疫动物尸体。1995 年，美国 WR^2 公司制造了第一台碱水解处理设备，并用于人类尸体的处理。经过 20 多年的发展，碱水解法逐渐用于动物残体的无害化处理，并出现了移动式、固定式、车载式等不同类型的基于碱水解法的动物残体处理系统。而在效果评价和应用许可方面，基于碱水解法的动物残体系统已被证实能够灭活美国 STAATT（State and Territorial Association on Alternative Treatment Technologies）标准中所列的所有病原微生物，美国各州也均通过了碱水解法处理染疫动物残体的应用许可。

根据处理温度不同，碱水解动物残体处理系统可分为低温和高温两种类型。低温处理系统工作温度为 95℃，常压运行，处理周期大约 16h，若使用搅拌器，可加速到 10~12h，该类设备的优点是罐体无须承压、设备成本较低、维护简单，缺点则是处理周期长、处理效率低。高温处理系统采用常规的碱水解处理工艺，利用压力容器承装动物残体，工作温度为 120~150℃，高压运行，处理周期为 3~8h。与低温处理系统相比，高温处理系统处理周期大大缩短，处理效率更高，灭菌能力更强，但设备更复杂、更昂贵、更难维护。

根据输出方式不同，碱水解动物残体处理系统可分为干输出式和湿输出式两种类型。动物残体经过碱水解处理后会产生高生化需氧量（BOD）和 pH 的无菌废液，目前处理系统对废液的处理主要有湿输出和干输出两种方式。湿输出式处理系统对废液采取冷却、稀释、中和的方式进行排放，而干输出式处理系统则对废液进行脱水处理，形成固体冷凝物后输出。两种输出方式要求的罐体内部结构和搅拌单元也不尽相同，湿输出式处理系统罐体内部设有网状篮，搅拌单元主要由罐体底部的射流搅拌装置、碱液循环泵和循环管路组成，网状篮用于盛装动物残体，并将处理后的骨骼残渣和废液隔离，便于固体产物的回收。干输出式处理系统罐体内部设有搅拌轴和搅拌桨，在处理过程中对动物残体进行搅拌破碎，骨骼残渣被充分破碎后与废液混合，脱水后共同形成固体冷凝物后进行排放。

典型的高温干输出式碱水解动物残体处理工艺流程如图 4.3-62 所示。

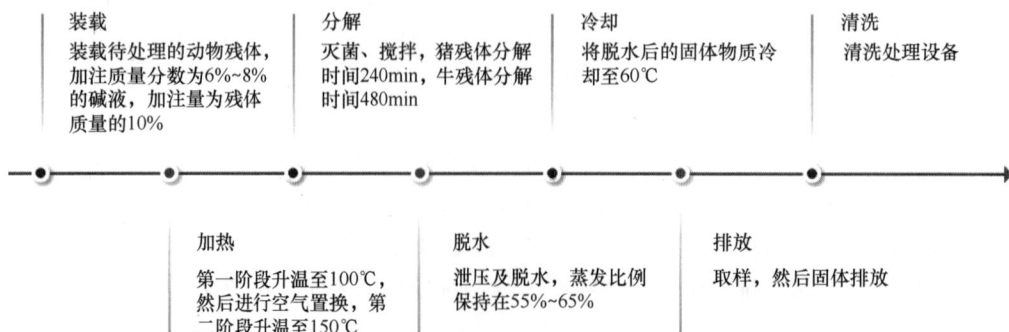

装载

装载待处理的动物残体，加注质量分数为6%~8%的碱液，加注量为残体质量的10%

加热

第一阶段升温至100℃，然后进行空气置换，第二阶段升温至150℃

分解

灭菌、搅拌，猪残体分解时间240min，牛残体分解时间480min

脱水

泄压及脱水，蒸发比例保持在55%~65%

冷却

将脱水后的固体物质冷却至60℃

排放

取样，然后固体排放

清洗

清洗处理设备

图 4.3-62　高温干输出式碱水解动物残体处理工艺流程

（3）焚化

焚化是一种能够将感染性实验动物残体彻底灭活的有效方法，并且焚化设施生产厂家多采用高效过滤等工艺对焚烧过程中排出的气体进行处理，能够安全排放。焚化产物为灰烬状，可与生活垃圾一同处理。但是焚化设施多远离实验区，而感染性动物残体从实验室运出存在安全隐患，并且设施的运行和维护费用较昂贵。图 4.3-63 所示为一种动物残体焚烧炉。

（4）逆聚合法

逆聚合法是一种采用高能量微波在富氮缺氧的密闭舱进行消毒灭菌的动物尸体废弃物处理方法。它能非常迅速且有效地将感染性医疗及生化废弃物分解并

图 4.3-63　动物残体焚烧炉

处理成无毒无菌的碳化残渣，能在操作温度为 150～250℃时，将处理的废弃物消毒并达到灭菌效果，其产物是无菌无毒碳化小球状颗粒。逆聚合法的缺点在于处理量不大，不适于医疗及实验室废弃物的大规模集中处理，并且逆聚合设施购置、运行和维护的费用非常昂贵。

由于焚化法和逆聚合法的诸多缺点和应用限制，动物残体处理工艺一般采用炼制法或碱水解法。炼制法和碱水解法均具有生物安全性高、灭菌能力强、绿色环保等特点，是目前应用较多的实验动物残体无害化处理方式。下文对炼制法和碱水解法的结构组成及产品发展情况进行详细介绍。

3. 结构组成

（1）炼制法动物残体处理系统

炼制法动物残体处理系统主要由投料装置、主体处理单元、搅拌装置、冷凝系统及其他配件等组成。

投料装置：投料口设置在污染区，动物残体可直接由投料口投放到不锈钢压力容器内，内壁采用 316L 不锈钢。投料口装载装置耐高温高压，保证关闭后不发生任何泄漏。

主体处理单元：动物残体处理设备的主体单元为压力容器，采用卧式设计，耐高温高压，且耐强酸强碱、抗腐蚀。压力容器内壁采用 316L 不锈钢，蒸汽夹套为碳钢锅炉板。主体处理单元还包括压力容器夹套、保温层、保护装置及废液排放装置。

搅拌装置：搅拌装置带有多个搅拌浆，可实时搅拌动物残体，粉碎残体并保证颗粒均匀、加热均匀、灭菌均匀。同时，搅拌装置还配有用于混合装卸的高扭矩、低转速驱动器，浆面设置双面机械轴封，自动控制搅拌机动作，保证灭菌无死角，设备运行稳定安全。

冷凝系统：主要包括真空罐、离心泵、管壳式冷凝器、高效空气过滤器、阀门、管件等，可以对高温灭菌后的高温蒸汽进行冷却，也可对压力容器内部进行冷却。

炼制法动物残体处理设备还包括化学处理单元、控制系统及泵阀组合单元和管路系统等配件，其结构示意图如图 4.3-64 所示。

（2）碱水解法动物残体处理系统

碱水解法动物残体处理系统主要由碱解罐、配碱系统、冷凝系统、液压控制系统、机械搅拌系统、蒸干系统（干输出式）及其他配件等组成（图 4.3-65）。

4. 产品技术发展分析

（1）专利申请情况分析

近年来，随着我国实验动物设施建设的快速发展，动物残体处理装置在我国实验动物设施领域的应用均取得明显进展，相关公司的产品研发也取得较大进步。通过检索发现，2007 年至今，国内相关企业及科研院所共申请动物残体处理、动物残体无害化处理相关专利共 301 件，其中实用新型专利 184 件、发明专利 116 件、外观设计专利 1 件。申请趋势方面，自 2013 年开始，每年的申请数量开始

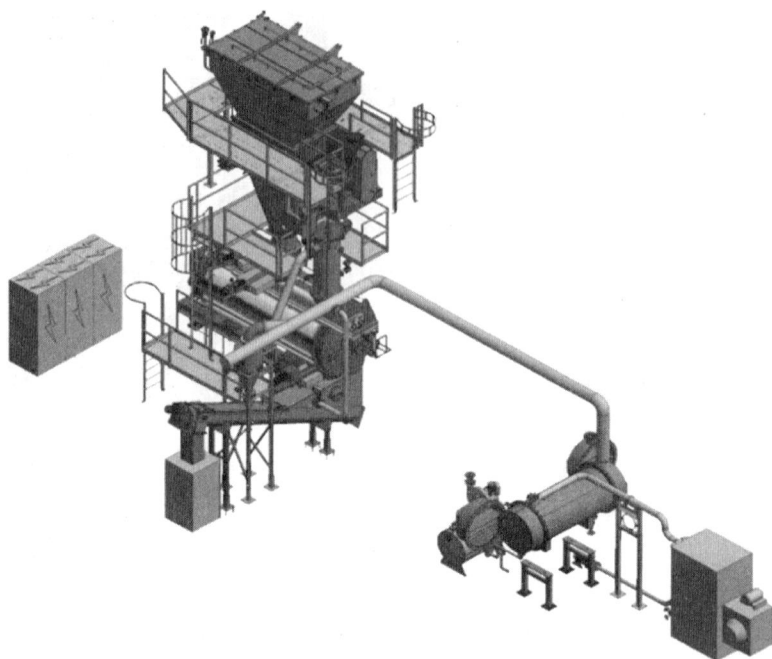

图 4.3-64　炼制法动物残体处理系统结构示意图

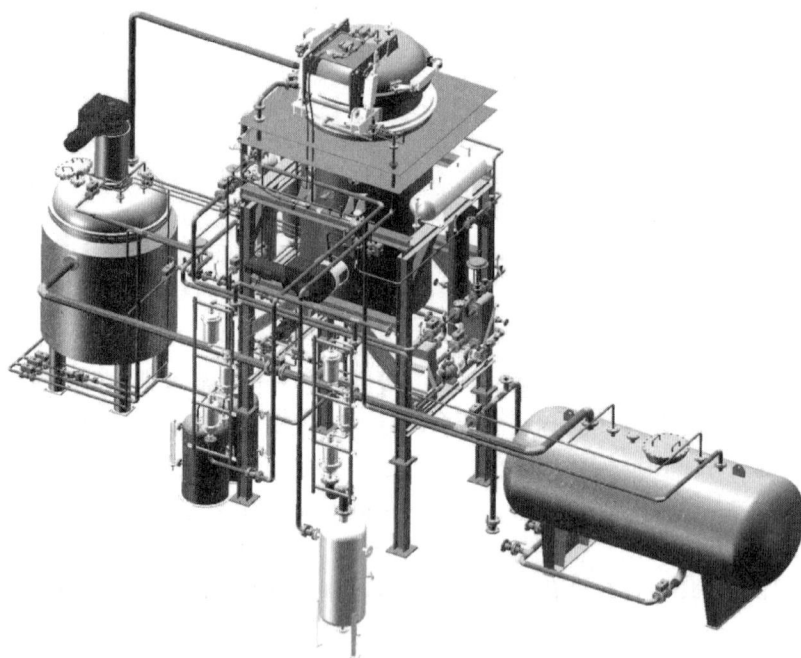

图 4.3-65　碱水解法动物残体处理系统结构示意图

明显增长。专利申请的趋势及申请专利类型统计如图 4.3-66 所示。

（2）产品技术特点

1）炼制法

据了解，国内外均有厂家进行炼制法动物残体处理系统的研发及生产，以国内某公司为例，该公司有 BS 系列、A 系列及 M 系列产品，其中 BS 系列产品主要应用于高等级病原微生物实验室，A 系列产品主要应用于动物的饲养、屠宰、加工及流通环节以及生物制药、药物安评企业，M 系列产品主要应用于医疗集中处置中心、医疗卫生机构的感染性医疗废物、损伤性医疗废物以及高温蒸汽法可

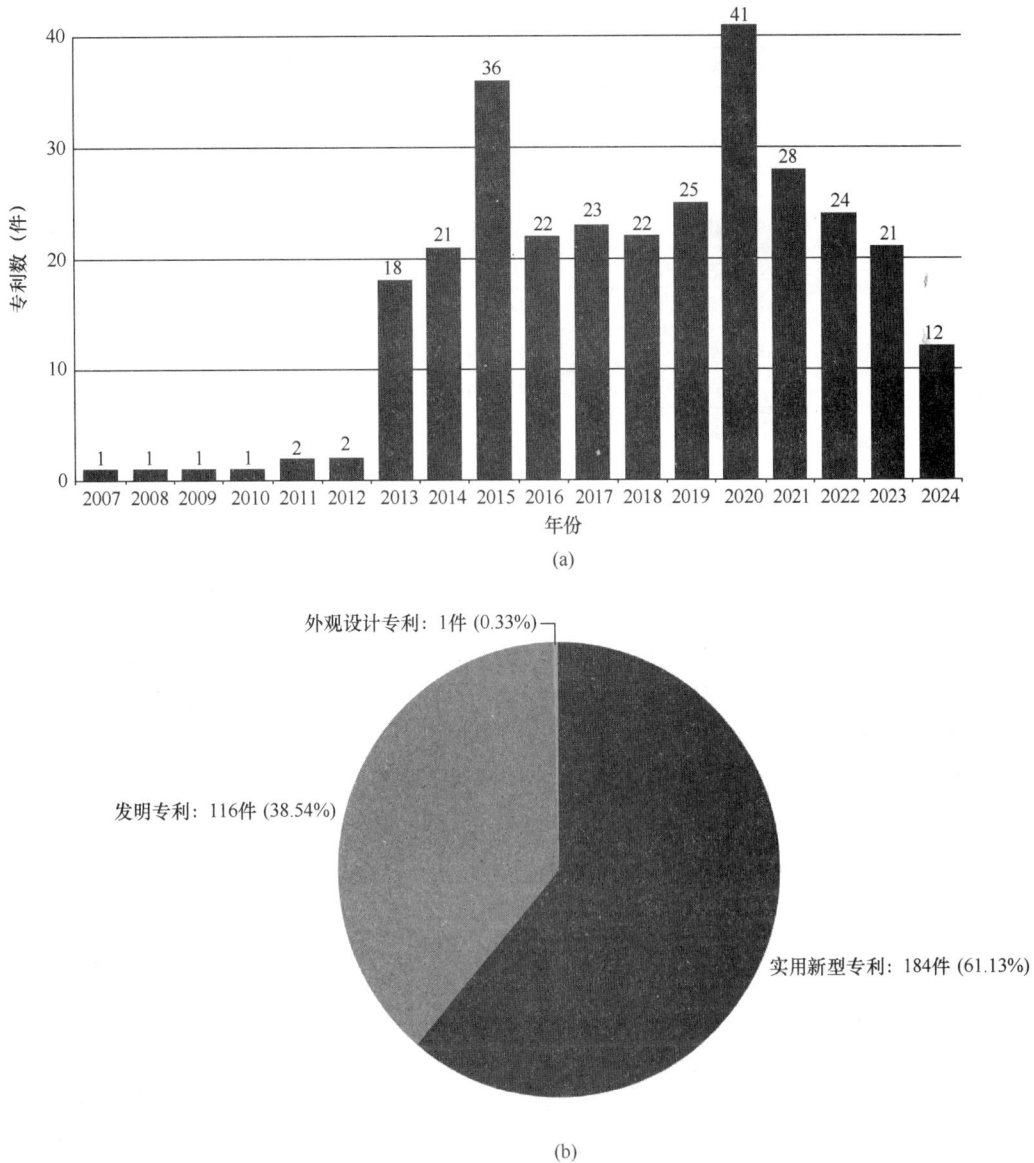

(a)

(b)

图 4.3-66 动物残体处理相关专利申请趋势及申请类型图

(a) 专利申请趋势；(b) 专利申请类型

处理的病理性医疗废物的处理。产品处理能力范围为 100～2500 L，产品的基本技术参数如表 4.3-2 所示，产品外形如图 4.3-67 所示。

国内某公司炼制法动物残体处理产品基本技术参数表　　　表 4.3-2

型号	BS/A/M100	A300	A1000	A2000
通用参数				
投料方式	顶部投进料	顶部投进料	顶部投进料	顶部投进料
出料方式	侧面出料	侧面出料	底部出料	底部出料
外形尺寸（mm）(L×W×H)	2000×1500×2160	3570×2750×3410	4900×4600×6400	4900×4600×6400
运输质量	650kg	2200kg	2800kg	5200kg
罐体积	100L	350L	1100L	2500L
电力	380V/5kW	380V/14kW	380V/20kW	380V/35kW
平均周期时间	50min	60min	150min	180min

型号	BS/A/M100	A300	A1000	A2000
通用参数				
蒸汽压力	0.7~0.8MPa	0.7~0.8MPa	0.7~0.8MPa	0.7~0.8MPa
最大蒸汽流量	35kg/h	170kg/h	370kg/h	500kg/h
压缩空气	0.6MPa	0.6MPa	0.6MPa	0.6MPa
微生物失活	杀灭对数值为8	杀灭对数值为8	杀灭对数值为8	杀灭对数值为8
废弃物体积减少比例	50%	50%	50%	50%
废弃物质量减少比例	40%~80%	40%~80%	40%~80%	40%~80%
每循环参数				
蒸汽量	6kg	15kg	20kg	40kg
电力消耗	0.55kWh	1.7kWh	4kWh	9kWh
蒸汽消耗水量	5L	25L	35L	50L
处理重量	10~50kg	30~150kg	100~500kg	100~1000kg

该公司产品的技术特点如下：

① 设备工作压力－0.1~0.4MPa；工作温度在110~150℃范围内可调节；设备气密性可满足要求：灭菌罐在35kPa的压力下使内腔保持气密，5min压差衰减小于25%；经处理后的最终物料与处理前的原料比例小于或等于40%，且最终固体废弃物颗粒小于或等于3cm（平均值）。

② 处理后排出的灭菌干物质（最终物料）含水率小于或等于40%。

③ 灭菌效果：对芽孢的杀灭对数值达到6；系统运行完成后，需要保证有效的灭菌，且灭菌效果能够被验证。

④ 系统能够满足直接处理从－20℃至室温的动物残体的工况。

⑤ 可提供全自动模式或手动模式。

⑥ 所有的工艺参数都可以通过操作人员设定。操作人员启动程序，系统将自动执行处理程序，直至处理完成。

⑦ 动物残体处理罐内置破碎及搅拌功能，可自动破碎动物残体。配置检测盲端，可验证高温高压灭菌处理功能，即物料核心达到高温高压处理。

⑧ 灭菌罐体由相应符合国家/国际规范的压力容器钢制造，符合《压力容器》GB/T 150的要求。

⑨ 设备采用饱和蒸汽作为直接热源，使罐体内物料核心温度在10~30min内大于或等于138℃。

⑩ 设备保温保压时间可在10~180min范围内进行调节。

⑪ 灭菌罐卸料阀为自动阀门，并配置清洗功能。同时具备手动模式，泄压情况下可以手动操作卸料。

⑫ 动物残体处理罐配备泄漏测试功能（即完整性测试），泄漏测试可在升温之前自动进行，并在测试合格后才允许开始升温、灭菌。

⑬ 当电源发生故障时，系统以安全的方式停止，并等待操作人员手动输入，以等待系统恢复。

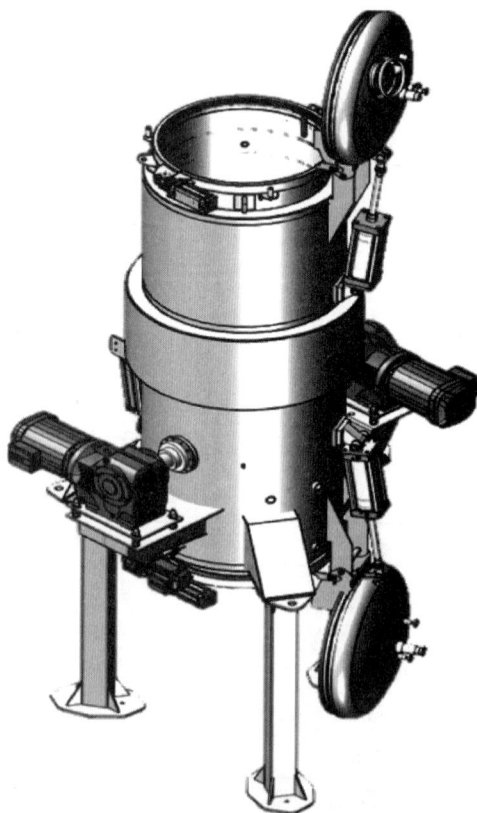

图 4.3-67　国内某公司炼制法动物残体处理设备外形图

⑭ 设备运行中所有关键工艺参数不因断电而丢失，自动控制系统遵循 Profi-net、Ethernet Internet Protocol、Profibus Display port、Modbus 或其他工业通信协议。

⑮ 工艺参数设定通过用户权限（密码）管理保护。控制系统具有操作员和维护员二级密码管理。操作员权限：对设备进行日常操作，如设备启停、调用相关配方用于生产、报警信息处理等，但不能修改关键工艺参数（如搅拌转速、温度、压力、时间等）。维护员权限：除操作员权限外，可修改关键工艺参数、运行手动模式等。

⑯ 日志、历史数据和警报信息设有保护措施，以防止被更改或删除。存储时间内的所有记录不能被删除。数据备份/恢复系统支持自动备份/恢复，项目执行过程中应该制定系统备份和数据恢复的策略、方法和操作手册。

⑰ 结构焊缝和所有未被夹套或绝热覆盖的焊缝均无裂纹和无缝隙。

⑱ 系统每一个最低点设置一个最低液位放尽点。在具体配管设计中，最低位放尽点的数量应尽量减少。

⑲ 管路的连接采用氩弧焊接，与设备对接处采用卡箍连接。

⑳ 设备保温材料采用绝缘材料并且不影响环境，保温材料具有阻燃性能。

2）碱水解法

国内外均有厂家进行碱水解法动物残体处理系统的研发及生产，以国内某公司为例，该公司产品采用高温干法进行动物残体处理，产品处理能力范围为 15～2000kg，产品技术参数如表 4.3-3 所示。

国内某公司碱水解法动物残体处理产品技术参数　　　　　　表 4.3-3

分类	参数名称	参数
处理能力	最大处理能力	15kg/批、30kg/批、100kg/批、300kg/批、600kg/批、1000kg/批、2000kg/批
	水解温度	98℃/150℃
	水解压力	常压/高压
	处理周期	湿法 6～8h
		干法 12～14h
	处理方式	碱水解
	灭菌能力	对嗜热芽孢杆菌杀灭对数值大于 6
主处理罐	结构形式	撬装（小型）/楼层（大型）
	罐体设计压力	常压/高压
	工作温度	98℃/150℃
	加热方式	电加热导热油加热/蒸汽加热
	冷却方式	冷水冷却
	材质	S31603
	开关门方式	自动活节螺栓/液压驱动
	篮筐进出方式	篮筐吊装装置（小型）
内循环装置	循环装置	螺带搅拌（小型）/机械搅拌（大型）
	材质	316L 不锈钢
气体净化	颗粒物过滤	单级高效空气过滤器过滤
过滤	单级过滤效率	>99.99%，0.2μm
	过滤器壳体材质	316L 不锈钢
	过滤器伴随加热	120℃伴随加热
	过滤器原位检漏	效率法原位检漏
控制系统	主体功能	基于西门子 PLC 的工艺流程控制系统，可实现处理流程自动操作、处理过程在线监测、历史数据保存等
	远程监控	通过互联网与控制系统连接，可进行远程监控、故障分析、数据共享等操作

除了固定式处理设备，该公司还研发有移动式碱水解法动物残体处理设备（图 4.3-68），将全部设备集成在集装箱体里，可以由普通货车装载运输，可随时随地对病害动物残体进行处理，杜绝病害动物残体二次转运中产生的风险，还可在疫情发生地区对大量病害动物残体处理进行支援。

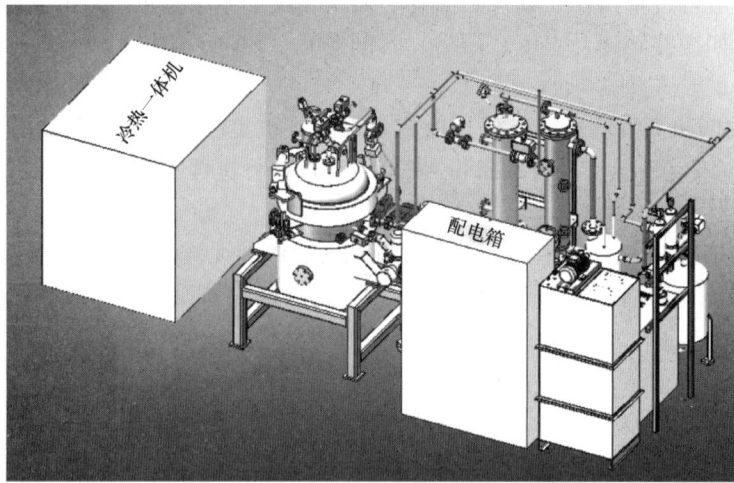

图 4.3-68　国内某公司的移动式碱水解法动物残体处理设备

5. 安装技术要求

（1）电源：三相交流电源 380V±10％/50Hz±1Hz；单相交流电源 220V±10％/50Hz±1Hz。

（2）工业蒸汽：压力 0.6~0.8MPa。

（3）压缩空气：压力 0.7~0.8MPa。

（4）冷媒（冷却水）：压力 0.2~0.6MPa。

（5）运输环境：−40~50℃，相对湿度≤90％。

（6）工作环境：温度 0~50℃，相对湿度≤90％。

（7）安装房间应具有足够的空间进行设备安装。

（8）安装方式：包括垂直和水平安装，根据实验室工艺处理的实际需求选择穿楼板或穿墙体安装，以有效分隔进料口与出料口、污染区与洁净区。

（9）安装位置：根据实验动物设施的布局及实验工艺流程，选择在动物尸体解剖间或单独设置的尸体处理间进行安装。

6. 存在的问题及发展趋势

（1）存在的问题

动物残体处理系统运行能耗大、成本高。动物残体处理需要在耐温、耐压容器中进行，运行过程中需要长时间进行高压处理，消耗大量的能源，设备运行能耗较高。另外，设备的安装、运行、维修和保养等都需要专业人员进行操作，设备维护和保养成本相对较高。炼制法进行动物残体处理的成本为 300~3800 元/t，碱水解法进行动物残体处理的成本为 240~2200 元/t。

我国在动物残体处理领域的发展初期，主要依赖于从国外进口设备。近年来，随着国内部分企业的技术进步，已成功研发并生产出国产化处理设备。然而，目前市场上国外产品仍占有较大比例，这不仅导致采购成本较高，还存在售后服务及维护响应不及时等潜在问题。

（2）发展趋势

对动物残体处理技术的关键工艺参数进行研究，优化技术工艺，降低设备的运行能耗。另外，目前我国环保部门仍将高温碱水解和炼制产生的固体废弃物认定为危险废弃物，需要进行二次处理，后续可加强对产物的增值利用研究，以降低动物残体处理的成本。

随着国内厂商研发力度的加强，国产设备的技术成熟度将逐步提升，系列化装备将更加完善，而且由于国产设备在价格、地域和服务方面的优势，动物残体处理设备的国产化率将进一步提高，可为我国实验动物行业健康发展提供有力支撑。

近年来，人工智能、物联网等新一代信息技术快速发展，将新一代信息技术与动物残体处理设备融合应用，促进动物残体处理的智能化、无人化发展，可大大提升设备的安全性及处理效率，并可助力实验动物设施智慧化发展。

4.4　建　筑　设　备

实验动物设施设计施工的重点是营造满足实验室使用需求的环境，包括：温度、湿度、洁净度、污染物浓度等。另外，随着我国对低碳节能要求的提高，实验动物设施各系统的节能效果也备受重视。因此，保证这些参数的各种建筑设备也越来越重要，结合实验动物设施的特殊性，本节总结了其特有的一些设备。

4.4.1　四（六）管制热泵机组

对温湿度有严格要求的实验动物设施，空气处理过程存在冷却除湿和再热需求，即在空气处理过程中存在冷却和加热的过程，存在冷和热的需求，必须要有冷源和热源。实验动物设施空调系统对温湿度和洁净度有着严格的要求，是典型的全年需要冷源和热源的系统。传统方式需采用两套独立的冷热源，设备数量多，初投资大，占用机房面积也大；系统、管路、自控复杂，操作困难，维护量大；冷热源两部分独立耗能，运行费用高。

采用四管制多功能热泵机组，能够在蒸发器获得冷水的同时还能从冷凝器获得冷凝热，冷、热量不平衡部分通过平衡换热器排放，从而实现持续的同时制冷和制热。只输入一份能源便同时获取冷量和热量，从而大大降低能耗，减少排放。

考虑到实验动物设施需要大量的低温热水和高温热水，六管制多功能热泵机组除应满足全年设计工况冷、热负荷使用要求外，还含有热水模块，能提供 $60 \sim 80 \text{℃}$ 的热水。这样可代替热水锅炉（或电加热），一机多用，同时满足洁净空调箱冷却除湿、再加热的要求，满足实验动物设施恒温恒湿以及高、低温热水的要求，达到节能的目的。

四管制多功能热泵机组及其安装现场图如图 4.4-1 和图 4.4-2 所示。

1. 工作原理

四管制多功能热泵机组的工作原理是冷热量的回收和综合利用（图 4.4-3），一年四季可实现五种运行模式：单制冷、单制热、制冷＋制热（设备自动平衡冷热量）、制冷热回收（制冷优先，制冷量大于制热量）、制热冷回收（制热优先，制热量大于制冷量）。没有冬、夏季模式的转换，即没有使用四方换向阀进行冬、夏季模式的转换，机组的可靠性得到了很大提高。

图 4.4-1　四管制多功能热泵机组　　　　图 4.4-2　四管制多功能热泵机组安装现场图

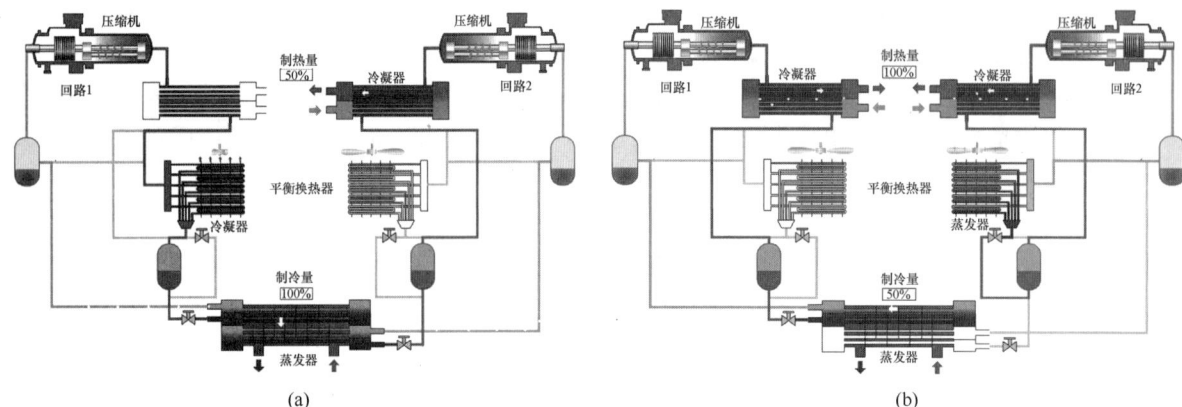

1组蒸发器（冷水）
1组冷凝器（热水）
1组平衡换热器（根据需要具为蒸发器和冷凝器）

图 4.4-3　四管制多功能热泵机组工作原理
(a) 需冷量多、需热量少；(b) 需冷量少、需热量多

在四管制多功能热泵机组设计中，壳管式蒸发器生产冷水，作为系统的冷源；壳管式冷凝器生产热水，作为系统的热源；翅片式换热器既可作蒸发器也可作冷凝器，并根据系统需要可实现蒸发器功能和冷凝器功能的切换，进行冷热量平衡调节。

四管制多功能热泵机组，一台机组，五种模式无缝连接，与末端冷热需求即时吻合；节约空间和成本，机组自动控制，可无人值守，操作简单；充分实现冷热量的回收和综合利用，节约运行费用。

六管制多功能热泵机组的工作原理是在四管制多功能热泵机组的基础上添加一个高温水—水热泵模块，集冷热源于一体，一台机组 6 个接管，2 个为冷水进出口，2 个为低温热水进出口，两个为高温热水（60～80℃）进出口，3 个完全独立的水系统，冷、热量自动平衡（图 4.4-4）。

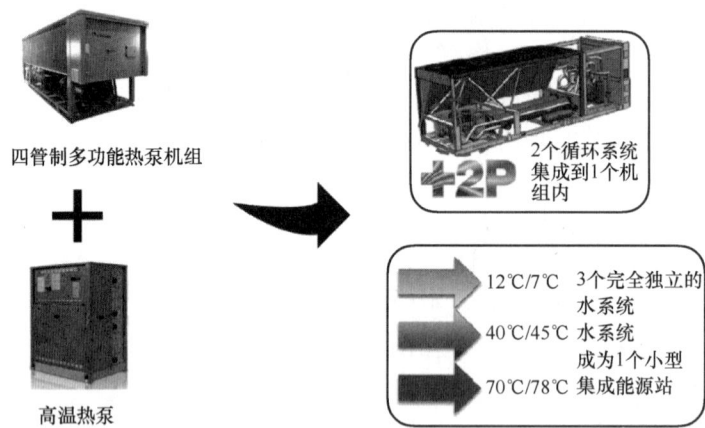

图 4.4-4　六管制多功能热泵机组工作原理

2. 结构组成

四管制多功能热泵机组结构示意图如图 4.4-5 所示。

（1）结构框架：底板及机组的整体框架均由外表面已做聚酯喷涂处理的镀锌钢板制成，底板平整度高，整体不易生锈。

（2）面板：仪表盘、电器控制箱及夹层型面板由优质不锈钢压制，外表面同样已做喷涂处理，使整个机组耐候性好。夹层型面板能够保护全部机器部件，内挡板由不锈钢薄板压制并敷有聚氨酯隔声材料。压缩机置于易拆卸的标准箱体内，以达到降噪的目的。同时，为了操作人员的安全，主机一旦

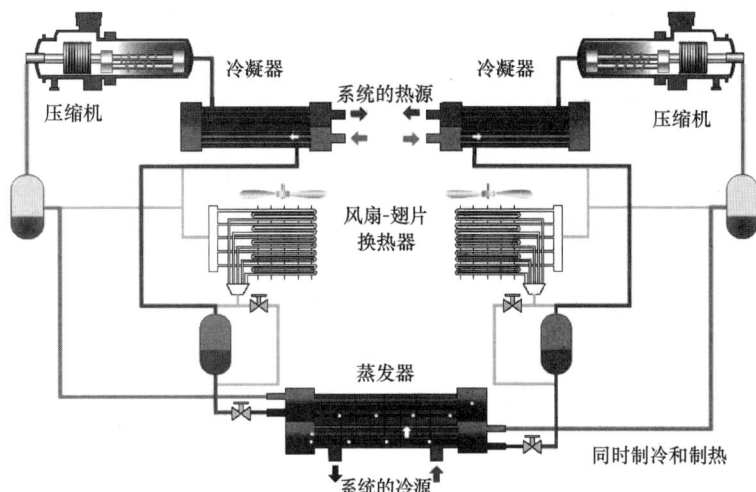

图 4.4-5　四管制多功能热泵机组结构示意图

接通电源，操作人员将无法打开电器部件的隔离板。

（3）压缩机：采用全封闭涡旋压缩机或半封闭螺杆压缩机。

（4）蒸发器：采用板式换热器或壳管式换热器。

（5）冷凝器：采用板式换热器或壳管式换热器。

（6）制冷单元：设为 1～4 个独立的制冷回路单元，每一单元均装有螺杆式压缩机、截止阀、液路电磁阀、可更换滤芯的干燥过滤器、视液镜等。

（7）噪声：所有压缩机外均配有封闭的吸声罩，内附特殊的吸声材料。压缩机以及整个机组安装减振垫，金属扇叶采用三维流线设计，运转平稳，噪声低，风量大。

4.4.2　组合式空调机组

1. 结构组成

（1）功能段布置及总体要求

实验动物设施组合式空调机组需满足洁净、恒温恒湿、运行稳定可靠的要求，一般要求为全新风全年不间断运行，机组内壁及部件应可耐消毒及耐高、低温等。

实验动物设施组合式空调机组一般包括新风过滤段、预热预冷段、制冷除湿段、加热段、加湿段、风机段、再热段、中效送风段等。为了满足全年不间断运行，风机段应采用一用一备形式。

（2）箱体结构

组合式空调机组的面板一般采用双层面板构造（图 4.4-6），内部填充聚氨酯发泡剂或其他隔热

图 4.4-6　组合式空调机组面板结构

保温材料，进一步增强其保温性能。机组的框架通常采用坚固且稳定的金属材料，如铝合金、型钢等。在实验动物设施组合式空调机组中，箱体结构应满足洁净、易清洁、内壁平整、防止二次污染等要求，排风侧应具有较强的耐腐蚀性，宜采用不锈钢材质内板。

组合式空调机组的面板保温，常规使用的保温材料有岩棉类[导热系数为 $0.03\sim0.045\text{W}/(\text{m}\cdot\text{K})$]、PU 聚氨酯发泡[导热系数为 $0.03\sim0.045\text{W}/(\text{m}\cdot\text{K})$]、橡塑类[导热系数为 $0.03\sim0.045\text{W}/(\text{m}\cdot\text{K})$]等，内外双层钢板通过隔热型材连接。从保温材料的阻热性能来讲，聚氨酯的阻热性能较好，但一般的聚氨酯防火等级为 B2，阻燃性能和自熄性能较差。从建筑设备的安全性能来讲，应优先考虑使用 A 级不燃的岩棉类保温。另外，岩棉本身也是一种消声材料，具有较好的隔声降噪性能。表 4.4-1 为 50mm 的岩棉与聚氨酯发泡的隔声测试数据对比。

50mm 的岩棉与聚氨酯发泡的隔声测试数据对比   表 4.4-1

频率	125Hz	250Hz	500Hz	1000Hz	2000Hz	4000Hz	8000Hz
50mm 岩棉隔声	17dB	21dB	28dB	29dB	34dB	42dB	50dB
50mm 聚氨酯隔声	10dB	8dB	13dB	12dB	15dB	34dB	38dB

实验动物设施对室内的温湿度要求很高，组合式空调机组的除湿温度相对较低，且系统送风压力高，故其框架设计应同时满足结构防冷（热）性能、机械强度以及洁净等要求。目前，框架材料主要为铝合金与型钢。从洁净性考虑，其内壁结构应尽量保持平整，便于清洗且无积尘积灰，避免细菌的二次滋生。内壁板材应优先采用有抑菌粉末涂层的镀锌钢板或不锈钢材质。设备的防冷桥性能应满足《组合式空调机组》GB/T 14294—2008 规定的 RQ1 等级，机械性能应满足相关国家标准的规定。考虑设备的运维便利性，设备面板应可拆卸，便于所有部件的维护保养，确保机组运行的可靠性。

（3）风机及电机

因实验动物设施为全年不间断运行系统，故对组合式空调机组的风机段设计要求较为特殊。为了确保运行的可靠性，风机段一般采用一用一备的设计方案。风机段前后设置密闭风阀，每个风机段可单独运行及维护。

目前在空气处理设备中使用的风机主要有双进风离心风机（图 4.4-7）、无蜗壳离心风机（图 4.4-8）两种形式。双进风离心风机由皮带轮驱动，由于皮带在应力作用下可能会伸长变形，俗称"打滑"，导致风机风量降低。为了维持稳定的风量，风机转速必须提高，从而增加了运行能耗。此外，皮带传动过程中可能会产生磨损，产生的尘粒不仅可能造成二次污染，还增加了中效及高效空气过滤器的负荷，从而增加了系统的阻力，缩短了空气过滤器的使用寿命。无蜗壳离心风机采用直联的连接方式，取消了风机与电机之间的皮带传动机构，从而消除了中间机构的效率损失。同时，无蜗壳离心风机避免了皮带传动过程中可能产生的磨损和二次污染，符合洁净系统的要求。

图 4.4-7 双进风离心风机   图 4.4-8 无蜗壳离心风机

风机效率方面，双进风离心风机的效率曲线为驼峰形，如果单纯以某个工况点评价风机能效，双进风离心风机效率略高于无蜗壳离心风机。在实际应用中，实验动物设施空气处理设备的风量需求变化较大，甚至有值班工况，需要对风机进行变频调速，在变工况的使用条件下，双进风离心风机的效率很容易偏离其驼峰区域，从而使得风机效率大幅度降低。而无蜗壳离心风机具有较为平稳的效率曲线，风量变化引起的效率变化较小。另外，从系统运行方面，若用变频器调整风机转速实现风量的调节，变频器自身的能耗较大，占其额定功率的 $5\%\sim15\%$。

随着直流电机技术的不断进步，直流风机在能效、可靠性、智能化等方面取得了显著进展，直流风机的效率得到了广泛认可（图 4.4-9）。在实际工程应用中，直流风机除了电机的效率提升外，在变频调速方面也更加便利与高效。直流风机一般自带控制模块，可直接对空气处理设备进行风量调节，无须通过变频器，大大降低了变风量系统的运行能耗。目前，直流风机的最大功率在 7kW 左右，大风量的空气处理设备须采用风机墙的形式，多台直流风机并联运行。

图 4.4-9　直流风机

（4）高效低阻空气过滤器

目前空气处理设备中常用的空气过滤设备主要有高压静电空气过滤器和纤维类阻隔式空气过滤器两种。实验动物设施一般为洁净用房，且对空气品质及安全要求较高，不宜采用静电空气过滤器。

纤维类阻隔式空气过滤器主要基于微细纤维对小颗粒物的拦截、筛除、惯性碰撞、扩散碰撞、静电吸附等过滤机理。当小颗粒物沿着气流流线（或惯性、或无规则布朗运动、或某种场力作用）运动到纤维表面时，当从流线（也是微粒的中心线）到纤维表面的距离等于或小于微粒半径时，小颗粒物就在纤维表面被拦截。

传统纤维类物理拦截式空气过滤器的过滤性能稳定可靠，投资和更换成本较低，但其初阻力较大，长期使用的能耗是一个挑战。静电空气过滤器的初阻力较低，具有较低的运行能耗，但其初投资高，且由于其利用高压静电吸附机理，收集段集尘后必然引起过滤效率下降，带来较为繁杂的清洗维护流程。此外，高压静电带来的臭氧污染和燃烧风险也限制了它的使用。

基于以上原因，近年来行业内也涌现了一些使用超细纤维或者特殊结构复合纤维材料的新型物理拦截式空气过滤器，改善了传统空气过滤器阻力大和能耗高的缺点。

（5）换热盘管

组合式空调机组的换热盘管首先应考虑高效除湿、洁净、冷凝水的排放、耐受消毒、耐腐蚀等。

换热盘管的换热效率主要分为风侧和水侧，风侧的换热效率与洁净要求是相互冲突的，为增加风侧的传热面积与空气扰度，需要对盘管翅片进行开窗、压槽等处理，容易造成翅片的积尘积灰且难以清洗，故一般在风侧首先确保机组的洁净。水侧对系统运行的洁净要求基本无影响，近年来随着铜管加工工艺的提升，铜管内壁已实现了内螺纹的设计（图 4.4-10），增加了铜管的内表面积，这提供了更多的热交换面积，使得热量能更有效地从流体传递到铜管或从铜管传递到流体，从而提高热交换率。同时，内螺纹管使得流体在管内流动时形成湍流，有助于破坏热边界层，增强对流换热，从而提高热交换效率。

换热盘管的风侧阻力会直接影响空气处理设备的风机能耗。盘管的风侧阻力在一定的截面尺寸下，最主要的影响因素就是实际的通风面积，即铜管与翅片的阻挡尺寸。如果采用椭圆形的铜管，可有效提升实际通风面积，大幅度降低风侧阻力。若同时采用扁管，可增加管内冷水的紊流度，提高冷水侧的表面换热系数，进一步提高盘管的换热效率。

换热盘管的材质应充分考虑耐消毒、防腐等因素，宜采用不锈钢框架、铜联箱，湿工况段内壁采用不锈钢材质。水盘宜采用下沉式结构，确保冷凝水的快速排放，防止二次污染。

（6）加湿器

实验动物设施的加湿要求高，不仅要求加湿量大、响应速度快，且要满足洁净需求，因此干蒸汽加湿器是组合式空调机组主要采用的形式（图4.4-11）。干蒸汽加湿器在对空气进行加湿时，将经过减压、过滤及汽水分离后的饱和蒸汽由加湿喷杆送到空气处理机组内，实现对空气的加湿。干蒸汽加湿器根据结构形式可分为单喷杆式、多喷杆式、板式等。加湿效率高，调节灵活、快速。

图4.4-10　内螺纹结构的铜管

图4.4-11　干蒸汽加湿器

加湿器喷杆应采用不锈钢SUS 304材料制成，由于不锈钢本身的导热性极强，蒸汽在喷杆内部输送时喷杆外表面温度极高，此时空气经过喷杆时会吸收蒸汽在喷杆表面释放的热量，从而会使空气的温度升高，蒸汽在管内形成冷凝水，降低加湿效率。因此，在干蒸汽加湿器设计应用中需要重点解决喷管的防冷凝问题及冷凝水排放问题。

另外，直接蒸发类的蒸汽加湿器（如电热加湿器、电极加湿器等），在无蒸汽源或蒸汽发生设备的情况下可局部采用，但能耗相对较高。

2. 选型设计

组合式空调机组的设计选型指标主要分为两大类，一类是机组作为应用方面的技术指标，主要包括机组的风量、送风压力、制冷制热能力、加湿除湿能力、噪声、振动、气流均匀度等。另一类是机组箱体的技术指标，主要包括箱体的机械性能、隔热性能、泄漏率等。

应用方面的技术指标一般是根据系统设计或实际应用来决定的，按相关标准要求，风量不低于设计值或额定值的95％、风压不低于设计值或额定值的90％，冷热量不低于设计值或额定值的95％。这些指标的具体要求与后期项目实施的情况相关。评价机组性能应以满足房间对气流组织、温湿度要求等实际技术指标为主，避免对一些过程技术参数的过多关注，造成材料与能源的浪费。

对于机组箱体的技术指标，目前行业主要参考欧洲标准（EN 1886）。机械性能主要包括最大相对形变及最大承压：最大承压为±2500Pa，最大相对形变指标如表4.4-2所示。

组合式空调机组的最大相对形变指标　　　　　　　　　　　　　　　　　　　　表4.4-2

测试压力（Pa）	等级	相对形变（mm/m）
1000	D1	≤4
1000	D2	≤10
1000	D3	>10

在机械强度测试方面，美国 AHRI 标准规定测试压力随机组等级的变化而不同。而《组合式空调机组》GB/T 14294—2008 则明确要求在 1000Pa 的试验压力下，机组框架结构变形量应不大于 4mm/m。由此可见，我国标准的要求更高。

组合式空调机组的泄漏量包括箱体的泄漏量与空气过滤器旁通泄漏量，测试分正负压两种工况，具体性能指标分级如表 4.4-3 所示。

组合式空调机组泄漏等级及指标　　　　　　　　表 4.4-3

测试压力（Pa）	等级	最大泄漏量		适用配置的最高等级	
		我国标准 [m³/(h·m²)]	欧洲标准 [L/(s·m²)]	我国标准	欧洲标准
−400	L1	0.5	0.15	YG、G、CG	F9
−400	L2	1.5	0.44	Z2-Z3、GZ	F8-F9
−400	L3	4.5	1.32	C1-Z1	G1-F7
+700	L1	0.8	0.22	—	—
+700	L2	2.3	0.63	—	—
+700	L3	6.8	1.9	—	—

我国标准与欧洲标准的评价方法一致，指标单位上略有不同。从数值上看，我国标准的要求更高。美国 AHRI 标准对泄漏率的测试压力要求为 250Pa。需注意的是，一般情况下箱体的泄漏率测试应该在箱体的机械性能测试完成后进行。

箱体的热桥因子与传热系数是评价箱体隔热性能的技术指标，二者的测试工况一致。热桥因子是指组合空调机组（或每个测试箱体的分区）内空气平均温度与箱体外表温度的最小温差与内外空气平均温差的比值。传热系数是指组合式空调机组额定工况时的输入功率除以表面积和温差。我国标准关于热桥因子与传热系数的具体性能指标见表 4.4-4。

热桥因子与传热系数的等级及指标　　　　　　　表 4.4-4

热桥因子 k_b		传热系数 U（W/K/m²）	
等级	k_b	等级	U
RQ1	$0.77 \leqslant k_b < 1$	CR1	$U \leqslant 0.5$
RQ2	$0.62 \leqslant k_b < 0.77$	CR2	$0.5 < U \leqslant 1.0$
RQ3	$0.47 \leqslant k_b < 0.62$	CR3	$1.0 < U \leqslant 1.2$
RQ4	$0.32 \leqslant k_b < 0.45$	CR4	$1.5 < U \leqslant 2.0$

3. 创新发展探讨

近年来，纳米隔热材料的研究取得了显著进展。一方面，通过优化制备工艺和材料配方，不断提高纳米隔热材料的性能；另一方面，新型纳米隔热材料（如石墨烯基纳米隔热材料、纳米多孔隔热材料等）不断涌现，为纳米隔热材料的应用提供了更多可能性。纳米隔热材料的隔热原理主要包括热传导阻隔、热辐射阻隔和热对流阻隔。纳米粒子在材料中形成密集的网状结构，有效阻碍热传导。同时，纳米粒子对热辐射具有较强的散射和吸收能力，降低热辐射传递。此外，纳米隔热材料还具有良好的密封性能，减少对流热损失。目前纳米材料在空气处理设备上的应用极少，但如能应用在组合式空调机组的结构设计中，可有效提升设备的隔热性能、密封性能以及机械性能等，在机械结构的设计不能突破的情况下，新材料的应用更具有意义。

在风机性能方面，随着材料科学的发展，高性能复合材料正逐渐在直流风机制造中占据越来越重要的位置。这些复合材料，诸如碳纤维和玻璃纤维等，具备轻质、高强度及卓越的耐腐蚀特性，成为提升风机性能和延长使用寿命的关键因素。轻质特性有助于减轻风机整体质量，降低能耗，提高能源利用率；耐腐蚀性能则提升了风机在恶劣环境下的可靠性，特别是实验动物设施中生成的强腐蚀性气体，减少因环境因素导致的故障和维修成本。因此，在实验动物设施的通风系统特别是排风系统中，直流风机及高分子叶轮会得到更多应用与发展。

换热盘管的技术发展主要在提高换热系数与降低阻力方面。除了上文提及的金属基材的结构拓展外，高分子导热材料在翅片表面的应用也是值得深入研究和探讨的方向。

对于加湿器，超声波加湿器具有加湿效率高、雾化均匀、能耗低、维护方便、可智能化等特点，可在实验动物设施中更多地设计与应用。

系统的能效提升，不仅是设备能效的提升，更应结合系统运行与用户对室内环境的需求，实现系统运行的灵活性与节能性。随着人工智能的不断发展，不仅可以实现对系统运行的实时监测与调控，提升系统运行的高效性能。未来甚至可通过捕捉用户对设备的使用情况、不同工作人员对室内环境的需求、室外气候变化等因素，自动调节系统的运行。故系统及其相关设备与人工智能的结合，应作为空调系统发展的一个重要方向。

4.4.3 溶液调湿空调设备

1. 溶液调湿技术原理

溶液调湿技术是以具有调湿功能的盐溶液（氯化钙、氯化锂、溴化锂等）为工作介质，利用溶液的吸湿与放湿特性对空气湿度进行控制，如图 4.4-12 所示。盐溶液与空气中的水蒸气分压力差是二者进行水分传递的驱动势。当溶液的表面蒸汽压低于空气的水蒸气分压力时，溶液吸收空气中的水分，空气被除湿；反之，溶液中的水分进入空气中，溶液被浓缩再生，空气被加湿。

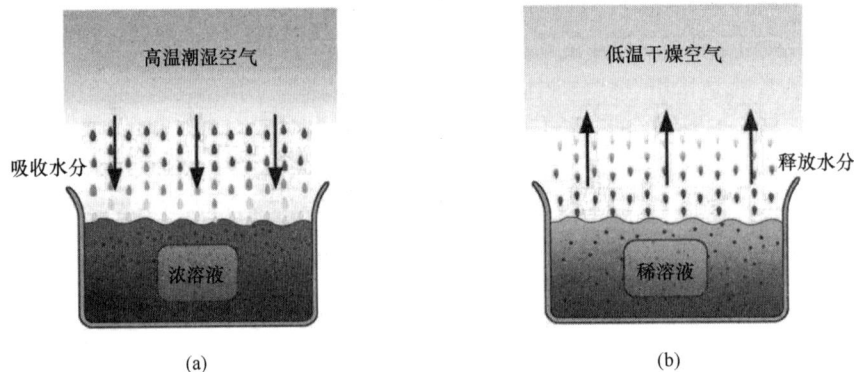

图 4.4-12 溶液调湿技术原理
（a）溶液对空气除湿；（b）溶液对空气加湿

目前实验动物设施空调系统普遍采用冷凝除湿、露点送风的方式控制室内湿度。这种方式除湿后空气温度较低，须再热后才能满足送风温度要求。而溶液调湿处理后的空气相对湿度为 50%～70%，无须再热即可满足送风温湿度要求，避免了传统空调系统"过冷—再热"过程带来的能源浪费，如图 4.4-13 所示。此外，利用盐溶液的吸湿、放湿特性，还可实现对排风的全热回收，有效降低空调系统的能耗。以上特性使得溶液调湿技术非常适宜应用于实验动物设施中的新风处理。

2. 溶液调湿空调机组

（1）机组原理

溶液调湿空调机组是一种利用溶液调湿技术进行空气处理的空调设备。溶液调湿空调机组的

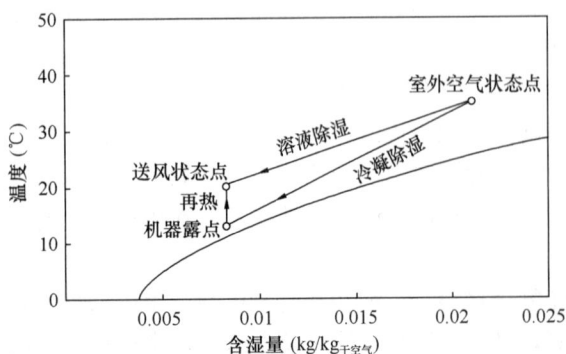

图 4.4-13 溶液除湿的具体过程

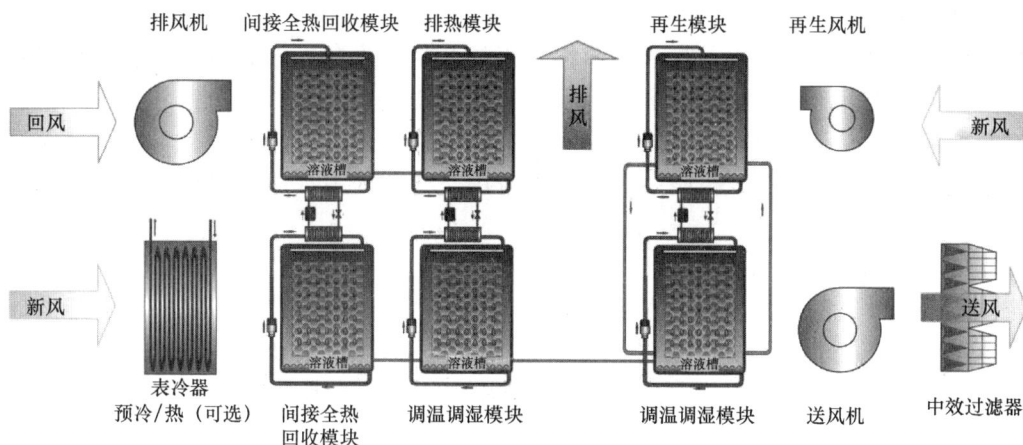

图 4.4-14　溶液调湿空调机组的原理

工作原理如图 4.4-14 所示。

溶液调湿空调机组主要由间接全热回收模块、调温调湿模块、排热模块、再生模块等组成。

夏季工况，高温潮湿的新风先经过间接全热回收模块，新风被初步降温除湿；然后进入调温调湿模块进一步降温除湿；最后经过精确调控，达到所需的温湿度后送入室内。调温调湿模块中，除湿溶液吸收水蒸气后，浓度变小，为了重新具有吸水能力，稀溶液进入再生模块进行浓缩。热泵循环的制冷量用于降低溶液温度，以提高其除湿能力，同时对新风降温，冷凝器排热量一部分通过排热模块排走，一部分用于浓缩再生溶液，能源利用效率高。

冬季工况，只需切换四通阀改变制冷剂循环方向，便可实现空气的加热加湿功能。

实际项目根据现场条件，也可外接冷热源。

溶液调湿空调机组送风侧配置粗效空气过滤器（G4）、中效空气过滤器（F8），配合室内末端的高效空气过滤器（H13），满足送风洁净要求；排风侧配置粗效空气过滤器（G4）、除臭功能段（选配），使排风满足排放标准。

间接全热回收模块采用热泵式能量回收系统，两股溶液通过换热器交换能量，回收排风中的冷量（热量）；再生模块采用新风再生，为调温调湿模块提供浓溶液。溶液调湿空调机组的新风通道及附属溶液管路和排风通道及附属溶液管路完全隔离，满足现行国家标准《实验动物　环境及设施》GB 14925 的要求。

（2）主要特点

针对实验动物设施开发的溶液调湿空调机组，集冷热源、温湿度处理、送排风系统、空气过滤、控制系统等于一体，系统高度集成，智能化控制调节，其主要特点如下：

1）温湿度控制方式

传统空调系统采用冷凝除湿方式，通过控制机器露点控制送风湿度，通过调节再热量控制送风温度。溶液调湿空调机组通过调节溶液浓度控制送风相对湿度，通过调节溶液温度控制送风温度。溶液调湿空调机组自带控制系统，可通过室内温湿度计算出送风参数，并自动调节机组各部件运行状况，以满足送风需求。

2）空气处理方式

传统空调系统夏季除湿方式采用冷凝除湿加再热。溶液调湿空调机组夏季采用溶液除湿的方式处理空气，可实现对空气的降温除湿或近似等温除湿，可有效避免或减少"过冷—再热"能耗。对于南方地区，尤其是过渡季、梅雨季来说，溶液调湿空调机组的节能优势更为明显。

传统空调机组冬季空气加湿一般采用蒸汽、电等高品位热源。溶液调湿空调机组冬季通过补水稀释溶液，通过热水或者热泵等低品位热源加热溶液，溶液喷淋空气实现加湿，降低加湿成本。

3）设备高度集成

传统空调系统包括冷水机组、热水（蒸汽）锅炉及附属设备、全新风空调箱、排风机等多个设备。溶液调湿空调机组集冷热源、温湿度处理、送排风系统、空气过滤、控制系统等于一体，可独立运行，满足实验动物设施新风处理需求。为保证空调系统不间断运行，溶液调湿空调机组的冷热源系统、风机、溶液泵、控制系统均设置备用，当部件出现故障时可随时自动切换至备用设备。

4）盐溶液的杀菌过滤效果

溶液调湿空调机组的盐溶液与空气接触，可有效过滤空气中的可吸入颗粒物（包括 PM_{10} 和 $PM_{2.5}$），净化空气。通过溶液喷淋可以去除空气中的颗粒物，减轻中效、高效空气过滤器的负担，显著延长中效、高效空气过滤器的使用寿命。此外，盐溶液具有杀菌抑菌作用，可实现对细菌、病毒的高效灭活。

5）能源利用方式

传统空调系统必须依靠外接冷热源，能耗较高。溶液调湿空调机组可以利用热泵对排风进行能量回收，能效比高，对外接冷热源没有依赖。

3. 溶液调湿空调机组在实验动物设施中的应用

溶液调湿空调机组因其具有降低能耗、节能环保、温湿度控制稳定等优点，近年被广泛应用于高等院校、科研机构、生产企业的实验动物设施中。

溶液调湿空调机组集成度较高，设备安装较为简单，只需连接风管、电源、补水管即可（图 4.4-15）。

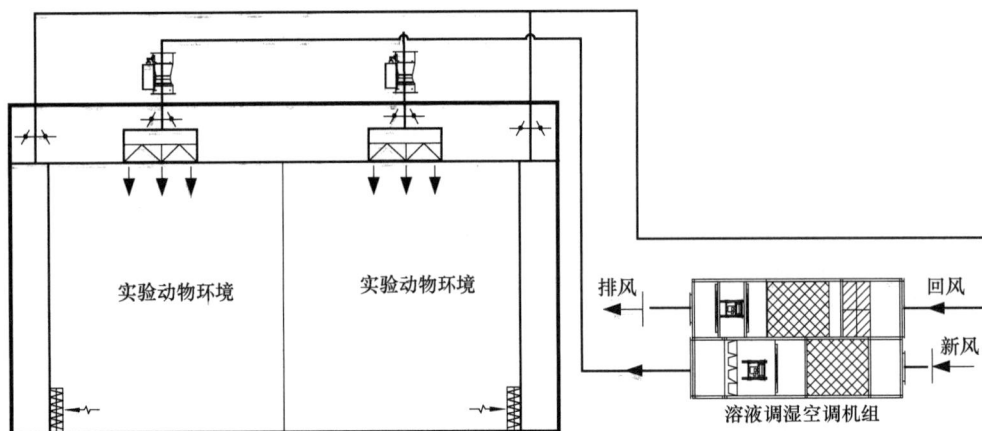

图 4.4-15　溶液调湿空调机组安装连接示意图

溶液调湿空调机组应用条件主要有以下几项：

1）能源条件

溶液调湿空调机组采用电力驱动，自带冷热源，运行时无须外界提供冷热水（蒸汽）。北方寒冷地区冬季有热水或蒸汽等热源可以利用时，可采用热水或蒸汽辅助供热，此时需接入热水（或蒸汽）管。

2）选型要求

溶液调湿空调机组所负责区域的新风量应满足实验动物设施换气次数要求。根据确定的新风量，参照产品样本，便可对溶液调湿空调机组进行选型，机组风压根据空气沿程阻力确定。

3）安装条件

应能满足溶液调湿空调机组安装及检修空间的要求，基础荷载根据机组运行质量确定。机组运行时需补充少量的纯水。机组可放置于室内也可放置于室外（严寒地区除外），具体参考厂家样本。

4. 溶液调湿空调机组在实验动物设施中的发展

溶液调湿空调机组作为一种空调设备，在实验动物设施中的应用越来越广泛。在不断发展中，逐步解决了腐蚀、带液、溶液中有害物留存等问题。未来，溶液调湿空调机组将不断改进和创新，提高设备的性能和效率。

4.4.4　主动式热回收设备

实验动物设施新风量大，室内温湿度要求高，为响应国家节能减排政策，相对于传统不可调节的、缺少能量记录的"被动式热回收"的方式，提出"主动式热回收"的理念，并逐渐得到认可及应用。

1. 传统空调系统存在的问题

传统空调系统能耗高、环境温湿度（特别是湿度）难以控制，为了保障室内环境稳定，以上海地区为例，往往全年除了冬季外，将近 6～7 个月时间，都是把室外空气先降温到 12℃（露点除湿）再升温到 18～20℃，然后加湿（如需要），达到送风要求，这种处理方式可以最大限度地保障室内温湿度，但是先降温、再升温，先除湿、再加湿的现象能耗很大。

（1）室外气候

对于全新风系统而言，室外气候是最大的不可控因素。如图 4.4-16 所示，图中黑点表示每个小时的温湿度状态（共计 8760h），其分布反映了上海 2000～2019 年典型气候数据，其中框选区域是期望的送风温湿度区间，可以看出，95％ 以上的时段室外空气都需要处理后才能送风给末端用户。因此，找到最合理的处理方式，可以从根本上降低能耗。

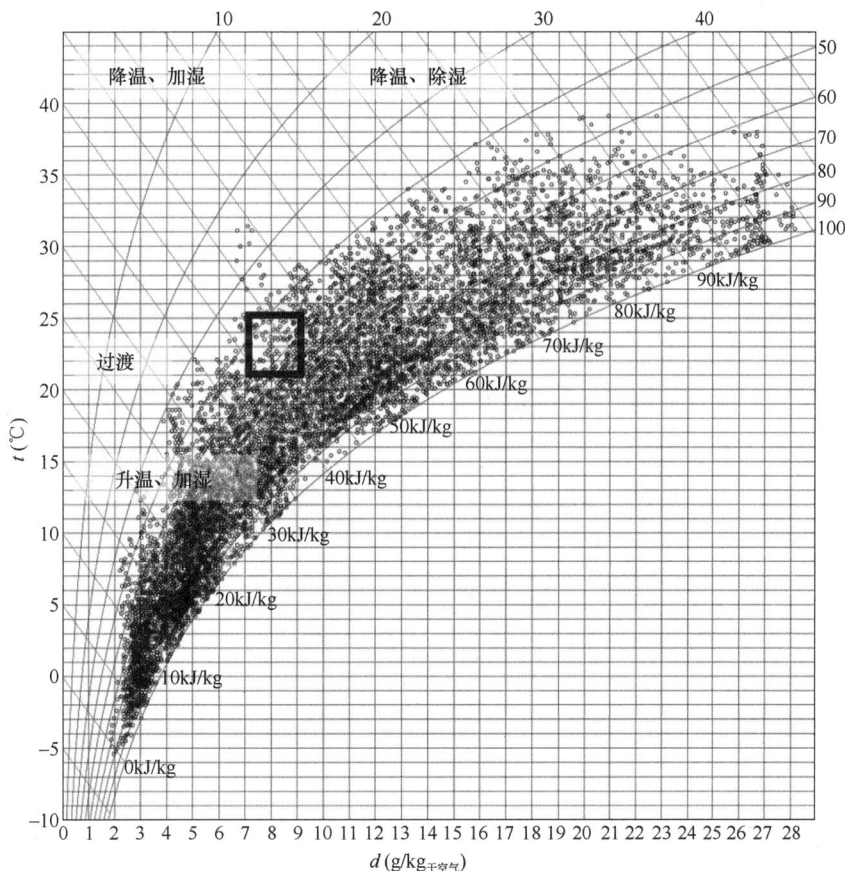

图 4.4-16　上海 2000～2019 年典型气候数据

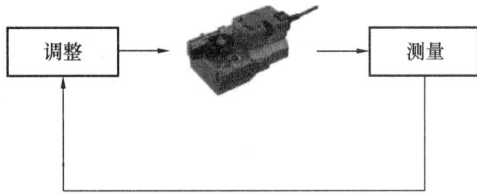

图 4.4-17 后反馈控制逻辑

（2）热惰性

目前绝大部分空调系统采用基于后反馈的控制（图4.4-17），通过比对实测值与目标值的差异，调节冷热水阀开度。受限于空气的热惰性，每次阀门动作后，需要等待较长时间才能获得有意义的反馈数据（图4.4-18）。

（3）多变量

新风空调的控制系统需要考虑诸多变量，如：温度、湿度、含水量、风量、水温等，上述变量彼此影响。对于多台设备的群控系统（图4.4-19），需要实现能量的合理分配，让单台设备运行在不同的工况，对控制器提出了较高的要求。

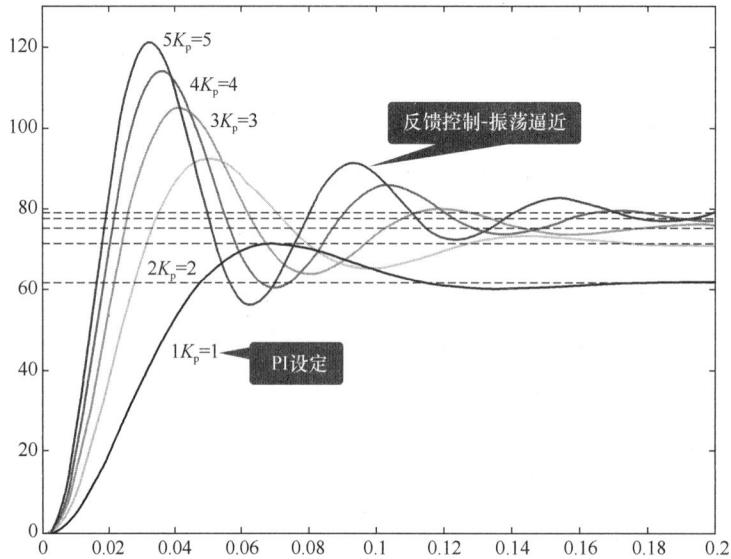

图 4.4-18 反馈控制曲线

图 4.4-19 多台设备的群控系统示意图

2. 解决方案

（1）硬件系统：包括高效热回收盘管（预热/冷盘管、再热盘管、排风热回收盘管）、水力控制模块、一用一备的循环泵及变频控制器、隔膜式稳压罐系统、控制阀件组合、自动排污排气设施、组合式智能控制柜等。

（2）软件系统：基于标定数据的前馈控制是主动式热回收系统的底层逻辑。PLC编程系统采用模拟/优化算法，以送风温湿度为设定点，以室外温湿度、热回收媒介（乙二醇溶液或水）的温度和流量为变驱动量，以进入和离开空调箱的空气温湿度、外部空气温湿度和排气温度为扰动变量，以泵、控制阀、热回收盘管等设备的性能曲线为变动常量。仿真算法根据以上设定点、驱动变量、扰动变量及变动常量，不断计算理论值（空气和热媒在各部位的温湿度、控制阀开启度、能量回收效率等），实时与测量值比对，实时调整运行并诊断系统设备故障（如温湿度传感器读数偏差、阀门执行器反馈信号失真等）。

（3）主动式热回收系统应包括以下功能（图 4.4-20）：

1）根据排风侧每台设备可以回收的能量分配热媒量，使每个盘管都达到最大换热温差；

2）根据新风侧每台设备需求量分配热媒量；

3）根据送风温度与露点温度控制再热量与补热量，允许每台新风机组运行在不同工况；

4）根据热媒温度与排风露点温度控制冬季旁通量，避免排风热回收盘管冻结；

5）控制热量在预热与再热盘管的分配，避免新风盘管冻结；

6）通过热媒流量平衡室外温度、排风温度和再热需求的关系，以减少补热量；

7）只有当额外的循环泵动力需求小于临界能量回收时，循环泵流量才会增加；

8）通过平衡排风侧热媒温度、室外参数与送风参数，减少偏差点的出现。

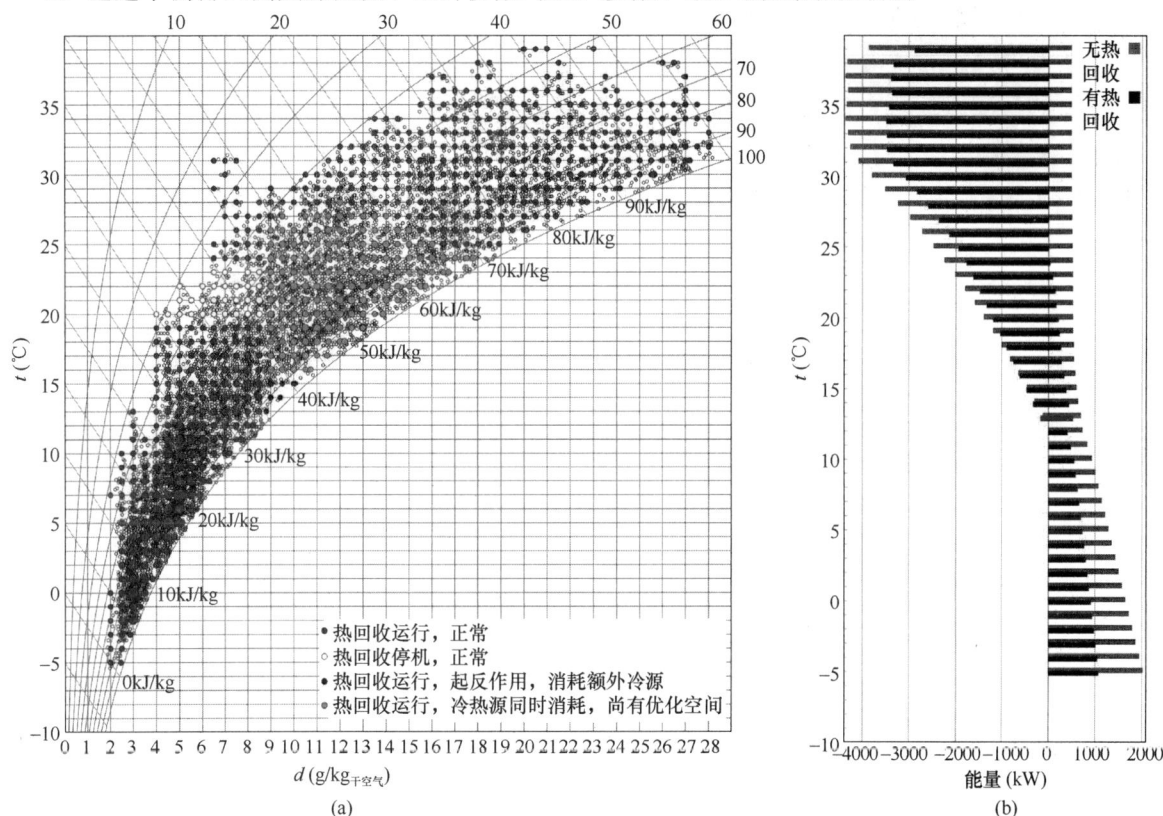

图 4.4-20　主动式热回收系统的能量调节示意图
(a) 温湿图；(b) 能量对比

3. 标准规范依据

（1）《通风与空调工程施工质量验收规范》GB 50243；

（2）《电动机能效限定值及能效等级》GB 18613；

（3）《清水离心泵能效限定值及节能评价值》GB 19762；

（4）德国工程师协会标准（VDI 3803-5）；

（5）德国标准化协会标准（DIN 1946-7）；

（6）《组合式空调机组—机组、零部件和功能段的等级和性能》EN 13053。

4. 技术优势

被动式热回收系统的实时效率（静态回收率）不是固定值，导致全年效率（动态回收率）难以验证。基于前馈数据，主动式热回收系统采用积分法，为动态回收率验证提供了数据基础。

被动式热回收系统不能实时记录热回收效率和能量回收量；主动式热回收系附带多个变量检测点和算法软件，实时记录变量监测点数值，做出相应的计算并累加。

被动式热回收系统不能调整热回收量，与机组和系统的配合缺乏主动性；主动式热回收系统可以根据室内外工况调整系统中的阀门开度，在最大限度回收能量的同时，保障实验动物设施温湿度稳定。

4.4.5 风阀及末端控制系统

针对用于实验动物设施压力控制的末端控制阀门，目前比较成熟的流量控制阀门从技术原理上可以分为两种，一种是流量反馈型变风量蝶阀，一种是文丘里阀。

1. 流量反馈型变风量蝶阀

（1）概述

流量反馈型变风量蝶阀由蝶阀阀板、流量测量装置、执行机构和控制器等组成，如图 4.4-21 所示。

流量反馈型变风量蝶阀常见有文丘里型蝶阀及动压测量管型蝶阀两种类型。文丘里型蝶阀如图 4.4-22 所示；采用动压—平均管测量方式的动压测量管型蝶阀具有更全面的型号，更多可选材质，如图 4.4-23 所示。

实验动物设施通风系统需要精确控制风量以维持压差稳定，其中流量反馈型变风量蝶阀的流量测量装置采用压

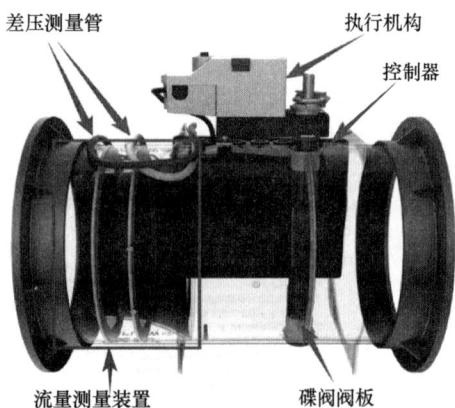

图 4.4-21 流量反馈型变风量蝶阀结构示意图

差式"速度—面积法"测量方式，其核心原理是通过测量流体动压差推算流量，基本关系如下：

$$Q = \frac{F}{\sqrt{\varepsilon}} \sqrt{\frac{2\Delta P}{\rho}} \qquad (4.4\text{-}1)$$

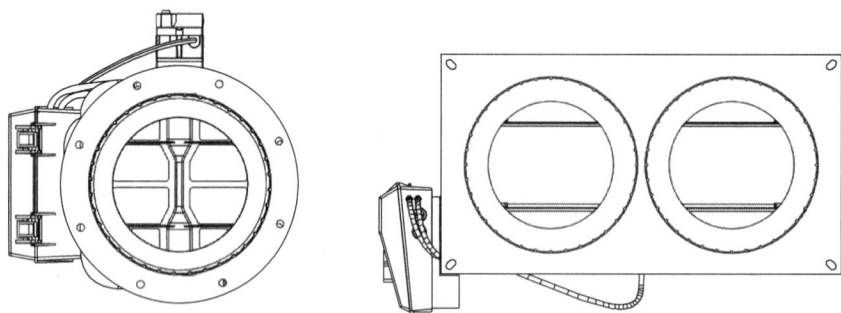

图 4.4-22 文丘里型蝶阀

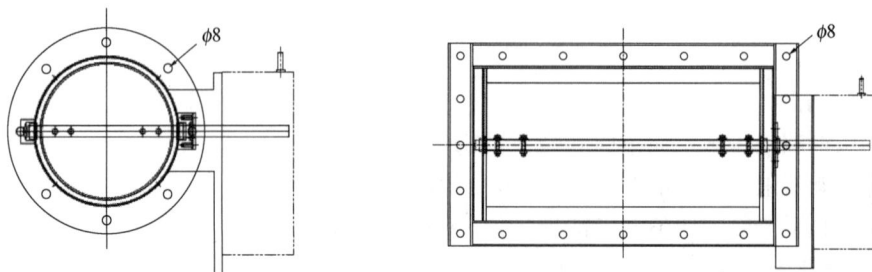

图 4.4-23 动压测量管型蝶阀

式中 Q——调节阀接管内流体流量，m^3/s；

　　F——调节阀接管截面积，m^2；

　　ΔP——阀门前后压力及其压差，Pa；

　　ε——调节阀阻力系数，随调节阀的开度而变，无量纲；

　　ρ——流体密度，kg/m^3。

常见的动压测量装置有毕托管、动压—平均管（阿纽巴管、笛形管、匀速管）、动压—文丘里管等。毕托管为单点测量，需多点布设，以反映平均流速；动压—平均管通过均压孔直接输出平均动压差，安装简便，但对直管段长度敏感；动压—文丘里管是基于伯努利原理的节流装置，具有动压放大效应 [（式 4.4-2）]，显著提升小流量下的测量灵敏度：

$$p_1 + \frac{1}{2}\rho v_1^2 = p_2 + \frac{1}{2}\rho v_2^2 \qquad (4.4\text{-}2)$$

式中，p_1、v_1 为入口静压和流速，p_2、v_2 为喉部静压和流速。通过收缩段加速流体，喉部静压 p_2 显著降低，输出压差增大，便于检测。因此采用动压—文丘里管测量方式的文丘里型蝶阀具有更优异的性能和测量精度，压损小，所需直管段短。

（2）系统形式及工作原理

由传感器、流量反馈型变风量蝶阀和变风量控制器组成的控制系统如图 4.4-24 所示。根据所控设备或房间的传感器进行实时测量，变风量控制器根据相关设定值计算得出系统所需排风量，并将此值作为闭环控制的输入量，风量测量装置实时检测系统风量并与所需风量进行对比，通过对流量反馈型变风量蝶阀控制来确保实测风量与所需风量一致，最终实现控制目标稳定在设定值。

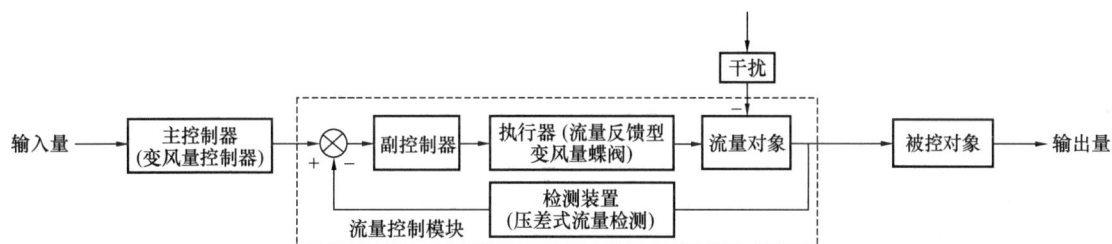

图 4.4-24　复合控制系统原理图

（3）应用场合及技术参数

流量反馈型变风量蝶阀适用于通风柜的变风量控制及房间的压力控制。作为送、排风风量控制及调节的阀门，其专门为满足风量精确控制和严苛的使用环境条件设计，测量与控制精度高、重复性好，压力无关范围大（30～1000Pa），风量控制响应时间小于 1s。理化类实验室、生物安全实验室、PCR 实验室、洁净室、实验动物设施等均可使用。图 4.4-25 为文丘里管流量测量与控制型蝶阀阀门尺寸示意图，表 4.4-5 为文丘里管流量测量与控制型蝶阀主要技术参数。图 4.4-26 为动压测量管流量测量与控制型蝶阀阀门尺寸示意图，表 4.4-6 为动压测量管流量测量与控制型蝶阀主要技术参数。

文丘里管流量测量与控制型蝶阀主要技术参数　　　　　　　　表 4.4-5

规格	风量范围（m^3/h）	长度 L（mm）	工作压力（Pa）
ϕ160	117～439	350	40～1000
ϕ200	124～1174	350	40～1000
ϕ250	201～2339	400	40～1000
ϕ315	291～2770	500	40～1000
ϕ400	610～6050	500	40～1000
160×160	230～1150	400	40～1000

续表

规格	风量范围（m³/h）	长度 L（mm）	工作压力（Pa）
320×160	460～2300	400	40～1000
200×200	290～1440	400	40～1000
400×200	575～2880	400	40～1000
250×250	450～2250	400	40～1000
500×250	900～4500	500	40～1000
320×320	735～3685	500	40～1000
650×320	1450～7260	500	40～1000
400×400	1150～5760	500	40～1000
800×400	2300～11520	500	40～1000

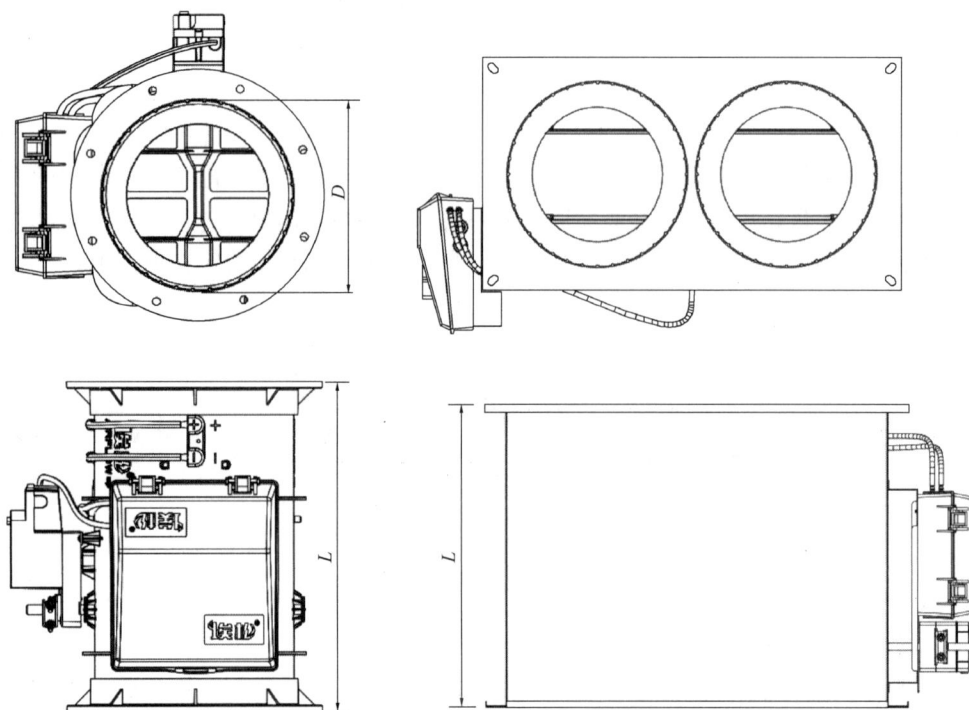

图 4.4-25　文丘里管流量测量与控制型蝶阀阀门尺寸示意图

动压测量管流量测量与控制型蝶阀主要技术参数　　　　　　　　　表 4.4-6

规格	风量（m³/h）	长度（mm）	工作压力（Pa）
ϕ100	35～350	400～500	30～1000
ϕ125	55～550	400～500	30～1000
ϕ160	90～900	400～500	30～1000
ϕ200	145～1460	400～500	30～1000
ϕ250	215～2215	400～500	30～1000
ϕ315	380～3700	400～500	30～1000
ϕ400	610～6050	400～500	30～1000
200×160	230～1150	400～500	30～1000
200×200	290～1440	400～500	30～1000
250×200	360～1800	400～500	30～1000
320×200	460～2300	400～500	30～1000
400×200	575～2880	400～500	30～1000

续表

规格	风量（m³/h）	长度（mm）	工作压力（Pa）
500×200	720～3600	400～500	30～1000
250×250	450～2250	400～500	30～1000
320×250	575～2880	400～500	30～1000
400×250	720～3600	400～500	30～1000
500×250	900～4500	400～500	30～1000
630×250	1130～5670	400～500	30～1000
320×320	735～3685	400～500	30～1000
400×320	920～4600	400～500	30～1000
500×320	1150～5760	400～500	30～1000
630×320	1450～7260	400～500	30～1000
800×320	1840～9210	400～500	30～1000
1000×320	2300～11520	400～500	30～1000
400×400	1150～5760	400～500	30～1000
500×400	1440～7200	400～500	30～1000
630×400	1815～9070	400～500	30～1000
800×400	2300～11520	400～500	30～1000
1000×400	2880～14400	400～500	30～1000
1250×400	3600～18000	400～500	30～1000
500×500	1800～9000	400～500	30～1000
630×500	2265～11340	400～500	30～1000
800×500	2880～14400	400～500	30～1000
1000×500	3600～18000	400～500	30～1000
1250×500	4500～22500	400～500	30～1000
800×630	3625～18145	400～500	30～1000
1000×630	4535～22680	400～500	30～1000
1250×630	5670～28350	400～500	30～1000

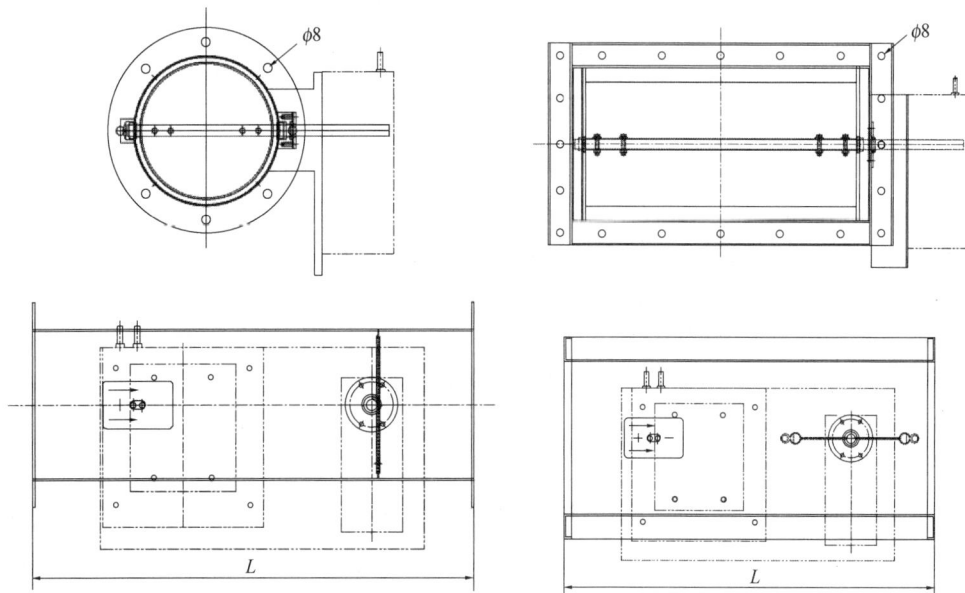

图 4.4-26 动压测量管流量测量与控制型蝶阀阀门尺寸示意图

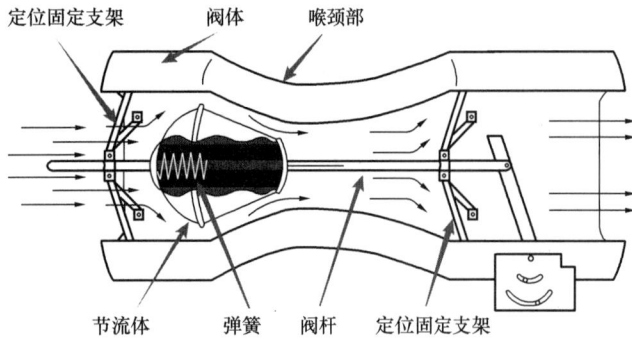

图 4.4-27 文丘里阀构成示意图

定位固定支架　阀体　喉颈部

节流体　弹簧　阀杆　定位固定支架

2. 文丘里阀

（1）文丘里效应与文丘里阀

文丘里效应（也称文氏效应）由意大利物理学家文丘里发现，该效应表现在受限流动在通过缩小的过流断面时，流体出现流速增大的现象，其流速与过流断面成反比。

文丘里阀是基于文丘里效应以流动连续性方程和伯努利方程为基础设计和制作的流量控制阀门，由阀体、阀芯（节流体和弹簧）、阀杆、定位固定支架等组成（图 4.4-27），在绕流阻力（包括摩擦阻力和形状阻力）与弹簧压力的共同作用下，阀杆做前后滑动运动。当阀前压力增大时，静压差作用力和绕流阻力增加，阀芯绕流体沿着气流方向移动，压缩弹簧，减小过流面积，增加局部阻力系数；当阀前压力减小时，静压差作用力和绕流阻力降低，在弹簧作用下阀芯绕流体向气流反方向运动，增大过流面积，降低局部阻力系数。通过弹簧压力和绕流阻力的平衡，根据阀前压力的变化动态调节局部阻力系数，从而控制风量恒定。

根据压力无关范围，文丘里阀可分为低压文丘里阀（75~750Pa）、中压文丘里阀（150~750Pa）和高压文丘里阀（250~1500Pa）；按照流量控制方式可分为定风量文丘里和变风量文丘里阀。

文丘里阀属于自力式（弹簧）压力无关型阀门。文丘里阀的阀芯无须外加动力，可由弹簧根据风管内静压的变化推动阀芯沿轴向移动，从而保持恒定的流量。

通常，文丘里阀在出厂前会进行标定，完成"压力—推杆行程—流量"标定的文丘里阀可快速执行所需流量控制要求，无须再通过任何形式的流量测量与校正，这就形成了前馈控制的文丘里阀的快速响应。

（2）系统形式及工作原理

由传感器、变风量文丘里阀和变风量控制器组成的开环控制系统如图 4.4-28 所示。根据所控设备或房间的传感器进行实时测量，变风量控制器通过运算并实现对作为执行器的变风量文丘里阀的控制来确保所需风量，从而使控制目标稳定在设定值。

输入量 → 控制器（变风量控制器）→ 执行器（变风量文丘里阀）→ 控制量（风量）→ 被控对象 → 输出量

图 4.4-28 开环控制系统原理图

（3）应用场合及技术参数

文丘里阀适用于通风柜的变风量控制及房间的压力控制。作为送、排风风量控制及调节阀门，文丘里阀在工作压力范围内风量与压力无关，风量控制精确到气流控制信号±5%，对命令信号变化的响应时间小于 1s，对风管静压变化的响应时间小于 1s，可根据不同工艺需求选择酚醛树脂喷涂或特氟龙喷涂，阀门安装前后无须直管。因此，理化类实验室、生物安全实验室、PCR 实验室、洁净室、病房、实验动物设施等均可使用。图 4.4-29 为文丘里阀尺寸示意图，表 4.4-7 为文丘里阀主要技术参数。

文丘里阀主要技术参数　　　　　　　　　　　　　　　　　　表 4.4-7

规格	阀体数量	风量（m³/h）	单阀直径（mm）	长（mm）	宽（mm）	高（mm）
8 吋	单阀	60~1150	200	595	—	355

规格	阀体数量	风量（m³/h）	单阀直径（mm）	长（mm）	宽（mm）	高（mm）
10 吋	单阀	85～1700	250	555	—	415
12 吋	单阀	150～2550	300	680	—	465
14 吋	单阀	340～4300	350	760	—	550
2×10 吋	双阀并联	170～3400	250	630	515	430
2×12 吋	双阀并联	300～5100	300	760	615	480
2×14 吋	双阀并联	680～8600	350	840	765	550
3×12 吋	三阀并联	450～7650	300	760	945	480
3×14 吋	三阀并联	1020～12900	350	840	1145	550
4×12 吋	2×双阀并联	600～10200	300	760	1230	480
4×14 吋	2×双阀并联	1360～17200	350	840	1535	550

注：1. 压力范围为 150～750Pa。

　　2. 1 吋＝2.54 厘米。

单阀体
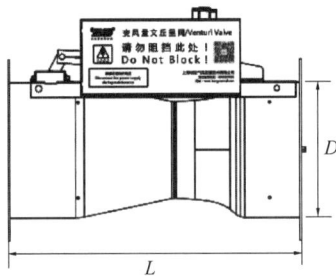

双阀体
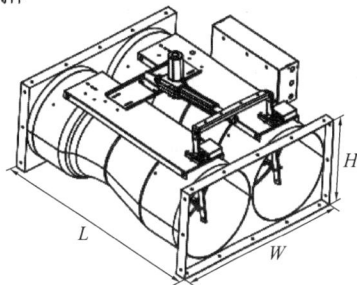

三阀体
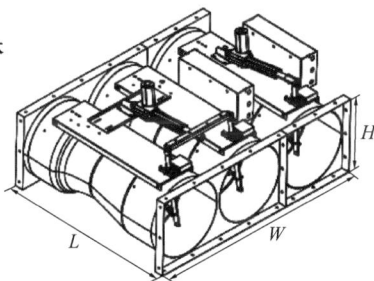

四阀体
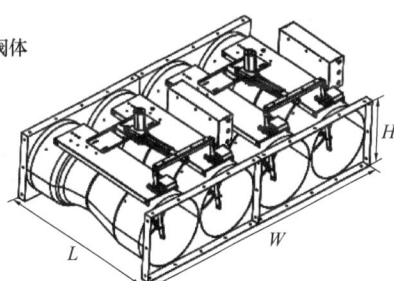

图 4.4-29　文丘里阀尺寸示意图

3. 风阀在压力控制系统中的应用

（1）差值风量控制系统

差值风量控制器通过调节实验室送风、全面排风阀门来保持设定的差值风量值不变，从而达到实验室风量平衡和通风换气的目标。同时，温度传感器直接测量实验室的温度，调节再热盘管来保持实验室环境的舒适性。差值风量控制很好地解决了压差控制过程中快速和稳定跟踪问题，缩短系统变风量过程时间，适用于大型、开敞式实验室。但由于差值风量控制没有针对压力波动影响的监测手段，因此其对外部扰动并不敏感，对于有严格压力控制要求的场合并不适用。流量反馈型变风量蝶阀差值风量控制系统原理如图 4.4-30 所示，文丘里阀差值风量控制系统原理如图 4.4-31 所示。

以动物解剖间为例，室内布置有排风柜、解剖台等，无洁净等级要求，房间需控制为微负压，可

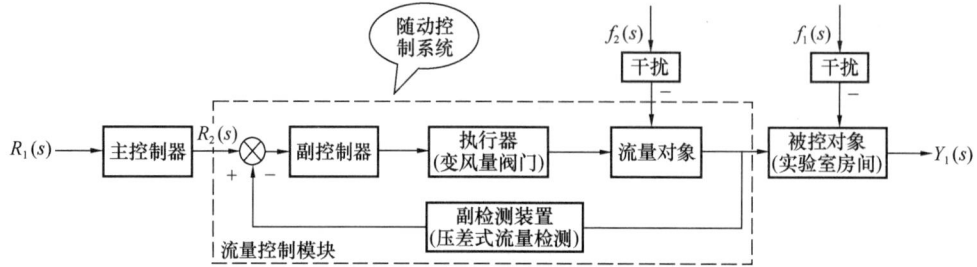

图 4.4-30 流量反馈型变风量蝶阀差值风量控制系统原理图

图 4.4-31 文丘里阀差值风量控制系统原理图

采用差值风量控制方式，如图 4.4-32 所示，系统由变风量送风阀门、变风量排风阀门、差值风量控制器、房间显示单元等组成，若变风量阀门自带控制器，可采用变风量送风阀门的控制器作为房间差值风量控制器。

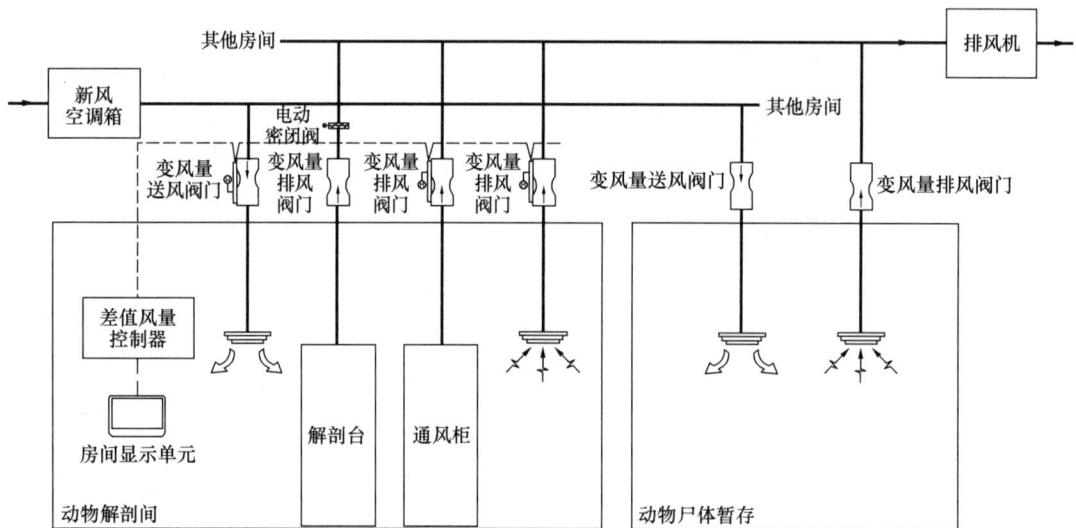

图 4.4-32 动物解剖间差值风量控制示意图

（2）直接压差控制系统

直接压差控制系统通过压差传感器直接测量实验室内与压力参照区域间的静压差，同时，温度传感器直接测量室内温度，通过控制与调节送风、全面排风阀门和再热盘管来保持实验室压差。直接压差控制系统适用于小型、具有严格安全要求的密闭式实验室。在设计和应用时，应考虑动态变化所引起的波动、外部气流扰动、开关门等因素带来的不利影响，选择压力稳定区域作为压力参照点。直接压差控制是典型的闭环控制，如图 4.4-33 所示。

直接压差控制系统是基于反馈原理建立的自动控制系统，具有抑制干扰和改善系统响应特性的能力，但是同时也给系统带来了振荡，这种振荡直接造成了控制的不稳定和反复振荡给系统调试带来难度。

以屏障环境小鼠饲育室为例，采用有主机型 IVC，房间压力控制要求较高，可采用直接压差控制方式，如图 4.4-34 所示，系统由变风量排风阀门、定风量送风阀门、直接压差控制器、房间压力传感器、房间显示单元等组成，若变风量排风阀门自带控制器，其可作为房间直接压差控制器。

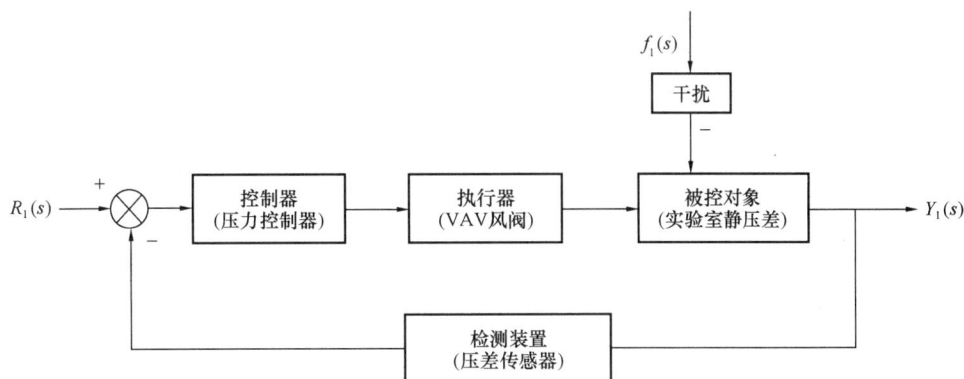

图 4.4-33　直接压差控制系统原理图

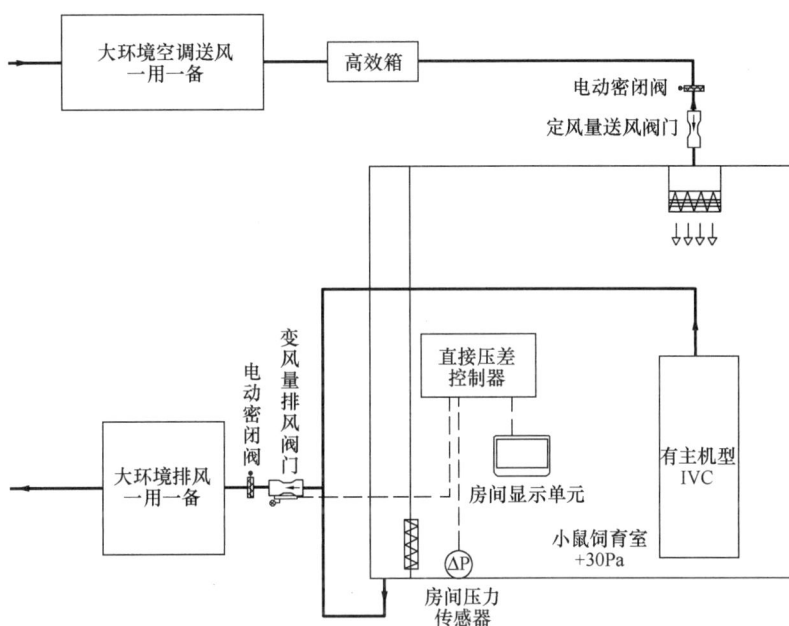

图 4.4-34　屏障环境小鼠饲育室直接压差控制示意图

（3）自适应差值风量控制系统

自适应差值风量控制系统通过结合差值风量控制和直接压差控制方式来实现，压差传感器用于随时间重置差值风量，以保持适当的设定压差。自适应差值风量控制系统由两个闭环控制回路构成，主、副回路相互协同，随动控制系统增强了压力控制的稳定性，定值控制系统提升了压力控制的精度，使得串级控制系统的控制品质明显提高，同时具有更好的系统抗扰性和自适应性，可以提供更加稳定的房间压力。自适应差值风量控制在差值风量控制的基础上引入反馈控制回路，对被控对象进行反馈校正来提升系统的控制精度，是一种前馈—反馈复合控制，流量反馈型变风量蝶阀自适应差值风量控制原理如图 4.4-35 所示，文丘里阀自适应差值风量控制原理如图 4.4-36 所示。

通过前馈—反馈复合控制来增强压力控制的稳定性，自适应差值风量控制可以通过在开门瞬间停止控制系统压差反馈的方式来防止因开关门造成房间压差波动和采用延迟变风量阀的响应时间消除房间开关门对压差的影响。实验动物设施围护结构的密封性较高，细微风量变化就会导致显著压力波动，因此此类房间适宜采用自适应差值风量控制来提升系统的抗扰性和自适应性。

以屏障环境小鼠饲育室为例，采用无主机型 IVC 且单独排风，房间压力控制要求较高，可采用

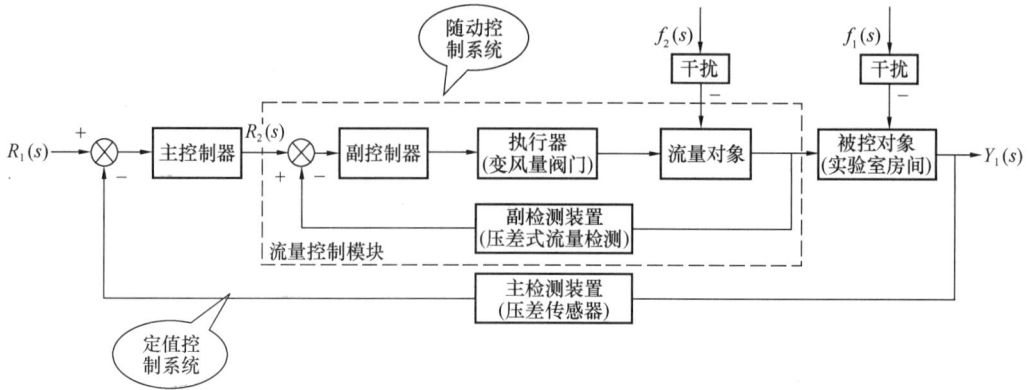

图 4.4-35 流量反馈型变风量蝶阀自适应差值风量控制原理图

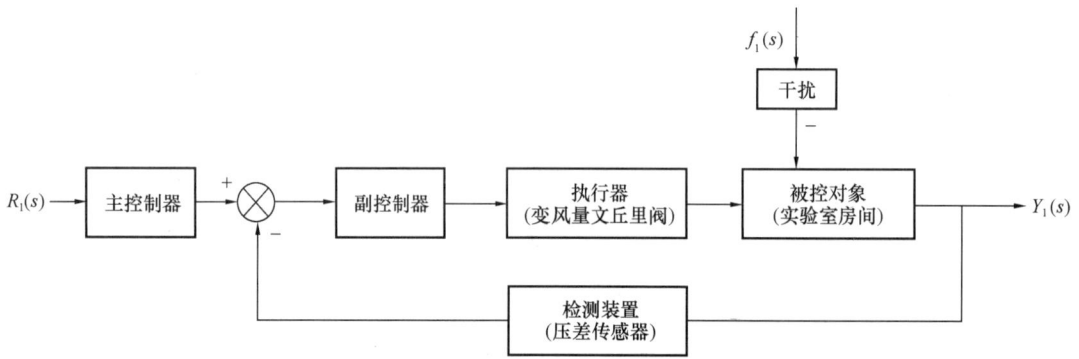

图 4.4-36 文丘里阀自适应差值风量控制原理图

自适应差值风量控制方式，如图 4.4-37 所示，系统由定/变风量排风阀门、定风量送风阀门、自适应差值风量控制器、房间压力传感器、房间显示单元等组成，若变风量阀门自带控制器，其可作为房间自适应差值风量控制器。

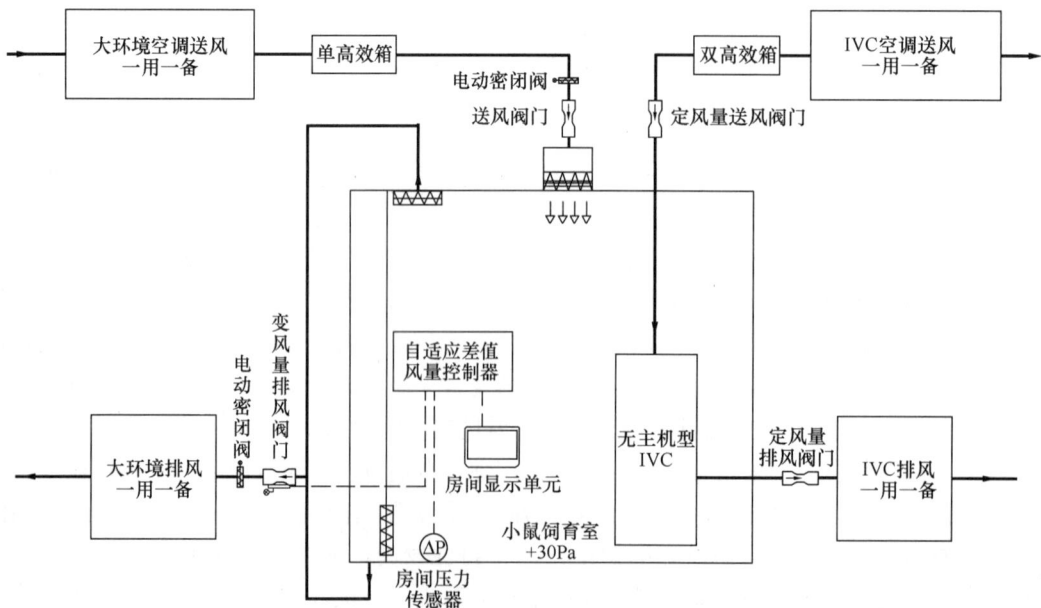

图 4.4-37 屏障环境小鼠饲育室自适应差值风量控制示意图

实验动物设施中根据房间要求不同，可采取不同的控制方式：

差值风量控制系统适用于围护结构密闭性一般、2~10Pa 微正/负压控制需求，室内有风量调节快速扰动源，仅有 1~2 个压力梯度控制要求，安全风险等级较低的场合。在设计和应用中还应重点关注阀门控制精度、响应时间等问题，并对差值风量取值进行校核，避免压差逆转情况的发生。

直接压差控制系统适用于围护结构密闭性较好、压差控制值较高（>10Pa），实验室内仅有缓慢扰动源，受控区域内有较为复杂的压力梯度控制要求，风量测量条件差、无法完成风量精准测量的场合。在设计和应用时，应考虑动态变化所引起的波动、外部气流扰动、开关门等因素带来的不利影响。

虽然串级控制成本较高也更为复杂，但其受欢迎程度正在不断增加，尤其适用于有快速扰动源、围护结构气密性高、压力梯度控制要求较为复杂且对系统自适应性和抗干扰性要求更高的受控环境。

4. 空气品质检测系统对实验动物设施室内环境的动态监测

（1）实验动物设施室内空气品质的特点

1）在实验动物设施中，会有大量的房间用于饲养各类动物、完成各类动物实验，这些房间有着共同的特点：

① 除了热湿负荷，室内还会不断产生有毒有害的化学物质，其中主要成分是氨，对工作人员和实验动物的身心健康都会产生很大影响。

② 动物饲养和实验往往对室内环境的清洁水平有着比较严格的要求，尤其是空气中的可吸入颗粒物浓度要满足要求。

③ 动物和人在室内的生活、工作会产生二氧化碳，专业操作可能还会产生一氧化碳。

2）国内实验动物设施室内环境的指标

目前，我国规范实验动物环境的国家标准是《实验动物 环境及设施》GB 14925—2023，其中规定了实验动物环境条件，要求监测的指标分为三大类：

① 日常性监测指标：温度、相对湿度和压差，要求动态监测。

② 监督性指标：日温差、噪声、气流速度、照度和氨气浓度，要求动态监测。

③ 必要时检测指标：空气洁净度、换气次数、沉降菌最大平均浓度和昼夜明暗交替时间。在设施设备测试和/或更换过滤器后要检测。

（2）实验动物设施室内通风

1）实验动物设施通风系统的任务

为了确保室内环境的稳定，不仅要处理热湿负荷，还要将各类污染物及时稀释并排到室外。因此，要设置通风系统，为室内输入新风，并将室内空气排出，并保持风量平衡以及房间压力和流向。

2）实验动物设施室内通风系统的特点和问题

国内实验动物设施通风通常采用全新风系统，以防止室内污染物再次进入新风系统；固定的大风量通风，对房间形成高新风换气，以确保室内环境达到要求。

这样做存在的问题是：

① 额定的固定通风量通常超过室内热湿负荷对风量的需要，因此在大量的时间内，额定的通风都是过度的。

② 室内污染物的产生和累积是渐进的和变化的，与饲养密度、实验强度和室内的清扫、垫料更换等密切相关。国外研究表明，在绝大多数时间内，大换气次数是不必要的。

③ 在大多数的时间内产生过度的能耗，包括：风系统输送空气需要消耗大量能源；进入室内的所有新风都要经过充分的空调处理和过滤处理，使之满足室内环境的要求，因此过量的、经过空调处理的通风会被无效排出。

（3）实验动物设施室内通风的按需控制方案

1）按需控制方案就是在满足温湿度要求的前提下，测量室内空气品质参数，按照预定的算法优化各房间通风量的通风末端控制方案。由于在大多数的时间内，室内空气品质都可以满足要求，通风量降低的空间非常大，这将带来巨大的节能潜力。

2）按需控制方案的实现：

① 室内空气品质监测系统在线监测室内空气品质，根据多参数检测结果计算出稀释污染物所需要的换气量。

② 根据实际情况，综合各方面的要求和各类运行条件控制每个房间的通风量，最大限度地节省能耗。

（4）室内空气品质监测系统

室内空气品质监测系统分为以下两类：

1）分散就地安装传感器，将信号传递给楼宇控制系统（BMS），这种监测系统的问题是：

① 房间越多、参数越多，传感器安装数量越大，定期校准和维护工作量大、费用高。

② 传感器就地安装，定期校准和维护不便。

③ 室内使用不同的传感器，室内和送风参数计算误差大。

2）集中安装传感器，通过采样泵将被检测的空气从各现场循环抽取传输到传感器（图4.4-38）。通常一套传感器可以监测30个测点。这种监测系统的特点为：

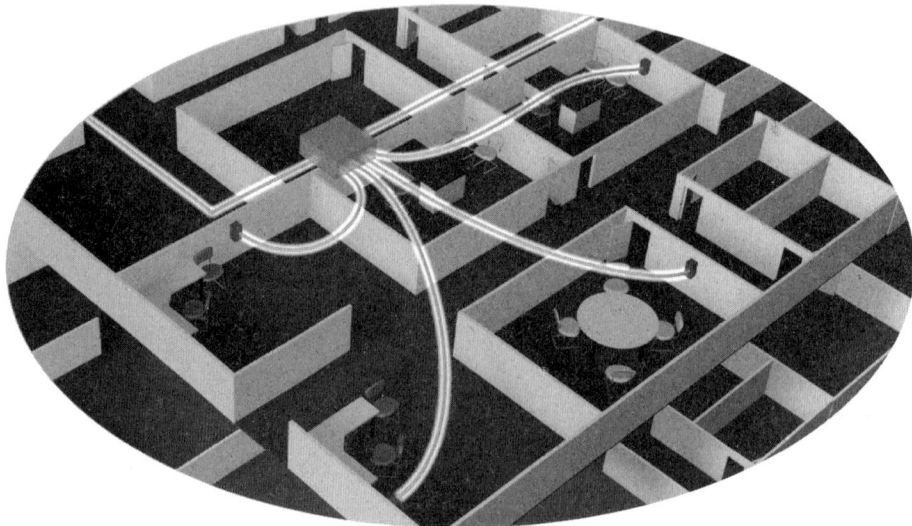

图 4.4-38 集中室内空气品质监测系统布置示意图

① 独立的多参数监测系统。

② 传感器集中配置，一套传感器监测30个房间。

③ 通过管路系统将各采集点的空气样本传输给传感器（图4.4-39）。

④ 系统内部计算各房间所需的新风量，通过网络传输给BMS完成对各房间通风末端的按需控制和通风优化。

⑤ 数据通过互联网传递到云服务器，记录数据，计算能耗，并诊断通风空调系统存在的耗能问题。

⑥ 通过数据变化，远程发现系统故障，及时通知。

（5）室内空气品质监测系统的在实验动物设施的应用

1）系统循环检测每个房间氨、总挥发性有机物、可吸入颗粒物、二氧化碳和一氧化碳五个指标，根据最不利结果计算出房间所需的通风量。同时，检测各个监测点的温湿度。

2）检测结果和通风计算结果通过网络实时传输到BMS，实现对房间通风末端的按需控制。

3）数据通过互联网传递到云服务器，完成各项功能。

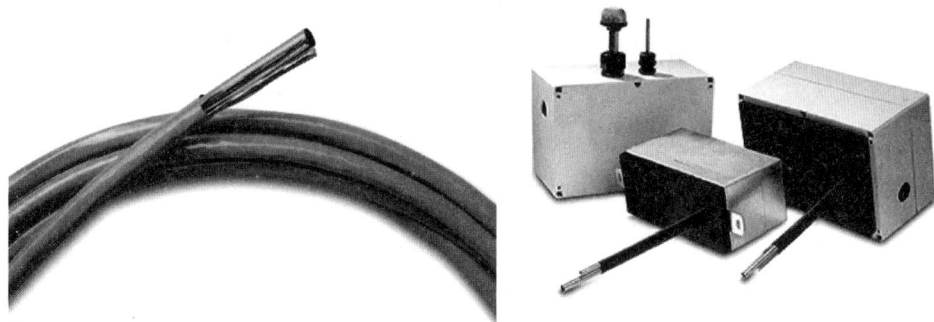

图 4.4-39 集中空气品质监测系统管线及探头

4）在实验动物设施进行静态参数监测和其他一些必要场景下，楼宇控制系统（BMS）可关闭按需控制功能，维持额定的新风换气量。

4.4.6 废气处理系统

1. 潜在废气来源及危害分析

（1）潜在废气来源和排放量分析

实验动物正常代谢会产生废气，通过实验动物设施的通风系统排出，影响周围环境。实验动物设施废气的主要成分是氨、硫化氢、甲基硫醇、三甲胺、二硫化甲基、苯乙烯等臭味气体，给周围环境带来污染。

综合多个实验动物设施废气检测数据，在未经处理的情况下，废气排放浓度为：氨 $5\sim50\text{mg/m}^3$，硫化氢 $0.6\sim3.4\text{ mg/m}^3$，臭气 $120\sim340$（无量纲）。在更换垫料时，各项废气浓度会达到峰值。按照《恶臭污染物排放标准》GB 14554—93 的规定，废气排放浓度上限为：氨 1.5mg/m^3，硫化氢 0.06mg/m^3，臭气 20（无量纲）。此外，实验室动物设施废气中还可能包含 VOCs、病原微生物、可悬浮颗粒物、臭氧等。

综上所述，实验动物设施废气中的潜在污染物如表 4.4-8 所示。

实验动物设施废气潜在污染物 表 4.4-8

种类	污染物	来源	周界浓度预测
无机恶臭气体	氨	动物尿液挥发	$5\sim50\text{mg/m}^3$
	硫化氢	动物粪便分解产生	$0.6\sim3.4\text{mg/m}^3$
有机恶臭气体	甲基硫醇	动物粪便经微生物分解产生	综合臭气浓度 >30
	三甲胺	动物尿液经微生物分解产生	
	二硫化甲基	动物汗液、分泌腺体产生	

（2）潜在气体污染物的危害

氨、硫化氢、有机胺、硫醚、硫醇等恶臭气体，通过实验动物设施排风系统排出，影响周围环境和人员健康。轻者刺激人的嗅觉、视觉器官，重者可引发头痛、恶心、角膜和呼吸道炎症、免疫力下降，甚至导致肺水肿、肺出血，威胁生命健康。

2. 实验动物设施废气处理政策依据及控制目标

（1）法律法规依据

《中华人民共和国环境保护法》第四十二条规定，排放污染物的企业事业单位和其他生产经营者，应当采取措施，防治在生产建设或者其他活动中产生的废气、废水、废渣、医疗废物、粉尘、恶臭气体、放射性物质以及噪声、振动、光辐射、电磁辐射等对环境的污染和危害。

《中华人民共和国大气污染防治法》第十八条规定，向大气排放污染物的，应当符合大气污染物排放标准，遵守重点大气污染物排放总量控制要求。

《中华人民共和国大气污染防治法》第四十五条规定，产生含挥发性有机物废气的生产和服务活动，应当在密闭空间或者设备中进行，并按照规定安装、使用污染防治设施；无法密闭的，应当采取措施减少废气排放。

多个地方的大气污染防治条例规定，在生产经营过程中产生有毒有害大气污染物的，排污单位应当安装收集净化装置或者采取其他措施，达到国家和地方规定的排放标准或者其他相关要求。禁止直接排放有毒有害大气污染物。产生挥发性有机物废气的生产经营活动，应当在密闭空间或者设备中进行，并设置废气收集和处理系统等污染防治设施，保持其正常使用。

以上法律法规都明确指出，一旦有明确的废气污染物产生，就应当采取收集和处理措施。根据生态环境部和地方环保部门对上述法律法规的解释，一切有明确污染源的设施均应采取处理措施（也就是说，即使排放未达标准限值规定，也需要采取措施进行处理）。实验动物设施是下一步环保关注的重点，尤其是各高校、研究所、企业的实验动物中心，动物饲养品系多、数量大，实验项目复杂，更应当按照国家和地方法律法规要求，采取适当的实验室废气处理措施。

（2）新版《恶臭污染物排放标准》

2018年，生态环境部发布《恶臭污染物排放标准（征求意见稿）》，对《恶臭污染物排放标准》GB 14554—93进行修订。新版《恶臭污染物排放标准》将取消按照地区分级规定排放限值，取消按照排气筒高度规定排放速率。对于实验动物设施主要的废气污染物：氨、硫化氢、臭气浓度三项指标，厂界浓度大大降低。其中，氨厂界限值由 $2.0mg/m^3$ 降低到 $0.2mg/m^3$，硫化氢厂界限值由 $0.10mg/m^3$ 降低到 $0.02mg/m^3$，臭气浓度由 30 降低到 10（新建）。

（3）恶臭治理的法规政策依据

根据生态环境部 2024 年 9 月 20 日发布的《国家污染防治技术指导目录（2024 年，限制类和淘汰类）》（公示稿），光催化及其组合技术不能用于有组织排放的 VOCs 治理，但可以用于恶臭异味治理。

（4）标准依据

《大气污染物综合排放标准》GB 16297；

《恶臭污染物排放标准》GB 14554；

《环境空气质量标准》GB 3095；

《污水综合排放标准》GB 8978。

废气污染物浓度预测、控制目标及参照标准如表 4.4-9 所示。

废气体污染物浓度预测、控制目标及参照标准　　　　　　　　　　　　　　　　表 4.4-9

污染物指标	周界（屋面边缘）浓度预测	控制上限	参照标准
甲醛	＞$1.0mg/m^3$	$0.20mg/m^3$	《大气污染物综合排放标准》GB 16297—1996 周界外最高浓度，监控点最高浓度
二甲苯	＞$2.4mg/m^3$	$1.2mg/m^3$	
甲醇	＞$20mg/m^3$	$12mg/m^3$	
氮氧化物	＞$0.5mg/m^3$	$0.12mg/m^3$	
硫酸雾	＞$2.0mg/m^3$	$1.2mg/m^3$	
非甲烷总烃	＞$4.0mg/m^3$	$4.0mg/m^3$	
氨	$5\sim14mg/m^3$	$1.5mg/m^3$	《恶臭污染物排放标准》GB 14554—93 厂界标准值，二级，新扩改建
硫化氢	$0.06\sim0.4mg/m^3$	$0.06mg/m^3$	
臭气	＞30	20	

续表

污染物指标	周界（屋面边缘）浓度预测	控制上限	参照标准
指示微生物	>10CFU	未检出	《病原微生物实验室污染物排放标准》（征求意见稿）
目标微生物	>10CFU	未检出	
臭氧	>200μg/m³	200μg/m³	《环境空气质量标准》GB 3095—2012，二级浓度限值，24h平均值
颗粒物	>75μg/m³	75μg/m³	

3. 废气处理工艺分析

（1）吸附法

利用具有吸附能力的物质，如活性炭、沸石分子筛等材料，将废气中的污染物组分吸附在吸附剂表面，使之与空气分开的方法称为吸附法。吸附剂可以再生循环使用，通过煅烧等手段使有机污染物脱吸附后还可重新使用。吸附法处理范围广，尤其适用于大流量、低浓度的气相污染物（图4.4-40）。但吸附法在处理高浓度恶臭气体时很容易达到饱和，吸附剂再生会有人力和能源消耗，多次再生后无法复活又会形成固体污染物，造成更严重的二次污染。另外，废气中的颗粒物会阻塞吸附剂表面细孔使之失活，氨、硫化氢等小分子污染物仍然可以通过滤材而不被吸附。

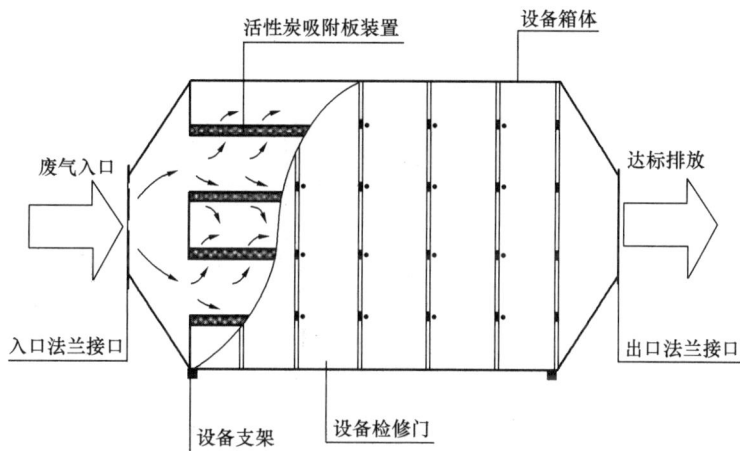

图4.4-40 活性炭废气吸附设备工作原理图

（2）吸收法

吸收法有物理和化学两种方式。物理吸收法通过洗涤装置使废气中的有害成分被吸收剂所溶解，再利用有机分子和吸收剂物理性质的差异进行分析；物理吸收法吸收速率较低，对不溶或难溶气相污染物清除效果差，不适用于气量大、净化要求高的场合（图4.4-41）。化学吸收法通过废气中的污染物与吸附剂中的活性成分发生化学反应，达到将废气中的有害成分分离出来的目的；化学吸收法吸收速率大大提高，但对有机物处理效果较差，一般用于对无机废气的处理（如脱硫）。另外，吸收法对建设场地条件要求较高，并且需要定期更换洗涤液或反应液，建设运行成本较高。

（3）微生物氧化法

该方法将污染物由气相转移到液相，通过液体中微生物的代谢作用，将有机物分解为生物质和无机物（图4.4-42）。微生物氧化法投资、运行费用低，无二次污染，适用于处理低浓度、易生物降解的有机物。但微生物降解速率低、要求特定的生存条件、对气候变化适应性差，因此推广和应用受到限制。

（4）光催化法

光催化法利用特定波长的紫外线照射TiO₂催化剂，产生具有强氧化作用的活性氧离子，使恶臭

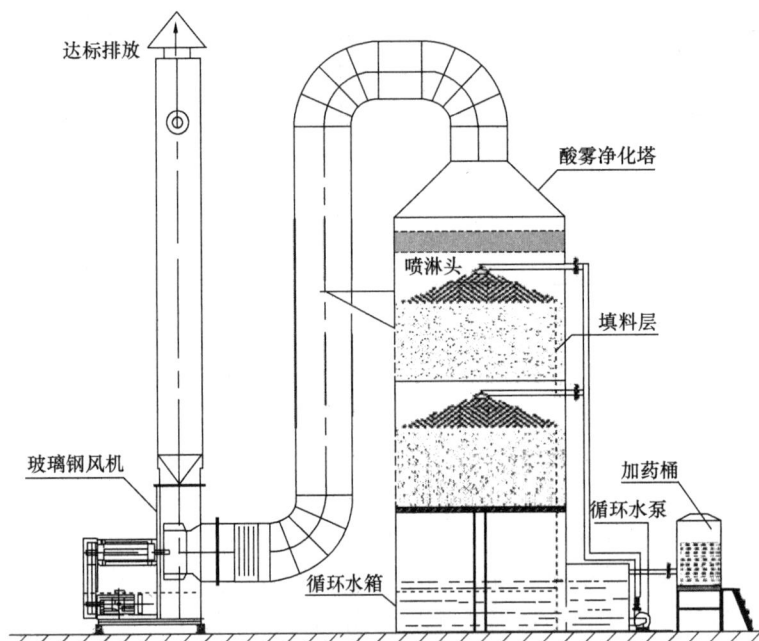

图 4.4-41　物理吸收法原理图

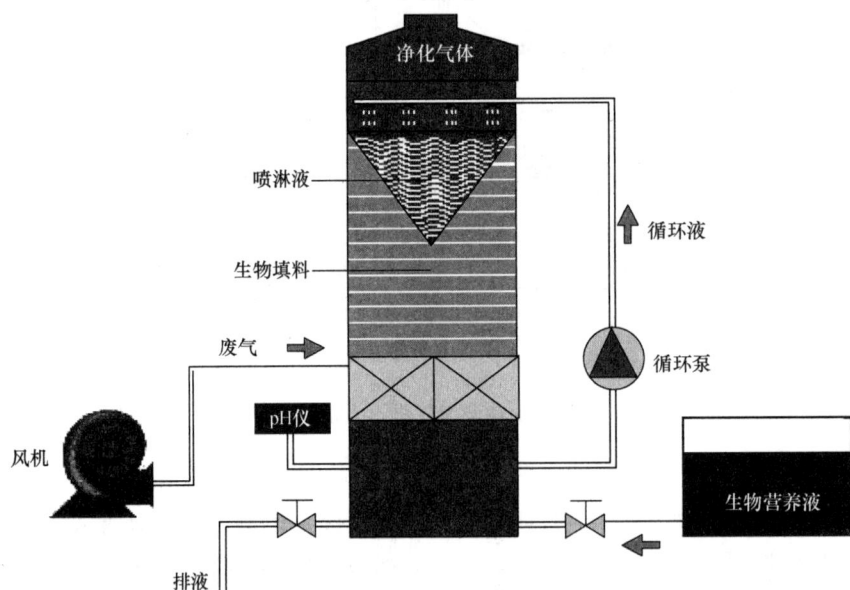

图 4.4-42　微生物氧化废气处理设备工作原理图

气体分子的 H-C 键和 H-S 键断裂，从而起到降解恶臭污染物的作用（图 4.4-43）。光催化法设备结构简单、投资运行成本低，是废气处理的发展方向。但当前的光催化法的催化效率并不高（普通光催化脱臭效率为 20%～40%），并且会产生大量臭氧，形成新的污染，因此并未成为主流的空气净化方式。为了避免不必要的事故，设备前端往往增加粗效空气过滤器，用于阻挡粉尘。同时，设备须设置超温断电、无风断电装置，避免设备起火。

（5）低温等离子体技术

低温等离子体技术尚属概念性空气净化技术，它是利用气体介质在放电过程中产生电子、离子、自由基等活性基团，将废气中的污染物氧化分解，从而达到净化废气的目的（图 4.4-44）。低温等离子体适用范围广，理论上对所有恶臭气体都有作用，但目前对其净化效率和可靠性还缺乏足够证据，

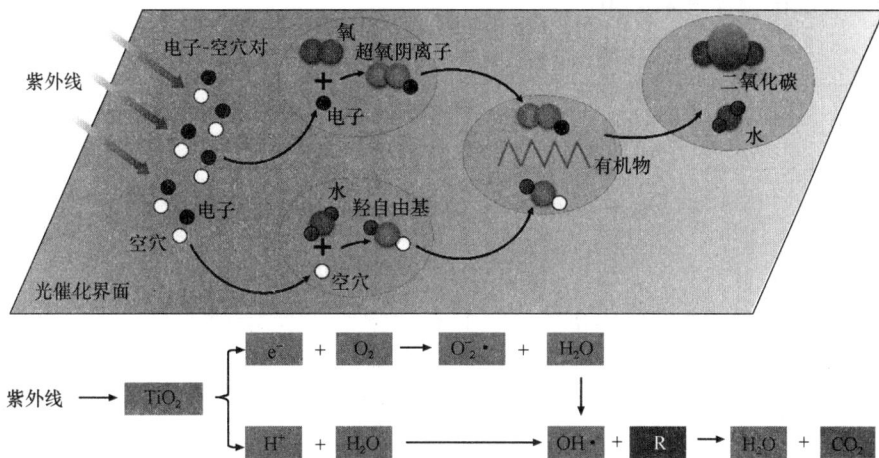

图 4.4-43 光催化废气处理设备工作原理图

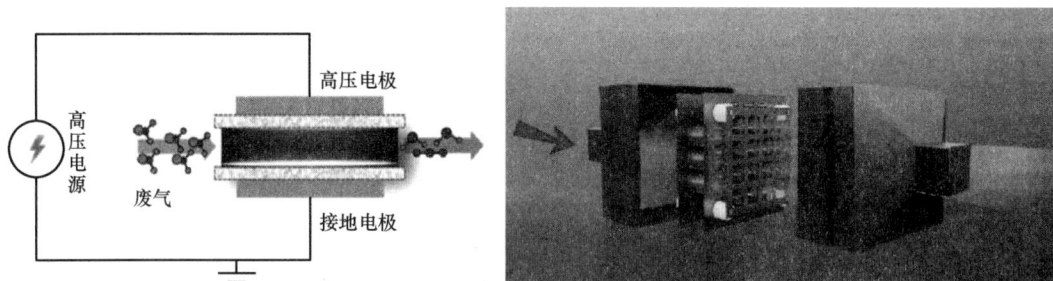

图 4.4-44 低温等离子体废气处理设备工作原理图

并且高压放电存在安全隐患。

（6）混流喷射技术

经过处理的废气，通过混流式诱导流风机（图 4.4-45）向高空排放。该技术首先对废气进行 1:2~1:5 的稀释，大大降低废气中污染物浓度；然后通过高增压诱导流风机，大幅提高气流压差，使废气获得足够动能；获得动能的混合空气通过特殊设计的喷嘴排除，烟羽高度可达设备高度的 4~8 倍，最终排放高度在露面以上 20~40m（图 4.4-46）。通过混流式诱导流风机的作用，排气口废气浓度可以降低到 20%~50%，厂界污染物浓度降低到 1%~10%。

图4.4-45 混流式诱导流风机

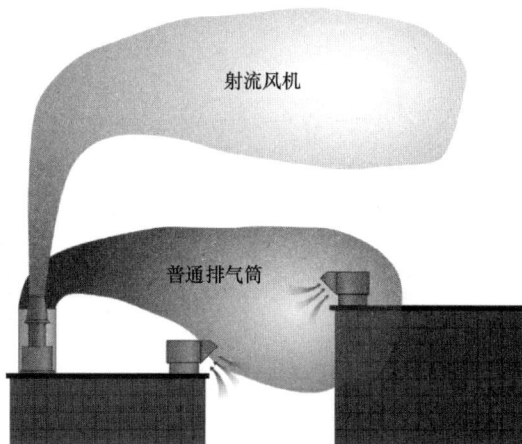

图 4.4-46 混流喷射技术高空排放

4. 废气处理设备比较（表4.4-10）

废气处理设备的比较   表4.4-10

设备	活性炭吸附设备	喷淋吸收塔	微生物氧化废气处理设备	紫外线光解或光催化废气处理设备	低温等离子体废气处理设备
技术原理	吸附法	吸收法	微生物氧化法	光催化法	低温等离子体技术
优势与局限性	处理范围广，运行稳定；对氨等小分子污染物处理效率低	对含硫、酸碱废气处理效率高，对难溶的恶臭污染物处理效率低	能耗最低，安全稳定；要求气流速度低，环境适合微生物生长	对有机恶臭气体处理效率高；无法清除氨、硫化氢等无机恶臭气体	脱臭效率高于光催化废气处理设备；在极端情况下能引发爆炸
能源及耗材	电、活性炭滤材	电、水、酸碱溶液（视情况）	电、水	电	电
设备风阻	高	中等	中等	低	低
电力消耗	中等（克服风阻需增配风机）	高	最低	高	一般
二次排放	吸附了有毒物质的废活性炭属危险废弃物	酸碱废液须进行处理后排放（视情况）	微生物发酵产生异味，废水中微生物含量高	产生高浓度臭氧	产生较高浓度的臭氧
维护项目	须定期更换过滤材料	须专人值守，补充溶液	须定期补充菌种	无须耗材，无须值守	无须耗材，无须值守

5. 未来的发展

基于上述废气处理设备的描述和比较可以看到，很多废气的处理不能依靠某一种方法完成，以实验动物设施为例，光催化法＋吸收法的组合能够更好地去除实验过程中的气态污染物，如果考虑对周围环境的影响，还应配置高空喷射装置，稀释尾气。具体的项目应从实际情况出发，认真分析，制定合理的废气处理方案。

应在废气处理装置中安装压差、浓度、超温断电、无风断电等报警系统，保障废气处理过程的安全；应逐步完善废气浓度在线监测系统，保证实验全过程环保监测的有效性，进一步积累数据，为废气处理技术的进步提供数据支持。

第 5 章 工 程 实 践

实验动物设施作为科学研究和生物医药领域不可或缺的基础设施，其建设质量直接关系到实验结果的准确性和可靠性，同时也为生物医药研究、疾病预防控制、新药研发、教学培训等多个领域提供了至关重要的实验平台。而工程实践是实验动物设施建设过程中的关键环节，它涵盖了从规划设计、材料选择、施工建设到后期维护的全过程。

本章主要介绍典型实验动物设施的工程概况、技术特点、结构及工艺平面、实验动物设施工艺等，包括不同类型、不同等级的实验动物设施，为相关领域的研究人员、工程师和管理者提供有益的参考和借鉴，共同推动实验动物设施建设的高质量发展。

5.1 北京大学医药科技园区综合楼一期工程实验动物设施

5.1.1 项目概况

北京大学医药科技园区综合楼一期工程位于北京市海淀区学院路 38 号，属于动物实验室改造项目。该项目动物实验室位于医药科技园区综合楼的十三至十五层，建筑面积为 5403m²，十三、十四层层高为 4.4m，十五层层高为 5.0m。该建筑属于一类高层公共建筑，设计使用年限为 50 年，耐火等级为一级；采用框架结构，抗震设防烈度为 8 度。2021 年 7 月完成施工图设计，现已建成并正式投入使用。

5.1.2 设计原则及要求

该项目以"通用、共享、绿色、可持续发展，且基本涵盖医学类实验需求"为原则，并落实以下要求：

（1）严格执行法律法规和各项标准规范，并贯彻有关部门的要求。合理组织功能分区，落实相关节能、节水措施，使实验建筑流程合理的同时，达到卫生安全、经济高效的目的。

（2）由于科研领域不断拓展、科研设备不断更新，对实验室也随之提出更高的要求。设计在方案、荷载、系统、容量等选择上，予以充分考虑，力求前瞻，能在一定程度适应未来需求的变化。

（3）重视环境控制，使建筑内、外环境既能满足实验需求，又能实现环境友好。

（4）坚持以人为本，以科学实验室为核心，合理划分实验空间，对工作环境进行周密安排，为研究人员创造便捷、舒适的科研环境和交流空间。

5.1.3 工艺布局与流线

1. 功能分区

根据"洁净度高的功能房间尽量设置在高层"原则，将各功能房间进行楼层划分。其中，十三层主要包括负压实验室、动物房和设备用房等；十四层主要包括动物房、行为学实验室等；十五层主要包括动物房、隔离检疫室、保种实验室、胚胎饲养间等。

十三至十五层均采用单走廊式布局，通过各区域的严格管控，避免交叉感染；并充分考虑生产区、实验区的工艺布局，配置了生产、实验的辅助功能空间与设施。

2. 布局与流线

（1）动物饲养区

以十三层平面布局为例，包括动物接收区、饲育区、清洗灭菌区、公共设施区和办公区，如图5.1-1所示。该层以中间货梯为分界线，将房间分为两侧，其中动物饲养区、清洗灭菌区分布在同一侧；公共设施区和办公区分布在另一侧。

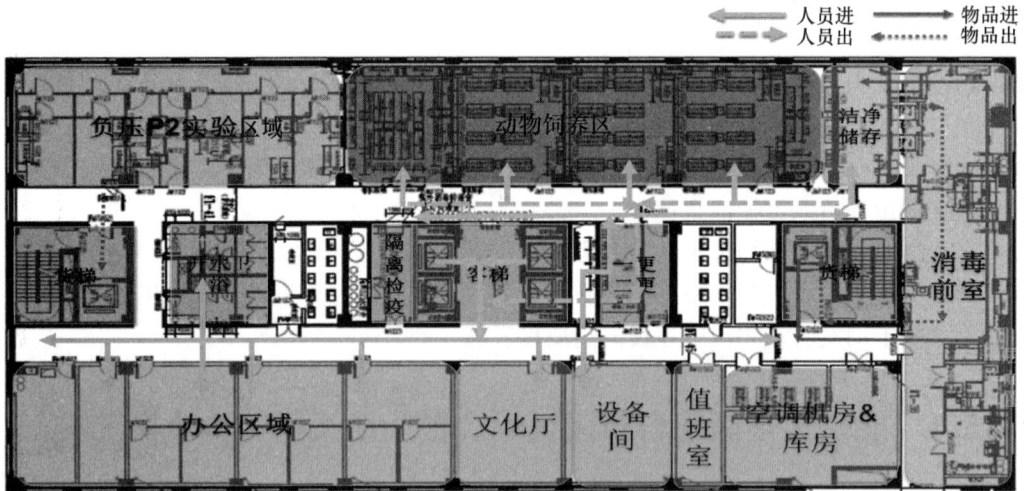

图 5.1-1　十三层工艺平面及流线

合理设置平面分区，有利于规划流线，保证人员和物品安全。平面流线包括人员进出和物品进出两条流线。人员从中间客梯进入楼层后，可沿走廊前往负压 P2 实验区域或办公区域；若进入动物饲养区，则需通过一更、二更进入。左侧货梯物品沿走廊送入负压 P2 实验区域进行单独处理；右侧货梯物品沿走廊进入消毒前室消毒后，送入洁净储存室，并根据需要送至动物饲养区，使用后经消毒灭菌后送至货梯，进而避免实验品在运送过程中受外界环境污染。

（2）负压 P2 实验区域

负压 P2 实验区域位于十三层，独立成区，洁净走廊位于区域上侧；一更、二更及消毒前室等位于区域中部；4 间负压 P2 实验室分布于左右两侧，消毒前室与缓冲间通过传递窗连接，用于清洁区与非清洁区之间的物品传递，如图 5.1-2 所示。人员从外界进入需经一更、二更进行消毒，经洁净走廊进入实验区；离开区域前经一更、二更再次消毒；饲养间的实验动物可从外部走廊经消毒前室消毒后进入负压 P2 实验区域，使用完毕后统一经高压灭菌后送至区域外。

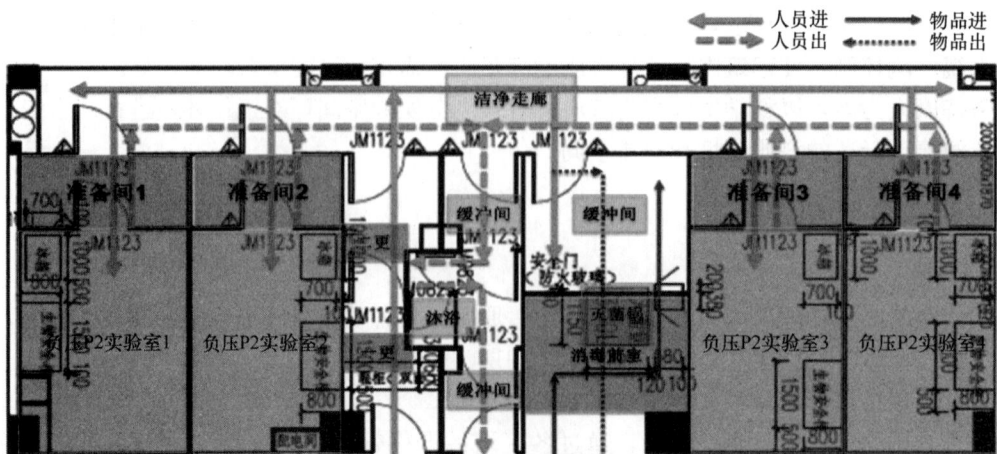

图 5.1-2　负压 P2 实验区域工艺平面及流线

（3）行为学实验区

行为学实验区位于十四层，其中临时饲养区域的中间为洁净走廊，左侧包括一更、二更和隔离检疫室，右侧为动物房，如图 5.1-3（a）所示。人员从一更、二更进入，经洁净走廊可进入左右两侧动物房或通往实验区；实验用物品从消毒前室进入，并经高压灭菌后排至室外，对于需要进行隔离检疫的物品，统一从传递窗进行输送。

行为学实验区包括生理实验室、社交观察实验室、疼痛观察实验室、学习记忆观察实验室、水迷宫观察实验室、抑郁行为观察实验室，如图 5.1-3（b）所示。实验人员经洁净走廊进入，实验后从洁净走廊回至临时饲养区，经一更、二更消毒后离开行为学实验区。同时，行为学实验区的左侧设有安全门，通过专用走廊与洁净走廊相通，用于实验人员的应急逃生。

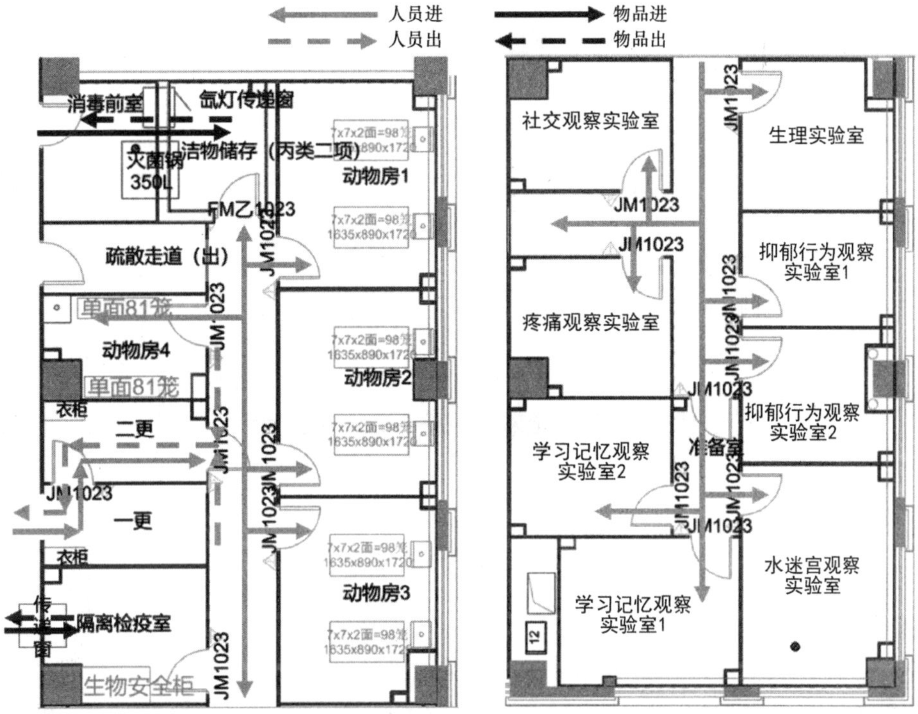

图 5.1-3　行为学实验区工艺平面及流线
（a）临时饲养区；（b）实验区

（4）保种实验区

保种实验区位于十五层，洁净走廊位于区域下侧；一更、二更及消毒前室等设置于区域右侧；左侧设有安全通道，右侧设有疏散通道，均用于实验室人员的安全应急撤离，如图 5.1-4 所示。保种实验室内设有隔离器，洁净走廊与外部实验室之间设有传递窗，用于实验动物等物品的传递。实验用物

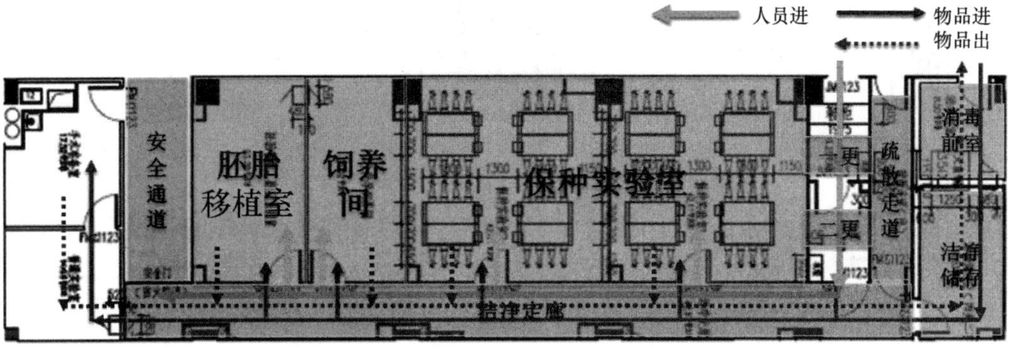

图 5.1-4　保种实验区平面及流线

品经消毒前室消毒后送至洁净储存室，根据需要沿洁净走廊送至保种实验室或胚胎移植室，或通过传递窗送入外部实验室，使用完毕后统一经高压灭菌后排至区域外。

3. 设施特殊要求

（1）实验动物饲养

该项目饲养的实验动物类型为大、小鼠。十三至十五层均在实验区附近设置大、小鼠饲养间，各层布置形式基本相同，整个实验动物设施饲养大鼠约2000笼、小鼠约12000笼，共计约14000笼。

大鼠饲养间约55m²，包括换笼台、储物柜和IVC笼架，通过空间的合理排布，IVC笼架为5×6，一拖二、一拖一形式，如图5.1-5（a）所示。小鼠饲养间约55m²，包括换笼台、储物柜和IVC笼架，IVC笼架为7×7，双面一拖二形式，如图5.1-5（b）所示。

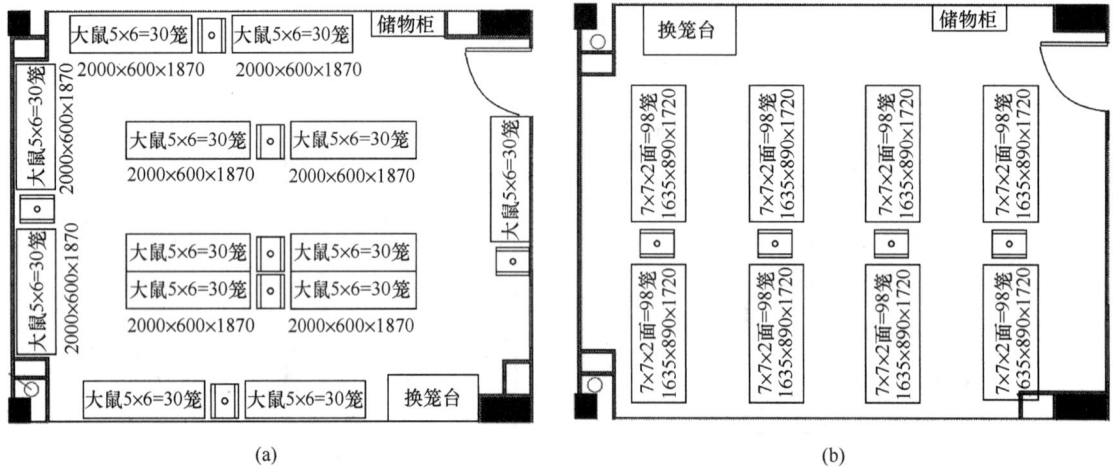

图5.1-5　大、小鼠饲养间平面布置
（a）大鼠饲养间；（b）小鼠饲养间

（2）洗消间

消毒前室一般面积较大，且包含多种设备，应保证实验物品的消毒灭菌流程合理。该项目设计时采用分散清洗的方式，即各层均设置洗消间。消毒前室包括垫料收集台、超声波消洗机、大型消毒传递舱、传递窗以及灭菌锅等设备，如图5.1-6所示。设计时将大型消毒传递舱、传递窗安装在与动物饲养间相邻的位置，便于实验物品的传递；同时，将蒸汽发生器放置于该层洗消间东侧，与各层真空压力蒸汽灭菌器相连，提供设备用蒸汽。

进入房间的实验物品需在超声波消洗机内进行清洗消毒，然后进入灭菌锅消毒灭菌，随后通过大型消毒传递舱/传递窗向动物饲养间/洁净储存室传递。大型消毒传递舱主要用于数量多、体积大的实

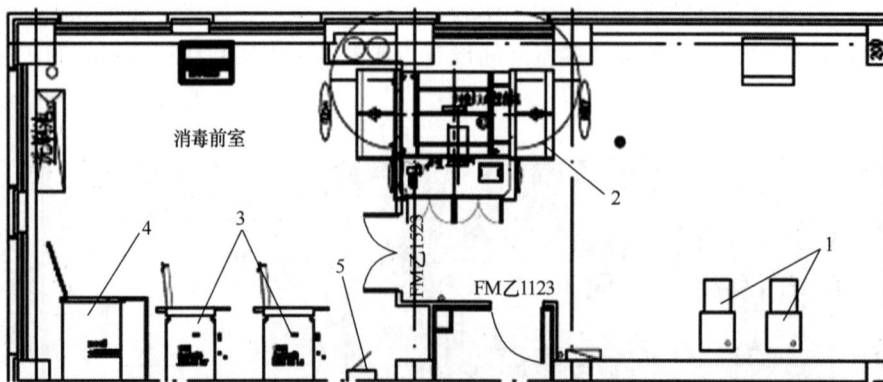

图5.1-6　洗消间平面布置
1—垫料收集合；2—超声波消洗机；3—灭菌锅；4—大型消毒传递舱；5—传递窗

验物品的传递，如笼架、笼盒；传递窗主要用于小型实验物品的传递。

5.1.4　机电专业设计要点

1. 暖通空调

（1）设计参数

依据现行国家标准《实验动物设施建筑技术规范》GB 50447 和《生物安全实验室建筑技术规范》GB 50346，确定主要功能房间的设计参数。其中，动物房的洁净度等级均为 7 级，换气次数为 $18h^{-1}$，与室外方向上相邻相通房间的最小压差为 +10Pa。负压 P2 实验室比动物房的洁净度要求低，各房间洁净度等级均为 8 级，换气次数为 $16h^{-1}$，与室外方向上相邻相通房间的最小压差为 -10Pa。

（2）房间通风量计算

依据现行国家标准《洁净厂房设计规范》GB 50073，换气次数差值为 $2h^{-1}$ 时，通常可以形成 10Pa 左右的压差。基于房间压差控制确定排风量。以十三层负压 P2 实验区域的负压 P2 实验室 1 为例（图 5.1-2），房间体积为 44.72m³，送风换气次数为 $16h^{-1}$，排风换气次数取 $18h^{-1}$。因此，房间送风量约为 716m³/h，排风量约为 805m³/h。

（3）冷热源形式

基于动物房的运行特点，夏季及过渡季为动物房单独配置冷（热）源，采用风冷热泵机组，冷水进/出水温度为 7℃/12℃；冬季热负荷由燃气锅炉房经换热站提供，板式换热器换热后，二次供/回水温度为 55℃/40℃。

（4）空调系统

主要功能房间采用全新风系统，同时辅以专用设备处理废气；动物房的非洁净区域采用风机盘管＋新风系统。动物房内采用"上送下排"的气流组织形式；对于动物饲养间，要对 IVC 笼架单独设置排风，每个送、排风口设置手动阀，用于调节风量。

各层动物实验室新风取风口均设置在综合楼东侧面的最北侧，排风口通向屋顶，排风经高效过滤后排至室外。区别于其他实验动物房的室内正压需求，十三层的负压 P2 实验区域需维持负压，因此该区域采用独立的送、排风机组，对送、排风及压差进行单独控制。

送风管道上装有组合式空调机组，包括新风段、粗效过滤段、盘管段、电加热段、加湿段、检查段、风机段、均流段、中效过滤段和送风段，如图 5.1-7 所示。风机段为一用一备形式，当风机发生故障时，开启备用风机，以保证房间内的换气次数、温湿度保持不变。加湿段采用高压微雾加湿。

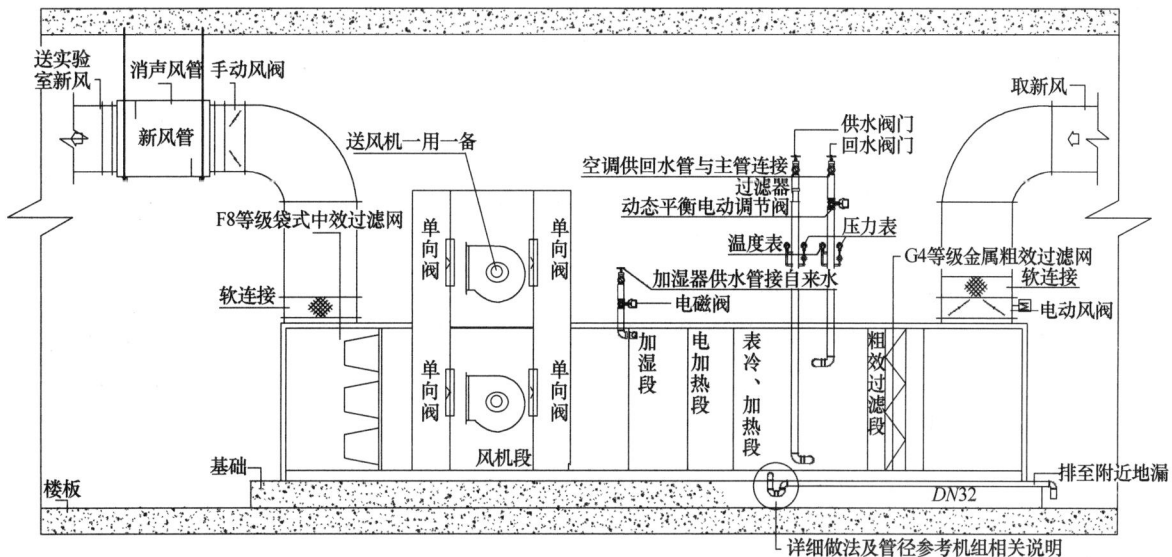

图 5.1-7　动物房组合式空调机组

高效空气过滤器设置在送风系统的末端，每个房间的送、排风支管配置压力无关型定风量阀，恒定各房间的送、排风量，控制各房间之间压差不变。同时，在动物房区域的送、排风管段设置空调热回收机组，采用显热回收效率不低于70%的热管热回收装置，通过回收排风中的冷量（热量）预冷（预热）新风，从而降低全新风空调系统的运行能耗。

2. 给水排水

（1）给水

室内给水系统水源由建筑原给水管网提供，设水表计量。消毒前室设有纯水间，纯水间内安装纯水机及相应管路，用于供给动物饲养间的动物饮用水。

（2）排水

十三至十五层排水主要是卫生间及洗浴用水、动物笼具清洗用水、动物饮水机排水、高压灭菌锅排水以及负压P2实验区域的废水。

卫生间及洗浴排水、动物笼具清洗排水及动物饮水机排水采用常规处理方式；高压灭菌锅排水由于水温较高，故采用独立铸铁排水立管，并与化粪池相连；由于负压P2实验区域防护区内未设置排水系统，故日常废水用专用容器收集后经过高压灭菌锅灭菌处理后排放。

3. 电气自控

实验动物设施内温湿度是动物正常活动的先决条件，室内温湿度及空气流动对动物机体平衡影响很大，温度过高或过低均会导致动物的抵抗力下降，使其生病，甚至死亡。空气湿度过高易于微生物繁殖，湿度过低易引发动物坏尾症等疾病，同时尘埃易于飞起，对室内空气洁净度有影响。各房间的温湿度控制由设置在房间内的温度传感器和湿度传感器进行检测，并经过控制系统处理后，调节组合式空调机组表冷段、再热段、加湿段的电动阀开度，其中供冷季调节盘管水量和末端再热量，供暖季调节盘管水量和加湿量，从而保证实验动物房的温湿度维持在一定范围内。

该项目采用变频风机，能够根据室内压差调整风量，同时可有效降低风机的运行能耗。组合式空调机组送风机、排风机均设置变频器，根据送、排风总管的静压信号，自动调节风机转速，以保证送、排风总管的静压恒定，满足系统不同工况下的运行风量要求，如图5.1-8所示。对于使用隔离器的房间，其隔离器排风机与隔离器排风支管上的电动气密阀联动，某个电动气密阀开启，则相应的隔离器的排风机运行，从而实现对排风的单独控制。

对于十三层负压P2实验区域的各房间，开机顺序为：先开排风电动阀、排风机，再开新风电动阀、空调送风机；关机顺序相反，以维持室内负压。动物房区域各房间均为正压，开机顺序为：先开新风电动阀、空调送风机，再开排风电动阀、排风机；关机顺序相反。

5.1.5　结束语

阐述了实验动物设施的设计原则与要点，包括工艺布局、暖通空调、给水排水、电气自控的设计，旨在为实验动物设施的建造提供参考。实验动物设施的设计既要遵循相关法律法规和标准规范，又要满足动物饲育或实验操作等功能需求，是一个综合性系统工程。因此，科学、合理的设计是实验动物设施建造的关键。

该项目同时对动物房各功能房间的换气次数（风量）、静压差、悬浮微生物（空气洁净度）、温度、相对湿度、噪声、照度等进行逐项检测。经第三方检测，各房间参数均满足现行国家标准《实验动物　环境及设施》GB 14925、《实验动物设施建筑技术规范》GB 50447和《生物安全实验室建筑技术规范》GB 50346的相关要求。

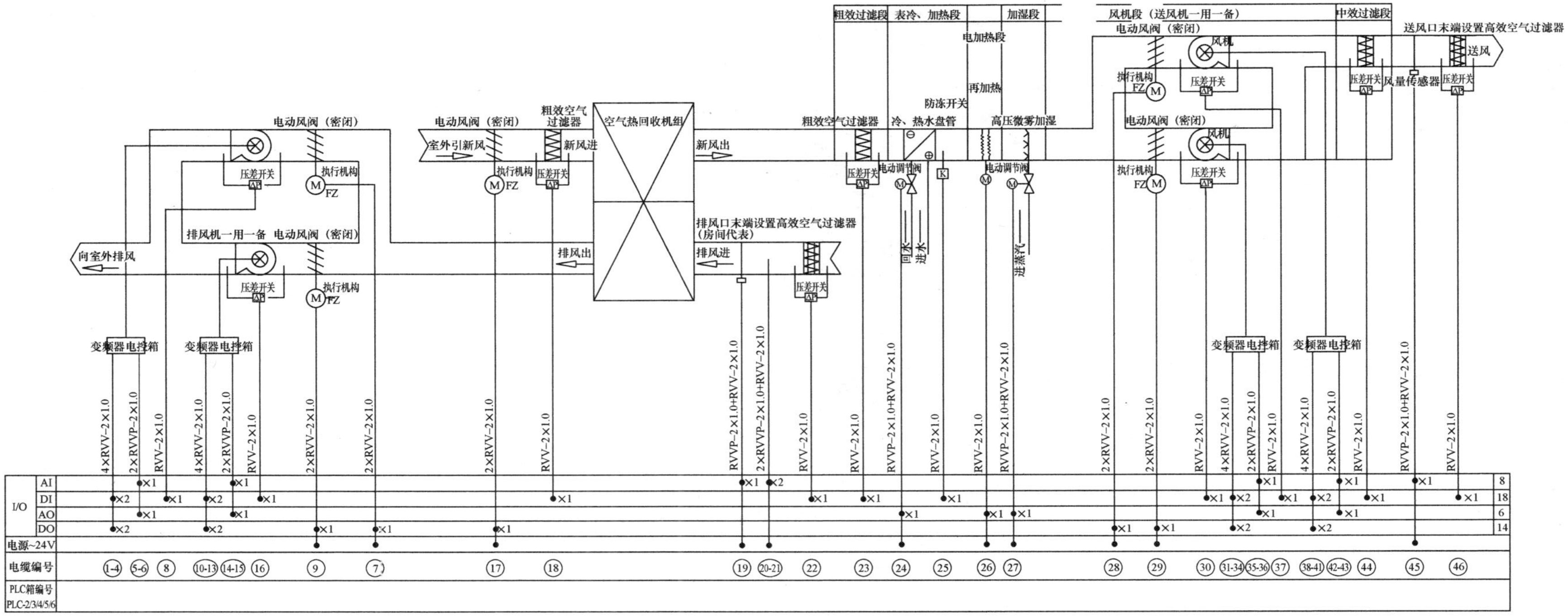

图 5.1-8 组合式空调机组控制原理图（动物房区域）

5.2 北京脑科学与类脑研究中心实验动物设施

5.2.1 项目概况

北京脑科学与类脑研究中心成立于 2018 年 3 月 22 日，是北京市重点推进建设的新型研发机构之一，由北京市政府与中国科学院、北京大学、清华大学、北京师范大学、中国医学科学院、中国中医科学院等单位共建，结合北京"全国科技创新中心"的定位，重点围绕脑认知基本原理解析、认知障碍相关重大疾病、类脑与脑机接口、共性技术平台和资源库建设等方面开展攻关，实现前沿技术突破，产出一批重大原始创新成果，建设成为国际一流的脑科学与类脑研究研发机构。北京脑科学与类脑研究中心二期为装修改造工程，位于北京市昌平区中关村生命科学园医科路 9 号院 3 号楼，于 2021 年 5 月 19 日开工建设，2022 年 6 月 25 日完工并投入使用（图 5.2-1）。

图 5.2-1　北京脑科学与类脑研究中心二期外景

北京脑科学与类脑研究中心二期实验动物中心总面积约 7000m²，其中屏障区面积 3300m²，办公区及辅助区面积 3700m²，目前具备 30000 余个小鼠笼位、3000 余个大鼠笼位、200 余个动物生物安全二级（ABSL-2）负压隔离笼位和 150 余个非人灵长类笼位的饲养能力，设有饲养洗消、兽医、胚胎操作、设施维保、动物模型、行政等小组，致力于保障实验动物质量和福利，为科学家提供实验动物繁育饲养、资源保存、生物净化、胚胎和精子冷冻、技能培训、动物手术操作和动物疾病模型制作等技术支持服务。

5.2.2 平面布局及工艺流程

该项目实验动物设施共有 5 套，包含实验动物生产设施及实验动物使用设施，分别为 D 设施（大鼠、小鼠生产设施）、E 设施（大鼠、小鼠、豚鼠、地鼠、兔、犬、猴、小型猪使用设施）、F 设施（动物生物安全二级负压使用设施）、G 设施（大鼠、小鼠、豚鼠、地鼠、兔、犬、猴、小型猪使用设施）、H 设施（大鼠、小鼠、豚鼠、地鼠、兔、犬、猴、小型猪使用设施），各设施主要楼层分布如图 5.2-2 所示。

以 D 设施为例，其位于四层，层高为 4.5m，总面积为 2110m²，屏障环境设施内面积为 1200m²，包括：大、小鼠饲养间，大、小鼠实验室，检疫间，净化间，更衣间，缓冲间，灭菌后室，灭菌前室，办公室，会议室，库房等，平面布局如图 5.2-3 所示。

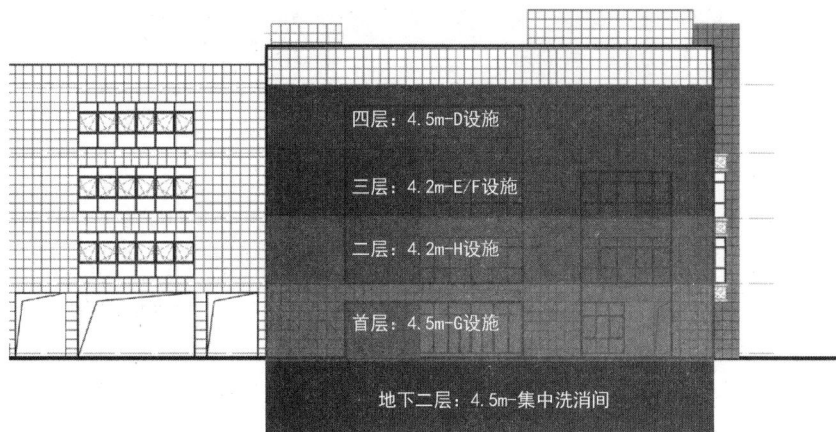

图 5.2-2　实验动物中心各设施分布情况

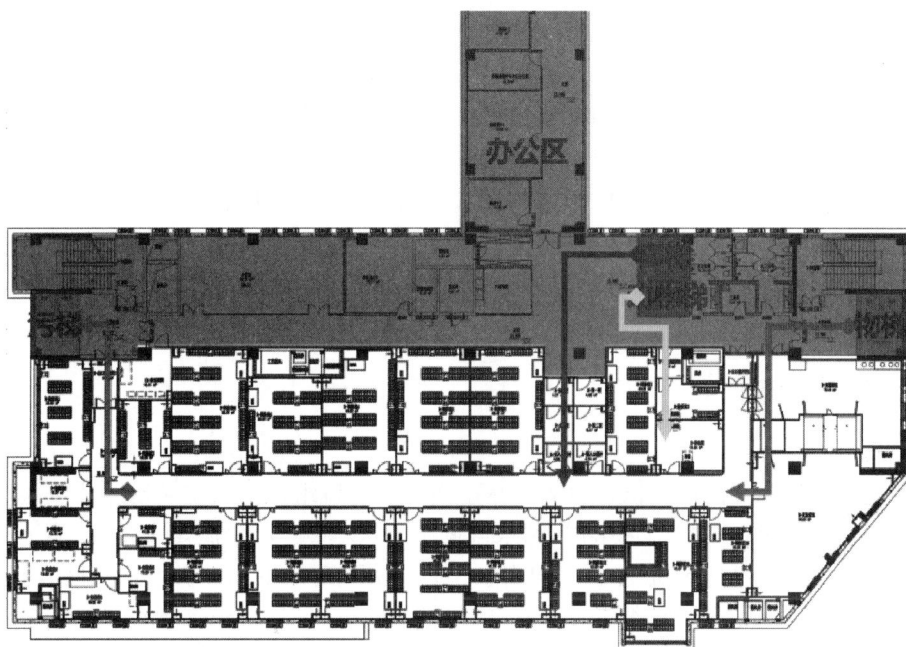

图 5.2-3　D 设施平面布局图

设施内平面布局形式为单走廊式，主要流线为：

人员流线：人员通过一更、二更、缓冲间，穿洁净服后进入屏障环境洁净走廊（图 5.2-4）。若携带污物，则从西侧缓冲间退出；若不携带污物，则从西侧和东侧缓冲间均可退出。

动物流线：符合实验动物质量控制要求的啮齿类动物通过氙光传递窗传入屏障环境设施，不符合要求的啮齿类动物通过氙光传递窗传入净化间，净化合格后进入屏障环境设施；实验动物通过西侧缓冲间离开屏障环境设施，动物尸体放置于安乐死间的尸体冰箱或通过西侧专用污梯运至地下二层尸体暂存间。

物品流线：干净笼盒、动物饲料、垫料及实验用品通过东侧专用洁物电梯运至本层后经过双扉压力蒸汽灭菌器、过氧化氢传递舱或氙光传递窗消毒灭菌后进入屏障环境设施，笼架及不耐高温消毒的大型仪器设备等通过过氧化氢消毒传递舱或经缓冲间紫外灯消毒后进入屏障环境设施。

污物流线：脏笼盒、脏垫料等污物通过西侧缓冲间退出屏障环境设施，并通过西侧专用污物电梯运至地下二层进行集中洗消。

图 5.2-4　屏障环境设施洁净走廊

5.2.3　围护结构

该项目屏障环境设施内洁净度等级为 7 级，为了保证各房间的洁净度及严密性，围护结构采用 50mm 厚石膏岩棉夹心彩钢板，耐火极限不小于 1h，所有阴阳角采用 $R=50$mm 铝合金圆弧角进行过渡，彩钢板之间的缝隙采用耐候胶进行密封处理。地面采用 2mm 厚同质透心 PVC 卷材，接缝处采用同种材料进行焊接，踢脚线圆弧上墙。屏障环境设施的门采用成品洁净钢质门，带成品双层观察窗，自带闭门器及自动升降密封条，缓冲间及更衣室门均具备互锁功能。在洁净走廊、缓冲间等笼架经过的房间，墙面及门板设置两道成品不锈钢防撞带；有压差梯度的房间在门口安装成品机械式压差表，便于观察相邻房间的压差。

5.2.4　暖通空调系统

1. 冷热源系统

该项目冬夏季冷热源由园区提供，冷源由冰蓄冷及冷水机组提供，空调冷水供/回水温度为 6℃/13℃，热源为市政热力供应，空调热水供/回水温度为 65℃/50℃，为满足 24h 空调冷热水需求，单独设置 5 台四管制风冷螺杆热泵机组，夏季四用一备、冬季三用两备，与园区设计的两管制水系统汇合供应四管制水系统，满足了过渡季节及夏季再热负荷需求，且冬夏季冷热源实现备用。

2. 送、排风系统

该项目 D 设施、E 设施、H 设施为正压屏障环境设施，F 设施（动物生物安全二级实验室）、G 设施为负压屏障环境设施。

实验动物设施采用全送全排的通风系统，上送下排的气流组织形式，空调机组风机及排风机均为一用一备。室外新风通过 G4、F6、F8、H14 四级过滤后送入饲养间，加湿方式为蒸汽加湿；房间排风及 IVC 排风均单独设置独立的高空射流风机，喷射高度大于 15m；实验动物设施的排风在排风机前端都安装了一体扰流喷淋除臭设备。因实验动物设施的空调为常年 24h 不间断运行，采用了分布主动式热回收系统，对房间的排风冷（热）量进行回收，可节约能耗 20% 左右，并解决了新风机组冬季防冻的问题。所有屏障环境设施的房间送、排风管道上均安装了变风量文丘里阀，均能单独关断，实现每个房间单独关闭送、排风的功能，排风风管采用 304 不锈钢板制作。

5.2.5　动力系统

1. 蒸汽系统

该项目蒸汽系统主要供洗消灭菌及空调加湿使用，设置一套洁净蒸汽机组，由园区工业蒸汽进行置换，同时设置 4 台电蒸汽发生器作为备用。

2. 气体系统

该项目使用气体种类包括压缩空气及二氧化碳。压缩空气主要用于洗消灭菌设备及各区域消毒动力，在地下二层压缩空气站内设置一套压缩空气系统，选用无油螺杆式空气压缩机两台（一用一备），三级过滤，满足用气需求；二氧化碳主要用于培养箱及安乐死设备等，气瓶集中供气，设半自动切换装置，配置电接点压力表，具有低压报警功能，保证实验室用气不间断。

5.2.6　强弱电系统

1. 电力系统

为保障实验动物设施设备运行的稳定性，动物房区域暖通空调设备、实验设备用电均设计为一级负荷，由两路 10kV 电源供电，并采用柴油发电机组作为应急备用电源，持续供电时间不小于 3h。屏障环境设施内工作照明、动物照明及紫外线消毒灯均采用智能控制，实现对房间照明的远程控制、定时开关等节律控制。

2. 弱电系统

（1）信息系统

屏障环境设施内每个房间均实现无线网络覆盖，各饲养间、灭菌室、洗消间均安装无接触式对讲电话。

（2）安防监控系统

动物房各主要出入口及每个饲养间、实验室均安装门禁控制系统，采用人脸识别及非接触式 CPU 卡方式，在房间内部通过出门按钮进出，紧急情况下可通过紧急按钮解除门禁，快速离开各房间；在屏障环境设施内设置门禁延时系统，实现了动物质量分级控制，即进入动物质量级别较低的设施或房间后，在规定时间内禁止进入动物质量等级较高的设施或房间。

屏障环境设施内各房间均安装高清网络数字摄像机，传输采用设备网络，存储系统采用存储服务器加磁盘阵列，控制系统采用数字矩阵，显示系统采用高清解码数字信号拼接墙，在中控室集中显示（图 5.2-5）。所有录像具有防篡改功能，动态存储时间为 30 天。

（3）建筑设备管理系统

建筑设备管理系统采用分布式计算机控制系统，实现对送风机组、排风机组、除臭设备、冷热源设备、蒸汽设备、空气压缩机及气瓶装置、智能照明控制系统的远程启停、集中控制及运行状态监测，如图 5.2-6 所示。

各房间内安装温湿度传感器、压差传感器、气体浓度监测装置，通过控制器实时读取传感器信号，将信号上传至中央管理站人机界面进行实时数值显示和周期性记录，通过对管理站画面的组态、编辑，将各类报警信号进行分类处理、分级显示，便于运维人员集中操作并提供准确有效的运行数据，如图 5.2-7 所示。

图 5.2-5　中控室

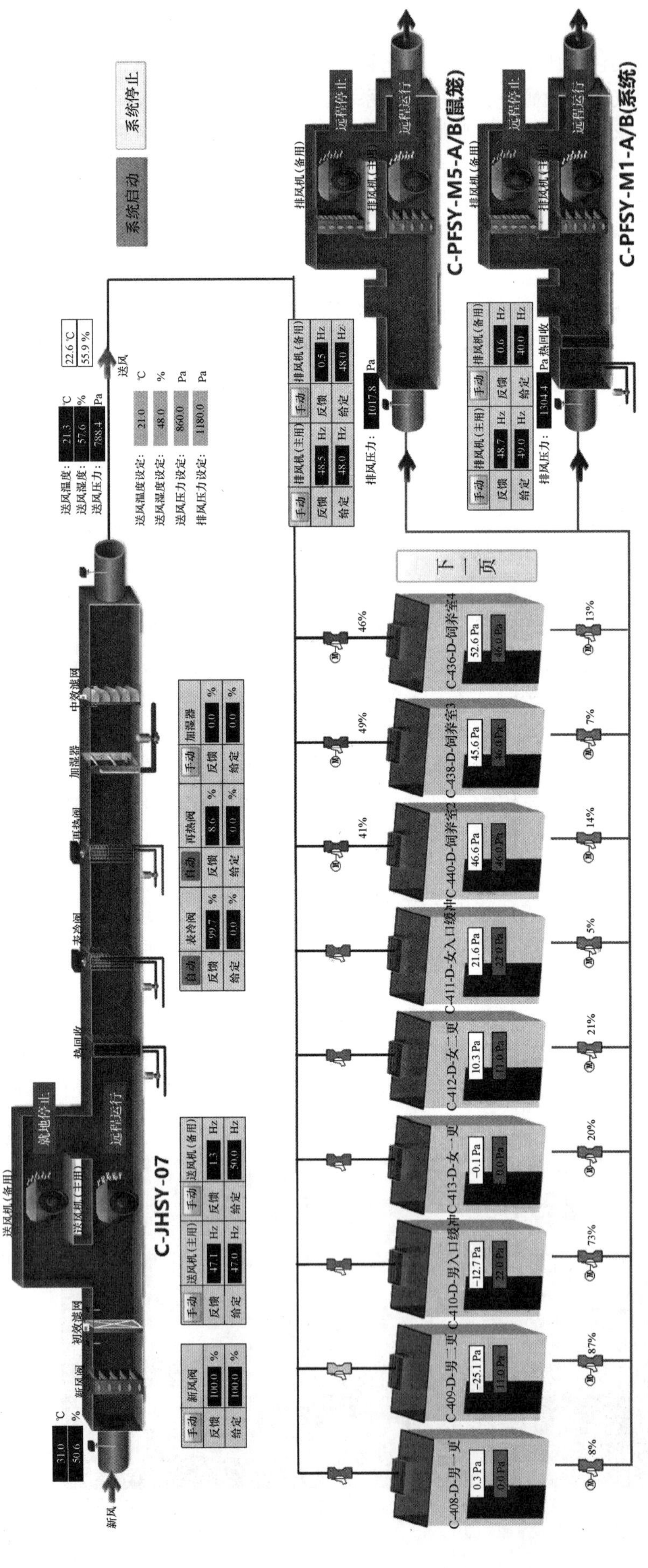

图 5.2-6 建筑设备管理系统人机界面 1

图 5.2-7　建筑设备管理系统人机界面 2

5.2.7 给水排水系统

1. 软化水系统及纯水系统

为满足生产用水需求，配备了20t/h软化水处理设备及6t/h三级纯水处理设备，软化水为洗消设备及灭菌设备提供水源，三级纯水为洁净蒸汽机组及电蒸汽设备提供水源。

2. 污水系统

动物房洗消设备污水与生活污水分开排放，通过专用管道收集后流入专用污水处理设备，待处理合格达到排放标准后排入市政管网；压力蒸汽灭菌器等设备的高温排水通过专用管道收集后流入降温池，降温后排入市政管网。

3. 动物自动饮水系统

本项目安装了一套动物自动饮水系统，通过对水源进行过滤及无菌处理，由316不锈钢管管路输送至每个笼盒笼位，自动控制系统可定时对系统管道进行消毒，压力调控系统可根据动物种类动态调节动物饮水压力和流速，为每只动物提供7×24h持续、高质量的饮用水。

5.2.8 工艺设备

本项目配备了独立通风笼具、换笼工作台、猴笼、脉动真空压力蒸汽灭菌器、全过程自动化笼盒处理系统（脏垫料倾倒、隧道式清洗机、干净垫料分装、脏垫料收集储存）、步入式清洗机、柜式清洗机、饮水瓶清洗机、饮水瓶灌装机、低温消毒传递舱、高通量氙光传递窗等饲养、洗消、灭菌设备（图5.2-8～图5.2-10），为实验动物设施运行提供保障。

图5.2-8　IVC、换笼工作台（左）及猴笼（右）

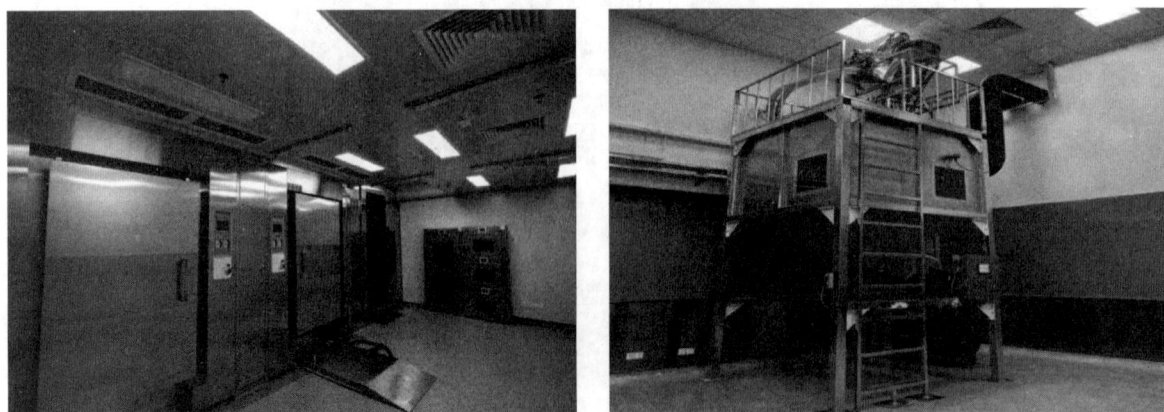

图5.2-9　压力蒸汽灭菌器、消毒传递舱、氙光传递窗（左）及废垫料收集储存系统（右）

图 5.2-10　隧道式清洗机、干净垫料分装系统（左）及脏垫料倾倒系统（右）

5.3　深圳市药品检验研究院实验动物设施（高层建筑）

5.3.1　项目概况

深圳市药品检验研究院实验动物设施（高层建筑）位于深圳市南山区科技园，2021 年建成，总投资超过 12 亿元（包括仪器设备）。本项目楼高 98m，地下 3 层、地上 19 层，共 4.8 万 m²（图 5.3-1）；十二至十九层为动物实验室，每层面积约 2000m²，动物实验室楼体层高约 5.1m，屏障环境设施除管道夹层外净高约 2.5m；包括 7 层饲养区和 1 层集中清洗消毒辅助区，为华南地区已建成的单体面积最大的动物实验室，饲养小鼠、大鼠、豚鼠、地鼠、兔、犬、猴、猪等多种实验动物。本项目位于人流密集的深圳科技园区，并且为高层建筑，在全国乃至全世界均无先例，设计和施工难

层	功能
19	屏障环境/动物生物安全二级小动物实验室
18	屏障环境小动物实验室（益诺思）
17	屏障环境/普通环境小动物实验室
16	
15	普通环境大动物实验室（益诺思）
14	
13	普通环境大动物实验室
12	动物实验室辅助功能区
11	益诺思安评实验室
10	
9	药理毒理室
8	微生物检验室
7	体外诊断试剂检测部
6	设备层
5	无源医疗器械检测部
4	质量管理科/无源医疗器械检测部
3	信息技术科/有源医疗器械检测部
2	报告厅/有源医疗器械检测部
1	医疗器械综合业务部/有源医疗器械检测部
B1~B3	地下车库

图 5.3-1　建筑效果图及各层使用功能

度很大。动物实验室于 2021 年 4 月 29 日取得实验动物使用许可证，运行情况良好。2021 年，深圳市药品检验研究院通过了 CMA、CNAS 等实验室资质认证，2022 年 GLP 实验室取得 AAALAC 认证，2023 年 3 月通过 GLP 认证。

5.3.2 平面布局

屏障环境动物实验室采用双走廊布局，人员、动物、物品分流进出，正压设计，4 级压差，清洁走廊与大气的压差为 60Pa。动物生物安全二级实验室采用负压设计，设有主实验室、检疫室、解剖室、结存室等，4 级负压，主实验室与大气的压差为－70Pa。普通环境动物实验室采用单走廊布局，兔实验室带隔断的粪便收集区，将兔粪便搅碎后通过污水管道排放到废水处理系统进行无害化处理。普通环境采用微负压设计，有效避免臭味外溢，压差为－10～－5Pa。十二层以上楼层的使用功能及饲养动物种类见表 5.3-1。

十二层以上楼层的使用功能及饲养动物种类 表 5.3-1

楼层	功能	饲养动物
十二	笼具集中清洗	—
十三	普通级大动物实验室	猪，犬
十四、十五	GLP 普通级大动物实验室	犬和猴
十六、十七	小动物实验室（包括屏障环境和普通环境）	大、小鼠，豚鼠，地鼠，兔
十八	GLP 小动物实验室	大、小鼠，豚鼠，兔
十九	小动物实验室（包括动物生物安全二级实验室）	大、小鼠，豚鼠，地鼠及生物安全二级感染动物

5.3.3 机电系统设计

1. 楼宇智慧化设计

利用 BIM（建筑信息模型）技术与 LIMS（实验室管理系统），将暖通空调、排风除臭、供配电、弱电、自控、给水排水、污水处理、工艺气体、动物饮用水、笼具清洗、消毒灭菌等诸多系统的监控整合在一个直观、统一的智慧化平台，再对各项数据进行归类分析，甚至为实验动物设施的运行管理策略提供优化建议，即智慧化三维集成系统（图 5.3-2）。

2. 暖通空调精准化控制

全楼采用集中供热水、冷水和蒸汽的方式来调控温湿度。动物实验室总新风量约为 16.5 万 m³/h，共安装 32 套组合式空调机组，在动物实验室内设置变风量节能控制系统，此系统可以通过传感器对

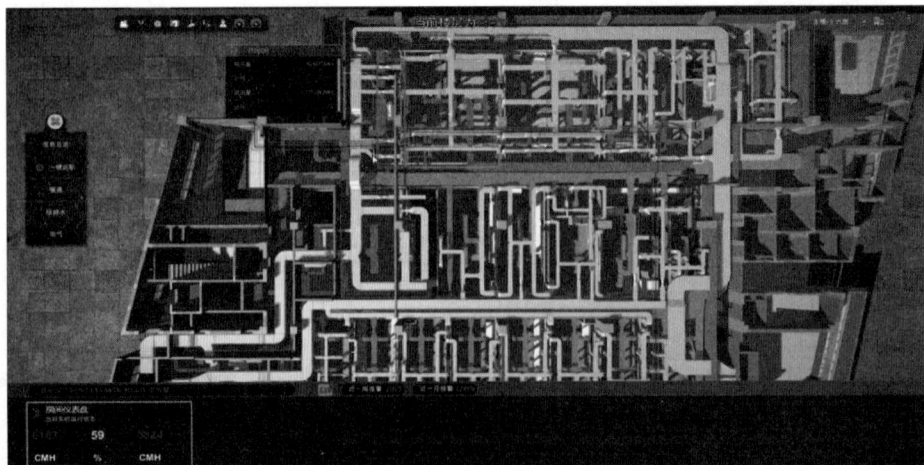

图 5.3-2 智慧化三维集成系统

室内污染物的浓度进行检测，从而控制室内送、排风量及风机频率。动物实验室采用文丘里阀气流控制系统，在 324 个房间应用了 575 套文丘里阀气流控制系统，应用场合包括动物饲养及实验房间的送风系统、排风系统、通风柜、排风罩、生物安全柜、IVC 鼠笼的风量控制等。

采用 Aircuity 室内环境监测系统，根据饲养室中的氨气等污染物的采样浓度与设定值进行对比，实时调整系统的送、排风量，在确保室内污染物浓度达标的前提下实现节能运行。

3. 电气和设备

所有实验室均安装高清摄像头，24h 连续监控，如图 5.3-3 所示。

图 5.3-3　监控图像

照明自动控制系统：可以设定照明自动开关时间。

环境参数监控系统（EMS）：实现温度、湿度、压差自动记录、自动保存、双备份；可以查询历史数据、运行曲线，参数异常时自动发送报警短信（图 5.3-4）。

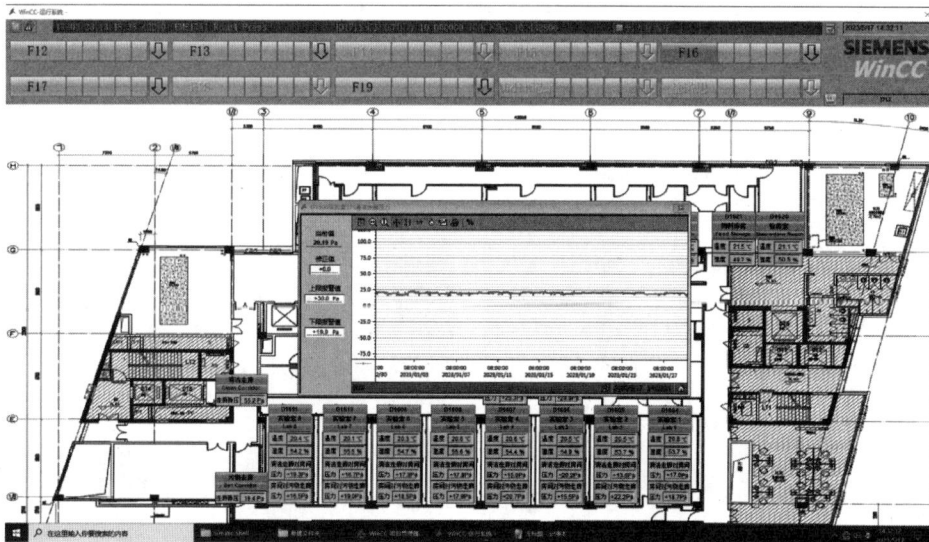

图 5.3-4　环境参数监控系统（EMS）

屏障环境消毒灭菌系统：十六至十九层的屏障环境（约 $1200m^2$）配备 2 台 $1.2m^3$ 的压力蒸汽灭菌器（图 5.3-5），1 个过氧化氢灭菌传递舱，3 个紫外线传递窗，1 个氙光传递窗，2 个动物传递柜。

压力蒸汽灭菌器、过氧化氢灭菌传递舱等下陷安装，灭菌车可以平稳推进灭菌器。

走廊等处安装了自动感应门，方便通行。

图 5.3-5　屏障环境

4. 给水排水

实验室提供自来水、超纯水和软水。超纯水由位于六层的纯水车间集中供应，主要用于实验和大动物饮水。软水由位于十二层的软水房供应，主要用于压力蒸汽灭菌器和废气处理系统。大动物饮水采用大动物自动饮水系统，通过自动饮水器直接供给动物饮用。小动物采用国产反渗透无菌过滤水，通过管道为屏障环境内灌装机供水。兔通过自动饮水器饮用城市生活用水。

废水按照理化实验废水、动物实验室废水、生活废水分类收集处理。处理过程包括沉淀（二级）、过滤、酸碱中和等，达标后排放。动物实验室排水管均采用 304 不锈钢材质，耐腐蚀、耐老化、使用寿命长。

5. 弱电系统

弱电系统包括楼宇设备管理自动化系统、安全防范自动化系统、信息通信自动化系统、消防管理自动化系统等（图 5.3-6）。通过门禁授权刷脸系统，以计算机登记的方式进出受控区域，避免了繁琐的手工登记，防止未授权人员随意进出受控区域。所有实验室均安装了有线和无线网络，每间实验室一般在两端都设有线接口。天平和计算机等设备通过网络接口实现数据传输。

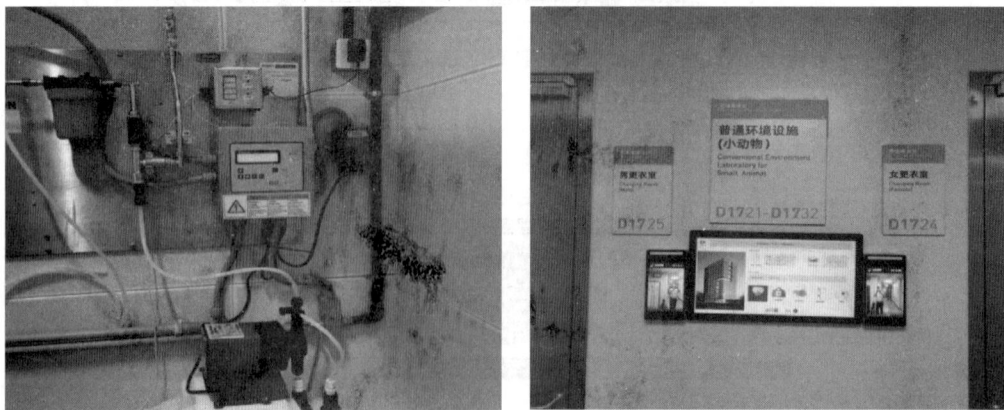

图 5.3-6　自动化系统设备

6. 废气处理系统

采用一体化扰流喷淋除臭系统进行废气处理（图 5.3-7）。废气按动物实验区域、理化实验（防酸碱腐蚀）区域、普通区域分别收集处理。

图 5.3-7　废气处理设备

7. IVC

IVC 的应用为优化动物饲养微环境、进一步改善动物福利提供了装备保障（图 5.3-8）。IVC 提高了换气频率（$20 \sim 60 h^{-1}$），废气集中外排，同时有利于控制病原微生物，避免环境污染动物（正压）或者动物污染环境（负压）。

图 5.3-8　IVC

8. 强电系统

电源由两个变电站双路供电，一路电源异常时另一路可以快速供电。同时配备发电机，可以应急发电。

9. 主要建设材料

本项目主要建设材料如表 5.3-2 所示。

主要建设材料   表 5.3-2

名称	屏障环境	大动物实验室	普通兔实验室	洗消区
地面	3mm 橡胶地面，蓝色	刚玉地面，绿色	刚玉地面，绿色	彩片地面，灰白彩片
墙壁和顶棚	氟碳涂层手工岩棉夹芯玻镁彩钢板	水泥砖隔断，柔斯克防水涂层，顶棚彩钢板	氟碳涂层手工岩棉夹芯玻镁彩钢板	水泥砖隔断，柔斯克防水涂层，顶棚彩钢板
门	带自动闭门器的无指纹互锁不锈钢门，观察窗贴红色膜	钢质子母门	带自动闭门器的无指纹互锁不锈钢门	钢质子母门
走廊	宽约 2m，安装上下两根防撞带	宽约 2m，安装上下两根不锈钢防撞栏	宽约 2m，安装上下两根防撞带	宽约 2m，安装上下两根不锈钢防撞栏
空气过滤	AAF 粗效、中效、高效空气过滤器	粗效、中效空气过滤器	粗效、中效空气过滤器	粗效、中效空气过滤器
排气管	304 不锈钢排气管	304 不锈钢排气管	304 不锈钢排气管	304 不锈钢排气管
排水管	304 不锈钢排水管	304 不锈钢排水管	304 不锈钢排水管	304 不锈钢排水管
消防设施	隐藏式消防通风口和消防喷淋口	隐藏式消防通风口和消防喷淋口	隐藏式消防通风口和消防喷淋口	隐藏式消防通风口和消防喷淋口

5.3.4　项目的主要特点

1. 设施设备功能齐全

动物实验室面积 1.6 万 m^2，为华南地区已建成的最大单体动物实验室。本项目设计富有前瞻性、布局合理，工艺良好，配套设施齐全，运行情况良好，可同时饲养数万只小鼠、大鼠、豚鼠、地鼠、兔、犬、猴、猪等实验动物，满足了药品、化妆品、医疗器械等产品的检验和科研的需要。

2. 控制系统高端智能

本项目通过一套完整的自动控制系统，通过对文丘里阀、电动风阀、电动水阀、蒸汽加湿阀等的控制，使温度、湿度、压力等参数在可控范围内。该套系统运行可靠、准确、平稳。通过变频器控制总风管的风量、静压，使压力无关型文丘里阀能够稳定运行。通风柜安装门高传感器，把信号传送给能够快速反应的文丘里阀，从而确保通风柜的面风速保持稳定。

采用刷脸自动记录门禁系统、环境参数监控系统、一体化扰流喷淋除臭系统、隧道式清洗机、垫料倾倒机（带真空负压管道连通 1 层）、自动垫料填装机、自动灌装机、兔自动除粪系统、大动物自动饮水系统、小动物自动饮水系统、智能储物柜、自动门系统、立式洗笼机等，建成了智能化的高端实验动物设施。

3. 节能环保

Aircuity 室内环境监测系统对房间进行实时监测，在参数超限的情况下通过提高换气次数能够快速降低房间的氨气、硫化氢等气体的浓度。在房间参数符合要求的情况下，减小换气次数，从而达到节能的目的。同时，系统有正常和值班两种工作模式，对于空置的实验室可以采用值班模式减少能耗，同时保持房间的洁净度。

废气通过设置在楼顶的一体化扰流除臭设备对大、小动物饲养室的废气进行处理，废气排放满足国家标准的要求，避免对环境产生不利影响。废水采用二级沉淀、过滤、中和等方式进行处理，达标后排放。

4. 装修材料性能优越

大量采用了刚玉地面、柔斯克防水涂层、彩片地面、氟碳涂层手工岩棉夹芯玻镁彩钢板等新材料，有耐腐蚀、易清洁、不容易滋生细菌、强度高等优点，尤其是刚玉地面的耐摩擦性能好，能够满足大动物饲养间严苛的环境要求，是理想的大动物饲养室地面材料。小动物饲养室采用无指纹不锈钢密闭门，门板光滑，易于清洁、消毒，密封严密，外观靓丽，下部采用下沉式密封条，完全满足SPF级饲养室对房间的气密性要求。观察窗贴红色膜，减少人员对动物的影响。

5. 充分保障生物安全

本项目拥有完善的生物安全设施，配备了生物安全专用灭菌器（动物生物安全二级污物处理）、压力蒸汽灭菌器、A2生物安全柜、IVC、智能型升降式生物安全取材工作站、生物安全换笼机、通风柜、紧急洗眼器、超净台、应急药箱、灭蝇灯、防鼠盒、防虫盒、挡鼠板、冷库、生物安全专用电梯、生物安全标示、二氧化碳安乐死装置和数十台冰箱等，完成了动物生物安全二级实验室备案。

6. 动物福利理念先进

为实验动物提供优越的饲养环境、实验设施、安乐处理系统、玩具，建设实验动物纪念碑（图5.3-9），充分保障动物福利。

图 5.3-9　实验动物纪念碑

5.3.5　实际运行情况

1. 环境参数稳定性良好

本项目运行以来，情况总体良好，屏障环境温度基本稳定在 $22\sim23℃$，相对湿度基本稳定在 $40\%\sim60\%$，相邻压差大于10Pa。6次环境监测结果显示，各参数均符合规定。

2. 异味控制良好

由于设施换气良好，及时清洁，动物实验室内的氨浓度经常为零。这得益于普通级实验室微负压的设计（$-10\sim-5$Pa），外围走廊基本无异味。废气处理效果良好，未对周围环境造成影响。数十批参观人员对本项目动物实验室异味控制情况表示赞赏。

3. 设施使用情况良好

本项目的配套具有前瞻性，如压力蒸汽灭菌器、洗笼机等降板安装，有过氧化氢传递舱，建筑相关设施提前采购和安装等。动物实验室配备了小动物高分辨率超声成像系统、全自动生化仪、智能玻片扫描仪等近2000套仪器设备，仪器设备配套齐全。2022年饲养了大鼠、小鼠、地鼠、豚鼠、兔、犬、猪等实验动物超过2万只，使用情况良好，配套设施满足需求。

4. 各项业务顺利开展

本项目通过了 CMA、CNAS、AAALAC、GLP 等认证，顺利开展了各项检验和科研工作。2022年完成检品两千多批次，同时开展国家化妆品重点实验室、深圳市科技创新委员会、国家药典委员会等课题 17 项，获得发明专利授权 1 项，发表论文 23 篇。作为深圳公共动物实验平台，已有二十余家外部单位在本项目开展实验，2022 年开展合作项目达 155 项，为深圳医药研究提供了有力支持。

5.3.6 结束语

本项目由深圳市工务署实施建设，项目建设过程中，使用方、设计单位、施工单位、装饰单位积极沟通，在设计、施工、仪器、配件等方面安排专人全方位参与其中，提出了上百条意见或建议，起到了重要的作用。

深圳市工务署组织人员分 3 次赴香港大学动物实验中心、上海益诺思、上海诺华、复旦大学、南京格曼琳公司、江苏省食品药品监督检验研究院、南京市食品药品监督检验院、上海维通利华等单位参观学习，考察重点仪器设备、建筑材料（包括墙面材料、门、窗、水池等）、设施设备（水、电、暖通空调、喷淋、传递窗等）、实验家具等，吸收各单位的先进经验为项目所用。

5.4 中山大学深圳校区实验动物设施

5.4.1 项目概况

中山大学深圳校区位于深圳市光明区，规划建成以医、工学科为主的校区。项目建成后，将有效弥补深圳高等医学教育的不足，成为深圳市医疗人才培养基地，为深圳市医疗卫生事业输送大量优质人才，促进深圳市医学、工学等重点学科领域在教育、科研学术及文化交流和合作，促进中国高等教育体制改革，推动深圳市高等教育特色化和国际化建设进程，对促进深圳市完成产业转型升级，发展战略性新兴产业具有重要的推动作用，对深圳市建设成为国际创新型城市、国家自主创新示范区具有重要意义。

5.4.2 工艺需求

针对实验动物设施的特殊要求，需要从热平衡、湿平衡及风平衡三个方向来明确各个房间的设计参数。

热平衡主要考虑房间是否有散热量大的设备或对房间散冷的设备，如大量存放冰箱的超低温冰箱间、各类仪器间、各专业机房等。同时还需要考虑是否有特殊工艺要求的房间，如电镜、核磁间，低温冷库等。

湿平衡主要考虑房间是否有特殊工艺要求，如电镜、核磁的恒湿控制，动物房 40%～70% 的相对湿度要求等，还需要考虑散湿量较大的房间，如洗消间、水生动物房等。

风平衡需要从全室排风和局部排风两个方向分开考虑是否有特殊要求的房间。动物房及实验室均为工艺性要求较高的环境。在确定房间全室排风的换气次数后，还需要确定每个房间是否有局部排风的设备，以及局部排风设备的控制方式，从而确定房间的排风系统形式。

本项目建设内容为医科组团 22 栋生物安全实验室、实验动物中心工艺技术专项设计。建筑主体平面呈"E"字形，为方便描述将"E"形切分为 5 段，每段实验动物中心功能分区设计内容如图5.4-1 所示，其功能如表 5.4-1 所示。

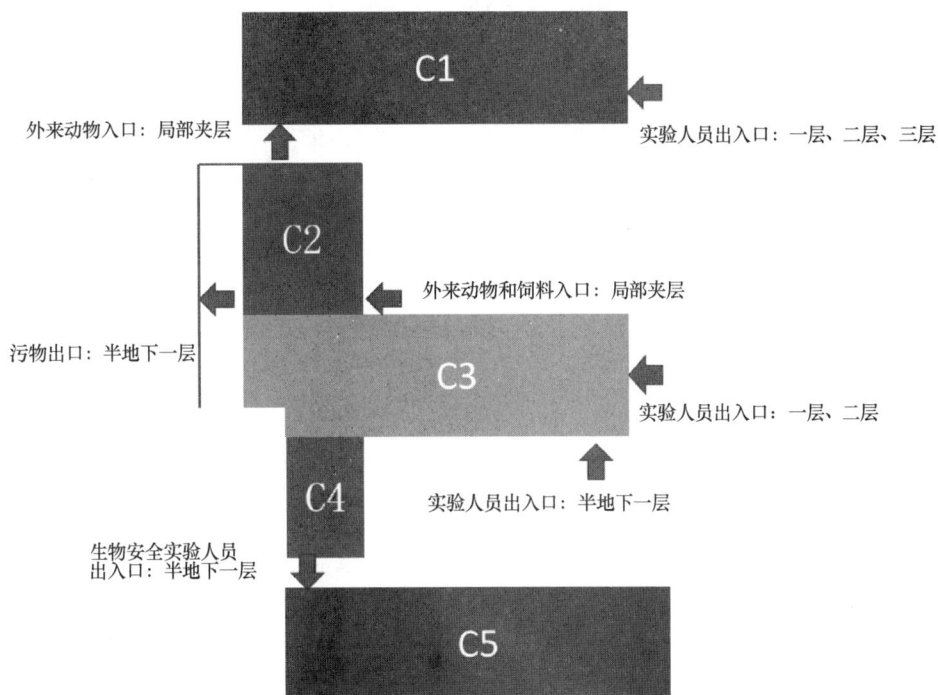

外来动物入口：局部夹层

实验人员出入口：一层、二层、三层

外来动物和饲料入口：局部夹层

污物出口：半地下一层

实验人员出入口：一层、二层

实验人员出入口：半地下一层

生物安全实验人员
出入口：半地下一层

图 5.4-1　实验动物中心功能分区设计内容

实验动物中心不同功能分区的功能　　　　　　　　　　　　　　　表 5.4-1

功能分区	C1	C2	C3	C4	C5
半地下一层	预留电镜核磁、大型仪器设备区（局部恒温恒湿）	污物出口、库房、冷库、动力中心（锅炉房）	小动物影像中心区、小动物核磁室、PET-CT 室、活体成像室、动物超声实验室	大动物影像中心区、核磁影像室、CT 室、X 光机室	其他部门实验用房
局部夹层	小动物入口	动物垫料库房、饲料库房、大动物入口、物料入口	大动物入口、物料入口	无	无
一层	普通环境、动物质量控制实验室、模式动物平台、办公监控中心	中型动物暂养间（普通环境）、脏垫料负压站	动物外科教学实验区、外科手术培训室（净化等级为 7 级）、动物外科教学实验室等（局部净化）	普通环境、普通级豚鼠或兔子动物实验区、开放笼架饲养区	其他部门实验用房
二层	屏障环境（净化等级为 7 级）、SPF 级大鼠和小鼠动物实验区（IVC 饲养）	笼架笼具清洗区	普通环境、普通级动物实验区（犬或猴）	屏障环境（净化等级为 7 级）、SPF 级豚鼠或兔子动物实验区、开放笼架饲养区	其他部门实验用房
三层	屏障环境（净化等级为 7 级）、SPF 级大鼠和小鼠动物实验区（IVC 饲养）	屏障环境（净化等级为 7 级）、SPF 级大鼠和小鼠动物实验区（IVC 饲养）、行为学实验室	屏障环境（净化等级为 7 级）、SPF 级大鼠和小鼠动物实验区（IVC 饲养）	普通环境、水生动物实验区、斑马鱼和线虫实验室（控温 $28℃ \pm 1℃$）	其他部门实验用房
四层	屏障环境（净化等级为 7 级）、SPF 级大鼠和小鼠动物实验区（IVC 饲养）	屏障环境（净化等级为 7 级）、SPF 级大鼠和小鼠动物实验区（IVC 饲养）	屏障环境（净化等级为 7 级）、SPF 级大鼠和小鼠动物实验区（IVC 饲养）	屏障环境（净化等级为 7 级）、负压动物实验区（ABSL-2 小动物房、负压 IVC 或负压隔离器饲养）	其他部门实验用房

功能分区	C1	C2	C3	C4	C5
五层	屏障环境（净化等级为7级）、SPF级动物生产区（平板架开放笼架饲养大、小鼠）	屏障环境（净化等级为7级）、无菌动物/免疫缺陷实验区、大鼠和小鼠动物实验区（隔离器饲养）	屏障环境（净化等级为7级）、SPF级大鼠和小鼠动物实验区（IVC饲养）	屏障环境（净化等级为7级）、负压动物实验区（ABSL-2小动物房、负压IVC或负压隔离笼饲养）	预留转化医学中心（净化等级7级）
六层	—	—	屏障环境（净化等级为7级）、SPF级大鼠和小鼠动物实验区（IVC饲养）	屏障环境（净化等级为7级）、负压动物实验区（ABSL-2大动物房、负压隔离笼饲养）	预留转化医学中心（净化等级7级）

5.4.3 能源形式及空调通风系统

1. 冷热源

净化实验室及动物房等区域对相对湿度要求较高，夏季再热需求较大，过渡季根据不同区域的特点有供冷或供热的需求。因此，需要合理考虑夏季供热及过渡季空调冷热源的形式。

综合考虑项目需求、建设地点及投资和运维成本，本项目按区域设置能同时供冷供热的四管制多功能冷热水机组。四管制多功能冷热水机组集冷热源于一体，一台机组四个接管、两个冷水进出口、两个热水进出口，冷、热自动平衡，实现 $0\sim100\%$ 独立调节。可提供单制冷功能、单制热功能、同时制冷制热功能和热回收功能。充分利用制冷循环的蒸发侧和冷凝侧能量，冷、热量根据使用需求自动调节，通过表冷器与空气换热，实现能量平衡。夏季进行热回收，冬季进行冷回收。

夏季，所有机组全部制冷，四管制多功能冷热水机组开启全部热回收功能，回收热量供应空调机组再热；过渡季及冬季利用四管制多功能冷热水机组供冷供热。

2. 蒸汽源

净化实验室及动物房等区域冬季需要控制室内相对湿度，根据不同房间的冬季室内设计参数，冬季空调需要加湿。本项目大量动物房及实验室有加湿需求，空调加湿需求量大，不宜采用电作为空调加湿的能源。同时，按照规范要求，净化区不宜采用湿膜加湿。结合工艺对蒸汽量需求的提资，以及前期对市政条件的了解，本项目有市政燃气，因此空调系统采用蒸汽加湿，并与工艺蒸汽一起设置锅炉房，集中供应蒸汽。

考虑到需要加湿的空调机组服务的区域基本都是动物房，需要蒸汽的工艺设备基本也是供动物使用，由于动物对空气质量要求较高，因此本项目所有蒸汽均采用洁净蒸汽。

3. 空调系统

动物房按工艺功能分区，包括生产区、实验区、辅助区、清洗区等。各区域室内温湿度的要求不同、换气次数不同，因此空调系统也不同。在施工图设计过程中需要明确各区域的分界线，以及每个区域的室内设计参数要求，根据每个房间室内设计参数要求来确定空调系统分区（表5.4-2）。

不同区域空调系统形式　　　　　　　　　　　表5.4-2

区域类型	空调系统形式
普通动物实验区	全新风直流空调系统
屏障动物实验区	全新风直流净化空调系统
屏障动物生产区	全新风直流净化空调系统
无菌动物房	全新风直流净化空调系统

续表

区域类型	空调系统形式
ABSL-2 动物房	全新风直流净化空调系统
水生动物房	一次回风空调系统
动物房集中清洗区	多联机加新风系统
BSL-2 实验室	全新风直流净化空调系统
PCR 实验室	全新风直流净化空调系统
洁净手术室	一次回风净化空调系统
洁净手术室辅助区	一次回风净化空调系统
非洁净手术室	一次回风空调系统
核磁共振区	恒温恒湿空调系统
电镜间	恒温恒湿空调系统
检测室（CT、DR 等）	多联机空调加新风系统
普通实验区	多联机空调加新风系统
办公休息区	多联机空调加新风系统

4. 通风系统

排风系统需综合考虑实验室全室排风及工艺设备的局部排风，新风系统根据全室排风及局部排风的运行控制逻辑，合理、适量地补充房间新风。

实验室及动物房存在大量废气，在将实验室废气排至室外之前，均需要经过合理有效的废气处理。在废气品质达到要求后，方可排至室外。

动物房须考虑除臭措施；实验室须根据实验内容及实验排放的废气种类考虑相应的处理措施；CT 检测室等有放射性物质的房间需要静待放射物质衰变，变成稳定元素后排放；生物安全房间须有效处理气溶胶，防止病毒扩散至室外。

5. 空间设计

结合建筑方案与工艺提资，整体把控空调通风系统在整个项目中的布局。三维上统一考虑各个系统设备的安装位置及管道路径，从而配合建筑专业更好地确定机房、管井的位置。

根据《大气污染物综合排放标准》GB 16297—1996 的要求，实验室及动物房排风系统的排风均需要排至屋顶高空，本项目均为实验室和动物房及其相关辅助房间，大量排风需要排至屋顶。以排风竖井为基点，向四周布置排风机和各个排风系统所需的相关过滤设备。

四管制多功能冷热水机组对设备之间的间距以及设备距墙面的距离均有明确的要求，设备安装占地面积较大，若直接放置在室外地坪不利于总图对园区的整体规划，还需要考虑设备噪声影响一层人员办公、实验环境的问题。因此，四管制多功能冷热水机组需要放置在屋顶，考虑布管及安装使用情况，四管制多功能冷热水机组须远离排风设备，放置在较为空旷的地方。

布置屋顶设备时，综合考虑各设备的检修空间、后期运维时的检修通道以及各系统管道的安装空间。

屋顶设备布置还需要考虑太阳能系统设备的安装位置。同时考虑整个建筑取风口和排风口的位置，以及空调系统分区的设计逻辑，空调机组的安装位置在其相应系统的设计楼层内考虑。同层布置空调机房，首先可以有效避免取风口与排风口的交叉污染问题，排风口设置在屋顶，排风方向向上，对楼下的取风口没有任何影响，可以保障新风质量；其次，可以节省竖向新风管道的浪费，降低系统阻力，减少竖向系统管道，节约管井面积。

在平面上需结合考虑各系统管道布置情况，以及吊顶高度和层高要求，避免各系统主管道的交叉，尽量错开各专业竖井及机房的位置。

根据工艺资料确定各系统正、负压的同时，需整体考虑建筑对外部环境的压力要求，结合室外自然条件，如风向、风速等，以及周围建筑的布置情况，确定该项目的取风口和排风口位置，使项目运行时对厂界以及周围环境的影响降到最低。

在前期设计中还需要考虑屋顶设备的降噪问题，以满足相关规范对厂界噪声的要求。

5.5 深圳光明脑科学与合成生物学综合科学园区实验动物设施

5.5.1 项目概况

深圳光明脑科学与合成生物学综合科学园区位于深圳市光明区东北部，规划引入脑解析与脑模拟、合成生物两个大科学装置及配套科研平台，规划总体建筑面积约 231212m²。项目主要建设内容为大科学实验装置及操作平台、科研办公、会议及相关配套设施，由 5 栋高层塔楼及裙楼组成（图 5.5-1）。1 栋 A 座为综合研究院；1 栋 B 座和 1 栋 C 座为宿舍楼，两栋楼在十八层设置连廊；2 栋 A 座和 2 栋 B 座为平台中心，由两栋 14 层高的塔楼组成，位于西侧的是脑解析与脑模拟平台，位于东侧的为合成生物平台，在一、二层通过共享门厅联通，同时在八、九层设置空中连廊，将两个平台连接在一起。动物实验室位于 2 栋 A 座，其中小动物饲养及实验区、小动物暂养区、小动物生物净化区、手术室等区域洁净度要求为 7 级，光学显微镜研发区及小动物屏蔽区一更洁净度要求为 8 级，其他无洁净度要求。

图 5.5-1 项目三维模拟图

5.5.2 功能分区

脑解析与脑模拟平台（2 栋 A 座）地下共 2 层，地上 14 层，4 个核心筒分布于建筑四个角落，以最大化利用建筑面积。洁、污梯分别布置，分层停靠；大、小动物区互不干扰，减少交叉污染。动物饲养繁育及实验室分布于二～三层、五～七层和九～十四层，包含小动物饲养繁育和非人灵长类动物繁育及实验室。楼层功能分布如图 5.5-2 所示。

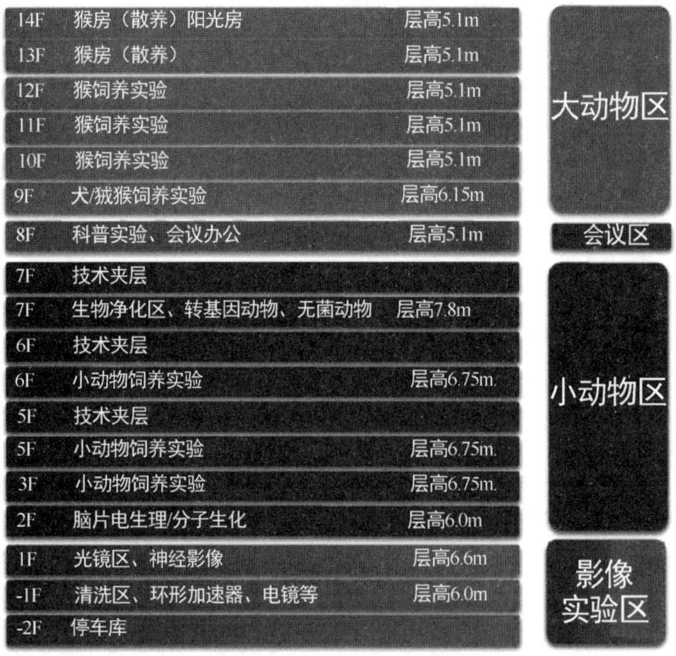

图 5.5-2　2 栋 A 座楼层功能分布

5.5.3　布局与流线分析

1. 脑解析与脑模拟平台实验室布局分析

（1）立面设计原则

1）分块化：主要分为影像实验区、小动物区、大动物区，以及用于科普实验和会议办公的会议区。

2）相似性：同属于高清晰兼容 PET 成像系统设备的回旋加速器和神经影像设备设于上下相邻层，同属于微观组织解析系统的电镜和光镜设于上下相邻层；具有相似功能的脑片电生理/分子生化区与神经影像上下相邻布置；实验空间要求相似的生物净化区、转基因动物、无菌动物区设于同一楼层且紧邻布置；具有实验功能要求的猴饲养实验区和散养猴房在同一层楼层连续排布。

3）功能分离性：小动物和大动物的饲养区、实验区上下层分开布置；净化区、无菌区与饲养区隔层排布。

4）安全性和稳定性：回旋加速器等大型设备安装在地下室，便于结构施工和设备运输，且可保证建筑和设备安全稳定运行。

（2）平面设计原则

1）功能面积最大化：脑解析与脑模拟平台的 4 个核心筒位于四角，且污梯和洁梯分开布置，大动物区和小动物区互不干扰。在大动物区，实验室布置于楼层中间，而饲养区布置于两侧，方便从饲养区选取实验动物至实验区，并且配套隔离观察室对实验对象进行观察研究。该设计可最大化利用建筑面积，确保实验室功能面积最大化。

2）相似同一性：脑解析与脑模拟平台平面布局中，同类型或相似功能的实验室组合在一起。如在影像实验区，有隔震要求的设备实验室组合在一起，有防辐射要求的实验室组合在一起；在小动物无菌区，环境需求类似的无菌实验和无菌生产区邻近设置，操作区设置于中间，便于从饲养区或无菌生产区获取实验原料和实验对象；在大动物区，同类型动物实验室依次相邻，便于进行相似实验与结果分析。

3）空间适宜性：实验室均按相关规范施工，其平面尺寸和面积大小适宜，实验室开间和进深尺寸按照实验室仪器设备尺寸、安装操作及检修的要求进行布置。

4）流程便捷性：平面布局中，各实验室运行流程紧密相连，充分考虑实验步骤、人流、洁物流和污物流等因素，且在满足实验室安全、卫生、质量和效率的前提下，充分考虑便捷性。

5）环境适应性：具有精密仪器的实验室远离电机、风机等振动源。温度要求较高的实验室设置在阳面，实验区内通用实验室、工作室以及辅助区的业务接待室、办公室、会议室、阅览室，利用天然采光。

2. 流线分析

本项目流线分为人员流线、动物流线、洁物流线及污物流线。动物实验室的流线设计符合实验工艺的要求，遵循"单向流动"原则，各流线互不交叉，避免相互污染。

下面以三层为例介绍流线布置。三层布局综合考虑平面布局原则，将整层主要分为4个区域，分别是隔离饲养区、生物净化区、暂养区和饲养实验区（图5.5-3）。

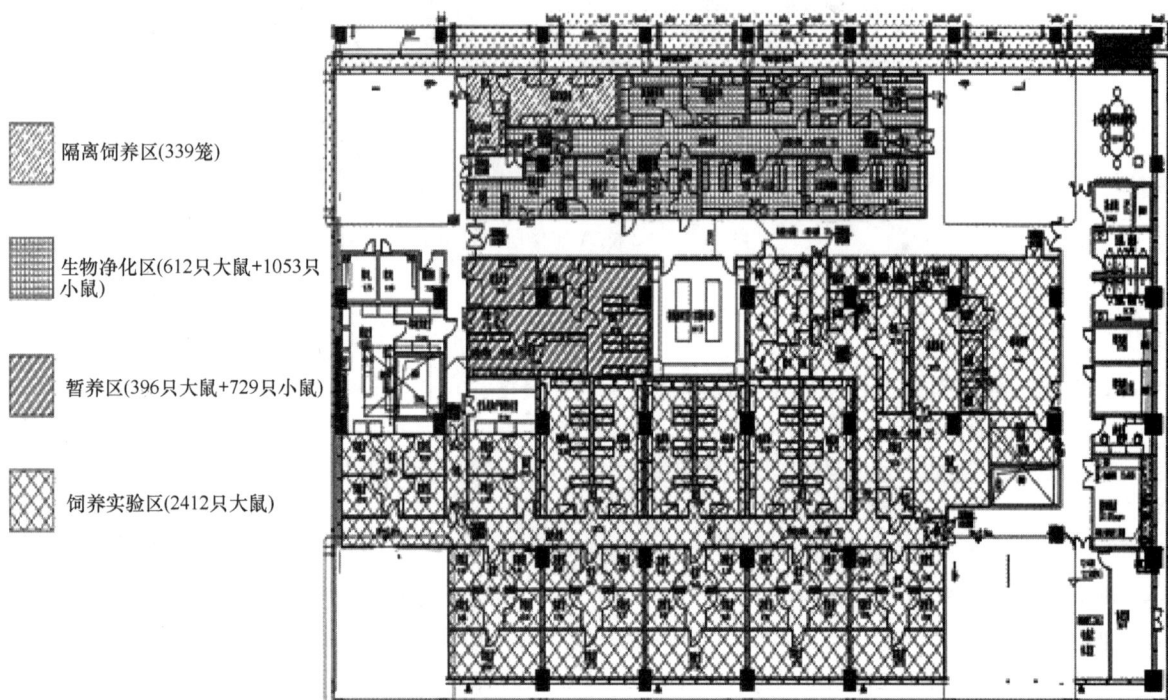

图 5.5-3　三层布局图

人员流线主要为动物实验人员由公共区进入屏障饲养间的人员流线，如图5.5-4所示。流线经过的功能区顺序为：办公区/公共走廊→换鞋→一更→二更→缓冲→风淋→洁净走廊→前室→饲养间。屏障饲养区洁净度要求较高，需设计多重缓冲或卫生处理空间。为实验人员设置专用通道，形成一定的安全隔离空间。各功能区内空气压力呈梯度设置，即饲养间>洁净走廊>缓冲间>公共区，以确保人员或空气中携带的细菌等有害物质不进入饲养间，从而保护动物。人员通过缓冲段返回。

动物流线主要为外来实验动物由公共区进入饲养间和动物的尸体由实验室/饲养间离开洁净区进行尸体存放的流线，如图5.5-5所示。进入实验室/饲养间的动物流线经过的功能区顺序为：洁梯→消毒前室→公共走廊→动物接收室→动物检疫室→洁净走廊→前室→实验室/饲养间。白鼠等小动物在经过动物接收室时，一般通过动物传递窗（笼盒包裹好）消毒后进入动物检疫室，然后进入动物接收室，再进入洁净走廊。所有进入实验区的外来动物必须经过检疫，检疫合格后方可进入。进行尸体存放的流线经过的功能区顺序为：实验室/饲养间→前室→洁净走廊→缓冲→污物走廊→安乐死和尸体暂存室，然后放入冰柜冷藏或直接从污梯运出，如图5.5-6所示。

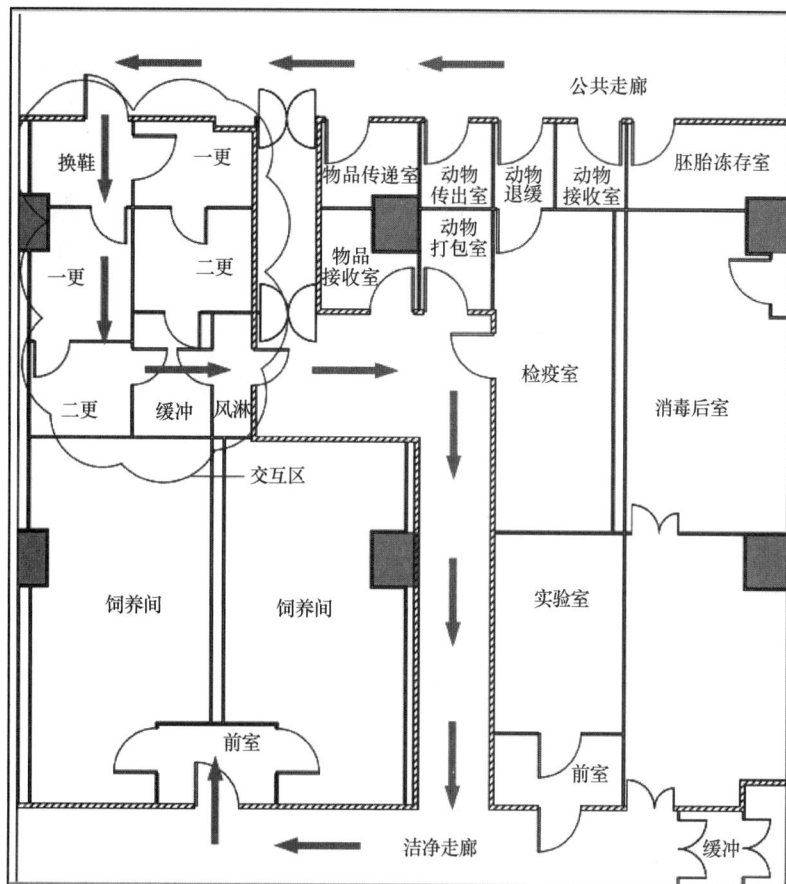

图 5.5-4　人员流线示意图

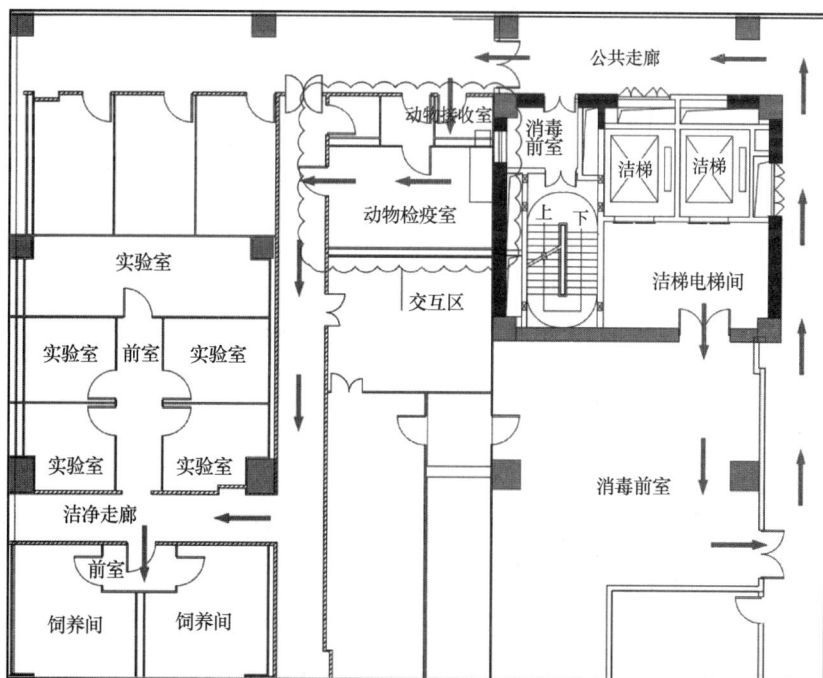

图 5.5-5　动物流线示意图

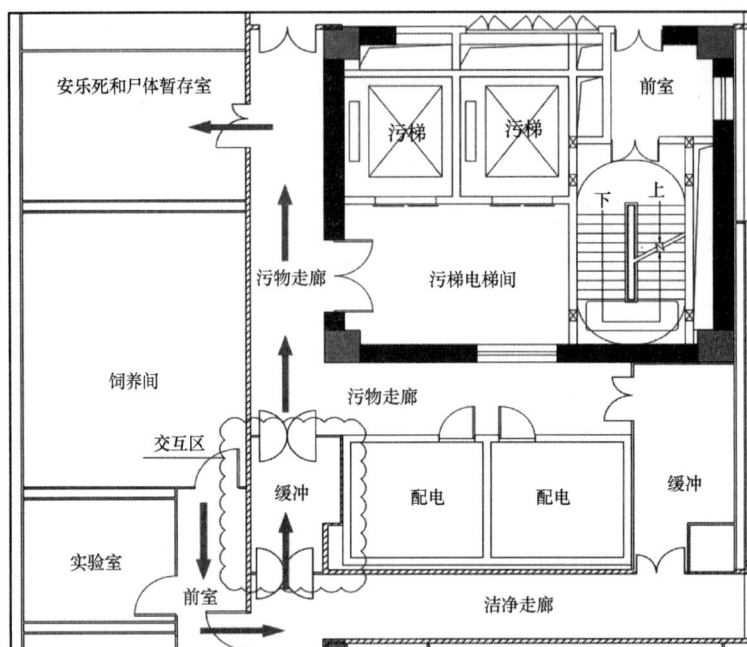

图 5.5-6　动物尸体存放流线图

　　洁物流线主要分为普通物品和洁净物品，普通物品为普通实验室用品及实验人员随身物品，随人员流线从人员更衣室旁边的物品传递室进入实验室。洁净物品主要为动物饲料/笼盒等，流线经过的功能区顺序为：洁梯→洁梯电梯间→消毒前室→常温消毒/灭菌器→消毒后室→洁净走廊→实验室，如图 5.5-7 所示。物品进入洁净环境前须先经过消毒室进行消毒灭菌处理，消毒灭菌设备主要包括压力蒸汽灭菌器、氙光传递窗、灭菌渡槽等。消毒前室与消毒后室通过消毒灭菌装置与设备进行分隔与连通，物品在消毒前室消毒灭菌后进入消毒后室。

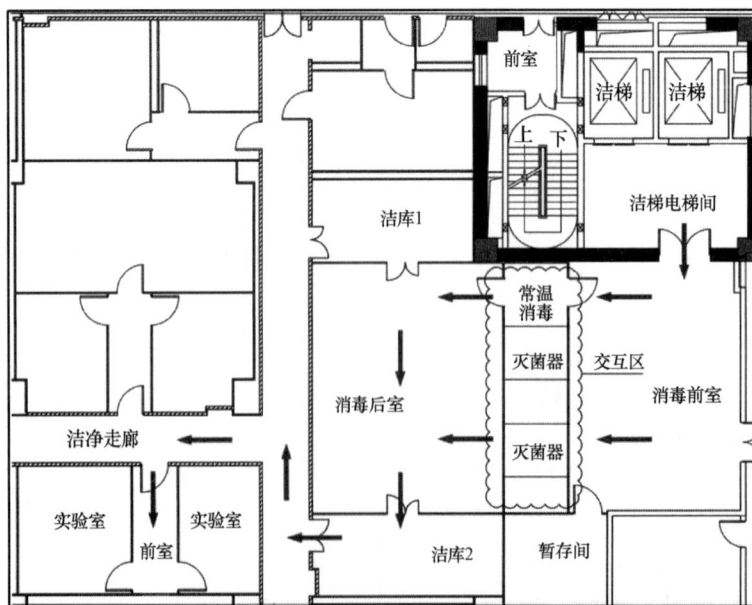

图 5.5-7　洁净物品进入流线图

污物流线主要为实验废弃物、动物粪便、脏笼具等污染物品由实验室/饲养间运出的流线，如图 5.5-8 所示。污物流线经过的功能区顺序为：实验室/饲养间→前室→洁净走廊→缓冲→污物走廊→污物暂存区→污梯。实验过程中产生的废弃物或动物粪便由缓冲间经污物走廊统一通过污梯运离。可重复使用的笼具和实验器械运至消毒间清洗消毒后送入存放间待用。

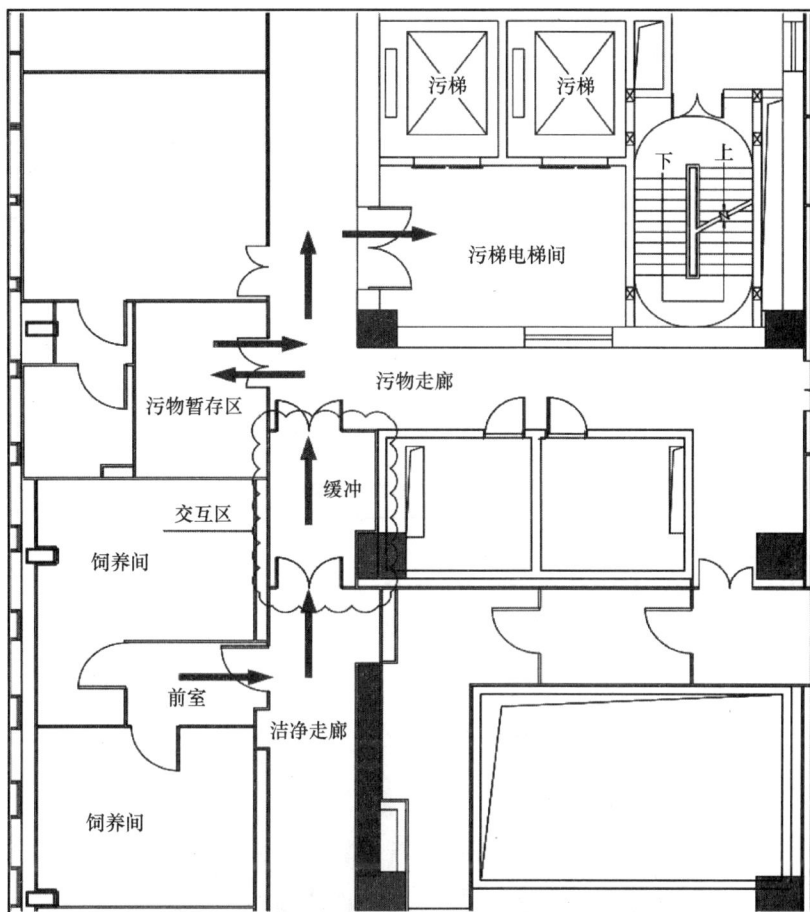

图 5.5-8　污物流线

5.5.4　暖通空调

本项目夏季空调制冷冷源、夏季再热热源、冬季制热热源、冬季加湿/工艺设备蒸汽源均由集中制冷机房和锅炉房提供。夏季冷水供/回水温度为 6℃/13℃，夏季再热热水供/回水温度为 55℃/45℃，冬季制热热水供/回水温度为 60℃/50℃。冬季加湿采用干蒸汽加湿器，饱和蒸汽供气压力为 0.2MPa，工艺设备饱和蒸汽供气压力为 0.4MPa。工艺流程如图 5.5-9 所示。

本项目核心实验区（动物饲养及实验区）采用全新风系统，新风经处理后送入室内，消除室内的冷、热负荷后，再排到室外，保证区域内空气质量，可以有效避免回风系统引起的交叉感染。核心试验区对于空调系统的稳定性要求高，为保证空调系统 24h 不间断运行，采用双通道新风机组（图 5.5-10）。双通道新风机组是将整个系统中需要经常性更换的空气过滤器段和最易发生故障的风机段集合成两个功能相同（风机和空气过滤器一用一备），但分离设置的功能模块（图 5.5-11）。当风机发生故障和空气过滤器堵塞时，启动备用进风通道内的风机，将故障段隔离出来，相关维护人员可在机组运行状态下对故障段进行故障排除或日常维护。整个切换响应速度可以控制在 1min 以内，相比于风机设备一用一备，建造成本低、运营成本低、响应速度快。而且将表冷器放在正压段，不设水封，采用气封装置，压力排水，能保证水盘内无积水，从而消除了滋生细菌的可能性。

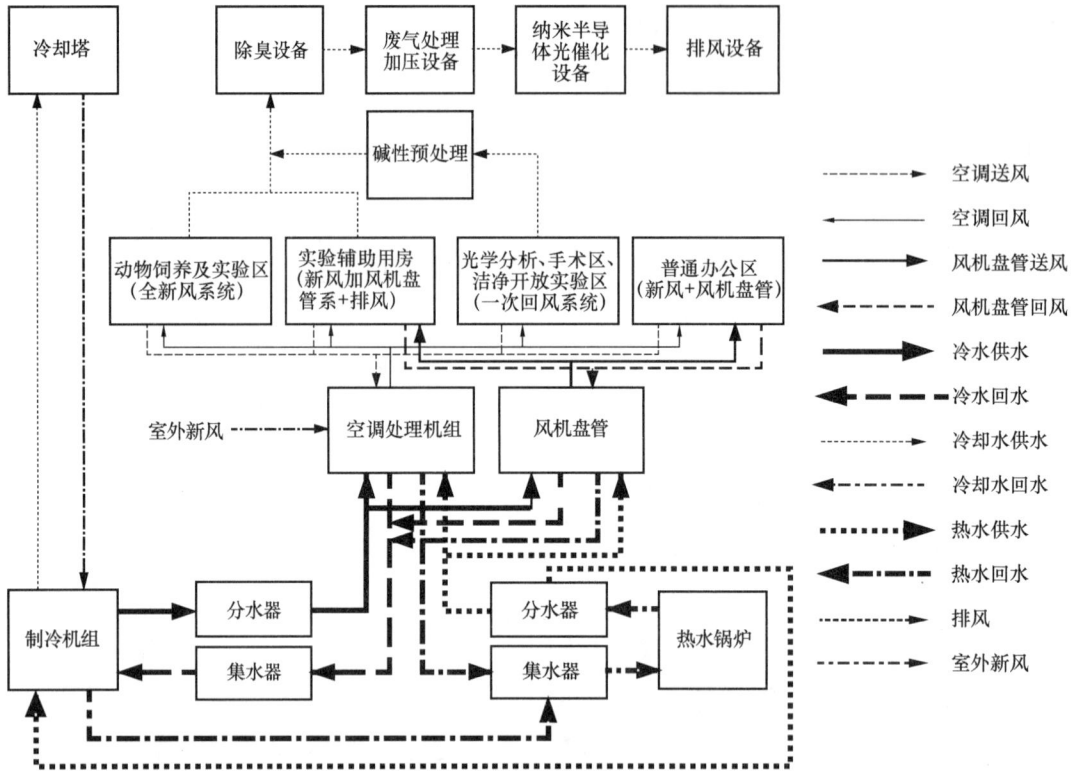

图 5.5-9　暖通空调工艺流程图

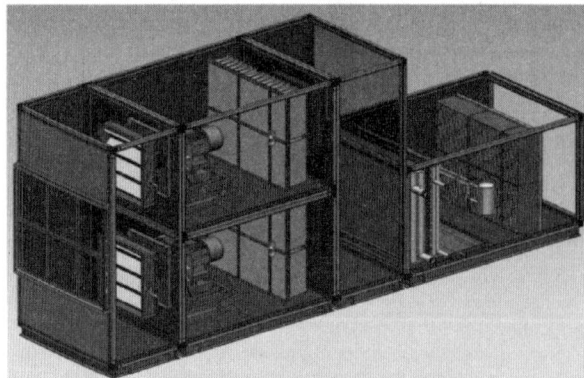

图 5.5-10　双通道新风机组模型图

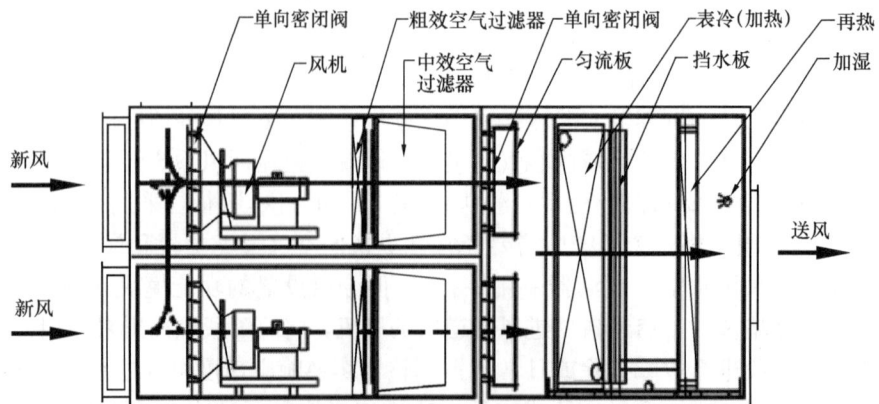

图 5.5-11　双通道新风机组大样图

实验室全新风系统的处理流程如下：

送风流程：室外新风→粗效空气过滤器→送风机→中效空气过滤器→热湿处理→高效空气过滤箱→阻漏送风口→室内；

排风流程：室内空气→排风口→中效空气过滤器→排风机→除臭设备→室外。

重要实验室都有一定的洁净度要求，仅靠机组的粗效、中效过滤无法满足要求，需对进入室内的空气进行高效过滤。洁净区采用高效空气过滤箱＋阻漏式送风口的方式进行高效过滤，将高效空气过滤箱设置在机房、管线夹层等部位，可在不中断实验的前提下实现在实验室外快速更换高效空气过滤器，同时其良好的扩散性可保障通过实验区域的洁净气流速度在 0.1～0.2m/s 范围内。

实验室的送、排风形式通常选择为顶部散流器送风、下部排风的方式。散流器向下送风，射流在起始段不断卷吸周围空气，断面逐渐扩大，当相邻射流搭接后，气流呈向下流动模式。工作区位于向下流动的气流中，在工作区上部是射流的混合区。

在空间较高的区域，在使用空间上方靠近侧墙处布置顶排风口，形成上送风＋两侧下排风＋两侧顶排风的气流形式，确保房间内无气流死角，既能保证房间内人员或动物的舒适性，又能很好地排除房间的气味。

在新风机组、气流设置的基础上，要想打造良好的实验室工艺空间，还应选择合适的系统阀门。洁净空间的阀门配置原则是"定送变排"，送风系统末端设置定风量阀，保证整个空间的换气次数，房间内的压差通过排风系统末端的变风量阀自动调整，以保证整个实验室风量的稳定性。对于精度要求高、响应速度快的房间设置文丘里阀，常规的实验室可采用机械式定风量阀进行控制。

动物实验室夏季温湿度控制由设在主实验室的送风空调机组表冷器管道上的电动两通调节阀通过调节水量来实现。根据主实验室的温度调节制热盘管上的电动两通调节阀调节水量，精确控制室内温湿度。冬季根据主实验室的温度调节送风空调机组制热盘管上的电动两通调节阀，调节水量，根据排风主管道的温度调节送风空调机组干蒸汽加湿器的电动调节阀。小动物房及实验室等房间送、排风管上均安装数字化电动变风量文丘里阀，通过调整文丘里阀，保证室内压力。

小动物实验室空调机组设置分布式热回收系统，利用全年温度恒定的室内排风的热量作为空调的再热热源或冷源来预热或预冷新风，节能效果如表 5.5-1 所示。因排风温度全年恒定，热回收效率不受室外气温的影响。

热回收系统节能效果　　　　　　　　　　　　　　表 5.5-1

参数	无热回收	热回收
年度能耗		
供热能耗（kWh/a）	6035300	389300
除湿再热部分能耗（kWh/a）	515700	256100
回收率（%）		93.55
制冷能耗（kWh/a）	26437500	21227400
回收率（%）		19.71
热回收循环泵电耗（kWh/a）[1]	0	135800
风机电耗（kWh/a）[1]	282700	464400
年度综合回收率（%）		32.2
尖峰负荷		
冬季供热（kW）	1509	529
夏季再热（kW）	774	59
制冷（kW）	8795	7491

续表

参数		无热回收	热回收
CO_2 排放			
	供热（kg/a）[②]	2237900	144400
	制冷（kg/a）[②]	4021100	3228700
	电力（kg/a）[②]	172000	365200
	合计（kg/a）	6643100	3738300
	CO_2 减排量（kg/a）		2904800
经济性比较			
年度能耗费用	供热（元/a）[③]	2667600	172100
	制冷（元/a）[③]	7444100	5977100
	电力（元/a）[③]	278600	591500
	汇总（元/a）	10390300	6740700
	年度能耗费用节约（元/a）		3649600

① 热回收循环泵电耗与风机电耗的计算系数为 1.0。

② 供热 CO_2 排放计算系数为 10300kg/TJ、制冷 CO_2 排放计算系数为 42250kg/TJ、电力 CO_2 排放计算系数为 169000kg/TJ。

③ 供热年度能耗费用计算系数为 0.442 元/kWh、制冷年度能耗费用计算系数为 0.282 元/kWh、电力年度能耗费用计算系数为 0.986 元/kWh。

5.5.5 给水排水

本项目给水系统包括工艺给水系统、生活给水系统、热水系统、反渗透纯水及软水系统和动物自动饮水系统。生活给水和热水系统竖向各自分区，与工艺给水系统采用防污隔断阀分隔，保证生活热水不被污染。反渗透纯水及软水主机位于地下一层制水机房和七层的自动饮水加压机房内，产出三种水质的水：一级反渗透纯水作为动物自动饮水系统的原水；一级反渗透＋氯纯水作为七层无菌动物实验室的动物饮用水；二级反渗透纯水作为二～七层实验用水。软化水作为各层笼具清洗机的供水。

排水主要分为高温排水、普通工艺排水、同位素衰减排水及人员污水。高温排水为笼具清洗机灭菌器及空调蒸汽冷凝水，独立排放至地下二层废水回用机房，由 3 座不锈钢储热水箱收集，再由热回收及冷却塔系统降温后返回到水箱内，当温度低于 40℃时排放至市政污水管网；其中，灭菌器及空调蒸汽冷凝水排水不需要进行处理，降温后可直接排放至市政污水管网；笼具清洗机的高温排水经降温处理后，排至污水处理装置处理。普通工艺排水为动物房清洗池排水、地漏排水、实验排水，由就近的排水立管收集后排放至室外的成套污水处理设备，经过 MBR 膜技术处理，达到地表水四级及以上排放标准后，排至市政污水管网。同位素衰减排水主要为同位素区域的冲洗、淋浴、实验排水。人员污水主要是卫生间排水、淋浴间排水，卫生间采用污废合流制，在排水管道末端采用环形通气，保证排水通畅。一层以上的卫生间排水由专用排水立管收集后在地下一层高位排至市政污水管网，一层卫生间排水单独排放至市政污水管网，地下一层清洗区域卫生间排水由地下二层污水提升机房内的污水提升器收集后，由外置提升泵排至市政污水管网。

5.5.6 电气

本项目电源由市政双路 20kV 供电，设置 4 个变电所。设置柴油发电机、UPS 和 EPS 作为备用电源。本项目一级负荷为 IVC 所在房间的空调系统负荷，二级负荷为精密空调、照明系统、回旋加速器、电镜、MRI、PET、CT、除一级负荷外的净化空调系统等重要设备负荷，三级负荷为其他负荷。一级负荷由 2 台变压器和柴油发电机供电，二级负荷由 2 台变压器供电，三级负荷由单台变压器供电。对于单台容量较大的负荷或重要负荷采用放射式供电，照明、弱电和小动力负荷采用树干式与放射式相结合的供电方式。防雷接地采用 TN-S 接地系统。

5.5.7　智能化

本项目建设一套智慧园区集成平台，集成多个智能化系统，包括安防系统、办公系统、动物房环境监控系统、电力监控系统、实验设备运行监控系统以及车辆管理系统等。智慧园区实现一站式运营，智能化子系统通过 TCP/IP 协议或 HTTPS（REST API）协议与平台集成，进行数据互联。智慧园区集成平台主要包括物联网（IoT）平台、视频云平台、GIS 平台、定位平台等，且根据项目需要具有灵活扩展能力，如图 5.5-12 所示。物联网平台支持资产标签接入、安防子系统接入、楼宇系统接入，提供连接管理、设备管理和数据管理，为上层应用提供数据采集和逻辑控制服务。视频云平台整合区域内所有 IP 摄像机，集摄像机接入、管理、存储、媒体转发于一体，通过视频全面云化，实现视频联网和资源共享。采用云化架构部署，根据业务场景弹性调度资源，支持多算法管理，提供有效的方法提升视频图像处理效率、资源利用率及业务协同能力。GIS 平台从空间维度整合各业务数据，形成园区一张图，满足项目多场景需求。定位平台利用适用于最优的指纹或蓝牙定位方案，实现园区内及室内的精确定位，同时借助 GIS 实现导航、设施查找等定位服务。

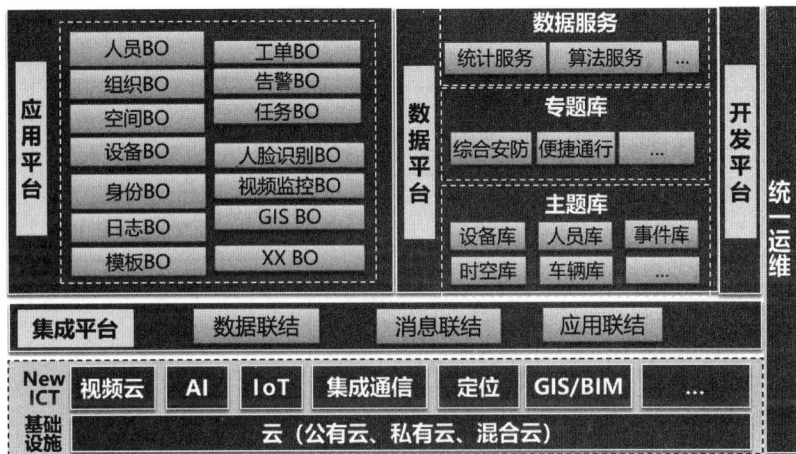

图 5.5-12　智慧园区集成平台架构

安防系统主要包括门禁系统、访客管理系统、视频监控系统、人员轨迹定位系统、电子巡更系统、入侵报警系统、数字对讲系统等。安防系统对重点区域进行实时视频监控，对实验室以及一些重要区域的出入口实施门禁管控，对可能发生入侵的场所实施报警管理。通过信息共享、信息处理和控制互联，实现各子系统的集中控制和管理。

动物房环境监控系统通过物联网等对机房动力系统的运行状况和机房环境进行实时监控，保证整个实验空间环境的稳定性。该系统主要监控内容为：柴油发电机监控、UPS 及电池监控、供配电柜监控、防雷监控、漏水检测、温湿度监控、新排风机监控、氢气检测等。系统主要由现场传感器、检测设备、通信设备、上位机和软件等组成。系统通过串联服务器连接设备专网（TCP/IP），将总线采集的现场数据信息上传至动物房环境服务器（双机热备）。柴油发电机、UPS 电源等自带监控系统，主要参数通过通信协议纳入监控系统。

实验设备运行监控系统实时监测实验设备的运行状态，实现实验室设备智能化管理。实验设备运行监控系统整体架构采用分布式智能节点结构，由控制中心管理系统与终端控制节点两大部分组成。控制中心管理系统由服务器、协调器及其管理软件组成，主要负责实验设备数据库的管理以及对终端系统发送来的信息进行相应处理；终端控制节点主要由多个设备管理控制节点组成，通过读取 IC 卡卡号对实验人员进行身份识别，实现设备使用授权管理，同时采集相应终端的环境参数，通过与控制中心的通信，实现对实验设备电源自动开启、实验室设备的状态与环境监测等一系列实验室智能化管理。

动物饲养和实验区采用自动引导运输车（AGV）系统，利用 AGV、配套运输电梯等智能工具对动物饲养室、实验室产生的污物（装有污物的笼盒）和日常物资（盒底、盒盖、金属网、饮水瓶等）按设计的流线转运，从而实现动物饲养、实验物资的智能化运输，减少人员干预和投入（图 5.5-13）。AGV 系统根据运输的物资是否洁净分为两套转运设备、两条运输流线，分别为污物转运设备、洁物转运设备、污物运输流线、洁物运输流线。其中污物转运设备包括污物 AGV、污梯、转运车、流转工位、AGV 充电设备等；洁物转运设备包括洁净 AGV、洁梯、转运车、流转工位、AGV 充电设备等。

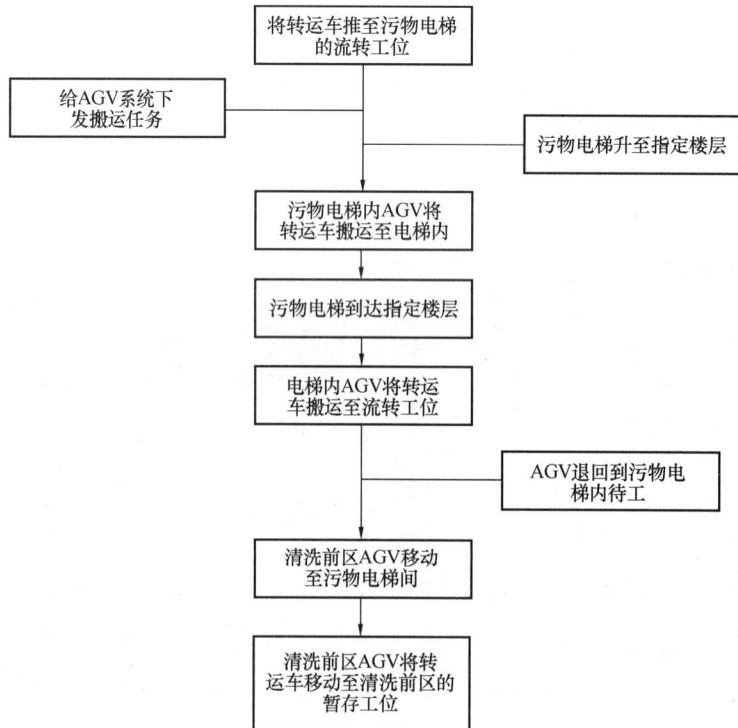

图 5.5-13　AGV 系统污物运输流程图

5.6　中国农业科学院哈尔滨兽医研究所 SPF 猪繁育设施

5.6.1　项目概况

中国农业科学院哈尔滨兽医研究所 SPF 猪繁育设施为改造项目，占地面积 2300m²，净化设施面积约 1900m²。动物采用湿养模式，笼架内饲养，考虑实验室工艺及环境需求，实验区整体功能分区为：2 个饲养区分别设有独立的人流、物流、动物流，以及洗消区、洁净走廊。

本项目采用先进的设计理念、材料、技术、工艺，打造具有国际先进水平 SPF 猪资源中心，用于 SPF 猪相关研究，培育与创制出一批具有独立知识产权的新资源，构建我国 SPF 猪的质量与技术体系，形成资源创制，动物标准化与标准研究，种质资源繁育、保存、供应及公共研究创新共享平台与高水平的国际科技合作平台；开展 SPF 猪的表型与遗传分析，系统、准确地描述生命的表型、基因型及其在环境变化中的响应，并据此正确描述生命的调节状态和方式，为人类疾病、动物生命过程调节等研究提供支撑。项目建成后，建立的 SPF 猪保种核心群，可以为社会提供大范围的 SPF 猪种猪，及实验用 SPF 猪。可饲养存栏基础母猪 SPF 大白猪 150 头，SPF 长白猪 150 头。SPF 大白猪年出栏数 3000 头，SPF 长白猪年出栏数 3000 头左右。

项目位于在中国农业科学院哈尔滨兽医研究所实验动物基地院内。将实验动物基地 2 栋非免疫猪舍（3113.05m²）改造为屏障环境 SPF 猪舍。

5.6.2　平面布局及说明

本项目设置 2 个独立的分区：A 区为新建，为 SPF 猪饲育区；B 区为旧库房改建，为更衣、监控及剖宫手术及仔猪无菌饲喂区。大白猪、长白猪考虑二元杂交，应便于种猪流动。SPF 猪饲育区分为：公猪舍、限位孕母猪舍、后备空怀妊娠种猪舍（落地猪栏）、产房哺育母猪舍（高床）、保育猪舍（高床）。

按照在栏基础母猪 100 头计算，笼具整列布置，饲喂通道的宽度为 1.2m。布置公猪栏（2820mm×2400mm）6 张，可饲养公猪、后备公猪 6 头；布置空怀妊娠母猪栏（2400mm×3300mm）24 张，按 2.00m²/头计算，每栏可饲养 4 头，共计可饲养 96 头；布置妊娠母猪限位栏 20 个（600mm×2100mm）；布置产床（1800mm×2100mm）24 张，保育床（1800mm×2100mm）24 张，产床、保育床面积等大，可互换，保育床可以去掉中间隔栏以增加饲养量。

5.6.3　改造方案

改建设施基本情况：建筑地上 1 层，呈"H"形，平行设置的 A、B 两栋建筑均为动物饲养设施，长 84.94m、宽 15.15m、高 21.50m。A、B 两栋建筑之间以连廊连接。设施层高 4.4m，局部层高 5.2m，钢筋混凝土框架结构。建筑无伸缩缝，建筑功能层高度拟设为 2.8m。

SPF 猪生产区分别饲养大白猪、长白猪，分为 4 个分区：哺育母猪舍、保育猪舍、育成后备猪舍、公猪空怀猪舍。每个分区有独立的人流、物流通道，7～8 级正压屏障环境，内置普通钢制饲育猪床、栏，人工给料，自动饮水，自动刮粪清洗。动物饲养区外部围护结构采用 50mm 厚玻镁岩棉夹心彩钢板，彩钢板安装于 100mm 铝合金升降龙骨，满足防水需求；顶板采用 50mm 厚玻镁纸蜂窝夹心彩钢板；地面采用环氧树脂自流平，沿升降龙骨至 100mm 高踢脚线。

参照《实验动物　环境及设施》GB 14925—2010❶ 的相关要求，结合饲养实际需要，确定 SPF 猪饲养区温度为 16～28℃（SPF 猪各生长阶段最适温度：配种期 18～22℃、妊娠期 18～22℃、分娩期 21～25℃、哺乳仔猪期 29～32℃、小猪 21～28℃、育成猪 16～20℃，哺乳仔猪需要辅助加热），最大日温差 3℃，相对湿度 40%～70%，换气次数 15～25h⁻¹（可调节），动物处流速度≤0.20m/s，最小静压差≥10Pa，空气洁净度 7～8 级，噪声≤60dB，工作照度≥200lx，动物照度 100～200lx。

实验区设置 4 个独立的分区：SPF 大白猪饲养区、SPF 长白猪饲养区、隔离备用 SPF 猪饲养区、手术区。

前区的设置：办公室、值班室、洗刷室、兽医治疗室、维修室、库房、卫生间、一般走廊（部分在相邻辅助建筑内）等。

动物生产区的设置：缓冲间、隔离观察室、操作室、动物生产室、清洁物品贮藏室、消毒前室、消毒后室、走廊等。

辅助区的设置：仓库、洗刷室、废弃物品存放处理间（设备）、机械设备室、淋浴间、更衣室、隔离观察室等。

设施内地面为环氧树脂喷砂地面，采用防滑耐磨设计。建筑物门密封良好，窗户直接密封，散热器做技术处理，以符合净化要求，有防昆虫、防鼠和防动物外逃的措施。动物实验室门上设观察窗，打开的门能够自动关闭，缓冲区域、通道区域的门有互锁装置。走廊净宽度依不同情况不小于 1.2m、

---

❶　此为该项目建设时的标准，该标准现为《实验动物　环境及设施》GB 14925—2023。

2.0m，门宽度依不同情况设置为 0.8m、1.0m、1.5m。

全新风空气净化系统设置粗效、中效、高效（或亚高效）三级空气过滤，第三级空气过滤设置在系统的末端，不设在空调箱内。送、排风设置备用风机，30s 内自动切换，确保压差不降低，排风端设置电动联动止回阀。室内送、排风采用上送下侧排方式。送、排风总管安装气密阀门，以便进行室内化学熏蒸消毒。空调机组内设置臭氧发生器，用于对各自单元进行消毒。来自动物饲养区域的空气全进全出，来自非饲养区域的空气经过滤后回至送风端，以节约能源。设置排风热回收装置，回收的热量用于预热送风。实验室的外部排风口至少高出本实验室所在建筑的顶部 2m，有防风、防雨、防鼠、防虫设计，但不影响气体向上空排放。

特制地面液体收集系统，设防液体回流装置，存水弯有足够的深度，管道口设深消毒水密封槽，下水管直径满足排粪尿要求，一般不小于 200mm。排污管末端设置粪水分离装置，以减轻污水处理压力。高压前室设置强排风（使用耐潮湿陶瓷滤器）。

室内的配电设备暗装，电气管线暗敷，进入洁净区的电气管线管口采取可靠的密封措施。洁净区内不设置配电柜（箱）。洁净区内设置消防终端，且符合净化要求。动物实验室内光照时间、强度可控。

5.6.4 机电设计

1. 空调系统

选用节能环保的空气净化系统和先进的气流组织形式，充分保障动物房区域 24h 连续运行。洁污分开，有序的压力梯度可以控制交叉污染，保持动态下洁净级别并满足无菌净化要求。

（1）设计依据

该项目设计参照的文件如表 5.6-1 所示。

本项目设计参照的文件列表　　　　　　　　　　　　　　　　　表 5.6-1

序号	编号	名称
1	GB 50447—2008	《实验动物设施建筑技术规范》
2	GB 14925—2010①	《实验动物　环境及设施》
3	GB 50019—2015	《工业建筑供暖通风与空气调节设计规范》
4	—	甲方提供的原设计图纸及甲方的特殊要求

① 设计时的标准，现行标准为 GB 14925—2023。

（2）设计范围

本项目主要包括以下区域：

1）新建约 1000m² 的保温钢结构房及内部净化安装工程；

2）原约 600m² 的建筑改造及内部净化安装工程。

（3）设计参数

1）室外气象参数（黑龙江省哈尔滨市）如表 5.6-2 所示。

室外气象参数　　　　　　　　　　　　　　　　　　　　　　表 5.6-2

季节	大气压力（hPa）	空调室外计算干球温度（℃）	空调室外计算湿球温度（℃）	空调室外计算相对湿度（%）
夏季	987.7	30.7	23.9	—
冬季	1004.2	−27.1	—	73

2）室内设计参数（参照国家规范）如表 5.6-3 所示。

室内设计参数　　　　　　　　　　　　　　　表 5.6-3

房间名称	洁净级别（级）	换气次数（h⁻¹）	与室外相通房间的最小压差（Pa）	温度（℃）	相对湿度（%）	噪声［dB(A)］	最低照度（lx）
兽医师室	7	18	10	20～26	40～70	≤60	150
仔猪无菌饲育室	7	18	10	20～26	40～70	≤60	150
动物清洁暂养室	7	18	10	20～26	40～70	≤60	150
传递舱	7	18	10	18～28	30～70	≤60	150
消毒后室	7	18	10	18～28	30～70	≤60	150
洁净走廊	7	18	10	18～28	30～70	≤60	150
缓冲间	7 或 8	18 或 15	10	18～28	30～70	≤60	150
二更	7	18	10	18～28	30～70	≤60	150
淋浴	8	15	10	18～28	30～70	≤60	150
一更	无	10	无	18～28	30～70	≤60	150
公猪栏室	7	18	10	18～28	30～70	≤60	150
空怀妊娠猪栏室	7	18	10	18～28	30～70	≤60	150
限位孕母猪栏室	7	18	10	18～28	30～70	≤60	150
产床间	7	18	10	18～28	30～70	≤60	150
保育室	7	18	10	18～28	30～70	≤60	150
后备猪栏室	7	18	10	18～28	30～70	≤60	150

（4）系统设置

空调系统的分区如下：

B 区：洁净度为万级，空调系统为全新风空气系统。

A 区西侧：洁净度为万级，空调系统为全新风空气系统。

其他环境区域：普通环境（如监控室、消毒前室、动物清洁室）采用风机盘管＋排风形式，但压力蒸汽灭菌器采用独立机械排风系统。

（5）空调系统的节能措施

1）将空调系统运行分为值班运行和实验运行两种状态（下称"多状态运行"）。由于人是室内主要的发尘发菌源，在无人进入实验室进行操作时，达到实验室环境控制要求所需的换气次数可大幅降低，即送风量可以大幅降低，这种状态为值班运行状态。

2）通过在各单间实验室的送、回风支管上设置电动气密阀，可实现单间实验室的独立控制。在单间实验室内无实验进行或实验室需熏蒸消毒的情况下，其空调系统可实现与总系统的隔离，而不影响其他区域的正常运行。这样，既满足了节能要求，又能够为实验室污染事故的处理提供可能。

3）对于动物室的高效风口，采用阻漏式送风装置。该装置可在不中断实验的前提下在实验室外快速更换高效空气过滤器，同时其良好的扩散性可保障通过实验区域的洁净气流速度在所要求的 0.1～0.2m/s 内。该装置还可实现单间实验室的独立运行控制和温湿度调节。

4）动物实验室空调机组采用双通道式专用洁净空气处理机组，风机和空气过滤器均为一用一备。

在运行中如发生风机故障、空气过滤器堵塞故障，自控电路将开启备用进风通道前后的止回阀，启动备用进风通道内风机，切断故障风机的电源，并自动关闭发生故障送风段前后的止回阀，切断故障进风通道，保证不产生回流泄漏。维护人员及时对故障排除后，此段又可作为备用通道。两个通道循环更替，以达到不间断运行的目的。同时，中效空气过滤器设置在热湿处理段之前，既保护了热湿处理设备，又可避免空气过滤器受潮。

（6）空调系统的自动控制

1）洁净空调系统控制

① 送风系统

洁净空调送风系统控制需要实现以下功能：送风温湿度监测、送风静压力监测、冷/热水阀控制、电加热控制、加湿器控制、送风机状态监测、送风机故障监测、送风机手动/自动切换控制、主/备用送风机切换控制、送风机变频控制、变频器状态监测、变频器故障监测、变频器启停、变频器手动/自动监测、防冻保护、过热保护、粗效滤网监测、中效滤网监测等。洁净空调送风系统控制原理如图5.6-1所示。

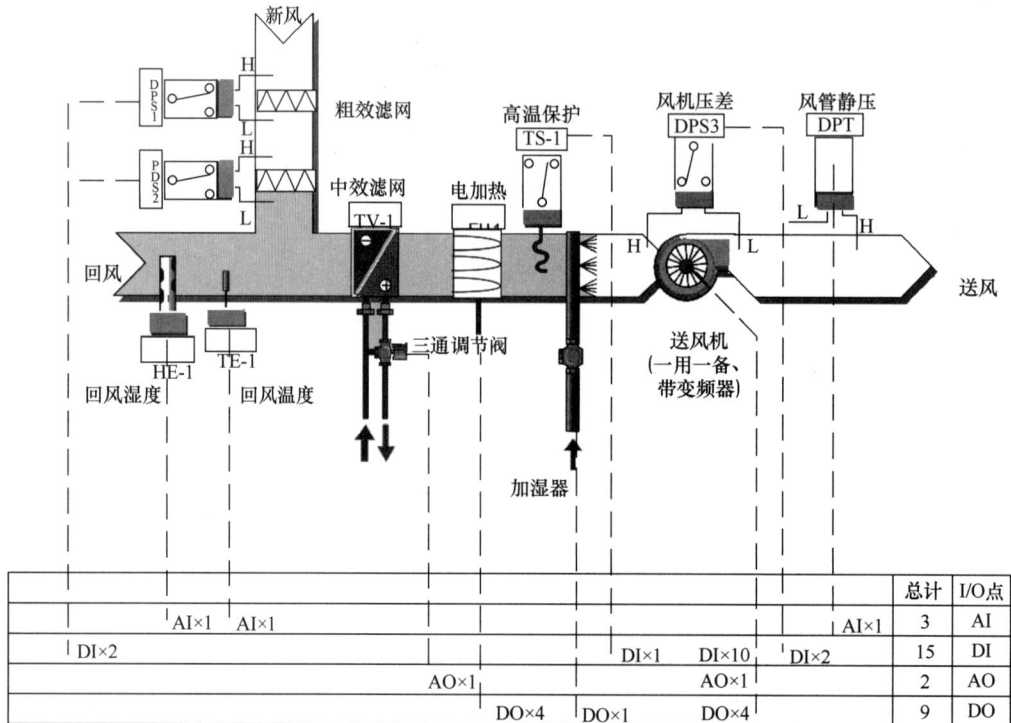

图 5.6-1　洁净空调送风系统控制原理图

② 排风系统

洁净空调排风系统控制需要实现以下功能：风管静压监测、变频器控制、风机状态监测、风机故障监测、风机手动/自动切换控制、变频器状态监测、变频器故障监测、变频器启停控制、主/备用风机切换控制等。洁净空调排风系统控制原理如图5.6-2所示。

2）实验室环境控制

实验室环境控制需要实现以下功能：房间温湿度监测、房间静压监测、房间气密阀控制、电动阀控制、密封门开闭状态控制、模拟照明系统监控、各房间温湿度和压力显示、污染走廊对缓冲间压差监测、缓冲间对外压差监测、洁净走廊对外压差监测、洁净走廊温湿度监测、消毒后室温湿度监测等。实验室环境控制原理如图5.6-3所示。

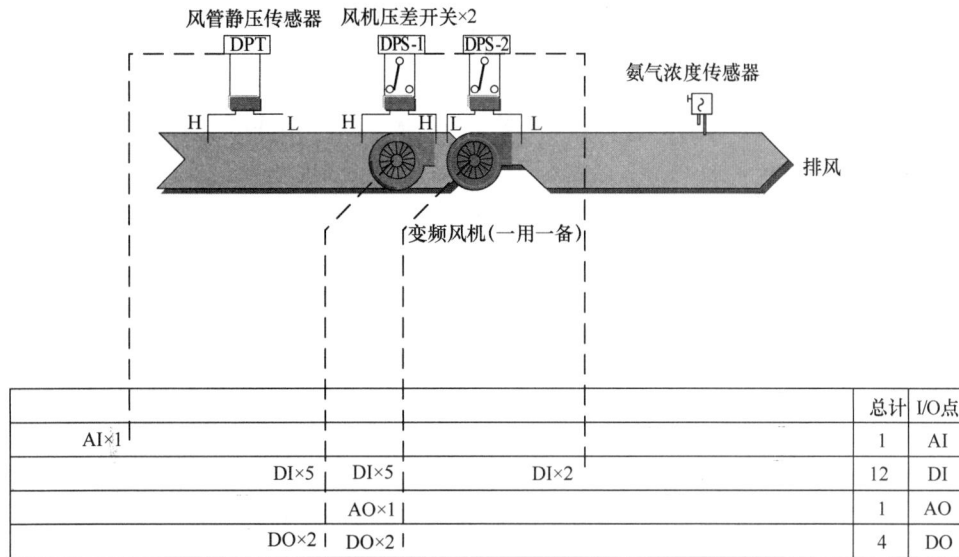

			总计	I/O点
AI×1			1	AI
DI×5	DI×5	DI×2	12	DI
	AO×1		1	AO
DO×2	DO×2		4	DO

图 5.6-2　洁净空调排风系统控制原理图

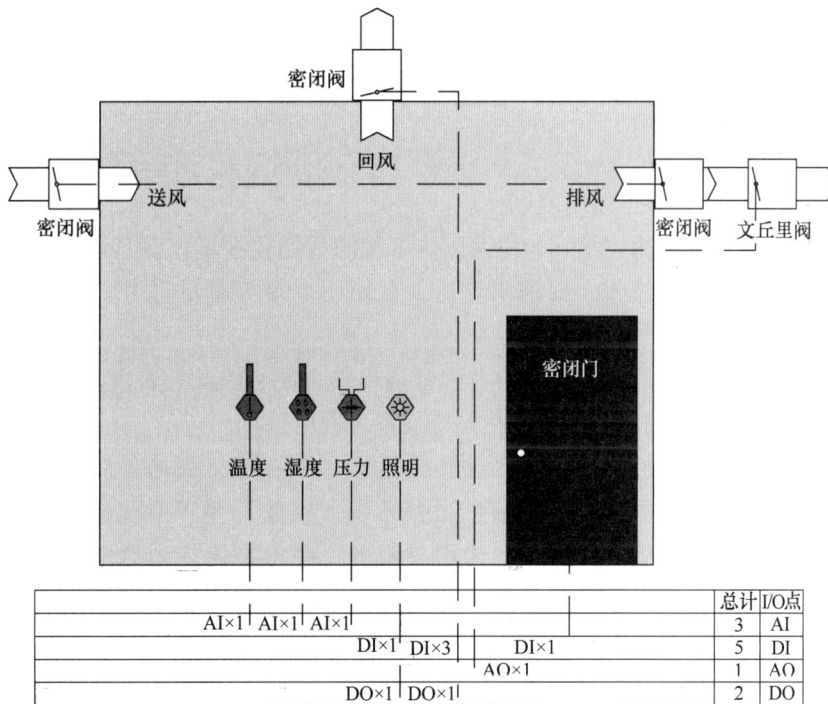

				总计	I/O点
AI×1	AI×1	AI×1		3	AI
	DI×1	DI×3	DI×1	5	DI
	AO×1			1	AO
	DO×1	DO×1		2	DO

图 5.6-3　实验室环境控制原理图

2. 配电系统

（1）设计内容及原则

本项目配电系统设计遵循安全、可靠、优质、经济的原则，设计内容包括：照明配电系统、接地及安全系统、电力配电系统、空调配电系统等。

（2）低压配电系统

1）低压配电系统接地为 TN-S 系统，变压器中性点、PE 干线、高低压配电柜、直流屏等设备外壳均接至设于各变电所的铜质总等电位母线并与综合接地体可靠连接，接地电阻小于 0.5Ω。

2）普通电力、照明设备配电采用 WDZ-YJY 铜芯电缆，消防用电设备、应急照明设备等采用耐火矿物绝缘铜芯电缆，沿钢质电缆托盘在吊顶、竖井内明敷。

3）所有电气设备、箱体外壳、桥架等金属部分均与 PE 线可靠连接。建筑物内总等电位联结母线与 PE 干线、接地引下线、金属风道、水暖管道及结构板、柱内钢筋等金属构件可靠连接，并在潮湿场所和各专业机房做局部等电位联结。

4）对大型动力设备采用可控硅软启动启停或变频控制，减小启动电流对配电系统的冲击，降低设备、管道的启动冲击损耗，延长设备使用寿命，降低能耗。

（3）照明设计

1）设备机房采用 T5 荧光灯，设计照度为 200lx；饲育室工作照明采用 LED 净化平板灯，设计照度为 300lx；动物照明采用 LED 净化平板灯，设计照度为 150lx，由自控系统进行昼/夜转换；动物照明利用工作照明，分两路控制每套灯具中的一个光源，全开时为工作照明，半开时为动物照明；其他场所均按照现行国家标准《建筑照明设计标准》GB 50034 执行。

2）专业机房照明、消防通道照明、消防用设备机房照明等均为应急照明；各疏散通道及主要出入口均设疏散指示灯及出口标志灯。

3）照明、插座支路采用 WDZ-BYJ 铜芯导线，沿金属线槽或穿镀锌钢管暗敷于吊顶或楼板内。应急照明线路采用 WDZN-BYJ 铜芯绝缘导线，沿金属线槽或穿镀锌钢管暗敷于吊顶或楼板内。所有金属灯具外壳均与 PE 线可靠连接。所有插座回路均设漏电保护开关。

4）疏散照明、外墙装饰照明采用 LED、T5 型三基色荧光灯等新型高效长寿命灯具，大幅度降低光源维护更换费用，降低能耗。

3. 弱电系统

（1）系统设计与设备选型所遵循的原则

1）采用先进、成熟、实用的技术。20 世纪 90 年代的智能化技术已经比较成熟，但该项目规划的是 21 世纪的系统，因此，在技术上要追求先进，在使用上要求简便实用，而且在技术上要成熟，不允许任何带有实验性质的应用。

2）系统应具有集中统一的管理能力，为大楼管理提供方便。因此，要求系统应具有多级集中统一的管理中心，并实施科学化管理，使智能化系统发挥最高的效用。

3）系统应具有开放性、可扩展性、兼容性和灵活性。随着信息高速公路的建成使用，管理体制日趋合理，安全防范系统演绎成综合性信息服务系统。因此，要求系统具有开放性，能紧密地与其他系统连接，融合成一个整体，更好地为用户服务；要求系统能适合多种规模，有较强的可扩展性，能随时适应对系统的扩容要求；要求系统具有很强的兼容性和灵活性，能适应产品的升级换代。

4）系统设计和产品选择应标准化、规范化。随着改革开放的不断深入，国外先进的技术和产品大量进入我国，与国际接轨是大势所趋。为便于管理，使工作规范化，系统的设计和产品的选择必须走标准化、规范化的道路。

5）系统必须具有安全性、可靠性、容错性。系统本身的安全非常重要，应具有很强的防破坏能力。由于用户的数量众多，系统设备的可靠性是非常重要的指标。同时，用户专业素质不同将导致系统在使用过程中可能出现的误操作现象，因此要求系统具有较强的容错性和自检功能。

（2）楼宇自控系统

楼宇自控系统由中央管理站、各种 DDC 控制器及各类传感器、执行机构组成，并能够完成多种控制及管理功能。它是随着计算机在环境控制中的应用而发展起来的一种智能化控制管理网络。目前，系统中的各个组成部分已从过去非标准化的设计发展成标准化、专业化产品，从而使系统的设计安装及扩展更加方便、灵活，系统的运行更加可靠，系统的投资大大降低。

1）系统结构

采用分散控制集中管理的控制系统，按设备分布把直接数字控制器安装在被控设备与执行机构附近，将控制功能尽可能分散，管理功能相对集中。这种控制方式能改善控制的可靠性，不会由于计算机的故障而使整个系统失去控制。当管理级发生故障时，过程控制级（控制回路）仍具有独立控制能力，个别控制回路发生故障时不会影响全局。与计算机多级控制系统相比，该控制系统在结构上更加灵活、布局更为合理、成本更低。

2）功能说明

系统采用集散控制，具有开放性、可扩展性，控制中心设在大楼首层控制中心，控制中心主要的监控对象为：

① 各类非消防水泵的开/关信号、手动/自动信号、运行状态信号及故障信号显示，水流状态显示，生活水泵流量显示，各类水箱、水池水位显示及超水位报警。

② 动物照明的开/关信号、手动/自动信号及开关状态显示，以及动物照明的昼/夜转换。

③ 冷水机组、循环水泵开/关信号、手动/自动信号、运行状态信号及故障信号显示；根据冷负荷趋势对机组进行群控，根据供回水压差比例调节旁通阀，保持供回水压力平衡。对冷水机组采用接口方式采集机组参数。

④ 空调机组、新风处理机组的开/关信号、手动/自动信号、过滤网运行状态信号及故障信号显示，防火阀状态显示，温度显示。排风机的启、停状态显示。

⑤ 洁净区域压力梯度控制，动物饲养室温湿度显示。

（3）火灾自动报警及联动系统

该系统包括火灾自动报警系统、联动控制系统、漏电火灾报警系统、消防广播系统、消防对讲电话系统。

1）消防控制室设在一层，设置一台联动型集中火灾报警控制器，该控制器包括联动控制盘、消防广播控制盘、消防对讲电话控制盘及蓄电池组，并设漏电火灾报警控制器与集中火灾报警控制器。设置一部可直接报警的外线电话。

2）在机房等其他公共场所均设置智能型光电烟雾探测器。

3）在疏散口和走道设置带电话插孔的地址码手动报警器和声光报警装置。

4）在走道内设置火灾报警扬声器。

5）防烟排烟控制：当走道、电梯厅等处的烟感探测器发出报警信号时，控制器通过软件预设发出指令，输出联动信号，打开报警层及其下层排烟阀，同时开启排烟风机和正压送风机，进行机械排烟。消防控制室手动控制柜配有防烟排烟阀和风机启停按钮，可进行紧急启停操作，并有运行故障显示。

6）消火栓控制：人工启动手动报警之后，主机回路发出报警信号，确认后自动开启消火栓水泵。每台消火栓水泵的运行故障信号可在消防控制及显示屏上显示，在紧急情况下可在手动控制柜面板上对消火栓水泵进行手动控制。

7）消防广播控制：当发生火灾报警时，控制器按程序自动发出切换指令给紧急广播系统，使其进入紧急广播状态，通过应急消防广播自动切换报警层及上下层的消防广播，指挥人们疏散及救火。

8）消防电话：在消防控制室设置一台消防主机电话，通过各层设置的电话插孔，巡逻人员手持消防电话筒可直接与消防控制室联络。

9）空调控制：当发生火灾报警时，由控制器输出指令给相关楼层的控制模块或继电器模块，切断相应层及上下层的新风机。

（4）综合布线系统

1）设计原则

① 实用性：通信网络系统能适应现在的需求和未来的发展要求，并实现数据、图像及一些控制信号的传输。

② 灵活性：能够满足用户的要求，使用户能方便地接入通信网，可以利用网络中心的结点连入互联网，既快速又灵活。

③ 模块化：除固定于建筑物内的水平电缆外，其他接插件都为积木式，方便管理和扩充。

④ 扩展性：系统是可控制的，以便将来有更大发展时，易于将拓展设备连接到系统中。如随着用户规模的不断扩大，原有语音和数据通信容量可能不够，可以方便地在垂直竖井中扩展光纤的容量。

⑤ 可靠性：系统中的元器件都是基于标准规范配置的，确保整个系统运行的可靠性。

⑥ 合理性：既考虑目前的实际要求，又充分考虑了未来拓展的要求，确保系统有 15 年的技术适应性。

⑦ 经济性：在满足目前应用要求的基础上，采用集中式模块化设计和机柜式配线设备等，尽可能降低系统造价。

2）工作区子系统

工作区子系统由信息插座和跳线组成。信息插座采用单孔或双孔平面型插座，接口带有滑门，防止灰尘进入，上方配有明显的永久性标识，以区分数据和语音接口，防止接口的混淆，便于系统的管理。插座采用墙插方式，安装在离地 300mm 位置。卡线方式统一采用 TIA 568B 标准。

3）水平布线子系统

水平布线子系统由从各配线间到对应的工作区的线缆组成，可采用铜缆和光缆。水平电缆从配线间沿电缆桥架分别引向工作区各信息点，水平布线距离不超过 90m，加上两端的跳线，总长度不超过 100m。桥架转弯均有 45°过渡段。在电缆布放到位后，线缆的两端均贴上标签，标明电缆对应的起源和目的地。各条线缆在工作区一端预留 20cm 左右的长度，便于做模块；配线间一端预留 2m 左右的长度，便于安装跳线盘。

4）配线间管理子系统

配线间管理子系统由线缆连接硬件和线缆管理硬件组成，充分体现综合布线的灵活性、开放性和扩展性。配线间由 19″工业标准机柜、24 口 6 类非屏蔽 RJ45 配线架、110 型语音配线架和 24 口光纤配线架组成。各设备采用模块化结构，配置数量由所管理的信息点的数量确定。所有信息点均采用跳线管理，任何信息点的变更均可通过跳线变更来完成。

5）垂直干线子系统

垂直干线子系统是数据传输的"动脉"，是综合布线系统的关键部分。一端接于主机房的主配线架上，另一端接于配线间的配线架上，采用八芯多模光纤，传输速率可达 1Gbps 以上，可为高速数据提供高品质的数据传输通道。垂直主干线布放时，两端均预留 2m，以便安装跳线盘。布放过程中，最大拉力小于 50N，转弯半径大于 30mm。垂直主干线牢固绑扎在金属桥架上，绑扎间距小于 1m。

6）设备间子系统

设备间子系统由布线系统的建筑物进线设备，以及电话、数据、计算机等各种主机设备及其保安配线设备等组成。大楼内结构化布线的设备间子系统设在一层主机房。设备间子系统采用 19″ 工业标准机柜，用于安装配线架、理线架及 Hub、Switch 等网络设备。设备间内的设备种类繁多，而且线缆布设复杂，为了管理好各种设备及线缆，按内网、外网、语音分类、分区安装，不同进出线装置或设备采用不同色标，以区别不同用途的配线区，方便线路的维护和管理。

（5）安全防范系统

安全防范系统包括出入口控制子系统和实时图像监控子系统。

1）在大楼主要的出入口、屏障区入口等重要部位的通道口安装电子门锁、读卡器、门磁开关、出门按钮等控制装置，由主机房统一监控。系统能够对各通道口的位置状态、通行对象及通行时间等进行实时控制或设定程序进行控制。

2）门禁系统具有如下功能：记录、修改、查询所有持卡人的资料；监视、记录所有出入情况及出入时间；监视电子锁状态，具有报警功能；对非法侵入或破坏进行报警并记录；当火灾信号发出后，自动打开相应防火分区安全疏散通道的电子门锁，方便人员疏散。

3）缓冲间、气闸间、更衣室的门须互锁，采用双门互锁控制器，即进入该区域只能开启其中一扇门，一扇门关闭后方可开启另一扇门。

4）当出现紧急情况时，所有设置互锁功能的门都必须处于可开启状态。

5）实时图像监控子系统在一层设置中央监控室，内设网络交换机、数字硬盘录像机、数字平台拼接器、显示器、电视墙、打印机和电源设备等。

6）在一层出入口、屏障区出入口设置枪式彩色摄像机，在动物房、部分实验室设置半球彩色摄像机，其图像传输至中央监控室进行统一管理。

7）摄像机的 AC 220V（或 24V）电源，由主机房集中供给，摄像机本身配置变电、整流及应急电池。

8）中心主机系统采用全矩阵系统，所有摄像点应同时录像，选用 24h 长延时录像机。按系统图做时序切换，切换时间为 1～30s（可调），同时可手动选择某一摄像机进行跟踪录像。

9）视频线缆选用 UTP-6 网络线，沿密闭式金属线槽或穿焊接钢管在竖井、楼板、墙内及吊顶内敷设。每个普通监视点用 KBG25 镀锌钢管，暗敷在楼板或墙内。

10）图像质量按 5 级损伤制评定，不应低于 4 级。图像水平清晰度：黑白电视系统不应低于 400 线，彩色电视系统不应低于 270 线。图像画面的灰度不应低于 8 级。

11）在助产休息室设监控分机，以便于观察猪产仔前后的情况。

5.6.5　结束语

1. 前瞻性

（1）本项目设计以满足教学、科研以及对外服务为宗旨，考虑了一定的拓展性。预留了笼具清洗机位置及自动饮水系统。

（2）各功能区划分明确，前期可以根据各功能区实际的动物数量进行分区。

（3）考虑了外来动物的专用隔离检疫区。

2. 实用性、经济性、安全性

（1）布局合理，防止交叉污染。

（2）周边环境条件（有害化学品、花粉、噪声、粉尘、污染源、绿化面积、居民区等）符合相关要求。

（3）具备排污设备和污水处理措施。

（4）具备双路供电系统（或备用电源）。

（5）具有监测温度、湿度和压差等环境条件的设备。

（6）根据动物级别，饲养设施内的不同区域保持合理的温度、湿度、压力梯度等环境条件。

（7）饲养设施能够根据需要调控温度、湿度、空气洁净度、氨气浓度、通风和照明等环境条件。

（8）用于不同研究的实验动物不应饲养于同一饲养室，如必须饲养于同一饲养室内的，应有适当的分隔及标记措施。

（9）具有动物检疫设施和患病动物的隔离治疗设施。

（10）具备收集和处置动物尸体、实验废弃物的设施。

（11）具有清洗消毒设施。

（12）具备饲料、垫料、笼具及其他动物用品的存放设施，各类设施的配置合理，防止与实验系统相互污染。

3. 节能性

本项目采用了空调系统多状态运行、空调系统分区控制、送风机和排风机变频运行等节能技术。

5.7　中国农业科学院哈尔滨兽医研究所实验动物设施

5.7.1　项目概况

中国农业科学院哈尔滨兽医研究所实验动物设施［动物生物安全二级（ABSL-2）实验室］主要从事感染性动物实验的技术支撑与服务。本项目位于黑龙江省哈尔滨市，四季分明；冬季漫长寒冷；夏季短暂凉爽；春、秋季为过渡季节，温差大、气温升降变化快（可达10℃左右），需要加热升温与制冷降温交替进行，设备运行管理难度较大。本项目为独栋建筑，占地面积约5192.54m²，建筑面积约15998.68m²，包括地下一层（358.54m²）的活毒废水处理区。项目于2016年9月开始运行。

本项目包括平行的A、B两栋建筑和连接A、B栋建筑的C栋建筑（图5.7-1）。A、B栋为镜像结构，为ABSL-2实验室；C栋为辅助区，用于办公、休息、库房、纯水制造等。一层为负压屏障环境，A栋为大型猪实验区，内置猪栏、猪床、产床等。另外设置配房作为大动物清洗消毒、隔离检疫区。二层为负压屏障环境，A栋为中型动物（小型猪等）实验区，内置猪床、仔猪负压隔离器、仔猪负压IVC等，有猪洗消区、隔离观察区、传递区、剖腹产操作区等；B栋为中小型动物（犬、猫、貂、兔、豚鼠等）实验区，内置动物笼具、负压隔离器、负压IVC。三层为负压屏障环境，A栋为禽类动物实验区，内置负压隔离器；B栋为禽类和小型啮齿类动物实验区，内置负压隔离器及负压IVC。C栋的三、四层为负压屏障环境，三层用于禽类动物被动免疫实验，四层用于转基因动物实验（图5.7-2）。

图5.7-1　建筑外景

工作人员需要从一更进入，更换好防护服后通过洁净走廊进入到实验走廊，再进入动物实验室对动物进行饲喂、清理、测温、实验、采样等操作。操作过程中，将产生的废弃物收集到生物安全袋中，从实验室带入污染走廊，通过压力蒸汽灭菌器灭菌，最后通过专业公司进行无害化处理。人员进入污染走廊后，通过缓冲间到达一更脱下衣物，然后进入淋浴间淋浴后方可离开。

图 5.7-2 ABSL-2 实验室平面示意图

5.7.2 空调系统

实验动物设施的中央空调系统按照热交换介质类型可分为全空气系统、全水系统、空气—水系统及直膨式（冷媒）空调系统。全水系统主要有暖风机、不单设新风机组的辐射供冷系统；空气—水系统以风机盘管加独立新风系统（FCU＋DOAS）为典型代表；直膨式（冷媒）空调系统则主要有分体式家用空调、多联机（VRF）空调系统等形式。

本项目位于我国东北地区，气候严寒，体量大，所以新风净化空调系统选择热交换性能更好的空气—水系统。

各区域空调系统单独控制。以 A1 区为例，洁净走廊与两端的人员、物品和动物通道设置一套空调系统；污染走廊与动物解剖、高压处理区设置一套空调系统；实验区分为 6 个实验单元，每个单元为 3 间负压屏障实验室，每个单元一套空调系统。此外，A2、B2 实验辅助区各设一间手术室，分别配有一套空调系统，C3、C4 区各设一套空调系统，ABSL-2 实验室共有 52 套空调系统。

本项目新风净化空调系统由换热站、空调机组、冷热水循环管网和送、排风管道组成。园区设有总换热站，通过管道将蒸汽送到 ABSL-2 实验室的换热站（C1 区），再通过分管道将蒸汽送到空调机组；冷水则通过园区泵站直接送入 ABSL-2 实验室的管网。空调机房位于 ABSL-2 实验室的东、西两侧。控制设备（DDC 控制电柜、变频启动电柜）置于定制的机柜里。

5.7.3 新风净化空调系统

1. 功能

（1）实验室温度控制

新风净化空调系统采用"蒸汽—介质水—空气"的间接加热方式进行温度控制，蒸汽通过换热站的板式换热器对介质水进行加热，再通过热介质水循环管网对空气进行加热。采用蒸汽换热站集中加热可以简化蒸汽管网敷设难度，降低建设成本并提高换热效率。降温方式为冷却水塔统一供应冷却水，再通过冷介质水循环管网对新风进行冷却降温。

（2）压差调节

负压屏障实验室采用"定送变排"方式控制实验室换气次数和压力梯度，负压屏障环境洁净等级为7级，负压隔离环境洁净等级为5级。负压屏障实验室静压差设定为−30Pa，单元走廊压差设定为−20Pa，洁净走廊静压差为＋10Pa，污染走廊静压差为−30Pa，解剖间静压差为−40Pa。

2. 结构

新风净化空调系统送、排风机组均设置备用风机，两部分结构大致相同，可随时切换（图5.7-3）。

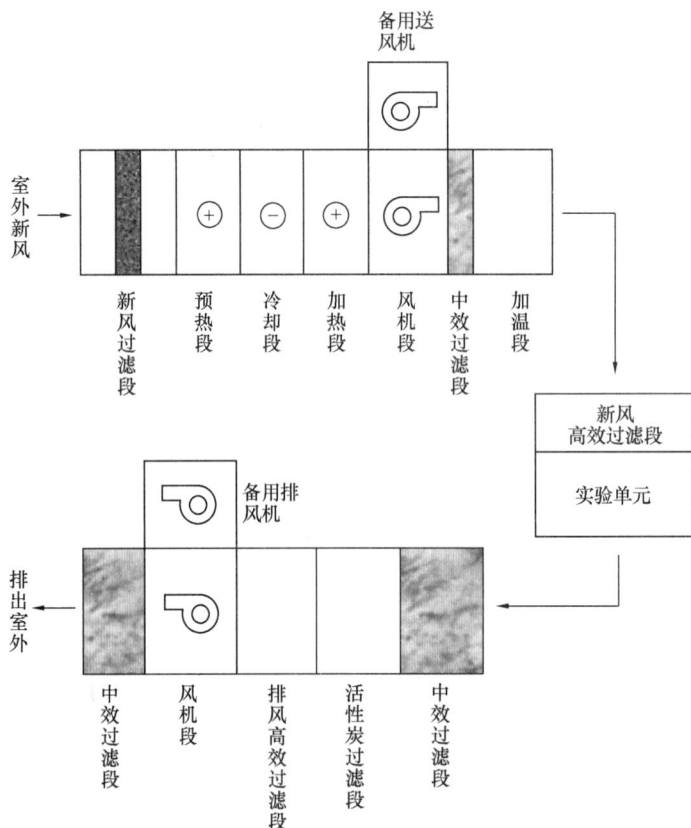

图 5.7-3 新风净化空调系统新、排风机组示意图

（1）新风过滤段 主要由自动风阀、粗效空气过滤器、压差传感器和风阀控制器组成。一般布置于新风机组的最前端，对空气中较大颗粒的尘埃起过滤作用。

（2）预热段 在管网中增设循环泵以加强热水循环能力。在冬季，对室外空气先进行预加热，再送入新风机组其他功能段。

（3）冷却、加热段 根据实验室使用需要，对室外空气进行加热或冷却处理。冷却盘管也是夏季高湿季节机组除湿的主要设备。

（4）中效过滤段 一般位于空调机组的末端，采用的是中效空气过滤器，主要作用是过滤空气中直径在 $10\mu m$ 以上的尘埃颗粒，同时对末端的高效空气过滤器起保护作用。

（5）风机段 由变频风机、压差传感器、变频启动柜（机箱外）等设备组成，为实验室提供新风动力及维持压力差。

（6）加湿段 一般位于中效过滤段之后，通过释放蒸汽对空气进行加湿。

（7）新风高效过滤段 一般位于新风机组的末端，是实验室新风质量的保障。

（8）排风过滤段 由粗效空气过滤器、中效空气过滤器、活性炭过滤器、高效空气过滤器、压差传感器和风阀控制器组成。布置于排风机组前端，主要作用是过滤掉实验区内各类污染物。

（9）附属设施设备　设有蒸汽—热水换热系统、冷水循环系统以及各类电路电柜等附属设施设备。

3. 自动控制系统

新风净化空调自动控制系统由 BMS 中央管理主机、中央管理软件、网络控制器、现场 DDC 控制器、传感器等组成。自动控制系统可合理利用设备，节约能源和人力，确保设备安全运行，加强机电设备的现代化管理。

（1）实验室温度控制

在新风机组端加设电动流量控制阀，根据温度传感器反馈的温度参数，由 DDC 控制器对流量阀进行调节，以实现实验室温度控制。

（2）实验室压力及风量控制

所有风机电机均由变频启动柜控制，DDC 控制器收集实验室内压力传感器反馈的压力参数，并输送到变频启动柜内，以调整排风机频率的方式进行压力及风量的控制。

4. 运行管理

运行管理的本质是一个多约束条件下的多目标决策问题，核心在于提高维护决策的科学性和实时性。运行管理的基本任务是：通过经济、技术、组织措施，逐步做到对主要设备系统的使用、维修保养、改造，直至报废、更新的全过程进行有效管理，以获得设备寿命周期费用最经济、设备综合能力最高的理想目标。因此，对一个完善的运行管理系统而言，它包括的基本内容必须具备设备基础信息、运行保养管理、维修管理、备件管理以及数据整理等。运行管理是工程技术、经济财务、组织管理三者的综合。

（1）建立完备的新风净化空调系统档案

1）新风净化空调系统各配件的原始出厂材料、说明书；

2）空调机组型号规格、维修保养记录、空气过滤器更换记录；

3）标准操作规程；

4）统计配件耗品及主要部件的型号，可细化至紧固螺栓等最基础的零配件型号。

（2）新风机组维修管理

1）人员配备原则　分工明确，专人专职。维修、保养专业知识和经验积累缺一不可。相同的故障现象有不同的故障原因，同一个故障原因又可能导致不同的故障现象，设备老化导致的多个故障是对维修人员综合能力的考验。专人负责机组的维修工作可有效提高维修效率、保障维修准确性。

2）维修制度管理　严格遵守维修记录制度，保存设备维修数据。维修记录可对已发生的故障维修进行分类总结、归纳，并有针对性地采取相应措施。例如，操作性故障问题应加强操作人员培训，或针对性地简化操作过程；单一高频的故障问题须排查故障点位，进行可靠性升级改造，从根源上解决问题；损耗性故障问题（设备、部件磨损老化等）应结合运行维修记录总结规律，将易耗部件或耗材添加到保养计划中，有计划地在易耗部件失效前进行更换，避免突发故障影响设备运行。

（3）设备保养管理

1）制定细致的保养检修计划　结合运行实际，总结故障规律，将可预见的故障风险与基础维护相结合，编制设备保养标准操作程序，制定周期性保养检修计划。

2）设备保养的动态管理　设备运行过程中，其状态不断变化，设备保养计划也应随设备状态变化随时更新。

3）加强设备保养工作的培训　设备管理人员往往过于注重孤立地解决已出现的故障问题，不总结、不归纳，被动地进行各类维修工作，工作效率低、维修质量差。通过培训，转变设备管理人员的思想认识和工作思路，树立保养重于维修的观念才是治本之道。

（4）备件管理

1）制作备件耗材清单　清单应包含备件型号、在线使用数量、合理库存、实际库存等各类信息。

2）备件管理基本原则

① 不断料：备件供应及时，能够及时提供满足需求的备件类型、数量；

② 无呆料：维修维护过程中备件使用的不确定性，决定了需要尽可能提高备件预测的命中率，减少放在库房的备件。部分核心部件单价较高，质量稳定，这类部件可以根据实际情况，结合供货周期等因素，尽量减少库存数量，以降低备件库存的资金压力。

（5）设备数据管理

1）故障维修信息　收集各设备的运行状态、故障维修信息，整理存档。

2）实时记录新风机组运行状态　编制新风机组实时运行状态记录并周期性更新。无实际变更操作时可每月进行一次更新，有变更操作时则随时更新。实时记录新风机组运行状态是掌握其运行规律、降低维修人员未及时沟通造成误操作风险的有效措施。

5.7.4　环境控制

本项目的环境控制分为屏障环境设施控制、屏障环境压差梯度控制及通道设置。

1. 屏障环境设施控制

实验室内的屏障环境设施主要有紫外线传递舱、渡槽、压力蒸汽灭菌器、过氧化氢消毒器、高效空气过滤器等。实验室内被污染的空气首先通过高效空气过滤器，使得病原微生物被有效拦截，不污染室外环境。实验室内的样品等需经过紫外线传递舱、压力蒸汽灭菌器等设备，在消毒灭菌后方可传出实验室，有效保障实验室以外环境的安全（图5.7-4）。

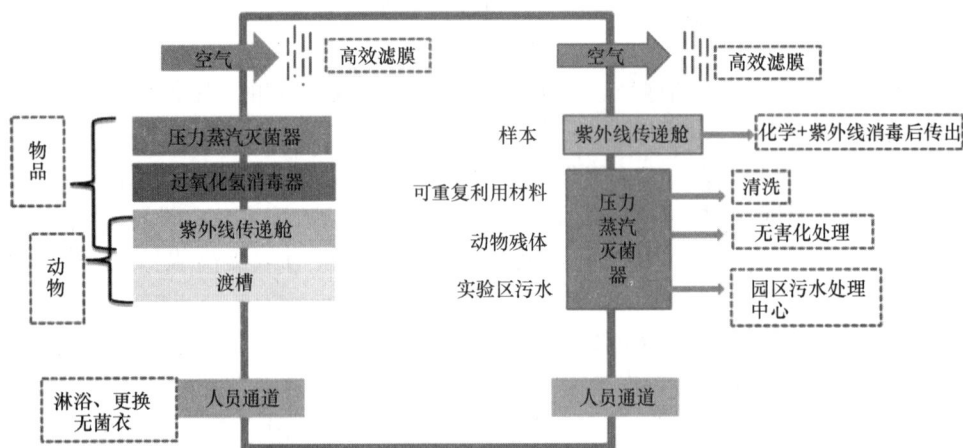

图 5.7-4　屏障环境设施控制流程图

2. 屏障环境压差梯度控制

本项目采用新风净化空调系统，送、排风机均设置备用风机，可自由切换运行。本项目设计了三走廊，分别为洁净走廊、跨廊和污染走廊。跨廊发挥了缓冲作用，不会导致污染走廊的污染物倒灌。洁净走廊静压差设置为+10Pa，跨廊静压差设置为-10Pa，缓冲间静压差为-20Pa，污染走廊静压差为-20Pa，实验室静压差为-30Pa，解剖间静压差为-40Pa，相邻区域最小静压差为-10Pa。通过新风净化空调系统保证外围环境的安全，并实现不同区域的压差梯度控制（图5.7-5）。

3. 通道设置

通道设置主要分为人员、物品以及污染物的进出流程设置（图5.7-6）。人员的进出应严格按照人员进出流程执行；物品进出流程可参考图5.7-6；实验室内产生的污水、废弃物等应进入污染

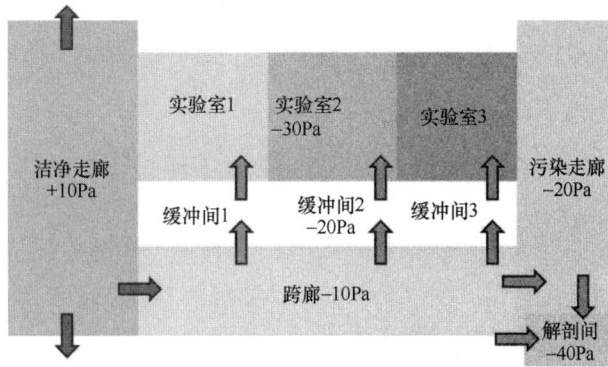

图 5.7-5 屏障环境压差梯度控制示意图

物流程进行无害化处理。

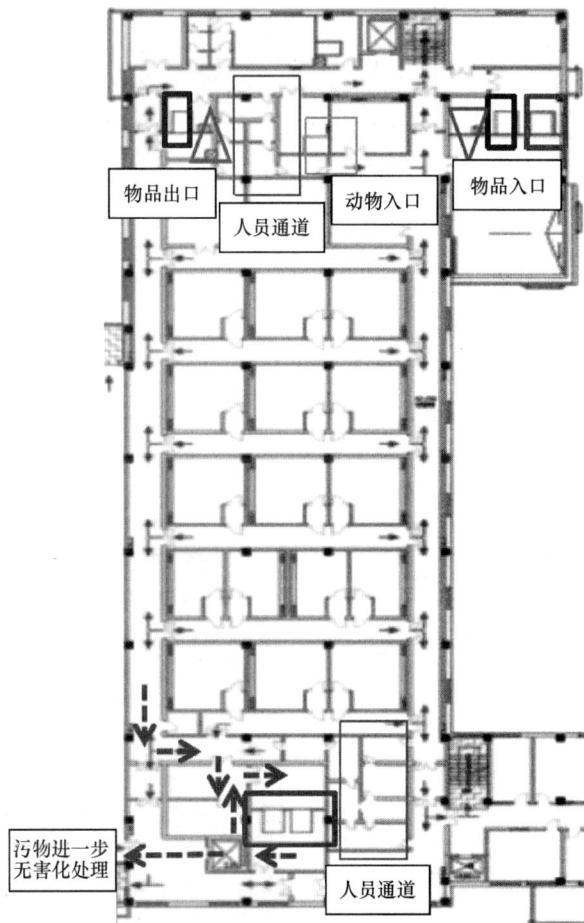

图 5.7-6 通道设置示意图

4. "三废"处理

对于 ABSL-2 实验室来说,"三废"主要有废弃物、废液以及废气。废弃物包括损伤性废弃物、感染性废弃物、化学性废弃物以及动物残体;废液包括配置的消毒液、仪器废液等;废气主要是动物呼吸、排泄产生的带有病原微生物和有害元素的气体。

接触到致病性病原微生物的载体,存在向周围环境泄漏的危险,操作时要严格遵守标准操作规程。废弃物需经过压力蒸汽灭菌器处理,如图 5.7-7 所示。将所有废弃物用耐高压生物安全袋包装。

外表面喷消毒液进行表面消毒后进行高压灭菌处理。灭菌处理结束后，由废弃物处理人员确认灭菌效果，若符合要求，由处理人员取出送至废弃物存放处；若未达到要求，则重新进行高压灭菌直至达到要求后送至废弃物存放处。废弃物处理人员填写废物处理记录，并定期移交给医疗废弃物处理公司，签废弃物交接单。

废液需经过污水处理系统处理，如图 5.7-8 所示，该系统包含 1 个储存罐（8t）、2 个过滤罐（3t）、4 个灭菌罐（4t）。

对于开放饲养的动物实验室（负压屏障环境），废气经实验室粗效空气过滤器、空调管道的中效—高效—中效空气过滤器过滤后排出（图 5.7-9）。有动物隔离器及 IVC 的动物实验室，废气先通过设备本身的高效出口过滤后，再由负压屏障环境空调管道排出。

图 5.7-7　压力蒸汽灭菌器　　　　图 5.7-8　污水处理系统　　　　图 5.7-9　高效空气过滤器

5. 个体防护要求

进入 ABSL-2 实验室内进行实验操作需要严格按照人员防护流程执行。负压屏障环境中开放饲养动物的实验，实验人员从一更进入，需进入淋浴间更换内层防护服，然后进入二更更换外层连体防护服并佩戴口罩、手套等，之后从缓冲间进入跨廊，然后通过洁净走廊进入实验房间。如果需要进入解剖间进行实验操作，还需通过污染走廊后方可进入解剖间，如图 5.7-10 所示。负压屏障环境下负压隔离环境（隔离器、IVC）中的动物实验，实验人员无须淋浴，按流程更换防护服即可。

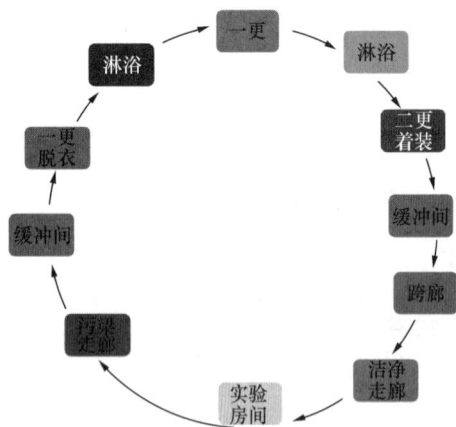

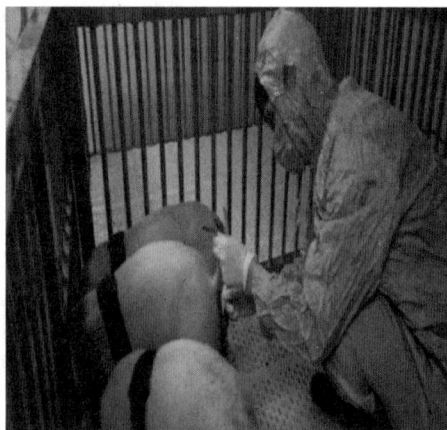

图 5.7-10　个体防护要求

6. 主要的安全防护设备

ABSL-2 实验室主要的安全防护设备有：紫外线传递舱（图 5.7-11），主要用于传递物品、备品等；渡槽（图 5.7-12），主要用于传输血样、组织等样品，将样品放入传递盒内密封，然后对密封盒表面进行消毒；过氧化氢消毒器（图 5.7-13），需要传入实验室的物品也可通过过氧化氢消毒器消毒后传入实验室内。

图 5.7-11　紫外线传递舱　　　　图 5.7-12　渡槽　　　　图 5.7-13　过氧化氢消毒器

7. 动物屏障级别

ABSL-2 实验室宜实施一级屏障（操作者和被操作对象之间的隔离）和二级屏障（动物生物安全实验室和外部环境的隔离）。动物隔离设备、IVC 等是保证生物安全的一级屏障，其安全作用高于二级屏障，应首先检测，严格对待。

ABSL-2 实验室负压屏障环境的洁净度等级为 7 级（万级），负压屏障环境下的负压隔离设备（隔离器、IVC）的洁净度等级为 5 级（百级）。

8. 动物饲养笼具

本项目的主要实验动物有啮齿类动物、兔、豚鼠、仔猪、鸡等，不同的动物饲养方式不同，笼具也不同。

本项目有正压 IVC 共计 18 套，用于啮齿类动物、兔、豚鼠的非感染性实验，不同品系、不同等级的实验动物分区饲养，如图 5.7-14、图 5.7-15 所示。负压隔离器共计 201 台，其中禽类负压隔离器 159 台、啮齿类负压隔离器 18 台、兔和豚鼠负压隔离器 12 台，仔猪负压隔离器 12 台，如图 5.7-16 所示。

图 5.7-14　兔、豚鼠非感染性实验区　　　　图 5.7-15　大、小鼠非感染性实验区

动物实验室按照大小可分为：小型动物实验室，室内有小型笼具，适合养兔子；大型动物实验室，室内有高栏床，距离床面 1.7m，适合养犬；中型动物实验室，室内有低栏床，距离床面 0.9m，适合养猪、羊等，针对怀孕生产的母猪还配有产床，如图 5.7-17 所示；小鼠、禽类等需饲养于 IVC 和动物负压隔离器内。

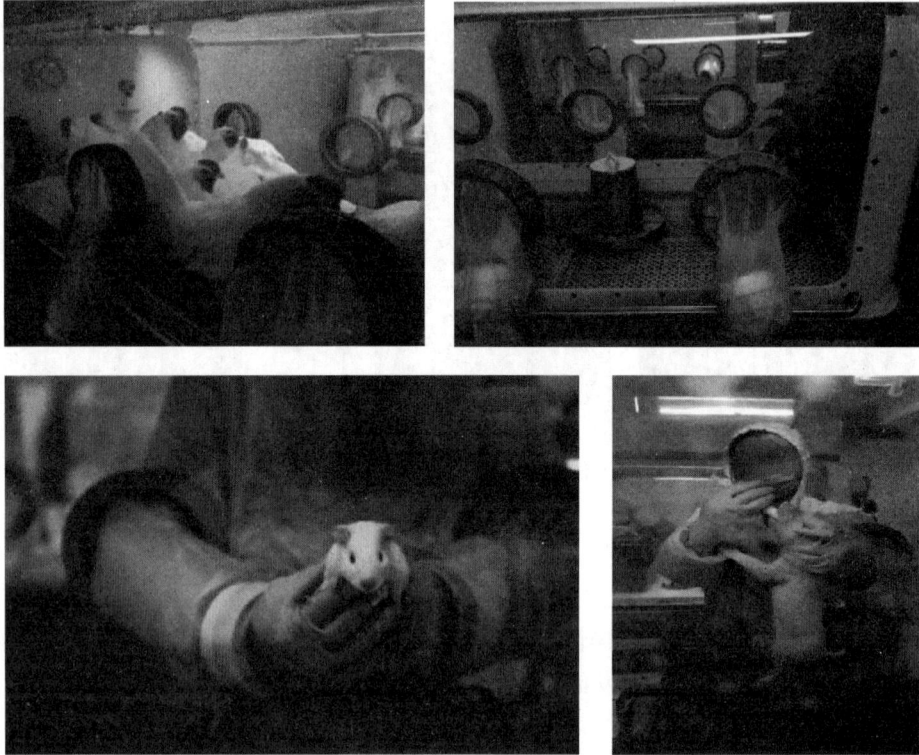

图 5.7-16　负压隔离器

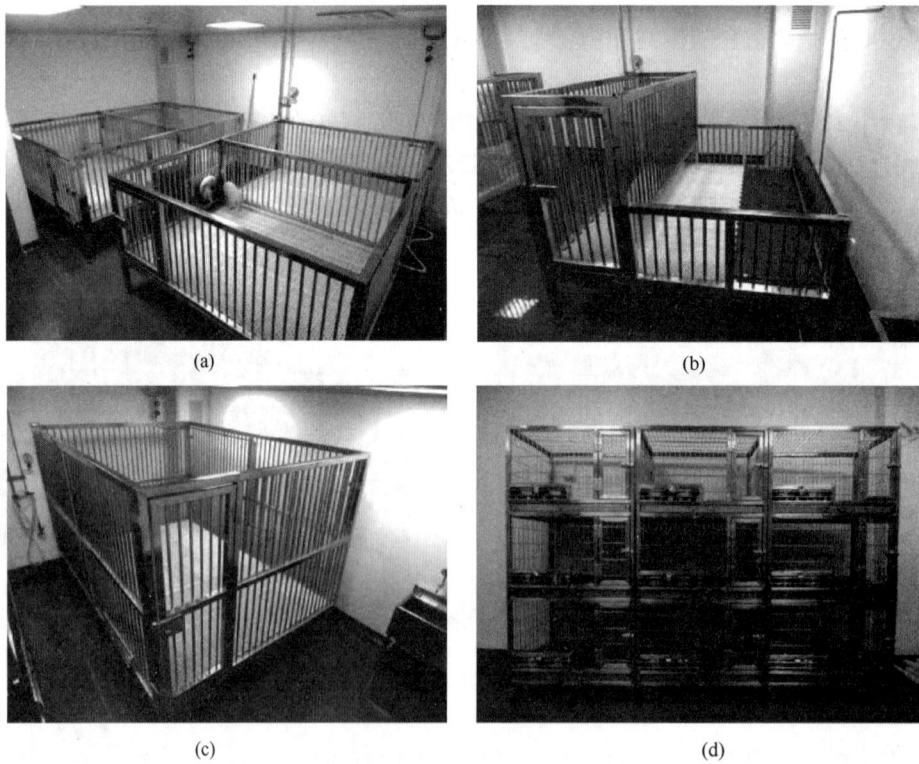

图 5.7-17　动物饲养笼具
（a）中型动物实验室（低栏床）；（b）猪产床；（c）大型动物实验室（高栏床）；
（d）小型动物实验室（笼）

5.7.5　结束语

（1）本项目主要针对的是动物饲养和动物实验，因此其主要是关于动物实验室的生物安全管理，分四个方面：①人，相关工作人员必须培训合格后持证上岗；②环境，必须保证 ABSL-2 实验室屏障环境的设施设备安全可靠运行；③实验动物，必须保证实验动物的质量；④动物实验，应熟知动物实验全过程，并保证整个过程的安全。动物实验室生物安全管理流程如图 5.7-18 所示。

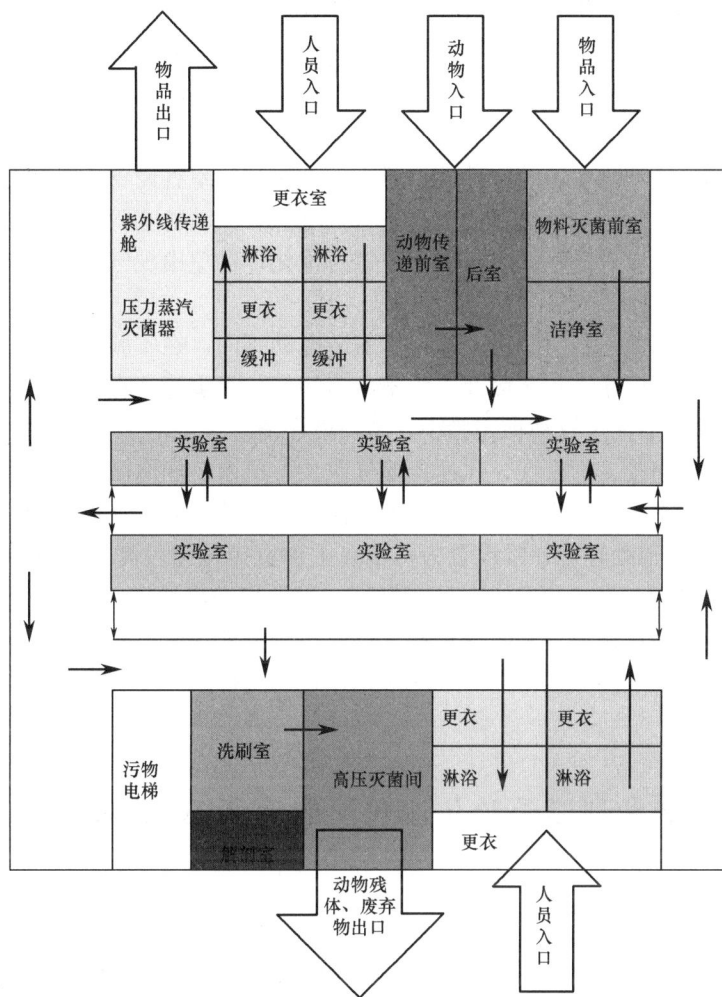

图 5.7-18　生物安全管理流程图

（2）本项目所在地冬季漫长寒冷，夏季短暂凉爽，春、秋季气温升降变化快。4～6 月为春季，易发生春旱和大风，气温回升快而且变化无常，升温或降温一次可达 10℃ 左右；气温月际变化强烈，一般在 8～10℃；9～10 月为秋季，降雨明显减少，昼夜温差较大，9 月平均气温为 10℃，10 月北部地区已到 0℃，南部地区为 2～4℃。过渡季节需要白天制冷、夜间加热，设备运行管理难度较大。同时，过渡季节又是全年空气质量较差时期，空气过滤器更换需求增加，空调机组启停机操作频繁。

（3）11 月至次年 3 月为冬季，漫长且寒冷干燥，有时会出现暴雪天气。1 月平均气温为 −30～−15℃。维护保养及维修窗口期较短，大量维护保养工作需要集中在 7～8 月完成。环境特点导致供热系统运行压力较大，所以应尽可能避免在供暖期对供热系统进行维修。

（4）过渡季及冬季空调机组启停机的适宜做法为：停机状态下，手动关闭新风阀门；重新启动机组时，在粗效空气过滤器前端暂取室内空气，待预热盘管内介质循环稳定后再恢复室外取新风，以免冻裂盘管。

（5）每年初应制定当年的供热系统维修、维护、保养计划，并应在7月前落实各项工作细节。7月开始，观察气温变化，做好工作准备，随时进场，争取窗口期。

（6）在设计建设过程中，应充分考虑日后运行维护所需的空间。若条件允许，可让运行维护人员从设计阶段加入，并全程参与。在设计前期，需要对设施布局进行合理化设计；建设期间督促施工方严格按照设计图纸及施工规范完成施工。设施整体运行的重点在于运行维护，全员应当提高运维意识，明确职能分工和职责，加强培训和交流，提高整体管理水平，从而保证设施检核和防护设备配置的有效性，确保生物安全各项工作顺利开展，从而保护实验人员、周边群众以及环境的安全，保障实验工作的安全稳定运行。

（7）设施不宜做得过大，如果条件允许，宜分散建设。因为感染实验室越集中，对于控制交叉污染的难度越大。由于感染性动物实验的特殊性，感染性动物实验室宜设置成模块分区模式，空调系统也相应地进行分区配置，使每一个模块都能独立进行一项感染性动物实验。

（8）在设计与施工上，应对送、排风口的布置进行优化，避免出现气流死角与短路，房间内排风口设置为上、下双风口。

（9）送、排风总管及实验室各房间送、排风管安装电动阀门，在实验室各房间安装通向进入走道的气（汽）雾熏蒸消毒口，以便进行区域及实验室各房间的化学熏蒸消毒。

（10）在动物实验前、后期进行动物实验小、微环境评估。

实验前评估指标：洁净度、气密性、风速、换气次数、压差、病原微生物泄漏等。

实验后评估指标：洁净度、气密性、风速、换气次数、压差、受试动物（剖检、留样）等。

（11）活毒废水高温高压处理区通常设置为负压，主动直排风经过高效空气过滤器过滤，被动送风不经高效空气过滤器过滤，设置独立的人员、物品、污染物进出通道（一更一缓）。该区域在排风机停机时，存在室内空气通过送风口溢出的现象，造成污染物外逸的风险，应有切实可行的措施确保安全，例如，送风口设置高效空气过滤器、电磁阀；设置主动排风、主动送风、送排联动的生物安全模式等。

5.8　中国农业科学院哈尔滨兽医研究所SPF鸡胚生产设施

5.8.1　项目概况

中国农业科学院哈尔滨兽医研究所（简称哈尔滨兽医研究所）SPF鸡胚生产设施是经农业农村部和国家发展改革委批准立项建设的禽类实验动物保种、繁育，以及与SPF鸡胚商业化生产相结合的科研基础设施建设项目。本项目占地面积约4400m²，建筑面积约8591m²，项目总投资5800余万元。项目于2007年6月开工建设，2008年8月底交工。

本项目主体分为两层，一层为屏障环境，利用自动饲喂、饮水、集蛋和清粪设施，采用本交方式生产SPF商品蛋。育雏（育成）室有5个房间，每间满负荷运转后可饲育SPF育雏（育成）鸡0.3万羽，合计1.5万羽；蛋鸡室有4间，每间满负荷运转后可饲育SPF蛋鸡0.5万羽，合计2万羽。达产后，年产SPF鸡胚约400万枚。二层为隔离环境，分为4个房间，每个房间设置32台隔离器，共有128台，可饲养保存SPF种鸡3800余羽，年产种蛋约80万枚。

5.8.2　平面布局及说明

本项目一层布置成鸡饲养区、育（雏育）成区、孵化区（图5.8-1），二层布置蛋鸡保种孵化区和空调机房（图5.8-2）。

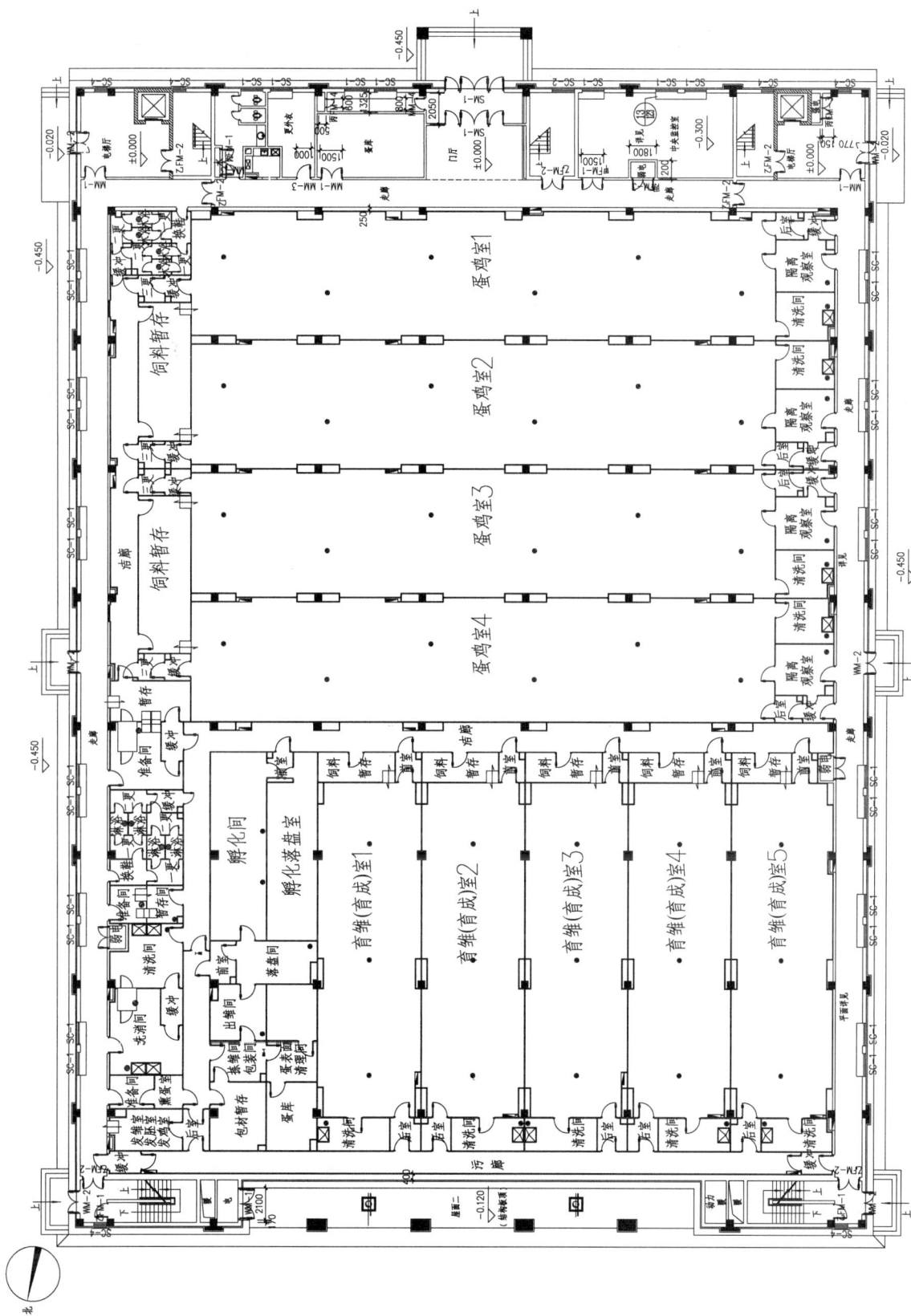

图 5.8-1　哈尔滨兽医研究所 SPF 鸡胚生产设施一层平面图

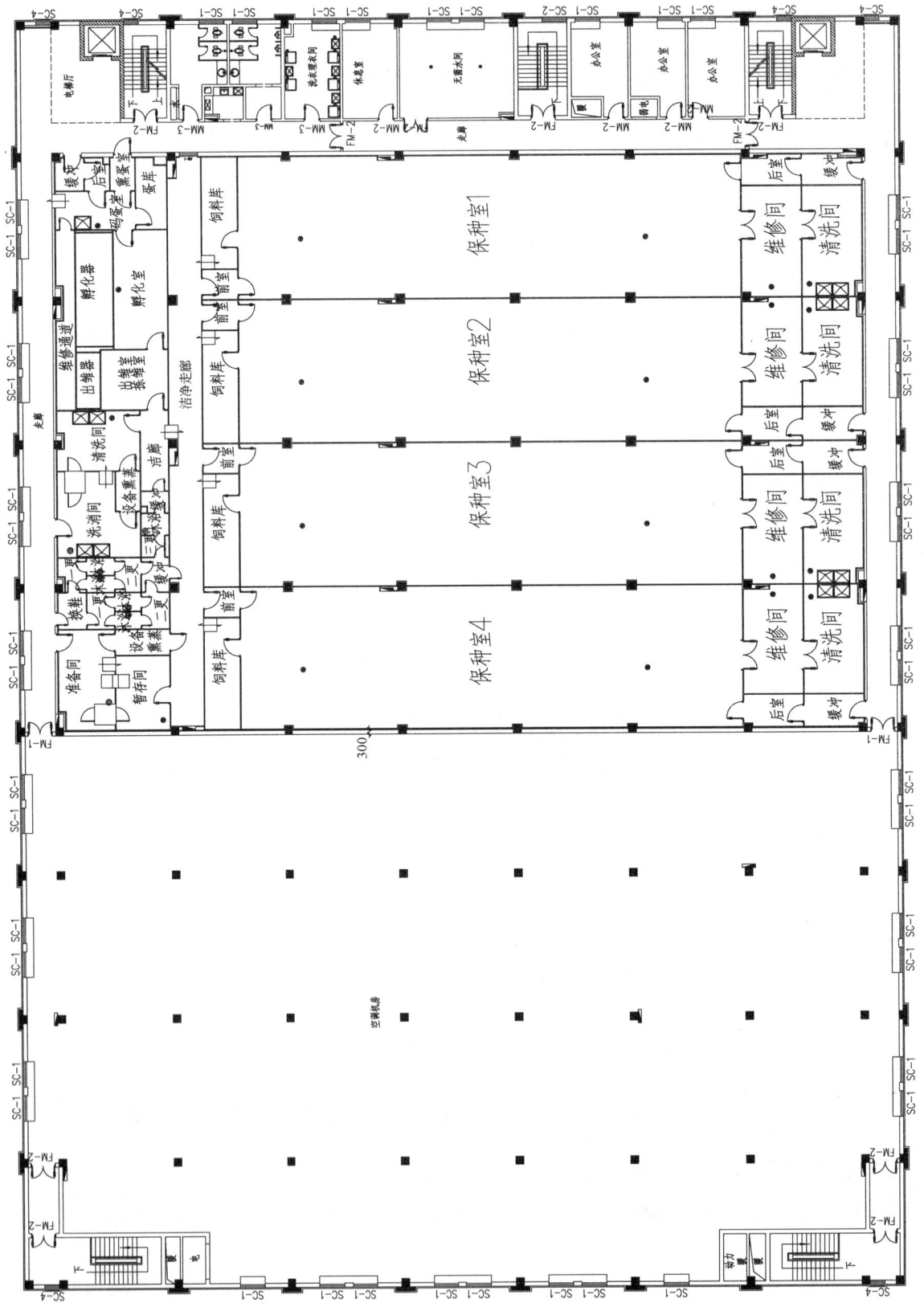

图 5.8-2　哈尔滨兽医研究所 SPF 鸡胚生产设施二层平面图

一层成鸡饲养区为完全独立的区域，设有专门的人流、物流通道。该区域设 7 套独立的净化空调系统。各净化空调系统采用 7 级净化，空调参数为：温度 16～28℃、相对湿度 40%～70%。

一层育雏（育成）区与成鸡饲养区完全隔开，设有专门的人流、物流通道。该区域设 10 套独立的净化空调系统：每个育雏（育成）室设 1 套净化空调系统（共 5 套），同时配置 3 套备用系统；孵化区设 1 套空调系统；洁净走廊及辅助区设 1 套空调系统。各净化空调系统均采用 7 级净化，空调参数为：温度 16～28℃、相对湿度 40%～70%。

二层为蛋鸡保种孵化区，设有专门的人流、物流通道。该区域设 4 套独立的净化空调系统和 3 套普通空调系统：隔离器送风配置 3 套净化空调系统（含 1 套备用系统），孵化区配置 1 套净化空调系统，4 间保种室共设 2 套独立的空调系统，辅助区设 1 套空调系统。各净化空调系统采用 5 级或 8 级净化，空调参数为：温度 16～28℃、相对湿度 40%～70%。

各区域均设有独立的人员进出和物料进出通道，有完备的人身净化设施，有合格的物料灭菌设备（设施），可以保证进出生产区的人员、物料不对饲养室产生危害。

5.8.3　土建设计方案

本项目长 72m、宽 57.6m，层高 6.6m，建筑内有吊顶的房间吊顶高度均为 2.5m，火灾危险性类别为丙类，建筑物耐火等级为二级。

外墙采用 370mm 厚页岩多孔砖＋40mm 厚聚苯保温板，屋面保温层采用 60mm 厚聚苯保温板。在满足使用要求和立面造型的前提下，尽量减小立面上开门、开窗面积，外门采用彩钢板密闭保温门，外窗采用 8＋12A＋8 中空玻璃塑钢窗；建筑造型力求简洁明快，体现生物洁净厂房的特点。

空调机房采用清水混凝土地面；饲养区的非净化区域采用清水混凝土面层上涂环氧树脂漆地面，净化区采用清水混凝土面层上涂自流平环氧树脂地面，净化区内隔墙和吊顶采用石膏夹芯彩钢板或纸蜂窝夹芯彩钢板；洁净室采用金属密闭门，气闸室采用电气联锁金属密闭门，非净化区采用金属壁板门，外门采用钢门。

建筑抗震设防烈度为 6 度，框架的抗震等级为四级。

5.8.4　供暖、通风、空调与净化

1. 供暖

非空调净化区供暖温度为 16～18℃，供暖热水（60℃/50℃）来自哈尔滨兽医研究所锅炉房，供暖系统为单管上供上回式，采用钢制柱式散热器。

2. 通风

隔离器、出雏箱均设局部排风系统，孵化室、卫生间、淋浴间等设机械全室通风换气。

3. 空调与净化

采用集中式全空气系统，空气处理设备为组合式空调机组，末端装置为高效过滤送风口（百叶风口）。

4. 气流组织

净化空调系统采用顶送下侧回的气流组织形式，为非单向流。舒适性空调系统采用上送上回的气流组织形式，房间吊顶安装散流器和格栅回风口。

5. 冷热源

组合式空调机组的冷媒供/回水温度为 7℃/12℃ 的冷水，由水冷螺杆式冷水机组供给。组合式空调机组加热用热媒供/回水温度为 60℃/50℃ 的热水，由锅炉房提供。组合式空调机组加湿用热媒为 0.2MPa 的蒸汽，由市政蒸汽在动力站减压后供应。

6. 其他措施

为保证各洁净房间达到所需的洁净度，送入洁净房间的室外空气经粗效、中效、高效三级过滤。

5.8.5 给水排水

本项目的给水排水工程包括室内生产生活给水系统、消防给水系统、纯化水给水系统、热水系统、一般生产生活排水系统、粪便污水排水系统及室外给水排水工程。

1. 给水系统

（1）室外给水水源

给水水源为哈尔滨市城市自来水，为基地给水系统。

（2）生产生活给水系统

室内生产生活给水由引入管就近从基地生产生活供水管网接入，向建筑内各用水点供水。给水总管采取止回措施。最大小时用水量为 $6m^3$，最大日用水量为 $24m^3$。

（3）消防给水系统

本项目采用独立的室内消火栓系统，用两条 $DN100$ 消防给水引入管，从建筑不同方向的室外消防供水管网引入室内，在室内形成环状管网，向室内消火栓供水。

（4）纯化水

纯水站设于制水间内，纯化水主要供清洗使用，最大小时用量为 $3m^3$，最大日用量为 $9m^3$。纯水站出水水质为：$\geqslant 0.5M\Omega \cdot cm(25℃)$。

（5）热水

热水系统供建筑内淋浴用热水及清洗用热水，采用集中蒸汽加热供水系统。热水最大小时用量为 $3m^3$，最大日用量为 $12m^3$，给水压力 $\geqslant 0.25MPa$。

2. 排水系统

室内采用分质排水系统，分为一般生产生活排水系统和粪便污水排水系统。

（1）一般生产生活排水系统

一般生产生活排水系统排水量为 $41.8m^3/d$，含有机污染物，用管道收集后就近排至基地室外污水管网。

（2）粪便污水排水系统

粪便污水排水系统排水量为 $3.2m^3/d$，用管道收集，排至室外，经化粪池处理后，就近排至基地室外污水管网。

5.8.6 气体动力

1. 蒸汽

本项目蒸汽主要用于空调系统加湿及高压灭菌设备用汽等，蒸汽用量为 $4500kg/h$，蒸汽压力为 $0.3\sim0.6MPa$，由锅炉房供给。

2. 空调制冷站

本项目冷水机组布置在动力站内，总耗冷量为 $3000kW$，当冷水供/回水温度为 $7℃/12℃$、冷却水供/回水温度为 $32℃/37℃$ 时，单台冷水机组制冷量为 $1514kW$，2 台冷水机组总制冷量为 $3028kW$，可满足设计要求。

3. 压缩空气

本项目压缩空气用量为 $1Nm^3/min$，选用单螺旋水润滑无油空气压缩机 2 台（一用一备）。单台压缩空气产量为 $2.1Nm^3/min$，压力为 $0.75MPa$。同时，选用的主要配套设备有贮气罐、空气过滤器等。

5.8.7 电气

1. 供电

本项目用电负荷为二级负荷及三级负荷，用电设备总装设功率为 $1200kW$。电源引自哈尔滨兽医研究所总变电站，总变电站采用双电源供电，可满足本项目二级负荷供电要求。采用 220V/380V、

50Hz、带电导体、三相四线制、系统接地形式为 TN-S 的配电系统，采用树干式与放射式相结合的混合式配电方式。

2. 照明

洁净室照度为 300lx（工作照度，鸡饲养室动物照度为 10lx），洁净走廊照度为 200lx，辅助房间照度为 150lx，上技术夹层照度为 100lx，办公室照度为 300lx。洁净室采用吸顶净化荧光灯，其余房间采用荧光灯，吸顶安装。在洁净室和洁净走廊设事故照明，照度不低于正常照度的 10%。应急灯具自带逆变电源，持续放电时间不小于 30min。在走廊和疏散口设疏散指示标志。

3. 自动控制

采用集散式计算机控制系统，对各机电设备的运行状态进行全时段自动监测或控制，同时收集、记录、保存及管理有关系统的重要信息及数据，达到提高运行效率、节能、节省人力、安全及延长设备寿命的目的。二层空调机房设置现场控制器，现场控制器至中央管理工作站采用总线连接，中央管理工作站设在一层中央监控室内。控制线采用铜芯屏蔽控制电缆，网络线采用屏蔽双绞线（与中央管理工作站配套）。控制线沿电缆桥架敷设，无桥架处穿镀锌钢管，暗敷设或明敷设。

5.8.8 消防

1. 建筑物防火

本项目局部三层为出屋面电梯间和楼梯间，每层为一个防火分区。

采用钢筋混凝土框架结构，生产区内隔墙采用 100mm 厚石膏夹芯彩钢板及纸蜂窝夹芯彩钢板，耐火极限 ≥0.5h；非生产区内隔墙采用 240mm 厚多孔空心砖墙。生产区与非生产区之间用 240mm 厚多孔空心砖墙隔离。生产区采用 100mm 厚石膏岩棉夹心彩钢板吊顶，耐火极限 ≥0.4h；疏散走道吊顶采用 60mm 厚石膏岩棉夹芯彩钢板，耐火极限 ≥1.0h。

一层设有 4 个对外疏散出口，二层设有 3 个疏散用封闭楼梯间。

2. 消防给水

（1）室外消火栓消防水量为 40L/s，室内消火栓消防水量为 10L/s。

（2）室外消火栓供水压力 ≥0.15MPa，室内消火栓供水压力 ≥0.40MPa。

（3）消防水源由基地消防系统提供。室内设有手提式磷酸铵盐干粉灭火器。

3. 暖通空调系统防火

舒适性空调系统、净化空调系统的风管采用优质镀锌钢板。送回风管穿机房隔墙处设有防火阀（带输入、输出端子），70℃时自动关闭，同时将信号反馈至消防控制中心，并与空调送、排风机及电动风阀联锁。

风管、水管及蒸汽管道的保温材料均为难燃或不燃型。

疏散走道设有机械排烟设施。

4. 电气防火

（1）防雷

本项目所在建筑属第三类防雷建筑物，在建筑屋面上设不大于 20m×20m 用 Φ10 镀锌圆钢构成的网格作接闪器，利用梁、柱内钢筋作引下线，利用建筑物钢筋混凝土基础作接地体。

（2）配电系统

用电量较大的工艺设备由配电箱直接配电，用电量较小的工艺设备由插座配电。远距离设备设现场检修开关，室外现场检修开关另配防水防尘外罩。

室外电力干线采用铜芯交联电力电缆，沿电缆沟敷设；建筑内电力干线、支干线及大容量设备进线采用阻燃铜芯交联电力电缆，其余支线采用阻燃铜芯塑料绝缘电线。配电线路敷设：有桥架的地方沿桥架敷设，出桥架后，穿镀锌钢管；净化、空调区域在吊顶或金属壁板内暗敷设；其他区域在吊顶内敷设或沿墙、楼板明敷设。

消防用电设备配电干线采用阻燃铜芯交联电力电缆穿镀锌钢管敷设，并采取防火保护措施。纯水站配电线路穿硬 PVC 管。

（3）接地系统

利用建筑物基础作综合接地体，设备的保护接地、工作接地、防静电接地与防雷接地共用接地装置，接地电阻不大于 1Ω。电源干线引入处均设置总等电位联结端子箱，将建筑物电气装置的外露可导电部分与装置外导电部分作总等电位连接。

建筑内淋浴间作局部等电位接地。

（4）火灾报警及消防联动控制系统

本项目生产类别为丁类，系统保护对象为二级。采用二总线制集中报警系统。选择可靠性较高的智能型系统设备，在生产区、办公区及动力区各主要房间及走廊设置光电感烟探测器，电气间采用感温探测器。在靠近消火栓和靠近危险区的地点及通道出口设火灾手动报警按钮、消防电话插座和声光报警器，消火栓箱设消防泵启动按钮。

火灾报警及消防联动控制系统由总线编址联动型火灾报警控制器、直流稳压电源、CRT 彩色显示系统、手动报警按钮、感烟和感温探测器、声光报警器、短路隔离器、输入模块、控制模块、消防专用电话、应急广播及外线电话等组成。在火灾报警的同时，手动或自动启动消防泵、防烟排烟风机，关闭空调器、通风机、防火阀，以及切断非消防电源等。系统由专用消防电源两路供电，并自备蓄电池。

消防控制室设在一层中央监控室，24h 值班。

（5）事故应急广播系统

为了在火灾等紧急情况下指挥人员疏散和灭火，设置事故应急广播系统。在主要房间设置 1W/3W 扬声器，在中央监控室设置输出广播机 2 台，一用一备，并配置收音、录音、激光唱机座等，兼作行政广播使用，增加背景音乐播放功能，并能在自动启动火灾紧急广播时，自动播出预先录制的指挥录音，或及时录下事故时的指挥情况。

扬声器在办公区、生产区采用嵌入式安装，动力区采用壁挂式安装。

发生火灾后，可由值班室专职人员进行火灾事故应急广播，指导人员疏散。

（6）应急照明

在主要出入口、走廊与转弯处、楼梯间等，设应急疏散照明；在专用消防口处设置红色疏散照明灯；在主要生产房间设置备用照明，照度不低于正常照度的 10％。应急照明灯具自带逆变电源，持续放电时间不小于 30min。

5.8.9 改造措施

在设施运行过程中，为了更好地提升动物福利和实施质量控制，对动物检疫区、蛋鸡室空调系统、保种室空调排风管道、饮用水系统、除粪系统、育雏隔离器加热方式等进行了相应的改造。

1. 增加动物检疫区

动物检疫对实验动物设施而言是非常重要的防疫管理措施，特别是动物来自不明健康等级的供应单位时，若是没有经过适当的检疫程序，很可能会造成引进的动物对原种群动物的污染。《实验动物管理条例》规定：对引入的实验动物，必须进行隔离检疫。所以，一个理想的实验动物设施中应该设有动物检疫室，但是本项目改造前并未设计动物检疫区。为了解决这个问题，对一间育雏（育成）室进行改造，改造后的平面图如图 5.8-3 所示。

动物检疫区整体包括隔离检疫室、缓冲熏蒸间、洗消间、孵化室、前室等。在通过检疫程序之前的动物，被视为是"脏"动物，为了避免动物将可能带有的感染源散布出去，其相对于外界呈负压状态，并且隔离检疫室设置为最大负压。工作人员将隔离检疫室作为每日工作的最后阶段，在隔离检疫室工作之后，就不能进入其他动物饲养区，以避免造成对其他区域动物的感染。隔离检疫的禽卵可通过传递窗进行外表面照射后，传入洗消间，清洗后放入孵化器内进行孵化。动物粪便装袋后放入缓冲熏蒸间表面消毒后传出，其他物品经传递窗消毒后传出。

图 5.8-3　改造后的动物检疫区平面图

2. 蛋鸡室空调系统

鸡属于恒温动物，通过新陈代谢产生热量，除维持正常体温和生产的需要外，其通过传导、对流、蒸发等方式散热，进而维持体温恒定。15～25 日龄雏鸡的产热量约等于散热量，大于 25 日龄的鸡的产热量大于散热量。本项目设计每间蛋鸡室满负荷饲养量为 3000 羽 SPF 鸡，导致房间内积聚大量的热量，又因为设计的蛋鸡室相对压差较高，排风量小，因此室内温度居高不下。为了解决这个问题，对排风管道进行了改造：首先缩短排风管道长度，减少管道的阻力，使排风更加顺畅；其次，加大排风管道横截面面积，增加排风量。通过改造，解决了蛋鸡室内温度居高不下的问题。

3. 保种室空调排风管道

在 SPF 鸡生产过程中会产生大量的粉尘，其中包括饲料粉尘、鸡自身的皮屑等，虽然在饲养隔离器回风端设置了粗效空气过滤器，但是仍然会有一些粉尘进入回风管道内，在管道内来回碰撞，附着、积累在管道内，日积月累导致回风管道内堆积了很多粉尘，尤其是在管道的底部、弯头、变径等位置，造成回风不畅。同时，由于排风管道中的温度适宜，这些聚集的粉尘压缩后保湿性提高并且带有营养成分，微生物就有可能在其中生长繁殖，降低动物饲养环境的洁净度。为了解决此问题，必须定期清理排风管道，清理过程中要求长时间关闭空调机组，而 SPF 鸡的生产过程中空调的送、排风是不允许长时间停止的。鉴于上述情况，安装了一套备用的排风管道，两套管道可以分别使用。

4. 饮用水系统

SPF 鸡时刻离不开水，且其饮用水要求无微生物，这就存在一个灭菌处理的过程。灭菌的方法有很多，如高压灭菌、酸化处理、过滤器过滤除菌等。其中，过滤器过滤除菌是最经济、高效、对鸡体影响最小的。改造前，SPF 鸡舍的饮用水系统的形式是通过多介质过滤器、活性炭过滤器、软化器，再经过反渗透膜过滤、超滤膜过滤及紫外线杀菌系统杀菌后，进入饮用水罐，之后通过密闭的饮用水管流到各个隔离器饮水终端，供给 SPF 鸡饮用。之所以采用密闭水管，是为了减少环境对饮用水的污染，以及考虑避光的因素，但同时这也导致滋生的菌膜很难被清理干净的问题，菌膜又成为微生物生长的温床，使得水管内的细菌、藻类越来越多，严重影响鸡群健康。

为了解决上述问题，对饮用水系统进行了改造。首先，将房间内的饮用水管道截成约 3m 一根，两端连接快卡，在使用中保证不漏水。在一个生产周期结束后，可以将饮用水管道拆开，放置到大型消毒池内，用盐酸稀释液对饮用水管道进行浸泡，然后用长毛刷对管道内壁进行彻底洗刷，冲洗干净后重新安装。同时，在房间饮用水管道的前端安装过流式紫外线杀菌器（图 5.8-4），持续对管道内壁进行杀菌。经过改造后，饮用水达到了无菌状态。

5. 除粪系统

改造前，除粪系统的设计方案是动物粪便从各个饲养间传送出来，然后集中到室内集粪坑，用绞龙螺旋输送机传递到清粪塔顶部后，清卸到粪车内。由于清粪塔在室外（图 5.8-5），在冬季哈尔滨冬季气温为 −40～−30℃的情况下，绞龙经常被冻住。因此，对除粪系统进行了改造，在室内安装粪便提升装置，将粪便提升至清粪塔顶端，然后用推车将粪便倾倒入粪车。

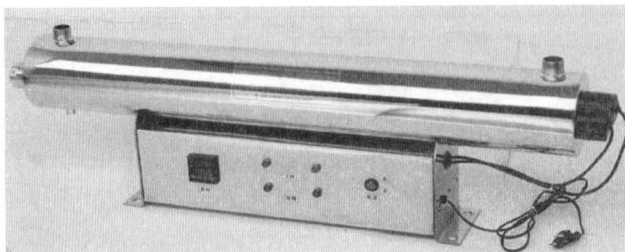

图 5.8-4　过流式紫外线杀菌器

图 5.8-5　清粪塔

6. 育雏隔离器加热方式

SPF 鸡育雏期是其骨骼及机体器官发育成长阶段，雏鸡发育得好坏，直接影响其生存质量和生产指标。雏鸡自身的体温调节能力弱，御寒能力远不如成鸡，需要额外对其补充热量。改造前采取的形式是在隔离器送风端设置加热盘管，但隔离器内空气循环不均匀，导致隔离器前后端温差最大达到4℃，影响育雏效果。为了解决这个问题，在隔离器内增设插座，增加两个小型热风机，温度由外部温控器控制，如图 5.8-6 所示。

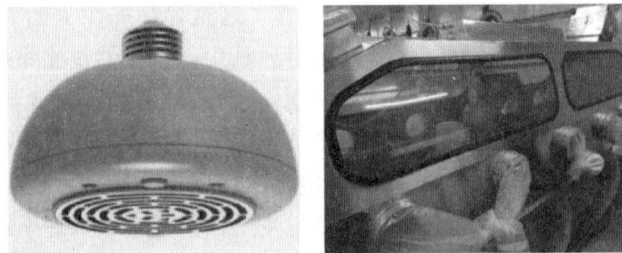

图 5.8-6　小型热风机安装后的效果

5.9　海南大学生物与健康研究中心非人灵长类模式实验动物设施

5.9.1　项目概况

本项目位于海南省三亚市崖州区南山地块，建设用地面积 4471m²，建设有 1 号标准实验楼、2号配套实验楼，建筑层数 2～3 层，建筑高度 14.5m，总建筑面积为 3842m²。

本项目中主要实验动物为食蟹猴，配备有普通动物房、手术室、解剖室、细胞培养室、病理分析室等，饲养规模可达 200 只。依托基地设施构建基于非人灵长类模式实验动物的脑科学、转化医学研究条件平台，为从事相关研究与创新生物医学转化研究提供平台支持。

5.9.2 建筑设计

根据设计任务书需求设计 4 个功能分区：办公宿舍区、饲养实验区、半室外饲养区、辅助功能区。

项目场地内西侧存在山体，高差明显，东侧建筑红线范围内相对较为平整。场地内树木茂盛，生态环境良好，适宜实验动物饲养繁殖，因邻近山体，需考虑山体的支护。

考虑实验动物设施的特殊性，根据场地条件及气候特点，设计 2 个建筑单体。标准实验与宿舍办公区宜布置在上风处，半室外饲养区布置在下风处，并适当贴近山体，避免实验室排出物的污染。建筑单体关系图如图 5.9-1 所示。

1 号标准实验楼的主要功能为标准实验和宿舍办公，共 3 层，一层层高 5.5m，二层层高 4.5m，三层层高 4.5m。

2 号配套实验楼的主要功能为半室外群养区与配套辅助区，共 2 层，靠近山地布置，一层层高 5.5m，二层层高 4.5m。

图 5.9-1 建筑单体关系图

楼栋之间设连廊，方便各分区之间灵活串联，增强使用功能的完整性。结合海南当地特色建筑形式，开敞通风。屋顶增加室外平台，为科研人员提供了良好的室外活动区。建筑方案图如图 5.9-2 所示。

图 5.9-2 建筑方案图

5.9.3 功能平面设计

1号标准实验楼一层主要为普通动物饲养与实验区。规划4间饲养间，共设 1300mm×900mm 的双层猴笼39个；规划4间行为学实验室，开展各类动物行为学实验；配套设置动物接收检疫间，兽医治疗室、动物厨房、物品存放等辅助功能间。

2号配套实验楼一层主要是为半室外饲养区服务的检疫间、隔离间、兽医治疗以及服务于本项目的公用工程设备间。

一层工艺平面图见图 5.9-3。

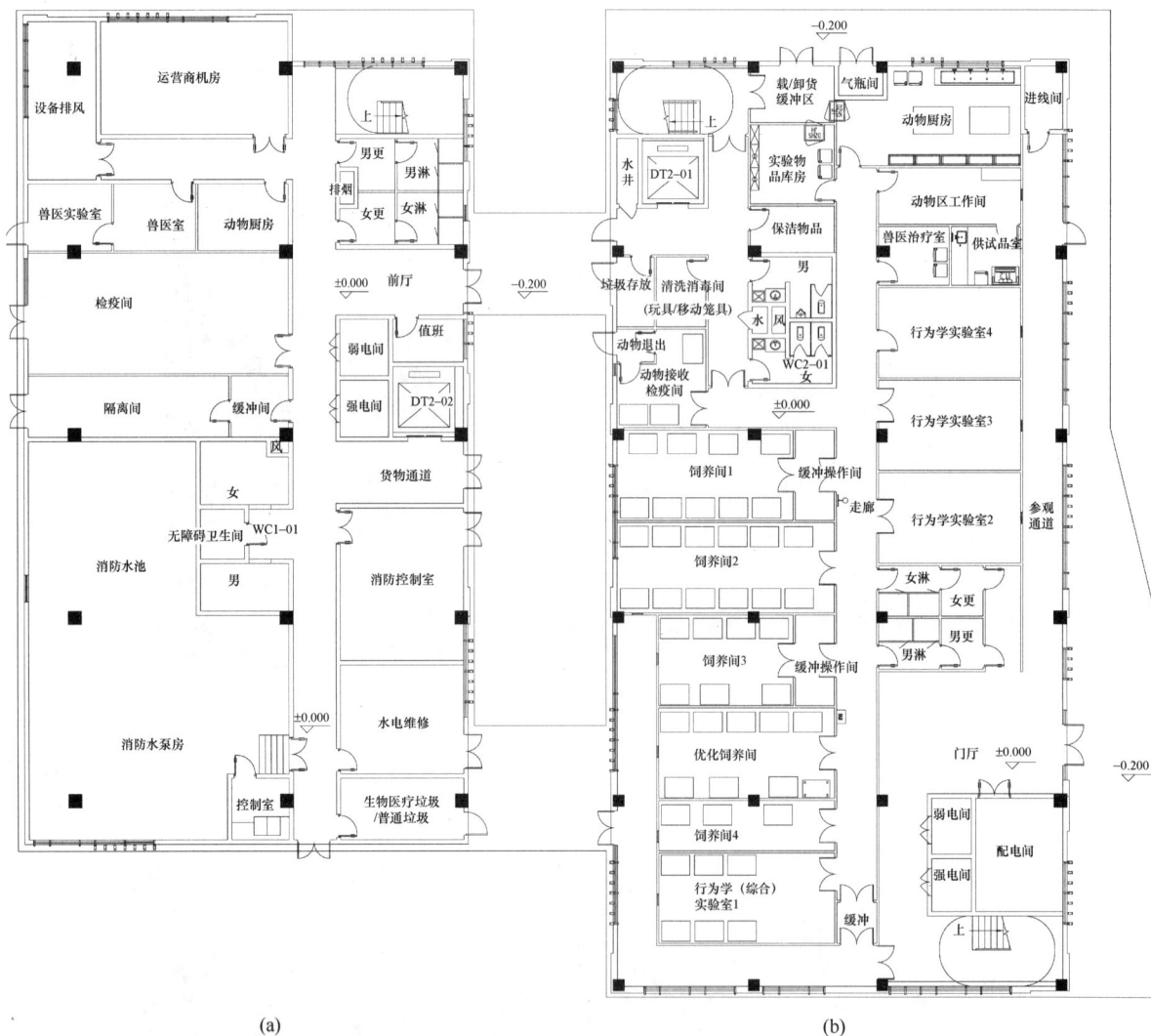

图 5.9-3 一层工艺平面图
（a）2号标准实验楼；（b）1号配套实验楼

1号标准实验楼二层主要为功能实验室，分为手术区、解剖区及实验区。手术区设置1间杂交手术室、1间普通手术室（兼 ICU）及配套功能用房。实验区分为组织学实验室、电生理实验室、细胞学实验室及生化实验室等，配备完备的仪器设备，可开展各类型实验。

2号配套实验楼二层主要设置4间半室外群养间、1间行为观测研究实验区及配套辅助用房。饲养实验动物 100～150 只。半室外群养间设置3面墙体及屋顶，西侧朝山体位置为开放式栅栏，可提供自然日照，为实验动物提供半开放饲养环境及群体行为观察。西侧设置参观通道，方便实验人员进行实验观察及参观。

二层工艺平面图见图 5.9-4。

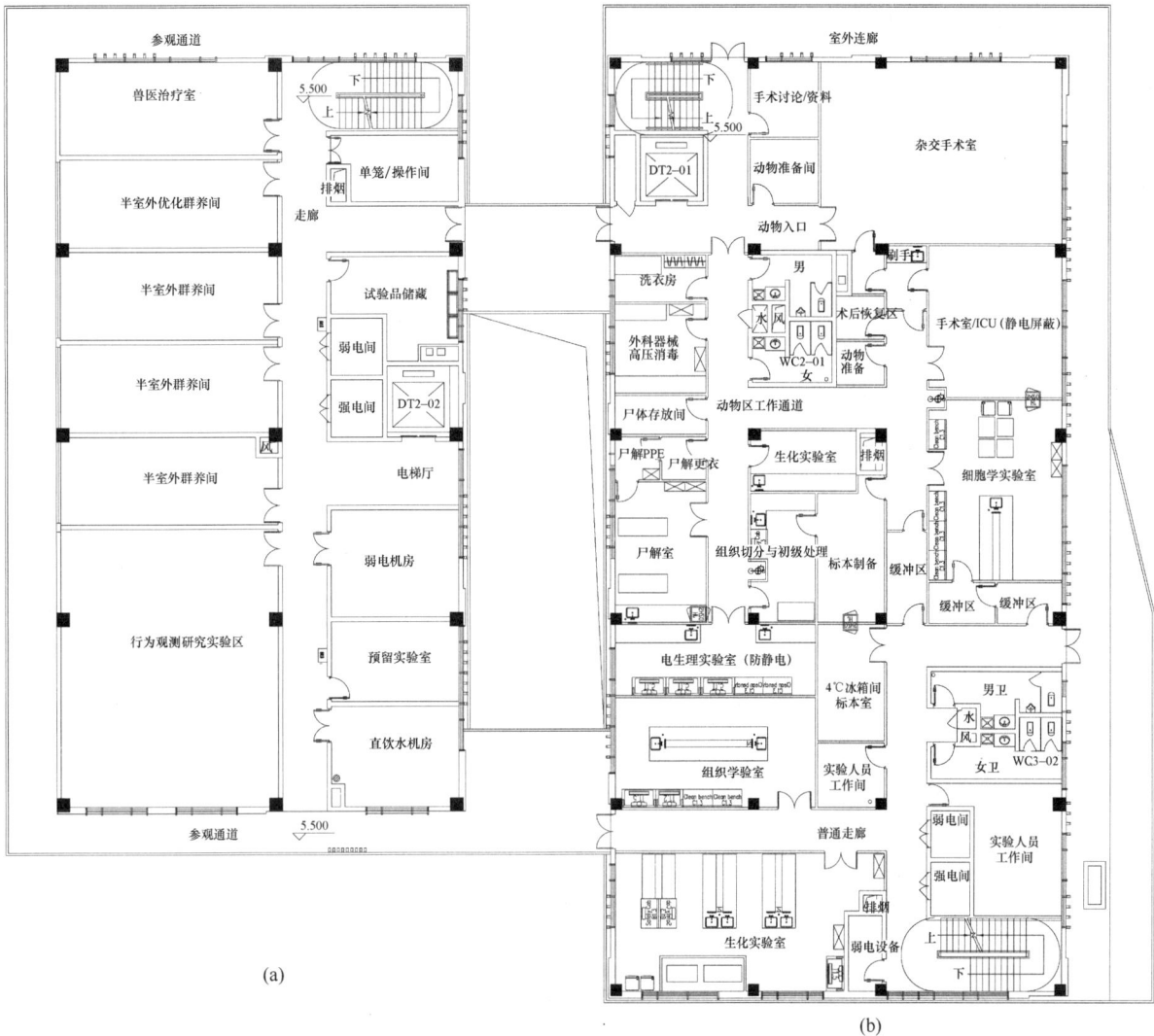

(a)

(b)

图 5.9-4　二层工艺平面图
(a) 2 号配套实验楼；(b) 1 号标准实验楼

1 号标准实验楼三层设置办公室、宿舍、中控室，为科研人员提供办公及生活保障。

三层工艺平面图见图 5.9-5。

本项目已建成投入使用，现场照片见图 5.9-6。

5.9.4　流线分析

本项目基于用户功能需求与场地条件，科学规划功能分区与动线设计。通过系统性流程优化，实现了人员流线、物品流线、动物流线及参观流线的物理分离，并构建了完整的实验区封闭管理体系。既确保了实验操作的规范性，又满足了不同使用群体的功能需求，还符合实验动物设施的相关标准要求。

两栋建筑分别设置人行出入口及货物出入口。受场地西侧山地条件限制，围绕 1 号标准实验楼设置内部环路，构建建筑外部的交通组织。园区流线如图 5.9-7 所示。

实验人员主要通过 1 号标准实验楼东侧主入口进出设施，设施内部则通过垂直交通及连廊进行高效的内部人流组织。实验人员可通过一层室外道路、二层连廊、三层室外平台方便地进行两栋建筑之间的通行。

(a)

(b)

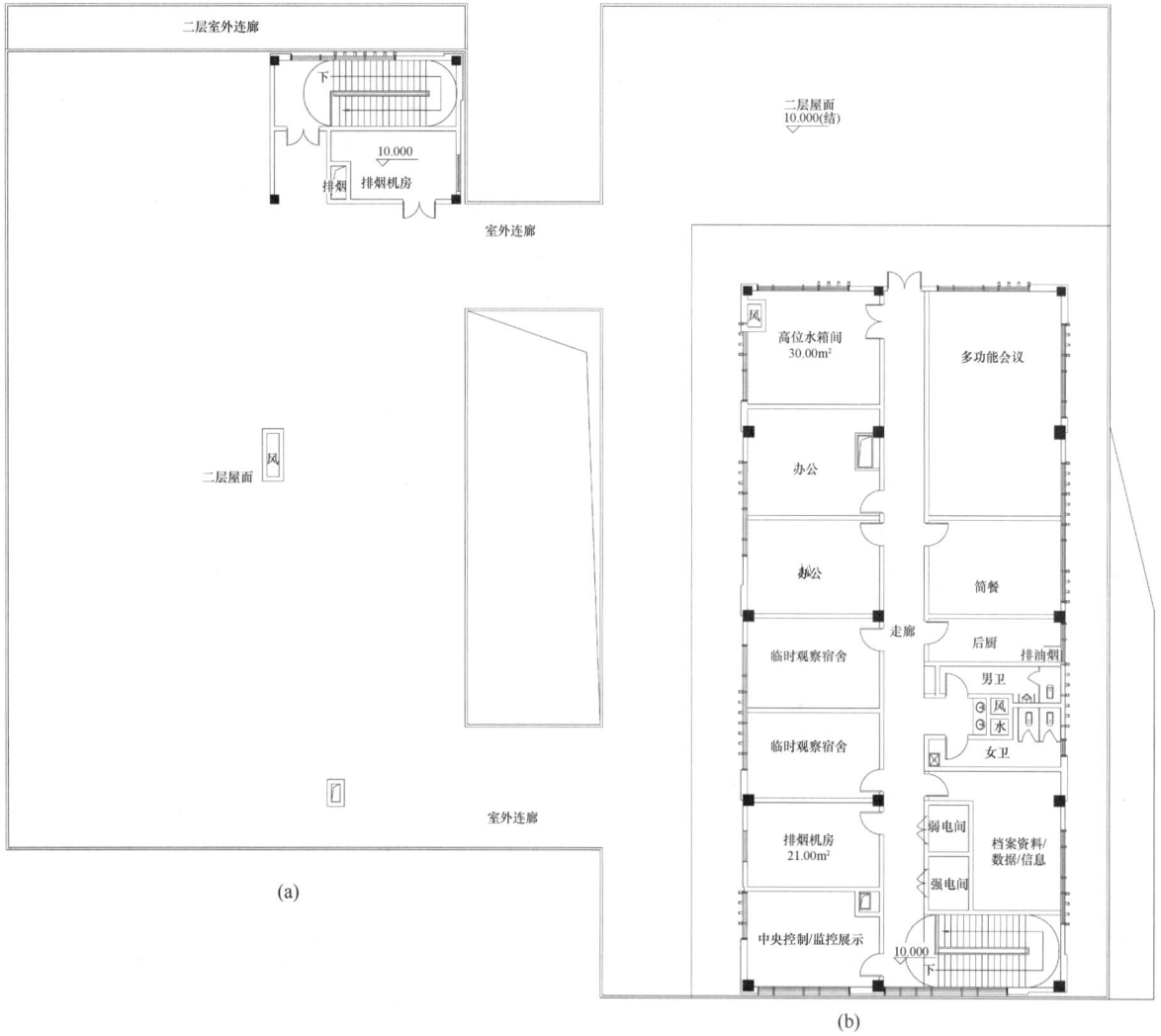

图 5.9-5　三层工艺平面图
（a）2 号配套实验楼；（b）1 号标准实验楼

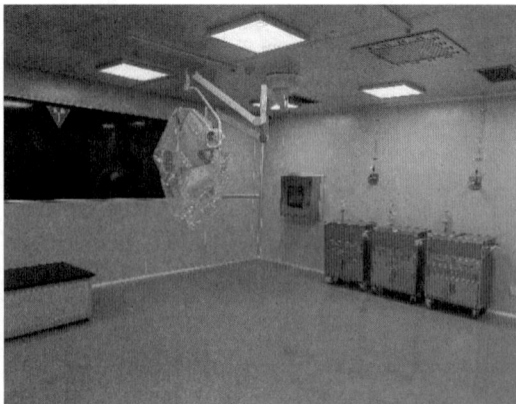

(a)

(b)

图 5.9-6　项目现场照片
（a）1 号标准实验楼二层手术室；（b）1 号标准实验楼一层饲养间

(a)

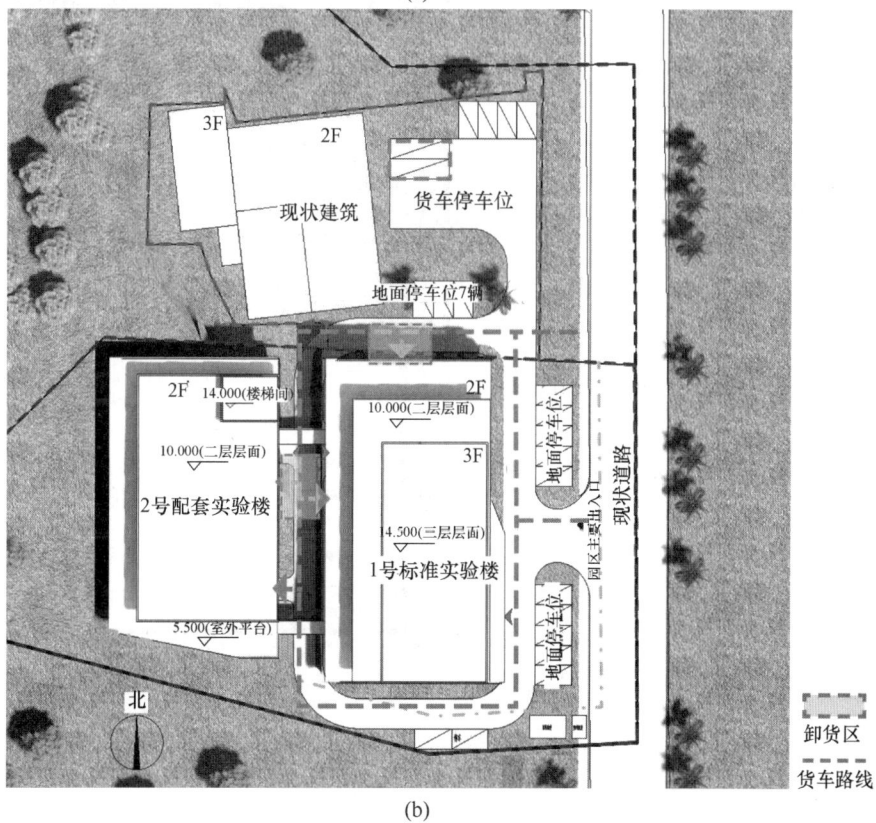

(b)

图 5.9-7　园区流线图

（a）人行流线；（b）货车流线

本项目按 4.2m 厢式货车为主要运货车型,规划运输路线及卸货区。货车进入园区后,沿环形硬化路逆时针方向通行,依次经过 1 号标准实验楼卸货区、2 号配套实验楼卸货区、园区出口。

设施内部流线设计:

人员流线:大厅—更衣缓冲—动物区走廊—饲养间—更衣缓冲退出。

货物流线:室外道路—装卸缓冲区—普通走廊/传递窗—动物区走廊—饲养间。

污物流线:饲养间—动物区走廊—普通走廊—垃圾存放—外运。

动物流线:2 号楼半室外群养区服务于 1 号标准实验楼实验区。外部采购的实验动物先运输至 2 号配套实验楼一层的动物检疫间,检疫合格后通过电梯到二层的半室外群养区进行饲养。半室外群养区的实验动物运至 1 号标准实验楼一层,经检疫后进入动物房内进行实验;需进行手术实验的动物通过货梯到达二层的手术室。

参观流线:在主要的饲养、实验区外部设置参观区域,见图 5.9-8 和图 5.9-9。

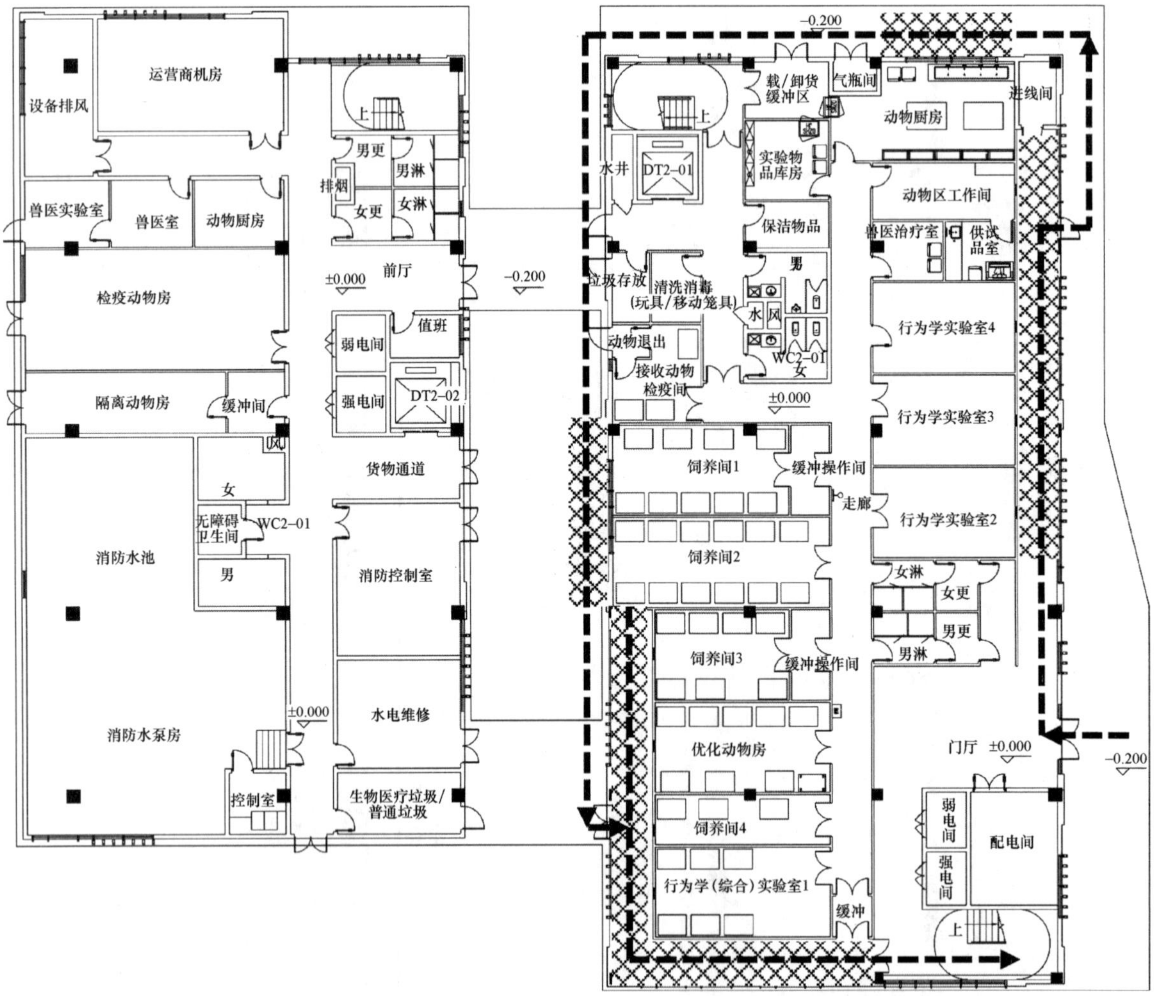

图 5.9-8 一层参观流线

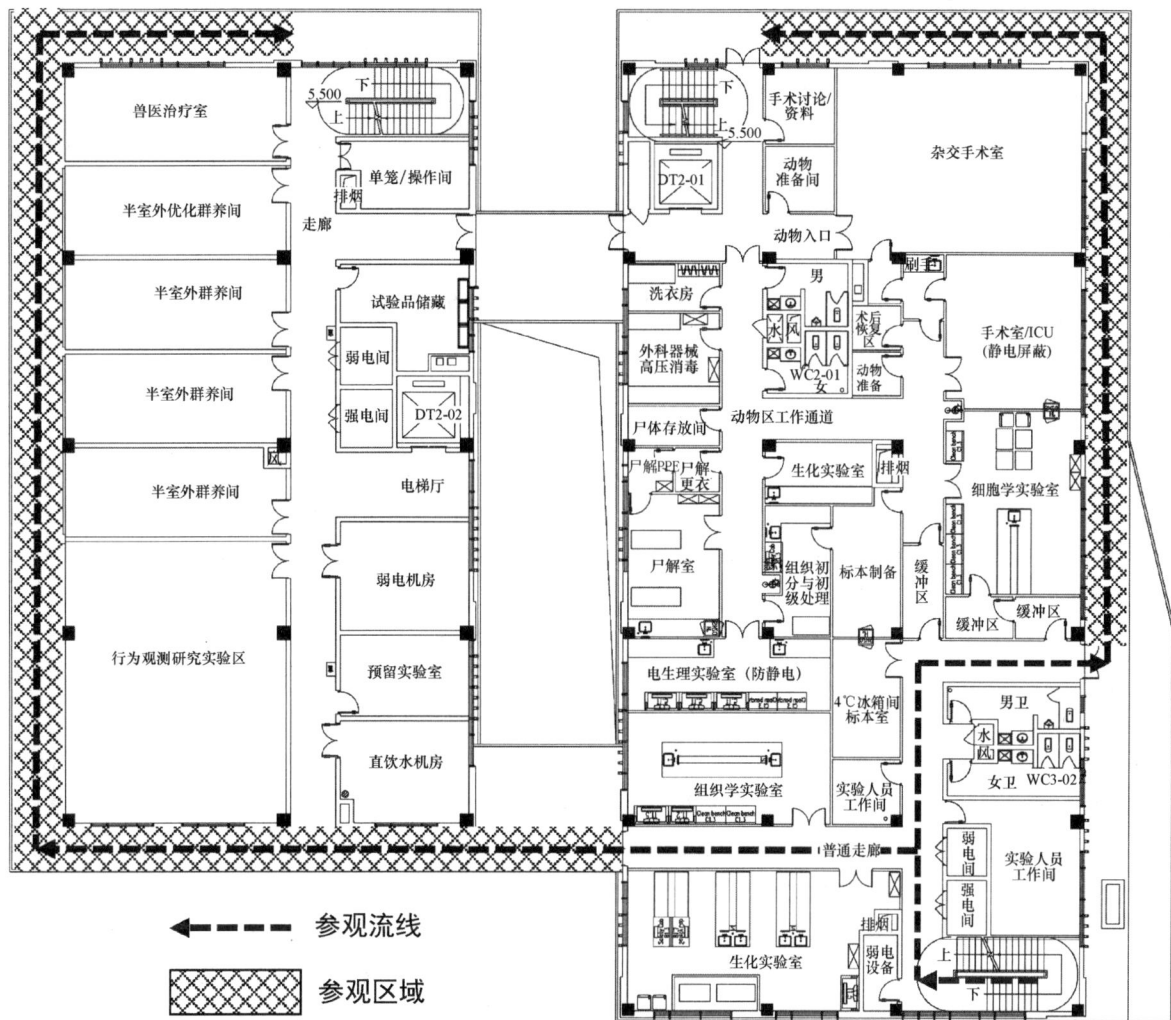

图 5.9-8　二层参观流线

5.9.5　结束语

本项目主要研究对象为食蟹猴，设计阶段应从各个角度考虑食蟹猴研究基地的特殊性，通过个性化设计满足研究基地的实质需求。

1. 人员角度

（1）本项目地址偏远，周边配套环境较差，设计时应考虑研究人员衣食住行问题。本项目在 1 号标准实验楼三层设置宿舍、厨房、办公室、休闲区等，可供科研人员 24h 使用。

（2）动物房考虑参观功能，设置外走廊，不进入动物区既可参观动物房内。

2. 动物角度

（1）动物房建设应考虑环境对动物的影响，如房间内温湿度控制、音乐广播系统、照度控制等。

（2）动物房门应单独定制观察窗盖板，裸露的玻璃观察窗会对食蟹猴的生存环境造成较大影响。

（3）半室外群养区及室内优化饲养间为散养区域，装饰材料应考虑食蟹猴对墙体、地面的破坏性。

（4）本项目半室外群养区与后山连接，增加了研究基地的扩展性，后期可在后山建设与半室外群养区连通的野外饲养区。

3. 货物角度

（1）猴类动物房中的设备较大，应考虑室外车辆运转路线和装卸货区域。

（2）货梯为基地建设的刚需项，没有货梯难以满足后期频繁运输货物的需求。本项目无货梯，在1号标准实验楼北侧设置货物吊装设备。

（3）室内走廊应考虑货车运转空间，走廊宽度不宜过小。

5.10 上海朗效生物科技实验动物设施共享平台

5.10.1 项目概况

随着生物医药产业的快速发展，我国对实验动物设施的需求也在不断增加。但是此类设施专业化程度高、建设周期长、资金投入大、运营成本高、有潜在环境和生物危害风险，很难作为每一个有动物实验的生物医药企业的标准配置。因此，标准化、规模化的一站式共享实验动物设施成为相关需求的最佳解决方案。这一类实验动物设施有独特的需求，如尽可能多的独立饲养/操作套间、适用于多个客户的管理体系、自动化的暖通空调系统、较大的公用实验和办公空间等。

5.10.2 设计原则及要求

本项目位于上海外高桥自贸区内，作为实验动物设施共享平台，除了符合国家相关标准外，还要尽可能满足不同客户对各种动物实验的特殊需求。在约 $5000m^2$ 的空间内设有实验动物生产设施、ABSL-2 实验区域、海关隔离检疫区、具备独立饲养室以及操作间的 SPF 屏障设施（二层区域可调整为负压）。同时，配套相关的共享实验室，如：细胞房、P2 实验室、解剖室等。相对于各个大学、研究所、中心实验室的上万平方米的实验动物设施，本项目可谓"麻雀虽小五脏俱全"。

不同需求产生了不同用途的独立屏障区域。因此，这些区域的设计相对独立，为了使空间利用最大化，可采取混合走廊布局，或采取双走廊布局＋全负压系统；专用于海关隔离检疫的，则根据饲养设备（IVC/隔离包）特点在房间设计上进行细化，隔离器配以大通间，而 IVC 则配以前、中、后三进的套间，从而最大化利用空间。当然，相应的负压系统也必不可少。

屏障区域内所有实验室全部采用套间形式，每个套间具备独立的进、排风，同时采用上送下排、四点式分布，确保气流稳定。同时，本项目从客户实际需求出发，创新性地采用了饲养室与操作室空间比 1:1 的布局模式，在确保饲养量满足实验需求的同时，能容纳更多的实验人员同时开展实验，避免造成有地方养小鼠而没地方做实验的窘境。屏障区域内全部配备 IVC、B Ⅱ 级和 A Ⅱ 级生物安全柜，以确保所有实验虽同时开展却相对独立、互不干扰。

同时，针对独立空间众多、不同客户数量大的特点，暖通空调系统采用自动控制系统，并专门开发了软硬件结合的实验动物设施共享平台管理系统，做到真正的规范化、标准化。

5.10.3 工艺布局与流向

本项目在建筑物的二、三层。二层包括实验动物生产设施、ABSL-2 实验区域、海关检疫隔离区、饲养/操作套间，以及具备一键正负压切换功能的双走廊区域等，如图 5.10-1 所示。三层主要是供客户使用的不同规格的饲养/实验套间和相应的配套空间，如洗消间、库房、解剖室等，如图 5.10-2 所示。

在流向上，本项目做到了人流、物流、动物流分开，洁物和污物严格分开，正压设施内压差梯度和洁净程度配合，从而较好地解决了生物安全和异味等问题（图 5.10-3～图 5.10-6）。

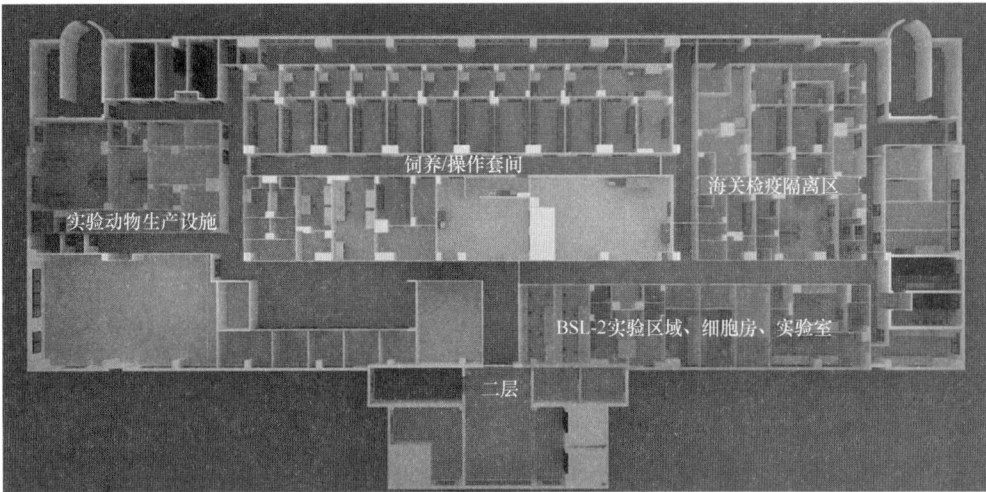

图 5.10-1　二层平面布局

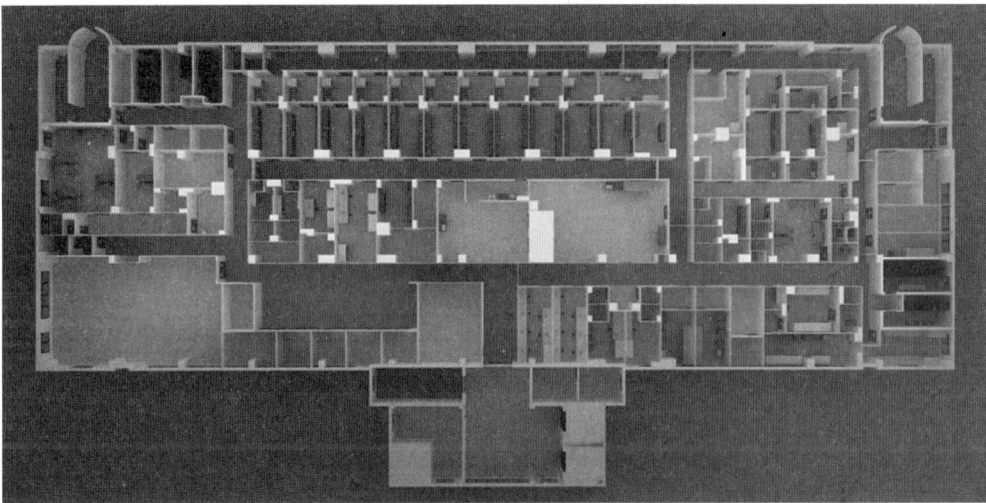

图 5.10-2　三层平面布局

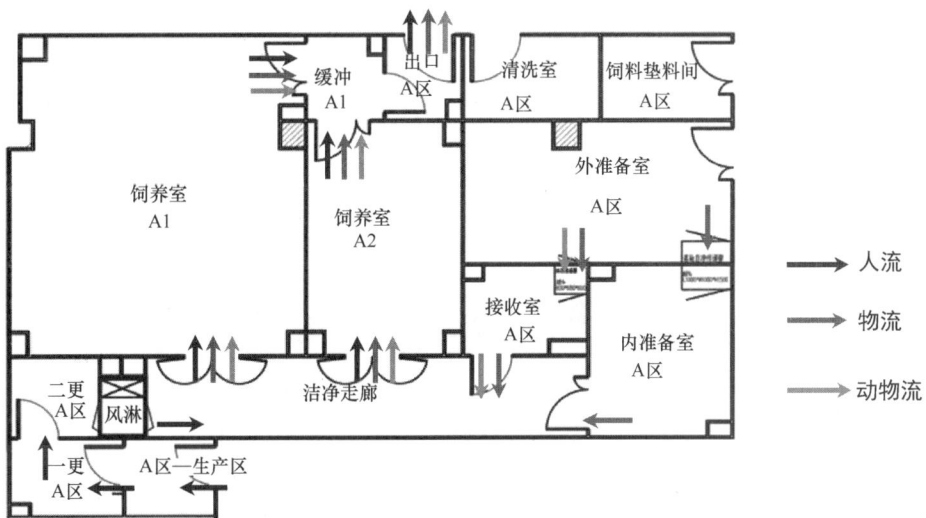

图 5.10-3　二层生产设施流向图

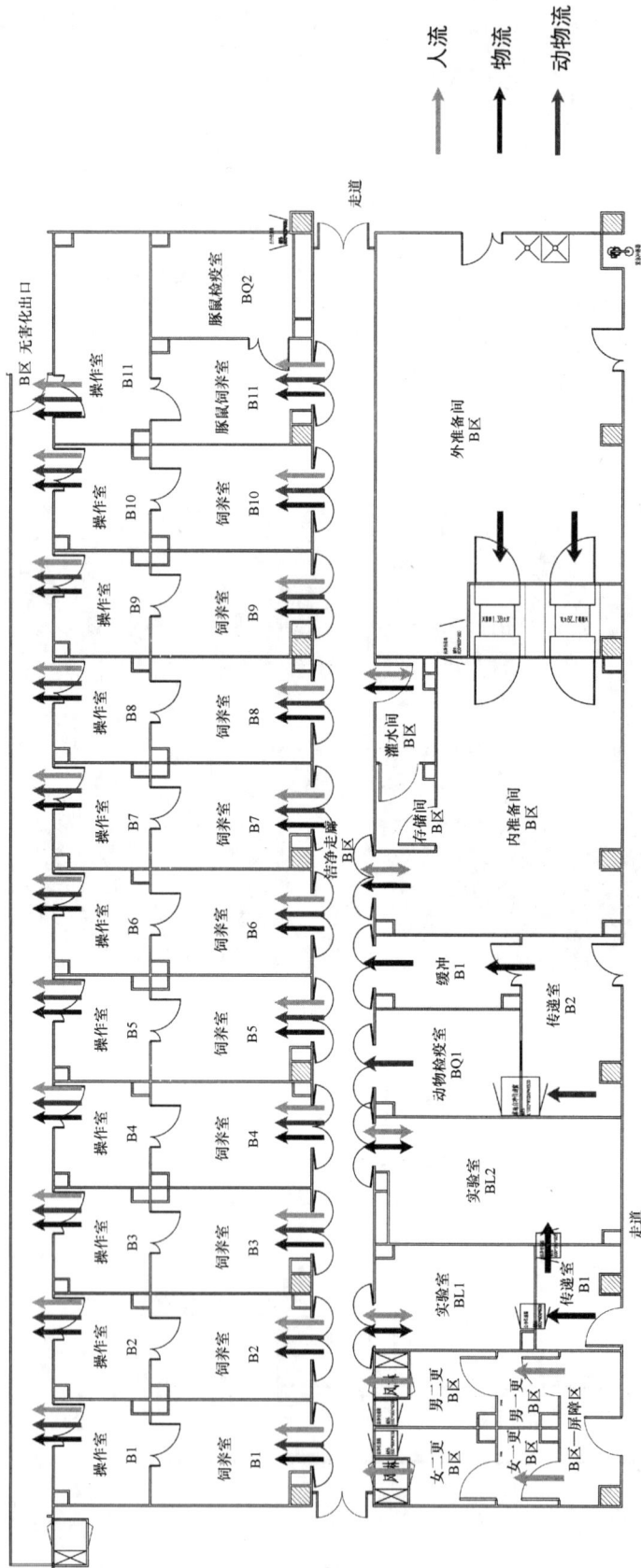

图 5.10-4 二层 B 区屏障环境流向图

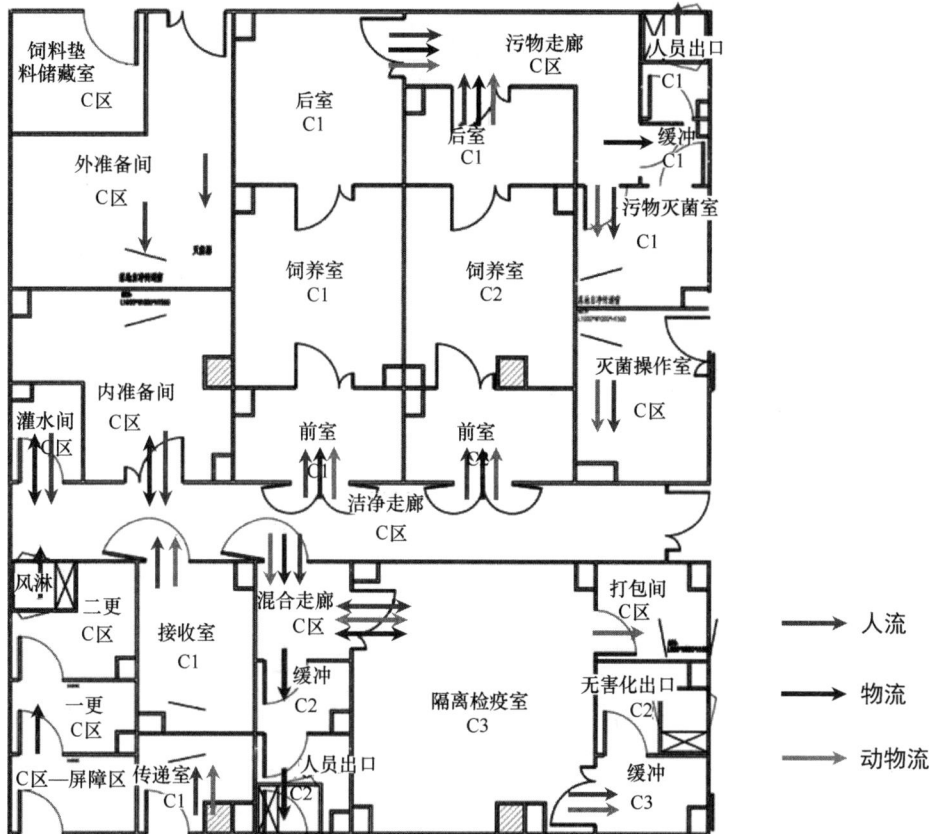

图 5.10-5　二层海关检疫隔离区流向图

5.10.4　机电系统设计

本项目的屏障环境总面积约 3200m²，在最大通风量的情况下，整个设施换气次数可以达到 22h⁻¹，远远超过现行国家标准要求的 15h⁻¹。与此同时，为了适应多功能区的设计需求，在空调布局上也做了专门的划分。整个设施由 7 套各自独立的空调系统负责，最大限度地保证了设施运转的独立性，尤其是对于特别注重生物安全和设施独立性的海关检疫隔离区和 ABSL-2 实验室区域，是非常必要的。

机电系统设计还着重考虑了以下几点：优化机械传动系统、合理布置电线电缆和网络线路、有目的地降低设备运行时的噪声和振动、控制异味排放等。

本项目的暖通空调系统设计比较传统，采用成熟的风冷模块机组作为冷源，以蒸汽作为热源。布局合理，连接紧凑，并为使用过程中的保养和维护留出了足够的操作空间。因园区提供蒸汽，可显著减少其对于电力的需求。

5.10.5　自控系统

本项目采用主控 PLC，利用专用的 TCP/IP 网络将各个风机、水泵、电控阀、变风量阀等相互联通，通过专业的组态软件进行组态控制。各处压差变送器、温湿度传感器所采集的数据与人机交互界面中输入的目标值进行对比、计算，由 PLC 的输出指令来指挥各个控制器和执行器工作。自控系统架构如图 5.10-7 所示。

由于高度利用了网络信息化和自动化的控制手段，整个设施所有空调系统的运行及独立压差控制仅需一台计算机即可完成，不仅可对温度、湿度等按预设值进行连续监测、显示及控制，还可对电机短路、堵转、缺相、过载、不平衡等运行中常见故障起到全方位保护作用。这一系统同时也可对暖通空调设备运行时的启动、加载、停机等延时事件进行预置及控制，并实时显示现场故障。

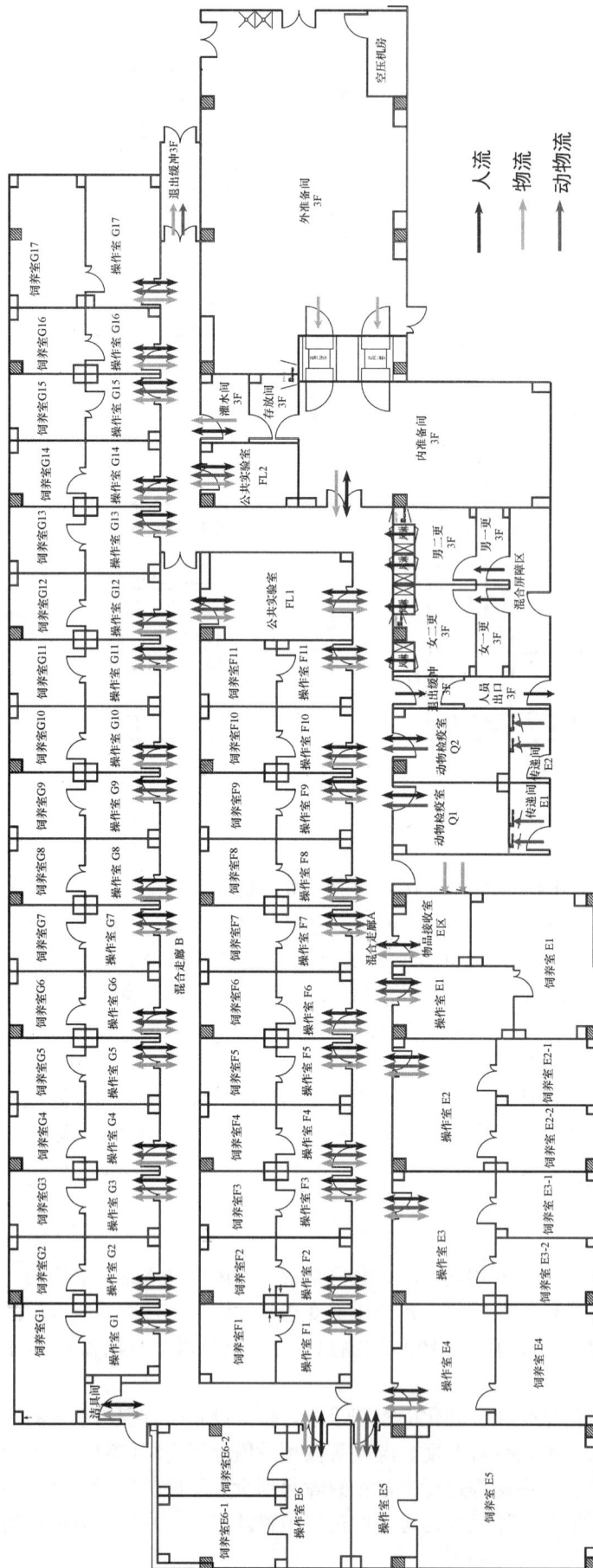

图 5.10-6　三层屏障环境流向图

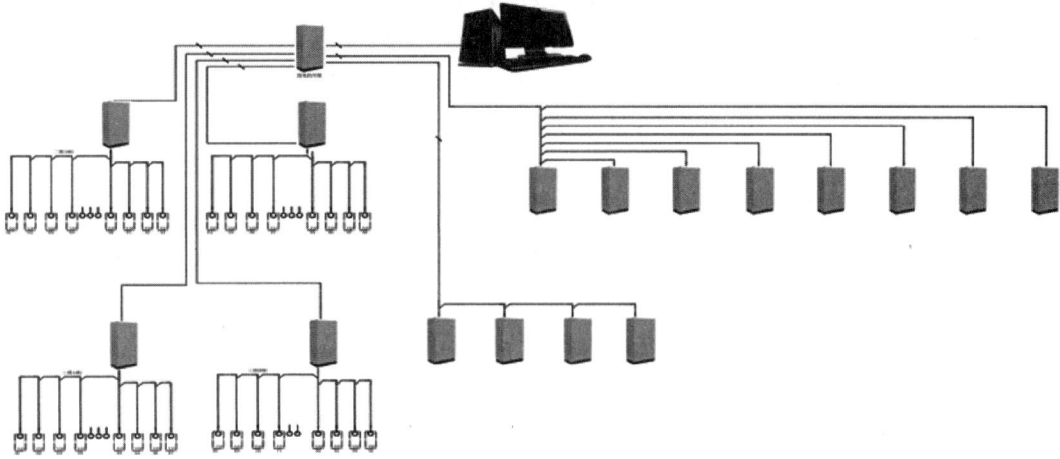

图 5.10-7　自控系统架构图

5.10.6　管理软件和智能化、可追溯的数据采集系统

共享实验动物设施和其他常见设施的最大不同就在于其共享的特性，这对于其生物危害控制、人员流向控制以及其他日常管理工作都提出了远高于常见设施的要求。本项目专门针对上述功能开发软件系统，并以此为基础部署各种功能性硬件，把繁琐和需要极大执行力的实验动物设施日常管理由任务发布系统通过硬件设施实现，不仅大大提高了工作效率，还实现了全程可追溯。

该系统以 HMS SAAS 敏捷开发平台及 IoT 智能硬件设备为基础，结合 AI、大数据处理、组网协作等新兴技术，集安全化、自动化、智能化、精细化和合规化于一体（图 5.10-8）。将所有设备都接入互联网之后，系统可对其统一集中管控，打通信息孤岛，提高管理效率。该系统还具有实验室环

图 5.10-8　智慧监管平台技术架构

境监测的功能，并及时反馈。这一系统赋予了使用者全程可追溯的能力。通过 RFID 技术，并结合人脸识别、监控智能分析等辅助手段，可以准确地对人员轨迹、位置进行检测，形成准确的特定员工轨迹、行为、工作时间等信息，并以此为基础对值岗工作进行规范化管理。监控智能分析可以实时反馈区域内人数变化，提供准确定位和实时图像，避免现场人员代打卡和一人多卡，减少非法入侵、脱岗、离岗、缺岗现象。使用者还可以通过该系统方便、准确地获取所有与其动物实验内容相关的数据资料，包括采购入库、检验检疫、动物伦理和福利、环境记录、实时定位、人员管控、终末处理等，真正做到事前预警、事中监控、事后追溯（图 5.10-9）。

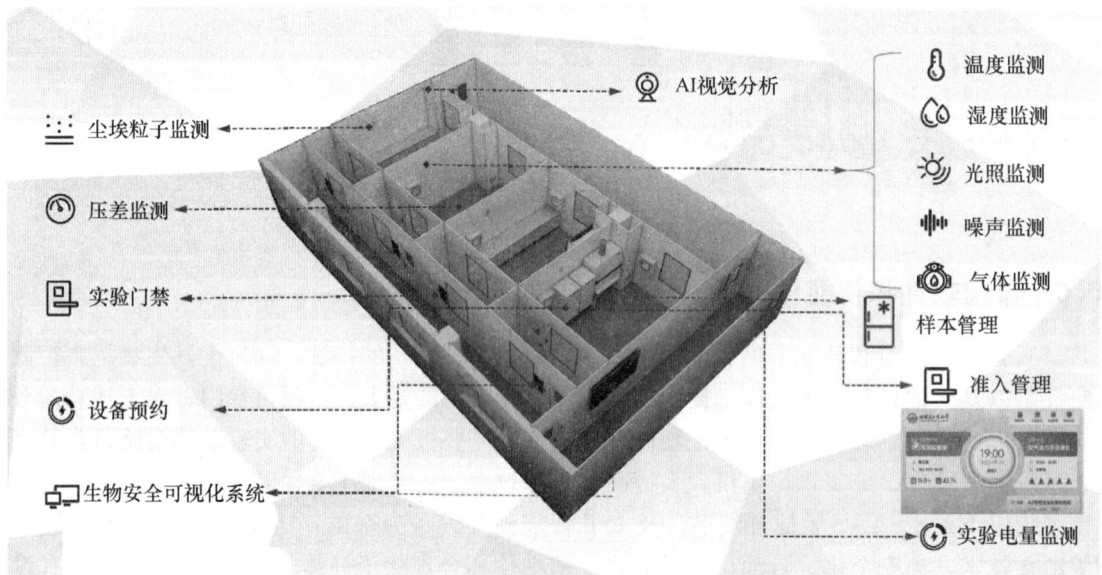

图 5.10-9　智慧动物房设备及智慧动物房服务框架

该系统的智能化还表现在以下几个方面：

（1）根据各类实验的使用需求，对实验室用电设备的供电情况进行智能化控制。

（2）智能系统保护终端可设置软关机功能，为实验室用电设备提供双重保护。

（3）监测各部门、建筑、房间的分类分项能耗，并根据年、月、日、小时等时间段进行汇总统计，以便分析能耗趋势，评价节能效果。

（4）自动监控设备的运行状态，及时发现设备异常情况，自动报警通知，方便维修人员快速检修处理。

（5）自动采集设备运行数据，并对这些数据进行逻辑分析、汇总后自动生成相应的数据报表。

（6）收集设施内各个点位的温度、湿度、压差等数据，经过数据分析后通过图表方式实时展现。

这些功能的实现对于大规模动物房的集中精细化管理有着重要作用。所有数据永久保存在本地与云端（高加密性），真正做到全程可追溯。同时，管理团队也可以根据所生成的报表，进行大数据分析，从而找到管理漏洞与营运缺陷，进一步完善管理体系。

为了提升工作效率和用户使用体验，该系统还进行了一系列专门设计。用户可以通过计算机、手机和实验室内的触摸式智慧屏完成设备及服务预约申请及审批，采用软件平台与智能插座相结合的方式，实现设备仪器的预约管理和设备使用率分析。触摸式智慧屏还设置了视频电话、SOS 求助、点餐、电源管理等功能。在共享实验室的设备电源上安装智能电源插座面板，客户预约的时段，电源自动接通。而在屏障环境区走廊和更衣室内的智慧屏上，则会根据探测到的通过人员信息，自动显示该人员的当日工作内容、目的地等（图 5.10-10）。

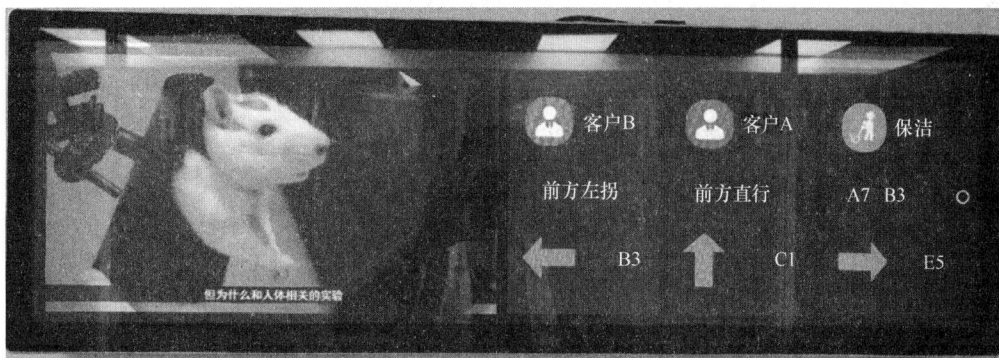

图 5.10-10 走廊智慧屏可自动识别经过人员并给出其目的地

用户在共享设施内的一个主要需求是希望能够便利地观察自己的动物。为实现这一功能，本项目创造性地在饲养间采用机器人进行巡检（图 5.10-11）。巡检机器人接收任务后，会主动运动到指定位置，对焦目标笼位，执行各项数据采集任务，并可实时传递给特定用户。它可以根据用户的设定进行定时、定点巡视，用户也可以通过手机小程序实现远程控制。

图 5.10-11 巡检机器人

5.11 某疾病预防控制中心实验动物设施

5.11.1 项目概况

本项目为新建工程，项目占地面积 34153m²，总建筑面积 117420m²，其中地上建筑面积 80000m²，地下建筑面积 37420m²，容积率 2.34。本项目地上由 3 幢主要建筑及零星单体建筑组成。园区自南向北依次为综合楼、微生物实验楼、理化实验楼。地下室为 2 层。建筑高度最高 42.2m（从室外地坪至屋顶最高点），地上为实验用房、实验辅助用房、业务用房、后勤及办公用房，地下主要为生物样本库、菌种库、应急储备库、设备机房及地下车库。另有垃圾房等零星单体建筑。

SPF 动物实验室位于理化实验楼八层，设计使用年限 50 年，重点设防类，结构安全等级为一级，重要性系数为 1.1，耐火等级为一级。

理化实验楼各层功能分布如表 5.11-1 所示。

理化实验楼各层功能分布   表 5.11-1

楼层	面积（m²）	层高（m）	主要功能
一层	2945.2	4.8	慢病实验平台、评价所收样大厅、标准品库、二噁英实验平台
二层	2945.2	4.5	危控所、放射实验平台、食品营养平台
三层	2945.2	4.5	水质与环职实验室、集中办公区
四层	2945.2	4.5	社会服务元素平台、食品监测实验室、化妆品与消毒产品实验室
五层	2945.2	4.5	综合色谱/质谱平台（未知物鉴定平台）、参比实验室、平台监测样品接收与存储
六层	2945.2	4.5	食品理化实验室、元素测试平台、平台资源管理
七层	2945.2	4.5	毒理体外实验室（替代验证中心）、生物监测实验室（抗生素、农药生物监测）
八层	2945.2	5.5	SPF 动物实验室、毒理测试平台
屋顶机房	773.9	3.8	出屋面楼梯间、电梯机房、屋顶机房等

SPF 动物实验室设有吸入实验室、神经毒理实验室、天平室、代谢实验室、手术室、多功能实验室、小鼠饲养室、大鼠饲养室、清洗区、灭菌前室、灭菌后室、洁净物品暂存间、制水间、动物接收室、笼具暂存间、样品配制室、饲料暂存间、垫料暂存间、脏垫料暂存间、解剖间等。此外，还设有洁净走廊、洁净物品、暂存间、缓冲、退缓、传递间、制水间、前室、尸体暂存间、一更、二更、淋浴等辅助房间。

SPF 动物实验室总建筑面积约 1500m²，其中 SPF 洁净区面积约 716m²。有动物饲养间 8 间，共 240m²；4 间小鼠饲养室，120m²；4 间大鼠饲养室，120m²；小鼠饲养共 1472 个笼位，可饲养小鼠 1472×5＝7360 只；大鼠饲养共 575 个笼位，可饲养大鼠 575×5＝2875 只。

5.11.2　工艺

本项目位于自然环境条件较好的区域，周边环境满足相关规范要求，人员出入口、洁物入口、污物出口分开设置。设置有专用的人员出入口、专用物品出入口、专用动物出入口；动物实验室的人员流线、物品流线和动物流线之间严格区分，避免交叉污染。

人员流线：换鞋→一更→二更→缓冲→风淋→洁净走廊→退缓 1→退缓 2。

物品流线：饲料/垫料暂存间→灭菌前区→灭菌后区→洁净物品暂存间→洁净走廊。

污物流线：退缓 3→清洗区→灭菌前区→灭菌后区→洁净物品暂存间→洁净走廊。

动物流线：传递间→传递窗→动物接收室（兼检疫）→合格动物经缓冲、清洁走廊进入实验室（不合格动物经退缓 4 退出）。

区域划分示意图、动物饲养室平面图、工艺流线图分别如图 5.11-1～图 5.11-3 所示。

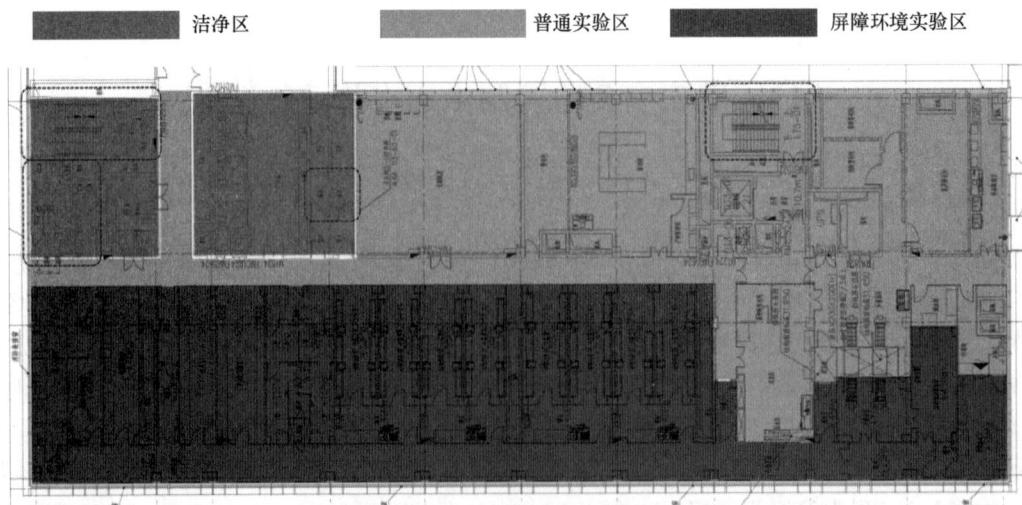

图例：■ 洁净区　　■ 普通实验区　　■ 屏障环境实验区

图 5.11-1　区域划分示意图

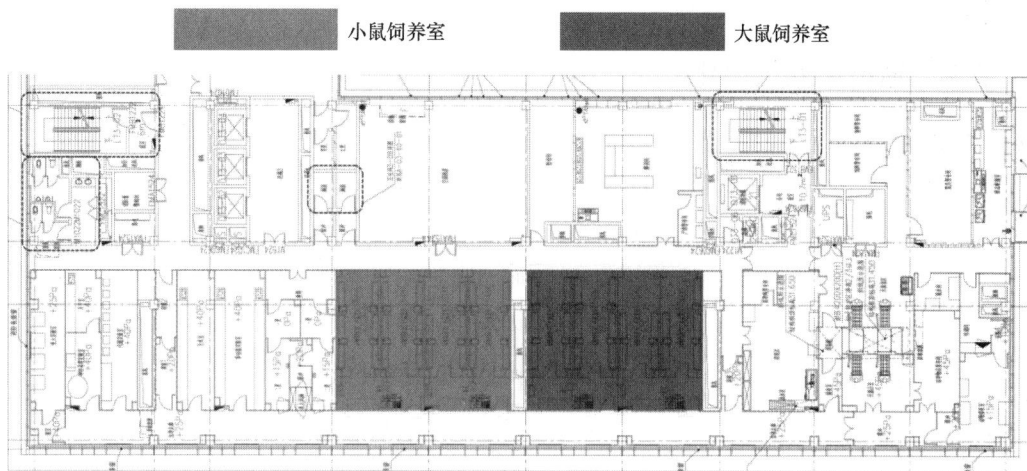

图 5.11-2 动物饲养室平面图

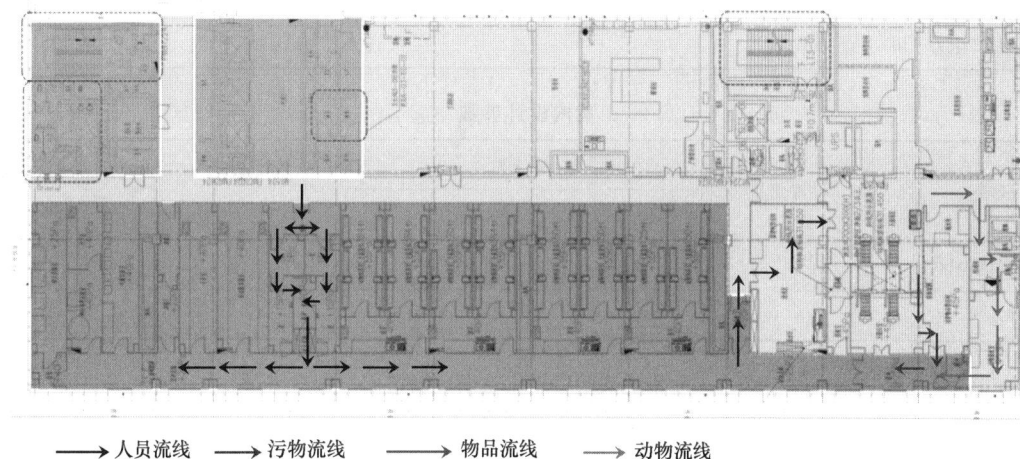

⟶ 人员流线   ⟶ 污物流线   ⟶ 物品流线   ⟶ 动物流线

图 5.11-3 工艺流线图

5.11.3 建筑构造

解剖间、清洗区等设置排水地漏的房间,地面均做防水处理,排水坡度不小于1%。小鼠饲养室、大鼠饲养室均设置操作前室。清洗区、灭菌前室与灭菌后室、洁物暂存间之间设置专用的高压灭菌设备。根据选定的灭菌设备型号,在灭菌设备安装位置预留300mm的结构降板区域,2台设备共计净重5t,运行质量6.6t。根据设备质量对降板区域楼板进行结构加固处理。消毒舱安装区域结构降板100mm,设备净重1.6t,运行质量2.0t。清洗区的沥水区域结构降板50mm,结构荷载按500kg/m² 设计。围护结构选用金属面岩棉手工玻镁板,具有无毒、无放射性、易清洁消毒、耐腐蚀、不起尘、不开裂、无反光、耐冲击、无滑防水等优点。地面材料选用防滑、耐磨、耐腐蚀的橡胶卷材。动物饲养室需要经常消毒处理,故该区域的吊顶和相关灯具、插座、开关、风管、风口均采用具有防腐蚀性能的产品。屏障环境净化区及普通环境区域门窗均采用具有良好密闭性、美观性、带观察窗的钢质洁净门,门向空气压力较高的房间开启,并设有自动关闭功能,缓冲室的门设置开锁装置,断电能自行开启。地板与墙体、墙体与顶棚均用弧形连接,地板胶上墙100mm,与墙面平齐,不凸出墙面。在相关区域设置防止昆虫、野鼠等动物进入和实验动物外逃的设施。在动物实验室吊顶内设置技术夹层,并在技术夹层内设置检修通道,方便运营期对设备和系统进行维护和检修。在各主要实验室、洁净走廊、缓冲室、更衣室等入口处均设置有压差显示装置,便于实验人员实时了解各实验室的压差情况。

5.11.4 空调、通风和空气净化

1. 室内外设计参数

本项目室外设计计算参数、室内设计参数和动物房实验区净化空调环境指标如表5.11-2～表5.11-4所示。

室外设计计算参数（上海）   表5.11-2

夏季		冬季	
空调计算干球温度（℃）	34.4	空调计算干球温度（℃）	−2.2
空调计算湿球温度（℃）	27.9	空调计算相对湿度（%）	75
空调日平均温度（℃）	30.8	空调计算相对湿度（℃）	16.1
通风计算温度（℃）	31.2	空调计算相对湿度（℃）	−0.3
平均风速（m/s）、主导风向	3.1、SE	平均风速（m/s）、主导风向	2.6、NW
大气压力（hPa）	1005.4	大气压力（hPa）	1025.4

室内设计参数   表5.11-3

区域	洁净级别	温湿度		换气次数（h⁻¹）	新风量标准[m³/(h·人)]
		温度（℃）	相对湿度（%）		
动物房洁净区	屏障7级	20～24	40～70	≥15	40
舒适区		18～24	40～70		40

动物房实验区净化空调环境指标   表5.11-4

环境参数	指标						
	小鼠、大鼠、豚鼠、地鼠			犬、猴、猫、兔、小型猪			鸡
	普通环境	屏障环境	隔离环境	普通环境	屏障环境	隔离环境	屏障环境
温度（℃）	18～29	20～26		16～28	20～26		16～28
最大日温差（℃）	—	4		—	4		4
相对湿度（%）	40～70	40～70	40～70	40～70	40～70	40～70	40～70
最小换气次数（h⁻¹）	8	15	—	8	15	—	15
动物笼具周边处气流速度（m/s）	≤0.2						
洁净度等级（级）	—	7	—	—	7	—	7
最小压差（Pa）	—	10	50	—	10	50	10
噪声[dB(A)]	≤60						
氨气浓度（mg/m³）	≤14						
沉降菌最大平均浓度（个/h）	—	3	无检出	—	3	无检出	3

2. 净化空调系统设计

洁净区净化空调系统采用组合式空调机组，空气经粗效、中效、高中效（G4＋F6＋F8）三级过滤及冷、热、加湿（除湿）处理，通过风道经高效（H13）过滤后送入室内。洁净室采用顶送下侧排

的气流组织形式。净化空调系统的送风管设置定风量调节阀，房间排风管设置变风量调节阀/变风量＋定风量调节阀，根据房间压差调节房间的排风量，以维持房间的压差恒定。

为了防止夏季极端热湿天气，每台空调机组设置 50kW 直膨表冷段，室外机设置在屋面上。净化空调系统设置 20％乙二醇液体循环式热回收装置，以降低全空气系统的运行能耗。净化空调系统的排风均经过高效过滤排风装置及活性炭吸附装置后排出。屏障环境回（排）风口下边沿离地面不宜低于 0.1m，回（排）风口风速不宜大于 2m/s。净化空调系统换气次数共 20h⁻¹，当其中一台机组发生故障时，单台满负荷运行，洁净区换气次数为 15h⁻¹。净化空调系统排风机组均设置了备用风机，风机发生故障时备用风机应能自动切换。洁净区房间消毒模式为移动 VHP＋紫外线灯照射。灭菌柜柜门上方设置两个局部排风罩，与房间排风口互锁控制。净化空调系统的排风机组均设置于屋面，经高效过滤＋活性炭吸附后排放。所有排风机箱的高效＋活性炭过滤段前后均设压差显示。送风机与排风机联锁，开机时先开送风机，再开排风机；关机时先关排风机，再关送风机。风机均与相应防火阀联锁，防火阀动作时关闭相应风机并发送火灾信号至消防中心，火灾报警确认火情后切断系统所有风机电源。

空调机组冷媒采用 7℃/13℃ 的冷水，接自屋面空气源多功能四管制热泵机组，冷负荷为 859.6kW。热媒为 50℃/40℃ 的热水，接自屋面空气源多功能四管制热泵机组，热负荷为 430.3kW。空调加湿采用 0.2MPa 的纯蒸汽，接自地下室锅炉房内的低氮燃气蒸汽发生器，加湿蒸汽用量为 338.3kg/h。风机盘管冷媒为 7℃/13℃ 的冷水，热媒为 50℃/40℃ 的热水，冷、热水分别接自地下一层制冷机房及锅炉房，冷负荷为 86kW，热负荷为 60.3kW。

所有空调、通风系统均设置自动控制系统，除风机盘管外均纳入楼宇自动控制系统进行检测与控制，包括相关室内外参数和控制参数的显示与调整、设备运行状态显示及运行控制、设备自动/手动/关闭状态、故障报警、工况/运行模式转换、相关联动控制、能量计量、运行数据记录、具备与政府能耗监测系统的数据通信接口等。空调机组风机及排风机配变频器，定风压变频控制。根据排风主风管温湿度调节冷水管路、热水管路和蒸汽管路的阀门开度，实现排风恒温恒湿控制。空调机组粗效、中效空气过滤器均设压差就地显示装置，风机设压差异常报警。空调机组、排风机组、高效风口设空气过滤器压差报警。各级空气过滤器的终阻力压力值：粗效空气过滤器为 100Pa，中效空气过滤器为 160Pa，高效空气过滤器为 450Pa。通过对系统内各区域的送风量、排风量的控制及调节来达到不同洁净度等级的房间之间以及室内外的压差要求。空调系统自控系统具有压力梯度、温湿度、联锁控制、报警等参数的历史数据存储、显示功能。

通风、空调系统横向按每个防火分区设置。通风、空调系统防火阀熔断温度为 70℃。空调风管和通风管保温材料及所有风管消声材料均采用不燃或难燃材料；空调水管采用难燃 B1 级橡塑材料保温。通风、空调系统中的管道，在穿越防火隔墙、楼板和防火墙处的空隙均采用防火封堵材料封堵。风管穿过防火隔墙、楼板和防火墙时，穿越处风管上的防火阀两侧各 2m 范围内的风管均采用耐火风管或风管外壁采取防火保护措施，并确保其耐火极限不低于该防火分隔体的耐火极限。

围护结构传热系数：理化实验楼屋面传热系数均为 0.44W/(m²·K)、外墙传热系数均为 0.52W/(m²·K)、外窗传热系数均为 2.0W/(m²·K)，满足节能的要求。通风、空调系统采用自动控制，既提高了使用的舒适性，又防止因超温和不合理运行造成的浪费。风管和水管的绝热材料和厚度符合节能规范的要求，空调冷水管与风管设置隔汽层与保护层。空调系统新、排风设置乙二醇显热热交换系统，组合式空调机组及屋顶的排风机设置乙二醇盘管段，实现热回收，用以预冷、预热新风。净化区采用独立的四管制风冷热泵机组，能同时提供冷、热水，解决净化区空调箱常年需再热的问题。舒适区同样采用四管制风冷热泵机组供热，最大限度利用四管制风冷热泵机组免费制热，减少锅炉在夏季的使用。通风柜排风机均为变频，柜门关闭后保持低风量模式运行。通风设备、空调机组、冷热源设备等的运行状况、故障报警及启停控制均可在楼宇自动控制系统中显示和操作。

按规范要求，选择高效率、低噪声、低振动的空调、通风设备，以避免噪声对环境的影响。所有吊装的空调末端设备均设有弹性吊钩,隔断固体传声。大风量通风、空调系统设消声器、消声弯头、消声静压箱等降噪措施。设于室外的通风、空调设备,根据周围环境的要求进行适当的隔声处理。

空调系统新风量满足标准规范及卫生防疫的最小新风要求。新风直接取自室外,送风均设置粗效、中效及高中效三级过滤加末端高效过滤。排风设置高效过滤和活性炭吸附后排放。所有对外的新、排风口的距离均满足规范要求,保证新、排风不相互影响。

5.11.5 给水排水系统

实验动物的饮用水定额满足实验动物的饮用水需要;屏障环境实验动物的饮用水采用无菌纯水;实验区的给水干管敷设在技术夹层内;给水管道和管件选用不生锈、耐腐蚀和连接方便可靠的PP-R管材和管件;排水系统与其他生活排水分开设置,经专门的排水管网排入集中污水处理系统;清洗区、解剖间、空调机房水池排水管加设防小动物进入的设施;淋浴间安装容积式电热水器,空调机房给水入口主管安装管式紫外线消毒装置;解剖间地漏采用内部带有活动网框的密闭型地漏,排水完毕后取出网框清理,排水时人工打开密闭盖板进行排水,不排水时盖好密闭盖板;解剖间水池排水管加转换阀门,头两道清洗废水接入专用桶,按危险废物处置,专业回收处理,末道清洗废水收集到地下一层预处理池。

5.11.6 电气和自控

屏障环境动物实验区用电按一级负荷设计,设置专用配电柜,选用暗装式配电设备,电气管线暗敷。电气管线的管口采取可靠的密封措施,配电管线采用金属管,穿过墙和楼板的电线管加装套管,套管内采用不收缩、不燃烧的材料密封。照明灯具采用吸顶安装的密闭洁净灯。屏障环境动物实验区设置门禁系统,缓冲间的门采用互锁净化门,断电后能手动开启。

动物实验区的送、排风机可以正常运转的指示装置,风机发生故障时可以声光报警,相应的备用风机自动投入运行。送风机和排风机可靠联锁,启动时先开送风机后开排风机,关机时先关排风机后关送风机。温度、湿度、压差超过设定范围时,可以声光报警。

屏障环境动物实验区内、外设置可靠的可视对讲系统,区内设有摄像监控系统。

5.11.7 消防

理化实验楼耐火等级为一级,动物实验室耐火等级为二级。过道的隔墙采用100mm厚玻镁岩棉彩钢板,其耐火极限值大于1h,砌至梁板底部,且不留缝隙。动物饲养室内不设自动喷淋系统,设置火灾事故应急照明系统,疏散走道和疏散门设置灯光疏散指示标志,火灾事故照明和疏散指示标志的蓄电池连续供电时间不少于30min,设置火灾自动报警装置。

5.12 GLP实验动物设施

5.12.1 项目概况

本项目占地面积约1700.22m²,总建筑面积约6960.88m²,地上4层,主要包括药效研究技术平台、药代研究技术平台、毒理学研究技术平台、动物实验技术平台、标准化动物饲养实验室、相关检测试验室、配套公用工程用房及必要的人员办公场所。本项目设计建设时充分考虑了中国及世界主流国家GLP标准要求,以及ISO 9001、CNAS、AAA LAC认证的相关规定、流程要求,建成后满足近百人实验及办公需求。

1. 气象及地理条件

本项目所在地为四川省眉山市东坡区西部药谷,大气压力:冬季为96.32kPa,夏季为

94.77kPa；年主导风向为 NNE；风速：夏季为 1.3m/s，冬季为 1.0m/s；最冷月平均温度为 6.9℃，最热月平均温度为 27.8℃，极端最低温度为－4.2℃，极端最高温度为 41.0℃；相对湿度：最冷月平均为 70%，最热月平均为 75%；多年平均年降水量为 1149mm。

2. 场地水电现状

（1）供水：周边有园区的自来水管网可供驳接，可确保本项目水源充分供给；

（2）雨污水：周边有园区布置的雨水及污水管网，可满足本项目雨水和污水纳管条件。

（3）供电：电源由园区总配电室的低压配电室引入；

（4）电话、光纤、网络：由园园的弱电机房引入。

3. 设计指导思想

根据功能需求，结合项目建设地点的自然条件和基础设施状况，总体设计方案如下：

（1）应确保研发、生产的产品符合既定的质量标准。在技术上应以先进、实用为原则；在建筑上应以美观、实用、经济为原则。

（2）根据产品研发、生产产品类别、定位、规模要求，确定本项目实验室建设规模和范围。

（3）根据建设场地现状和建设内容，充分利用自然地形，减少土石方工程量，保护周围环境的自然生态。

（4）严格遵守《中华人民共和国生物安全法》《药品生产质量管理规范（2010 年修订）》《实验动物　环境及设施》GB 14925、《实验动物设施建筑技术规范》GB 50447 和《生物安全实验室建筑技术规范》GB 50346 的相关要求，严把设备、材料质量关，精心设计，精心施工，建成国内领先的现代化药品研发、生产用实验动物设施。

（5）高度重视"三废"（废水、废气、固体废弃物）处理，确保达到环保要求，保护项目所在地周边环境。

5.12.2　设计原则及要求

1. 场地的生态性

尊重环境、维护生态。尽量采用保护环境的设计方法，提高场地环境的综合质量。

2. 布局的合理性

因地制宜、主次有序、功能效率优先、张弛并举、和谐统一，坚持可持续发展原则。

3. 流线的智能性

智能网络、流线便捷、纵横有序。明确各级功能、流线定位，形成便捷的网络式交通系统，对各功能区进行网络相关性分析，提高环境质量，整体考虑物流、车流、人流等交通系统，建设智慧实验动物设施。

4. 空间的整体性

围合空间，场势概念，大小结合，序列有致。利用简练的几何图形和轴线化的构图手法营造大气势的空间，灵活布置室内外空间。直线与曲线建筑造型的相互结合，动态与静态空间的相互渗透，使空间关系清楚、层次分明，形式统一。

5.12.3　工艺布局与流线

本项目从建设定位、需求定位、建设规划阶段便进行初步构想（建设规模、群组布置要求、工艺要求）及投资估算。另外，在用户需求调研阶段重点了解饲养动物的种类、数量、饲养方式及功能实验室需求等，根据人员流线、物品流线、污物流线、动物流线，合理划分电梯位置，提前预留土建条件所需的荷载、层高、排风井位置。

1. 功能分区

（1）一层为仓库、动力中心、综合实验室及办区，二、三层为普通动物饲养区及动物实验区，四层为 SPF 清洁动物饲养区及动物实验区，屋面为废气处理设施。本项目包括创新靶点筛选验证实验室、药效研究试验场地、药代研究试验场地、安全性评价研究试验场地、GMP 产品动物质检场地、标准化动物饲养设施。整体符合 GLP 条件下具备现代化的药效学、药代动力学和毒理学系统评价能力，支持体内外药理学（含药效学、药代动力学和毒理学）的综合筛选和评价工作、药物非临床申报研究工作和早期临床试验研究的支持性工作，支持 GMP 产品的部分质量指标的动物实验工作。

（2）整体布局充分考虑园区建筑之间的相关影响，达到从整体布局上避免建筑之间交叉污染的情况发生。特别是新风口、废气排放口需要充分考虑常年风向等相关因素，对建筑进行合理布局。

（3）整体布局充分满足人、货物、动物、污染废弃物单独流向的要求，各流线之间流向清楚、互不交叉、分区合理，具备顺畅的流线走向和通道分区。整体建筑围绕流线走向分区进行设计，满足各通道互不干扰的要求。

（4）生活排水与实验排水、动物粪便排污分开设置，动物粪便利用符合环保要求的化粪池进行处理，生活排水和实验排水应分别进行合理的污水处理。

（5）所有空调系统、排风系统必须布置合理，满足各楼层对温湿度的要求，同时满足对空调系统的节能要求、所有抗振要求、便于巡查和维修的要求。

（6）动物区域必须满足建筑隔声要求，大动物饲养区能完全阻隔 100dB 以上的犬吠噪声。

（7）所有要求恒温恒湿的区域必须具备良好的保温、保湿能力，并具有良好的节能效益。

2. 布局与流线

（1）单走廊式布局常用于普通环境的动物饲养及实验，其优点是空间利用率高，缺点是人员流线、物品流线、污物流线不可避免地会产生交叉，这种设计对实验动物设施的运营管理要求较高。双走廊式布局是一种常见的实验动物设施的做法，将洁净走廊和污染走廊分设在饲养室两侧，在环境控制方面有其优点，但是对布局造成限制，使得有效利用面积减小。多走廊式布局是一种比较理想化的设计，人员、动物、物品由专门的通道进入，可有效避免交叉流向。如果长期大量饲养动物，这种布局可以更为可靠地避免污染，但是其空间利用率较低、设施运营费用相对较高。

（2）本项目二、三层普通动物实验区采用单走廊式布局；四层采用双走廊式布局；一层设置了仓库＋综合实验室，采用"动物分区＋实验功能间分区＋复合多走廊"设计方案，吸取了单走廊式、双走廊式、多走廊式布局的优点，这是考虑动物饲养属性及噪声并结合本项目实际需求，并对动物种类和楼层分区进行综合考虑得出的布局方式。本项目一～四层布局方式如图 5.12-1～图 5.12-4 所示。

（3）综合分析各楼层检测样品、检测功能间的相互关系，设置检品立体智能化传输系统（图 5.12-5），实现运行过程中效率的提升和有序管理。

3. 设计特殊要求

（1）动物饲养间应充分考虑各类动物的生活习性、生理特点等，设置不同灯光和门窗观察口，尽量减少对动物活动的影响，房间灯光控制加入楼宇自动控制系统中，便于系统控制和管理。

（2）饲养啸叫动物（如猴、犬等）的功能间应考虑相互之间的影响，对饲养间之间的墙面和顶面实体墙进行隔声设计。

（3）为了便于一些大动物饲养间及笼具清洁间的清洁和防撞，地面和墙面应做防水处理，材质要求：环氧彩砂＋聚氨酯涂层，厚度≥3mm，颜色由使用部门确定，总体要求耐水，至少耐受空气中浓度为 30mg/m³ 的氨的腐蚀，然后在墙面做无死角的防撞带。

（4）小动物（如小鼠）等 SPF 动物房应考虑氨等腐蚀性气体对墙体的影响，选用畜牧专用板等。

（5）笼具清洗机、灭菌柜区域要做结构降板设计，便于相关待洗消物品无台阶进出。清洗、灭活等功能间要求有空调设计。高湿排风与垫料负压收集系统，对系统进行洗消一体化设计，并考虑机械化放置垫料、码盘等操作。

（6）动物饮用水设施的设计：动物饮用水控制加酸浓度，设置水嘴自清洁和防漏水装置。

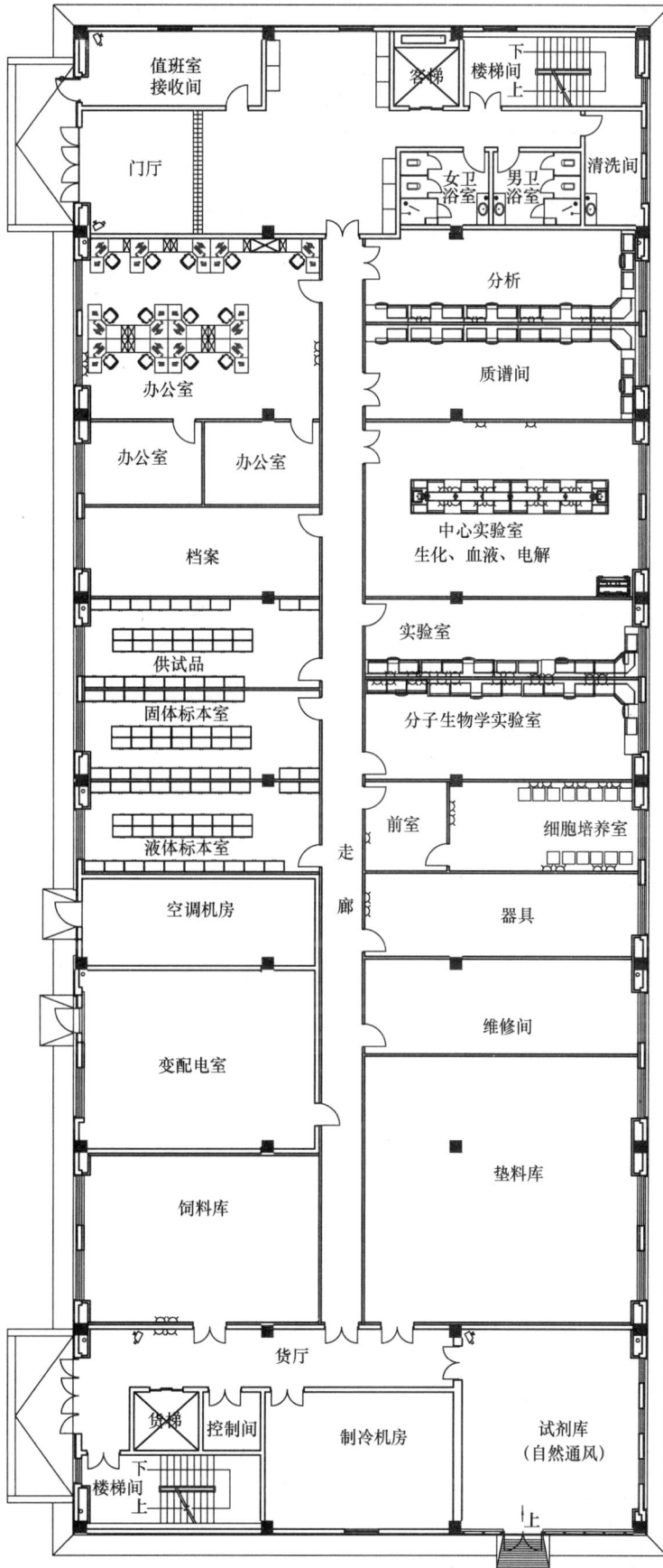

图 5.12-1 一层布局方式

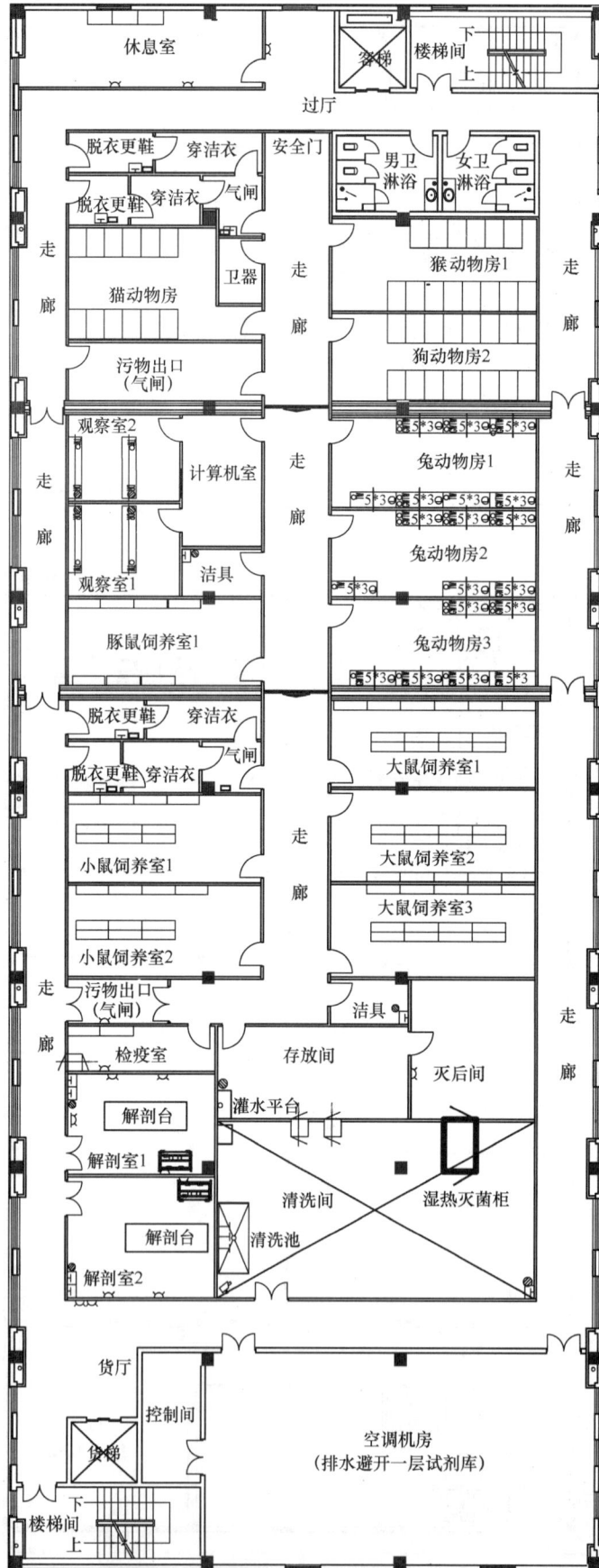

图 5.12-2 二层布局方式

休息室	客梯　楼梯间　下 上
脱衣更鞋	过厅
缓冲 洗手	
脱衣更鞋	女卫 浴室　男卫 浴室
安全门	
缓冲 洗手　穿洁衣　洁具	缓冲　大鼠保种饲养间1
穿洁衣　手消毒　气闸	IVC-168-AD
小鼠保种饲养间2　缓冲	缓冲　大鼠保种饲养间2
IVC-168-AD	
小鼠保种饲养间1　缓冲	大鼠饲养室1
IVC-168-AD	
小鼠饲养室1　走廊	走廊　大鼠饲养室2　走廊
小鼠饲养室2	大鼠饲养室3
小鼠饲养室3	大鼠饲养室4
小鼠饲养室4	大鼠饲养室5
小鼠饲养室5	大鼠饲养室6
污物出口 （气闸）	检疫室（一）
灌水平台　灭后间	存放间
	解剖室2 解剖台
湿热灭菌1 湿热灭菌2 清洗间	解剖台 解剖室1
货厅　控制间	空调机房
货梯	
下 楼梯间 上	

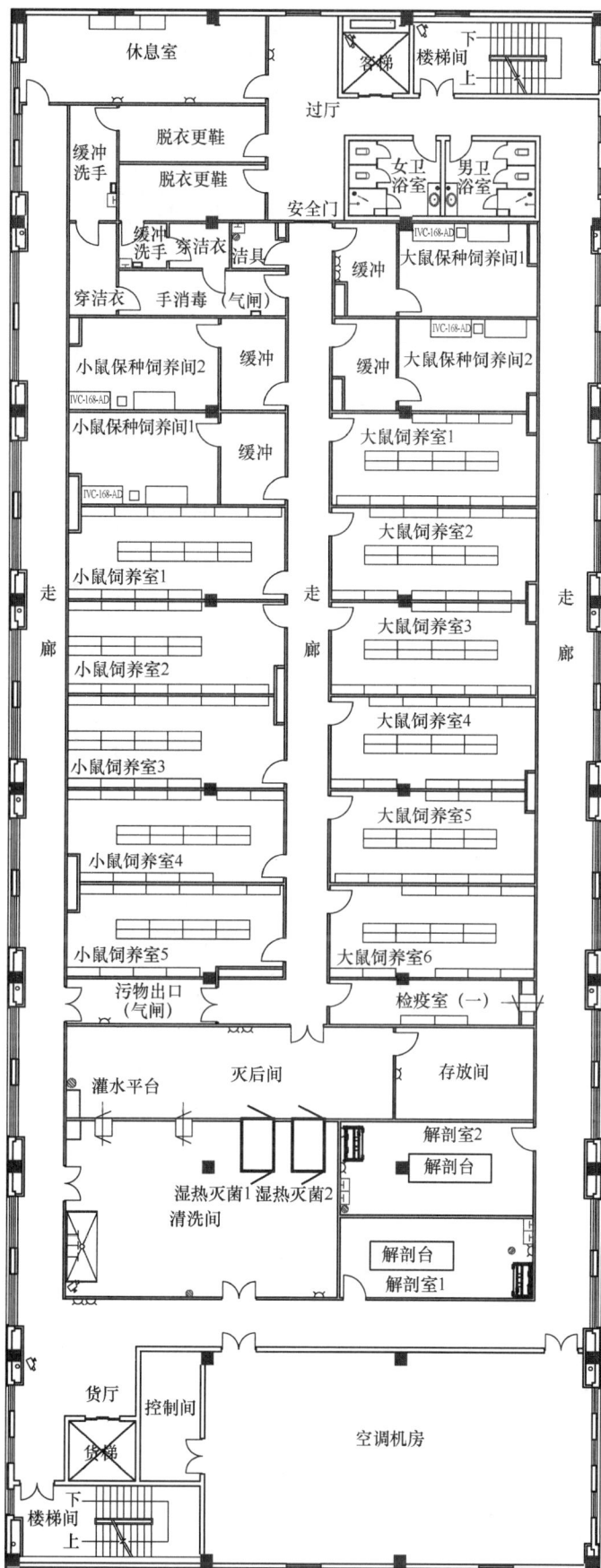

图 5.12-3　三层布局方式

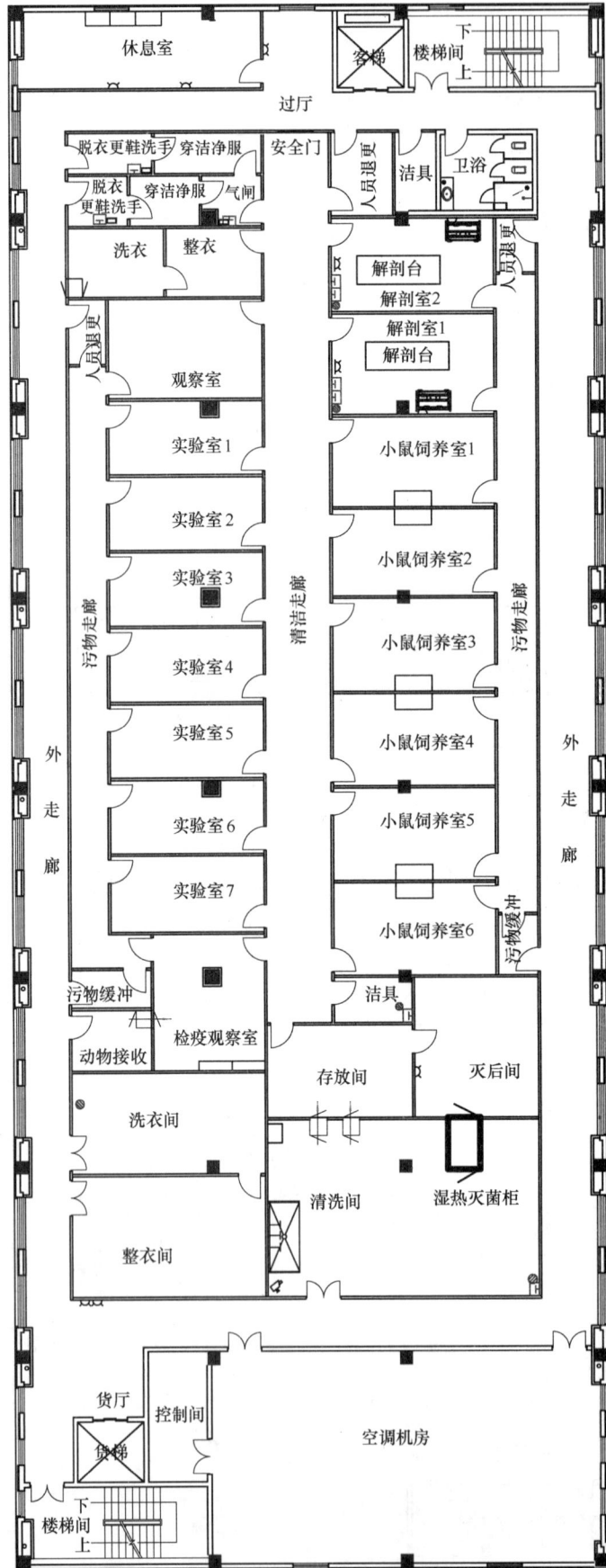

图 5.12-4　四层布局方式

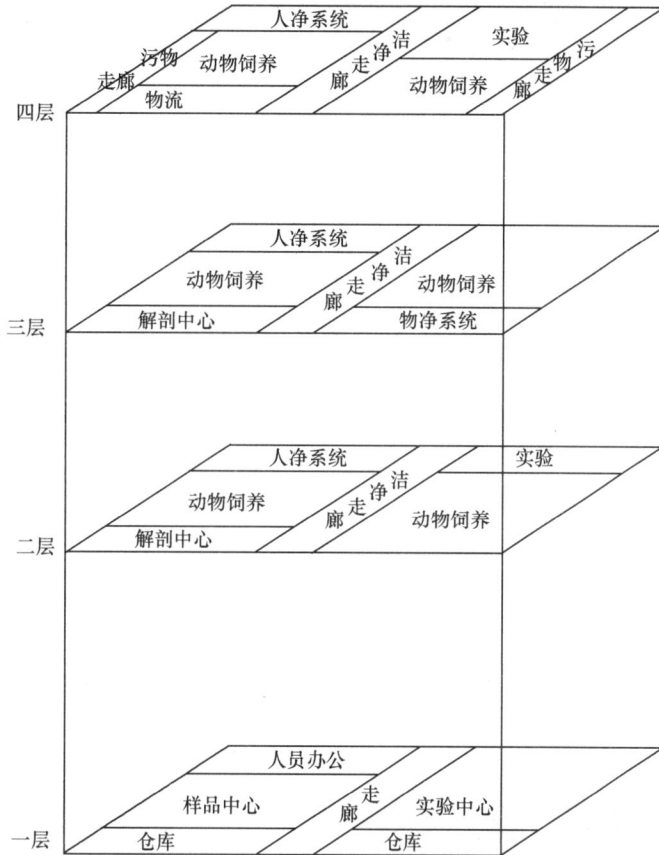

图 5.12-5　检品立体智能化传输系统

（7）动物房空调系统采用双风机模式，确保任何情况下系统送风都有保证，确保发生意外时对动物无重大影响。合理进行空调机组分区、设备选型（双风机、热回收、双通道等），以及布局方式（夹层或独立空调房、是否房间回风）。

（8）办公区空调应充分考虑常年制冷的功能间处理方式，以及不同办公区空调节能的措施，例如采用全新风系统、变制冷剂流量系统、变风量系统等。

（9）废气的处理的方式、处理流程：采用喷淋塔洗涤或吸附方式去除散发到排气中的氨气等，减少对环境的影响（图 5.12-6）；或者采用更先进的措施，确保满足环保要求。

图 5.12-6　排气活性炭吸附箱

（10）舒适性、人性化的自动系统的构建：尽量减少人员进入饲养区对动物生活的干扰，设计完善的 BMS 系统＋EMS 系统＋CRT 系统❶。

（11）科学实验室板缝"天地对缝排版"，美化实验室感观。

5.12.4　机电专业设计要点

实验动物设施的机电专业主要是为动物和实验人员营造合适的洁净环境，以满足实验动物繁育、生存要求，实验人员舒适性要求，以及对实验动物进行药物效果观察与研究的要求。本项目机电专业设计主要分为：强电，包括设备仪器动力、照明、插座等；弱电，包括消防报警、网络通信、电话、监控、门禁，以及 BMS、EMS、UPS、CCTV 等控制系统设计。双电源或柴油发电机供电是实验动物设施的标配；高效机房的设计有利于整个大楼的节能控制和经济高效运行（图 5.12-7）。

1. 高效机房

本项目采用节能型制冷机组（相关部门节能认证产品），且系统化模拟各运行工况，对制冷系统进行对比后优化选型；进行管道沿程阻力计算与低阻力管网设计；选择高效率的循环泵及一次、二次循环回路，对特殊区域进行有针对性地降温和换热设计，高精度的控制传感器可预知系统工况，综合计算出能效数据和制冷量后与制冷机组高效率控制曲线进行拟合，最后在运行中自我对比能源管理系统历史数据且优化分析后进行系统运行参数调节，从而将制冷机组 COP 提升到 5 以上。

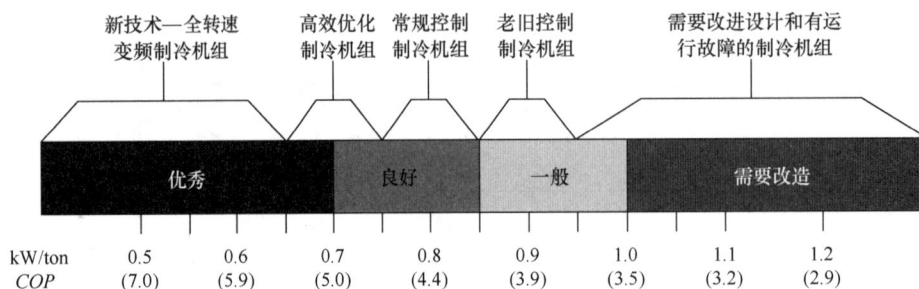

图 5.12-7　国际机房标准图示
开式循环冷却水系统中，常规制冷机组的能效值

注：1. 输入能量包括冷水机组、冷却水泵、冷却塔风扇以及冷水泵的功率。
　　2. 在舒适性空调应用中，采用电力驱动的离心式制冷机组，其冷水供应温度设定为
　　　 42 ℉（5.6℃），开放式冷却塔循环冷却水温度为 95 ℉（29.4℃）。
　　3. 循环水量有 20% 的富余，北美地区气候条件下冷却塔循环水量可做±0.05% 的调整。

2. 暖通空调

根据工艺条件及功能分区，不同动物实验室之间的送、排风系统进行独立设计，避免交叉污染、防止臭味的蓄积。原则上，动物饲养室均采用直流式全新风系统，以保证饲养室无传染性病菌和污浊空气循环风险。清洗区是动物笼盒、笼具和水瓶等集中清洗消毒区，以及脏垫料集中收集处理区，也是工作人员人数最多、工作时间最长的区域，该区域涉及的工艺设备较多，蒸汽发热量较大，脏垫料的异味较浓，因此其通风空调系统设计关系到工作人员的舒适性以及运行的节能性。通过精确计算发现，所有设备的总排风量与根据房间按换气次数所计算的排风量接近，因此从空调系统运行稳定性出发，采用总送风量和总排风量恒定的空调系统，整个区域为负压风量控制，避免了压差控制在开关门等压力不稳定时对自控系统造成的干扰，从而有效避免清洗区的异味外溢。另外，根据不同排风设备的开启情况调整房间排风量的大小，使设备和房间的总排风量恒定。

以四层 SPF 小鼠饲养室和实验室为例，屏障环境的空调系统与常规空调系统相比具有如下特点：

---

❶ CRT 系统为火灾自动报警及消防联动控制系统。

（1）为维持屏障环境内空调系统 24h 连续运行，选用双通道空调箱，由新风段、粗效过滤段、检修段、风机段、中效过滤段、快速切换止回装置段、中间段（以上所有功能段均为一用一备）、制冷盘管段、制热/再热盘管段、蒸汽加湿段、出风段等构成，当风机发生故障或者更换过滤装置时空调机组仍能保持正常运行。

（2）房间送、排风管均安装变风量文丘里阀，在满足室内温湿度、氨气浓度、二氧化碳浓度要求的情况下可实现变风量节能运行。

（3）动物实验室排风系统中除了含有氨气、硫化氢等臭气外，还含有动物毛发、粪便等固体，为满足排放要求，排风先经过房间的带粗效尼龙网过滤的齿轮式排风口除去大部分毛发和粪便后再通过排风机组，分别设置单独排风系统，采用止回措施后，汇入楼顶喷淋洗涤塔、活性炭吸附装置。特别是对于二层犬、猴、狗、兔等普通饲养区，排风量和氨气浓度大，对废气处理装置要求高，采用酸碱分解+活性炭吸附装置，以长时间稳定可靠运行。

排风系统设备规格及安装位置如表 5.12-1 所示，实验室气体处理流程如图 5.12-8 所示。

排风系统设备规格及安装位置　　　　　表 5.12-1

受控区域	处理设备	设备规模	安装位置
二层：普通大小动物饲养层	喷淋洗涤塔+活性炭吸附箱	风量 6000～8000m³/h，304 不锈钢壳体	楼顶
三层：普通小动物饲养层		风量 6000～8000m³/h，304 不锈钢壳体	
四层：SPF 小动物饲养层		风量 9000～12000m³/h，304 不锈钢壳体	

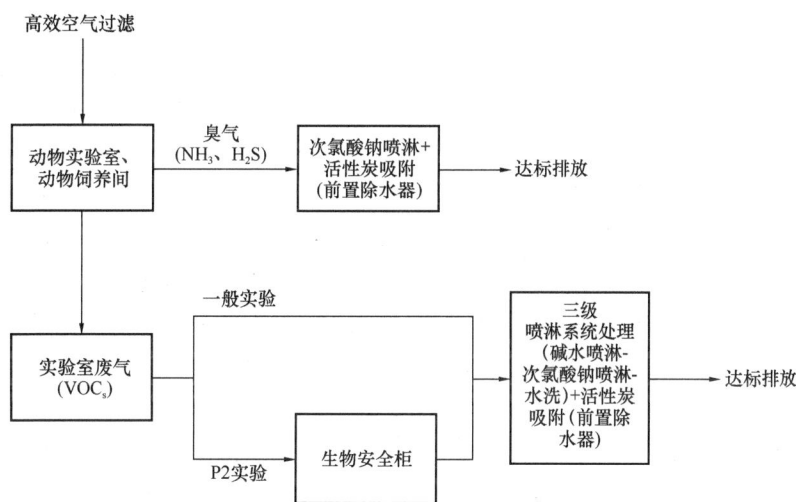

图 5.12-8　实验室气体处理流程

（4）气流组织：相关规范规定，屏障环境设施净化区宜采用上送下回（排）的气流组织形式。为了提高通风效率，使室内气流组织更合理，本项目在动物实验室两侧设计了 250～300mm 的排风夹道，根据动物实验室的大小以及动物笼具的布置情况，灵活布置排风口（以四角下排风为主）。目前国内对动物实验室气流组织主要从温湿度和吹风感的角度进行研究，而对动物实验室内部的臭味少有研究。根据动物实验室使用部门的经验，尽管采用了上送下排的气流组织形式，室内臭味还是较明显，主要原因是动物实验室的主要臭味来源是氨气，其密度比空气轻，易集聚于顶棚之下，仅设计下排风不利于氨气的排放。因此，本项目在上送下排气流组织形式的基础上设计辅助顶排风口。此外，通过 CFD 数值模拟软件对比上送下排辅助顶排方式和上送下排方式对室内氨气浓度情况，分析结果与动物实验室使用部门的经验相符。动物及脏垫料是氨气的释放源，其释放量与动物的饲养量以及垫料的更换频率密切相关，增加上排风口和适当下调房间高度后，可以有效降低房间内氨浓度并减少了排风量。

（5）压差控制：为了保证无论在正常工作还是在气流组织短时受到破坏时气流都能从空气洁净度高的区域流向空气洁净度低的区域，实验动物设施必须保持一定的压差。目前压差控制方法主要有纯压差控制法、差值风量控制法以及两者混合控制法。由于受房间门的开关、室内通风柜调节门的移动以及人员运动等诸多因素对室内压力带来的扰动，如果采用压差控制法，压力波动性较大；如果仅采用差值风量控制法，随着运行时间增加，房间的气密性会变差，从而导致室内的压力值会偏离设计值。结合压差控制法和差值风量控制法的特点，本项目采用混合控制法，即以差值风量差作为基本的控制依据，然后通过设置压差传感器以及控制器来设定差值风量控制系统的差值风量值，还在房间送、排风主管上安装变风量文丘里阀，通过送、排风的风量差来维持房间的设定压力值，并参考压差传感器的压差值，每半年或一年重新校订差值风量值。本项目所有屏障环境的动物实验室均为正压实验室，净化空调系统送、排风机的联锁关系为：开启时先开送风机再开排风机；关闭时，先关排风机后关送风机。所有普通动物实验室均为负压实验室，空调系统的联锁程序与上述正压实验室相反。

（6）室内空气品质及节能控制：动物实验室的温湿度、氨气浓度等室内参数与实验室的运行模式、动物饲养量以及垫料更换频率密切相关。为满足动物实验室的室内空气品质要求，常规设计的空调系统采用直流式全新风空调系统，且换气次数大，运行能耗和碳排放指标均较高。因此，空调系统的节能减排问题备受关注。

按照现行国家标准《实验动物设施建筑技术规范》GB 50447 等的要求，在动物实验室采用基于需求的变风量控制模式，可通过自控系统及设计数据模型，对送风量和房间体积建立正相关模型，严格控制换气次数，实现节能减排。此外，由于动物实验室在不同控制工况下的室内人员状况、实验动物状态、环境控制参数要求均不同，有 5 种典型的运行状态：上班运行状态、下班运行状态、消毒运行状态、自净状态和紧急状态。所以空调系统的送、排风量需与动物实验室的运作状态相对应，从而既能满足实验需求又能实现节能运行。本项目在满足动物实验室正常运行需求的情况下，为实现节能运行，采用基于需求的变风量控制模式，在动物实验室的送、排风管上安装变风量文丘里阀，并且配置 Aircuity 空气品质检测系统，可对空调系统送风主管以及每个重要动物实验室排风管上的气流组织进行分散采样、集中分析。对采样空气进行分析的指标有：总挥发性有机物（TVOC）浓度、氨气浓度、二氧化碳浓度、温度、相对湿度。将测量值与室内空气品质限定值进行对比，分别求出满足上述五项指标的最小送风量，然后取五个最小送风量的最大值，且不低于规范规定的非工作模式的最小换气次数，并联动房间送、排风变风量文丘里阀，实现真正的基于需求的变风量控制。

3. 给水排水

（1）在清洗区地面设置地槽（图 5.12-9），有效增大排水能力，便于场地和管沟清洁，避免卫生死角。

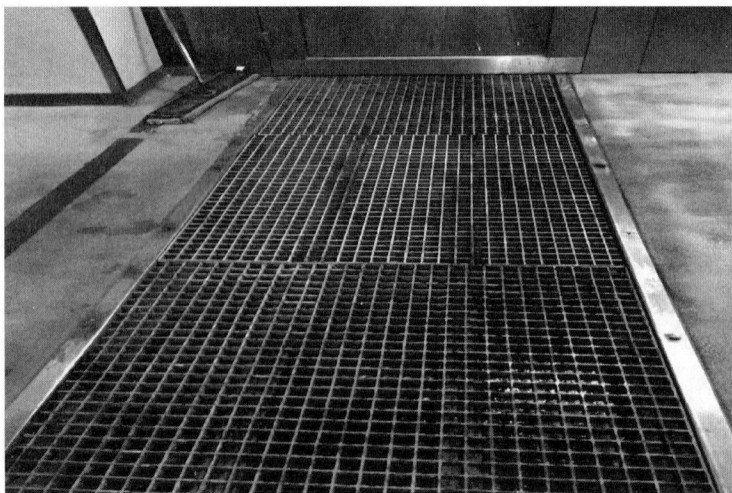

图 5.12-9　清洗区地面设置的地槽

（2）大动物饲养间地面沟槽明渠排污，排污横管大管径设计＋多横管分流，避免运行中冲洗困难和管路堵塞。楼底排污管道设计如图 5.12-10 所示，楼底排污管网系统图如图 5.12-11 所示。

图 5.12-10　楼底排污管道设计

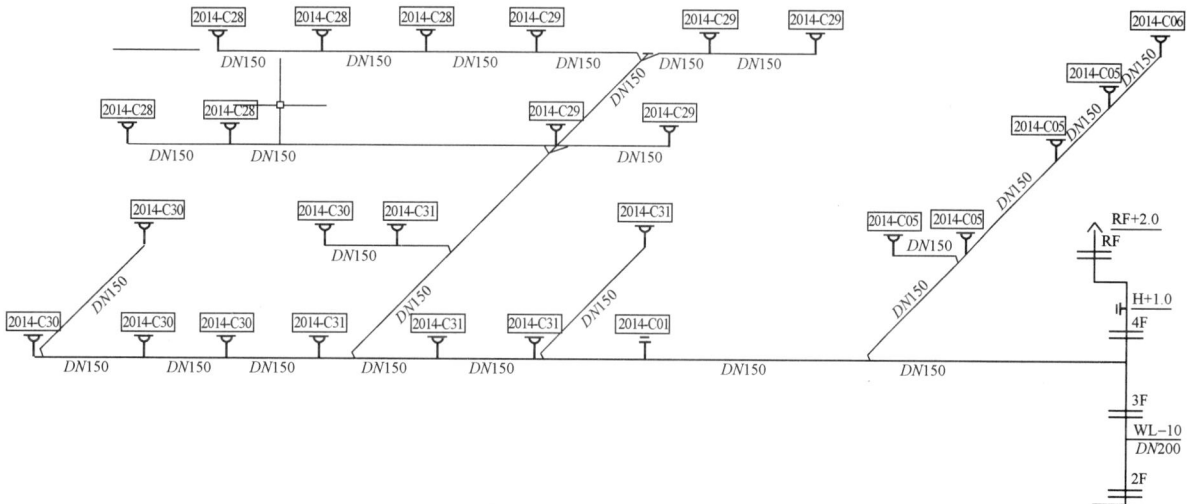

图 5.12-11　楼底排污管网系统图

（3）动物饮水系统设计：应保证供水水质符合饮用水标准，在市政供水无保证的情况下应考虑设计二次处理、储存和供应系统；管网应保证无异物和异味的产生，无微生物的滋生。饮水点装置和器皿等应考虑动物习性和生活规律，保证饮水设施和系统的卫生；科学控制各类动物的饮水量，使动物能健康生长。动物实验室供水系统示意图如图 5.12-12 所示。

4. 电气自控

实验动物设施机电及工艺系统设备众多，包括通风空调、排风除臭、供配电、弱电、自控、给水排水、污水处理、工艺气体、动物饮用水、笼具清洗、消毒灭菌等系统设备。如何将这些系统设备的监控整合在一个直观、统一的智慧化平台上，再对各项数据进行归类分析，甚至为实验动物设施的运行管理提供优化建议，都是亟待解决的课题。BIM（建筑信息模型）技术与 LIMS（实验室管理系统）系统的深度结合提供了较好的解决方案，即所谓的"智慧化三维集成系统"。利用 BIM 技术，可

图 5.12-12　动物实验室供水系统示意图

将实验动物设施中的土建结构、机电系统、工艺设备、实验家具布置都制作成直观、逼真的三维模型,并运用 AI 技术进行仿真,真正做到监控画面所见即所得。同时,这些三维模型被充分参数化,各个系统设备的技术参数、安装信息、生产日期等均可按实录入,为今后的运维管理工作提供详尽、准确的数据支撑。通过移动端装置,工作人员可在设施的任何位置实时调用当地设备、系统的运行参数和管线三维图纸,为一些隐蔽工程的检修维护创造最大的便利性。此外,智慧化三维集成系统还可进行节能分析、故障预判,并提供相关的优化操作建议。

BIM 信息为后续的建设与运维提供了可靠保障,本项目的自控系统向智能化升级,将 BMS、EMS、UPS、CCTV、房间灯光控制,以及检验数据等整合,逐步达到全数字化运行。

5. 生物安全评价

生物安全是指生物技术从研究、开发、生产到实际应用过程中的安全性问题。广义的生态危害包括生物体(动物、植物、微生物,主要是致病性微生物)或其产物(来自各种生物的毒素、过敏原等),对健康、环境、经济和社会生活的现实损害或潜在风险;狭义的生态危害则是由于人为操作或人类活动,导致生物体或其产物对人类健康和生态环境的现实损害或潜在危险,包括基因技术、操作病原体(活的生物体及其代谢产物)和由于人类活动使非土著生物进入特定生态区域即生物入侵等所造成的危害。通过生物安全评价,在项目设计建造、使用个体防护装置、严格规范化操作程序和规程等方面,确保实验室工作人员不受实验对象侵染,确保周边环境不受到污染。

(1)生物安全识别

本项目中的污染物涉及《人间传染的病原微生物名录》中的慢病毒(HIV 除外)、腺病毒、甲型肝炎病毒、乙型肝炎病毒、丙型肝炎病毒、肺炎链球菌、鼠伤寒沙门菌等,均为第三类动物病原微生物。对照世界卫生组织对感染性微生物的分级(表 5.12-2),本项目的生物安全风险等级为Ⅱ级。

感染性微生物的分级　　　　　　　　　　　　　　　　　　表 5.12-2

级别	危害程度
Ⅰ级	对人体无危害性或危害性很低,未必可能使人或动物患病
Ⅱ级	对人体有轻度危害性,对群体危害性低,其病原体可使人或动物患病,但对实验室工作者、群体、家畜或环境未必可能有严重危害性,暴露于实验室后可能引发实验室感染,但有有效的治疗和预防措施,而且传染性有限
Ⅲ级	对人体具有高度危害性,对群体有低度危险性,其病原通常使人或动物产生严重疾病,但一般不致传染,有有效的治疗或预防措施
Ⅳ级	对人体具有高度危险性,其病原体通常使人或动物产生严重疾病,且易于直接或间接传染

在实验过程中可能会出现操作人员的失误,从而导致实验室防护措施的失效,操作人员失误的情况主要有以下几种:

1)高压灭菌器在灭活过程中蒸汽温度未达到要求,从而导致灭活失败。

2)灭活时间过短导致灭活失败。

3)实验室空调系统排风的高效空气过滤器因管理不善,多次重复使用,或有破损,导致空气过滤器除菌失败。另外,因操作人员在实验过程中违规操作、盛装活性菌体的容器破损等,导致活性菌体在实验室内泄漏。

所以,应加强对实验室及带菌废品的安全管理及处置,避免带菌物品进入外界。

(2)生物安全防范措施

1)实验室生物安全防范措施

本项目的生物安全风险等级为Ⅱ级。对照《实验室生物安全通用要求》GB 19489—2008、《生物安全实验室建筑技术规范》GB 50346—2011 和《微生物和生物医学实验室生物安全通用准则》WS 233—2002,本项目采取的生物安全防范措施符合有关要求,如表 5.12-3 所示。

一旦发生生物试剂泄漏事故,立即清理工作台、地面和设备上的试剂;使用吸附棉、拖把等吸附泄漏物质,清理后将沾染试剂的物品、耗材等进行高温灭菌处理;对受污染的台面、地面和设备采用消毒剂擦拭消毒,擦拭消毒时间不少于 30min;消毒工作完成前实验室封闭停止使用;现场处置人员必须穿着实验服,佩戴手套等防护用品,处置结束后使用过的防护用品也进行高温灭菌处理。落实上述措施后,实验室生物安全风险可控制在室内,对室外环境的影响可控。

实验室生物安全措施及符合性分析　　　　　　　　表 5.12-3

生物安全风险等级	要求		本项目措施	符合性
Ⅱ级	规范操作要求	标准微生物操作(GMP)	制定实验操作规范,张贴在醒目处并严格落实	符合
	实验室设施	应在实验室或实验室所在建筑内配备高压灭菌器或其他消毒灭菌设备	实验室设有高压灭菌器	
		实验室围护结构内表面易于清洗,地面防滑无缝隙,不得铺设地毯	实验室内表面光滑材质,易于清洗,地面铺设无缝隙环氧地坪,无地毯	
		实验台结构应牢固,表面不透水易清洁,耐热、耐腐蚀	采用标准全钢实验台,结构牢固,表面为不透水环氧树脂层,耐热、耐腐蚀	
		室内设专用生物废弃物容器	室内有专用容器存放生物废弃物,容器加盖密封,禁止与生活垃圾混放	
		应在实验室工作区配备洗眼装置	实验室配备洗眼装置	
	建筑物	实验室主入口的门和动物饲养间的门、放置生物安全柜实验间的门应能自动关闭,实验室门应设置观察窗,并应设置门锁	实验室与饲养室位于同一栋建筑内,建筑物设有进出房门	
		动物饲养间应在出入口处设置缓冲间	动物饲养间出入口设有缓冲间	
	生物安全柜	应在操作病原微生物样本的实验间内配备生物安全柜	使用Ⅱ级生物安全柜通风橱	
	安全防护要求	实验人员穿着实验服,佩戴防护镜和手套	实验人员严格按操作规程,穿着实验服,佩戴防护镜和手套	

2)动物饲养生物安全防范措施

根据实际需要制定实验动物采购计划并严格执行,由专人负责采购。选择有资质的单位供货,严禁收购来路不明的动物。采购时应了解供货地动物疫情，并要求有关单位出具检疫证明。实验动物购入时先进行隔离检疫，由专人负责检查外观、健康状况、行为有无异常，并严格做好检验记录。检疫合格后进入饲养区域，如发现异常则进行进一步观察，期间异常现象消失视为合格，不合格则施行安乐死。检疫完毕后将检疫室封闭，使用紫外线全面彻底消毒，检疫器械高温灭菌消毒。动物饲养室采取隔离措施，包括安全门、门挡板、通风口百叶，防止动物外逃。饲养过程中如发现个别动物出现异常，送隔离间由兽医进行检查，期间有关饲养室禁止使用。如发生大规模传染病疫情，立即报告，封锁实验中心，限制人员进出，并对室内进行全面消毒，必要时委托有资质的单位对室外环境进行检疫。饲料、垫料等使用前先在操作间清洗灭菌，再送入饲养室。清洗灭菌等准备工作尽可能迅速，缩短在操作间内的停留时间。更换的笼具送至清洗间，由专人负责清洗，然后通过高温灭菌后回收使用。更换的脏垫料先进行高温灭菌，再送至污物间，存放在专用容器内定期处置，容器严格密封并贴有显著标识，严禁与生活垃圾混放。饲养室、污物间和清洗区室内均采用封闭全新风系统，顶部送风下部排风，保证气流不会产生死角，排风量大于进风量，保持室内为微负压。进出口均设置风淋设施，在内外环境中形成缓冲区，可有效防止室内污染空气流出。落实上述措施后，动物饲养过程生物安全风险可控制在室内，对室外环境的影响可控。

3）废物处置生物安全防范措施

收集实验过程产生的一次性废物，先进行高温灭菌，再送至污物间，分类存放在专用容器内定期处置，容器严格密封并贴有显著标识，严禁与生活垃圾混放。废弃的试剂和实验室初道清洗水，收集在专用废液桶内，严格密封并贴显著标识，说明盛装的废液来源和主要成分，存满后送至污物间，集中委托有资质的单位处置。实验过程沾染化学品的废器皿和废试剂瓶集中收集，内部残留的液体倒入废液桶内，空容器集中存放在污物间，委托有资质的单位处置。动物尸体直接使用生物安全垃圾袋，密闭装载后存放于污物间专用的−20℃冰柜中，委托具有相关资质的处置机构定期外运处置。饲养过程中异常死亡的动物先送隔离检疫区，由兽医进行病理检验，明确死因后才能进行进一步处理。污物间采用封闭全新风系统，顶部送风下部排风，保证气流不会产生死角，排风量大于进风量，保持室内为微负压。进出口均设置风淋设施，在内外环境中形成缓冲区，可有效防止室内污染空气流出。

（3）生物安全事故防范措施

1）实验室防护措施

针对活菌体泄漏，对实验室采取以下防护措施：

① 净化空调系统：排风经高效空气过滤器过滤后排放；

② 蒸汽灭活设施：所有涉及活菌体的废液、固体废弃物均经高压灭菌器灭活处理后再排出室外；使用过程中重复使用的、接触过活菌体的器皿也要经高压灭菌器灭活处理后方可洗刷；

③ 生物安全柜：菌种制备过程中涉及活菌体的操作均在生物安全柜内进行；

④ 防护服：实验人员在进入实验室前，应更换无菌服，并戴口罩和手套。

2）风险防护措施

① 建立健全各种规章制度，落实安全生产责任；

② 定期进行安全检查，强化安全生产教育；

③ 保证个人防护、医疗救援、通信装备等用品、器材始终处于完好状态；

④ 采取有效便捷的消防、治安报警措施；

⑤ 制定人员专业培训管理程序，对生产、质检和管理等相关人员进行专业技术培训；

⑥ 制定生产过程中带活病菌物品消毒管理程序，对消毒措施、方法等进行规范化管理；

⑦ 合理计算灭活时间，在消毒过程中应根据物品性质、外形大小、放置位置等，适当延长灭活时间；

⑧ 定期检查高效空气过滤器，每半年进行泄漏检测；

⑨ 操作过程中若发现生物安全柜等防护设备的技术指标偏离正常范围，不符合使用要求，应立即停止操作，对于要求无菌的物品应进行无菌防护处理（如盖上盖子）；

⑩ 如发生停电，应停止操作，对于要求无菌的物品应进行无菌防护处理；若发生仪器故障，应及时上报部门负责人，并报工程设备部维修，仪器运出前应彻底消毒。修理冰箱及培养箱时，应取出所有物品，修理完毕后用消毒剂彻底对内、外表面进行消毒。维修人员进入房间进行维修时应按要求穿戴防护用品，维修工作结束后，所有工具在带出房间前应进行严格消毒，设备使用人员须协助、监控维修过程。

（4）本项目生物安全评价结论

综上所述，本项目所涉及的微生物为第三类动物病原微生物，其相应的实验室级别为二级，生物安全风险等级为 Ⅱ 级，相关法律法规和标准规范对其选址和建筑间距均没有特殊要求。本项目严格采取各项生物风险安全防范措施，不会造成感染事故，生物安全可控。

5.12.5　结束语

经第三方对本项目各功能房间的换气次数（风量）、静压差、悬浮微生物（空气洁净度）、温度、相对湿度、噪声、照度等进行逐项检测，各房间参数均满足现行国家标准《实验动物　环境及设施》GB 14925、《实验动物设施建筑技术规范》GB 50447 和《生物安全实验室建筑技术规范》GB 50346 的相关要求。

同时，本项目对生物安全进行了评估，严格遵守《中华人民共和国生物安全法》及 WHO《实验室生物安全手册（第三版）》等相关法律、规范的要求，对相关污染和生物安全进行了充分评估，并采取相应措施，确保生物安全。

5.13　模式动物表型与遗传研究国家重大科技基础设施
——中国科学院昆明动物研究所灵长类实验动物设施

5.13.1　项目概况

灵长类实验动物保种、繁殖、生产等人工饲养及实验研究等，对环境条件要求严格，需要适宜的气候环境、较大的饲养生活活动空间及福利设施来满足其生活习性，保障动物的健康和质量。因此，建设功能完善、福利设施齐全的灵长类实验动物普通环境饲养设施，并进行标准化、数字化管理，是培育高质量实验动物的先决条件。由中国科学院昆明动物研究所承建的模式动物表型与遗传研究国家重大科技基础设施（灵长类设施）是《国家重大科技基础设施建设中长期规划（2012—2030 年）》"十二五"时期重点建设项目之一，目标是建设国际一流、数字化管理、自动化控制的先进的灵长类实验动物屏障级饲养与实验设施，为灵长类动物表型与遗传研究、动物疾病模型研究等提供高品质的无特定病原体的实验动物；开展以灵长类动物为模型的表型与遗传研究，解析表型与遗传型在生命调控中的相互关系及其在环境变化中的响应，为疾病治疗、医药研发、动物育种等领域提供重大平台支撑。针对生命活动解析过程中的核心问题，支撑以人脑与认知、重大神经与精神疾病、传染病、心血管与代谢性疾病、器官移植等为主的前沿领域研究，认识人类生命活动的基本规律，阐明生命表型的形成和调节方式及重大疾病的发生机理，促进相关领域新规律的发现和相关技术的临床前应用研究。

5.13.2　设计原则及要求

本项目主要建设内容包括灵长类实验动物普通环境生产繁育设施及屏障环境实验设施两部分。其中普通环境生产繁育设施主要设计原则是为灵长类实验动物提供与野外生存条件近似的生活环境，在设计时充分考虑当地的气候特点、动物习性、动物福利等综合因素，按照国际管理规范及相关国家标准，建设满足灵长类实验动物生活习性、福利需求的普通环境生产繁育设施，实现规模化、标准化人工繁育；屏障环境设施建设无特定病原体灵长类动物的实验设施，原则是保障实验动物饲养和实验的优越条件，实现自动化、数字化、智能化管理，主要包括：①实现动物自由饮水自动化；饲料运输和分配信息化、智能化、自动化；②动物饲养设施内配置电视、背景音乐及玩具等福利设备，动物可定时看电视、听音乐、玩玩具等娱乐活动，完善动物福利；③屏障环境设施视频监控全覆盖，方便实验动物和动物实验的数据采集，实现实验动物和动物实验的远程视频监控，有效提升实验动物和动物实验的管理水平及技术服务能力。

5.13.3 设施工艺及设计

灵长类动物普通环境设施重点建设具有内外间的中间贯通联排式动物房，在保障动物福利的同时，提高土地利用率。动物房由外室和内室组成，动物可在内室休息、在外室活动，能很好地满足动物的生活需求。外室配置栖息架、秋千、觅食器、不锈钢镜子、娱乐音响等福利设施，供动物娱乐玩耍；饲养区域配置音乐播放系统，分时段播放不同频率的音乐，满足动物福利需求；室内休息区配置取暖炕、空调、行为视频监控、栖息架、料盒等动物福利设备（图5.13-1）。饲养设施监控视频全覆盖，不仅保障了规范化管理，也便于动物饲养数据及实验数据的采集。

屏障环境设施用于SPF级和普通级灵长类实验动物饲养与实验。由普通级动物饲养、SPF级动物饲养、隔离检疫和公共辅助四部分组成，主要包括隔离检疫室、饲育室、手术室、清洗消毒室、动物实验室及相关公用辅助设施等。工艺布局为三走廊式，中间为洁净走廊，两边为污物走廊，洁污分区明确，便于控制污染。依据国家标准，人流、物流、动物流严格分开，互不交叉，建筑材料和环境条件控制等符合国家标准要求。具备可同时饲养及开展2000只灵长类实验动物表型与遗传、动物疾病机理及模型等实验研究能力，打造国际一流数字化、智能化的管理系统，为动物实验结果的科学性、准确性和可重复性提供重要保障条件。

图 5.13-1 灵长类实验动物普通环境设施外观图

屏障环境内具备不同规格的饲养笼具（图5.13-2），满足各类实验需求。单笼尺寸不小于90cm×90cm×90cm，满足不同体重动物的使用空间需求；笼内配备滚筒、不锈钢镜子等福利设备，房间内配备音响、视频播放系统，供动物娱乐，有效保障动物福利。房间及功能区配有高清数字监控摄像头，实现24h不间断视频监控。

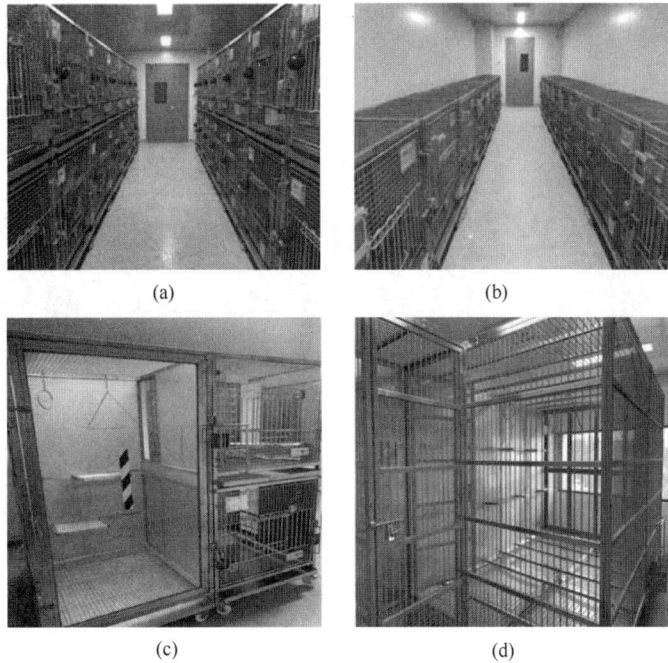

图 5.13-2　屏障环境动物饲养室
(a) 双层猴笼；(b) 单层猴笼；(c) 组合式欧标猴笼；(d) 室内群养笼

5.13.4　机电系统设计

本项目配套建设组合式空调机组及风冷热泵机组，在空调机组的最大通风量下，整个屏障环境设施换气次数可以达到 $20h^{-1}$ 以上（最大达到 $25h^{-1}$），远超国家标准的要求。机电系统设计需注意以下几点：优化机械传动系统；合理布置电线电缆和网络线路；有目的地降低设备运行时的噪声和振动；设置压差陷阱，控制异味排放等。

项目所在地市政电力供应稳定，可保障设施日常用电需求。同时，项目配套建设 $10m^3$ 柴油发电机双层油罐，通过潜油泵供给 1000kW 发电机机房的 $1m^3$ 日用油箱使用。可满足设施 24h 停电状态下对实验动物饲养区送风机、排风机、给水泵、消防泵、大数据中心、监控设备等的用电需求。

5.13.5　自控系统设计要点

自控系统可监测屏障环境内各房间的室内温度、湿度、氨浓度和房间压力，可远程控制组合式空调机组和送、排风机组，从而控制整个屏障环境的温湿度和压力梯度。在设施内每层洁净环境区域设置了控制面板终端，可实现相关数据的监测和环境控制（图 5.13-3）。

5.13.6　房间压力设定要点及亮点

经过粗效、中效、高效三级空气过滤器过滤，空气洁净度等级达到 7 级。总风量充足，室内日常运行换气次数达 $15\sim20h^{-1}$，完全满足要求；按照消毒后室（洁物储存间）→洁净走廊→饲育室→污物走廊→屏障区域外的方向，压力依次递减；供风方式采用全新风，全进全出，顶送侧排；制冷（热）量充足，保证屏障环境全年温度达标（20～26℃），保证动物饲养与动物实验环境的稳定性、可控性，为实验结果的科学性、准确性提供保障。

5.13.7　动物饮用水的设计要点及亮点

动物饮用水通过经处理的园区生活用水软化水箱接入，经反渗透处理、消毒灭菌处理后达到动物

图 5.13-3　屏障环境内智能化控制面板

饮用水标准，最后通过管道自动传送到各楼层，经减压站减压达到适合动物饮水压力后自动送至实验动物专用饮水器，供实验动物自由饮水（主要技术参数见表 5.13-1）。猴舍区无菌饮用水系统单独设置控制系统，具备将设备运行故障发送至手机客户端进行预警报警功能。

屏障环境灵长类实验动物饮用水系统/设备主要技术参数　　　　　　　　　表 5.13-1

系统/设备名称	技术参数
预处理过滤系统	材质：304 不锈钢；过滤直径：ϕ1200；产水能力：14m^3/h
反渗透系统	产水量：8m^3/h；回收率：60%；微生物（如：大肠杆菌、菌落总数、霉菌、酵母菌、致病菌如沙门氏、致贺式、金黄色葡萄球菌等等）：未检出；氯含量：2～3mL/m^3
冲洗水水箱	材质：304 不锈钢；水箱安装容积：10t（含水箱液位传感器等）；水箱内部自带水箱自清洗装置
猴饮水水箱	材质：304 不锈钢；水箱安装容积：2t（含水箱液位传感器等）
恒压变频供水系统	配套水泵（一用一备）；供水设备：内含一个配套水箱和 2 台水泵（Q=2m^3/h、H=0.25MPa、N=1.5kW)
消毒系统	紫外线及臭氧杀菌系统
冲洗水及猴饮水系统监控及控制系统	设备自动运行并监控水箱液位；设置给水泵运行状态显示、故障报警，主泵故障时，备用泵自动投入运行，主、备用泵自动轮换工作；设置手动、自动工况切换等

5.13.8　智能化设计

1. 智能化监控系统

本项目的建筑智能化控制模块共部署近 3000 个监测和控制点位，可进行软水和无菌水处理、纯水处理、组合式空调机组、风冷热泵机组、汇流排气体、太阳能热水、超低温冰箱冷链监控、电梯、空气压缩机等系统、设备的监测或控制，以及设备的故障、断电报警等，实现全方位智能化管理，保障设施高效稳定运行。

2. 智能化档案信息管理系统

本项目配套建设智能化档案信息管理系统，可实现灵长类实验动物身份快速识别，获取动物个体的电子档案信息。通过自动化、智能化的设备与信息化软件整合、融合，为批量采集灵长类实验动物的实时数据提供一种高速、有效、科学、可靠的计算机管理手段，并将实验动物体貌特征、谱系、繁育、生长发育、检疫检测、疫病防控、生理生化、病理学等数据高效整合，为实验动物表型与遗传分析提供科学依据。

3. 智能化物料运输管理系统

屏障环境配置 AGV，采用激光 SLAM 定位与导航技术，通过反光条的辅助，能够在指定的路线上运输。AGV 底座可负载 600kg，具备货物举升、搬运、旋转、下放等功能。根据饲养所需饲料的不同，配置有不同样式的饲料装载体，根据饲料的种类，将其打包后放置在饲料装载体中，通过 AGV 按照指定路线自动将饲料运送至目的地，饲料经传递窗消毒后再送入屏障环境内，最后通过 AGV 配送至各饲养室，实现饲料智能化配送（图 5.13-4）。

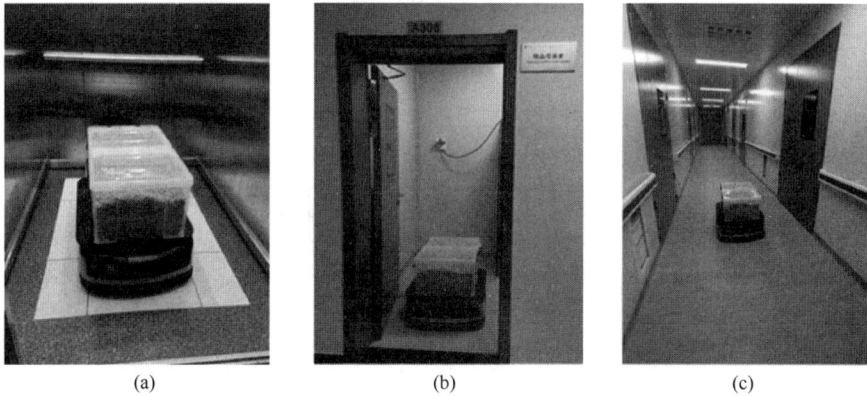

图 5.13-4　AGV 自动运输饲料过程图
（a）运输饲料进电梯；（b）运输饲料进传递室；（c）屏障环境内运输饲料

4. 智能化行为分析系统

智能化行为分析系统集成常规行为记录与分析设备和研制灵长类实验动物专用的行为记录与测试设备，通过创新方法将其和脑生理信号记录与调控装置结合起来，从功能上建立一套以行为记录与分析单元为中心，脑生理信号记录分析单元和脑功能状态调控单元为两翼的综合性灵长类实验动物脑与行为研究系统（图 5.13-5）。该系统将在国内外首次实现对灵长类实验动物行为的脑机制进行相关性和因果性的一站式全面性研究，有力促进灵长类实验动物脑研究的发展，为脑疾病、认知、运动、睡眠等机制研究及脑疾病治疗提供集成化、系统化、智能化研究工具。进一步结合灵长类实验动物的遗传背景数据后，最终为灵长类实验动物的遗传操作提供必要的理论支持。

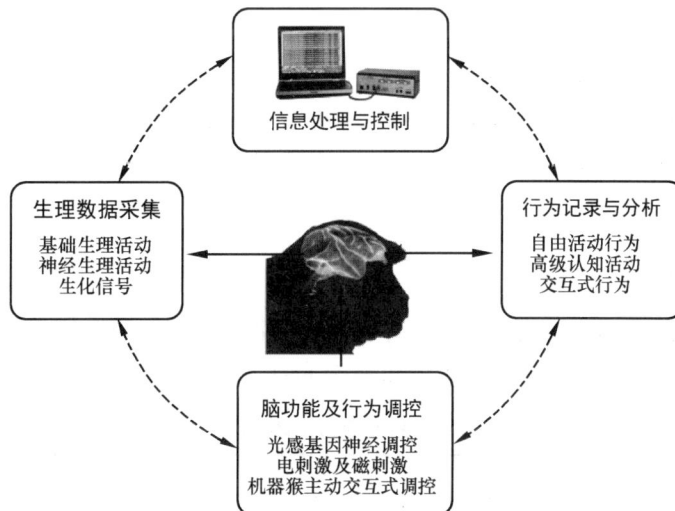

图 5.13-5　综合性灵长类实验动物脑与行为研究系统集成图

该系统从功能、机电、信息智能处理、系统集成等多个方面进行设计，同时结合中国科学院昆明动物研究在猴行为模式研究方面的积累，开展猴行为模式与刺激间映射关系的研究，并将算法模块嵌入到机器猴中，提高机器猴的智能性，从而提高机器猴与真猴交互过程的真实性，让机器猴在一定程度上能够融入猴群中，被猴群所接受。引入机器猴后，可以人为控制交互的类型、刺激的程度，以便精准建立猴的行为、状态与刺激、环境间的映射关系（图 5.13-6）。

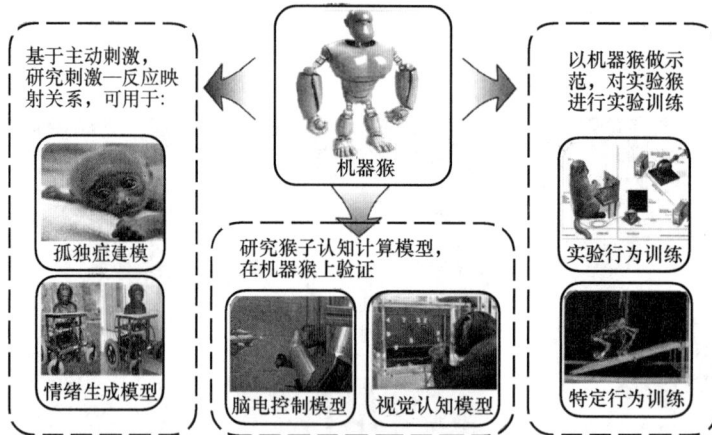

图 5.13-6　主动交互式行为分析模块集成图

5.13.9　结束语

本项目在集成化、规模化方面处于国际先进水平，可实现灵长类动物表型与遗传的标准化、规模化、自动化、智能化、精准化研究。本项目的建设结合灵长类实验动物的生物学特性，并按照国际管理规范及国家相关标准的要求，高标准配置动物福利设施，充分保障动物福利，为动物实验结果的科学性、准确性和可重复性提供重要保障，极大提升我国在灵长类动物研究和生命健康相关领域的基础研究与应用的国际竞争力。

5.14　南湖实验室实验动物设施

5.14.1　项目概况

本项目位于嘉兴市南湖区湘家荡景区，总建筑面积约 81197m²，其中地上建筑面积为 50167m²，地下建筑面积为 31030m²，由 1 号动物房、2 号数字生命与智能医学研究中心、3 号先进生物制造研究中心、4 号可定义射频芯片与系统研究中心、5 号会展示中心、6 号生活服务、办公管理及配套设施等组成。

5.14.2　室内设计参数

根据工艺要求分为屏障环境动物实验区，普通环境动物实验区，BSL-2 动物实验区及非净化公共区域，各功能区室内设计参数、环境技术指标如表 5.14-1～表 5.14-4 所示。

动物实验区室内设计参数　　　　　　　　　　　　　　　　表 5.14-1

名称	屏障环境动物实验区	普通环境动物实验区
温度（℃）	20～26	16～26
最大日温差（℃）	≤4	≤4

续表

名称	屏障环境动物实验区	普通环境动物实验区
相对湿度（%）	40～70	40～70
最小换气次数（h⁻¹）	15	8
动物笼具周边处气流速度（m/s）	≤0.2	≤0.2
与相邻房间的最小静压差（Pa）	10	—
空气洁净度（级）	7	—
沉降菌最大平均浓度［个/(0.5h·φ90mm 平皿)］	3	—
氨浓度（mg/m³）	≤14	≤14
噪声［dB(A)］	≤60	≤60

屏障环境辅助用房室内设计参数　　　　表 5.14-2

房间名称	洁净度等级	换气次数（h⁻¹）	最小相对压差（Pa）	温度（℃）	相对湿度（%）	噪声［dB(A)］
洁物储存室	7	15	10	18～28	30～70	≤60
无害化消毒室	7	15	10	18～28	—	≤60
洁净走廊	7	15	10	18～28	30～70	≤60
污物走廊	7	15	10	18～28	—	≤60
缓冲间	8	15	10	18～28	—	≤60
二更	7	15	10	18～28	—	≤60
清洗消毒室	—	4	—	18～28	—	—
淋浴室	—	5	—	18～28	—	—
一更	—	—	—	18～28	—	≤60

注：冬季、夏季的室内环境技术指标要求一致。

BSL-2 动物实验区域环境技术指标　　　　表 5.14-3

指标	数值
温度（℃）	18～27
相对湿度（%）	30～70
最小换气次数（h⁻¹）	12
相对于大气的最小负压（Pa）	−30
与室外方向上相邻相通房间的最小负压差（Pa）	−10
洁净度等级（级）	8
噪声［dB(A)］	≤60

非净化公共区域环境技术指标　　　　表 5.14-4

房间	夏季		冬季		新风量		噪声［dB(A)］
	干球温度（℃）	相对湿度（%）	干球温度（℃）	相对湿度（%）	人员新风量［m³/(h·人)］	换气次数（h⁻¹）	
办公、会议室	26	65	20	—	30	—	≤50
监控值班室	26	65	20	—	30	—	≤50
消毒、灭菌前室	26	—	16	—	—	8	≤60
洗刷、清洗室	26	—	16	—	—	10	≤60
饲料、垫料间	26	—	18	—	—	3	≤60
储藏、暂存间	28	—	16	—	—	2	≤60
耗材、器具间	28	—	16	—	—	2	≤60

5.14.3 冷热负荷计算及空调冷热源

各区域冷热负荷如表 5.14-5 所示。

各区域冷热负荷   表 5.14-5

区域	建筑面积 (m²)	夏季冷负荷 (kW)	冷负荷指标 (W/m²)	冬季热负荷 (kW)	热负荷指标 (W/m²)
净化区域	1975	1152.4	583.5	955.9	484.0
非净化区域	970	258.1	266.1	183.2	188.8
合计	2945	1410.5	849.1	1139.1	672.8

（1）冷热源系统：净化区域分区域、分楼层采用实验动物设施专用溶液调湿型空调机组。

（2）冷热水系统：不带热回收的实验动物设施专用溶液调湿型空调机组新风预处理的冷热源由位于屋面的模块式风冷热泵机组提供，其总制冷量为 402kW（冷水进/出水温度为 12℃/7℃），总制热量为 426kW（热水进/出水温度为 40℃/45℃）。夏季制冷，冬季制热。夏季制冷运行环境温度大于或等于 5℃，冬季制热运行环境温度大于或等于 −15℃。冷、热水系统采用开式循环系统，配置 2 台离心式水泵及一个容积为 2m³ 的不锈钢保温水箱。选用异程式、两管制开式定流量水系统，由纯水系统供软水，直接补水至缓冲水箱。

5.14.4 净化空调

1. 净化空调处理参数

根据《热泵式热回收型溶液调湿新风机组》GB/T 27943—2011，不同工况的新风参数如表 5.14-6 所示。

不同工况下的新风参数   表 5.14-6

状态	温度 (℃)	相对湿度 (%)	含湿量 (g/kg干空气)	焓 (kJ/kg)
夏季名义工况				
新风	35.0	59.5	21.2	89.7
送风	20.0	61.8	9.0	42.9
夏季极端工况				
新风	43.0	39.8	21.9	99.6
送风	20.0	61.8	9.0	42.9
冬季名义工况				
新风	0.0	45.8	1.7	4.3
送风	24.0	49.0	9.1	47.3
冬季极端工况				
新风	−7.8	66	1.26	−4.7
送风	24.0	49.0	9.1	47.3

2. 实验动物设施专用溶液调湿型空调机组空气处理过程

新风：粗效过滤→溶液调湿（内置全热回收）→送风机→中效过滤→送风；

回风：粗效过滤→溶液再生（内置全热回收）→排风机→排风。

3. 空调形式

地下一层的普通环境动物实验区配一套实验动物设施专用溶液调湿型空调机组，采用全送全排的集中空调系统。洁净实验室、屏障环境实验区的洁净区全部为实验动物设施专用溶液调湿型空调机组，采用全送全排的集中空调系统。为利于分区及节能，采用多套系统。各房间采用压力无关型定风量阀控制送风量，采用快速电动风量调节阀来调节排风量，以利于房间压力的控制。

BSL-2 动物实验区的洁净区全部为实验动物设施专用溶液调湿型空调机组（不带热回收），采用全送全排的集中空调系统。为利于分区及节能，设置多套系统。各房间送风采用压力无关型定风量阀控制送风量，采用快速电动风量调节阀来调节排风量。

有 IVC 的房间，IVC 进风取自房间，排风直接接至相应系统的排风管道。所有通风系统的室外新风均设置粗效过滤装置。新风口、排风口等与外界相通的风口加保护网。

5.14.5　暖通空调设计特点

本项目的主要使用功能为动物饲养、繁殖、洁净实验室和 P2 实验室。与其他实验室采用的组合式风柜（AHU）等不同，为降低空调系统能耗，改善室内温湿度控制效果，提高实验动物的质量，节约运行管理成本，本项目采用实验动物设施专用溶液调湿型空调机组。动物饲养、繁殖、洁净实验室采用带热回收的溶液调湿型空调机组（LAHF-R），P2 实验室因涉及染毒实验，故排风不做热回收，采用预冷型溶液调湿型空调机组（LAHF）。

实验动物设施专用溶液调湿型空调机组是专门针对实验动物环境开发的，是集冷热源、全热回收装置、风机、过滤系统等于一体的空气处理设备。机组由粗效过滤段、空气净化段、溶液调湿段（内置全热回收装置）、风机段、中效过滤段等功能段组成。

实验动物设施专用溶液调湿型空调机组夏季运行模式如图 5.14-1 所示。在除湿侧，高温潮湿的新风通过溶液调湿段（内置全热回收装置），被热泵蒸发器所冷却的溶液喷淋，实现降温除湿，再通过送风机、中效空气过滤器后送至室内。在再生侧，回风进入机组后，首先经过粗效空气过滤器，再经净化装置（选配）处理其中的氨等可挥发性气体，经再生单元（内置全热回收装置）后，排至室外。除湿单元中，调湿溶液吸收水蒸气后，浓度变稀，为重新具有吸水能力，稀溶液进入再生单元进行浓缩。热泵机组的制冷量用于降低溶液温度，以提高除湿能力和对新风降温，冷凝器排热用于浓缩再生溶液。实验动物设施专用溶液调湿型空调机组冬季运行模式如图 5.14-2 所示，自动切换四通阀改变制冷剂循环方向，便可实现空气的加热加湿。过渡季，机组运行通风模式，新风经过滤后送入室内。机组内置智能控制系统，可根据室内外空气条件自动转换为对应工况。

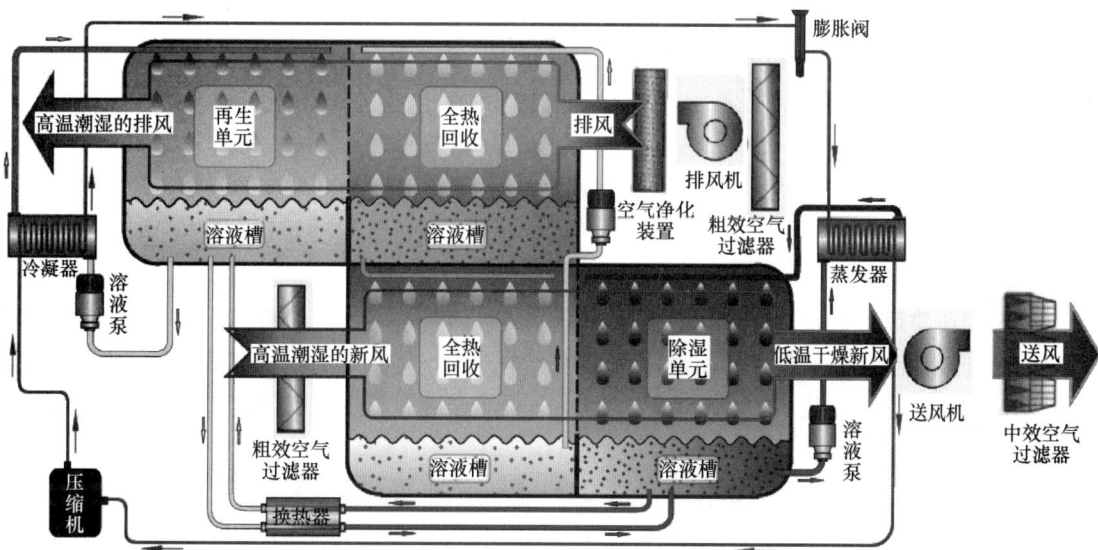

图 5.14-1　实验动物设施专用溶液调湿型空调机组夏季运行模式

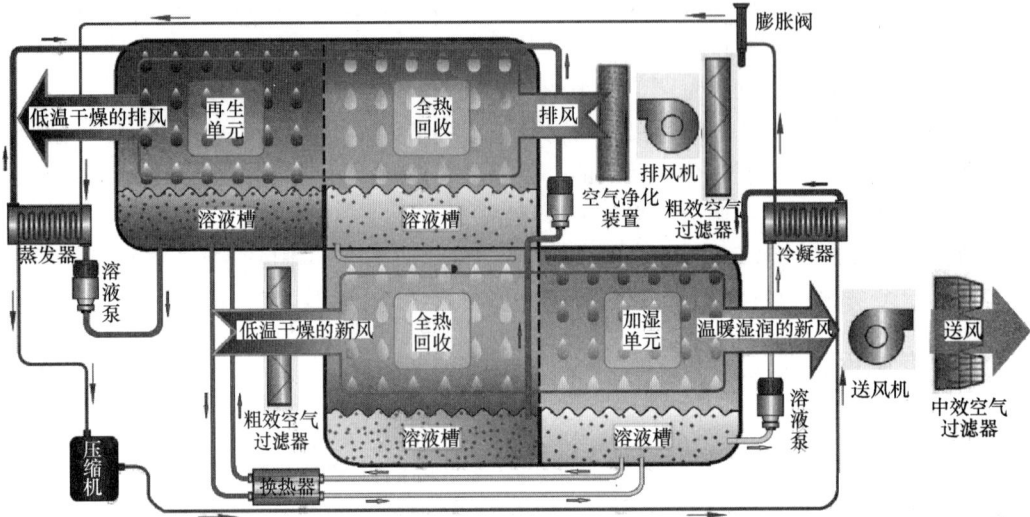

图 5.14-2　实验动物设施专用溶液调湿型冬季运行模式

1. 溶液调湿型空调机组的优势

（1）传统空调系统的除湿方式采用冷水除湿，冷水除湿后空气温度很低，需要再热后才能送入室内，造成了冷热抵消损失。溶液调湿型空调机组利用溶液吸收水分的特性对空气进行除湿，除湿后不需要再热，避免了冷水除湿—再热所造成的冷热抵消损失，如图 5.14-3 所示。对于南方地区，尤其是梅雨季，溶液调湿型空调机组的节能优势更明显，其初始配电功率仅为传统空调系统的 60% 左右，可节能 30%～50%。

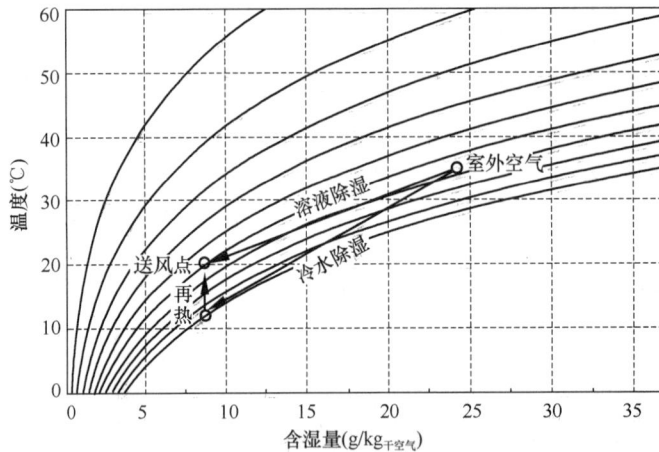

图 5.14-3　冷水除湿与溶液除湿原理图

　　传统空调系统排风不设置热回收装置或是仅设置显热回收装置，很难有效回收利用排风的能量来降低新风处理能耗。溶液调湿型空调机组采用全热回收方式，可高效回收排风的能量，且新、排风通道独立，除湿溶液为高浓度盐溶液，具有较强的杀菌功能，因此杜绝了交叉污染，更适用于实验动物环境。

　　为避免细菌滋生，传统空调系统冬季空气加湿一般采用干蒸汽加湿装置，如干蒸汽加湿器、电极式加湿器、电热式加湿器等，加湿费用较高。溶液调湿型空调机组冬季通过补水稀释溶液，利用溶液喷淋空气实现加湿，减少了加湿能耗。溶液调湿型空调机组可单机成系统，高度集成，区域可独立，随时可制冷制热，且无须其他冷热源，应用高度灵活。

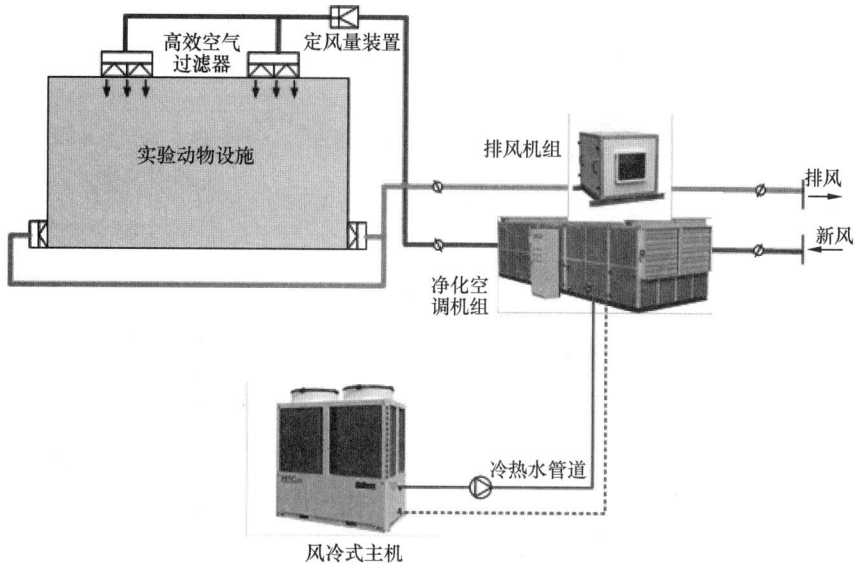

图 5.14-4　传统空调系统图

（2）传统空调系统设备分散设置，数量较多，需要设置风冷式主机、蒸汽锅炉、水泵、净化空调机组、排风机组等众多设备，运行管理不便（图 5.14-4）；溶液调湿型空调系统集制冷除湿、制热加湿、送排风机（及备用）、粗中效过滤等于一体，机组自带冷热源（及备用），可独立启停、分区控制，系统简单，可极大地简化后期运行管理工作（图 5.14-5）。

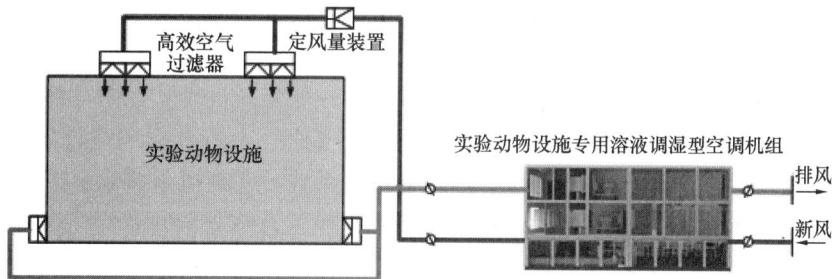

图 5.14-5　溶液调湿型空调系统图

（3）溶液调湿型空调系统调湿能力强，智能化控制，温湿度更稳定，减轻动物应激，有利于实验动物生长发育。传统空调系统采用冷水除湿方式，除湿能力依赖于冷水温度，夏季极端天气下，空调机组出水温度容易发生波动，造成室内湿度超标。溶液调湿型空调机组除湿能力强，可以更好地应对高湿气候，解决湿度控制难题。图 5.14-6 为厦门大学动物实验中心采用溶液调湿型空调机组后，2013～2017 年屏障环境相对湿度变化曲线。可以看出，全年相对湿度可以控制在 45％～60％，有利于提高实验动物的质量和福利。

（4）新风与溶液调湿型空调机组的盐溶液交互后，可以吸附新风中的尘埃和微生物，因此可以大大降低中效、高效空气过滤器的更换频率，减少送风末端的菌落总数，方便使用单位运营维护。盐溶液可有效过滤空气中的可吸入颗粒物（包括 PM_{10} 和 $PM_{2.5}$），净化空气。通过溶液喷淋可以去除空气中的颗粒物，减小末端高效过滤的负担，显著延长空气过滤器的使用寿命，中效空气过滤器更换周期从 3～6 个月延长到 1～2 年，高效空气过滤器更换周期从 1～1.5 年延长到 1.5～3 年。

（5）溶液调湿型空调机组除湿加湿过程均不产生凝结水，不滋生细菌，溶液还具有杀菌抑菌作用，空气中菌落数远低于传统空调机组。盐溶液可有效杀灭细菌，净化空气，而且除湿过程完全不产生潮湿表面，杜绝霉菌滋生；溶液调湿处理后的空气相对湿度为 55％～65％，不利于细菌、病菌存

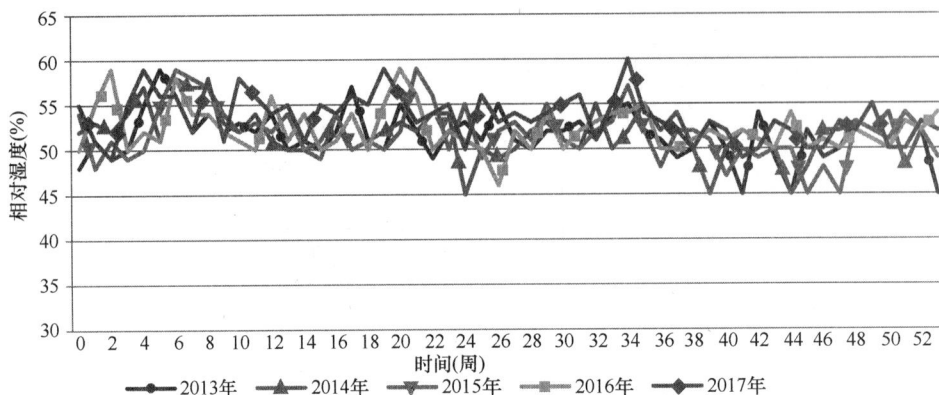

图 5.14-6 厦门大学实验动物中心 2013～2017 年屏障环境相对湿度变化曲线

活,能够更好地保证空气的洁净。

2. 溶液调湿型空调系统运用效果

经估算,本项目若采用传统空调系统,全年累计运行费用为 391 万元。采用溶液调湿型空调系统,全年累计运行费用为 184 万元,每年节省运行费用 207 万元;溶液调湿型空调系统初投资增加 353 万元,投资回收期为 1.7 年。

5. 14. 6 压差控制重点

本项目动物实验室要求 D 级洁净区换气次数为 $20h^{-1}$,C 级洁净区换气次数为 $30h^{-1}$,B 级洁净区换气次数为 $60h^{-1}$。风量是保证区域洁净度的一个重要指标,而相邻洁净区压差的稳定同样是保证洁净度的一个重要因素。针对压差梯度较小的洁净区域,一般采用被动式控制,其本质是以风量恒定为基础进行控制。这种控制方式需要在各个洁净房间回路支管、干管及主风管设置手动风量调节阀,其控制原理是通过手动风量调节阀,改变风管的阻尼特性系数,实现风量按需分配,使送风量大于排风量,利用送、排风之间的静态正压(即差值风量)来实现压力稳定,进而达到需要的压差。被动式控制进行压差调整的过程是一个反复测试、逐步逼近设计值的过程,调整结束后将各风量调节阀锁死。该方式无论前期安装还是后期调试都相对比较简单,但是由于送风和回风的比例和压差之间是非线性关系,所以这种控制方式很难达到理想状态。

被动式控制的局限性有:

(1)被动式控制是在调试过程中人为将整个系统的额定送、排风量在每个房间内进行分配和锁定,所以在任何时间维度内,通风系统都必须保持恒定的送风量和排风量,一旦由于设备本身原因造成送、排风量达不到设计要求,或送、排风量之间失衡,因其不受自控系统的监控,会导致整个区域内的压差受到破坏,并可能在设备恢复运行后需要重新对该区域进行压差调试。

(2)被动式控制的灵活性较差。因为手动风量调节阀无法在非人为情况下进行调整,因此使用该控制方式的洁净室不能有任何排风设备(如生物安全柜、通风橱以及 IVC)的增减,同时对洁净房间的扩容会由于通风系统的容量而受限。在采用被动式控制的洁净室内,任何影响风量的变化,都必须重新对控制系流进行设计、安装和调试。

(3)因为被动式控制的灵活性较差,使用该控制方式必须以满负荷为基础进行设计,因为要考虑一定的余量以弥补因空气过滤器长时间运行导致的送、排风系统性能的降低,所以在持续满负荷运行下产生的能耗和运行成本也会提高不少。

(4)在送、排风系统及空气过滤器等因性能下降而进行更换或维修的情况下,更换或维修完成后,通风系统需要重新进行风平衡调试。

对于压差梯度较大且洁净度要求较高的房间，需要采用主动式控制。该控制方式下手动风量调节阀不再有调整压差的作用，仅作为电动阀及过滤器维修和更换时使用。主动式控制通过电动风量调节阀对送、排风量进行调节，以保证送风量及回风量之间保持平衡。该控制方式下送风通过定风量文丘里阀进入室内，而回风则通过电动调节阀进入回风主管，其基本控制原理就是利用定风量文丘里阀保证每个房间的送风量精准地达到设计值，并使用压差传感器检测室内与参照区域（一般是上夹层）的压差，所有房间（包括走廊）都相对共同的压差，将信号反馈到 PLC，与设定值比较后，PLC 根据偏差按 PID 调节算法并通过电动风量调节阀的调节对送风量或排风量进行控制，从而达到要求的压差。主动式控制主要用于克服任何内部或外界干扰引起的变化，所以该控制方式下控制系统具有良好的定值调节功能。这种控制方式弥补了被动式控制的局限性，但也有需要注意的问题。首先，对于采用 PID 控制的调节器，因调节对象的干扰因素不同、影响程度不同，所以要注意调节参数的整定，否则容易出现因某闭环控制的各个洁净区采用同一 PID 参数，调试中就会产生部分房间压差波动较大，无法稳定控制的问题。

另外，针对有 IVC 的实验室，IVC 的排风直接取自室内，并通过专用管道连接至回风管上，通过压差传感器输送信号至 PLC，从而控制电动风量调节阀的开度，其控制原理与其他主动式控制相同。

5.14.7 施工经验

在洁净区施工过程中，因为洁净板的密封性是控制洁净度的一个重要因素，故在施工前需要对末端点位进行综合考虑和排布，在此基础上采用厂家预制彩钢板并运到现场直接安装，尽量避免现场开洞。因为现场开洞需要在洞口四周安装槽铝后再安装末端（主要为风口及灯盘），这样做加大了漏风的风险。末端点位的排布需要结合现场实际情况及其他专业的末端情况进行综合考虑，比如消防专业的排烟风口和排烟阀的执行机构需要分别安装在顶棚和墙板上，尤其对于执行机构而言，若前期不确定好安装位置并将管线预埋进彩钢板，后期很难进行钢丝绳的穿线工作。另外，执行机构的宽度也需要提前考虑，彩钢板厚度一般为 50mm，常规的执行机构宽度一定大于这个宽度，因此需要提前与消防专业协调采购专用的设备。

5.14.8 结语

本项目采用了溶液除湿系统，相比机械除湿系统，该系统具有低碳环保、灭菌可靠、噪声低等优势。基于工程实践经验，提出几点需要重视的方面：溶液除湿系统由于需要精准的溶液浓度控制和气密性控制，对动物房或实验室这类对环境要求相对较高的建筑而言，浓度失衡会导致湿度控制的偏差，管路泄漏会影响空调和动物房使用的安全性，因此对空调系统中的管道加工和现场机组安装施工技术要求较高。此外，该系统初投资较高，虽节能效益明显可实现短期内回收，但如果运维和使用不当会影响能耗，再加上除湿剂的定期更换和管路系统的频繁维护，其运营成本较高。在洁净区施工过程中，洁净板的密封性是控制洁净度的一个重要因素，故在施工前需要对末端点位进行综合考虑和排布，尽量采用预制彩钢板并运到现场直接安装，避免现场开洞引起的尺寸偏差和污染问题。

第6章　未　来　发　展

在全球化进程加速的背景下，实验动物设施的发展不仅关乎生物技术与生命科学的进步，也是衡量一个国家科技实力的重要标准。我国作为一个积极推进科技创新的国家，实验动物设施的发展正面临着转型升级的重要时期。随着科技的进步和科研需求的增长，实验动物设施的发展将呈现多元化趋势，包括标准化、绿色化、智慧化和国际化等。本章基于已有资料，就如何推动我国实验动物设施在标准化、绿色化、智慧化和国际化四个维度的全面发展提出策略建议。

标准化发展是提升实验动物设施整体水平的基础。我国在实验动物设施方面已经建立了一系列标准，如《实验动物　环境及设施》GB 14925 和《实验动物设施建筑技术规范》GB 50447 等，但这些标准在物种覆盖面、技术细节以及与国际接轨方面还有待完善。我国需要进一步完善实验动物设施及相关系列标准，建立实验动物设施标准化评价体系，定期对设施运行的标准化程度进行评估和改进。

绿色化发展是实验动物设施可持续发展的必要条件。我国的实验动物设施应积极采用绿色环保技术和材料，减少实验动物的压力和设施运营对环境的影响。这包括对实验动物饲养过程中的环境影响进行严格控制，减少对生态环境的影响，以及提高实验动物的福利水平。具体措施包括优化实验动物的饲养条件，推广实验动物设施的节能减排技术，加强实验动物设施的废弃物处理和循环利用，减少环境污染等。

智慧化发展是提高实验动物设施管理效率、降低人力成本和提高动物实验质量的有效途径。随着物联网、大数据、人工智能等技术的应用，实验动物设施将实现更加智能化的管理和运营。智慧化技术包括物联网监控、智能调度系统、自动化设备和工业机器人等，这些技术不仅可以提高实验动物的管理效率，还可以为实验数据的获取和分析提供更加精准的技术支持。例如，通过智能化的监控系统实现对实验动物的实时监控，通过智能调度系统提高实验动物使用的效率和安全性等。

国际化发展是提升我国实验动物设施国际竞争力的重要途径。我国的实验设施领域从业人员将更加积极地参与国际合作与交流，引进先进的技术和管理经验，提升自身的国际竞争力。同时，我国的实验动物设施的相关产品也将走向世界，参与到国际市场的竞争中去。具体措施包括支持实验动物设施的国际交流和能力认证，引进国际先进的实验动物设施建造技术和管理经验，提升实验动物设施的国际化水平等。

推动我国实验动物设施的标准化、绿色化、智慧化和国际化全面发展，需要系统的规划与具体的实施措施相结合，通过法律法规的完善、标准体系的建立、绿色技术的应用、信息化平台的建设以及国际合作的加强，全面提升我国实验动物设施的科技水平与国际竞争力，为我国的生命科学发展和科技创新提供坚实的基础支撑。

本章主要对我国实验动物设施的未来发展趋势进行阐述。实验动物设施未来需转向绿色智慧，对环境友好。本章分别从实验动物设施的标准化发展、绿色化发展、智慧化发展以及国际化发展四方面进行阐述。

6.1　标　准　化　发　展

标准化是指通过制定和实施一致的规范、标准以及程序，以确保产品、服务或过程在质量、性能、安全性和可操作性等方面达到既定的一致性和可重复性。标准化的目的是提高效率、降低成本、增强产品或服务的可靠性，同时方便沟通和合作。标准化的特点为：

（1）一致性：通过标准化，可以确保不同单位、不同时间生产的产品或提供的服务在质量和性能上具有一致性。

（2）规范性：标准化制定了一系列明确的规范和标准，这些规范为各类活动、过程和产品提供了明确的指导。

（3）可重复性：标准化确保操作和生产过程可以重复执行，使得结果更加可预测和可管理。

（4）高效性：通过消除不必要的变异和不规范操作，标准化可以提高工作效率，降低生产和服务成本。

（5）质量控制：标准化为质量管理提供了依据，使得在整个生产和服务过程中能够实施有效的质量控制，提高产品和服务的可靠性。

标准化发展，通过系列标准体系建设实现。标准是经济活动和社会发展的技术支撑，是国家治理体系和治理能力现代化的基础性制度。国务院于 2015 年印发《深化标准化工作改革方案》，正式拉开了我国标准化工作改革的序幕，提出了建立高效权威的标准化统筹协调机制、整合精简强制性标准、优化完善推荐性标准、培育发展团体标准、放开搞活企业标准、提高标准国际化水平 6 项改革措施，并将改革分为积极推进改革试点（2015～2016 年）、稳妥推进向新型标准体系过渡（2017～2018 年）、基本建成新型标准体系（2019～2020 年）三个阶段实施。

我国标准化改革的目标是把以政府供给为主的标准体系，转变为由政府主导制定的标准和市场自主制定的标准共同构成的新型标准体系，市场自主制定的标准就是团体标准。因此，团体标准是我国政府简政放权背景下标准化体制改革，与国际接轨的必然产物。2018 年施行的《中华人民共和国标准化法》正式确立团体标准的法律地位。2019 年，国家标准化管理委员会、民政部发布《团体标准管理规定》，对团体标准的制定、实施和监督等方面进行规定。2022 年，国家标准化管理委员会联合 16 部门发布了《关于促进团体标准规范优质发展的意见》，提出促进团体标准规范优质发展十条意见。2024 年，《中国科学技术协会、国家标准化管理委员会关于推动中国科协学会团体标准化工作提质升级的若干意见》印发。

实验动物标准化是确保实验动物质量、提高实验质量及推动生命科学和医药研究发展的关键环节。我国已建立了包括国家标准、行业标准、地方标准、团体标准和企业标准在内的实验动物标准体系。国家标准主要规定了实验动物质量控制、动物实验、环境设施、建筑技术、动物福利和监督管理等方面的要求；行业标准主要关注实验动物的行业监管方面，如动物福利和进出境检疫等；地方标准则针对一些地方特色、特殊需要和特殊动物种类，提供了更加细化的标准化要求；团体标准是新型标准体系的重要组成部分，发展团体标准对优化标准供给结构、促进产业技术创新、助力高质量发展具有显著推动作用。

实验动物环境标准化的目的是为实验动物提供一个适宜的生活条件，以确保实验动物的健康和动物福利，减少外界环境因素对实验结果的干扰。实验动物环境通常需要模拟其自然栖息地的条件，需要采取比野生环境更严格的控制措施，以避免微生物对实验结果的影响。我国实验动物环境标准化的发展经历了从无到有、从简单到复杂、从跟随到引领的过程。

实验动物环境控制通常包括对温度、湿度、气流速度、氨浓度、光照周期及限度、噪声等参数的控制。这些参数需要根据实验动物的需要和使用目的进行优化，以保证实验动物的健康和实验的有效性。实验动物设施的设计和管理也是环境控制的重要组成部分，包括饲养间和实验间的理化因素控制，以及对废弃试剂和动物废弃物的妥善处理。

6.1.1 合理规划国家标准、行业标准和地方标准，健全实验动物设施标准体系

根据《中华人民共和国标准化法》和《国家标准化发展纲要》对保障人身健康和生命财产安全、国家安全、生态环境安全以及满足经济社会管理基本需要的技术要求，应当制定强制性国家标准。强制性国家标准是建立新的标准体系的重要步骤，也是完善技术标准体系的重中之重。强制性国家标准

的编制是一项系统工程，其制定、实施与领域内法律的发布施行相辅相成，应做好顶层设计，建立健全标准与法律的协调配套机制，突出强制性国家标准"结果导向"与"底线思维"。在实验动物设施标准化方面，我国陆续制定、修订相关标准规范。

近年来，我国陆续发布强制性国家标准《实验动物设施建筑技术规范》GB 50447、《实验动物 环境及设施》GB 14925 等，对实验动物设施的设计、施工、检测、验收等方面提出了相应要求，助力实验动物设施标准化发展。国家标准《实验动物设施建筑技术规范》GB 50447—2008 已经实施十多年了，应适时启动修订工作，把相关的新技术、新工艺、新设备、新材料尽快纳入。另外，可以按照实验动物类别细化标准，如制定节肢动物实验室建设标准、水生动物实验室建设标准、非人灵长类动物实验室建设标准等；制定实验动物建筑室内污染控制技术标准、实验动物设施绿色低碳技术标准；编制实验动物设施模块化建设规范；补充独立通风笼具、动物隔离器、动物解剖台等防护设备的产品标准等。

实验动物设施模块化建设规范是将实验动物环境设施的各类要素组合在一起，构成一个具有特定功能的子系统，然后将这个子系统作为通用性模块与其他要素进行多种组合，构成新系统或系列设施。模块化设计是绿色设计方法之一，它将绿色设计思想与模块化设计方法结合起来，可以同时满足产品的功能属性和环境属性。在实验动物环境设施中，模块化设计意味着将设施划分为多个独立的模块，如通风模块、照明模块、温控模块等。这些模块具有各自特定的功能和技术要求，通过接口进行连接，形成一个复杂但可灵活配置的系统。

模块化设计的优势在于其灵活性强、扩展性高和维护方便。模块化设计可以根据实验动物的需求和实验要求灵活配置和调整模块，实现设施的个性化定制。通过更换或调整模块，可以适应不同动物的生长环境和实验需求，提高实验效率和准确性。模块化设计还使得设施易于扩展和升级，方便设施的维护和管理。

另外，需尽快完善配套推荐性标准体系，有效支撑强制性国家标准实施。推荐性国家标准、行业标准、地方标准要形成有机整体，重点关注生物安全、公共卫生、绿色低碳等方面，制定基础性、通用性和有重大影响的专用标准，要合理界定各层级标准的制定范围，逐步向政府职责范围内的公益类标准过渡，突出公共服务的基本要求，以推动制定符合我国国情的标准体系。《实验动物设施性能及环境参数验证程序指南》RB/T 019—2019 即是推荐性行业标准，它规范了实验动物设施性能及环境参数的验证程序。地方标准是国家标准和行业标准的必要补充，《实验动物 环境条件》DB11/T 1807、《实验动物设施运行管理规范》DB32/T 2910、《实验动物设施运行管理规范》DB62/T 4574、《实验动物笼器具 金属笼箱》DB32/T 968、《实验动物笼器具 层流架》DB32/T 970 等地方标准陆续发布实施，为不同地方实验动物设施的建设、运行维护、设备产品等的发展提供了有力支撑。

6.1.2 完善团体标准发展机制，提高团体标准质量

《中华人民共和国标准化法》更加突出市场主体在标准化工作中的作用。在一系列相关政策的积极引导下，社会对市场标准，尤其是团体标准编制的热情空前高涨，标准数量急剧增加。但大部分社会团体或企业标准的工作模式还是参考国家标准、行业标准，市场采用率不高，产生的行业影响有限，未能充分发挥激发市场活力、促进技术创新和应用，给社会、企业带来实际效益的作用。亟须探索团体标准化工作的新模式，力争打造符合时代发展需求的团体标准，服务新时代标准化工作治理体系和治理能力现代化的目标。

2024 年 2 月，国家标准化管理委员会印发《2024 年全国标准化工作要点》，提出加强质量支撑和标准引领，深入推进《国家标准化发展纲要》各项重点任务实施。从着力扩大国内需求，加快推进新一轮标准升级；培育国际竞争合作新优势，大力实施标准国际化跃升工程；大力建设现代化产业体系；加快推动全国统一大市场建设，持续优化新型标准体系、着重强化标准实施应用；稳步扩大标准制度型开放；实现标准化事业自身高质量发展、扩大标准化影响力 6 个方面对 2024 年全国标准化重

点工作进行部署。

对于实验动物设施标准化工作而言，需要及时修订落后标准，逐步形成与强制性国家标准协调配套、逐级细化、纵向到底的团体标准体系；遵循各利益方协商一致性原则，满足国家新态势、市场新需求和科技创新需求，推动"引领性"和行业急需的标准制修订工作。

团体标准是国家标准的有效补充，既能够填补国家标准的空白，又能够灵活地吸纳行业内优质的新产品、新技术，及时反映行业特点。截至 2024 年，中国实验动物学会已经发布 140 项团体标准，内容较为全面，其中涉及实验动物设施的标准包括特定物种环境及设施（树鼩、长爪沙鼠等）、设施运行维护、空调机组、特定设备（隔离器、换笼机等）、运输车和绿色实验动物设施评价等。近年来，团体标准《实验动物　设施运行与维护指南》T/CALAS 64、《实验动物　热回收净化空调机组》T/CALAS 65、《实验动物　绿色实验动物设施评价标准》T/CALAS 100 等陆续发布，对实验动物设施的运行维护、评价、设备产品等方面提出了相应要求，丰富了实验动物设施的标准供给。实验动物环境设施相关的团体标准还包括：《实验动物　树鼩环境及设施》T/CALAS 10、《实验动物　长爪沙鼠环境设施》T/CALAS 58、《实验动物　无菌猪隔离器》T/CALAS 72、《实验动物　运输车通用要求》T/CALAS 99、《实验动物　换笼机（台）》T/CALAS 112、《实验动物　斑马鱼养殖实验室建设通用技术规范》T/CALAS 126 等。

6.1.3　加强标准实施监督，完善标准保障机制

《深化标准化工作改革方案》提出了"加强标准实施与监督，建立标准实施信息反馈和评估机制"的要求。要加大强制性国家标准的宣贯培训、实施监督力度，充分依托大数据、数字化成果交付等信息化技术开展标准实施审查和监督检查方面的作用，提高行业监管的精准性和有效性，并加强强制性国家标准的实施情况反馈和评估工作，通过修订进一步完善成熟。具体可加强以下几个方面的工作：

（1）优化政府监管体系。监管部门应依据强制性国家标准开展监管并严格执法，检查结果要及时公开通报并与诚信体系挂钩。建立强制性国家标准实施信息反馈机制，建立实施情况统计分析报告制度。

（2）强化企业实施标准的主体意识。引导企业增强标准化意识、质量意识和品牌意识，建立标准化工作体系，实施标准化战略和品牌战略。

（3）加强信息化管理、服务工作。建立标准综合信息化平台，提供强制性国家标准编制全过程信息化管理，提高辅助决策、过程管理和服务能力；实现智能化检索、实施案例剖析、关键技术推荐等深度信息化服务；及时公示标准的制修订计划、起草单位等相关信息，接受社会监督。

（4）发展强制标准咨询服务业。大力推进强制性国家标准实施服务能力的现代化和国际化建设。广泛开展标准化基础知识的培训，提高标准化人员和专业技术人员的标准化素质和标准意识，将"要我标准"转变成为"我要标准"，让标准成为习惯，使习惯符合标准，这是促进标准落地实施以及监督评价的重要基础。

（5）建立并完善工程项目合规性判定制度。工程项目采用强制性国家标准之外新的技术措施且无相应标准的，应由建设单位组织设计、施工等单位以及相关专家，对是否满足强制性国家标准的性能要求进行论证判定。目前我国还不存在合规性判定制度，尚需加强判定主体、判定程序、判定依据、判定结果认定等方面的研究和顶层规划，尽快建立合规性判定制度，并在实施过程中逐步修正、完善。

（6）通过技术标准实施评价促进标准的落地实施、检验和改进。从标准的生命周期来看，标准制定、实施、修订的过程，就是标准创新、应用、再创新的过程，通过标准的实施以及标准实施的监督检查，发现存在的诸如标准的科学性、可操作性、协调性、先进性等适用性问题并采取纠正措施，进行修订，形成技术标准评价的信息反馈机制，促进技术标准的检验和改进，提升技术标准适用性和质量，使其更具指导作用。

6.2 绿 色 化 发 展

国家对于绿色发展给予了高度的关注与重视，确立了创新、协调、绿色、开放、共享的新发展理念，同时确定了"适用、经济、绿色、美观"的建筑方针，并且逐步构建形成了完备的绿色建筑评价标准体系。当前，已经发布实施的团体标准《实验动物 绿色实验动物设施评价》T/CALAS 100 开创性地构建了以安全耐久、健康舒适、使用便利、资源节约、环境保护作为核心要素，且完全适用于实验动物设施绿色评价的技术体系。在实验动物设施的整个生命期内，不仅能够切实保障实验动物的质量控制，充分满足实验动物的福利需求，还能大力节约资源、积极保护环境、显著减少污染，为相关工作人员提供健康、舒适且高效的工作空间。与此同时，这一标准也为实验动物设施的全过程管理提供了强有力的技术保障和明确的标准支撑，成功填补了我国在绿色实验动物设施评价领域缺乏适用标准的空白。

在此基础之上，积极鼓励采用装配式技术、节能低碳技术、建筑信息模型（BIM）技术、绿色施工技术等先进手段，深入研究 BIM 与 5G、大数据、云计算、人工智能等新一代信息技术相互融合应用的理论、方法以及支撑体系，为实验动物设施的绿色化发展提供有力支撑，这无疑是未来至关重要的工作方向。

另外，针对实验动物设施绿色性能展开评价，是激励建造绿色实验动物设施、推动实验动物设施产业蓬勃发展的有效方式和途径。例如，可以紧密结合标准条文以及丰富的工程实践经验，细致梳理不同星级绿色实验动物设施选用的绿色措施具体情况，深入分析标准条文在实际操作过程中的难点等，精准预测在不同星级以及不同绿色措施应用的情况下，实验动物设施在节能、降碳方面所能取得的效果，全面研究，实验动物设施全生命期的增量成本以及回收效益等关键问题。

6.2.1 实验动物设施能耗概况

当可持续发展理念被应用至建筑工程领域时，可持续发展涵盖了众多层次的含义，例如绿色、生态、环境保护以及节约能源等。可持续建筑指的是：在使用功能方面，既能够满足当代人当下的需求，又充分考虑适应或不危害后代人对于建筑功能的各类需要；在能源使用层面，既考量当前的利益与经济关系，又顾及后代的利益与经济关系，能够促使资源尽可能得到高效利用。

现有针对实验动物设施可持续发展的研究涵盖了能耗模型、建筑工艺布局、设施运行及设备节能减碳措施、管理方法及控制系统节能减碳措施等多个方面。实验动物设施的用能系统由用电、用气和供冷/热三个主要部分构成（图 6.2-1），其单位面积能耗是其他建筑的 8～22 倍。关于工艺平面的研究，重点探讨了功能分配、防护等级划分以及人员、物品与动物的流线控制等问题，以此来保障实验动物设施的基本功能得以实现。在设施运行及设备方面，有研究指出，实验动物设施的通风空调系统能耗为一般建筑的 5～10 倍，能够通过对通风空调系统的优化来达到节能减排的目标。近年来，我国实验动物设施的智能化水平迅速提升，积累了海量的运行数据，将机器学习与实验动物设施管理相结合，能够在系统能耗预测与评价、气流组织模拟、故障检测预诊断等方面显著提高效率和精度。

尽管实验动物设施的可持续发展已逐渐受到关注，特别是在设备与运行管理等方面涌现出了诸多具有针对性的技术措施，然而尚未形成系统完善的可持续发展路径，低碳技术措施仍有待进一步整合。实验动物设施低碳发展的总体思路为建筑本体低碳化、建筑设备低碳化以及智慧运维低碳化（图 6.2-2）。

（1）标准政策驱动实验动物设施绿色化发展。为了促进和落实实验动物设施的可持续发展，建立长效机制，保障并进一步提高实验动物设施低碳技术措施的可操作性，应辅以政策的引导、标准的保障，推动实验动物设施低碳发展。

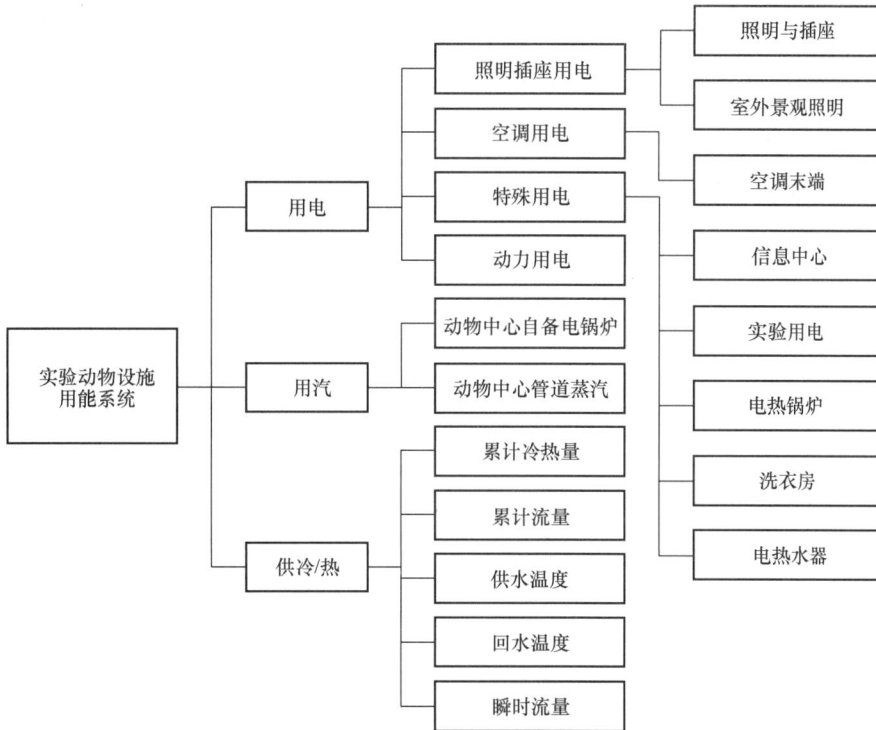

图 6.2-1　实验动物设施用能系统构成

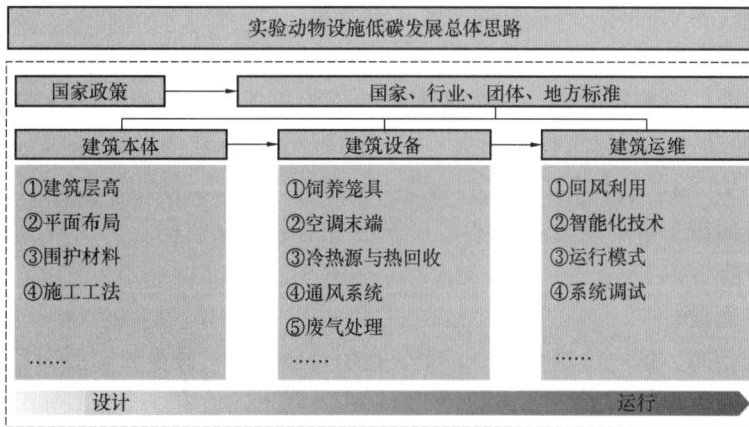

图 6.2-2　实验动物设施低碳发展总体思路

（2）建筑设计驱动实验动物设施绿色化发展。实验动物设施的绿色化发展首先需从设施建筑本体着手，优化设计方法与关键技术，包括：控制建筑层高、优化平面布局、优化围护材料和绿色化施工工法等。

（3）运行维护驱动实验动物设施绿色化发展。仪器设备、通风空调设备等的配备，以节约材料、提高能效、降低能耗、减少排放为原则，从减少资源消耗、降低污染排放两个维度推进实验动物设施的绿色化发展。

（4）智能控制驱动实验动物设施绿色化发展。结合计算机技术，通过数据分析，总结负荷变化规律，优化环境参数，实现高效且满足功能性与舒适性要求的控制，提升空调通风系统的自动控制优化能力，从管理使用方面推进实验动物设施的绿色化发展。

实验动物设施绿色化、可持续发展，需在综合考虑各建设专业合理的材料使用、技术运用、功能组织、室内外空间设计、建造运营、内部布局等因素的基础上，通过设计方法的优化以及实验设施当前用途和未来用途相关的多学科评估，创造一个高效能、低能耗、低污染、低排放的有机整体。

6.2.2 绿色技术措施

绿色建筑的基本概念主要有两点：①提供给使用者有益健康的建筑环境，并提供高质量的生存活动空间；②最大限度回归自然，保护环境，降低能耗。在实验动物设施建造过程中，这两者是相互矛盾的。为了达到舒适的生活及工作环境，就要通过各种手段向大自然索取和消耗资源。然而，光有索取而没有回报必然对自然环境造成无法挽回的损失。为此，实验动物设施索取与回报之间的矛盾已成为绿色建筑的核心问题。

绿色建筑实际上是这样的一种实践活动：既要最大限度地利用自然条件并通过人工手段创造舒适的实验动物设施环境，又要严格控制和减少对于自然资源的占有。确保自然索取与回报之间的动态平衡。这种动态平衡不仅反映在建筑设计和建造时所采用的合适方法及因地制宜的材料上，更体现在它对资源的消耗程度和回报自然程度上。可以这样说：绿色建筑是一种崭新的设计思维和模式，在使用中对用户的精神层面给予更多关注，全方位关心使用者的生理以及心理健康。

实验动物设施的设计、建设和运营应该秉承可持续建筑的核心基础，并结合设施特点，需要考虑设施与内外部复杂系统间的关联性，如建筑材料、建筑结构、建筑气候、资源需求和环境保护等多方面、多角度的因素。

低碳、绿色、可持续化的实验动物设施发展路径主要包括建筑本体低碳化、建筑设备低碳化、可再生能源应用、废气净化处理、标准政策引导等。需根据设施的具体条件和需求，进行充分策划和整体设计，在满足功能性要求同时实现良好的节能减碳效果。

（1）控制建筑层高

建筑层高对建筑能耗影响较大，二者呈现明显的正相关关系。实验动物设施涉及较多的专业仪器，体积较大，《实验动物设施建筑技术规范》GB 50447—2008 第 4.3.10 条规定：屏障环境设施生产区的层高不宜小于 4.2m，室内净高不宜小于 2.4m，并应满足设备对净高的要求。实际设计过程中可提前调研需要布置的设备清单及设备高度，并预留一定的检修空间，采用对应位置局部加高的方式，以尽可能降低碳排放。

（2）建筑自然采光设计

合理设计建筑的朝向、窗户位置和大小，充分利用自然采光，减少人工照明的使用时间。

（3）建筑的隔热与保温材料的应用

选用高效的隔热和保温材料，对建筑墙体、屋顶和门窗进行保温处理，降低建筑物的热量传递，减少能源消耗。例如，使用聚苯乙烯泡沫板、岩棉等保温材料，提高建筑物的保温性能。

（4）优化建筑围护

围护结构与材料对建筑能耗水平的影响十分显著，建筑围护结构的热传导和冷风渗透会大幅提高建筑能耗和碳排放。可以通过利用自然能源的新型围护结构，采用变性能围护结构、高性能保温材料和低碳围护结构材料等策略优化建筑围护，实现节能减排的目标。

建筑平面设计应保护建设场地内的自然环境及利用周边已有市政水资源设施，充分利用市政水压。

（5）优化平面布局

在保障实验动物设施安全的基础上，优化完善内部功能与布局，尽可能降低建造成本，减少建筑空间的不合理布置导致的耗材增加。针对实验动物设施的特殊性，优化建筑内部空间结构与布局，使实验流程衔接紧密，尽量避免环形走廊，缩短走廊长度，减少走廊面积；洁净物品储存间满足使用即可,面积宜小不宜大,以降低能源消耗。同时,缩短空调机房与设施的距离以减少中途能量损耗。

(6)建筑设备低碳化

在通风空调、给水排水、电气自控等设备的选择上,以节材料、高能效、低能耗、减排放为原则,采取降低常规能源消耗技术,推进新建实验动物设施的低碳发展。

卫生器具应采用高效的节水型产品,应采取有效措施避免管网漏损。给水系统中使用的管材、管件符合现行国家标准的要求。选用密闭性能好的高性能阀门。室外埋地管道应选择适宜的管道敷设,基础处理方式应有防止给水系统压力骤变的措施。

结合计算机应用技术,通过数据分析,发掘负荷变化规律,优化环境参数,实现高效且满足舒适性要求的控制目标,从而进一步提升自动控制优化能力,从管理使用方面推进实验动物设施的智慧运维。

(7)低碳施工工法

工程建设中,在保证质量、安全等基本要求的前提下,通过科学管理和新技术,最大限度地节约资源,减少对环境的负面影响,实现"节能、节地、节水、节材和环境保护"。低碳施工工法与管理,可以有效把控实验动物设施施工建造阶段的低碳程度,包括组织管理、规划管理、操作管理、评价管理和人员安全与健康管理等方面。

(8)避免过度防护

现有二级生物安全实验室在设计过程中往往被当作三级生物安全设施来装备,过高的设计及建设要求造成材料的过度使用和能源的浪费,同时提高了实验室建造成本。为避免过度装备带来的材料和能源浪费,保证实验动物设施的绿色化发展,需要设计人员和建设者熟悉生物安全等级及相关防护规则,在保障实验动物设施正常运行的同时不过度防护,避免浪费。

(9)可再生能源的应用与废气的净化处理

在资源消耗控制领域,可考虑采用可再生能源(如太阳能、地热能、风能等)替代技术,结合当地能源结构及政策,充分利用地球表面浅层水源(地下水、河流、湖泊等)和土壤源中吸收的太阳能和地热能,以利用热泵技术进行供热和制冷的高效节能空调系统替代传统冷热源,达到高效节能、绿色环保、系统稳定等效果。优化调整能源结构,推进实验动物设施建设的绿色、低碳、高质量发展。

在气候比较干燥的西部和北部地区(新疆、青海、西藏等),利用天然气候条件,应用蒸发冷却技术,通过水与空气的热湿交换,使空气的温度降低。蒸发冷却技术利用自然界的天然冷源为空调系统提供冷量,减少对传统制冷剂的依赖,达到能效高、节能显著的效果,是一种绿色、节能、低碳的空调技术,可为实验动物设施提供一种环保、高效、经济的空调方式。

在污染排放控制领域,采取吸收法、吸附法、光催化氧化法、高效空气过滤法等关键技术,推进新建实验动物设施的绿色发展。

(10)优化能源损耗

随着能源价格日趋高涨,一些没有蒸汽、燃气等能源的实验动物设施用电能耗为其他建筑的数倍,推进实验动物设施节能和推广绿色发展已刻不容缓。

1)优化照明系统

实验动物设施用电能耗主要分三大部分:空调用电、照明用电、设备自身用电,其中30%以上用于照明和插座,可见照明对于节能的意义重大。照明节能的主要措施如下:

① 实验动物设施内的照明应采用高效光源、高效灯具。在合理运用配光曲线的同时,选择节能光源是非常必要的。随着技术的成熟,LED灯因其光线质量高(没有紫外线和红外线,没有辐射)、能耗小、寿命长、绿色环保(废弃物可回收,没有污染,不像荧光灯含有汞成分)等优点,逐步得到

认可。在设备选型时，可关注新型产品，选用发光效率更高的灯具。

②设置合理的照明声控、光控、定时、感应等自控装置。照明的控制可以纳入智能控制系统，根据安装区域不同，可按照预先设定的时间表自动控制照明开关。例如实验动物设施内的照明可根据动物需要进行照度和光照周期的控制，确保动物的正常生理活动和实验数据的准确性。

2）优化设备自身能耗

设备自身能耗在整个实验动物设施能耗中不容忽视，可以采取以下措施来降低能耗：

①当系统短路容量或变压器容量相对较小时，大容量交流异步电动机宜采用软启动方式改善启动特性。

②配电系统方面，变压器宜深入负荷中心，合理设计供电半径，以减少电压损失，并尽量使三相负荷平衡。

③设备选型方面，结合项目的实际情况，风机宜有变频调速措施，电动机、交流接触器和供暖空调系统的冷、热源机组能效均应优于现行国家标准《建筑节能与可再生能源利用通用规范》GB 55015 的规定或现行有关国家标准中能效限定值的要求。

（11）标准政策引导

为了促进绿色实验动物设施的可持续发展，应建立长效机制，保障并进一步提高实验动物设施绿色发展的可操作性和可执行性。在政策引导、标准保障的双重维护下，推动实验动物设施的低碳、绿色化发展。

6.2.3 绿色运行维护

实验动物设施运行阶段的能耗绝大部分来自净化空调机组。对于实验动物设施，由于通常采用全新风空调系统，并且 24h 连续运行，所以节能潜力巨大。实验动物设施的正常运转需要水、电、汽、暖等各环节高质量连续不断地供给，减碳措施包括优化屏障环境与 IVC 工艺布局、采用变风量空调系统、采用先进的集中空调智能节电系统（GL-CAC）、优化卫生热水与消毒蒸汽设备工程、对系统运行实施科学管理等。

（1）饲养笼具差异化选型

目前已建成的实验动物设施多采用全新风空调系统，能耗较高，运行成本大。当实验动物采用独立通风笼具饲养时，其产生的废气直接通过排风管排到室外，对房间空气质量影响较小，房间送风采用部分回风，可达到节能减碳的效果。

饲养笼具可根据不同用途进行设备选型。普通级动物多选用开放笼盒；大鼠、小鼠可根据饲养目的、管理要求进行选择，包括开放式笼盒、层流架、微屏障饲养系统、独立通风笼盒（IVC）、中央排气通风笼盒（EVC）和隔离包等；饲养无菌鼠、重度免疫缺陷鼠及进行隔离检疫时，多选用 IVC 或隔离包。笼具是否自带风机及废气的排放方式不同，送、排风量也不同；笼具的尺寸及摆放方式影响房间的空间尺寸。饲养笼具差异化选型影响送、排风量的计算和房间尺寸的确定，间接影响了实验动物设施的碳排放水平。

（2）优化空调末端设备方案

实验动物设施一般为净化空调系统，空气过滤器级数较多，空调末端设备承受的风压较高；净化空调系统全年连续运转，运行时间远大于常规空调系统。空调末端设备的漏风、冷桥等带来的能量损失十分明显。

空调箱结构应尽量牢固，采取有效的防冷桥措施，采用抗菌、防霉、耐腐蚀的材料制造，尽可能选择漏风量小的末端设备，选择设备时除满足国家标准相关要求外，也可以参考相关国际标准，如《通风和空调系统以及空调机组的卫生要求》VDI 6022 等。

空调末端正压段和负压段的冷凝水排放口，应设置足够高度的水封或者采取其他有效措施，避免漏风。空调末端避免采用高能耗加湿方案，并结合不同加湿设备的特点调整空调加湿段的长度，保证良好的加湿效率，避免浪费。

（3）冷热源及热回收系统

在实验动物设施整个运行周期中，冷热源系统能耗占比较高，冷热源节能对于系统节能具有显著的作用。冷热源节能总体上包括两条技术路线：一种为采用地热能、水能、余热、废热等清洁能源、可再生能源作为冷热源，大幅降低能耗，此类能源一般受到建设规模、能源条件、项目投资等方面的限制，需要提前规划；另一种是提高冷热源使用效率，在能源输入已定的前提下，通过冷热源设备的热回收技术，提高能源综合利用效率，此类方案灵活性较强，可以作为独立的冷热源系统使用，也可以作为集中冷热源系统的补充和扩展，基本不受项目规模限制，针对实验动物设施在非供暖季、制冷季均存在用冷、用热的情况，匹配度较高。四管制风冷冷热水机组、冷凝热回收型空气源热泵、溶液热回收型空调机组是三种在实验动物设施运行过程中具有较好节能效果的设备。

目前实验动物设施一般采用全空气直流空调系统，换气次数可达 $18\sim25h^{-1}$，并且基本全年连续运行，这种空调形式及运行特点具有很高的热回收潜力。同时，由于异味及其他污染物的限制，实验动物设施采用的换热技术要求送风和排风完全隔离，可选择的热回收方案一般为热管式热回收和液体循环式热回收。

通过在五大气候区应用冷凝排风热回收新风一体机发现，在严寒地区全年节能量最显著，温和地区的全年节能量最少。严寒地区、寒冷地区、夏热冬冷地区和温和地区的热回收机组在制热工况下节能效果优于制冷工况，夏热冬暖地区热回收机组在制冷工况下节能效果更优。由此可见，在实验动物设施的绿色化设计中采用热回收系统需考虑不同气候区对于节能效果的影响。

（4）优化通风系统

实验动物设施送、排风系统风量大，运行时间长，运行工况复杂，需充分考虑空气输配时的能耗。设置过滤时，需要根据设施所在地空气品质，在保证末端高效空气过滤器合理更换周期的前提下，尽量减少前置空气过滤器级数，减少风系统阻力。送、排风系统通常需要变风量运行，以保证系统压力变化时风量稳定。在值班工况或部分功能暂停使用时，可以降低系统风量，以减少运行碳排放量。

（5）光触媒废气处理

光触媒是一种新近引入实验动物行业的废气处理工艺，它对多种臭气均有较强的分解能力，同时其安装、维护简便，几乎无耗材。因此，新建实验动物设施可考虑采用光触媒除臭装置与扰流喷淋装置相结合，降低废气对周边环境的影响。

6.2.4 智能控制技术

（1）适度利用回风

实验动物设施大多采用全新风空调系统。根据《实验动物设施建筑技术规范》GB 50447—2008 第 5.2.2 条，使用独立通风笼具的实验动物设施室内可以采用回风。采用双走廊和三走廊的动物房，洁净走廊压力最高，几乎没有污染风险，可以考虑回风。

某 SPF 屏障环境设施采用全新风空调系统，其冷负荷指标为 $900W/m^2$，热负荷指标为 $530W/m^2$，蒸汽加湿量为 $330g/m^2$。某工程案例中采用了带回风的空调系统，新风量不低于送风量的 50%，屏障环境区域空调计算冷负荷指标为 $388W/m^2$，热负荷指标为 $335W/m^2$。采用 50% 回风的空调系统与全新风空调系统相比（表 6.2-1），冷、热负荷指标分别为后者的 43% 和 63%，节能效果显著。对于整个系统而言，当新风比降低 30% 时，能耗降低 20%。

两种空调系统节能效果对比　　　　　　　　　　　　　　　　　　　表 6.2-1

空调系统形式		全新风	50%回风
冷负荷	指标（W/m²）	900	388
	负荷指标差值（W/m²）	900～388	512
	回风系统/全新风系统（%）	—	43
热负荷	指标（W/m²）	530	335
	负荷指标差值（W/m²）	530～335	195
	回风系统/全新风系统（%）	—	63

（2）应用智能化技术

研发和推广智能化技术可提高实验动物设施运行维护精细化程度，充分发挥空调系统运行数据价值，挖掘出运行中出现的故障和能源浪费等问题，为进一步提高自动化水平提供改进建议和实时运行参数优化建议。

控制系统主要是对通风柜运行状态以及暖通空调系统的设定参数进行控制，在满足控制要求的前提下实现节能，提高建筑运行管理水平；控制系统对设备进行监测，根据设备运行情况和实际需求进行调整，使设备处于合理的状态，在不影响功能的前提下减少不必要的能源浪费，达到节约能源的目的。

（3）运行模式调节

实验动物设施通风空调系统通常有两种运行模式：单一"工作"运行模式和"工作＋值班"运行模式。在"工作＋值班"运行模式下，通风空调系统的换气次数有所降低，通常只有"工作"运行模式的 40%～50%。由于系统风量的减少，"工作＋值班"运行模式下，除了降低送、排风机的功率，更重要的是降低了新风热湿处理的负荷，节省了冷热源和水泵的能耗。

上海地区某 SPF 级实验动物房的研究和测试结果显示，采用集中新风系统＋自室循环系统的昼夜经济运行模式，即每天 6:00 至 21:00 为白天运行模式（换气次数为 18h⁻¹），21:00 至次日 6:00 为夜间运行模式（换气次数为 $13h^{-1}$），可达到 10.5% 的年节能率。

（4）空调系统调试

空调系统调试是在项目规划、设计、施工、验收及运行的全过程中，通过管理手段避免各个环节中可能出现的问题，通过技术手段确保建筑设备和系统从设计阶段直至运行阶段的性能落地，最终实现工程建设目标，达到能源系统供给侧与需求侧的最佳匹配。

（5）可视化智慧运维

利用物联网、数据库、数字孪生等技术手段，结合智能化设备，构建实验动物设施的建筑结构、设备运行数据、环境状态参数和台账信息的智慧系统，通过可视化系统对实验动物设施进行全方位、系统性的科学管理，形成智慧化管理策略，构建智慧化运维体系，保证实验动物设施实时处于最优状态。智慧运维包括实验动物设施的安全管理、饲养间及实验室的环境管理、动物饲养间智能照明、仪器设备的运行管理等，在保障实验动物设施高效运行的同时，减少能源和资源的浪费，促进绿色化发展。

6.3　智慧化发展

智慧化实验动物设施通过应用智能化设备在全面感知和系统集成的基础上，将设施各系统运维过程、动物饲养及实验过程与先进的信息技术物联网（IoT）相结合，形成全要素的智慧化运行中枢，从而保障实验动物设施科学、高效、节能运行，为促进实验动物质量的提升，以及实验效率、动物福利和研究成果准确性的提高创造有利条件，如图 6.3-1 所示。尽管实验动物设施的自动化、智慧化水平在不断提升，但相关的技术标准和管理标准尚未建立，这在一定程度上制约了智慧化技术在实验动物设施中的广泛应用。

图 6.3-1 智慧化实验动物设施要素

6.3.1 三维可视化

智慧化设计理念在实验动物设施的建设中起到了革命性作用。例如，在设计阶段考虑智慧化功能的预留，使得后续的技术升级和功能扩展更为便捷。在管理方面，通过大数据分析，可以对实验动物设施的运行状态进行优化，实现资源的最大化利用。其中最常用到三维可视化技术，该技术是利用物联网技术、数据库技术、数字孪生技术等构建的集实验动物设施的建筑结构、设备运行数据和台账信息的系统性技术，通过三维可视化技术可对实验动物设施进行全方位、系统性的科学管理。

三维可视化技术可通过 BIM 实景建模、三维引擎开发及模型轻量化技术实现实验动物设施的资产管理可视化、管线可视化及设备运行信息的可视化。通过资产管理可视化，将重要的资产信息纳入可视化平台，方便设备状态查看和搜索定位，提高资产信息的掌控力和运维效率。通过管线可视化技术，将各公共、辅助管线的实时关键数据进行存储、联动及呈现，提高管线的使用效率。通过设备运行信息的可视化，实时获取并呈现仪器设备的运行台账信息、实验动物饲养实时数据、饲养间的环境参数信息，提高实验动物的饲养质量及仪器设备的使用效率。

6.3.2 数字化运维

在运维管理方面，实验动物设施的能耗模型、建筑工艺布局、设施运行及设备节能减碳措施、管理方法及控制系统节能减排措施等方面都是关注的重点。物联网技术的应用使得实验动物设施运维管理的自动化程度大大提升。通过传感器等物联网设备，可以实时监控实验动物的活动、环境参数等信息，并通过智能系统进行数据分析和处理，实现设施管理的精准化和高效化。

智慧化运维通过应用智能化设备在全面感知和系统集成的基础上，形成智慧化管理策略，构建智慧化运维体系，保证实验动物设施实时处于最优状态。智慧化运维的发展趋势包括实验动物设施的安全管理、饲养间及实验室的环境管理、饲养间智能照明、仪器设备的运行管理等。智慧运维系统平台架构如图 6.3-2 所示。智慧化技术的应用也在不断提高实验动物设施的管理水平，通过大量运行数据与机器学习方法的结合，可以提高系统能耗预测与评价、气流组织模拟、故障检测预诊断等方面的效率和精度。

通过人员定位技术可以对实验动物设施内的工作人员实时定位，帮助管理员及时发现问题，工作人员在发生危险时及时发出求救信号，方便快速救援。门禁管理系统通过对门禁状态数据的实时获取，并与其他系统数据进行联动与分析，最终获取异常数据出现的原因并给出解决方案。视频安防监控系统通过监控图像及时掌握设施内的情况，值班人员可在管理中心进行全面监控。

饲养间及实验室的环境管理系统可以实时监测房间内的温度、湿度、压力及氨气浓度，当环境数据异常时，系统可自动报警，并实时存储采集的数据，为提升实验动物质量提供有力的环境保障。

饲养间智能照明系统利用物联网技术、有线/无线通信技术、电力载波通信技术、嵌入式计算机智能化信息处理技术，以及节能控制技术等组成的分布式智能照明控制系统，对照明设备进行智能化

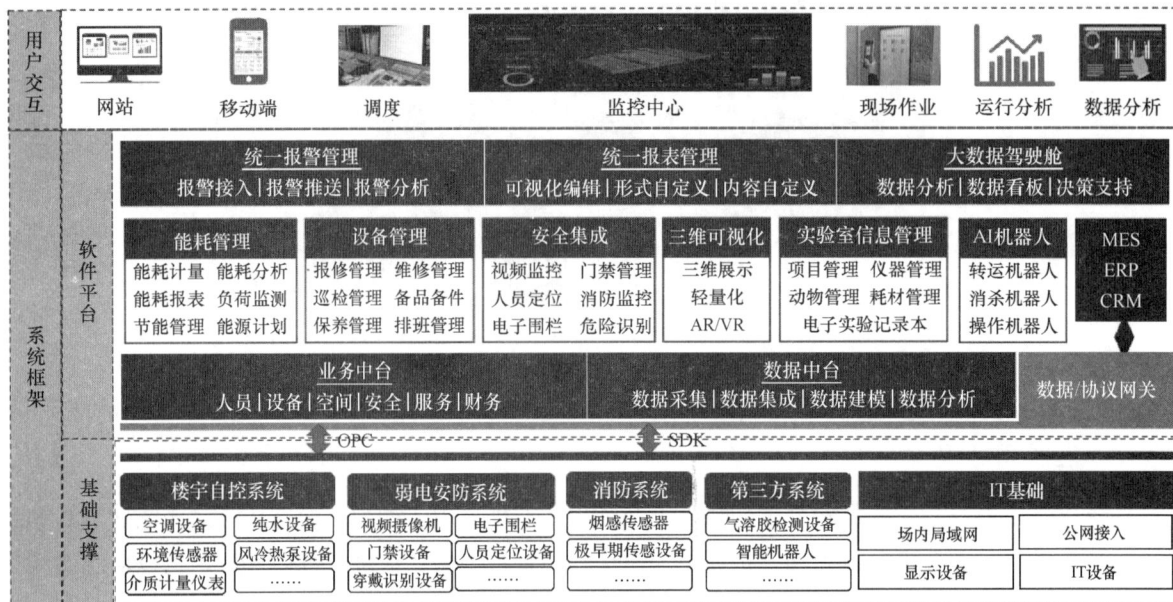

图 6.3-2　实验动物设施智慧运维平台架构

控制，满足实验动物设施照明的三大功能需求（工作照明、动物照明、局部照明），实现降低运行成本、提升管理效率的功能。

设备管理系统通过构建公用设备和实验装置的三维模型，对实验动物设施内的设备和实验仪器进行实时数据监测、历史数据管理，以及设备仪器使用预约、审批及台账管理等，提高仪器设备的使用效率。

6.3.3　数字化实验/饲养活动

通过建立智慧动物实验室，并结合智能感知及操作硬件，可对实验动物信息、饲料及垫料信息、实验动物的生命体征、实验样本及耗材、实验操作过程数据等进行实时监测及管控，并可进行动物实验的管理（课题申请、实验审批、伦理审查等），提升实验动物的饲养质量及实验数据的真实性、可靠性、完整性、可溯源性。例如，针对传统动物实验审批程序复杂、笼卡/纸质信息统计混乱、无法做到实验动物生命周期全流程追溯、环境监测困难等问题，海尔生物医疗创新推出智慧动物实验室全场景数智方案，实现从提交实验申请、伦理审批、笼位预约、动物采购，到开展动物实验、数据归档等全流程智能化管理，在保证实验信息随时可查，管理可视化、流程简单化的同时，为实验动物的信息、采购、伦理审批、费用管理等环节提供高效、便捷的管理保障。

自动化与智能化设备已被广泛应用于实验动物设施中。例如，自动化的笼盒处理系统、自动喂水系统、物料转运机器人等，这些设备的应用大大提高了实验动物的管理效率和精确度，同时减少了人力成本和劳动强度。自动化系统可以实现24h不间断的动物喂养、监控和环境调控，确保实验动物的健康与福利。

实验动物设施建设可以考虑将AI技术与实验/饲养活动管理技术相结合，并通过图像识别、声音分析等技术，实现影像特征及动物行为特征的识别，并生成大量准确数据；通过AI技术可以快速处理大量数据，并利用机器学习算法进行模式识别和数据挖掘，从而发现隐藏在数据背后的规律和趋势，有助于研究人员更好地理解动物的行为模式和行为机制；通过AI还可以协助研究人员开展复杂的数据模拟和计算建模，从而实现动物生理指标及行为学特征的识别及预测。

6.4 国际化发展

6.4.1 标准和科研合作

实验动物设施的工程建设标准和产品标准是建设活动的重要技术制度，是国际工程建设合作、互联互通的通用语言和重要技术基础。只有推动相关标准国际化，才能为我国企业对外工程建设提供坚强有力的技术支撑，才能使设施联通更加顺畅，政策沟通更加深入。为此，需要持续开展以下工作：

1. 持续开展我国工程建设技术标准和产品标准翻译工作

我国标准要走向世界，准确、规范、权威的标准翻译文本是关键。目前国际项目不采用我国标准的原因，常常是由于没有我国标准的外文版，或是由于翻译不准确，国外业主看不懂、不理解。为了适应海外业务，解决工程投标和履约过程中的问题，推动我国标准国际化，质量过硬的标准翻译必不可少。

美国《实验动物饲养管理与使用指南》规定了实验动物设施的相关内容，如第 2 章 动物饲养的房舍环境及管理：硬件环境、行为与环境、群体管理；第 4 章 动物房的设施：作业区、建筑指南、无菌手术设施。通过对国际标准的对比和解读，结合各国的实际发展阶段，可指导我国标准的国际化工作。

2. 持续加强标准国际化基础研究工作

需要在国家相关部门、行业协会的统一规划下，开展实验动物设施国际工程技术标准应用的课题研究。以全球视角系统地研究国际技术标准体系结构、特点和发展方向，开展标准体系及重点标准对标研究，形成国际工程标准化发展分析咨询报告。通过这些工作，一方面摸清我国工程建设技术标准现状及在国际工程项目中的使用情况、存在的问题和可借鉴的经验，推动我国工程建设技术标准输出，扩大我国标准的影响力；另一方面加强对国际先进技术标准的全面理解，提升项目履约能力，并为国际标准的编制提供必需的技术和理论支撑，同时也逐渐关注区域标准化合作，为推动双边或多边标准互认探索基本路径。

3. 持续推动我国工程建设技术标准在国际工程项目中的应用

目前我国承建的国外项目主要以总承包（EPC）形式为主，其中我国工程技术标准应用的程度偏低。鼓励我国企业在促进和推动在国际工程项目投标和履约过程中采用我国工程技术标准，使用或部分使用我国工程技术标准作为重要谈判内容。

6.4.2 标准化国际人才

人才是实验动物设施标准化工作的关键，应通过建立完善的培训体系、提供继续教育机会、实施资质认证等方式，提升实验动物设施从业人员的专业水平，为实验动物设施标准化工作提供人才保障。实验动物设施标准化工作需要专业标准化人才的支持，应加强实验动物设施管理和技术人员的专业培训，建立专业的管理团队，以保证实验动物设施标准化工作的顺利进行。

大多数国际项目所在国的实验动物设施工程技术人员因受历史沿革、传统观念和教育等影响，造成对我国标准不了解、不熟悉而接受度不高，理所当然地认为国际或西方发达国家的标准更好。如果拥有既懂专业又懂外语且熟悉标准化工作的复合型人才，可以介入国际咨询体系，帮助我国获得标准使用话语权。目前，国内此类人才较缺乏，成为影响我国标准推广的因素之一，应加大标准化国际人才培养工作。

6.4.3 学术组织及学术会议

实验动物环境设施相关的会议在近年来频繁召开，这些会议旨在推动实验动物设施的创新与发展，提高实验动物的管理水平和科研质量。

例如，由中国实验动物学会主办的"2024 年度实验动物环境控制与检测技术研讨会"于 2024 年 4 月 11～13 日在浙江杭州召开。研讨会聚焦实验动物环境控制与检测技术的创新与实践，与会代表进行了深入交流，为推动技术进步献计献策。会上，业内专家对国家标准《实验动物　环境及设施》GB 14925—2023 进行了详细解读，并围绕无菌环境控制与检测技术应用、实验室消毒技术的应用要点和实验动物许可管理中的检测问题等进行了深入探讨。由上海实验动物学会主办的"《实验动物　环境及设施》GB 14925—2023——暖通专场研讨会"于 2024 年 4 月 30 日在上海浦东召开。研讨会聚焦《实验动物　环境及设施》GB 14925—2023 中的暖通技术，特邀了国家标准化技术委员会专家及江苏省、浙江省、安徽省的实验动物领域专家进行深入探讨。会议期间还进行了实验动物设施与资源专业委员会的第一次全体会议。由黑龙江省实验动物学会、北京实验动物学学会等 31 个学会、协会、联盟和实验动物机构联合主办的"2024 年（第一届）实验动物设施及装备创新与发展研讨会"于 2024 年 8 月 21～24 日在黑龙江省哈尔滨市召开。会议主题是新理念、新技术、新材料、新工艺驱动实验动物设施及装备创新与发展。会议提供了企业展示技术的平台，搭建了企业与用户沟通的桥梁，并深入讨论了实验动物设施及装备创新与发展中的困惑及难点。会议期间，共有 32 位专家结合会议主题做了精彩报告和互动交流，并设置了"实验动物设施圆桌会议"及"实验动物设备圆桌会议"。

以上这些会议每年都会不定期召开，会议主题围绕实验动物环境设施领域的热点问题进行深入探讨，如新技术、新材料、新工艺的应用，以及环境控制与检测技术的创新等。会议吸引了来自全国各地的专家学者、企业代表和科研人员广泛参与，形成了良好的学术交流氛围。通过会议的召开，说明实验动物行业对实验动物设施的高度重视，不仅促进了实验动物设施领域的技术创新和发展，还提高了实验动物设施的管理水平和科研质量。

另外，中国实验动物学会代表团会定期参加美国及日本的实验动物年会，并与国外的学（协）会、研究单位、设施设备企业进行研讨交流。该活动一般由中国实验动物学会组织，参会代表通过听取学术报告、参观设施设备展览和观摩实验动物设施，对世界各国实验动物领域的学科进展、技术水平、设备设施研发及应用有了详细了解，并可对我国实验动物领域的发展现状和发展方向做出科学预判。未来，我国的管理部门、科研单位和代表企业等应进一步深度参与国际组织，并在国际学术会议上发声、分享观点，展示我国实验动物科学研究、新装置、新设备等方面的研究成果和应用经验，还应适时举办实验动物设施工程领域的专题论坛，并不断发展壮大，形成较强的国际影响力。

6.4.4　国际合作

随着近几年医药产业的蓬勃发展，我国实验动物领域成果显著，在实验动物生产规模和质量方面都有了明显提升，得到了国际用户的认可。以江苏集萃药康生物科技股份有限公司为例，该公司成立于 2017 年，使用和建立了符合 AAALAC 标准的 SPF 动物设施和标准化实验动物质量管控体系，自主开发了小鼠专用营养配方及自动化饲养系统，从小鼠出生到交付全流程重要信息均可追溯。除南京本部外，该公司目前已在常州、成都、佛山、上海等地建立、运营生产设施，以快速响应各地科研机构、药物研发企业的需求。同时，设有美国子公司及欧洲办事处，积极布局海外市场。目前其海外销售收入虽然体量尚小，但增长迅猛。

我国实验动物设施已经实现了从设备引进到国产化，并逐步迈入批量出口的阶段。以实验动物设施领域代表性单位新华医疗为例，新华医疗 2002 年进入俄罗斯市场，近年来实现了快速增长，多项产品得到了俄罗斯市场的好评。2022 年，新华医疗的产品 MOST-T 型压力蒸汽灭菌器取得了美国 FDA 510（k）认证证书，标志着该系列产品具备了出口美国市场的通行证和全球认可的质量保证，实现了国产灭菌器从 0 到 1 的重大突破。2023 年 3 月，新华医疗生产的实验动物领域专用灭菌器出口俄罗斯，此次向新华医疗下订单的是俄罗斯国家级生理学研究所，该研究所对设备有极高的要求，不仅要提供高温蒸汽灭菌设备，还要为设备传递提供高温灭菌保障、实现污染区和洁净区的生物隔离密封，保障环境安全，该产品完全满足俄罗斯用户的需求。

　　未来，我国实验动物和实验动物设施的国际合作将成为必然趋势。

6.4.5 "一带一路"

　　科技合作已成为"一带一路"建设的重要内容。到 2023 年，科技部先后发布 3 批 50 家"一带一路联合实验室"，其中，动物相关领域的联合实验室 3 家："中国—哈萨克斯坦农业科学一带一路联合实验室""中国—哈萨克斯坦动物科学国际联合实验室""中国—塞拉利昂公共卫生联合实验室"。"一带一路联合实验室"的建设，为我国和"一带一路"共建国家科技成果交流和合作提供了良好的平台，也是我国实验动物领域科技成果输出和交流的窗口。

附录 1 实验动物设施常见表格示例

1. 通用表格

（1）人员管理记录表

实验动物从业人员基本信息汇总表（单位）

单位名称								人员总数	
地 址									
姓 名	性别	籍贯	出生年月	学历	毕业学校	所学专业	从事工作	从事本工作时间	

实验动物从业人员基本信息登记表（个人）

姓 名		性别		出生年月		（照片）
学 历		民族		工作部门		
专 业		职称		行政职务		
联系方式						
教育经历						
工作经历						
社会兼职						
岗前及在岗培训情况						
主要研究课题						
所获成果						
撰写专著						
发表文章						

实验动物从业人员培训签到表（单位）

单位名称：_____　　　___年___月___日

部 门	姓 名	签 名	部 门	姓 名	签 名

实验动物从业人员培训登记表（个人）

单位名称：_____

学术活动名称							
主讲人		日期		地点		培训学时	
培训目的							
主要内容							
考评结果							

考评人员（签字）：_____　　　　_____年___月___日

人员进出设施登记表

区域名称：_____

姓　名	进入日期、时间	进入事由	离开时间	备　注

（2）物品管理记录表

物品动态变化记录表

品名：		保管员：		联系电话：		
购入日期及采购人	购入数量	领用日期	领用数量	领用人签名	当日存量	备注

资源条件消耗月报表

统计 日期	自来水消耗（元/t）			电力消耗（元/度）			蒸汽消耗（元/ m³）			资源条件 当月费用 合计（元）
	表数 （t）	当月用量 （t）	当月费用 （元）	表数 （度）	当月用量 （度）	当月费用 （元）	表数 （m³）	当月用量 （m³）	当月费用 （元）	

（3）动物质量控制记录表

动物质量检测协议书

检品名称：			收样日期：　　　年　　月　　日		
生产单位/产地：			送 检 人：		
供样单位：			交 接 人：		
数　　量：			接 收 人：		
检测内容	细菌□　病毒□　寄生虫□　遗传□　环境□				
检验目的	委托检测□　监督抽查□　仲裁检测□　合同检测□　其他□				
检验项目	等级检测□　遗传生化位点□　指定项目□（　　　　　　　　）其他□				
品　　种	品　系	等　级	日/月龄	数　量	样品编号

备注：检测项目按现行国家标准 GB 14922、GB 14923、GB 14925、GB/T 14926 的规定进行，其中 GB/T 14926 中对实验动物微
　　　生物检测分为必检项目和必要时检测项目，具体分类参见相应国家标准，必要时检测项目由实验动物管理办公室决定。寄
　　　生虫、遗传及环境检测项目全部为必检。

动物隔离检疫记录表

所在区域		饲养员		品种品系	
等级		性别及数量		规格	
目的	（新近动物检疫、发病动物隔离诊疗、临床常规检验）				
流行病学					
临床表现					
剖检变化					
实验室诊断					
综合分析结果					
处置措施及转归	记录人（兽医）：_____　　　_____年___月___日				

（4）设施设备管理记录表

仪器设备使用维护记录表

仪器设备名称：_____

日　期	记录内容（使用、维护、校验等）	记录员

设施内环境参数校对记录表

区域名称：_____

日　期	温度（℃）			相对湿度（%）			梯度压差（Pa）			记录员
	现场显示值	标准表显示值	误差（决定是否校对）	现场显示值	标准表显示值	误差（决定是否校对）	现场显示值	标准表显示值	误差（决定是否校对）	

动物饲养管理及内环境维持记录表

区域名称：_____

日　期	记录内容（饲养管理及内环境维持）	记录员

设施值班记录表

设施名称：_____

日　期	记录内容（设施设备运行状况如何、各种指标是否正常）	记录员

2. 实验动物生产管理专用表格

（1）实验动物生产许可证管理表

1）实验动物生产许可证申请书

实验动物生产许可证

申　请　书

申请单位（盖章）：_____

法定代表人（签字）：_____

申请日期：_____

联系人：_____　联系电话：_____

受理单位：_____

受理日期：_____

填　报　说　明

1. 本申请书中"产品品种"及"质量等级"是指国家实验动物标准中所适用的实验动物及相关产品（如：小鼠、大鼠、地鼠、豚鼠、鸡、兔、犬、猴、饲料等）品种及其监测等级。尚未制定国家标准的，可依次执行行业或地方标准（如：猫、SPF猪等）。

2. 本申请书中"设施类别"是指《实验动物　环境及设施》所规定"设施分类及技术要求"（如：普通环境、屏障环境、隔离环境等）。

3. 凡尚未制定统一标准的实验动物品种（如爬行类、两栖类、鱼类等），由各地方主管部门依照当地有关规定进行管理。

4. 同一单位不在同一地点的实验动物设施，需分别申领许可证。

5. 新建设施须在试运行后正式启用之前申领许可证。

6. 本申请书及如下附件一并提交，方可作为完整申请材料予以受理：

（1）符合规定的实验动物种子来源的证明；

（2）省级实验动物质量检测机构出具的环境及设施检测报告和实验动物质量检测报告；

（3）其他相关证明材料。

7. 用钢笔或计算机填写，字迹工整清楚。

8. 空格不够填写时，可另附加页。

9. 本申请书同样适用于增加适用范围。

1. 单位基本情况

单位名称：_____

单位地址：_____邮政编码：_____

联系电话：_____联系人：_____

法定代表人：_____动物设施负责人：_____

设施地点：_____

2. 申请项目

产品 品种	质量 等级	种子来源 及引种时间	设施类别、 设施面积（m²） 及生产能力

3. 产品质量保障情况

3.1　主要人员（包括主要生产管理人员、兽医、质量检测人员等）

姓名	专业技术职称	所学专业	学历	主要工作

3.2　主要仪器设备（或标准物质）

仪器设备（或 标准物质）名称	数量	运行情况

3.3　主要规章制度（设施管理、设备维护、人员培训、SOP等）

附件 1

实验动物部门主要负责人简历表

姓名		性别		出生 年月	
文化 程度		职务		职称	
所学 专业		毕业 院校		毕业 时间	
工作简历及特长：					

附件 2

实验动物工作人员一览表

序号	姓名	性别	出生年月	学历	职务	职称	所学专业	主要工作	岗位证书号

2) 实验动物生产许可证年检申请表

<table>
<tr><td colspan="6" rowspan="3">

实验动物生产许可证年检申请表

（　　　　　）年度

填报单位（公章）：

填报日期：

××市实验动物管理办公室</td><td>单位名称</td><td></td><td>许可证</td><td></td></tr>
<tr><td>设施地点</td><td></td><td>编　号</td><td></td></tr>
<tr><td colspan="2">适用范围（许可范围）</td><td></td><td></td></tr>
</table>

单位名称		许可证	
设施地点		编　号	
适用范围（许可范围）			

法定代表人		联系人		电话	

从业人员情况	继续教育	培训考核日期	培训考核内容	参加人数
	体检			

设施运行情况	是否运行（选项后画√）	是（　　）	
		否（　　）	
	开始运行时间	本年度运行时数（天）	
	若运行不正常，请说明原因。		

注：1. 单位名称、许可证编号、设施地点、适用范围（许可范围）、法定代表人应与"许可证"内容一致，如有变化，须同时办理变更手续。

2. 每一个"许可证"，应分别填写年检申请表。

3. 表格不够使用时，可另加附页。

生产单位情况	动物生产情况	动物名称	级别	生产量（只/年）	自用量（只/年）	销售量（只/年）
		出售动物时，是否开具××市实验动物质量合格证明（选项后画×） 是（　　）　否（　　）　根据买方要求（　　）				
	饲料生产情况	饲料名称	级别	生产量（t/a）	自用量（t/a）	销售量（t/a）
		出售饲料时，是否开具××市实验动物质量合格证明（选项后画×） 是（　　）　否（　　）　根据买方要求（　　）				
申请单位意见	主管领导签字：　　　　　　　　　　　年　月　日					
年检结论	单位公章　　　　　　　　　　　年　月　日					

（2）实验动物繁殖管理记录表

实验动物生产繁育动态（日、周、月）报表

报表日期：＿＿年＿＿月＿＿日

饲养区		品种品系		等级		记录员	
种群数 （♀/♂）	出生数	离乳数	留种数	供应数	淘汰数	库存数	备注

实验动物待发动态日报表

报表日期：＿＿年＿＿月＿＿日

饲养区		品种品系		等级		记录员	
规格 1（如＜18g）		规格 2（如 18～22g）		规格 3（如＞22g）		备注	
♀	♂	♀	♂	♀	♂		

3. 动物实验设施管理专用表格

（1）实验动物使用许可证管理表

1）实验动物使用许可证申请书

实验动物使用许可证

申　请　书

申请单位（盖章）：＿＿＿＿＿＿＿＿＿＿＿

法定代表人（签字）：＿＿＿＿＿＿＿＿＿＿

申请日期：＿＿＿＿＿＿＿＿＿＿＿＿＿＿

联　系　人：＿＿＿＿＿联系电话：＿＿＿＿＿＿

受理单位：＿＿＿＿＿＿＿＿＿＿＿＿＿＿

受理日期：＿＿＿＿＿＿＿＿＿＿＿＿＿＿

填　报　说　明

1. 本申请书中"设施类别"是指《实验动物　环境及设施》所规定"设施分类及技术要求"（如：普通环境、屏障环境、隔离环境等）。

2. 同一单位不在同一地点的动物实验设施，需分别申领许可证。

3. 新建设施须在试运行后正式启用之前申领许可证。

4. 本申请书及如下附件一并提交，方可作为完整申请材料予以受理：

（1）所用实验动物来有许可证单位的证明，即动物来源单位的"实验动物生产许可证"复印件及实验动物质量合格证；

（2）省级实验动物质量检测机构出具的环境及设施检测报告；

（3）其他相关证明材料。

5. 用钢笔或计算机填写，字迹工整清楚。

6. 空格不够填写时，可另附加页。

7. 本申请书同样适用于增加适用范围

1. 单位基本情况

单位名称：＿＿＿＿＿＿＿＿＿＿＿＿＿＿＿＿

单位地址：＿＿＿＿＿＿邮政编码：＿＿＿＿＿＿＿＿＿＿

联系电话：＿＿＿＿＿＿联系人：＿＿＿＿＿＿＿＿

法定代表人：＿＿＿＿＿动物设施负责人：＿＿＿＿＿＿＿

设施地点：＿＿＿＿＿＿＿＿＿＿＿＿＿＿＿

2. 申请项目

2.1 一般动物实验设施

设施类别	主要动物实验科目及所用动物品种	设施面积（m²）

2.2 特殊动物实验设施

设施类别	主要动物实验科目	设施面积（m²）
	（1）放射性动物实验 （2）感染性动物实验 （3）化学毒性动物实验 （4）其他（详细说明）	

3. 动物实验设施保障情况

3.1 主要人员（包括主要设施管理人员、兽医、实验技术人员等）

姓名	专业技术职称	所学专业	学历	主要工作

3.2 主要仪器设备（或标准物质）

仪器设备（或标准物质）名称	数量	运行情况

3.3 主要规章制度（设施管理、设备维护、人员培训、SOP等）

附件1

实验动物部门主要负责人简历表

姓名		性别		出生年月	
文化程度		职务		职称	
所学专业		毕业院校		毕业时间	
工作简历及特长：					

附件2

实验动物工作人员一览表

序号	姓名	性别	出生年月	学历	职务	职称	所学专业	主要工作	岗位证书号

2）实验动物使用许可证年检申请表

实验动物使用许可证年检申请表

实验动物使用许可证年检申请表
（　　　　　）年度

填报单位（公章）：

填报日期：

×× 市实验动物管理办公室

单位名称		许可证编号	
设施地点			
适用范围（许可范围）			
法定代表人		联系人	电话
从业人员情况	继续教育	培训考核日期	培训考核内容	参加人数
	体检		
设施运行情况	是否运行（选项后画√）	是（　　） 否（　　）	
	开始运行时间	本年度运行时间（d）	
	若运行不正常，请说明原因。		

注：1. 单位名称、许可证编号、设施地点、适用范围（许可范围）、法定代表人应与"许可证"内容一致，如有变化，须同时办理变更手续。
2. 每一个"许可证"，应分别填写年检申请表。
3. 表格不够使用时，可另加附页。

使用单位情况	动物使用情况	动物名称	级别	动物来源	使用量（只/a）
		购买动物时，是否索取×× 市实验动物质量合格证明（选项后画√）　是（　　）　否（　　）　根据课题要求（　　）			
	饲料使用情况	饲料名称	级别	饲料来源	使用量（t/a）
		购买饲料时，是否索取×× 市实验动物质量合格证明（选项后画√） 是（　　）　否（　　）　根据课题要求（　　）			
	申请单位意见	主管领导签字：　　　　　年　月　日			
	年检结论	单位公章　　　　　年　月　日			

（2）动物实验管理记录表

动物实验伦理审查表
The Tab of Animal Experimental Ethical Inspection

编号（No.）：××××××

申请人填写的相关信息（Concerned information wrote by applicant）	申请单位（Name of organization）：				
	申请人资格（Qualification of applicant）：	学历（Education）	技术职称（Professional title）	岗位证书编号（Number of permit）	
	实验名称（Study title）：				
	实验目的（Aim of experiment）：				
	拟进动物情况	动物来源（Source of animal）：			
		品种品系（Species or strain）： 等级（Grade）： 规格（Specifications）：			
		数量（Number）： 只（♀ 只；♂ 只）	申请日期（Application date）： 年 月 日		
		进驻日期（Entering date）： 年 月 日	结束日期（Ending date）： 年 月 日		
	实验要点，包括实验方法、观测指标、实验结束后处死动物的方法等（Outline of experiments, experimental methods, observational index, executing animal method et. al）：				
	申请人签名（Signature of applicant）： 联系电话（Telephone）：				
审查依据（Inspection contents）	1. 该项目是否必须用实验动物进行实验，即能否用计算机模拟、细胞培养等非生命方法替代动物或用低等动物替代高等动物进行实验（Does laboratory animal must be used in the project? Could other methods such as computer simulation, cell cultivation or using the low-grade animal instead of the high-grade animal）？ 2. 表中所填申请人资格和所用动物的品种品系、质量等级、规格是否合适，能否通过改良设计方案或用高质量的动物来减少所用动物的数量（Are the qualification of applicant, species or strain, grade and specifications of animals suitable? Could the quantity of animals be reduced by improving the study design or using high quality animals） 3. 能否通过改进实验方法、调整实验观测指标、改良处死动物的方法，来优化实验方案、善待动物（Could the study design and animal treatment be refined by ameliorating experimental method, adjusting observational index, executing animal method）				
审查结果（是否同意申请人的实验方案）（Results of inspection）	课题负责人意见（Study director）：	同意（Agree） ☐	不同意（Disagree） ☐	签 名（Signature）	
	动物实验中心主任意见（Director of animal experimental center）：	同意（Agree） ☐	不同意（Disagree） ☐	签 名（Signature）	
	所实验动物管委会意见（The Animal Care & Welfare Committee）：	同意（Agree） ☐	不同意（Disagree） ☐		
备注（Supplement）：				签 章（Stamp）	

实验动物设施使用证明
The Certification of Using the housing facility of Laboratory Animal

编号（No.）：××××××

使用单位（Name of organization）：			
实验名称（Name of experiment）：			
伦理审查表编号（Number of animal experimental ethical investigational tab）：		使用者签名（Signature of user）：	
使用动物情况（Situation of using laboratory animal）	来源（Source）：	质量合格证编号（Number of qualitative qualification）：	
	品种品系（Species or strain）：	等级（Grade）：	
	数量（Quantity）：　　只（♀　只；♂　只）	规格（Specifications）：	
	进驻日期（Entering date）：　年　月　日	结束日期（Ending date）：　年　月　日	
饲养设施条件（Condition of the housing facilities）	屏障设施（barrier housing facility）□	本设施的环境条件符合中国国家标准《实验动物　环境及设施》GB 14925 对屏障动物实验设施的有关规定，动物饲养管理和动物实验操作符合《××市实验动物管理条例》等法规的要求。(This housing facility is a barrier housing facility, and it has in keeping with national standard《Laboratory Animal—Requirements of Environment and Housing Facilities》GB 14925. The care of laboratory animal and the animal experimental operation have conforming to《×× Administration Rule of Laboratory Animal》, et al.)	
	普通设施（Ordinary housing facility）□	本设施的环境条件符合中国国家标准《实验动物　环境及设施》GB 14925 对普通动物实验设施的有关规定，动物饲养管理和动物实验操作符合《××市实验动物管理条例》等法规的要求。(This housing facility is an ordinary housing facility, and it has in keeping with national standard《Laboratory Animal—Requirements of Environment and Housing Facilities》GB 14925. The care of laboratory animal and the animal experimental operation have conforming to《×× Administration Rule of Laboratory Animal》, et al.)	
	设施使用许可（Permit of the facility）	许可证编号（Number of permit）：	有效期（Term of validity）：　自　年　月　日　至　年　月　日
		许可证发放机构（Permitting organization）：	××市科学技术委员会（×× Municipal Committee of Science and Technology）
实验设施负责人意见（Head of the project）：	情况属实（Approval）□	情况不属实（Disapproval）□	签　名（Signature）
动物实验中心主任意见（Director of animal experimental center）：	情况属实（Approval）□	情况不属实（Disapproval）□	签　名（Signature）
所实验动物管委会意见（The Animal Care & Welfare Committee）：	情况属实（Approval）□	情况不属实（Disapproval）□	签章（Stamp）
备注（Supplement）：			

课题组：			实验负责人：			联系电话：	
动物品系	进驻日期	进驻数量	转出日期	转出数量	当日存量	异常情况记录	记录员

动物实验设施内环境参数报表（利用监控记录自动生成）

日期（实验时间段）	每天记录时间	___号饲养间温度	___号饲养间相对湿度	备　　注

制表：_____　　复核：_____　　报表日期：___年__月__日

_____（设施名称）_____动物实验卡片	
实验名称：	
课题组：	实验员及其电话：
动物品系：	笼内数量：　♀/♂　　　　　　　只
购进日期：　　　　年　月　日	实验组别：
特殊要求：	

附录 2 大 事 记[1]

1900 年，美国退休教师莱斯罗普建立宠物鼠场，实验小鼠很多品系从这里选育而成。此活动为美国实验动物资源发展的起点。

1918 年，中国兽医科学家齐长庆在原北平中央防疫处饲养小鼠，此活动为中国开展小鼠类实验动物工作的起点。

1929 年，美国杰克逊实验室（JAX）建立。此后，发达国家纷纷建立了代表性研究机构，例如桑格尔研究所、日本熊本大学等，集中进行实验动物资源研制、培育和共享。

1949 年，中国建立了生物制品研究所，分布在北京、上海、武汉、长春、大连、兰州、成都等地。

1950 年，美国成立实验动物管理小组，后改组成美国实验室动物学学会（American Association for Laboratory Animal Science，AALAS），是一个致力于实验动物科学研究、教育和技术推广的专业组织。

1956 年，国际实验动物科学理事会（International Council for Laboratory Animal Science，ICLAS）成立，该组织由联合国教科文组织、国际医学组织联合会、国际生物科学联合会共同发起，以促进世界范围内实验动物伦理性关怀和使用为目标，以全面提升人类和动物健康为使命。

1962 年，美国成立了国家研究资源中心（National Center for Research Resources，NCRR）。据统计，通过 NCRR 支持建立的国家级实验动物资源和技术服务机构涉及啮齿类动物、非人灵长类动物、水生动物、猪、无脊椎动物等动物种类，其 60 余年的发展历程对推动美国实验动物资源发展及全球领先地位起到了重要作用。

1962 年，全球第一款塑料材质实验动物饲养笼具由泰尼百斯集团（Tecniplast Group）和 MNI-PR 合作开发，取名 1144，改善了实验动物笼具的操作便利性。

1968 年，加拿大实验动物管理委员会成立，并于 1982 年改组为独立社团组织，是加拿大有关动物使用的主要咨询和评审机构，其制定的《实验用动物管理与使用指南》（Guide to the care and use of experimental animals）是管理和使用实验动物的基本准则。

20 世纪 70 年代，中国第一个实验动物设施由中国医学科学院实验动物研究所建立，标志着中国实验动物研究进入一个新的阶段，为医学和生物学研究提供了更加标准化和可控的实验动物环境。

1980 年，国家科学技术委员会被确定为中国实验动物管理部门，中国实验动物学科和实验动物行业发展进入正轨。

1980 年，为避免在同一饲养环境的笼盒之间发生交叉污染，泰尼百斯开发了全球第一款带滤膜的动物笼具，取名 1284。

1982 年，陈天培教授团队自行设计开发了塑料隔离器的模具，研究掌握了高频输出功率、热压时间和溢料程度等关键技术，成功研制了国产原材料隔离器，其物理性能和密封性能等技术指标达到国外同类产品标准。

1982 年，国家科学技术委员会在云南召开了第一届全国实验动物工作会议，首次将发展实验动物科学纳入国家计划。

---

[1] 本书主要定位于工程应用，服务于科学研究，因此主要以管理制度、标准规范、重要生产及科研机构、重要交流活动、关键实验动物环境及设施为线索进行梳理，同时考虑国外的重要事件。

1983 年，卫生部根据国际实验动物学现状，结合我国具体情况，制定《卫生系统实验动物管理暂行条例》，开始对卫生系统的实验动物进行规范化管理。

1984 年，国务院批准建立"中国实验动物科学技术开发中心"。在国家科学技术发展总方针的指导下，研究提出发展中国实验动物科学技术的方针、政策、法规和规划；协调管理实验动物科学技术的开发研究和人才培训；安排落实实验动物科技有关条件的开发建设和经营业务；组织实施实验动物科技领域的国际合作和学术交流；抓好实验动物科学技术情报、学术活动以及提供科技咨询等，这对促进中国实验动物科技工作的发展起着重要作用。

1984 年 12 月，教育行业实验动物中心——北京医科大学实验动物科学部成立，是最早一批设立专门的实验动物部门的国内高校。

1985 年，国家科学技术委员会在北京召开全国第二次实验动物科技工作会议，中国实验动物科学技术开发中心主任徐振国同志做了工作报告。大会就制订实验动物管理条例的议题进行了研讨，并制定了发展规划和实验动物法规，有力推动了中国实验动物科学事业的发展。

1985 年，美国发布《动物福利法》修正案，对实验动物实验室的建设和管理提出了更严格的要求，修正内容主要体现在如下方面：扩大保护范围，将保护范围从实验动物扩展到所有动物，包括农场动物、伴侣动物等；增加福利标准，增加了动物的福利标准，确保动物在运输、饲养和实验过程中得到更好的照顾；加大执法力度，加大了对违反《动物福利法》的处罚力度，确保法律得到有效执行。

1985 年，卫生部率先成立医学实验动物管理委员会，推行实验动物合格证制度，并着手建立医学实验动物标准。同年，京沪两地试行实验动物合格证制度。

1987 年，中国实验动物学会成立，1988 年被接收为国际实验动物科学委员会的成员国。通过建立实验动物管理体系和政策法规体系、实行实验动物标准化、建设实验动物技术平台、建立实验动物资源基地等，实验动物学在中国得到了迅猛发展。

1987 年，澳大利亚和新西兰研究和教育用动物管理委员会（ANZCCART）成立，致力于促进在研究和教学中对动物的伦理使用和高标准的福利管理，反映了澳大利亚和新西兰对动物伦理和科学研究的高度重视。

1988 年，我国发布《实验动物管理条例》，标志着实验动物资源纳入科技管理范畴，该条例分别于 2011 年 1 月 8 日，2013 年 7 月 18 日，2017 年 3 月 1 日进行了三次修订。同年，我国加入"国际实验动物科学管理委员会"。

1992 年，为满足动物饲养环境的可控性，泰尼百斯推出了全球第一套层流柜。

1994 年，我国发布实验室动物标准，包括：实验动物环境与设施、实验动物质量品级、实验动物遗传质量控制、实验动物营养饲料。

1994 年，全球第一款"独立通风笼具系统"（IVC）（采用笼底送风）上市，由泰尼百斯研发生产，动物饲养笼具进入独立通风的时代。

1997 年，为了贯彻落实《科研条件发展"九五"计划和 2010 年长远目标纲要》，进一步加强实验动物质量管理，保证实验动物和动物实验室的质量，根据《实验动物管理条例》，我国制定并发布《实验动物质量管理办法》。

1996 年 10 月 17 日，北京市第十届人民代表大会常务委员会第三十一次会议通过《北京市实验动物管理条例》，是我国第一部实验动物管理方面的地方性法规。该条例于 2004 年和 2021 年进行了修正。

1997 年，中国科学院以上海实验动物中心为依托单位，成立"国家啮齿类实验动物种子中心上海分中心"。该中心由科技部和中国科学院共同投资建设，是我国两大实验动物种子中心之一。

1998 年，国家啮齿类实验动物种子中心成立，设在中国药品生物制品检定所实验动物中心，采用国外引进、国内收集、自主研发、协议保存等多种方式集聚、整合和优化实验动物资源。

20 世纪 80 年代，中国医学科学院医学实验动物研究所通过与 JAX 实验室、马里兰州立大学、奥根大学等机构开展资源和学术交流，引进国内外实验动物种子，建立起包含 50 余个大小鼠品系的国家第一个实验动物资源种子库。20 世纪末，中国的实验动物资源建设以大小鼠品系培育、质量控制和标准化建设为主。

20 世纪末期，基因工程技术的出现及其在实验动物领域的应用，促进了实验动物资源的飞速发展。

2000 年，实验动物实验室开始广泛采用生物安全柜、空气过滤系统等先进设备，提高了实验室的生物安全水平。

2001 年，科学技术部、卫生部、教育部、农业部、国家质量监督检验检疫总局、国家中医药管理局、中国人民解放军总后勤部卫生部联合发布《实验动物许可证管理办法（试行）》，规定了申请条件、审批和发放、管理和监督等内容。

2001 年，国家标准《实验动物　环境及设施》GB 14925—2001 发布，该标准规定了实验动物及动物实验设施和环境条件的技术要求及检测方法，同时规定了垫料、饮水和笼具的原则要求。该标准适用于实验动物生产、实验场所的环境条件及设施的设计、施工、检测及经常性监督管理。

2002 年，实验动物行业全球首套"笼盒自动化处理设备"面市，由泰尼百斯研发生产，将"自动化"理念引入并应用于实验动物行业。

2004 年，"慰灵碑"立在武汉大学实验动物中心，为 SARS 期间为研究现身的 38 只恒河猴而立，把动物列入道德关怀的范围，体现出人类的爱心和对生命的珍惜。

2004 年 5 月，应日本实验动物学会邀请，国内实验动物界专家、学者及管理人员组成学术代表团，对日本进行访问。中国实验动物学会（CALAS）与日本、韩国实验动物学会共同倡议成立了"亚洲实验动物学会联合会"（AFLAS），中国实验动物学会秘书长秦川教授代表中国参加了 AFLAS 理事会，当选为 AFLAS 副主席。

2005 年，全国实验动物标准化技术委员会（SAC/TC 281）成立，直属于国家标准化管理委员会，负责实验动物专业技术领域的标准化技术归口工作。

2006 年 9 月，为了适应科技发展的需要，贯彻落实《实验动物管理条例》，进一步加强实验动物管理工作，在深入研究和广泛征求意见的基础上，科学技术部制定了《关于善待实验动物的指导性意见》，进一步明确了实验动物饲养和实验过程中的操作规程。

2007 年，饮用水直饮系统首次在苏州药明康德新药开发有限公司实验动物中心得到应用，养殖动物为狗和猴，应用 200 多套饮用水直饮系统。

2008 年，国家标准《实验动物设施建筑技术规范》GB 50447—2008 发布。编写单位为中国建筑科学研究院、中国医学科学院实验动物研究所等。该标准规定了实验动物设施分类和技术指标；实验动物设施建筑和结构的技术要求；对作为规范核心内容的空调、通风和空气净化部分，详细规定了气流组织、系统构成及系统部件和材料的选择方案、构造和设计要求；还规定了实验动物设施的给水排水、电气、自控和消防设施配置的原则；对施工、检测和验收的原则、方法做了必要规定。

2008 年，为满足高等级生物安全实验室内感染性大、小鼠的独立饲养需求，生物安全型 IVC 上市，由泰尼百斯研发生产。

2014 年 9 月，国家标准《实验动物机构　质量和能力的通用要求》GB/T 27416—2014 发布。

2014 年 12 月，真空式废垫料收集系统（负压式）和集成式垫料添加系统（负压式）在南京大学模式动物研究所投入使用，降低了操作人员的劳动强度，防止粉尘向室内扩散，保护了环境和操作人员的安全。

2015 年 11 月 4 日，英国内政部实验动物监管司负责人朱迪博士、英国内政部动物科学管理司政策官员丹尼尔以及英国驻华科技和创新处项目主管姚荣芳一行访问科技部农村中心。

2015 年，泰尼百斯推出数字化独立通风笼具（DVC），开启全球实验动物行业智能化饲养新时代。

2017 年 6 月 1 日，中国合格评定国家认可委员会（CNAS）正式开展实验动物机构第三方认可工作。

2018 年 7 月 13 日，CNAS 为中国科学院昆明动物研究所（以下简称昆明动物研究所）颁发了我国第一张实验动物机构认可证书。这标志着我国自主研发、创新建立的实验动物机构认可制度正式实施。

2021 年 4 月，笼盒自动化处理系统在江苏海门百奥赛图正式投入使用，这是我国第一条自主研发的笼盒自动化处理系统。

2022 年 11 月，河北省涿州市建设的模式动物（猪）表型与遗传研究国家重大科技基础设施项目基建工程竣工并通过验收。"模式动物表型与遗传研究设施"是我国"十二五"时期的重大科技基础设施，由昆明动物研究所承建非人灵长类设施；由中国农业大学承建猪设施，即"天蓬工程"。

2023 年 9 月和 11 月，《实验动物　动物实验生物安全通用要求》GB/T 43051—2023、《实验动物　环境及设施》GB 14925—2023 发布。这两本实验动物国家标准宣贯会于 2024 年 1 月举办。

2024 年 4 月，《中华人民共和国生物安全法》由中华人民共和国第十四届全国人民代表大会常务委员会第九次会议于 2024 年 4 月 26 日通过，自 2024 年 4 月 26 日起实施。该法是为维护国家安全，防范和应对生物安全风险，保障人民生命健康，保护生物资源和生态环境，促进生物技术健康发展，推动构建人类命运共同体，实现人与自然和谐共生制定的法律。

2025 年 4 月 8 日，全国实验动物标准化技术委员会三届一次会议在京召开，主任委员秦川回顾了我国实验动物国家标准不断完善的几个阶段（1994 年之前，1994～2001 年，2001～2008 年，2008～2016 年，2016 年至今），指出我国已经建立实验动物遗传、微生物、环境设施等方面国家标准，包括 4 项强制性标准；秦主任重点阐释了实验动物未来五年标准体系规划：在现有国标体系基础上，布局制定对实验动物质量控制十分重要的病理学标准，对实验动物直接接触的饮水、垫料、笼器具、动物玩具等动态环境质量控制的国家标准以及水生实验动物的国家标准，完善大型实验动物的国家标准。副主任委员、中国建筑科学研究院有限公司教授级高级工程师王清勤在专题发言中强调，实验动物国家标准体系的建立，为实验动物质量检测和许可证颁发提供了技术保障，对提高实验动物质量发挥了重要作用。

附录 3 实验动物设施科技成果产出分析

本附录从文献计量学分析的角度，系统梳理了 2000～2024 年关于实验动物设施建设与发展的科技成果情况，主要包括期刊论文、专利与图书的情况。

1. 期刊论文

使用中国知网数据库（CNKI）与万方数据库（万方）进行文献检索，两大中文数据库覆盖了包括自然科学、工程技术、农业科学、医药卫生、经济管理、教育科学、图书情报、人文科学等领域的期刊。

以知网 CNKI 为例，对实验动物设施建设与发展相关的期刊论文进行检索。在专业检索框中输入检索式：SU＝（'实验动物设施'＋'动物房'＋'动物实验室'＋'ABSL-2'＋'ABSL-3'），并在普通检索框中输入"实验动物设施"进行检索，将得到的期刊论文题录信息进行批量导出。同样在万方数据库中进行检索，将下载好的期刊论文题录信息导入 Note Express 文献管理软件，对题录信息进行去重、筛选、清洗等处理，得到符合主题的文献信息，之后采用 CiteSpace 6.4.R1 软件（高级版）对题录信息进行分析。CiteSpace 能够呈现出特定研究领域的知识结构、发展脉络以及研究热点等情况，在文献综述、科研选题等环节都能发挥重要辅助作用。下文从期刊论文的发文量、期刊、关键词、作者合作关系、机构合作等方面进行分析。

（1）发文量分析

期刊论文的发文量与时间分布可以直接反映某项研究在特定时间段内的发展趋势，通过绘制发文量年度分布图，可以分析实验动物设施建设方面的研究动态并预测未来的发展方向。对期刊发文量的逐年分布情况进行分析，得到附图 3-1。

由附图 3-1 可知，2000 年至今，实验动物设施建设方面的期刊论文数量随着时间变化经历了多次波动，将其划分为 3 个阶段：2000～2010 年为增长阶段；2010～2016 年为持续降低阶段；2016～2024 年为再次增长阶段。可以发现，两次增长阶段中均出现了峰值，分别为 2005 年、2021 年，这两个年份均在两次疫情暴发之后，科研工作者对实验动物设施的关注度迅速增加，说明实验动物设施在应对疫情方面起着重要作用。对累计发文量进行回归分析，以累计发文量作因变量，年份作为自变量，可得线性方程：$y=25.393x-20.83$，其中 $R^2 = 0.9967$，回归方程与观测数据的拟合程度非常高，可据此预测今后实验动物设施建设方面的累计发文量。

对在实验动物设施建设方面收录文章数量在 5 篇及以上的期刊进行统计（附图 3-2），载文量超过 60 篇的期刊为《中国比较医学杂志》和《实验动物科学》，表明这两本期刊在该领域具有非常强的影响力。载文量在 10～50 篇之间的期刊主要有《实验动物与比较医学》《实验动物科学与管理》《洁净与空调技术》《中国实验动物学杂志》《暖通空调》《实验室研究与探索》《医学动物防制》，这些期刊在实验动物设施的建设发展方面具有较强的影响力。附图 3-2 中其余期刊的载文量在 10 篇以下 5 篇以上。另有 180 余种期刊载文量在 1～5 篇之间。

（2）研究热度分析

关键词是对某项研究领域进行深入分析的最主要、最核心的信息。对关键词的分析主要有 3 个核心指标：关键词共现、中介中心性、突变检测。关键词共现可以反映某一个关键词在整个共现网络中的核心力度，高频次关键词可以反映某段时间内研究领域内研究主题的前沿热点，并且关键词的频次与研究热度呈正相关关系。中介中心性是指期刊论文被不同学科共同引用，在连接其他节点和不同集群方面发挥着重要作用。突变检测是指在时间维度上突然增加的关键词或机构等，在一定程度上可以

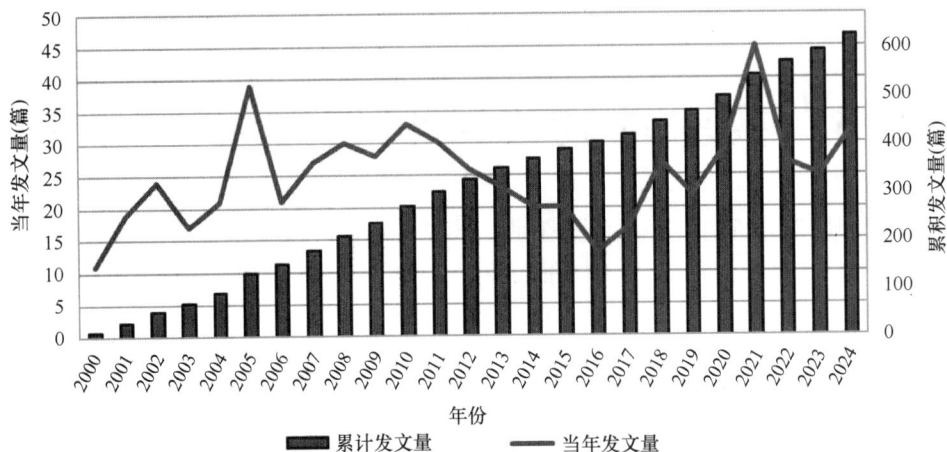

附图 3-1　实验动物设施建设方面的发文量变化趋势图

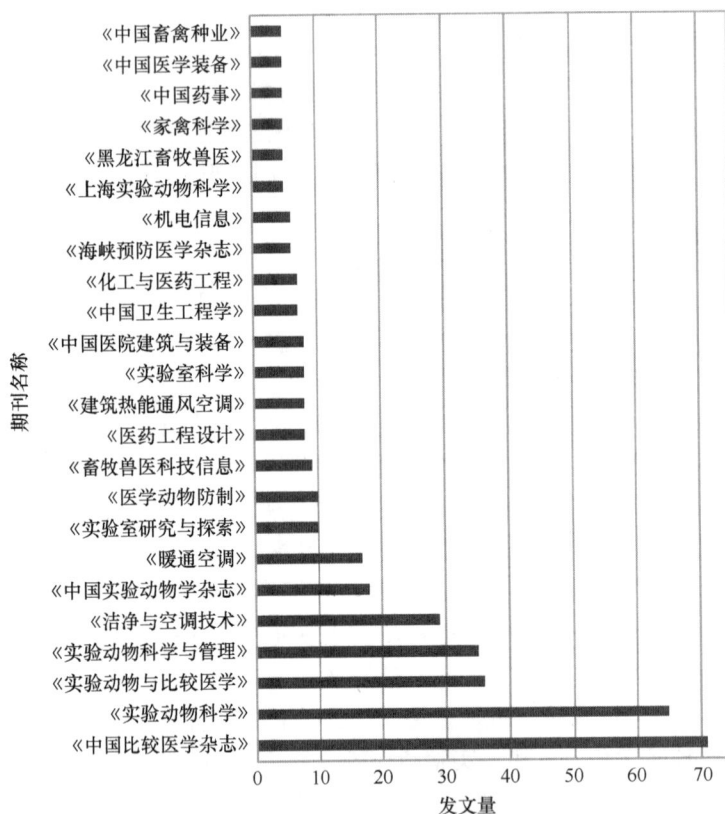

附图 3-2　期刊载文数量统计

反映当时的研究热点。

1）关键词共现

在 CiteSpace 中进行关键词共现分析，设置时间范围为 2000～2024 年，为了避免数据分散，结果零碎，将时间切片设定为 2 年，这样得到的数据整合度高，便于从整体趋势进行分析。附图 3-3 为实验动物设施建设方面的相关研究关键词共现可视化图谱，其中关键词对应的节点（即圆圈）大小代表的是关键词出现的频次，频次越高，则其所代表的节点越大。频次是指某个关键词在文献数据集中出现的次数，反映了该关键词在研究领域中的受关注程度，频次越高，说明这个关键词所代表的主题在研究中越重要、热度越高。节点由内而外不断变化的颜色代表着不同的时间阶段，表示关键词在各时间阶段的分布情况。各节点之间的连线表示关键词之间的共现程度，指在一定的文献集合等文本范围内，两个或多个关键词在同一篇文献、段落等语境中共同出现的情况，连线的颜色反映了其出现的年份，表明每年有哪些主要关键词，而连线越粗，表明关键词共现的次数越高。关键词周围连线的多少，表示该关键词的中心性大小，中心性体现关键词在整个知识网络结构中的重要程度与影响力，中心性越高意味着该关键词在连接不同研究主题、领域等方面起到的桥梁作用越强，对知识网络的构建和关联贡献越大。

通过 CiteSpace 软件得到了节点数为 291、连线数为 455、密度为 0.0108 的关键词共现可视化图谱。以附图 3-3 中的关键词"节能"为例，相较于关键词"实验动物"，其节点较小，表明其出现的频次比"实验动物"小，而颜色代表着其出现的时间段为 2000～2024 年，表明实验动物设施的节能被持续关注。"节能"周围线条的粗细程度表示其与其他关键词的共现次数，其中实验动物设施的"净化空调"与其相关性较强，说明在实验动物设施"节能"的研究过程中，"净化空调"是重点研究部分。

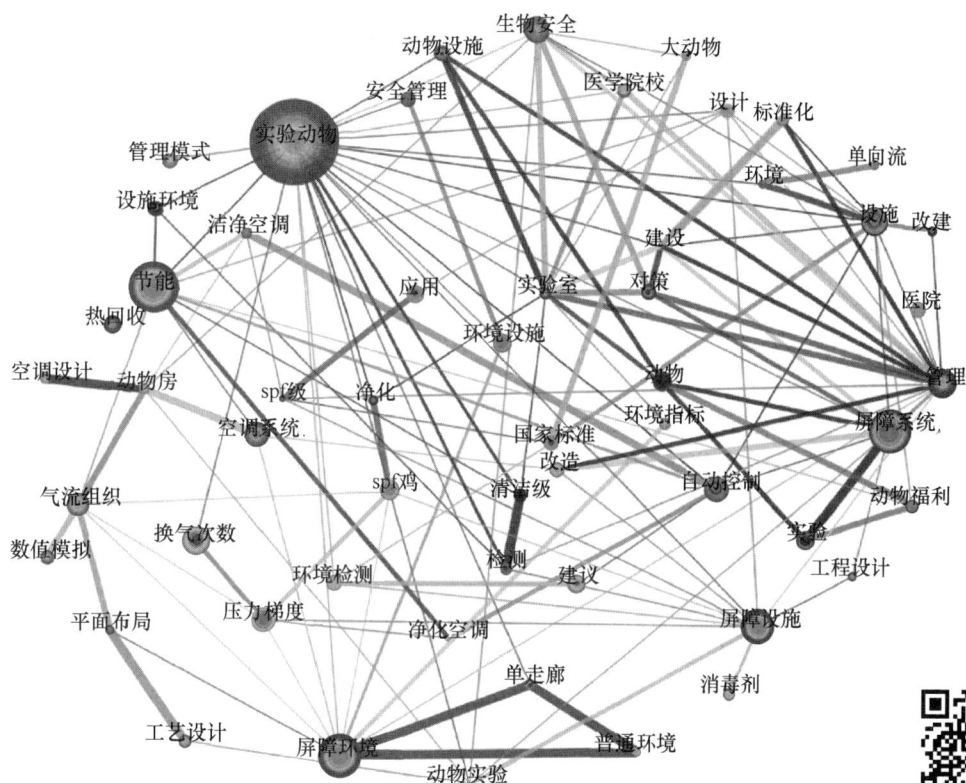

附图 3-3　实验动物设施建设方面的研究关键词共现可视化图谱

扫码查看彩图

在一些交叉性较强的领域，关键词的中心性在 0.1～0.2 较为常见，而在一些传统的学科，中心性可能达到 0.5 甚至更高。对关键词共现可视化图谱中的重要节点所对应的相关文献进行统计和梳理得到附表 3-1，表中年份表示该关键词最早出现的时间。可以发现，其中具有高中心性且频次较高的关键词为：实验动物（0.54，128）、屏障设施（0.2，42）、管理（0.16，46）、节能（0.16，34）、屏障环境（0.13，35），表明对实验动物设施的研究主要关注点在管理以及环境营造方面。除"实验动物"，还有的关键词中心性为 0.1～0.3，其余则位于 0～0.1 之间，反映出实验动物设施在细分领域上的多样性。

实验动物设施建设与发展的相关研究关键词表   附表 3-1

频次	中心性	年份	关键词	频次	中心性	年份	关键词
128	0.54	2000	实验动物	19	0.08	2003	气流组织
46	0.16	2000	管理	16	0.05	2001	实验室
42	0.2	2002	屏障设施	13	0.1	2006	动物实验
35	0.13	2003	屏障环境	13	0.06	2002	设计
34	0.16	2000	节能	13	0.07	2001	动物房
34	0.08	2001	屏障系统	12	0.02	2000	建设
22	0.09	2000	设施	11	0	2002	净化空调
20	0.1	2010	生物安全	11	0.05	2004	spf 级

2）关键词聚类

在关键词共现的基础上，对其进行进一步的聚类分析。关键词聚类可以将众多关键词按照主题相关性进行分组，从而清晰地展现出研究领域的主题结构，能够挖掘出隐藏在数据中的潜在主题。在聚类过程中，一些频次过低的关键词可能会被合并或者被视为次要主题，使热门主题更加突出。使用 Log Likelihood Ratio（LLR）算法对一些联系较为紧密的关键词进行聚类，并提取聚类标签，得到附图 3-4。聚类标签的数值越小，代表着聚类中包含的关键词越多。关键词聚类时，LLR 算法可以通过计算关键词之间的对数似然比来衡量它们的关联程度，对数似然比越高，表明关键词在同一主题下共同出现的概率越大，就越有可能被划分到同一个聚类中。

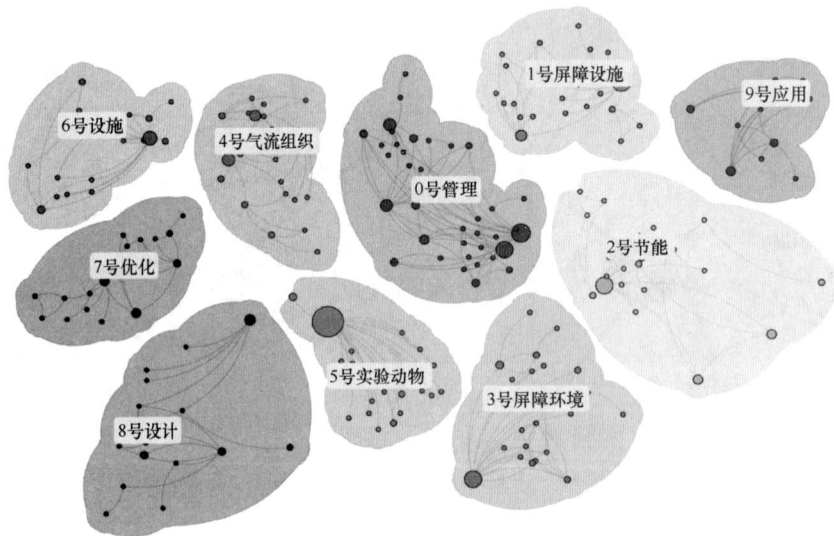

附图 3-4　实验动物设施建设方面的关键词聚类可视化图谱

聚类分析时需要关注两个数值，即 Modularity（聚类模块值，也称 Q 值）与 Silhouette（聚类平均轮廓值，也称 S 值），这两个数值表征聚类结果的好坏，一般认为，$Q>0.3$ 意味着聚类结构显著，$S>0.5$ 认为聚类是合理的，而 $S>0.7$ 时表示聚类结果是令人信服的。附图 3-4 中的 Q 值为 0.6557，S 值为 0.8806，显然，本次聚类的结果是可靠的。附图 3-4 展示了关键词聚类的标签，分别为：0 号管理、1 号屏障设施、2 号节能、3 号屏障环境、4 号气流组织、5 号实验动物、6 号设施、7 号优化、8 号设计、9 号应用，这些标签可以帮助识别每个聚类的核心主题，反映出实验动物设施建设方面的主要研究方向或内容。

3）关键词时序

关键词时序图可以反映实验动物设施在不同时间阶段内的分布特征，能够从时间维度上对实验动物设施的研究方向与发展脉络进行全面了解。附图 3-5 为实验动物设施建设方面的研究关键词时间线图谱。2000 年至今，实验动物设施在"0 号管理"方面的研究横跨全部时间阶段。在 2004 年左右，

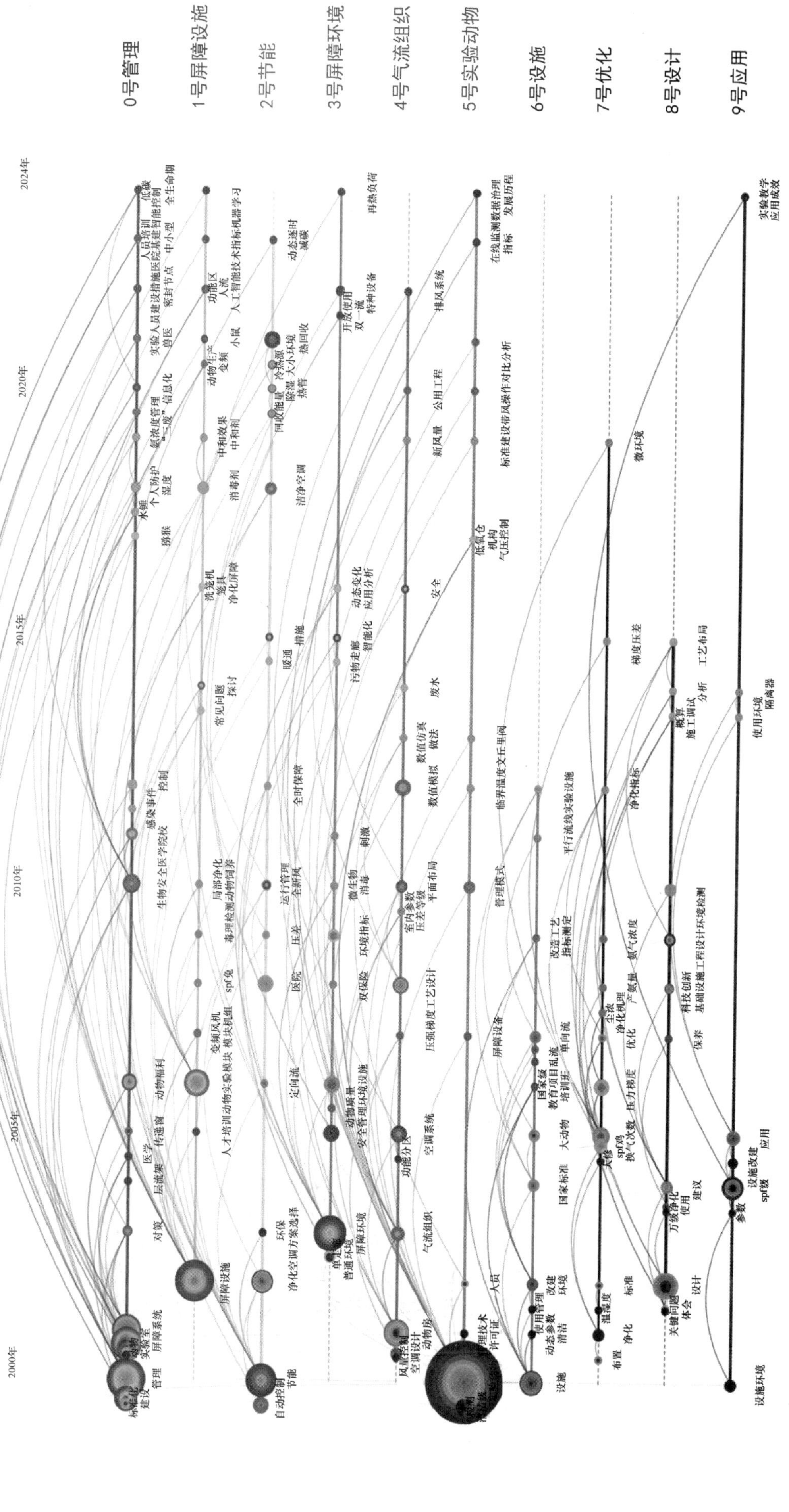

附图 3-5　实验动物设施建设方面的研究关键词时间线图谱

对实验动物设施的管理"对策"及国家标准的研究热度较高；2010 年"生物安全"在实验动物设施建设领域出现频次较高，而近年来，实验动物设施的"全生命期""低碳""智能控制"开始流行，并且加强了实验动物设施内部的相关"人员培训"。实验动物设施"节能"方面的热度持续高涨，2000～2010 年，研究者的关注点是"净化空调"与"自动控制"的有效结合，并且引入实验动物设施的"定向流"分析"压差控制""全新风控制"等细化的研究方向，近年来又出现了"除湿""热管""热回收""动态逐时减碳"等研究，这说明实验动物设施的设计建设与绿色低碳相结合正在成为新的研究趋势。

（3）发展趋势分析

在上一小节中提到，突变检测是指在时间维度上突然增加的关键词或机构等，能够在一定程度上反映当时影响力较强的研究主题，帮助研究者快速了解研究的热点。通过关键词突变分析，得到附图 3-6。强度越大，说明与该关键词相关的研究发展趋势越明显。

附图 3-6 中的序号①表示关键词在突然出现之前的阶段，这个时期关键词研究热度处于比较常规的状态，没有出现研究热度的急剧变化，可以理解为一个基础阶段或者潜伏期，在这个阶段关键词可能已经存在于研究领域中，但尚未引起足够的重视。序号②表示关键词突然出现的时期，即关键词热度突然增加，在研究领域中受到高度关注的阶段。序号③表示关键词突然出现之后的阶段，意味着某关键词的研究热度逐渐下降或者回归到正常水平，研究焦点开始从该关键词所代表的主题转移到其他方向，并不一定是这个主题被完全放弃，只是在研究领域中的相对重要性和关注度有所降低。由附图 3-6可知，在 2005 年之前，实验动物设施的研究主要关注设施本身的环境、屏障系统、设计等，在此之后对实验动物设施环境控制的研究更加细化，侧重从净化空调、压力梯度、环境检测等方面进行研究。

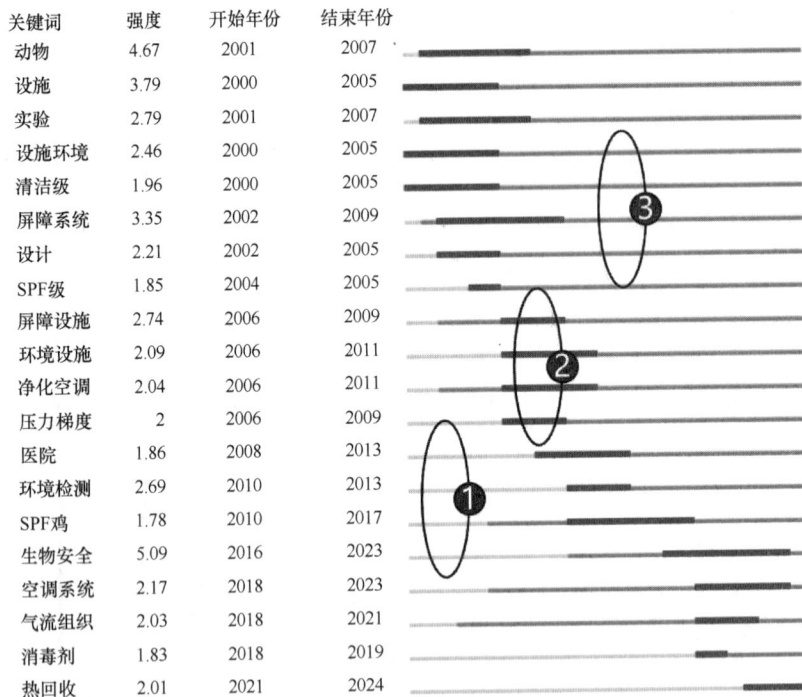

关键词	强度	开始年份	结束年份
动物	4.67	2001	2007
设施	3.79	2000	2005
实验	2.79	2001	2007
设施环境	2.46	2000	2005
清洁级	1.96	2000	2005
屏障系统	3.35	2002	2009
设计	2.21	2002	2005
SPF级	1.85	2004	2005
屏障设施	2.74	2006	2009
环境设施	2.09	2006	2011
净化空调	2.04	2006	2011
压力梯度	2	2006	2009
医院	1.86	2008	2013
环境检测	2.69	2010	2013
SPF鸡	1.78	2010	2017
生物安全	5.09	2016	2023
空调系统	2.17	2018	2023
气流组织	2.03	2018	2021
消毒剂	1.83	2018	2019
热回收	2.01	2021	2024

附图 3-6　实验动物设施建设方面的关键词突变强度图

近年来，实验动物设施的空调系统、气流组织、消毒剂、热回收等关键词被持续关注，在期刊论文中出现的次数增多，反映出实验动物设施在绿色低碳领域研究的多元化，注重从不同角度进行降碳减排，实验动物设施方面的研究更加丰富。

（4）发文作者合作网络分析

从发文作者的角度对实验动物设施的建设发展进行分析，对评价学术影响力显著的发文作者和找到重点关注的发文作者具有重要意义。通过分析，得到节点数为 395，连线数为 408，密度为 0.0052 的发文作者合作网络图谱，选取了 12 个作者合作关系网络进行分析，如附图 3-7 所示。

　　在进行分析时，若某位作者的名字出现在一篇论文中，视为该作者发表了论文。附图 3-7 中的节点大小表示作者的发文量多少，节点颜色表示作者出现的时间阶段，连线代表作者之间的合作关系，通过观察图谱中节点间的连线走向与路径，可以了解不同作者或研究团队之间的合作桥梁与脉络。连线的粗细程度通常反映了合作的强度，即共同发表文章的数量。由附图 3-7 可知，目前实验动物设施建设领域的作者合作网络较为紧密，形成了多个核心研究团队。不同团队的作者间通过具有桥梁作用的作者紧密联系在一起，而起到桥梁作用的作者即该领域内具有影响力的学者。

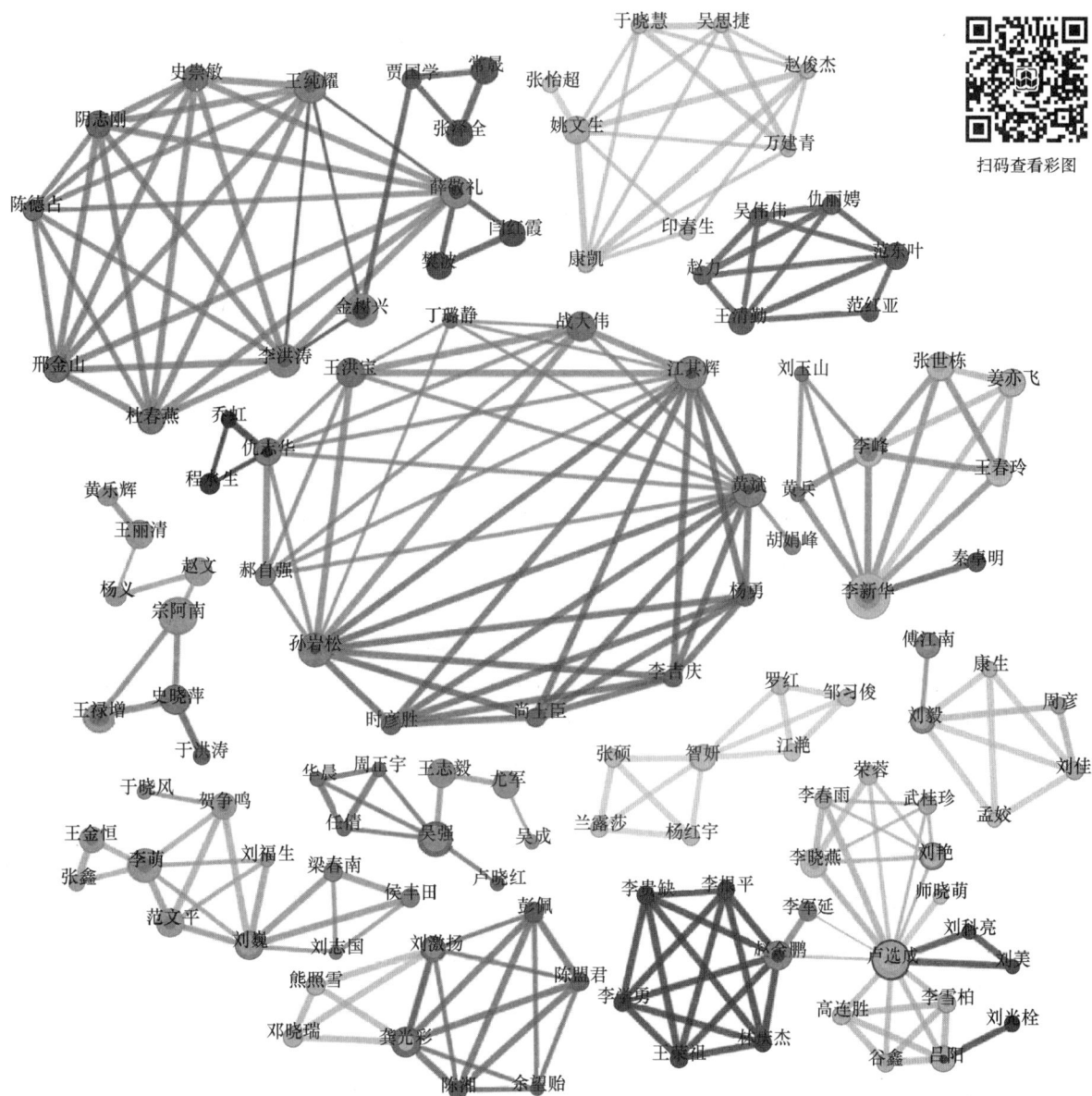

附图 3-7　实验动物设施建设领域的期刊论文作者合作关系图谱

　　将期刊发文量不少于 3 篇的第一作者及其所属机构列于附表 3-2，其中发文量最多的是山东省农业科学院家禽研究所的李新华，其研究领域为 SPF 鸡实验动物房的管理、净化空调、环境控制等；发文量排在第二位的为中国医科大学实验动物部的宗阿南，其研究方向为实验动物设施内的气流组织、消毒净化方式等；发文量排在第三位的为中国人民解放军军事医学科学院的时彦胜，其研究方向为实验动物设施的设计及应用。还有其他科研院所的众多作者，如江苏省实验动物质量检测二站的刘年双对实验动物设施环境监测、实验动物笼器具标准编制方面的研究较多，苏州苏净安发空调有限公司的吴强在实验动物设施领域空调节能研究方面较为深入，中国建筑科学研究院有限公司的王清勤在实验动物设施建筑技术、国家标准编制方面具有较大贡献。这些作者在实验动物设施建设领域的不同研究方向发挥着关键作用，推动了实验动物设施的良好发展。

实验动物设施建设领域的作者发文量排序表

附表 3-2

序号	第一作者	所属机构	发文量（篇）
1	李新华	山东省农业科学院家禽研究所	11
2	宗阿南	中国医科大学实验动物部	7
3	时彦胜	中国人民解放军军事医学科学院	5
4	刘年双	江苏省实验动物质量检测二站	5
5	吴强	苏州苏净安发空调有限公司	5
6	王清勤	中国建筑科学研究院有限公司	4
7	程水生	中国兽医药品监察所	4
8	张泽全	郑州大学实验动物中心	4
9	翁顺太	福建省疾病预防控制中心	4
10	金树兴	郑州大学实验动物中心	4
11	施正良	南京军区疾病预防控制中心	4
12	李萌	中国食品药品检定研究院	4
13	万筱荣	江西省实验动物质量检测站	3
14	唐利军	湖北省疾病预防控制中心	3
15	樊波	河南省实验动物中心	3
16	王兆绰	北京大学医学部实验动物科学部	3
17	罗刚	第三军医大学	3
18	李军延	中国疾病预防控制中心	3
19	王金恒	中国食品药品检定研究院	3
20	李小军	重庆市中药研究院实验动物研究室	3
21	薛敬礼	郑州大学实验动物中心	3
22	吴清洪	南方医科大学实验动物中心	3
23	陈清华	辽宁医学院实验动物中心	3
24	张文慧	兰州大学实验动物中心	3
25	刘巍	中国食品药品检定研究院	3
26	李晓燕	中国疾病预防控制中心	3
27	初春玲	中石化上海工程有限公司	3
28	田永刚	兰州大学基础医学院实验动物中心	3
29	龚光彩	湖南大学土木工程学院	3
30	孙洪计	皖南医学院活性生物大分子研究安徽省重点实验室	3

（5）发文机构合作网络分析

从机构层面探究实验动物设施建设的发文核心机构及各机构间的合作影响力，对识别具有学术影响力、需重点关注的机构具有重要意义。文献计量分析后得到节点数为 289，连线数为 92，密度为 0.0022 的机构合作网络图谱，选取 8 个核心机构合作网络，如附图 3-8 所示。图中各节点大小代表机构的发文量多少，节点周围连线表示与其合作的机构，连线粗细表示机构间的合作强度，而颜色代表该机构对应年份的研究活跃程度。其中，中国食品药品检定研究院、中国人民解放军军事医学科学院、中国疾病预防控制中心、中国医科大学实验动物部、中国建筑科学研究院有限公司等机构在行业内具有较高的影响力与认可度。各机构间形成了大大小小的合作关系网络，表明实验动物设施的建设与发展已处于成熟阶段，形成了各自的研究领域。

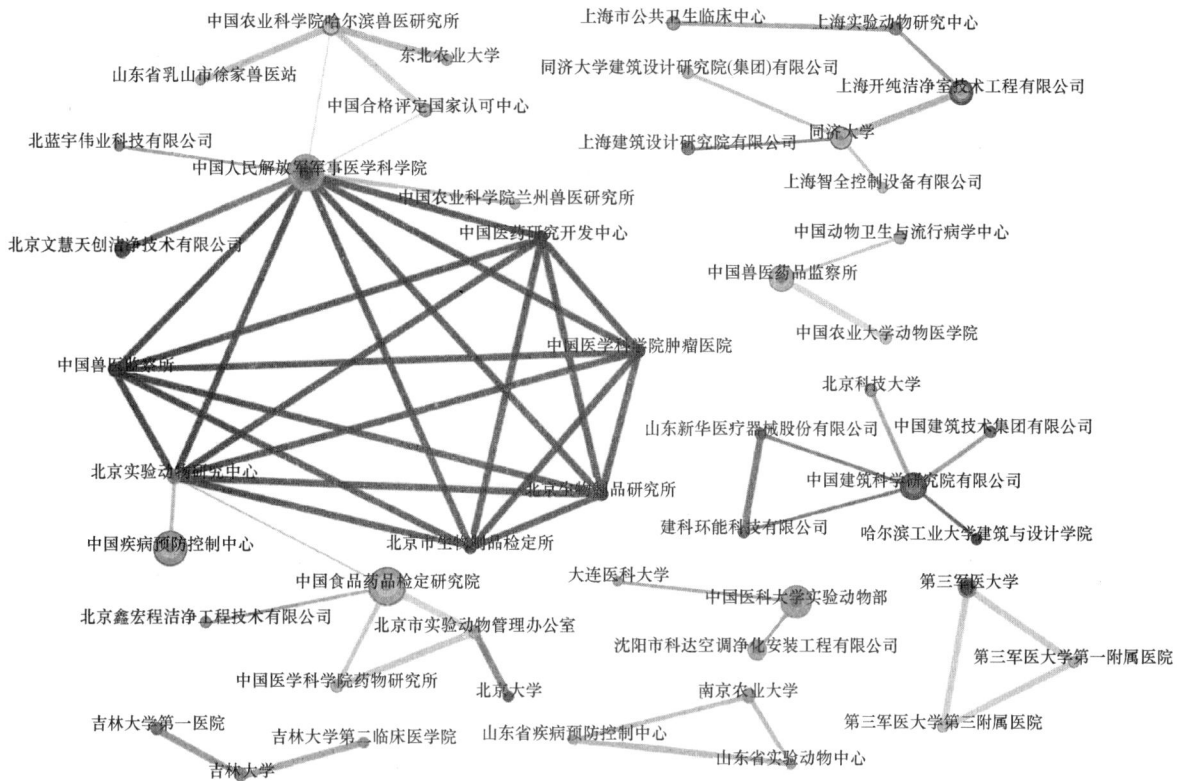

附图 3-8　实验动物设施建设领域的合作机构图谱

对发文量在 5 篇及以上的机构进行统计，如附图 3-9 所示。发文量在 10 篇及以上的机构院校分别为：中国食品药品检定研究院、中国人民解放军军事医学科学院、中国疾病预防控制中心、中国医科大学实验动物部、山东省农业科学院家禽研究所、中国建筑科学研究院有限公司、上海开纯洁净室技术工程有限公司等科研机构，在实验动物设施的设计、运行、管理、环境营造、标准政策的制定等方面发挥着关键作用。发文量在 5～10 篇的研究机构分别为：中国中元国际工程有限公司、同济大学、中石化上海工程有限公司、郑州大学、中国农业科学院哈尔滨兽医研究所、兰州大学、中国兽医药品监察所、广州中医药大学实验动物中心，这些机构包括科研单位、建设公司、高等院校，是推动实验动物设施建设与发展的重要动力，对实验动物设施的建设与发展起着重要作用。除图中统计的机构外，还有许多企业也参与了实验动物设施的建设，这些企业的研究领域不同，各自之间的合作根据研究方向而定，共同推动促进了实验动物设施的建设与发展。

2. 专利情况

以上海市知识产权信息服务平台为数据源，对 2000～2024 年的实验动物笼具、实验动物隔离器及实验动物设施建筑设备进行检索，分析这三个方面的专利情况。20 多年来，我国实验动物笼具、实验动物隔离器的设计、研发、制造等发展迅速，从传统笼具、隔离器到智能化、模块化的设计，不仅优化了实验动物的生活环境，而且提升了实验数据的精确性和可重复性。同时，实验动物设施建筑设备的发展也为动物实验提供了适宜的环境条件。这些突破性进展为生命科学研究提供了可靠的工具，同时也推动了实验动物福利标准的不断提升。

扫码查看彩图

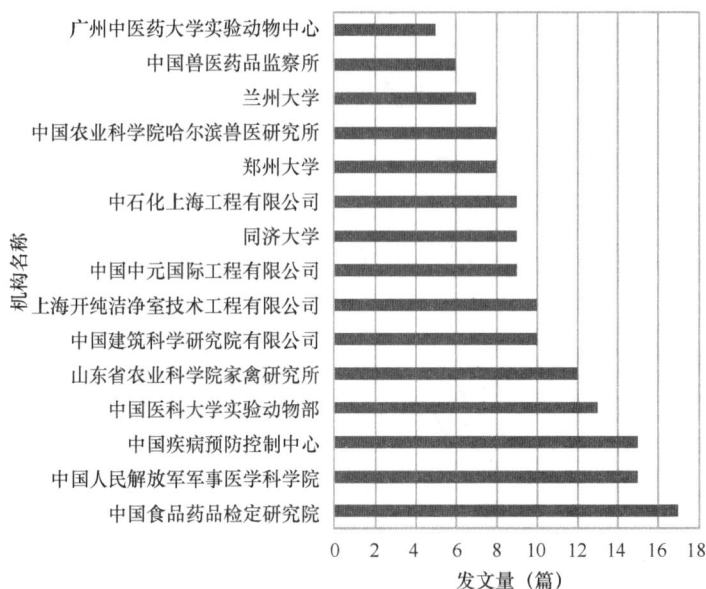

附图 3-9　机构发文量统计图

（1）实验动物笼具❶

由附图 3-10 可知，2000 年至今，实用动物笼具方面的专利申请数量及专利公开数量持续增加，2011 年后，实验动物笼具的专利申请数量增长迅速。对专利公开的情况进行分析，得到附图 3-11，其中有 49％的专利还具有效性（有权），而 47％的专利已经无权，实用新型专利的数量占 67％，发明专利仅占 26％，发明专利的数量远少于实用新型专利。

各国专利制度不同，专利类型也不同，但世界各国普遍认可发明专利，保护期限通常为自申请日起 20 年，这说明了发明专利的重要性。然而，我国 20 多年来实验动物笼具的发明专利仅占专利总量的 26％，说明实验动物笼具的技术尚未达到完全成熟，技术创新与研发还有待加强。实用新型专利的数量占专利总量的近 67％，反映出国内对实验动物笼具的技术改进与优化在不断进行，相关企业通过不断优化实验动物笼具产品来达到抢占市场份额与快速商业化的目的。

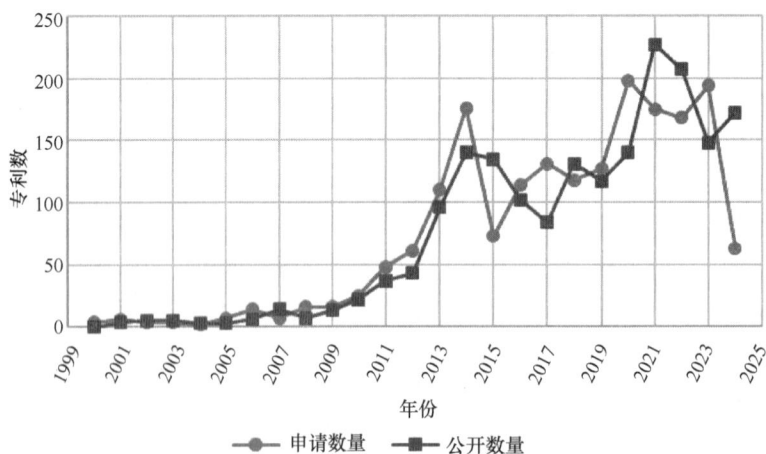

附图 3-10　2000～2024 年关于实验动物笼具的专利情况

---

❶ 检索表达式：TI＝（实验动物笼具 OR 动物笼具 OR 笼具 OR 笼盒 OR 笼架）。

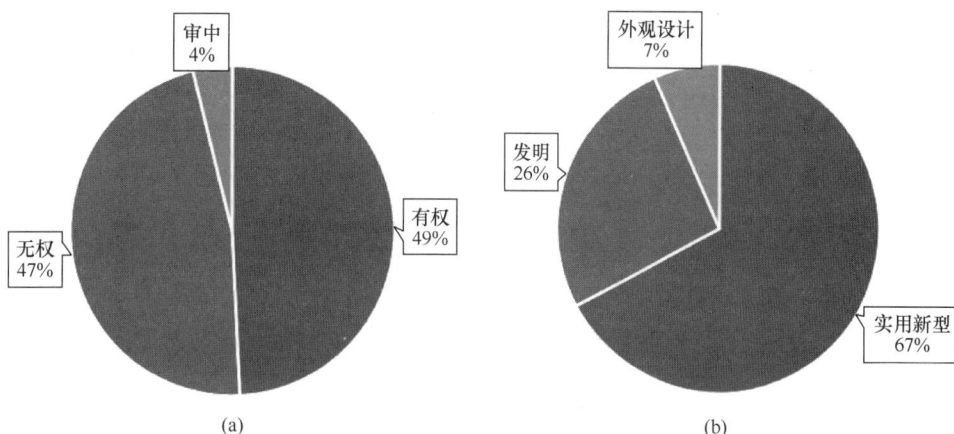

附图 3-11　实验动物笼具专利的有效性及分类
(a) 有效性；(b) 分类

对实验动物笼具专利申请的主要机构进行分析后得到附图 3-12，从专利申请机构的角度分析，企业仍是专利申请的主要力量，这些企业在注重笼具商业化的同时，也对技术发明创造进行了探索，同时也反映了我国实验动物设施设备的发展具有活力，企业的参与度与技术活跃度高。

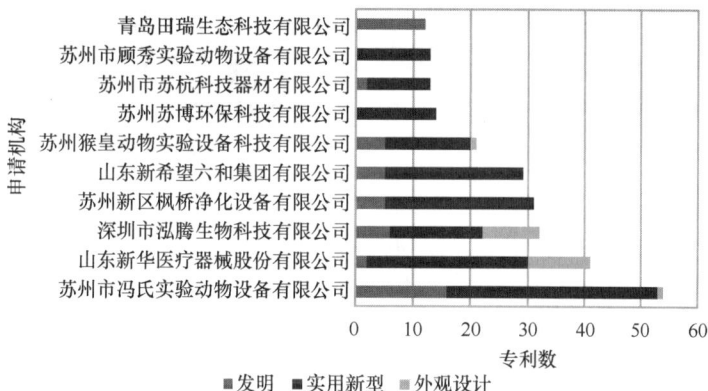

附图 3-12　实验动物笼具的主要申请机构与专利申请情况

(2) 实验动物隔离器❶

附图 3-13 为 2000～2024 年关于实验动物隔离器的专利情况。对比分析后可知，实验动物隔离器的专利数量远小于实验动物笼具，2015 年之前每年的专利申请数量及专利公开数量不超过 5 个，2015 年之后开始逐步增多。

附图 3-14 为实验动物隔离器专利的有效性及分类，69％的专利目前有效（有权），实用新型专利的数量占专利总量的 71％，而发明专利仅占 24％，与实验动物的笼具的情况相似，说明实验动物隔离器的发明创新也需提高，而技术改进与隔离器优化方面的活跃度高。附图 3-15 为实验动物隔离器的主要申请机构，包括企业、高等院校、科研机构，大多数专利申请机构的专利数量相对较少，对实验动物隔离器的技术创新以及结构改进，还需进一步加强。

---

❶ 检索表达式：TI＝（实验动物隔离装置 OR 隔离器 OR 隔离箱）AND AB＝（实验动物　OR 猴 OR 鸡 OR 鼠 OR 犬 OR 鸭 OR 兔 OR 鸟 OR 普通动物　OR 悉生动物　OR 无菌动物　OR 清洁动物　OR SPF 级）。

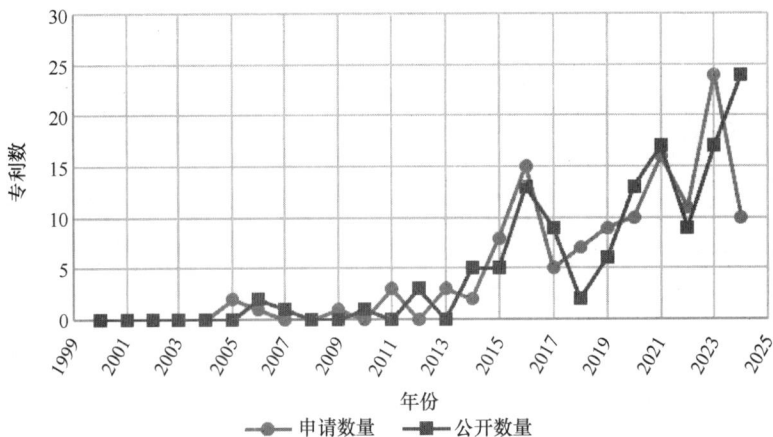

附图 3-13　2000～2024 年关于实验动物隔离器的专利情况

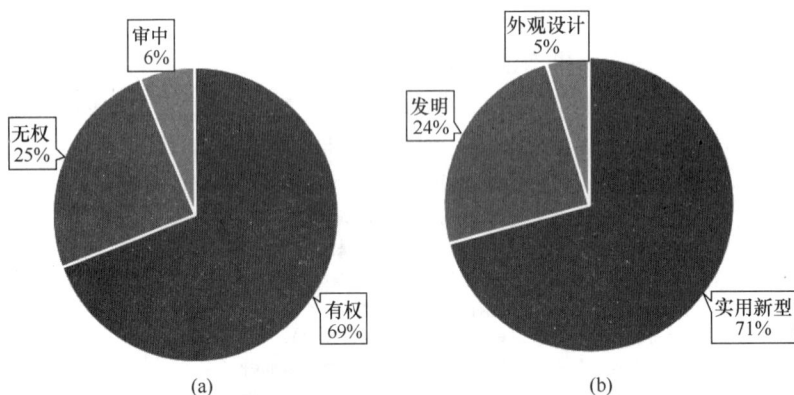

(a)　　　　　　　　　　　　(b)

附图 3-14　实验动物隔离器专利的有效性及分类

(a) 有效性；(b) 分类

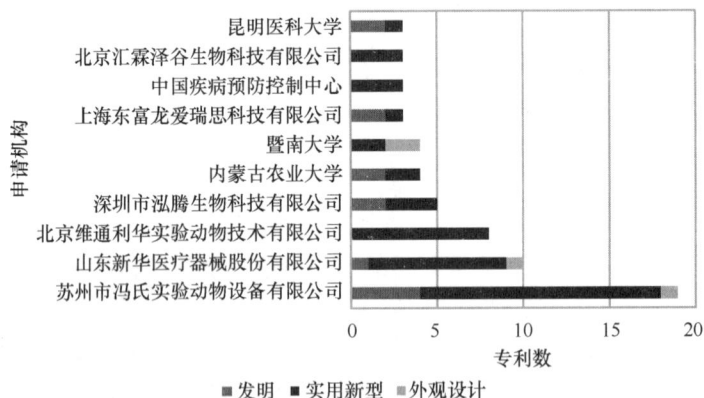

附图 3-15　实验动物隔离器的主要申请机构与专利申请情况

（3）实验动物设施的建筑设备❶

附图 3-16 为 2000～2024 年关于实验动物设施建筑设备的专利情况，自 2015 年后，专利申请数量与

---

❶　检索表达式：TI=（热回收 OR 热管 OR 风阀 OR 热泵 OR 净化 OR 空调 OR 机组 OR 过滤器 OR 加湿 OR 调湿 OR 主动式 OR 变风量 OR 文丘里 OR 压力控制 OR 压差 OR 气流组织 OR 系统 OR 设备 OR 废气 OR 废水 OR 废料 OR 三废）AND AB=（实验动物设施 OR 实验动物房 OR 动物房 OR ABSL-3 OR 动物实验室）。

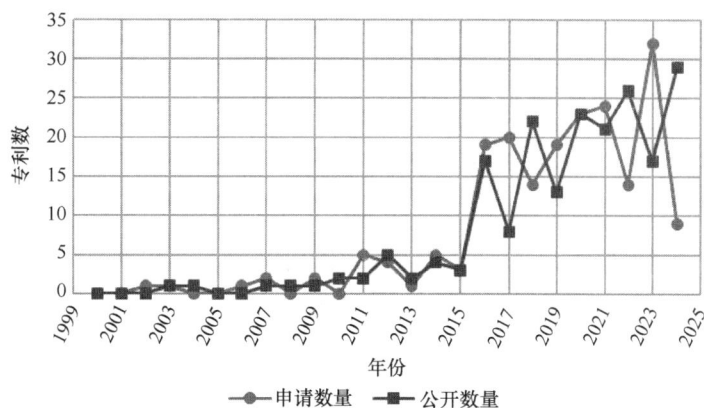

附图 3-16　2000～2024 年关于实验动物设施建筑设备的专利情况

公开数量开始快速增长，逐渐走向成熟。

附图 3-17 为实验动物设施建筑设备专利的有效性及分类，其中 60％的专利目前有效（有权），专利类型中，实用新型专利占专利总量的 64％，发明专利占专利总量的 33％，相比较而言，技术创新力还需继续提升，大多数专利基于现有技术进行改进与优化。

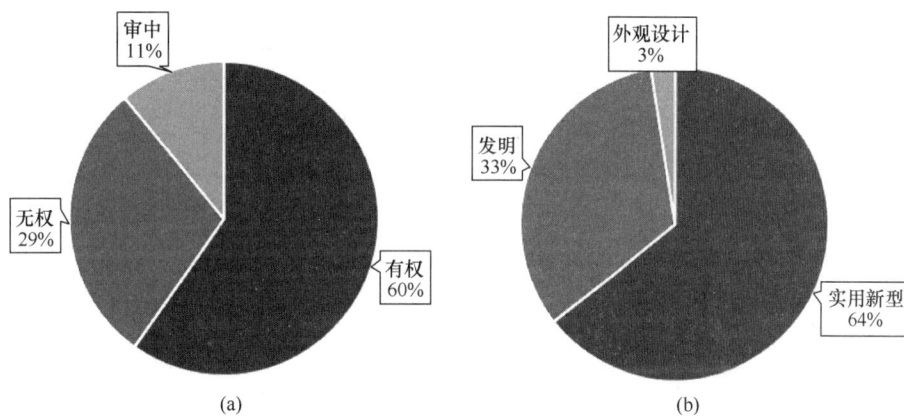

附图 3-17　实验动物设施建筑设备专利的有效性及分类
（a）有效性；（b）分类

附图 3-18 为实验动物设施建筑设备专利主要申请机构与专利申请情况，其中绝大多数为企业，并且这些企业的专利主要与空调净化、设施节能、环境控制等相关，为实验动物设施内开展动物实验提供了可靠的条件。

（4）总结

通过对实验动物笼具、隔离器及建筑设备专利情况的分析可以看出，实验动物设施相关技术在环境控制、动物管理和动物福利等方面取得了显著进步。实验动物笼具设计更加注重空间利用和动物舒适度，隔离器在生物安全性和操作便捷性上不断提升，而建筑设备性能则在节能环保和环境控制管理方面不断提高。这些技术进步不仅提高了科研实验的精确性和可重复性，也更好地保障了动物福利。

未来应继续深度发掘对技术的创新突破，提高发明专利的数量。随着新材料、人工智能等技术的应用，实验动物设施将朝着更加高效、智能和可持续的方向发展。总体而言，专利技术的持续创新为实验动物设施的优化和科研水平的提升提供了有力支撑。

3. 图书出版

本次图书检索来源为读秀数据库，作为一个超大型的学术数据库，它以海量的中文图书、全文资料为基础，收录了 680 万种中文图书题录信息，能提供一站式检索、文献传递、原文试读等服务，因此本

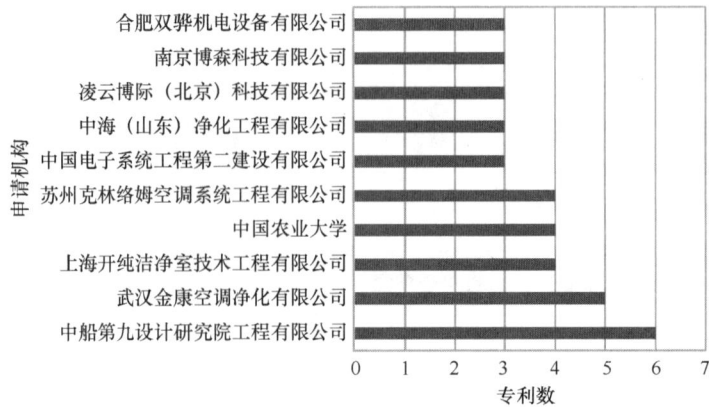

附图 3-18　实验动物设施建筑设备专利主要申请机构与专利申请情况

次图书检索的来源是可靠的。

　　二十多年来，有关实验动物设施建设与发展的图书成果丰富，附表 3-3 仅列出了部分代表性图书，涵盖了实验动物设施的设计、建造、运行、管理等方面，而其他更多的图书中虽然有对实验动物设施的描述，但不是重点分析内容，因此不在此处列出。

实验动物设施方面部分代表性图书出版物　　　　　　　　　附表 3-3

序号	书名	作者	出版社	出版年份
1	《实验动物屏障设施的建设与管理》	顾为望，黄韧，潘甜美	陕西科学技术出版社	2002
2	《实验动物设施运行管理指南》	李学勇	科学出版社	2008
3	《实验动物管理与实用技术手册》	徐国景，唐利军，易工城，等	湖北科学技术出版社	2008
4	《实验动物环境设施设计与管理》	金东庆	蓝天出版社	2012
5	《实验动物屏障环境与设施管理技术》	赵效国	人民卫生出版社	2015
6	《实验动物机构质量与能力管理指南》	郑振辉，吕京	中国质检出版社；中国标准出版社	2015
7	《实验动物设施运行管理指南》	李学勇	科学出版社	2008
8	《实验动物管理与使用指南》	贺争鸣，李根平，卢胜明，等	科学出版社	2016
9	《实验动物科学技术与产业发展战略研究》	夏咸柱，秦川，钱军	科学出版社	2016
10	《实验动物科学知识解析》	肖杭，恽时锋，陆建玲，等	江苏凤凰科学技术出版社	2016
11	《动物实验管理与操作实用指南》	高常青	中南大学出版社	2017
12	《实验室生物安全事故防范和管理》	秦川	科学出版社	2017
13	《动物无害化处理与资源化利用技术》	曹伟华，章伟建，赵由才，等	冶金工业出版社	2018
14	《实验动物从业人员防护指南》	陈梅丽	华南理工大学出版社	2020
15	《实验动物屏障设施建设概论》	吴强，周正宇	北京大学医学出版社	2022
16	《实验动物管理与实践》	张艳淑，陈松，曹福源	电子科技大学出版社	2022
17	《实验动物设施暖通空调设计》	高克文，余俊祥，杨毅	浙江大学出版社	2023
18	《实验动物生物安全与职业健康风险管理》	唐利军，范明霞，何开勇，等	华中科学技术大学出版社	2023
19	《医学院校实验动物中心运行与管理》	霍永良，毛晓韵	辽宁科学技术出版社	2024

参 考 文 献

[1] 巩薇，卢胜明，陈洪岩，等. 国内外不同体制下实验动物管理政策体系和标准体系的分析与启示[J]. 实验动物科学，2021，38（1）：43-48.

[2] 秦川. 中国实验动物学科发展 40 年[J]. 科技导报，2017，35（24）：20-26.

[3] 李学勇. 实验动物屏障设施的规范化建设[D]. 北京：中国农业大学，2004.

[4] 王锡乐，巩薇，贺争鸣，等. 中国大陆地区实验动物机构、人员和设施现状分析[J]. 实验动物科学，2017，34（3）：66-70.

[5] 陶雨风，刘忠华，毕玉春，等. 国内外实验动物管理体制及法规条例的比较[J]. 实验动物科学，2011，28（4）：46-51.

[6] 艾曼，陈林，漆重阳，等. 江苏省实验动物标准体系研究[J]. 中国标准化，2021（24）：78-83.

[7] 杨果杰，田枫. 欧美有关实验动物管理的法律法规与标准[J]. 实验动物科学与管理，2002，19（3）：42-45.

[8] 刘峰松. 湖北省药物安全性评价中心实验动物设施建设与管理[D]. 武汉：华中农业大学，2006.

[9] 王漪，张道茹，戴玉英，等. 我国实验动物科学技术的基础与前沿——实验动物发展的战略思考——实验动物设施的设计特点和建议[J]. 中国比较医学志，2011，21（Z1）：61-65.

[10] 郭中坤，刘秀，王可洲. 2013—2015 年山东省实验动物资源状况的调查分析[J]. 医学动物防制，2017，33（5）：526-529，533.

[11] 褚芳，罗小泉，许宝华，等. 江西省实验动物科技发展回顾与思考[J]. 实验动物与比较医学，2022，42（1）：11-17.

[12] 黄丽，曾颖，常伟. 湖南省实验动物资源支撑生物医药科技创新与产业发展调研报告（2022 年）[J]. 中南药学，2022，20（8）：1743-1746.

[13] 冯婵璟，柯贤福，吴立仁，等. 浙江省实验动物依法行政的现状及思考[J]. 实验动物与比较医学，2016，36（3）：226-230.

[14] 柯贤福，胡慧颖，吴立仁，等. 浙江省实验动物行政许可现状[J]. 中国比较医学杂志，2013，23（8）：75-79.

[15] 胡慧颖，柯贤福，施张奎，等. 浙江省实验动物行政许可单位管理现状及分析[J]. 中国比较医学杂志，2013，23（5）：67-69.

[16] 李会萍，梁楚军，赵维波. 广东省实验动物许可证管理现状[J]. 实验动物与比较医学，2022，42（6）：577-582.

[17] 杨文祥，吴祥，卢昊，等. 湖北省实验动物资源现状调查[J]. 公共卫生与预防医学，2019，30（5）：114-117.

[18] 汪文琦，刘兰，樊世勇，等. 甘肃省实验动物生物安全监管现状及展望[J]. 特种经济动植物，2023，26（2）：176-179.

[19] 王锡乐，巩薇，胡建武，等. 我国实验动物科技工作发展的政策支撑与思考[J]. 实验动物科学，2020，37（4）：64-68.

[20] 《内江科技》通讯员. 四川系统构建实验动物标准体系为生命科学研究保驾护航[J]. 内江科技，2021，42（12）：5.

[21] 罕园园，李娜，代解杰. 云南省实验动物工作 40 年发展历程与思考[J]. 实验动物与比较医学，2021，41（5）：399-408.

[22] 林惠然，刘朝霞，冯小彪，等. 适用于高校及科研院所的实验动物设施建设经验探讨[J]. 实验动物与比较医学，2022，42(5)：453-457.

[23] 吕京. 实验动物设施的验证标准[J]. 中国医院建筑与装备，2021，22(8)：17-20.

[24] 龚光彩，贺习之，陈盟君，等. 屏障环境中 IVC 小鼠饲养微环境控制方法研究[J]. 制冷学报，2022，43(6)：90-99.

[25] 张婷，陈亮亮，李海翔，等. 溶液式环境控制设备在实验动物设施中的应用[J]. 实验动物与比较医学，2021，41(2)：161-165.

[26] 郑艳茹，李臣亮，王彦峰，等. 实验动物室可自动饮水式 IVC 独立通风鼠笼的开发与应用[J]. 中国现代教育装备，2021(7)：59-61.

[27] 刁瑞国，张文明，李娜. 实验动物设施废气处理设备工艺选择[J]. 实验动物科学，2021，38(1)：53-55.

[28] 郑琳琳，舒加乐，徐汪节，等. 实验动物设施洗笼机配置调研及安装设计[J]. 中国比较医学杂志，2019，29(9)：92-96.

[29] 马雷，温福利，张诗兰，等. IWT650 洗笼机在动物实验室的应用体会[J]. 实验动物科学，2016，33(6)：50-51，54.

[30] 杨英，吴凯庆. 实验动物设备管理探究[J]. 农民致富之友，2018(15)：127.

[31] 徐国恒. 美国农业部主导的实验动物管理政策演变[J]. 中国实验动物学报，2023，31(1)：129-133.

[32] 杨果杰，杨磊，浦野彻. 日本实验动物法制化管理状况[J]. 实验动物科学与管理，2005，25(2)：24-27.

[33] 王杨杨，刘江宁. 日本实验动物管理进程[J]. 中国比较医学杂志，2021，31(12)：126-132.

[34] 艾瑞婷. 瑞典实验动物管理体系浅析[J]. 全球科技经济瞭望，2016，31(11)：73-76.

[35] 杨九祥. 实验动物设施屏障环境设计与建造要点[J]. 洁净与空调技术，2021(4)：92-96.

[36] 于小亚，李志满，董玉杰. 我国实验动物基础设施建设研究[J]. 吉林农业，2019(15)：62.

[37] 杨葳，郑志红，史晓萍，等. 英国实验动物福利法律法规浅析[J]. 实验动物科学，2008，25(1)：71-72.

[38] 史晓萍，董婉维，尚昌连，等. 澳大利亚实验动物福利法律、法规[J]. 实验动物科学与管理，2005，22(3)：56-57.

[39] 李会萍，王晓明，杨锦淳，等. 2018 年我国实验动物许可证管理的现状及分析[J]. 中国比较医学杂志，2019，29(7)：131-136.

[40] 尹松林. 实验动物环境设施建设与规范化管理[J]. 实验室研究与探索，2002(1)：91-94.

[41] MEREDITH WADMAN. A Trans-Atlantic Transparency Gap on Animal Experiments[J]. Science，2017，357(14)：119-120.

[42] DAVID GRIMM. U. S. Labs Using a Record Number of Monkeys[J]. Science，2019，365(20)：630-630.

[43] DAVID GRIMM. USDA Now Only Partially Inspects Some Animal Labs[J]. Science，2021，372(42)：558-559.

[44] ZYNDA, JEFFREY R. A Shift in Designing Cage-washing Operations[J]. Lab Animal：Information，Ideas，Methods and Materials for the Animal Research Professional，2015，44(4)：150-153.

[45] STAKUTIS R E. Cage RACK Ventilation Options for Laboratory Animal Facilities[J]. Lab Animal：Information，Ideas，Methods and Materials for the Animal Research Professional，2003，32(8)：47-52.

[46] CASTELHANO-CARLOS M J，BAUMANS V. The Impact of Light，Noise，Cage Cleaning And In-House Transport on Welfare and Stress of Laboratory Rats[J]. Laboratory Animals，2009，43(4)：311-327.

［47］ STAKUTIS R E. Cage Rack Ventilation Options for Laboratory Animal Facilities［J］. Laboratory Animals，2003，32(8)：47-52.

［48］ 徐国恒. 美国卫生署与国立卫生研究院 NIH 主导的实验动物管理体系的演变和启示［J］. 中国实验动物学报，2023，31(1)：134-140.

［49］ GUILLEN J. Laboratory Animals：Regulations and Recommendations for Global Collaborative Research［M］. Amsterdam：Academic Press，2013.

［50］ Centers For Disease Control And Prevention (CDC) & National Institutes of Health (NIH). Biosafety in Microbiological and Biomedical Laboratories［M］. 6th Edition. Atlanta：Centers for Disease Control and Prevention National Institutes of Health，2020.

［51］ HESSLER J R, LEHNER N D M. Planning and Designing Research Animal Facilities［M］. Oxford：Elsevier Ltd Oxford，2008.

［52］ National Institutes of Health (NIH). Design Requirements Manual (Rev. 1.5)［M］. Bethesda：National Institutes of Health，2020.

［53］ 包容，蔡鸿宁，高建峰，等. 美国实验动物的管理与现状——以美国路易斯安娜州立大学为例［J］. 实验技术与管理，2021，38(11)：315-318.

［54］ DAVI D GRIMM. EPA Plan to End Animal Testing Splits Scientists［J］. Science，2019，365(20)：1231-1231.

［55］ 何诚. 实验动物学［M］. 2 版 北京：中国农业大学出版社，2013.

［56］ 李华，史晓萍，张景云，等. 新编实验动物学［M］. 沈阳：辽宁民族出版社，2006.

［57］ Canadian Council on Animal Care. About the CCAC［EB/OL］. ［2023-03-14］. https://ccac. ca/en/about/about-the-ccac/.

［58］ 史光华，吕京，葛红梅，等. 北美实验动物认可管理现状［J］. 实验动物与比较医学，2015，35(2)：138-141.

［59］ 加拿大动物管理委员会. 实验用动物管理与使用指南［M］. 宋克静，于海英，孙岩松，等译. 北京：原子能出版社，1993.

［60］ 赵赤鸿. 高等级生物安全实验室防护设备现状与发展［M］. 北京：人民卫生出版社，2022.

［61］ GOV. UK. Animals in Science Regulation Unit. ［EB/OL］. (2021-07-02)［2024-09-11］. https://www. gov. uk/government/collections/animals-in-science-regulation-unit.

［62］ Understanding Animal Research. Animal Research Statistics for Great Britain，2018 ［EB/OL］. (2019-07-18)［2024-03-20］. http://www. understanginganimalresearch. org. uk/news/communications-media/animal-research-numbers-in-2018/.

［63］ 何诚. 实验动物学［M］. 北京：中国农业大学出版社，2013.

［64］ HOLLANDS C . The Animals (Scientific Procedures) ACT 1986［J］. The Lancet，1986，328：32-33.

［65］ ELIZ A, PROCEDURES S. Code of Practice for The Housing and Care of Animals Used in Scientific Procedures［Z］. 1989.

［66］ International Organization for Standardization. Containment Enclosures — Part 2：Classification According to Leak Tightness and Associated Checking Methods：ISO 10648-2：1994 ［S］. Geneva：International Organization for Standardization，1994.

［67］ EATON P. Financial Control of Laboratory Animal Facilities：Partial Cost Recovery in an Academic Institution［J］. Laboratory Animals，1979，13(2)：153-8.

［68］ JONES M, SEMPLE S, SCHOFIELD S, et al. The Potential of a Low-Cost Particle Counter to Quantify Airborne Particulate Matter in a Laboratory Animal Facility［J］. Journal of Allergy and Clinical Immunology，2015，135(2)：76.

［69］ WILLIAMS A. Caring for Those Who Care：Towards a More Expansive Understanding of Cultures of Care in Laboratory Animal Facilities［J］. Social and Cultural Geography，2021(4)：1-18.

［70］ ANNE S，WIJNAND E，KNUT A，et al. Predictors for Increased and Reduced Rat and Mouse Allergen Exposure in Laboratory Animal Facilities［J］. Annals of Work Exposures and Health，2018，62(8)：953-965.

［71］ HANIFIN J P，DAUCHY R T，BLASK D E，et al. Relevance of Electrical Light on Circadian，Neuroendocrine，and Neurobehavioral Regulation in Laboratory Animal Facilities［J］. ILAR Journal，2019，60(2)：150-158.

［72］ OGDEN B E，PANG W，AGUI T，et al. Laboratory Animal Laws，Regulations，Guidelines and Standards in China Mainland，Japan，and Korea［J］. ILAR Journal，2016，57(3)：301-311.

［73］ 李佳明. 智慧化高等级生物安全实验室研究与实践［D］. 北京：中国人民解放军事科学院，2023.

［74］ 王星，赵静怡，张钰，等. 人工智能在动物实验中应用的研究进展［J］. 中国比较医学杂志，2022，32(11)：135-141.

［75］ 欣软行为学. 欣软行为学：浅析 AI 在动物行为学实验中的应用及其影响［EB/OL］.（2023-06-26）［2025-05-16］. https://zhuanlan.zhihu.com/p/639540933.

［76］ 李琳，丁燕霞，朱莉莉，等. 高校实验动物中心创新发展模式初探［J］. 实验动物科学，2017，34(4)：71-73，78.

［77］ 幻境. 虚拟仿真技术赋能机能学实验教学助力智慧化动物实验教学建设［EB/OL］.（2022-03-23）［2025-04-20］. https://zhuanlan.zhihu.com/p/485841683.

［78］ 杨五强. SPF 级实验动物环境设施净化空调设计要点简介［J］. 实验动物与比较医学，2012，32(3)：247-249.

［79］ 丁贤明，周荣贵，丁阳，等. 能耗监管体系在实验动物设施应用和节能措施评价［J］. 实验动物与比较医学，2011，31(6)：453-458.

［80］ 曾晓虹. 实验动物屏障设施工艺布局设计思路探讨［J］. 化工与医药工程，2022，43(6)：1-5.

［81］ 程鸿，杨幼明. 实验动物设施的节能新途径［J］. 上海实验动物科学，1989(4)：193-195.

［82］ 黄宝兴，吴美玲. 用于独立通风笼具的节能通风系统［J］. 洁净与空调技术，2015(1)：49-50.

［83］ 徐骁，陈琦. 机器学习在实验动物设施管理中的应用进展与展望［J］. 中国比较医学杂志，2024，34(1)：103，11.

［84］ 中国实验动物信息网. 质量标准［EB/OL］.［2025-01-30］. https://www.lascn.com/Category_1192/Index.aspx.

［85］ 瞿燕，宋德萱. 上海地区办公建筑形体设计阶段能耗限额研究［J］. 建筑节能（中英文），2023，51(10)：94-102，117.

［86］ 李陈江. 猴、犬类实验动物房布置的一些要点［J］. 医药工程设计，2012，33(5)：11-15.

［87］ 徐守振，李超. 动物生物安全二级实验室建设探讨［J］. 中国动物检疫，2019，36(6)：44-48.

［88］ 李晓燕，李春雨，刘艳，等. 负压感染性动物实验设施试运行期间的问题及解决对策［J］. 中国医学装备，2013，10(5)：6-8.

［89］ 唐利军，徐国景，张金明，等. 实验动物建筑设施节能技术探讨［J］. 中国比较医学杂志，2010，20(1)：73-78.

［90］ 卢晓红，王志毅，吴强. 冷凝排风热回收新风一体机在实验动物设施空调中的应用研究［J］. 建筑节能（中英文），2023，51(9)：114-119.

［91］ 中华人民共和国住房和城乡建设部. 实验动物设施建筑技术规范：GB 50447-2008［S］. 北京：中国标准出版社，2008.

［92］ 丁颂. 实验动物屏障设施空调系统设计的节能技术探讨［EB/OL］.（2018-12-08）［2025-05-01］. https://www.sohu.com/a/280526181_505899.

［93］ 任尔媛. 某SPF级动物房空调系统节能措施效果分析［J］. 暖通空调，2021，51(6)：71-74.

［94］ 许琦，赵月，黄伟健，等. 高通量氙光传递窗与紫外传递窗灭菌效果观察［J］. 中国比较医学杂志，2020，30(3)：44-49.

［95］ 岳彩锐. 脉动真空灭菌器的力学性能分析及优化设计研究［D］. 北京：北京工业大学，2009.

［96］ 温世波. 脉动真空灭菌控制器设计与控制算法研究［D］. 北京：北京工业大学，2015.

［97］ 叶蓉春，顾健. 甲醛蒸汽灭菌技术应用及其研究进展［J］. 中国消毒学杂志，2007，24(1)：70-72.

［98］ 亚太建设科技信息研究院有限公司，同济大学. 生物安全实验室建设与发展报告［M］. 北京：科学出版社，2021.

［99］ 章鹏程，张华. 空气净化消毒技术现状与展望［J］. 微生物与感染，2023，18(5)：312-320.

［100］ 亚太建设科技信息研究院有限公司. 科学实验室良好装备体系发展报告［M］. 北京：中国建设科技出版社，2024.

［101］ 丁晓玥，梁毅. 国外汽化过氧化氢（VHP）低温灭菌系统的最新动态观察与探讨［J］. 机电信息，2010(26)：45-47.

［102］ 付丽娟，刘万忠. 过氧化氢消毒灭菌技术及设备的研究新进展［J］. 中国药师，2017，20(2)：340-344.

［103］ 郁朝阳. 汽化过氧化氢灭菌技术及其在动物设施消毒中的应用［J］. 医药工程设计，2012，33(2)：49-53.

［104］ 叶大林，夏信群. 一种过氧化氢消毒机器人：201720253487.3［P］. 2018-06-26.

［105］ 杜祥瑛. 工业机器人及其应用［M］. 北京：机械工业出版社，2004.

［106］ 郭洪红. 工业机器人技术［M］. 西安：西安电子科技大学出版社，2012.

［107］ 李晓东. 《2023世界机器人报告》发布 工业机器人亚洲增速领先于欧美［EB/OL］. (2023-10-13)［2024-01-30］. https://www.cnii.com.cn/rmydb/202310/t20231013_511746.html.

［108］ 中国电子学会. 中国机器人产业发展报告（2022年）［R/OL］. (2022-08-25)［2024-01-30］. https://www.fjtj.com/show?ctlgid=184714&Id=41035.

［109］ 王昆仑. 我国工业机器人产业现状、竞争力及未来发展策略［J］. 机器人技术与应用，2024(3)：8-14.

［110］ 计时鸣，黄希欢. 工业机器人技术的发展与应用综述［J］. 机电工程，2015，32(1)：13.

［111］ 中国疾病预防控制中心. 高等级生物安全实验室防护设备现状与发展［M］. 北京：人民卫生出版社，2022.

［112］ 陈咏，亓伟伟. 生物安全高级别实验室动物尸体处理炼制工艺技术浅谈［J］. 中国比较医学杂志，2013，23(7)：75-78.

［113］ 尚斌，陶秀萍，董红敏，等. 死畜禽碱解处理技术研究现状及展望［J］. 中国农业科技导报，2021，23(8)：136-141.

［114］ 谭海波，石凤霞，郭飞，等. 高温组织降解设备在高等级生物安全实验室的应用与风险管控［J］. 暖通空调，2024，54(8)：197-200，66.

［115］ Tecniplast China. 清洗系统［EB/OL］. ［2025-04-01］. https://www.tecniplast.it/cn/catalog/washing-systems.html.

［116］ 新华医疗. 清洗类设备［EB/OL］. ［2025-04-05］. https://www.shinva.net/Clean/.

［117］ 苏州市冯氏实验动物设备有限公司. 动物实验室器械及设备［EB/OL］. ［2025-04-05］. https://www.fengshigroup.com/product03/class/index.php?0.html&page=4&showtj=&showhot=&key=.

［118］ 华夏富康环境科技有限公司. 产品中心［EB/OL］. ［2025-04-15］. http://www.fkhj.cn/col.jsp?id=109.

［119］ Tecniplast China. Laboratory animal equipment［EB/OL］. ［2025-04-15］. https://www.tecniplast.it/

cn/index. html.

[120] 山东新华医疗器械股份有限公司. 医疗器械：实验室仪器及设备[EB/OL]. [2025-04-15]. https://www. shinva. net/sysyq/.

[121] Asea Brown Boveri Ltd. . 多关节机器人[EB/OL]. [2025-04-15]. https://new. abb. com/products/robotics/zh/robots/articulated-robots.

[122] 沈阳新松机器人自动化股份有限公司. 工业机器人[EB/OL]. [2025-04-15]. https://www. siasun. com/index. php/article/product2. html.

[123] 浙江泰林生物技术股份有限公司. 产品中心 [EB/OL]. [2025-04-01]. https://www. tailingood. com/product/lists. html.

[124] 霍斯利. 霍斯利加工技术-关爱未来[EB/OL]. [2025-04-01]. https://zs. haarslev. com/.

[125] 北京方德精密化工设备有限公司. 实验室动物尸体高温水解处理设备[EB/OL]. [2025-07-07]. https://isite. baidu. com/site/wjz0mfk/1f99399f-ac5c-47c9-a782-3442a51f3715? ch = 48&wid = f37c979d7eb9476c8f12fe06bea0df36_0_0.

[126] 青岛丞拾实验室技术有限公司. 丞（诚）容万物　拾（实）达至远[EB/OL]. (2023-11-14) [2025-05-12]. https://mp. weixin. qq. com/s/dwzw7EoXi39-B9tdr8nrrg.